中经昌泰智库

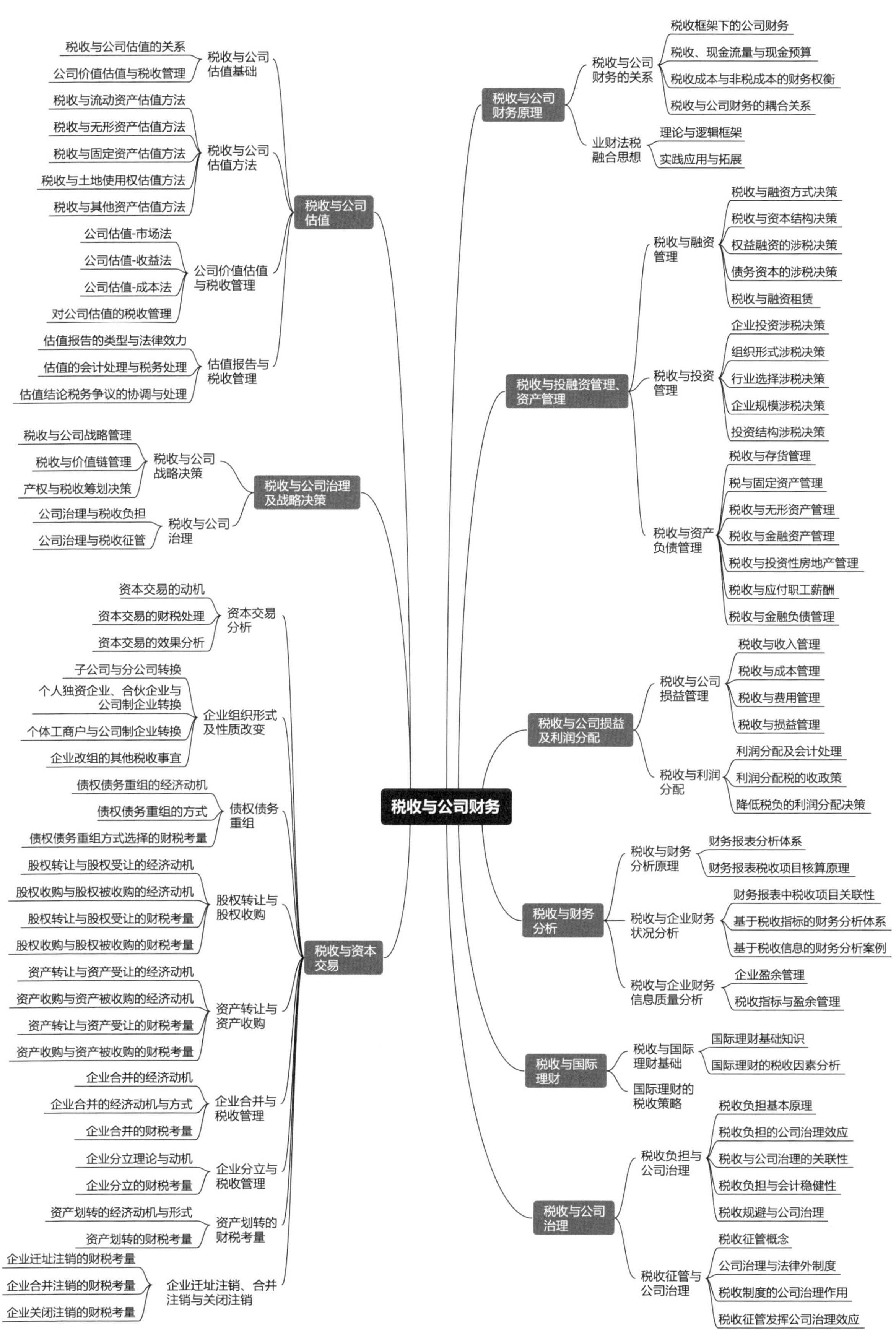

《税收与公司财务》思维导图

税收与公司财务

蔡昌◎主编
费茂清 韩淼◎副主编

TAX and CORPORATE FINANCE

中国财经出版传媒集团
中国财政经济出版社

图书在版编目（CIP）数据

税收与公司财务／蔡昌主编．--北京：中国财政经济出版社，2021.12

（中经昌泰智库）

ISBN 978-7-5223-0777-0

Ⅰ．①税… Ⅱ．①蔡… Ⅲ．①公司-税收管理②公司-财务管理 Ⅳ．①F276.6

中国版本图书馆CIP数据核字（2021）第187977号

责任编辑：武志庆　　责任校对：徐艳丽

封面设计：智点创意　　责任印制：党　辉

税收与公司财务

SHUISHOU YU GONGSI CAIWU

中国财政经济出版社 出版

URL：http：//www.cfeph.cn

E-mail：cfeph@cfeph.cn

社址：北京市海淀区阜成路甲28号　邮政编码：100142

营销中心电话：010-88191522

天猫网店：中国财政经济出版社旗舰店

网址：https：//zgczjjcbs.tmall.com

北京时捷印刷有限公司印刷　各地新华书店经销

成品尺寸：185mm×260mm　16开　49印张　816 000字

2021年12月第1版　2021年12月北京第1次印刷

定价：218.00元

ISBN 978-7-5223-0777-0

（图书出现印装问题，本社负责调换，电话：010-88190548）

本社质量投诉电话：010-88190744

打击盗版举报热线：010-88191661　QQ：2242791300

主　编：蔡　昌

副主编：费茂清　韩　淼

编委会成员

（全国16所高等院校专家、教授、博导）

杜　剑　贵州财经大学会计学院院长，教授、博导，首批全国税务领军人才

姚林香　江西财经大学财税与公共管理学院教授、博导，中国税收筹划研究会副会长

梁淑红　广西大学国际学院副院长，教授，会计学博士

谭光荣　湖南大学工商管理学院财政税务系主任，教授、博导

任晓辉　上海财经大学公共经济与管理学院副教授，经济学博士

蔡　昌　中央财经大学财政税务学院教授、博导，闽江学者讲座教授

王　玺　中央财经大学财政税务学院教授、博导，美国斯坦福大学访问学者

赵桂芝　辽宁大学经济学院财税系主任，教授、博导，辽宁省税务学会理事

曹静韬　首都经济贸易大学财政税务学院教授、博导，国家税收法律研究基地主任

李克桥　河北大学管理学院教授

李梦娟　河北大学管理学院副教授，经济学博士后

冯守东　宁德师范学院教授，经济学博士后

费茂清　西南财经大学财政税务学院教授，经济学博士

梁俊娇　中央财经大学财政税务学院教授，经济学博士

杨　虹　中央财经大学财政税务学院教授，经济学博士

王怡璞　中央财经大学财政税务学院副教授，经济学博士

韩　淼　中央财经大学财政税务学院，经济学博士

孙鲲鹏　中央财经大学财政税务学院，会计学博士

王彦平　兰州财经大学财税与公共管理学院税收系主任，政治学博士

李玉萍　中国石油大学（华东）经济管理学院副教授，会计学博士

朱长胜　国家税务总局税务干部学院副教授、首批全国税务领军人才，经济学博士

李彩霞　天津农学院经济管理学院副教授，会计学博士

盛常艳　天津财经大学会计学院，会计学博士

崔　劲　天健兴业资产评估有限公司首席评估师、注册会计师、资产评估师

陶　然　中瑞（山东）税务师事务所集团总经理、注册税务师、高级会计师

前言 FOREWORD

毋庸置疑，税收已经成为影响公司战略和财务活动的重要因素之一。公司的战略规划离不开税收，必须把税收因素纳入战略管理框架之中。一个企业的经营过程是离不开纳税活动的，税收必然成为影响战略规划、经营管理和财务决策的关键性因素。本书认为，税收框架下的公司财务目标不再是“利润最大化”或“股东财富最大化”，而应该是“税后利润最大化”或“税后股东财富最大化”。进一步考虑时间因素的影响，税款也会因支付时间的不同而产生货币时间价值。因此，税收框架下的公司财务目标应该彻底定位为“税后净现金流量现值最大化”，以创造的“税后净现金流量现值”为衡量标准。这一目标与“税后股东财富最大化”目标也是一致的，因为税后净现金流量现值代表着企业未来所创造的现金流量的现值之和，股东财富会随着预期净现金流量的增加而增加。

值得指出的是，税收最小化不等同于税后利润最大化，考虑税收影响的公司财务决策必须以税后利润最大化为准绳，因为现实世界的交易成本很高，实施税收最小化策略可能会由于组织结构变化、产权流动、商业模式调整等各种影响因素导致大量非税成本的产生。其实，税收是公司经营中众多经营成本的一种，在税收筹划决策中必须考虑所有成本及其结构格局，比如资金成本、组织调整成本、委托—代理成本、产权流动成本、财务报告成本等，这些可能都是财务决策与税收筹划的非税成本。除了对税收成本重视外，公司决策者还有一件很重要的工作要做，那就是必须充分考虑非税成本对公司财务决策的影响，通过一定的计量方法或经济模型把非税成本量化，使之进入财务决策体系。

基于税务与公司财务相互影响、相互渗透的微妙关系，本书提出税收与公司财务存在耦合关系的观点，即税收与公司财务彼此形成动态的相互作用机制，且其间的耦合关系具有较高的耦合度。耦合（coupling）源自一个物理学概念，是指两个（或两个以上）系统或运动形式之间通过各种相互作用而彼此影响的现象。进一步分析，耦合作用及协调程度决定了系统在达到临界状态时走向何种序与结构，即最终决定了系统由无序走向有序的趋势。耦合关系发生的前提条件是各系统之间存在某种内在的关联性，通过内在联系而发生微妙的耦合过程，使系统原有的属性或特征被改变，这些可以被视为耦合的结果。税收与公司财务之所以存在耦合关系，原因在于二者相互关联与依赖，并相互渗透与影响，其结果是二者共同协作，和谐共处。具体来看，公司财务的各构成要素会因税收的渗透而产生变化或调整，进而形成新的公司财务体系，以更好地与税收耦合，最终形成一个基于税收协同效应的公司财务决策机制；税收的各构成要素也会受到公司财务结构和运行结果的影响和制约，进而生成一个新的税收体系，以更好地与公司财务相协调，最终形成一个基于财务决策导向的公司税收治理体系。从本质上分析，税收与公司财务的耦合关系，强调了税收对属于公司财务范围的企业决策产生影响，这一领域的研究前沿在于寻找可以用来检验税收对公司财务产生影响的特殊事件或背景。而经济学家在思考税收对公司决策的影响时，通常更为关注税收规则可能带来的经济扭曲。

税收对经济活动的影响越来越大，主要是指税收对公司财务体系及财务决策行为的渗透性越来越强。企业在投资管理、融资管理、资产负债管理、利润分配、资产交易、资产评估、公司治理等方面都受到税收的冲击与影响，企业财务决策与税收管理必然形成一种水乳交融的密切关系，即财务决策离不开对税收因素的分析，税收管理融入公司财务活动之全过程。相应地，税收必须也必然纳入公司财务框架下，即形成税务与公司财务的无缝衔接与深度融合。

基于税收与公司财务的融合发展，本书提出对“金税四期”、财税合规起到重要指导作用的“业财法税融合”思想，该思想对税收与公司财务的进一步融合发展起到重要的推动作用。“业财法税融合”基于风险控制逻辑的场景融合，实现交易结构、财务处理、会计披露、税收管理等行为与法律合同文本、财务凭证、纳税申报表等无缝衔接，构建涵盖交易结构、契约文书、财务规划、税务安排等在内的符合逻辑关系的一系列证据链条，为业务活动提供强有力的财务、税务、法律方面的综合支撑。

税收如何影响财务决策，最为典型的实例是税收对投资决策的影响。按照传统 NPV 财务决策模型，一般不考虑税收作为现金流出对投资项目净现值的影响（即财务决策时忽略了税收因素），若投资项目 NPV≥0，则投资项目可行。但是，若将税收这一典型的现金流出纳入 NPV 财务决策模型，重新计算税收框架下的投资项目 NPV，有可能出现 NPV<0，则表示投资项目不可行。这说明税收对投资决策的影响是显性的，也是极为重要的，即考虑税收因素的影响与否，可能会影响最终的投资决策结果。在税收框架下的投资决策中，还需要引入两个重要概念——隐性税收和税收资本化，这两个概念其实是对相同问题分析采用的不同术语，主要讨论税收在资产定价方面的作用。“隐性税收”概念在斯科尔斯、沃尔夫森之后被广泛应用，是指税收优惠资产的税前收益率低于没有税收优惠的资产[①]。“税收资本化”概念是经济学家普遍采用的术语，是指资产的未来税负降低了其现行价格。譬如，假设应税债券和免税债券的税前利息相同，如果投资者愿意为应税债券支付的价格低于免税债券，说明税收已经资本化在应税债券的价格中了。如果应税债券的价格下降，则其税前收益率就会上升。这说明免税债券承担了隐性税收，因为其税前收益率低于应税债券。所以，我们可以说税收资本化与隐性税收是一个硬币的两面：税收资本化是从非税收优惠资产的价格角度来说明问题，而隐性税收则是从税收优惠资产的税前回报率的角度来说明问题，这两个说法的含义是一样的[②]。

税收对公司治理也产生深刻影响。税收是政府施加给企业的法定负担，税收也因此可视为一种治理机制，即税收能发挥一定的公司治理作用。在提高税收征管强度时，具有较高内部控制质量的公司，其避税程度会显著下降。而风险偏好或中性偏好的股东倾向于采取税收激进策略使税后净现金流量最大化。不容忽视的事实是过高的综合税负率会对公司治理产生负面效应，促使公司管理层隐瞒应税收入以达到逃避税收的目的，导致公司治理中的税收风险程度升高。

从税收的角度分析，估值是重要的税收管理工具，合理确定税基需要借助资产评估的工具和方法。估值结果是税法所认可的公允价值，它为确定计税依据提供了重要参考，同时估值也已经成为解决征纳涉税价格争议的重要工具；从估值的角度分析，税收是构成资产价格的重要内容，因而估值应当参照税法的相关条款。税费测算是资产评估绕不开的程序，并且直接影响估值的准确性

---

① Myron S. Scholes, Mark A. Wolfson, 2005. Tax and business strategy. Pearson Education, Inc.

② S. P. 科塔里，利斯，斯金纳，等．当代会计研究［M］．辛宁，译．北京：中国人民大学出版社，2009：289.

和权威性。

呈现给读者的这本《税收与公司财务》，以公司经营流程为主线，重点阐述税收对经营活动及财务决策的深刻影响，突出税收框架下的公司理财原则与财税处理，融公司财务决策与税收管理于一体，不仅体现税收法定原则下的依法纳税，还体现税收成本控制与税务风险防范导向下的科学理税。本书第一章论述了税收与公司财务的基本关系，对税制框架下的公司财务目标、财务原则以及税收与公司财务的耦合原理做出阐释；第二章至第四章分别论述了税收与融资管理、税收与投资管理、税收与资产负债管理的关系，系统阐释在公司融资决策、投资决策以及资产负债管理决策中应当如何考虑税收因素的影响；第五章论述了税收与损益管理，阐释公司如何通过会计收入、成本费用的运筹达到税后利润最大化；第六章论述了税收与利润分配的关系，阐述利润分配的税收影响效应，基于税收视角规划最优财务分配方案；第七章论述了税收与资本交易的关系，探讨企业重组的税收效应以及不同重组模式下的税收策略；第八章论述了税收与财务分析的融合关系，解读税收框架下的财务分析技术与方法；第九章论述了税收与公司估值的关系，阐述税收与公司估值的相互影响与互动性；第十章论述了税收与公司治理的关系，探讨税收的公司治理效应及其规律；第十一章论述了税收与国际理财的关系，分析国际理财环境下的税收决策方法，凸显国际理财中的税收规划及税收管理工具的具体应用；第十二章论述了税收与公司战略决策的关系，从战略高度探讨税收对公司战略的影响及价值链战略决策、产权税收决策。

本书具有三大特色：第一，紧扣税收与公司财务的理论与实践，坚持理论与实践相结合、理论服务于实践，体现“务实性”；第二，避免与现有著作或教材重复，本书在结构安排及编写方面做了大量开创性工作，体现“新颖性”；第三，综合运用企业会计准则、税法、财务原理、法律等方面的专业知识，把财税管理纳入“业财法税融合”框架下，体现“综合性”。

阅读和使用本书，有助于读者理解、掌握税收框架下的公司财务理论与实务，提升涉税理财技能与财税应用能力。本书既可用于税务、会计、财务管理、金融保险、国际贸易等财经专业本科生教学，也可作为税务、会计、审计、资产评估、金融保险等专业硕士及 MBA、EMBA、MPAcc 学员的学习用书。同时，对政府决策部门、财税部门、金融证券与保险行业从业者，投资公司、上市公司、大型集团公司等单位的高管、财务总监、财务经理，以及律师事务所、会计师事务所、税务师事务所的从业人员也有实操方面的参考价值。

本书在编写中参阅了国内外相关经济学、管理学前沿论著，同时也吸收了税收与公司财务领域的最新成果，凝聚着众人的智慧和汗水。本书的专业审订得到学术顾问和专家委员们的大力支持与帮助，在此表示诚挚的谢意。还要特别感谢中央财经大学财政税务学院、中央财经大学税收筹划与法律研究中心、上海财经大学/上海国际银行金融学院、中国社会科学院大学税务硕士教育中心、海南师范大学经济与管理学院、江西应用科技学院、宁德师范学院、四川省知识产权服务与创新发展促进会、云帐房网络科技有限公司、融智华尔街（北京）创业投资有限责任公司、Tax100 税百社区、昌泰税务书院、天健兴业资产评估有限公司、上海霖泰大数据科技中心、广东锦之源财税咨询有限公司、苏州瑞华云财务共享科技有限公司、北京中经阳光税收筹划事务所、中瑞税务师事务所集团有限公司、北京镈源茂达税务师事务所、江西太平洋宇洪建设有限公司、中华财务咨询有限公司、深圳市聚丰源企业管理咨询有限公司、深圳市艺拓企业管理咨询有限公司、江西君浩晖帆税务师事务所、德和衡律师事务所、广东华商律师事务所等机构作为技术支持单位所给予的大力支持与帮助。

本书引用的图片除特别标注之外均来自网络，鉴于引用时无法获知原创作者及出处，在此一并对原创作者表示感谢。

虽然本书编写者在很多方面都作了努力，但限于学识与认知水平，书中疏漏之处在所难免，欢迎读者提供宝贵意见和建议（13910862160@126.com），以便再版时修订和提高。

编委会

目录

CONTENTS

当法定税率随着时间的推移保持不变时，持有净营运亏损（NOL）的公司通常会比不持有净营运亏损的公司面临更低的边际税率。在存在净营运亏损的情况下，当前的边际税率对未来法定税率的变化很敏感。

——诺贝尔经济学奖得主 迈伦·斯科尔斯（Myron Scholes）

第一章　税收与公司财务概论

- 税收框架下的公司财务
- 税收与公司财务的耦合关系
- 税收、现金流量与税金预算
- 税收成本与非税成本的财务权衡
- 业财法税融合的逻辑框架与实践应用

学习提示

本章是税收与公司财务概论，以税收与公司财务的相互渗透为切入点，探讨税收框架下的现金流量决策方法，税收成本与非税成本财务权衡，以及业财法税融合的理论框架。通过本章学习，读者应掌握税收与公司财务的耦合关系，明确公司财务决策中税收所占据的重要地位，熟练运用净现值法进行财务决策，能够在预设条件下为公司编制税金预算，掌握税收成本与非税成本概念，理解业财法税融合理论。

案例导入

某制造企业按规定可享受研发费用加计扣除税收政策。2021 年企业根据产品的市场需求，拟开发一系列新产品。新产品开发周期为两年，科研部门提出研发费用预算660 万元，据预测，在不考虑研发费用的情况下，企业第一年可实现利润400 万元，第二年可实现利润1600 万元。假定企业所得税的税率为25%且无其他纳税调整事项，研发费用预算安排不影响企业正常的生产进度。

方案1：第一年研发费用预算为300 万元，第二年为360 万元。

方案2：第一年研发费用预算为180 万元，第二年为480 万元。

案例分析：

方案1：第一年发生的研发费用为300 万元，加上加计扣除的100%即300万元，则研发费用税前扣除额为600 万元。

应纳税所得额 =400 − （300 +300） = −200（万元） <0

所以该年度不交企业所得税，亏损留至下一年度弥补。

第二年发生的研发费用为360 万元，加上可加计扣除的100%即360 万元，则税前研发费用扣除额为720 万元。

应纳税所得额 =1600 − （360 +360） −200 =680（万元）

应交所得税 =680 ×25% =170（万元）

方案2：第一年发生的研发费用为180 万元，加上可加计扣除的100%即180万元，则研发费用税前扣除额为360 万元。

应纳税所得额 =400 − （180 +180） =40（万元）

应交所得税 =40 ×25% =10（万元）

第二年发生的研发费用为480万元，加上可加计扣除的100%即480万元，则研发费用税前扣除额为960万元。

应纳税所得额＝1600－（480＋480）＝640（万元）

应交所得税＝640×25%＝160（万元）

提醒读者注意，尽管企业研发费用享受加计扣除优惠总额相同，但由于研发费用的发生时间不同，造成企业每一年度应缴纳的企业所得税额不同。

若考虑货币时间价值，则企业研发费用投入引起最终的税收结果又会有所不同。假定利率为10%，读者可进一步计算两种研发投入情况下所产生的应纳所得税额的现值之差。

第一节　税收框架下的公司财务

在全球经济活动日趋复杂的环境下，财务管理者需要面对更为诡谲多变的社会经济环境。企业的经营过程是离不开纳税活动的，税收是企业经营决策中必须考虑的重要因素。如何更好地把税收渗透进财务决策，防范税务风险，提高税后收益率，就成为公司财务管理的重要命题。要想更好地把税收与公司财务决策结合起来，我们还是先从税收与公司财务的关系谈起。

一、公司财务的概念与目标

（一）公司财务的概念

公司财务是企业管理的一部分，通常也称为“财务管理”，它是一门关于资金获取和有效使用的管理科学。因此，公司财务管理主要是进行资金管理，包括投资中的资金管理、融资中的资金管理、利润分配中的资金管理等，其对象是资金及其流转。资金流转的起点和终点都是现金，其他资产都属于现金在流转中的变化形式，因此，公司财务管理的对象也可以说是现金及其流转。

现金流转是企业经营活动的核心，也是企业财务管理的精髓之所在。对企业现金流转循环的预测和控制自然成为企业财务工作的重心。现金流转循环过程（见图1－1）说明了这一点。

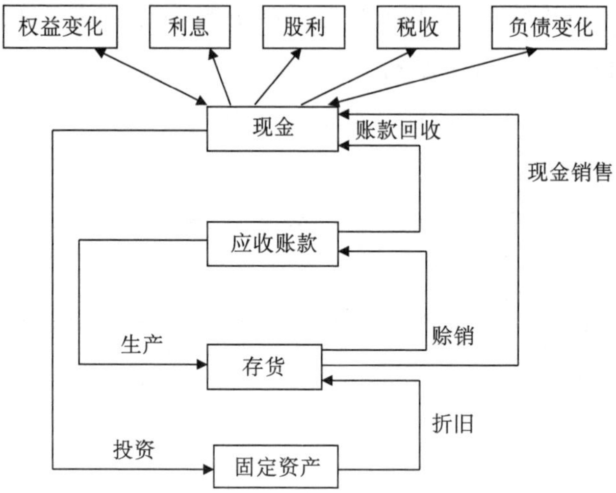

图1-1 现金流转循环过程

现金流转循环过程强调以下两点：①财务和经营之间一脉相承，紧密相连，构成一种水乳交融关系，没有经营就无所谓财务，没有财务也不会维持高效的经营；②现金流转自身形成一种周而复始的循环，企业在这种资金循环运动中实现价值创造。

（二）纯粹意义的公司财务目标

公司是一种营利性组织，其出发点和归宿分别是资金投入和获利。公司一旦成立，就会面临竞争，并始终处于生存与倒闭、发展与萎缩的矛盾之中。因此，公司的目标是实现生存、发展和获利。公司的目标要求公司财务完成筹措资金并有效投放和使用资金的任务。公司经营的成功与否，在很大程度上取决于过去和现在的财务决策。

关于公司财务管理的目标，主要有以下三种观点：

（1）利润最大化。这种观点认为，利润代表了公司新创造的价值，利润越多则说明企业的财富增加得越快，越能体现出公司利用资金创造价值的能力。

但这种观点的缺陷是：第一，没有考虑利润的获取时间。货币时间价值原则是财务决策的重要原则之一，今年获利100万元与明年获利100万元是有着明显的币值区别的；第二，没有考虑所获利润与投入资本的关系，未能很好地衡量货币创利能力；第三，没有考虑获取利润与所承担风险之间的关系。

（2）每股盈余最大化。这种观点认为，应当把公司的利润和股东投入的资本联系起来分析，用每股盈余来概括公司财务目标，以避免“利润最大化”的缺陷。每股盈余可以用“权益资本净利率”来表示，即：

权益资本净利率 = 净利润 ÷ 权益资本总额 = 净利润 ÷ 净资产 = 净利润 ÷（资产 − 负债）

这种观点仍然存在以下缺陷：第一，没有考虑每股盈余获取的时间差异；第二，没有考虑每股盈余的风险性大小。

（3）股东财富最大化。这种观点认为：增加股东财富是企业的财务目标。股东创办公司的目的是增加财富，如果公司不能为股东创造价值，股东就不会为企业提供资金。没有了权益资金，公司也就不存在了。因此，公司要为股东创造价值，股东价值最大化才是公司财务的终极目标。

股东财富可以采用股东权益的市场价值来衡量。股东财富的增加可以用股东权益的市场价值与股东投资资本的差额来衡量，这一差额被称为“权益的市场增加值”。权益的市场增加值是企业为股东创造的价值。

对于存在活跃资本市场的上市公司，股东财富最大化目标有时也被表述为“股价最大化”，即在股东投资资本不变的情况下，股价上升反映了股东财富的增加，股价下降反映了股东财富的减损。股价的升降，代表了市场对股权价值的客观评价。股价也反映了资本和获利之间的关系，它受公司风险大小的影响，反映出每股盈余的风险。值得注意的是：公司与股东之间的交易也会影响股价，但不影响股东财富。例如，分派股利时股价下降，回购股票时股价上升等。因此，假设股东投资资本不变，股价最大化与增加股东财富具有同等意义。

有时公司财务目标还被表述为“企业价值最大化”，这又应该如何理解呢？企业价值包括股东权益价值和债务价值两部分，企业价值的增加，是由股东权

益价值的增加和债务价值的增加引起的。债务价值的变动是由利率变化引起的，而利率是企业的不可控因素。因此，企业价值最大化和股东权益最大化存在一定的差异性。假设利率不变，则可以说企业价值最大化与增加股东价值具有相同的意义。

（三）税收框架下的公司财务目标

在考虑税收因素的情况下，公司财务目标会有所不同。下面从三个方面分析：

（1）税收是影响利润水平的重要项目。由于税收的存在，企业的净利润水平会下降，因此导致股东的可支配收益也随之降低。股东重视税后净收益的大小，因此，“利润最大化”目标在税收框架下应该修正为“税后利润最大化”或“净利润最大化”。只有税后利润最大化才能满足股东的需要。

（2）税收是影响股东财富可支配额的重要因素。税收的存在，不仅影响企业的利润水平，还直接影响股东可支配财富的大小。比如，当存在于企业的股东财富分配给股东时，股东财富会被征收一道税，而股东所获取的可支配财富会因此而减少。因此，“股东可支配财富最大化”才应该是股东所真正关注的财务目标。

（3）税收是影响现金流量的关键性因素。对纳税企业来说，税收是一项现金流出；纳税期间内税款的节约就相当于一项现金流入。考虑到税款的支付期间，税款也会产生货币时间价值。因此，税收框架下的企业财务目标应该定位为“税后净现金流量现值最大化”，而这一目标与“股东财富最大化”目标是一致的，因为净现值代表了企业未来所创造的现金流量的现值之和，股东财富会随着预期现金流量的增加而增加。

案例1－1 假设振邦公司租赁办公室，每月租金为10000元。振邦公司在计算应纳税所得额时，10000元的租金支出可以税前扣除。换言之，这项支出使10000元的所得免于缴纳企业所得税。若公司适用25%的企业所得税税率，那么这项扣除项目会带来2500元的税收节约。因此，我们可以得出如下结论：每月的租赁交易包括10000元的现金流出和2500元的现金流入。

二、公司财务：核心内容与财务原则

（一）公司财务的核心内容

公司财务主要解决哪些问题呢？公司财务管理的对象是现金及其流转，所以公司财务的核心是资金筹措、投资及分配问题。具体来说，公司财务主要包括以下核心内容：

（1）融资管理。融资管理包括债务资金筹集管理和权益资金筹集管理两部分。融资活动主要解决公司的资金来源问题，一般包括发行股票、发行债券、贷款、赊购、租赁等活动。

融资活动对于股东财富的影响十分复杂。融资所获取的资金在使用过程中要支付利息，是减少价值的因素。但是，由于债务利息可以税前扣除，债务成本比权益成本低，利用债务融资可以增加股东财富。与此同时，债务会增加企业的破产风险，不利于股东财富增加。因此，公司必须对此进行权衡，确定适宜的负债权益比率，降低平均资金成本，以利于增加股东财富。

（2）投资管理。投资是指以收回现金并取得收益为目的而发生的现金流出。例如，购买政府公债，购买公司股票和债券，购置设备、建造厂房、增加新产品等，企业都要发生现金流出，并期望取得更多的现金流入。按照投资类型，可以把投资分为项目投资和证券投资：项目投资是指把资金直接投放于生产经营性资产，以便获取营业利润的投资，如购置设备、建造厂房等。证券投资是指把资金投放于金融资产，以便获取股利或利息收入的投资，例如购买上市公司股票或公司债券等。

投资活动对于股东财富的影响是直接的，如果一项投资能获取投资收益，则该项投资对股东财富一定是有贡献的，但贡献额的大小不是取决于税前投资报酬率，而是取决于税后投资报酬率。因此，在投资管理中，税收成为影响投资报酬率的重要因素。

（3）分配管理。分配管理主要指税后利润分配管理，即公司赚得的净利润中，有多少作为股利发放给股东，有多少留在公司作为再投资。过高的股利支付率，会影响企业再投资的能力，使未来收益减少，造成股价下跌；过低的股利支付率，可能引起股东不满，股价也会下跌。

分配活动对股东财富的影响是直接的，决定着可支配财富与不可支配财富之间的结构比重。进一步分析，税收会对分配活动产生影响吗？直观上来看，由于股利属于税后利润分配，留存利润与分配利润的企业所得税待遇是一样的，即企业无论怎样改变股利支付率，无论股利支付额是高还是低，都无法改变企业所得税的应纳税额。所以，企业所得税不会对股利分配产生影响。而个人所得税的情况就大不相同了，由于企业支付给股东的股利在落入个人腰包之前，必须缴纳个人所得税，由此可得出直观判断：个人所得税的存在会抑制公司派发现金股利，且个人所得税税率越高，这种抑制作用就越明显。根据财税〔2015〕101 号文件规定，个人从公开发行和转让市场取得的上市公司股票，持股期限超过 1 年的，股息红利所得暂免征收个人所得税；持股期限在 1 个月以内（含 1 个月）的，其股息红利所得全额计入应纳税所得额；持股期限在 1 个月以上至 1 年的（含 1 年）的，暂减按 50% 计入应纳税所得额。但是，对于个人从非上市公司获取的股息红利或利润分配额必须扣缴 20% 的个人所得税。

（二）税收框架下的财务原则

财务原则是人们对财务活动的共同的、理性的认识，它是财务管理决策的基本要求。财务原则符合大量观察和事实，被多数人接受。财务原则能为解决新的问题提供指引，帮助人们寻找解决财务问题的方法。

（1）双方交易原则。在市场经济环境下，每一项交易都至少存在两方，且交易是遵循市场公平交易原则的。因此，双方交易原则要求在理解财务交易时，不能完全“以自我为中心”，在谋求自身利益的同时要注意对方的存在，以及对方也在遵循自利原则行事。

双方交易原则还要求在理解财务交易时要注意税收的影响。由于税收的存在，主要是利息的税前扣除，使一些交易表现为“非零和博弈”。政府是不请自来的交易第三方，凡是交易政府都要从中收取税金。合法减少上缴给政府的税收，交易双方都可以受益。税收筹划就是寻求减少政府税收的合法交易形式，

成功的税收筹划使交易双方共同受益。因此，税收是影响财务交易的重要因素，必须对财务交易的税收影响作出预估和规划。

（2）风险报酬权衡原则。风险报酬权衡原则是指风险水平和报酬之间存在一个对等关系，投资者必须对风险和报酬作出权衡，为追求较高报酬而承担较高风险，或者为减少风险而接受较低的报酬。

在财务交易中，当其他一切条件相同时，人们倾向于高报酬和低风险，而且都按照自己的经济利益行事，那么竞争结果就产生了风险和报酬之间的权衡。你不可能在承担低风险时获取高报酬，因为这是每个人都想得到的。即使你最先发现这样的机会并率先行动，别人也会迅速跟进，竞争使报酬率降至与风险相当的水平。因此，在现实的市场中只有高风险同时高报酬和低风险同时低报酬的投资机会。

（3）投资分散化原则。投资分散化原则是指不要把全部财富投资于一个公司，而要分散投资。这是极为重要的理财原则。投资分散化原则的理论依据是马科维茨的投资组合理论：若干种股票组成的投资组合，其收益是这些股票收益的加权平均数，但其风险要小于这些股票的加权平均风险，所以投资组合能降低风险。

投资分散化原则具有普遍意义，不仅仅适用于证券投资，公司各项决策都应注意分散化原则，不应当把公司的全部投资集中于个别项目、个别产品和个别行业；不应当把销售集中于少数客户；不应当使资源供应集中于个别供应商；重要的决策不要由一个人作出。凡是有风险的事项，都要贯彻分散化原则，以降低风险。

（4）现金为王原则。现金流既是一种理财理念，也是一种理财工具。现金流是企业的“血液”，没有现金流企业就无法运转。我们随处可以听到“现金为王（Cash is the King）”的名谚。海尔集团对现金流倍加推崇，海尔的第 13 条管理规则便是这样一句箴言——现金流比利润更重要。对于一个企业的成功，你能够深信不疑的是：利润丰厚不一定能让事业成功，但现金流可以！

现金流是指客观存在于企业中，能动态反映经济活动并对其起保障与控制作用的货币收支。在财务上，现金流是指现金及其等价物的总和。所谓现金等价物，一般是指期限短，流动性强，易于转换为确定金额现金，价值变动风险小的各类非现金形态的投资。

税收对企业的现金流是一种“刚性”约束。税收的强制性要求企业必须及时足额地缴纳税款，法定税款必须以现金形式缴纳，如果企业因现金紧张而不能按期足额支付税款，对企业的市场信誉、形象以及长远利益都会有极大的损害，而企业如果非法逃避缴纳税款，则会受到法律的严厉制裁。因此，公司在理财中应充分认识到税收是企业现金流量的重要组成部分，应当依法纳税并合理安排好税款支付时间。

（5）货币时间价值原则。货币时间价值是指在进行财务计量时要考虑货币时间价值因素。“货币时间价值”是指货币在经过一定时间的投资和再投资后所增加的价值。货币具有时间价值的依据是货币投入市场后其数额会随着时间的延续而不断增加。这是一种普遍的客观经济现象，要想让投资人把钱拿出来，市场必须给他们一定的报酬。

货币时间价值原则的首要应用是现值概念。由于现在的 1 元货币比将来的 1 元货币价值大，不同时间的货币价值不能直接加减运算，需要进行折算。通常，要把不同时间的货币价值折算到“现在”时点，然后进行运算或比较。把不同时点的货币折算为“现在”时点的过程，称为“折现”，折现使用的百分率称为“折现率”，折现后的价值称为“现值”。

货币时间价值的另一个重要应用是“早收晚付”观念。对于不付利息的货币收支，与其晚收不如早收，与其早付不如晚付。货币在自己手上，可以立即用于消费而不必等待将来消费，可以投资获利而无损于原来的价值。税款属于现金流出范畴，从货币时间价值角度考虑，要尽量做到最迟纳税。

第二节　税收与公司财务的耦合关系

一、税收与公司财务的耦合关系

耦合（coupling）源自一个物理学概念，是指两个（或两个以上）系统或运动形式之间通过各种相互作用而彼此影响的现象[①]。哈肯教授在研究激光的过程中发现了耦合现象，并首次提出耦合的概念。自然界存在着不同时间、空间跨

① 王永初，王启志．耦合度的新定义及其应用［J］．华侨大学学报，1999（3）：273－277.

度的系统，尽管其结构、属性各有不同，但在整个环境中各个系统相互影响、相互合作，相互依赖、交流。从协同学的角度来看，耦合作用及协调程度决定了系统在达到临界区域时走向何种序与结构，即决定了系统由无序走向有序的趋势。①

耦合关系发生的前提条件是各系统之间存在某种内在的联系，通过诸种联系而发生的耦合过程，将使系统原有的属性或特征被改变，这些可以被视为耦合的结果。基于税收与公司财务相互影响、相互渗透的微妙关系，税收与公司存在着密切的耦合关系，即税收与公司财务彼此之间形成相互作用的动态关系，且具有较高的耦合度。

税收与公司财务之所以存在耦合关系，原因在于二者相互关联与依赖，并相互渗透与相互影响，其结果是二者共同协作，和谐共处。具体来看，公司财务的各构成要素会因税收的渗透而产生变化或调整，进而形成新的公司财务体系，以更好地与税收耦合，最终形成一个基于税收协同视角的公司财务决策机制；税收的各构成要素也会受到公司财务结构和运行结果的影响和制约，进而形成一个新的税收体系，以更好地与公司财务相协调，最终形成一个财务决策视角的税收治理体系。

耦合是系统动态演化的一种现象，由于税收与公司财务作为不同的系统，存在一定的耦合关系，表现为税收逐渐渗透进公司财务决策，公司财务思维与方法也不断融入税收管理实践，二者存在密切的耦合度。因此，税收与公司财务的学科融合与实务发展，旨在从税的角度体悟公司财务之妙，从财务决策视角融入税收治理体系。

二、作为经营成本的税收

如果一项交易能够导致任何期间任何税款的增加，那么所增加的税款被称为税收成本，就是一项现金流出，就构成企业的一项经营成本。例如，一家公司接受一项劳务服务，其支付的交易价款中既包括劳务价款也包括增值税或消费税的税款。在所得税会计核算中，所得税费用是取得应税所得的直接结果。税收项目代表的现金流出与所得项目代表的现金流入是相互联系的。

---

① 宋丽红，薛惠锋，张哲，等．经济——环境系统影响因子耦合度分析［J］．河北工业大学学报，2008（3）：84－89.

案例 1－2 假设振华公司出售一批产品，获得销售收入 8 万元，该批产品的总成本为 6 万元，那么这项交易产生了 2 万元的应纳税所得额。若振华公司适用 25% 的企业所得税率，那么交易的税收成本为 5000 元，这项销售交易既产生了 8 万元的现金流入，也产生了 5000 元的现金流出，5000 元的税款支出构成了一项与销售相联系的必然的经营成本。

三、税收是财务决策的重要相关性因素

在现实的税收环境中，税收对财务结果的影响体现在经营、投资、筹资等方面。因此，税收成为财务决策必须考虑的重要相关性因素，没有考虑税收影响的财务决策一定有其缺陷，甚至会成为错误决策。

（一）“税收利益”的存在

从纳税人角度分析，“税收利益”的取得源自两个方面：一是政府提供的税收优惠政策；二是纳税期的递延。在现代税收制度中，政府往往会制定一些税收优惠政策，其目的在于通过放弃一部分税收收入，给特定的纳税人一些政府补助。税收优惠政策所带给纳税人的税收利益主要取决于企业的微观经营决策与税收优惠体现的国家宏观经济政策的协调程度。

递延纳税不是指不按税法规定期限缴纳税款的欠税行为，而是指纳税人在法律许可的范围内，推延纳税期的行为。纳税期的推延并不减少纳税额，而是相当于给企业提供一笔零资金成本的贷款。考虑到货币时间价值，则相当于增加了收入或增加了股东权益。

（二）“税收陷阱”的存在

现代税收制度中往往存在一些被称为“税收陷阱”的条款，纳税人一旦疏忽大意很可能落入条款规定的范围，就要付出更多的税款。

例如，《中华人民共和国增值税暂行条例》（以下简称《增值税暂行条例》）第三条规定：“纳税人兼营不同税率的项目，应当分别核算不同税率项目的销售额；未分别核算销售额的，从高适用税率。”再如，《关于企业取得的逾期包装物押金收入征收企业所得税问题的通知》（国税发〔1998〕228 号）规定：“企业收取的包装物押金，凡逾期未返还买方的，应确认为收入，依法计征企业所得税。所谓‘逾期未返还’，是指在买卖双方合同或书面约定的收回包装物，返还押金的

期限内，不返还的押金。考虑到包装物属于流动性较强的存货资产，为了加强应税收入的管理，企业收取的包装物押金，从收取之日起计算，已超过一年（指12个月）仍未返还的，原则上要确认为期满之日所属年度的收入。”如果企业不注意这些条款，就有可能掉进“税收陷阱”，增加税收负担，给股东造成损失。

此外，还需注意的是，纳税最小化也可能是一个硕大无比的“税收陷阱”，企业经营活动及财务决策并非以纳税最小化为最佳评价标准，“税后利润最大化”乃至“股东税后可支配财富最大化”才是企业财务决策的终极目标。

（三）多种纳税方案的存在

在现实经济生活中，在税法规范的前提下，企业往往面临着一项交易活动存在多种纳税方案选择的局面。不同的纳税方案，税负轻重程度往往不同，甚至相差甚远。

例如，税法规定股息支付不作为费用列支，只能在企业税后利润中分配，而利息支出则可以作为费用列支，允许企业在计算应纳税所得额时扣除。这样，当企业需要筹集资金时，就面临侧重筹集股权资金还是债权资金的选择问题。再如，税法规定企业当年的亏损可以用以后五年的税前利润进行弥补。企业如果想扩大投资，是建厂房、买设备好，还是收购一家有亏损的企业好？这里有一笔税收的账要算。由于收购亏损企业后，可以用亏损企业的账面亏损冲抵收购企业的盈利，有利于降低企业所得税负担。当然，这种做法并非没有风险，亏损企业的收购成本大小、预期盈利能力大小等都是限定条件，同时收购一家亏损企业还面临着未来经营的不确定性风险。这些都是需要在财务决策时必须予以考虑的相关因素。

四、财务结构决定税收结果

税收是财务决策的重要相关性因素，反过来，财务安排最终决定着一项交易事项的税收结果。以税收为导向的公司理财活动，必然考虑不同财务安排下的税收差异性，公司经常通过改变财务安排来改变税收结果。

比如，某自然人准备筹建一家商务公司，关于汽车的购置存在以下两种财务安排：一是以个人名义购买汽车，把汽车出租给拟设立的商务公司，二是先成立商务公司，然后以公司的名义去购买汽车。

在上述第一种财务安排下，公司不拥有汽车的所有权，公司租赁汽车支付租金，该租金支出可以在企业所得税前扣除，能够降低公司的企业所得税负担。但在该财务安排下公司需要支付给个人租金，在支付租金的同时需要为个人代扣代缴个人所得税。在第二种财务安排下，汽车是以公司名义购买的，公司可以按照一定的财务政策提取折旧额并实现税前扣除，且不会出现代扣代缴个人所得税问题。

案例1－3　M公司打算雇用一名职工来完成一项特定的任务，公司将会支付6940元的薪水和60元个人所得税。① 如果M公司雇用独立承包人去完成这项任务同样需要支付6940元费用，则不需要支付税金。如果M公司适用的企业所得税税率为25%，那么交易事项的税后成本比较如下：

方案一：雇用职工来完成

现金流量：

薪水	(6940)	
个人所得税	(60)	
企业所得税节约	1750	
(6940＋60) ×25%		
净现金流量		(5250)

① M公司支付的6940元是税后工资，相当于税前工资7000元，即（7000－5000）×3%＝60（元）。

方案二：雇用独立的承包人

现金流量：

承包费用	（6940）
所得税节约	1735
6940×25%	
净现金流量	（5205）

由以上分析可知，M公司雇用一名职工来完成一项工作，其对雇用职工所支付的薪水负有代扣代缴税款的义务。如果M公司向独立承包人支付费用则不负担缴纳税款的义务。从成本角度分析，M公司应选择通过雇用独立承包人而不是雇员来完成该项工作。由于改变交易的财务结构，M公司能够消除因雇员而产生的税负支出。

第三节　税收、现金流量与税金预算

一、净现值法：涉税财务决策模型

净现值的计算必须反映包括交易事项的任何税收成本或税收节约在内的所有现金流。税前现金流与决策无关。

（一）税收成本

如果一项交易能够导致任何期间内任何税款的增加，那么所增加的税款都会导致一项现金流出，这就构成交易的税收成本。

案例1－4　N公司销售一件商品，得到1000元的现金收入（不含税价）。如果单位成本为600元（不含税价），企业所得税税率为25%，增值税税率为13%，那么，N公司的这项销售交易产生了130元的增值税销项税额，同时也产生了100元的企业所得税负担。如果不考虑进项税额的因素，该项销售交易使N公司增加税收成本230元。

如果综合考虑现金流量，则现金流入、流出情况计算如下：

现金流入总额 = 1000 + 1000 × 13% = 1130（元）

现金流出总额 = 600 + 600 × 13% +（1000 − 600）× 25% = 778（元）

净现金流量 = 1130 − 778 = 352（元）

（二）税收节约

如果一项交易能够导致任何期间内任何税款的减少，那么所减少的税款就是一项现金流入，这就是税收节约。

在所得税制度中，税收义务是以净营业利润而不是收入总额为基础，因此许多经营支出项目允许税前扣除，这些扣除项目就减少了应纳税所得额，也相应地带来了税款的减少。因此，可扣除支出导致了税收节约。

增值税是价外税，在不同的税收筹划方案中，应交增值税金额的不同并不影响企业的净现金流量。成功的增值税纳税方案主要是通过不同方案中因安排增值税进项税额或销项税额的不同而引起了企业的收入、成本、费用和除增值税外的其他税费的变化，进而产生了不同方案下的净现金流量的差别。因此，选择净现金流量最大的方案是最优财务决策的基本目标。

案例 1－5 净现金流量决策方法

盛唐公司为一般纳税人，适用 13% 的增值税税率，年不含税销售收入为 20 万元，企业所得税税率为 25%。盛唐公司有以下三个不同的经营方案：

方案一：公司收购原竹，自行加工成竹制坯具。

假设公司收购一批原竹，购买价格为 68000 元，运费为 2600 元，经过裁条、剖篾、编织三道工序，支付车间工人工资 7800 元，发生电费支出 1000 元，上述价格均为不含税价格。

案例分析：假设公司当期生产的产品全部售出，则：

当期进项税额 = 68000 × 13% + 2600 × 9% + 1000 × 13% = 9204（元）

当期销项税 = 200000 × 13% = 26000（元）

当期应纳增值税为：26000 − 9204 = 16796（元）

成本支出 = 68000 + 2600 + 7800 + 1000 = 79400（元）

应纳所得税额 =（200000 − 79400）× 25% = 30150（元）

净现金流量 =（200000 − 79400）×（1 − 25%）= 90450（元）

此方案中，增值税对企业现金流量影响为：

现金流入等于当期销项税额，即：200000×13%=26000（元）

现金流出等于企业当期进项税额和当期应纳的增值税之和，即：9204+16796=26000（元）

由此可见，现金流出与现金流入相等，增值税对净现金流量不产生影响。

方案二：公司收购原竹，委托加工成竹制坯具。

假设公司将收购的原竹委托给小规模纳税人，只能取得税务机关代开的增值税专用发票，假设公司按支付给工人的工资加电费总额9000元支付给加工企业。其他条件同方案一，则当期进项税额=68000×13%+2600×9%+9000×6%=9614（元）。

当期销项税额=200000×13%=26000（元）

当期应纳增值税为26000-9614=16386（元）

成本支出=68000+2600+9000=79600（元）

应纳所得税额=（200000-79600）×25%=30100（元）

净现金流量=（200000-79600）×（1-25%）=90300（元）

此方案中，增值税对企业现金流量影响为：现金流入等于当期销项税额，即：200000×13%=26000（元）

现金流出等于企业当期进项税额和当期应纳的增值税之和，即：9614+16386=26000（元）

由此可见，现金流出与现金流入相等，增值税对净现金流量不产生影响。

方案三：按“公司加农户”方式生产加工竹制坯具。

公司向农户发放样品规格，直接收购农民个人加工成的坯具。假设公司按收购买价、工人工资、电费支出三项总额支出坯具款为77000元，运费为2600元。其他条件同方案一，则当期进项税额=77000×13%+2600×9%=10244（元）；当期销项税额=200000×13%=26000（元）。

当期应纳增值税为：26000-10244=15756（元）

成本支出=77000+2600=79600（元）

应纳所得税额=（200000-79600）×25%=30100（元）

净现金流量=（200000-79600）×（1-25%）=90300（元）

此方案中，增值税对企业现金流量影响为：现金流入等于当期销项税，即：200000×13%=26000（元）。

现金流出等于当期进项税和当期应纳的增值税之和，即：10244 + 15796 = 26000（元）

由此可见，现金流出与现金流入相等，增值税对净现金流量不产生影响。

因此，不同方案的应纳增值税金额大小与企业的净现金流量无关。上述三个方案的企业净现金流量不同的原因与应缴增值税无关，真正的原因是不同方案设计时成本变化。

方案一与方案二的成本差为 79400 − 79600 = 200（元）

方案二和方案三相比，企业成本相差 79600 − 79600 = 0

最后，以不同方案的净现金流量为标准进行分析可得：上述方案最优的是方案一，其次是方案二与方案三。

（三）净现值法：税后净现金流量决策方法

在财务决策中考虑交易的税收成本和税收节约，就是要充分考虑交易的涉税现金流量状况。

案例 1 − 6 假设 S 公司必须在两个投资项目中作出选择，每一个项目都需要公司在两年内付出全部精力。项目 1 在这两年中，每年都会产生 150000 元的收益，当年需要支出 90000 元，在接下来的一年需要支出 10000 元。项目 2 当年将产生 200000 元的收益，在接下来的一年里会产生 125000 元的收益。公司预计项目 2 每年需要支出 65000 元。

假定该项目适用 10% 的折现率，且不考虑税收因素的影响，对于这两个互斥项目，其净现值计算比较如表 1 − 1 所示。

表 1 − 1　　投资项目净现值比较

项目	投资项目 1	投资项目 2
当年：		
现金流入	150000	200000
现金流出	(90000)	(65000)
净现金流量	60000	135000
现金流量折现值	60000	135000

续表

项目	投资项目 1	投资项目 2
下一年：		
现金流入	150000	125000
现金流出	(10000)	(65000)
净现金流量	140000	60000
现金流量折现值	127260	54540
(折现系数为 0.909)		
净现值合计	187260	189540
结论：投资项目 2 的净现值大于投资项目 1，因此，N 公司应选择投资项目 2。		

假定上述项目适用 25% 的企业所得税税率。其他条件不变，则对于上述两个互斥项目，其净现值计算比较如表 1－2 所示。

表 1－2　　投资项目净现值比较

项目	投资项目 1	投资项目 2
当年：		
应纳税收入/现金流入	150000	200000
可扣除支出/现金流出	(90000)	(65000)
应纳税所得/税前现金流量	60000	135000
税收成本（税率 25%）	15000	33750
税后现金流量	45000	101250
税后现金流量折现值	45000	101250
下一年：		
应纳税收入/现金流入	150000	125000
可扣除支出/现金流出	(10000)	(65000)
应纳税所得/税前现金流量	140000	60000
税收成本（税率 25%）	35000	15000
税后现金流量	105000	45000
税后现金流量折现值	95445	40905
(折现系数为 0.909)		
净现值合计	140445	142155
结论：税收成本的引入降低了每个投资项目的净现值，但并没有改变投资项目净现值之间的比率差异，仍然是投资项目 2 优于投资项目 1。所以，税收呈现出中性特征。		

根据上述净现值决策方法，请读者尝试给出下列条件约束下的决策结果：

（1）假设税法允许S公司扣除投资项目1的全部支出，但投资项目2只允许扣除支出的75%。

（2）假设税法允许S公司扣除两个投资项目的全部支出，当年的企业所得税税率为25%，但从下一年起企业所得税税率降为15%。

二、税金预算："刚性"约束下的现金流量

（一）税金是一种刚性的现金流出

税金对企业的现金流量是一种"刚性"约束。税法要求企业依法履行纳税义务，及时足额地缴纳税款。一般来说，法定的税款必须以现金形式缴纳，如果企业因现金拮据而不能按期足额支付税款，对其市场信誉、形象以及长远利益都有极大的损害，而企业如果采取非法手段逃避缴纳税款、骗取税款或长期拖欠税款，都会受到法律的严厉制裁。因此，企业应该充分认识到税金是现金流量的重要组成部分，在进行现金流量预测和现金预算编制过程中，必须充分考虑这一部分现金流量对企业财务的影响。

（二）现金预算中的税金预算

现金预算是对预算期内预计的现金收入和现金支出的归集和反映，是关于现金流量的短期财务规划。编制现金预算，可以预测未来现金流量的状况，评估未来到期债务的偿付能力，预警企业可能出现的现金短缺，合理配置资金，加快资金的周转。

现金预算实际上是其他预算有关现金收支的汇总，以及收支差额平衡措施的具体计划。它的编制，一般以其他各项预算为基础。下面我们探讨现金预算编制中有关税金预算额的确定。决定税金预算额的因素主要有业务量、利润及特殊涉税行为，分述如下：

（1）收入总额决定交易环节货劳税金额。销售预算既是整个预算的起点，也是税金预算的基础。销量是根据市场预测或销售合同并结合企业生产能力确定的，单价是通过价格决策和市场环境确定的，收入总额是两者的乘积。如果企业以销售商品、货物为主，则其交易环节的税金主要涉及增值税；如果企业以提供劳务、转让无形资产、销售不动产为主，则其交易环节主要涉及税金及附加。

（2）会计利润决定收益环节的所得税金额。会计利润的大小决定着企业所

得税的金额。“所得税费用”是根据利润规划估计的。在具体预算企业所得税时，应根据会计利润和预计纳税调整情况进行应纳税所得额的测算，并最终确定企业所得税的预算支出金额。

（3）特殊涉税行为决定行为税、财产税等税种的税负。除了货劳税、所得税以外，在税金预算中还应考虑特殊涉税行为的税负情况。主要涉及以下税负：①签订经济合同，书立产权转移书据等，涉及印花税；②房产使用或出租行为，涉及房产税；③购置车辆行为，涉及车辆购置税；④拥有和使用车船，涉及车船税；⑤不动产转移行为，涉及契税；⑥开采矿产品和生产盐，涉及资源税；⑦拥有城镇土地使用权，涉及城镇土地使用税；⑧占用耕地建房或从事其他非农业建设，涉及耕地占用税；⑨土地使用权、不动产转让行为，涉及土地增值税。

（三）税金预算的编制方法

根据收入总额、会计利润和特殊涉税行为，可以预计税金的大小。下面给出编制税金预算的基本方法与依据，如表1－3所示。

表1－3　税金预算　时间：　年　月

项　目	计税依据	税率	税金预算额
货劳税预算			
增值税	产品销售收入 加工修理修配收入 进口货物的组成计税价格	13%和3%	
消费税	产品销售收入 委托加工收入 进口应税消费品的组成计税价格	不同商品不同税率	
所得税预算			
企业所得税	应纳税所得额或者 会计利润＋预计纳税调整	25%、20%或15%	
个人所得税	工资薪金、劳务报酬 稿酬收入、财产转让所得 投资收益等个人收入	3%～45%，7级超额累进税率	
行为税、财产税、资源税预算			
印花税	应税凭证所载金额	不同凭证不同税率	
房产税	房产余值或租金收入额	1.2%或12%	
车辆购置税	车辆的购买价格	10%	
车船税	载客人数、净吨位等	不同税目不同税率	
契税	不动产的价格	3%～5%	
资源税	销售数量或自用数量	不同税目不同税率	

续表

项　目	计税依据	税率	税金预算额
城镇土地使用税	实际占用土地面积	不同地区单位税额不同	
耕地占用税	实际占用耕地面积	不同地区单位税额不同	
土地增值税	房地产的增值额	30% ~60%，超率累进税率	
税金预算额合计			

第四节　税收成本与非税成本的财务权衡

一、税收成本与非税成本的内生性机理分析

（一）税收成本与非税成本的引入

由迈伦·斯科尔斯（Myron S. Scholes）、马克·沃尔夫森（Mark A. Wolfson）等合著的《税收与企业战略：筹划方法》，提出了非税成本概念，认为有效税收筹划需同时考虑交易各方、所有税收和所有成本（All parties，all taxes，all costs），其中所有成本强调要不仅考虑税收成本，还考虑非税成本。

在纳税人视角下，税收成本即为税收负担，是企业按照国家税法规定应当缴纳的各种税款之和，不包括税收遵从成本。非税成本是因纳税行为所引起的非税收成本形式的其他显性支出和隐性支出，包括财务报告成本、交易成本、代理成本、违规成本和税收遵从成本，而财务报告成本因利益相关者不同可以进一步划分为债务契约成本、税务稽查成本、资本市场监管成本和政治成本。税收成本是税收实践的伴生物，非税成本是税收成本的派生概念，税收成本与非税成本存在密切的关系。

（二）税收成本与非税成本的内生联系

（1）非税成本为税收成本的派生概念。在不同历史时期，西方经济学家总结出不少税收原则，其中都涉及税收成本问题，可以说，税收成本是税收实践的伴生物。非税成本是因纳税行为产生的，除税款之外的支出。非税，即不是税；非税成本是相对税收成本而言的一种界定，是税收成本的一个派生概念。

（2）税收成本与非税成本都源于企业纳税活动。税收成本是企业按照国家

税法规定应当缴纳的各种税款之和，是企业纳税活动中实际向国家缴纳的税款金额；非税成本是因纳税行为而产生的，除税金之外的一切形式支出，是企业纳税活动所附带产生的费用开支，包括显性成本与隐性成本，如纳税活动所产生的税收遵从成本、为减少纳税金额而进行税收筹划成本等。因此，税收成本、非税成本都与企业纳税行为有关，都源于企业纳税活动。税收成本、非税成本与企业纳税活动的关系如图 1－2 所示。

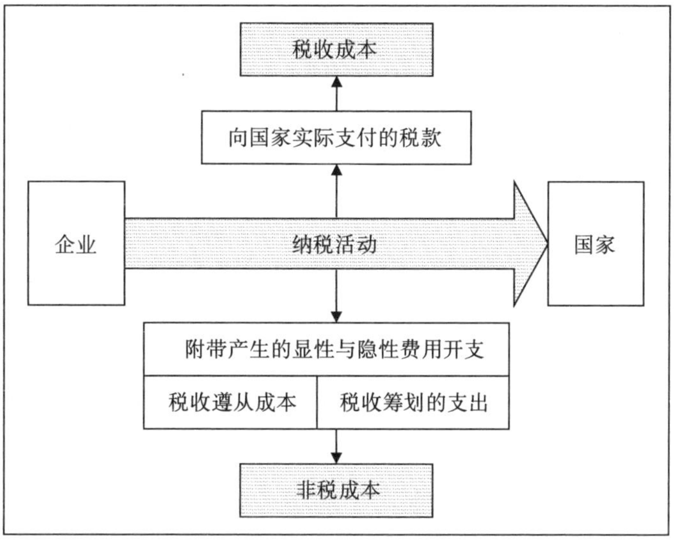

图 1－2　税收成本、非税成本与纳税活动的关系

（3）税收成本和非税成本同为企业的费用开支。成本是企业为获得收益或得到满足而实际花费或预期支付的代价和损失。企业作为社会经济活动主体，在享受国家提供的公共产品和服务的同时，也必须依法向政府支付公共产品与服务的交易费用，即履行纳税义务。税收成本是因法定义务向国家支付的税金，形成企业一项成本；非税成本也是企业实际或未来需付出的代价，构成了企业一项成本。因此，从成本内涵分析，税收成本与非税成本同为企业费用开支，是企业实际或未来所付出的代价或损失。

（三）税收成本与非税成本的内在冲突

（1）税收成本与非税成本产生原因各异。税收成本是企业根据税收规则向国家支付的税款，是企业履行纳税义务、遵循税收规则而产生的开支。非税成本各项目的产生原因有别，其中财务报告成本是由于企业利益相关者对财务报告数据的解读而产生的隐性成本或显性成本；交易成本是由于市场摩擦存在而产生的成本；代理成本是由于代理关系和信息不对称存在而产生的成本；违约成本是由于企业违反税收规则而产生的成本；税收遵从成本是由于缴纳税款行为所产生的一系列间接或直接损耗。税收成本和非税成本产生原因见表 1 – 4。

表 1 – 4　　　　税收成本和非税成本产生原因

<table>
<tr><th colspan="3">项目</th><th>与之相关的利益主体或行为</th><th>产生原因</th></tr>
<tr><td colspan="3">税收成本</td><td>纳税行为</td><td>遵循税收规则，履行纳税义务</td></tr>
<tr><td rowspan="8">非税成本</td><td rowspan="4">财务报告成本</td><td>债务契约成本</td><td>债权人</td><td>债权人对财务报告数据的解读</td></tr>
<tr><td>税务稽查成本</td><td>税务机关</td><td>税务机关对财务报告数据的解读</td></tr>
<tr><td>资本市场监管成本</td><td>证券监督管理委员会</td><td>证监会对财务报告数据的解读</td></tr>
<tr><td>政治成本</td><td>政府、媒体、公众等</td><td>政府、媒体、公众等对财务报告数据的解读</td></tr>
<tr><td colspan="2">交易成本</td><td>市场摩擦</td><td>市场摩擦的存在</td></tr>
<tr><td colspan="2">代理成本</td><td>代理关系、信息不对称</td><td>代理关系、信息不对称的存在</td></tr>
<tr><td colspan="2">违约成本</td><td>违规行为</td><td>违反税收规则</td></tr>
<tr><td colspan="2">税收遵从成本</td><td>纳税行为</td><td>缴纳税款行为所产生的耗费</td></tr>
</table>

（2）税收成本与非税成本的权衡关系。有效税收筹划理论认为，税收成本仅是众多经营成本中的一种，税负最小化可能会产生大量的非税成本。税收支出并不是纳税人一定要规避的成本，企业不一定要规避税收成本。有效税收筹划需考虑税收成本与非税成本的内生关系，在降低税收成本的同时，也要兼顾可能增加的非税成本。在平衡税收成本与非税成本关系时，不要过于强调非税成本的重要性，应合理、理性地权衡税收成本与非税成本关系，既不能过于夸大非税成本的作用，也不能忽视税收成本规避的意义。对于企业而言，理性的状态是税和非税综合成本最小化。

二、税收成本与非税成本的内生性机理分析

结合我国货劳税与所得税并重的“双主体”税制结构，企业税收成本中货劳税成本和所得税成本尤为重要，其中，货劳税成本主要包括增值税成本、消费税成本，所得税成本仅包括企业所得税成本。此外，非税成本构成较多，涉及财务报告成本、交易成本、代理成本、违规成本、税收遵从成本等，且每个项目产生原因各异。因此，分项对比分析税收成本与非税成本内生性机理。

（一）税收成本与财务报告成本之间的关系

财务报告成本是企业最为典型的非税成本，是因企业报告了未能达到利益

相关者需要的盈余或所有者权益而产生的一系列显性成本与隐性成本，包括债务契约成本、税务稽查成本、资本市场监管成本和政治成本。财务报告成本是由于企业报告低于（或高于）实际情况的收益或所有者权益而产生的成本；而企业报告不实收益或所有者权益的目的是调整应税收益，以控制税收成本。

1. 企业所得税成本与财务报告成本之间的关系。根据财务报告成本的构成，分项分析如下

（1）所得税成本与债务契约成本存在负相关性。当企业为控制所得税成本而减少应纳税所得额时，一般也可能使会计利润或所有者权益发生变化，进而影响债务契约中的约束性条件，从而产生债务契约成本。可见，所得税成本的控制需要减少应纳税所得额，同时也有可能间接导致会计利润或所有者权益减少，而增加企业债务契约成本。因此，所得税成本与债务契约成本之间表现为负相关性。

（2）所得税成本与税务稽查成本存在负相关性。企业控制所得税成本将可能导致纳税评估指标发生变化或超出预警值，从而被税务机关认定为异常情况，使企业面临一系列税务检查，产生大量相关费用与开支，即税务稽查成本。可见，所得税成本与税务稽查成本之间表现为负相关性。

（3）所得税成本与资本市场监管成本存在负相关性。资本市场监管成本主要受企业报告的利润状况影响，当企业为控制所得税成本而报告低利润时，可能影响证监会设定的上市公司监管制度，一旦企业利润不能达到监管指标，就有可能面临暂停上市或终止上市等处罚，使企业产生一定损失或增加费用开支。因此，所得税成本与资本市场监管成本之间表现为负相关性。

（4）所得税成本与政治成本存在正相关性。政治成本是由于企业报告高利润或营业额而引起政府、媒体、公众等广泛关注，进而促使政治家们对企业开征新税或施以其他规范管制，让企业承担更多责任，从而产生一些直接或间接费用开支。当企业控制所得税成本时，也可能间接降低企业所报告的账面利润，从而减少了公众对企业的关注度，遏制政治成本增加。因此，所得税成本与政治成本之间表现为正相关性。

所得税成本与财务报告成本之间的关系如图1－3所示。所得税成本与财务报告成本之间的权衡主要归结于应纳税所得额与账面利润（或会计利润）的协调问题。虽然所得税成本主要受应纳税所得额的影响，财务报告成本主要受账面利润影响，但是应纳税所得额（税法收益）和账面利润（会计利润）之间不可能完全脱离，两者在经济本质上有着密切的联系。戴德明、沈梦溪（2005）曾提出：当税法收益与会计收益分离时，要保持公司披露的应税收益不变而调高披露的税前会计收益，但是这种方法只有在一定数量范围内才可行，一旦税前会计收益超过了某一阈值，应税收益也会发生同方向变化。因此，应纳税所得额与账面利润只有在特定范围内才可能会发生不同向变化，而通常应纳税所得额会随账面利润产生同向变化。所得税成本与财务报告成本之间的关系见表1－5。

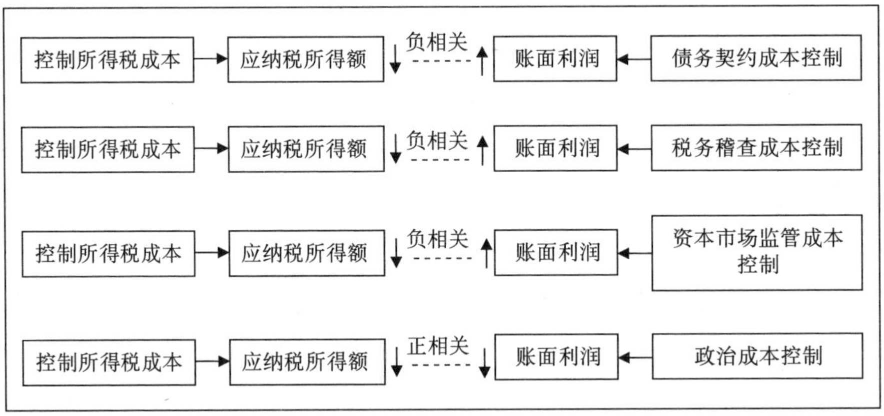

图1－3　所得税成本与财务报告成本之间的关系

表1－5　所得税成本与财务报告成本之间的关系

税收成本中的所得税成本	非税成本中的财务报告成本	可能存在的关系
所得税成本	债务契约成本	负相关
所得税成本	税务稽查成本	负相关
所得税成本	资本市场监管成本	负相关
所得税成本	政治成本	正相关

2. 货劳税成本与财务报告成本之间的关系

企业货劳税成本主要受流转额或营业额影响。企业流转额或营业额在财务报告上反映为营业收入等收益性项目。营业收入等收益项目金额减少，通常也意味着货劳税成本减少；同时，收益性项目金额降低也可能会导致债务契约成本减少、税务稽查成本减少、监管成本减少和政治成本增加。货劳税成本与财务报告成本之间的关系如图1－4所示。

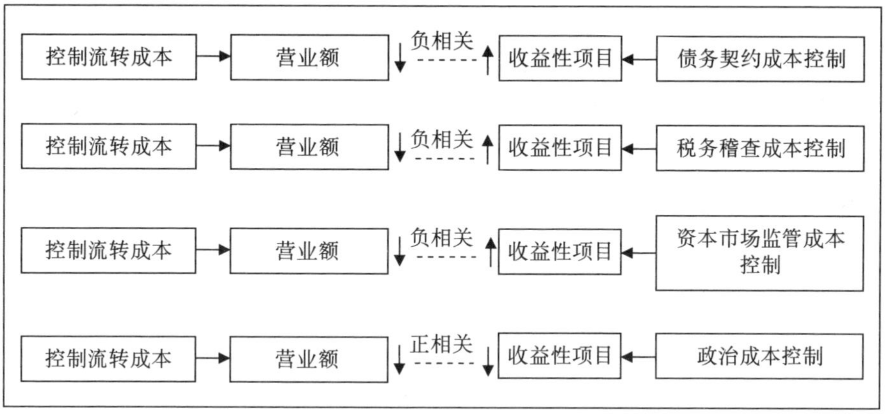

图1－4 货劳税成本与财务报告成本之间的关系

货劳税成本与财务报告成本项目之间的关系如表1－6所示。

表1－6 货劳税成本与财务报告成本之间的关系

税收成本中货劳税成本	非税成本中财务报告成本	可能存在的关系
货劳税成本	债务契约成本	负相关
货劳税成本	税务稽查成本	负相关
货劳税成本	资本市场监管成本	负相关
货劳税成本	政治成本	正相关

（二）税收成本与交易成本之间的关系

交易成本产生源于市场摩擦，包括信息搜集成本、谈判成本、缔约成本、监督成本等。当企业税收成本较高时，企业进行税收筹划的可能性也将增加，进而企业需要了解、搜集与税收筹划有关的信息，产生信息搜集费用、谈判费用、缔约费用等交易成本。可见，企业为规避税收成本，进行税收筹划，同时也将增加与之相关的交易成本。企业税收成本与交易成本之间可能存在负相关性。

（三）税收成本与代理成本之间的关系

代理成本是由于委托—代理关系及信息不对称而导致逆向选择和道德风险

所产生的成本。税收规避是代理成本产生的重要原因之一。企业进行资产重组税收筹划时，当一个企业被分立为几个子公司或分公司后，由于管理机构与人员增加造成多层委托—代理关系及各利益相关者之间的信息不对称问题，从而增加了代理人进行逆向选择和道德风险的概率，提高了发生代理成本的可能性。可见，当企业为降低税收成本而进行税收筹划时，很可能增加与之相关的代理成本。税收成本与代理成本之间可能存在负相关性。

（四）税收成本与违规成本之间的关系

违规成本是企业在缴纳税款过程中，由于主观或客观原因而违反税收法律规定所发生的一系列费用开支。违规成本高低可通过企业违反税收法律规定而受到税务处罚次数及处罚金额予以反映，企业接受税务处罚次数越多、处罚金额越大，其违规成本越高。违规成本与企业税收筹划有一定关系，企业税收筹划一旦违反税收规则就可能受到处罚，从而承担违规成本。当企业税收成本较高时，企业进行税收筹划而降低税收成本的动机也越大，发生违约成本的可能性也越高。企业税收成本与违规成本之间可能存在正相关性。

（五）税收成本与税收遵从成本之间的关系

税收遵从成本是企业为遵从税收法律规定，因缴纳税款活动所发生的除税款之外的费用开支，包括货币成本、时间成本和心理成本。影响税收遵从成本的因素包括企业主体税种规模。通常，企业主体税种规模越大，课税种类越多，所花费的货币成本、时间成本或心理成本越高，税收遵从成本也越高。企业较高的税收成本很可能意味着企业所课税规模较大，而企业税种规模大小也决定了税收遵从成本高低（即税种规模越大，税收遵从成本也越高）。企业税收成本与税收遵从成本之间可能存在正相关性。

第五节　业财法税融合的逻辑框架与实践应用

一、“业财法税融合”的逻辑框架

（一）“业财法税融合”的理论逻辑

“业财法税融合”是近年来出现的一个关于财税管理的新概念、新思维。

“业财法税融合”是指企业根据现代财税管理要求，通过数据挖掘、信息传播、信息共享的高科技手段，有机融合业务、财务、法务、税务活动，在合法经营的基础上，利用财务手段、税收政策、法律工具等，从规划、决策、组织、控制和评价等方面全面提升效率、降低成本，实现企业价值最大化的管理协同行为[①]。相较于“业财融合”，“业财税融合”提升了企业运营及财税风险的价值认知，其内涵与外延有所拓展，实现了企业三大流程——业务流程、财务流程、税务管理流程的有机结合，使企业的财务数据、税务处理和业务操作融为一体。从管理协同视角出发，将法务、税务元素同时引入“业财融合”，会产生“业财法税融合”的聚变效应。

“业财法税融合”凸显业务、财务、法务、税务四位一体的重要性，产生一种奇特的聚变效应，体现的是一种管理协同行为，强调的是一种基于风控逻辑的场景融合，“业财法税融合”的逻辑框架如图 1－5 所示。“业财法税融合”为企业的交易结构设计、财税合规、价值创造提供了稳固的奠基石，成为新时代管理变革与技术创新的新引擎。

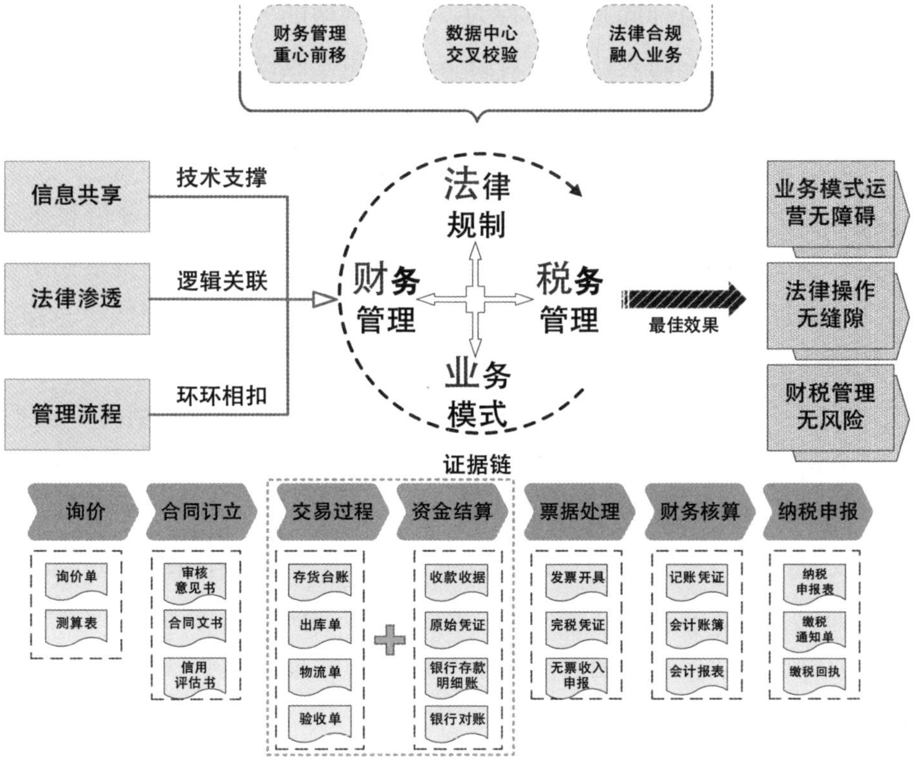

图 1－5 “业财法税融合”的逻辑框架

① 蔡昌，王道庆．业财法税融合：理论框架与行动指南［J］．税务研究，2020（12）．

（二）“业财法税融合”的路径依赖

“业财法税”融合，既涉及企业业务活动正常运作，又与交易结构、节点控制、合同签订、凭证获取、资金管理、账务处理、财务披露、税务管理等密不可分。实现“业财法税融合”，不仅需要交易结构的科学设计，还要考虑账务处理、财务披露、税务管理与合同签订、节点控制、凭证获取等环节的无缝衔接，构建包括合同文本、财务资料、完税凭证等在内的完整的“证据链”，这与法律上要求的“谁主张谁举证”原则相契合。即使未来面对外部审计、税务调查等事项，也能够提供证明其符合商业目的原则以及财税合规性要求的证据材料。从这一角度出发，“证据链”为“业财法税融合”开辟出一条坦途，成为“业财法税”运行所依赖的基本路径，能够深度阐释企业经营活动在“业财法税融合”下所形成的一体化特征与一致性结果。

合同是商业活动、交易结构的主要载体，合同锁定了交易结构，同时也成为影响财务结果和税务风险管理的重要证据。理想状态下的财务规划、税务安排应该始于合同，因为合同是商业行为、交易活动的先导，没有合同就没有交易，合同约定条款的不同表达，会对财务核算和税收结果产生不同的影响。企业在财务规划、税务安排时，往往是以合同文本为依据的，合同自然成为财务规划、税务安排“证据链”的关键证据。

严谨完备的会计核算及真实的账簿资料与备查簿，是企业开展税务安排、税务风险控制、适用税收优惠政策的法律证据。因此，企业如何开展财务核算，是否有效管理原始凭证、记账凭证和账簿记录，将对其税务处理产生直接影响，进而影响最终的税务结果。

法律对于“业财法税融合”有着特殊的贡献，没有法律规制与事实甄别过程，就没有稳固的税务安排与风险控制行动。税收筹划是一项专业性很强的工作，主要是在依法合规的前提下，借助于商业逻辑、经济合同等的事先安排，科学规划交易结构与商务活动，以无可争辩的事实依据和法律规范，实现合法降低企业的税收成本及涉税风险。对于财务造假、阴阳合同等违法行为，并非合法税收筹划的有效范畴，因其从根本上也无法满足“业财法税”内在逻辑的一致性。

税务安排是一项专业性很强的工作，主要是在依法合规的前提下，借助于商业逻辑、经济合同等的事先安排，科学规划交易结构与商务活动，以无可争辩的事实依据和法律规范，实现合法降低企业的税收成本及涉税风险的目的。

真正的“业财法税融合”，一是必须做到准确把握税收契约思想，把握交易结构设计、财务规划、税务安排等的法律界限；二是必须保证交易结构设计、财务规划、税务安排具有完整的“证据链”，且证据材料之间具备内在逻辑一致性，能够为“业财法税融合”提供有力的法治支撑。

二、“业财法税融合”催生内聚式耦合管理模式

（一）“业财法税融合”依赖数字化智能平台

“业财法税融合”的核心在于打破信息孤岛，形成业务、财务、法务、税务的耦合聚变效应。“业财法税融合”跳出了传统财务会计的思维桎梏，将视野扩展为整个企业，且着眼于合规性与价值创造流程。平台思维是“业财法税融合”的理论基石，建立基于大数据的具有万物互联特征的数字化智能平台，也为进一步巩固“业财法税融合”提供强有力的平台支撑。不同于现行的财务共享模式，“业财法税融合”下构建的数字化智能平台，使全流程数据有序地汇聚到数字化智能平台网络，以有效根治信息不对称性带来的弊端。可以预见，数字化智能平台最终会以构成元素的形式融入“万物互联”的社会经济大环境下的智能数据生态系统之中。

（二）“业财法税融合”的目标是企业价值最大化

在短期视角下，“业财法税融合”致力于强化内部合规性。从“业财税一体化”进阶至“业财法税融合”，最显著的特征即是将法律规制提升至业务、财务、税务同一水平，从整体上强化内部合规性。在中期视野下，“业财法税融合”旨在降本增效。“业财法税”重在融合，旨在推动业务、财务、税务、法务四大部门的有机融合。在传统“金字塔”式的组织架构中，业财法税融合打破部门之间的信息壁垒，避免信息不对称带来的逆向选择与道德风险，降低各部门之间的信息传递与沟通成本，提升经营绩效与管理效率。在长期目标中，“业财法税融合”专注于企业价值最大化。无论是短期合规，还是中期降本增效，最终都是着眼于企业价值提升。短期合规的持续推进将促进企业从组织内部规避外部风险，中期降本增效的不断强化使企业从内部管理中挖掘价值。因此，尽管业务、财务、法务、税务职能不同，但在“业财法税融合”下它们都指向共同的目标，即服务于企业价值最大化。

（三）“业财法税融合”：内聚式耦合管理的推动力

在实现企业价值最大化目标导向下，业务、财务、法务、税务四个部门不

断交流、协商、权衡并形成四方制衡下的最优方案。而这种交流、协商、权衡形成最优方案的过程，就是“业财法税融合”的实现过程。借鉴波特的价值链模型剖析“业财法税融合”的耦合互动与协作关系，归纳出“业财法税融合”的内聚式耦合管理模式，如图1-6所示。

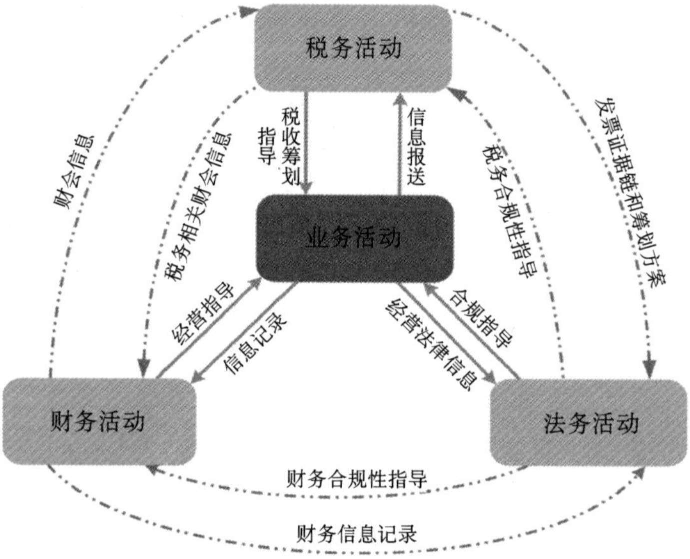

图1-6 “业财法税融合”下的内聚式耦合管理模式

迈克尔·波特（1986）曾在《变化中的国际竞争模式》① 中提出公司自身价值才是形成竞争优势的根本因素，并认为公司自身价值是由众多价值行为共同构建，具体价值行为在公司经营过程中相互联系，形成价值链。波特通过价值链模型，细化公司活动中的各项价值行为，从而将研究视角转向公司内部。

“业财法税融合”借鉴波特的价值链模型，通过拆分与重组公司管理活动的各项价值行为，构建“业财法税融合”下的内聚式耦合管理模式。基于价值链模型将公司管理活动拆解为业务、财务、税务、法务四项，并以业务为内聚核心，财务、税务、法务作为三大支柱，重组其各项价值行为，建立以信息交互为特征的耦合管理模式。

企业的业务活动通常划分为采购、研发、生产、销售等不同的环节，而这些不同的业务活动必然要经过财务会计的记录形成会计信息，也必然经过税务信息系统完成纳税，进而形成经营利润、税收支出、营业成本等财税信息提供

① Michael E. Porter. Changing Patterns of International Competition［J］. SAGE Publications，1986，28（2）.

给企业管理层及相关信息使用者，管理层通过甄别、判断会计信息进行经营决策，进而调整经营方向与业务模式，实现业务、财务的统筹规划，此乃“业财融合”的本质。

再从税务视角分析，企业的各项业务活动形成的会计信息为税务管理与筹划等税务决策提供依据，反过来税务管理与筹划为业务活动提供财税支持，调整业务部门的经营活动使企业实现综合税负率最小化或税后利润率最大化；除此之外，企业的采购、生产、研发、销售、物流、投资、融资、分配等内外部活动需要录入和开具发票，形成比企业自身会计记录效力更强的业务操作证据，形成的证据链可为法务部门提升业务的合规性提供支撑。

再从法务视角分析，除税务活动来源的发票证据链作为法务活动的支持外，较为重要的还有业务经营形成的合同。合同信息传递至法务部门，法务部门除了直接指导业务活动外，还能通过指导财务管理、税务管理与筹划活动间接指导业务活动；此外，财务数据、税收筹划方案也相应地成为佐证企业经营合规性的决策结果和信息流。

总之，企业的四项活动依靠各自产生的信息流在四个部门之间顺畅流动，并达到相互印证、相互支撑的综合效果，彼此之间不断平衡直至达成企业经营方案的最优解，最终服务于企业价值最大化目标。

法律空白

三、“业财法税融合”驱动企业管理变革

“业财法税融合”的行动指向是企业各部门的管理协同，以及实现企业价值最大化的终极目标。企业在“业财法税融合”前期，由于信息化技术的应用，

传统“金字塔型”组织架构尚能满足企业对于价值创造的追求。但在后期不断融合过程中，由于组织运行存在交易成本①，当一种新的组织结构能够为企业带来更低的交易成本时，企业会选择转变为这种新的组织结构②。故而在“业财法税融合”后期，为满足对企业价值最大化的目标追求，企业应当积极推动组织变迁，摒弃传统“金字塔型”组织架构，转向具有“小前台—大中台”特征的“尖兵+航母群+大脑中枢式”组织架构，如图1-7所示。

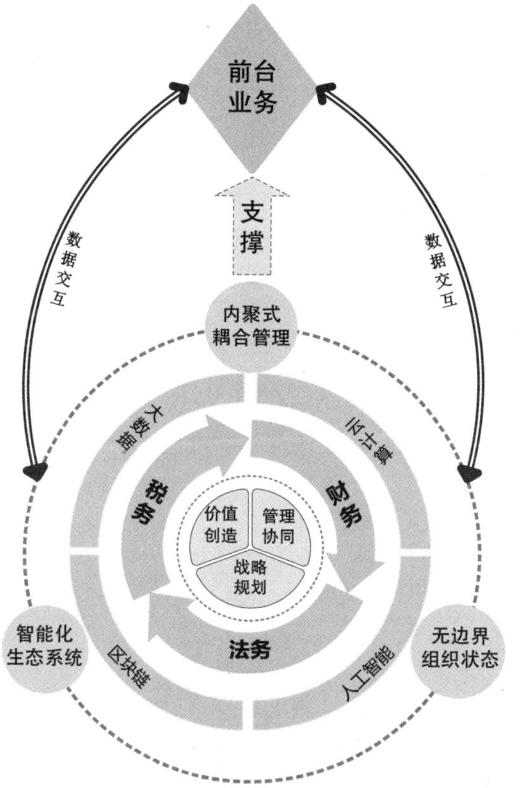

图1-7 “尖兵+航母群+大脑中枢式”组织架构

这一组织变革的内涵在于缩小业务前台，将其作为外界探寻、合作交流的先锋，后续是以数字化、智能化为核心，多种职能部门共建互融的“航母群”为中台，后台则是以“战略规划+管理协同+价值创造”为根基的“大脑中

① 交易成本概念最早由Coase（1937）提出，并由Williamson（1985）进一步发展，核心思想认为企业的存在是由于企业内部交易成本小于市场交易成本，组织架构的演变来源于对交易成本降低的追求。

② 李朋波，梁晗．基于价值创造视角的企业组织结构演变机理研究——以阿里巴巴集团为例［J］．湖北社会科学，2017（2）：104-111.

枢”。这种聚焦“前台—中台—后台”结构拆分、匠心独运的组织架构，其功能定位和管理协同优势非常明显：业务前台体型缩小，便于应对瞬息万变的外界环境；庞大的中台体系基于大数据技术支撑，集合企业各项职能，综合财务、税务、法务等部门共同对前台业务提供技术服务层面的支撑，从组织保障、管理协同中实现“业财法税”的有机融合；稳固的后台则以战略规划、管理协同思想、价值创造目标为“大脑中枢”，为“业财法税融合”的实践行动提供坚实的理论基石与决策指导。

“业财法税融合”将推动管理创新与税务管理创新。税务管理作为一个沟通政府与企业的重要桥梁，具有植根于业务、起源于法务、取材于财务的特点。将税务管理作为业财法税融合行动实践的落脚点，既能充分体现“业财法税”四位一体、耦合协同的特征，又能“窥一斑而知全豹”，全面推进“业财法税融合”的实践模式创新。

四、“业财法税融合”框架下的“四流一致”

（一）“四流一致”的内涵

所谓“四流一致”，是指业务流（货物流或服务流）、合同流、资金流、票据流保持统一性。具体而言，“四流一致”不仅要求收款方、开票方和货物销售方或服务提供方必须是同一个经济主体，而且付款方、货物采购方或服务接受方也必须是同一个经济主体。“四流一致”的基本假设是：买卖双方签署经济合同，真实发生合同所约定的交易活动。卖方向买方转移货物或提供服务，也即货物流或服务流；买方向卖方支付款项，也即资金流；卖方向买家开票，买家凭票入账并抵扣进项税，即票据流。如果在经济交易过程中，不能保证资金流、票据流和业务流相互统一，则会出现票款不一致，涉嫌虚开增值税发票问题，如果一经查实，不仅需要补缴税款及滞纳金，还须承担行政处罚甚至刑事责任的法律风险。

（二）“四流一致”的运行规则

从企业经济实践分析，“业财法税融合”下的“四流一致”，要求满足以下三大运行规则（详见图1－8）。

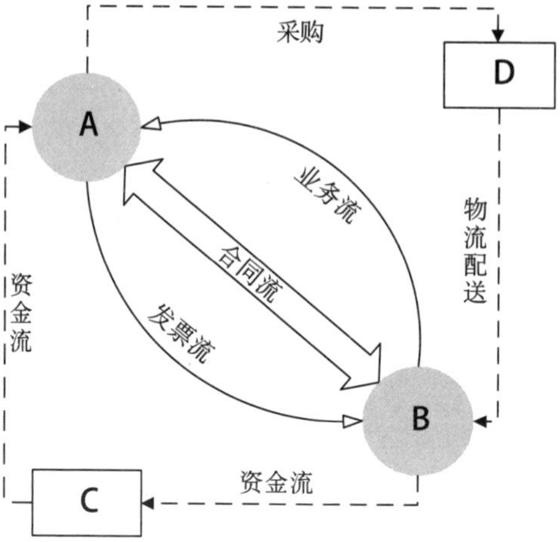

图 1－8　“四流一致”的运行规则

规则 1：以合同流为中心，票据流、业务流并行一致；

规则 2：资金流允许通过委托收付款方式保持间接一致；

规则 3：销售方向第三方采购的货物再转销给购买方时，允许第三方直接通过物流配送转移给购买方。

规则 1 比较容易理解，业务流、合同流、票据流应该保持一致。尤其是业务流，是“四流一致”的根基，如果业务流不存在，合同就不真实或者没能正确履约，就属于商业欺诈或合同欺骗，若又出现开具增值税发票行为，就是涉嫌虚开增值税发票。

当满足业务真实发生的前提下，若出现合同、发票与业务不一致的情形，应该按照以下逻辑规律处理：（1）当业务流与合同流不一致时，通常需要根据真实的业务流，以业务流为标准，对合同流进行补充调整，最终达到合同流与业务流一致。即当业务真实发生后，不允许业务流与合同流出现不一致的情形。（2）当业务流与票据流不一致时，需要对发票所载事项或金额做相应处理。如果发票所载事项与业务内容不符，或者发票所载事项与业务内容相符，但发票金额与业务金额不一致时，都需要根据真实业务的内容对发票做出处理：若发票所载事项与业务内容一致，但发票金额大于业务金额的，则开票方须收回原发票并作废，然后再开具与业务内容和金额相吻合的发票。如果发票所载事项与业务内容相符，且发票金额小于业务金额的，则可由开票方以差额补开同一事项发票。即最终必须满足发票所载事项与金额与真实业务完全相符，真正实现票据流与业务流的完全一致。（3）当合同流与票据流不一致时，可能其中一者有误，也可能两者均有误，不论属于哪种情况，都需要根据真实业务情况对合同或发票内容进行相应处理，且合同与发票都与业务流保持一致，即最终两者之间也必然会因为和业务流吻合而保持一致。

规则 2 的本质是维持业务合规性与灵活性的平衡关系。其实，“四流一致”并不必然要求资金流、业务流、合同流、票据流保持整齐划一的完全一致，允许资金流通过委托收付款方式与其他三流保持间接一致。这里强调的是收款方或付款方可以与开票方或受票方不一致，但并不是允许资金流的金额可以不一致。关于资金流不必然要求与业务流、票据流、合同流保持一致的问题，国家税务总局曾在一次视频会议上给予过明确的政策解释，国家税务总局于 2016 年 5 月 26 日在视频会上针对网友提出来的问题——“纳税人取得服务品名为住宿费的增值税专用发票，但住宿费是以个人账户支付的，这种情况能否允许抵扣进项税？是不是需要以单位对公账户转账付款才允许抵扣?”视频会政策解答中对此涉及住宿费发票进项税额抵扣的“三流一致”问题给出如下答复：其实现行政策在住宿费的进项抵扣方面，从未作出过类似的限制性规定，纳税人无论通过私人账户还是对公账户支付住宿费，只要其购买的住宿服务符合现行规定，都可以抵扣进项税。而且，需要补充说明的是，不仅是住宿费，对纳税人购进的其他任何货物、服务，都没有规定因付款账户不同就不可以抵扣进项税额①。上述答复清晰地表明，只要业务真实性不存在问题，至于资金支付主体是可以不完全与业务流、合同流、票据流保持一致的。在经济实践中，由于企业之间经常存在复杂的债权债务关系、三角债问题，以及广泛存在资金集中支付、委托收付款、债权债务抵销、债务重组等实操模式，不可避免甚至经常出现购买方与付款方不一致的情形。因此，资金流与业务流、合同流、票据流在现实中很难保证完全一致。需要说明的是，虽然资金流与业务流在特殊情况下并不必然强求一致，但一般要求在资金流方面能够清晰证明货币收支不存在违反财经纪律，也未出现非法集资或套取现金等违规操作。

规则 3 主要针对互联网经济下的电子商务、平台经济模式作出的灵活调整。在日渐繁盛的互联网时代，电子商务、平台经济呈现出加速发展的态势，经济交往的广度与深度均系前所未有，交易活动越来越趋向复杂化，实现点对点的物流配送基本上愈加难以实现，同时也可能因为物流经济性原则而丧失点对点配送的必要性。例如，上海贸易公司接到来自成都客户的采购订单，收款并开

① 5 月 26 日税务总局“营改增”视频会政策问题解答（https：//www. bjeye. com/shui/17101. html）。

具发票；货物不是由上海贸易公司发出，而是由上海贸易公司委托广州的生产商直接发货给成都客户，上海贸易公司不负责运输，货物也不会从上海发出。这种现象在大宗商品贸易中较为普遍，由于运输、仓储环节往往需要耗费大量的成本费用，因此，企业或市场主体之间进行货物转卖时往往会约定货物暂时不发生现实上的实际交付，而是通过“指示交付”或“占有改定”的方式完成货物所有权转让与交付过程。虽然货物本身没有发生空间上的转移，但已经发生法律意义上的“交付”，即货物所有权已经发生转移，交易行为合理有效。这种物流运输与资金流、票据流不一致的情况也是符合常理的，即不能因为物流配送问题而被认定为不符合“四流一致”原则。因此，“四流”不一致并不必然存在问题，除票据流不一致外，其余三流不一致皆须结合实际交易情况进行专业判断。

本章小结

本章从税制框架下的财务目标、财务原则，税收与公司财务的相互渗透，税收与现金流量等系统研究税收对公司财务活动及财务决策的影响，并重点论述净现值法的涉税财务决策模型，阐释税金预算的基本编制方法，阐述税收成本与非税成本的关系，解读“业财法税融合”的理论框架。

关键术语

公司财务　净现值法　税金预算　非税成本　业财法税融合　四流一致

思考题

1. 税收对公司财务会产生哪些影响？请举例说明。
2. 为何说净现值法是税收框架下的财务决策方法？
3. 影响税金预算的主要因素是什么？请论述税金预算的编制方法。
4. 请阐述税收成本与非税成本的关联性。
5. 业财法税融合的逻辑框架是什么，该逻辑框架对公司财务决策有何价值？

练习题

1. 假设A公司必须在两个投资项目中作出选择，每一个项目都需要公司在两年内付出全部精力。项目1在这两年中，每年都会产生150000元的收益，当年需要支出90000元，在接下来的一年需要支出10000元。项目2当年将产生200000元的收益，在接下来的一年里会产生125000元的收益。公司预计项目2每年需要支出65000元。

要求：

（1）假定该项目适用15%的折现率，且不考虑税收因素的影响，对于这两个互斥项目，比较其净现值的大小。

（2）假定该项目适用16.5%的企业所得税税率。其他条件不变，则对于上述两个互斥项目，比较其净现值的大小。

（3）假设该项目适用10%的企业所得税税率。其他条件不变，则对于上述两个互斥项目，比较其净现值的大小。

（4）假设项目1第一年的现金流出可以加计扣除50%，两个项目适用15%的折现率，适用税率为10%。其他条件不变，则对于上述两个互斥项目，比较其净现值的大小。

2. 某内资企业准备与外国企业联合投资成立一家中外合资企业，投资总额为6000万元，注册资本为3000万元，其中，中方投资1200万元，占40%，外方投资1800万元，占60%。中方准备以自己使用过的机器设备1200万元和房屋建筑物1200万元作为投入，投入方式有两种：

（1）以机器设备作价1200万元作为注册资本投入，房屋建筑物作价1200万元作为其他投入。

（2）以房屋建筑物作价1200万元作为注册资本投入，机器设备作价1200万元作为其他投入。

请分析：该内资企业应该选择哪种投入方式，为什么？

3. 假设A公司在中国境内拥有B和C两家子公司。在某一纳税年度，公司本部预计实现利润1000万元，其子公司B实现利润300万元，而子公司C由于刚成立，成本费用较大，收入较少，预计亏损250万元，企业所得税税率为25%。

请问：如何安排企业的组织形式能使A公司整体税负最小化。

读书笔记

许多税收筹划活动可能导致不良的财务报告结果，导致需要在由于报告低收益或高负债权益比率（杠杆）所获得的税收利益（节约）与产生的成本之间进行权衡。

——诺贝尔经济学奖得主 迈伦·斯科尔斯（Myron Scholes）

第二章 税收与融资管理

- 税收与融资方式决策
- 税收与资本结构决策
- 权益融资的涉税决策
- 债务融资的涉税决策
- 税收与融资租赁决策

学习提示

本章从融资的基本理论入手，围绕融资管理这一公司资金运作的基础，全面阐述税收与企业融资的关系。结合案例的研究方法，系统分析了税收对企业融资的影响。由于不同融资方式下资本成本的列支要求不同，税收成为影响公司融资决策的最直接、最现实、最重要的因素之一。

通过学习，读者应掌握税收与融资之间的关系，明确公司融资决策中税收所起的重要作用，能够进行复杂税制环境下的融资决策。企业如何选择适合自己的融资方式并进行财税决策与税收筹划，显得尤为重要。

案例导入

宏远公司计划融资15000万元用于一项新产品的生产，制定了以下四个方案，假设四个方案的负债比率（负债/权益）分别为1:1、2:1、3:1、4:1。四个方案的息税前投资收益率均为10%。负债成本率分别为6%、9%、10%、12%。企业所得税税率为25%。请问，宏远公司应该如何决策？

案例分析：比较每个方案的息税后报酬：

第一个方案：$(15000\times10\%-15000\times50\%\times6\%)\times(1-25\%)-15000\times50\%\times6\%=337.50$（万元）

第二个方案：$(15000\times10\%-15000\times1/3\times9\%)\times(1-25\%)-15000\times1/3\times9\%=337.50$（万元）

第三个方案：$(15000\times10\%-15000\times1/4\times10\%)\times(1-25\%)-15000\times1/4\times10\%=468.75$（万元）

第四个方案：$(15000\times10\%-15000\times1/5\times12\%)\times(1-25\%)-15000\times1/5\times12\%=495$（万元）

根据计算结果判断，第四个方案的息税后报酬最多，第三个方案次之，因此应该选择第四个方案。

本案例也可以计算比较四个方案的息税后报酬率的大小进行决策，这里不再给出分析，有兴趣的读者可以进一步分析。

第一节 税收与融资方式决策

一、融资概述

（一）融资的概念

融资可以理解为资金以各种形式，通过协议实现在融入资金的一方与被融入资金一方的转移过程，从金融学的角度分析，它既可以作为一种为支付超过现金的购货款而采取的货币交易手段，也可以作为为取得资产而集资所采取的货币手段。通常是指货币资金的持有者和需求者之间，直接或间接地进行资金融通的过程。从广义上讲，融资就是货币资金的流通，即当事人通过诸多方式在金融市场筹措或贷放资金的行为，公司为满足自身生产经营与资本支出需要，就必须通过筹措资本来维持，这也是公司进行一系列生产活动的前提。从狭义上讲，融资就是一个企业的资金筹集的行为与过程，即公司根据自身的生产经营状况、资金状况，以及公司未来经营发展的需要，通过科学的预测和决策，采用一定方式向公司的投资者和债权人筹借资金，并组织资金供应的一种理财行为。

（二）融资的动机

公司作为一个独立法人，其内部运行的资金由筹集而来，为保证生产经营活动的正常运行和不断发展，就必须依法合理的筹集资金。但就其每一项具体的融资活动而言，通常要受各种特定动机的驱使。从融资功能角度分析，公司的融资动机主要有以下几种。

（1）设立性融资动机。设立性融资动机也称为新建性融资动机，是指公司在新建时为满足正常生产经营活动所需的铺底资金而产生的筹资动机。新建企业初期规模不大，抵御风险的能力也较差，难以吸收国有银行的贷款。在这种情况下，企业所有者会试图谋求更多融资途径。

（2）扩张性融资动机。扩张性融资动机是指公司因扩大生产经营规模或追加额外投资而产生的筹资动机。一个公司的成长过程可以用生命周期理论来描述，即初创期、成长期、成熟期和衰退期。一般而言，在公司的成长期内，所生产和经营产品的品种和数量会不断增加，对内、对外投资会不断扩大，扩张性融资动机较为强烈。为此，公司需要结合实际情况选择不同的融资方式筹集资金，以满足公司不断扩张的需求。一般情况下，具有良好发展前景，处于成长阶段的企业较容易产生扩张性融资动机。在这种动机的驱使下，产生的直接结果是企业资产和资本总额的增加。

（3）调整性融资动机。调整性融资动机是指公司为了调整现有资本结构的需要而产生的融资动机。资本结构是指企业权益资金和债务资金、长期资金和短期资金的构成及其比例关系。公司往往需要结合实际情况筹集资金，并保持合理的资本结构。例如，当公司权益资金比重偏小而债务资金比重偏大时，可能导致企业财务风险过大，应适当增加权益资金的筹集，反之亦然；当长期资金偏少而短期资金偏多时，可能导致企业资金难于满足连续生产的需要，应增加长期资金的筹集，反之亦然。

（4）混合性融资动机。混合性融资动机是指公司既需扩张规模又需调整资本结构而形成的融资动机。混合性融资动机涵盖多项融资要求，有着多重财务目标。通过混合性融资，企业既扩大了资本规模，又调整了资本结构，即在这种筹资中混合了扩张性融资和调整性融资这两种动机，因此混合性融资动机在一定程度上兼具两种动机的特性。在这种混合性融资动机的驱使下，企业通过融资，既扩大了资产和资本的规模，又调整了资本结构。

二、融资方式

融资方式是指公司取得资金的具体方式和方法。公司的资金按属性不同可以分为权益融资和债务融资两大类，每一类根据融资性质和特征的不同，又可以细分为不同的融资方式。

（一）权益融资

权益资金又称自有资金，是公司所有者投入公司的资金以及公司在生产经营期间自我积累的资金，主要包括资本金（实收资本或股本、资本公积）和留存收益，其筹措方式有以下几种。

（1）吸收直接投资。吸收直接投资是指企业按照“共同投资、共同经营、共担风险、共享利润”的原则吸收国家、法人、个人、外商投入资金的一种融资方式。投资者的出资方式主要有现金、实物、知识产权、土地使用权等。吸收直接投资与发行股票、留存收益都属于企业筹集自有资金的重要方式。它是非股份制公司筹措资本金的基本形式。

吸收直接投资的优点是：有利于增强企业信誉；有利于尽快形成生产能力；有利于降低财务风险。吸收直接投资的缺点是：资本成本较高；容易分散控制权。

（2）发行股票融资。发行股票融资是股份有限公司筹集股权资本的基本方式。股票是指股份有限公司发行的、用以证明投资者的股东身份和权益并据以获得股利的一种可转让的书面证明。股票的发行、股票的上市有严格的条件和法定程序，在我国须遵守《公司法》和《证券法》的规定。发行普通股筹集的资本是公司最基本的资金来源，它可以作为其他方式筹资的基础，尤其可为债权人提供保障，增强公司的举债能力。而且普通股筹资没有固定的到期还本付息的压力，所以筹资风险较小。但是，普通股股利从税后利润中支付，不具备抵税作用，而且发行费用也较高，所以发行股票筹资的资本成本较高。

（3）自我积累融资。企业通过自我积累方式融资，其资金来源主要是税后利润，采用这种方式筹集的资金主要有盈余公积和未分配利润。自我积累作为企业筹集权益资金的一种重要方式，不仅可以节省融资费用而且避免了办理各种融资手续，有利于企业增强财务实力、避免财务风险和提高企业信誉。但由于自我积累是企业长期经营活动的成果，资金积累比较慢。且资金投入后，所有者和使用者合二为一，因而税收负担难以转嫁。

（二）债务融资

（1）银行借款。银行借款是指企业向银行等金融机构贷款以满足资金的需要，是各类企业经营中最常见的融资方式之一。银行借款的利息相对较低，利息在税前抵扣也可以减轻企业所得税负担；而且，银行借款属于间接融资，融资费用低于发行债券的成本，因而银行借款的资本成本在各种融资方式中是比较低的。同时，借款通常有固定的利息负担和固定的偿付期限，故借款企业的筹资风险较大；另外借款融资限制条件较多且数量有限。

（2）发行债券。发行债券是指企业依照法定程序向投资者发行公司债券，约定在一定期限内按既定利率支付利息并按约定条件偿还本金的融资行为。这一方式与借款有很多的共同点，债券利息可以在税前收益列支，可以抵减应纳税所得额。同时，企业还可以获得财务杠杆收益，即在债券利率不变的情况下，当资产净利率提高时，企业所有者的收益率会有更大的提高。运用债券筹集资金，企业也必须按时偿还本金和固定利息，这会给企业带来财务风险甚至破产危机。与借款相比，债券融资的来源更广，筹集资金的余地更大。但由于企业发行债券的限制条件比其他债务融资方式的限制条件要多，从而在一定程度上又约束了企业对债券融资方式的使用。

（3）内部集资。内部集资是指企业为满足生产经营的需要，向其职工（包括管理者）募集资金的行为。内部集资一般可分为两种形式：一是向职工借款；二是向职工发行股票。我国企业内部集资以向职工借款为主。内部集资的优点有：调动企业职工工作热情；手续简便，筹资成本不高；能在企业处于困境时起救急的作用。内部集资的缺点：规模比较有限，因而只能作为企业融资中一种比较次要的、辅助性的融资方式。

（三）其他融资方式

（1）融资租赁。通过融资租赁方式筹集资金是企业融资的一种特殊方式。融资租赁是仅次于银行信贷的金融工具，也是一种最重要的筹资方式。这种租赁方式由出租方以收取租金为条件，出资购买承租方所需的设备并承认承租方占有和使用该设备，从而以“融物”形式达到“融资”的目的。在我国，融资租赁业务应缴纳增值税，企业提供有形动产融资租赁服务适用增值税税率为13%，不动产融资租赁服务适用税率为9%。但提供融资性售后回租服务的，属于金融服务中的“贷款服务”，适用6%的税率。

融资租赁筹资的优点有：融资速度快，有利于保存企业举债能力；可以免遭设备陈旧过时的风险；全部租金通常在整个租期内分期支付，可以适当降低不能偿付的风险；融资租赁的租金费用通常允许在所得税前扣除，承租企业能够享受节税利益。融资租赁筹资的缺点有：租赁成本高，租金总额通常要比设备价值高出30%；承租企业在财务困难时期，支付固定的租金也将成为一项沉重的负担。

（2）商业信用融资。商业信用融资是指企业之间在买卖商品时，以商品形式提供的借贷活动，是经济活动中的一种最普遍的债权债务关系。主要有应付账款和预收账款两种形式：应付账款（或应付票据）是一种典型的商业信用，是企业购买货物未付款而形成的对供货方的欠账，即卖方允许买方在购货后的一定时间内支付货款的一种商品交易形式，可以满足短期融资需要；而预收账款是指销货企业按照合同或协议约定，在交付货物之前向购货企业预先收取部分或全部货物价款的信用形式，相当于销货企业向购货企业先借一笔款项，然后再用货物抵偿，一般用于生产周期长、资金需要量大的货物销售，从而可以解决销货企业资金不足的矛盾。

商业信用融资的优点有：第一，筹资便利，由于商业信用与商品买卖同时进行，属于一种自然性融资，不用做合约性安排，也无须另外办理正式融资手续；第二，融资成本低，如果没有现金折扣，或者企业放弃现金折扣，使用不带息应付票据和采用预收货款，则企业采用商业信用融资没有实际成本；第三，限制条件少。与其他融资方式相比，商业信用融资限制条件较少，选择余地较大，条件比较优越。其缺点在于期限较短，放弃现金折扣时所付出的成本较高。提醒注意的是，《增值税暂行条例》规定，采取销售折扣的情况下，“如果未在同一张发票上分别注明。”，销售折扣不得从销售额中扣除。

（3）资产重组。资产重组是出于一定目的而对企业内外资源进行的重新整合，是优化企业资源配置的重要手段，可以理解为以一定的企业内部资源换取一定的外部资源，所以也是企业筹集外部资金的一种方式。比如通过出售劣质资产或与企业战略不符的资产，或者由管理层收购公司（股份）等方式以换取和筹集流动资金，可以为企业注入新的发展活力。

（四）融资的其他分类

企业的融资除了以上按照资金的属性不同分为权益融资和债务融资外，还可按以下标准进行分类：

（1）直接融资和间接融资。按照融资是否借助银行等金融机构，分为直接融资和间接融资。直接融资是指企业不借助银行等金融机构，直接与资本所有者协商融通资本的一种融资活动。直接融资主要有吸收直接投资、发行股票、发行债券等方式。间接融资是指企业借助银行等金融机构融通资本的融资活动。间接融资的基本方式是银行借款和融资租赁。

（2）内源融资和外源融资。按照资金的来源范围不同，分为内源融资和外源融资。内源融资是指企业在内部通过留用利润形成的资本来源。内源融资是在企业内部自然形成的，一般无须花费筹资费用，其数量通常由企业可分配利润的规模和利润分配政策（或股利政策）决定。外源融资是指企业在内源融资不能满足需要时，向企业外部融资而形成的资本来源。企业外源融资的方式很多，主要有投入资本融资、发行股票融资、长期借款融资、发行债券融资等。

（3）表内融资和表外融资。按照融资的结果是否在资产负债表上得以反映，分为表内融资和表外融资。表内融资是指可能直接引起资产负债表中负债和所有者权益发生变动的筹资；表外融资是指不会引起资产负债表中负债与所有者权益发生变动的筹资。

（4）短期融资与长期融资。按照所筹资金使用期限的长短，分为短期融资与长期融资。企业所筹集的资金使用期限在一年之内的为短期融资，短期融资主要用于解决筹资者的短期资金使用和周转的需要；企业所筹集的资金使用期限在一年之上的为长期融资，长期融资主要用于解决筹资者的扩展资本需要。

三、税务框架下的融资决策

对任何一个市场法人主体而言，融资是其进行一系列经营活动的先决条件。没有筹集到一定数量的资金，便难以取得预期的经济效益。在以往的融资决策所考虑的基本因素中，公司很少考虑税收因素的影响，把税收看作独立于融资决策之外的事项，没有把税收与公司的经济行为及融资管理活动有机地结合起来。

其实，税收作为企业的一项成本支出会直接导致企业现金流量的减少，从而会影响公司的融资决策。可以说，在没有税收的理想情况下，各种手段都是一样的。但是税收使企业对特定的融资手段产生了偏好。不仅如此，还将改变企业的融资限制条件；而由于偏好不同，这些限制就会在企业的决策中起到重要作用。因此，企业在进行融资决策时要充分考虑税收因素。

（一）负债税盾效应与非负债税盾效应

（1）负债税盾效应。所谓税盾效应，是指债务资本成本（利息）在税前支付，而股权资本成本（股利）在税后支付，因此企业如果要向股东支付和债权人相同的回报，实际需要产生更多的利润。而负债税盾指的是由于债务利息在税前支付，从而可产生更多实际利润的债务的抵税作用。利息费用被看作与生产经营相关的费用，因此在税法上，利息费用可以与企业生产经营费用一样，在计算企业所得税的应纳税所得额时进行税前扣除。这实际上相当于政府代替公司承担了一部分的利息负担。与此相反，股利分配则是用税后净利润来进行分配，因为其被视为一种利润的分配，不属于一项费用支出。因此，负债融资就产生了负债税盾效应。另外，可以从公司的净现金流量的计算过程中，较明显地看出负债融资所带来的税盾效应，净现金流量计算公式如下：

净现金流量 = 净利润 + 折旧 + 摊销 + 回收额

= 收入 ×（1 − 所得税税率）−（经营成本 + 利息 + 折旧 + 摊销）×（1 − 所得税税率）+ 折旧 + 摊销 + 回收额

= 收入 ×（1 − 所得税税率）− 经营成本 ×（1 − 所得税税率）−（利息 − 利息 × 所得税税率）+（折旧 × 所得税税率）+（摊销 × 所得税税率）+ 回收额

可以看出，利息 × 所得税税率即为负债融资产生的负债税盾效应，可减轻企业的税负成本，从而可以增加企业的净现金流量，而且，公司采用的所得税税率越高，负债融资产生的税盾价值就越大。折旧 × 所得税税率与摊销 × 所得税税率也产生了税盾效应，其为非负债税盾。

（2）非负债税盾对负债税盾的替代效应。跟债务利息支出一样，固定资产的折旧、无形资产的摊销以及长期待摊费用等均可在税前扣除，都具有避税效果，因此对于这些虽为非负债但是同样具有抵税作用的因素称为非负债税盾。我国在对于固定资产折旧会计处理方法的规定上，给予了企业很大的自主权。企业所得税法中，除了对一般的固定资产有按照直线法计算的折旧可扣除的规定外，对于一些由于技术进步、产品更新换代较快的固定资产和常年处于强震动、高腐蚀状态的固定资产，允许采用缩短折旧年限方法或者采用加速折旧方法进行折旧。这些灵活的政策可能使企业对非负债税盾的偏好加强，从而相应地降低企业在融资决策中对负债税盾的考虑。而且，企业中固定资产的比重越大，非负债税盾对负债税盾的替代效应可能就越强。

（二）融资决策的税收效应

税收效应是纳税人因国家课税而在其经济选择或经济行为方面做出的反应，即国家课税对消费者的选择以及生产者决策的影响。企业融资行为中的税收效应主要是指由于所得税的存在而对企业融资决策造成的影响。包括两个方面：一是收入效应；二是替代效应。由于税收的非中性，企业在生产经营过程中通过负债融资产生的利息，可以被当作经营过程中产生的费用在税前扣除，这样有负债经营企业相对于无负债经营企业来说可以少纳所得税，获得税收上的好处。相对负债融资，企业进行股权融资时给股东的股利必须要在缴纳完企业所得税之后才能发放，而企业则不能获得税收上的收益。

以跨国公司为例，许多国家为了解决跨国公司重复课税问题都采取了相应的措施，比如归集抵免制。然而，在处理复杂的国际间税务关系时，这样的减免措施很少得以适用，缺乏相应的机制。在国际间，如果对利润分配时征收的预提税仅依靠两国之间缔约的国际税收协定来降低课税税率，而在收款人居住国不能得到抵免的话，会导致国际重复课税，而通过借入资本进行融资的方式就不会导致重复课税，支付方向非居民收款方支付利息时在许多国家要缴纳个人所得税，但税率低于对利润分配进行课税的税率或免税。从这个角度来看，跨国公司进行负债融资的资本成本要低于股权融资的资本成本。由于税法存在，使股东和债权人的地位并非平等，债权人受到相对“优待”，而股东受到相对“歧视”。跨国公司为保证其利益的最大化，必然会通过合理的安排和自身行为的有效组织来确定其整体的资本结构，降低纳税的支出，节约成本来减轻自身负担，获得税收利益。

四、税收征管对融资决策的影响

近年来，中国经济已由高速增长阶段转向高质量发展阶段。为了适应经济社会的发展，中国税收制度改革也在不断深化。税收征管机构能够通过稽查活动，对企业可能存在的关联交易、转移定价等行为实施直接有效的监管。同时，税法对企业财务账目和税款缴纳等都做出了规范性要求，在一定程度上提高了企业会计信息质量，税收征管具有显著的公司治理效应。由此可见，税收征管在企业生产经营以及投融资等方面都占有举足轻重的地位。

（一）融资约束

融资约束是由于企业内外部信息不对称、资本市场不完善、金融体系不健全、（委托）代理问题等导致企业无法获得足够的内外部融资资金，进而影响企业现金流，并进一步影响企业经营状况。企业在投资过程中，面临资金不足的问题，往往要求助于外源融资。但由于融资成本较高和融资资金难以获得，这也就导致了融资约束。受全球经济的影响，我国经济发展也面临诸多挑战，许多企业都面临生产、转型等问题，一些企业将融资约束作为制约其发展的重要因素，融资约束甚至会制约我国企业的生产绩效、出口等进一步发展。税收征管作为政府治理企业的重要环节，在政府促进企业发展、提升企业绩效等方面都发挥举足轻重的作用，其对企业行为和社会经济产生很大的影响，作为影响企业发展的重要因素之一，税收征管直接影响企业价值提升，对企业投融资活动起到决定作用。

在税收征管活动中，地方政府和当地税务部门可通过调节税收来影响企业的经营活动与效益，从而影响企业资金资源配置过程。从收益角度来看，税收征管会导致企业留存收益降低，使企业内源融资受限，从而增加企业投融资成本。强力的税收征管在降低企业避税概率的同时，加重了企业的税费负担，使企业融资约束加剧，从而降低企业投融资效率。

（二）债务融资

企业在日常经营生产过程中通常会采取一些避税行为，以减轻税负负担实现经济利益最大化。为了避免税务机关有所察觉，企业往往会通过一系列复杂且不透明的交易活动予以掩饰，在降低税负的同时也加剧了信息不对称程度，使企业债务融资成本有所提高。根据《税收征管法》的有关规定，税务机关可以对企业行使税务检查权，要求纳税企业必须主动、规范地披露财务信息和报送纳税资料，并通过税务公告、稽查报告等对企业的信息进行披露，这将有助于降低企业隐匿不良信息的可能性，随着税收征管和会计信息稽查力度的提高，企业的避税倾向也会得到一定遏制。

因此，税收征管力度的强弱能够有效降低信息使用者的交易成本，改善企业与利益相关者之间的信息不对称，使财务信息的质量有所提高，进而降低企业的债务融资成本。税收征管作为国家经济宏观调控的重要手段，政府法律层面的保障可以进一步缓解信息不对称问题，可以使投资者最大限度地制订合理的投资决策，使企业最大限度地获得成本较低的债务融资。

第二节　税收与资本结构决策

资本结构决策是公司融资决策的一个重要组成部分。资本结构有广义和狭义之分。广义的资本结构是指企业全部资本的构成及其比例关系；狭义的资本结构是指企业各种长期资本的构成及其比例关系，尤其是指长期债务资本与股权资本之间的构成及其比例关系。任何对资本的占用都存在成本，不同的资本结构导致资本成本、财务风险不同，进而影响公司的价值。从理论上说，企业在进行债务融资过程中，由于存在企业所得税，债务具有“税盾效应”，计入财务费用的利息支出允许税前扣除，从而可以减少企业所得税的应纳税所得额，在税率不变的前提下减轻企业的所得税负担；而股利的支付是作为税后利润的分配，不能享有所得税的节税利益。所以，企业要综合考虑各种因素根据自身情况进行资本结构决策。

一、资本结构理论

1958 年，佛朗哥·莫迪格里安尼（Franco Modigliani）与默顿·米勒（Merton Miller）在《美国经济评论》发表的《资本成本、公司融资和投资理论》一文中，提出了完全资本市场下的资本结构理论（MM 理论），这标志着现代的资本结构理论建立，为现代财务理论奠定了坚实的基础。

MM 理论可以说是公司资本结构与市场价值不相干模型的简称。最初的 MM

理论不考虑所得税的影响，得出的结论为企业的总价值不受资本结构的影响。此后，学者们又对该理论作出了修正，加入了所得税因素，由此而得出的结论为：企业的资本结构影响企业的总价值，负债经营将为公司带来税收节约效应。

MM 定理关键意义在于，指出了由于企业经营者实现财务目标的行为和投资者实现股东利益的行为相互制约，所以企业的市场价值独立于它的资本结构。它分析了企业融资决策中，企业经营者的目标和行为与投资者的目标和行为的冲突性和一致性。MM 定理开创性地把资本结构研究从应用性、描述性的传统财务学领域纳入一般均衡分析的理论框架。在此之后，资本结构理论的发展基本就是不断放宽其假设条件的过程。

（一）无所得税的 **MM** 理论

理论假设：

（1）资本市场是完善的，股票和债券无交易成本；

（2）投资者个人的借款利率与企业的借款利率相同，且无负债风险；

（3）投资者可按个人意愿进行各种套利活动，不受任何法律的制约，无公司和个人所得税；

（4）企业的增长率为零，即息税前利润 *EBIT* 固定不变，所有的现金流都是永续年金。财务杠杆收益全部支付给股东。该无税模型是 MM 理论的雏形，由此推导出以下三个定理：

首先界定一下字母代表的含义：

V_d 为有负债的企业的价值，V_u 为无负债的企业的价值，*EBIT* 为息税前利润，$WACC_d$ 为加权平均成本，K_u 为无负债的企业的股权成本，K_l 为有负债企业的权益资本成本率，K_d 为负债的利率，*D* 为企业负债总额，*S* 为企业股票市价。

定理一：任何企业的市场价值与其资本结构无关，而是取决于按照与其风险程度相适应的预期收益率进行资本化的预期收益水平。用公式表示如下：

$$V_d = V_u = \frac{EBIT}{k_U} = \frac{EBIT}{WACC_d}$$

定理二：股票每股收益率应等于与处于同一风险程度的纯粹权益流量相适应的资本化率，再加上与其风险相联系的溢价。其中风险是以负债权益比率与纯粹权益流量资本化率和利率之间差价的乘积来衡量的。用公式表示如下：

$$K_1 = K_u + (K_u - K_d) \times \frac{D}{S}$$

定理三：在任何情况下，企业投资决策的选择点只能是纯粹权益流量资本化率，它完全不受用于为投资提供融资的证券类型的影响。

MM 理论建立于一系列假设条件基础之上，首次清晰地揭示了资本结构、资本成本以及企业价值各概念之间的联系。该理论表明，在资本市场充分有效、不存在税收和交易费用且企业经营风险相同而只有资本结构不同时，公司的资本结构与公司的市场价值无关。

这是因为负债增加了股权资本的成本 K_u ，由于相对于股东，债权人对于公司的现金流享有优先求偿权，支付完债权人的债务之后，股东才能享有对剩余现金流的求偿权。债务人“固定”求偿权增加，使股东“剩余”求偿权的不确定性增加，因此会增加股权资本成本。廉价负债带来的好处会被随之上升的权益风险所抵销，同时也会抵销成本上的好处。用公式推导如下：

$WACC_d = D/V \times K_d + S/V \times K_1$ ……………………………………………… ①

$K_1 = K_u + (K_u - K_d) \times D/S$ …………………………………………………… ②

将②代入①并整理得出 $WACC_d = K_u$ ，这就可以证明定理一，并且表明在没有税收的情况下，企业的资本成本和企业价值不会受到企业债务水平的影响。如图 2－1、图 2－2 所示。

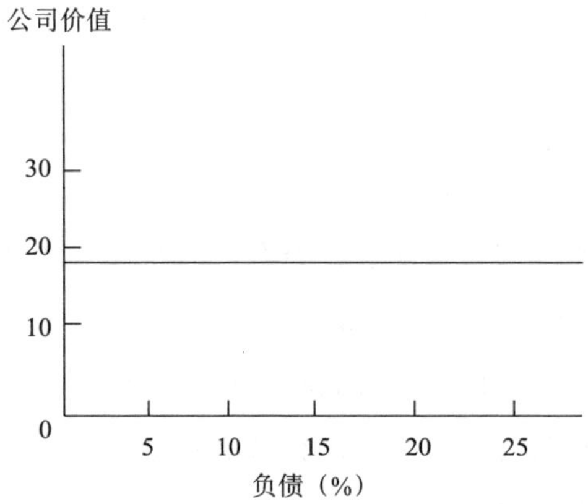

图 2－1　无税下企业资本结构与企业价值的关系

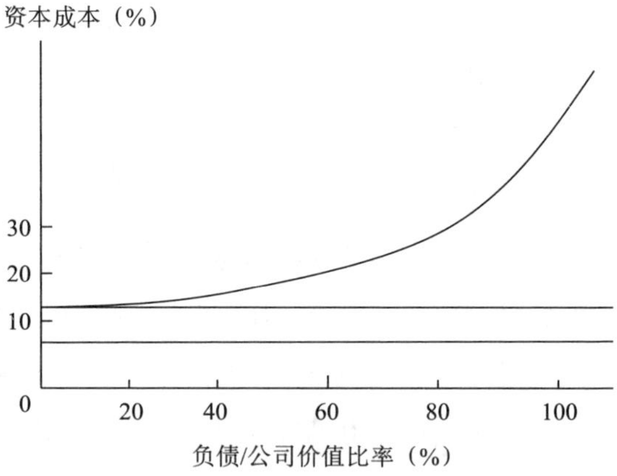

图 2－2　无税下企业的资本结构和资本成本关系

迈伦·斯科尔斯（Myron Scholes）比喻这一理论时说，公司现金流的价值好比一个大的比萨饼，比萨饼的切片可看作对公司现金流的要求权。这些切片被标为权益还是负债并不会影响整个比萨饼的大小。

根据无公司税的 MM 理论，公司价值与其资本结构无关。也就是无论公司是否有负债，公司的加权平均资本成本都是不变的。理论上，有负债的公司，其股东权益成本随债务融资额的增加而增加，因而负债带来的利益会被权益成本的上升抵销，使负债公司的加权平均资本成本与无负债公司的权益资本成本相等，即负债率的上升不会提高公司的市场价值。此外，该理论还表明企业投资的选择点只能是纯粹的权益流量资本比率，完全不受投资提供融资的证券类型的影响。

（二）考虑公司所得税的 **MM** 理论模型

MM 定理的逻辑推理过程无懈可击，但其结论却在实践中遇到了严峻的挑战。依据 MM 定理，资本结构与企业价值无关。不同地区、不同部门、不同行业的企业会随机地选择其负债/权益比率。然而，现实却给予我们否定的回答。

为了进一步完善 MM 定理，1963 年，佛朗哥·莫迪格里安尼与默顿·米勒在其《公司所得税和资本成本：一种修正》一文中，将公司所得税的影响因素引进了修正。修正后的模型得出结论：由于公司所得税的存在，负债会因利息抵税效应使企业价值随着负债融资程度的提高而增加。企业负债越多，节税利益越大，对企业就越有利，当企业负债为 100% 时，企业价值最大。若用比萨饼作比喻的话，现在比萨饼切片有三种类型，负债、权益和税收（政府对公司现金流的要求权），负债切片能够减少税收切片的大小，而权益切片则不能，这样一来，负债切片越大，税收切片就越小，负债和权益两块切片（即企业的价值）的总和就越大。

弗兰克·莫迪格里安尼和默顿·米勒利用套利原理提出并论证了在考虑企业所得税条件下的两个定理：

定理一：有负债企业的价值等于风险等级相同但无负债企业的价值加上负债的节税利益。负债节税利益等于企业所得税税率乘以负债总额。用公式表示为：

$$V_d = V_u + T_c \times D$$

定理一表明，当考虑企业所得税因素时，由于利息可以在税前扣除，企业价值与企业负债量呈线性关系，负债越多，企业的价值将越高。

定理二：有负债企业的权益成本等于相同风险等级的无负债企业权益成本率加上风险报酬率，而风险报酬率取决于企业资本结构和所得税税率。用公式表示为：

$$K_1 = K_u + (K_u - K_d) \times D/S \times (1 - T_c)$$

定理二表明，由于税收因素的作用，$(1 - T_c)$ 总是小于1，因此，负债利息的“税收挡板”效应使权益资本成本率上升的幅度低于无企业所得税时上升的幅度，这表明低成本的负债降低了企业的加权平均资本成本，提高了企业价值。

企业所得税对于资本成本以及企业价值的影响如图2－3所示。

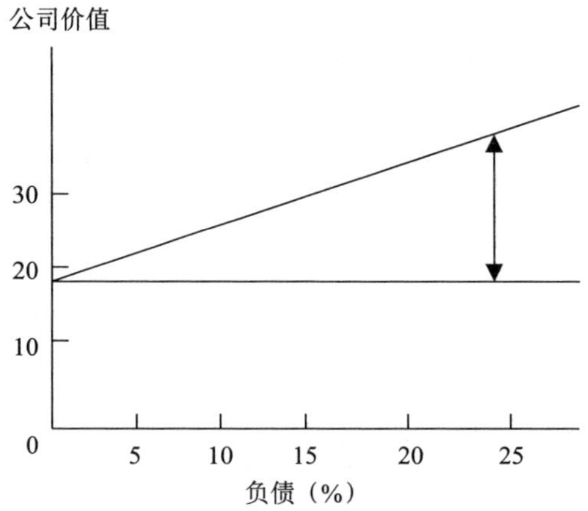

图2－3　有税情况下，企业的资本结构和企业价值的关系

综合两个定理可知，在征收公司所得税的情况下，公司的价值随债务融资比例的提高而增加。公司的权益资本成本虽然随债务融资比例的提高而提高，但提高的速度由于被债务融资所带来的节税效应部分抵销而有所减缓，公司总资本成本则随债务融资比例的提高而降低。因此，在考虑公司所得税的情况下，公司的最优资本结构选择是100%的债务融资。企业所得税对公司价值的影响见图2－4。

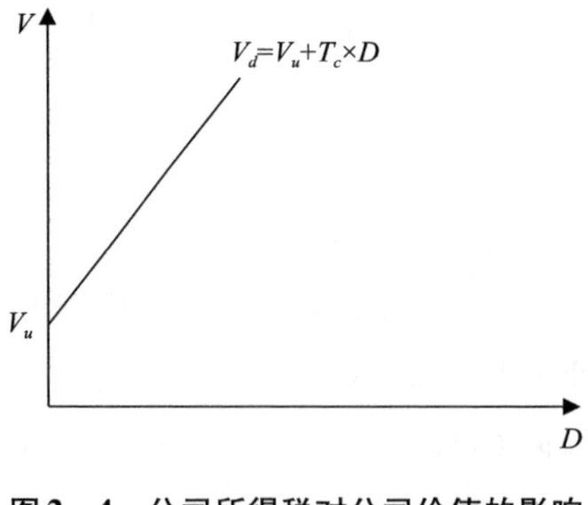

图2－4　公司所得税对公司价值的影响

修正的 MM 理论模型把税收因素、资本结构以及企业价值有机地结合起来，据此可以得到以下结论：

第一，税收制度对纳税主体的经济行为产生影响。税收制度与征税标准的变化会对一个纳税主体的经济行为产生影响，其中包括融资行为，因而会产生资本结构改造效应。税收筹划活动实际上应该关注资本结构与税收负担之间的关系，税收筹划与融资契约之间的血肉联系不应被割裂和忽略。

第二，MM 理论从反面证明资本结构与交易成本有关。MM 理论与科斯定理有相似之处。科斯认为，如果交易费用为零，资源的配置与产权无关，企业就不会存在。与此相似，MM 理论认为，如果没有交易费用，则资本结构与企业价值无关。而现实经济中，交易费用为正，所以资本结构与企业价值有关。

第三，政府通过税收政策的变化可以决定整个社会的均衡负债比率。对一国（或地区）整个社会经济而言，理论上一定存在一个均衡的负债水平，其均衡点是由企业所得税、债权收益和股权收益的个人所得税以及投资者的课税等级所决定的，它随公司所得税税率的增加而增加，随个人所得税税率的增加而减少。当边际节税收益等于个人边际所得税时，负债处于均衡状态，所以负债比率不可能达到 100%。从上述分析，可以得到一个结论，即整个社会负债率的水平取决于税收政策。

二、米勒均衡模型与边际税收利益

默顿·米勒于 1977 年引入个人所得税因素，解释企业负债节税效应与个人所得税多征之间的矛盾，从而得出资本结构（债务比率）的均衡状态是由公司所得税税率、利息个人所得税税率、股利个人所得税税率以及投资者的课税等级所决定的。引入个人所得税因素的米勒模型如下：

引入个人所得税之后，早期 MM 理论相同假设下，无杠杆公司的价值

$$V_u = \frac{EBIT(1-T_c)}{K_u} = \frac{EBIT(1-T_c)(1-T_s)}{k_U(1-T_s)}$$

上述公式中，前者表示个人所得税前的现金流入，后者表示个人所得税后的现金流入。

如果用 CF 表示杠杆公司支付公司所得税和个人所得税后的年现金流量，它一部分会流向股东，一部分会流向债权人。

CF = 流向股东的净现金流量 + 流向债权人的现金流量

$= (EBIT - I) \times (1 - T_c)(1 - T_s) + I \times (1 - T_d)$

$= EBIT \times (1 - T_C)(1 - T_S) - I \times (1 - T_c)(1 - T_s) + I \times (1 - T_d)$

将上式加以整理会得出：

$$V_d = V_u + \left[1 - \frac{(1 - T_c)(1 - T_s)}{1 - T_d}\right] \times D$$

其中，V_d 为有负债的企业的价值，V_u 为无负债的企业的价值，T_c 为公司所得税税率，T_s 为普通股股息征收的个人所得税税率，T_d 为债券征收的个人所得税，D 为负债总额。

从上式可以看出：

（1）当 $T_c = T_s = T_d = 0$，即不考虑公司所得税和个人所得税时，公司的资本结构与公司的市场价值无关，该模型等同于 MM 的无税模型。

（2）当 $T_s = T_d$ 时，即当股利个人所得税税率与利息个人所得税税率相等时，个人所得税的征收不会对公司的资本结构产生影响。此时，个人所得税对股东和债权人是中性的，该模型等同于 MM 理论的公司税模型。

（3）当 $T_s > T_d$ 时，债务融资在公司所得税层面上所带来的税收利益，在个人所得税层面上被进一步放大，因而债务融资所带来的税收利益比单纯征收公司所得税时更大。

（4）当 $T_s < T_d$ 时，虽然利息可以在企业税前抵扣使企业得到减轻税负的好处，但同时，利息支出支付给债权人，债权人为此需要支付个人所得税，因此，个人所得税在某种程度上抵销了企业利息支付所获得的减税利益。所以，债务融资所带来的税收利益被缩小，企业不会毫无节制地进行负债经营。

（5）特殊情况下，当 $(1 - T_c)(1 - T_s) = 1 - T_d$ 时，方括号的项目等于零，说明公司负债使税负减轻的好处刚好被公司股票所得税所抵销，则财务杠杆不会带来任何税收上的利益，此时，资本结构与公司价值无关。

综上所述，米勒均衡模型用个人所得税对修正的 MM 理论进行了校正，认为修正的 MM 理论高估了负债的好处，实际上个人所得税在某种程度上抵销了个人从投资中所得的利息收入，他们所交个人所得税的损失与公司追求负债，减少公司所得税的优惠大体相等。于是，米勒模型又回到最初的 MM 理论中去了。

三、权衡理论与最优资本结构

从理论上讲，最佳资本结构是指企业在适度财务风险的条件下，使其预期的综合资本成本率最低，同时企业价值最大的资本结构，它应作为企业的目标资本结构。最佳资本结构是每个企业的追求，但最佳资本结构不能针对单个企业确定。原因在于与企业相关的投资者因课税等级不同，所产生的股权收益税率与债权收益税率不同，这是企业无法控制和调节的。高负债率的企业可以吸引那些个人课税等级较低的投资者，而低负债率的企业可以吸引那些个人课税等级较高的投资者。实际上，在信息透明的有效资本市场中，任何企业以改变融资结构来实现企业市场价值最大化的决策效应，都会被股权投资者和债权投资者为追求自身利益最大化所采取的对策所抵销。

20 世纪 70 年代，形成的权衡理论（Trade - off Theory）源于学者们对于经典 MM 理论的争论。依照经典 MM 理论的假设，当存在企业所得税的情况下，企业通过 100% 举债经营获得的税盾效应会使企业价值最大。然而，这种极端的情况在现实中是不存在的，因为一方面杠杆过高会增大企业的破产成本，另一方面不完美的市场存在严重的信息不对称问题。因此，企业在作出融资决策时，应当考虑债务的税收收益与债务可能导致的破产成本之间的权衡（Kraus 和 Litzenberger，1973）。早期的权衡理论建立在纯粹的负债的税收利益与破产成本相互权衡的基础上，该理论认为，负债企业的市场价值等于无负债企业的市场价值加上负债的税收收益再减去企业的破产成本。即：$V_d = T_u + TD - FPV$

其中，V_d 表示有负债的企业的市场价值，V_u 表示无负债的企业的市场价值，T 表示公司所得税税率，D 表示公司负债的市场价值，FPV 表示企业破产成本的期望现值。企业价值与资本结构的关系如图 2 -5 所示。

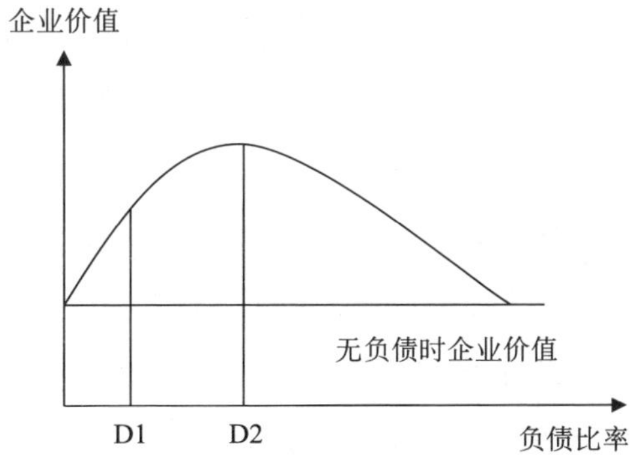

图 2 -5 资本结构与企业价值

根据图 2 -5，当负债比率未超过 D1 点时，破产成本不明显；当负债比率达到 D1 点时，破产成本开始变得重要，负债利息抵税利益开始被破产成本所抵销；当负债比率达到 D2 点时，边际利息抵税利益恰好与边际破产成本相等，企业价值最大，达到最佳资本结构；当负债比率超过 D2 点后，破产成本大于负债利息抵税利益，导致企业价值下降。因此，从道理上讲，一个独立的企业存在着实现企业价值最大化的最佳资本结构，该资本结构存在于负债的节税利益与破产成本均衡点上。

权衡理论认为企业存在最优的目标资本结构，通过恰当的融资安排达到目标资本结构，平衡债务和股权融资的各种成本和收益，包括债务的税盾收益、财务困境成本、代理成本，以及融资安排传递出的信息所带来的成本和收益。权衡理论引入了“均衡”概念，指出负债的两面性，既能带来税盾收益又可造成破产风险，无疑进一步推进了融资结构理论，使其更具有现实意义。从考虑最优资本结构的时间跨度上来看，权衡理论可以进一步细分为静态权衡理论和动态权衡理论。

（一）静态权衡理论

静态权衡理论仅考虑企业单期的资本结构权衡问题。Bradley（1984）提出了标准静态权衡理论的模型，比较了与债务融资有关的税盾收益与破产成本。该理论认为，企业的融资决策应该考虑企业的债务税盾收益、非负债的税盾效应以及不同融资决策下的破产成本之间的权衡。

该理论认为公司的资本结构决策实际上是在债务融资的收益与财务困境成本之间的权衡。具体而言，在考虑企业所得税和个人所得税的情况下，破产成本增加会降低负债水平，非负债的税盾效应增大也会降低负债水平，个人所得税税率提高会增加负债水平。因此，从长期来看，企业存在一个目标资本结构。企业如果不存在调整成本，现实中的资本结构就是企业的最优资本结构。如果存在调整成本，则企业实际资本结构会与目标资本结构发生偏离，但实际资本结构会自动向目标资本结构调整，调整的速度取决于调整成本的大小。然而，现实中的企业都是持续经营的，每期经营都会产生留存收益。留存收益又是内部融资的来源，留存收益的金额会影响企业下期的融资决策；同时本期的最优资本结构又受到预期的下期最优资本结构的影响，而这些正是静态权衡理论所忽视的地方。

（二）动态权衡模型

在考虑了静态权衡理论模型所忽略的如预期、调整成本等因素后，Kane 等

(1984) 率先建立了动态权衡模型，在不考虑交易费用的不确定条件下考虑破产成本和税收收益的权衡。Fischer (1989) 提出了投资和分配原则外生情况下的动态权衡模型。

将交易费用纳入考虑，企业会设立债务的上下限，并根据其盈利和亏损情况调整资本，保证债务比率在上下限范围之内。由于存在交易费用，企业需要一定时间来调整资本结构。

考虑投资内生性情况下，企业在调整杠杆时更多的是根据权益的长期价值变化进行的（Strebulaev，2007）。若同时考虑投融资，企业有投资需求时价值增加，然而由于现实中存在摩擦，投资可能会延迟，企业负债比率下降（Tserlukevich，2006）。Erwan Morellec 等（2012）则进一步改进了动态权衡理论，考虑了管理层和股东之间的冲突在资本结构决策中的重要性。该模型将税收、再融资成本以及清算成本同时纳入考虑，并对代理冲突的严重性进行了量化。李增福等（2012）在考虑所得税影响资本结构的同时考虑企业不同的破产成本的影响，不同负债率的企业对所得税的反应不同，进一步拓展了动态资本结构调整理论。

资本结构动态权衡理论在考虑税收效应、破产成本、代理成本的基础上，从调整成本、企业投资和融资决策内生决定的角度考察企业投融资决策的长期动态过程，以试图解释实证研究所观察到的企业融资既定事实（如表 2-1 所示）。

表 2-1　　不同资本结构理论对比

理论名称	差异点	结论
MM 理论	不考虑所得税	企业的总价值不受资本结构的影响
修正后的 MM 理论	考虑所得税	企业的资本结构影响企业的总价值，负债经营将为公司带来税收节约效应
米勒均衡模型	引入个人所得税	个人所得税在某种程度上抵销了个人从投资中所得的利息收入，米勒模型又回到最初的 MM 理论中去了
静态权衡理论	存在最优资本结构	公司的资本结构政策实际上是在债务融资的收益与财务困境成本之间的权衡
动态权衡理论	存在调整成本	企业会任其资本结构在一个区间内变动，只有偏离最优值较大或者调整收益大于调整成本时，企业才会调整其资本结构；企业的杠杆水平仅在某些时期处于最优，而在其他大部分时间里偏离最优水平

四、税收影响下的资本结构决策

税收之所以对企业资本结构决策产生影响，关键在于税收制度对于股利支付和利息支付区别对待，股利必须在公司所得税后支付，而利息却允许税前支付。在考虑个人所得税因素后，税收对企业资本结构决策的影响波及个人所得税方面，因为政府对债权人的利息收益和股东的股利所得征收不同的税。总之，资本结构的税收效应源于政府对不同收入项目征收不同的税收。如果税收是中性的，那么政府征税不会对资本结构产生影响，即不会对融资行为及市场配置资源产生扭曲效应。

融资对企业绩效的影响主要是通过资本结构质量的变化而发挥作用的，这应从两个方面进行分析：资本结构的变化究竟是怎样对企业绩效与税收产生影响的；企业应当如何寻找最佳资本结构以降低税负。

（一）资本结构对企业绩效及税收的影响

资本结构，特别是负债比率合理与否，不仅制约着企业风险、成本的大小，而且在相当大的程度上影响着企业税收负担以及企业权益资本税后收益的实现水平。

负债融资的财务杠杆效应，主要体现在节税及提高权益资本收益率（包括税前和税后）等方面。其中节税功能反应为负债利息计入财务费用抵减应纳税所得额，从而相应减少应纳所得税税额。在息税前收益率不低于负债成本率的前提下，负债比率越高，额度越大，其节税效果就越显著。当然，负债最重要的杠杆作用则在于提高权益资本的收益水平及普通股每股税后收益方面，这可以从以下公式得到充分的反映：

权益资本收益率（税前）＝息税前投资收益率＋负债/权益资本×（息税前投资收益率－负债成本率）

案例2－1 某企业融资1000万元，其中债务融资600万元，每年需支付利息率10%，融资后投资一项目，预计年息税前收益率30%。按上述公式计算：

权益资本收益率（税前）＝30%＋600/400×（30%－10%）

＝30%＋30%＝60%

验证：息税前收益：1000×30%＝300（万元）

支付利息：600×10%＝60（万元）

税前利润：300 - 60 = 240（万元）

投资收益率：（权益资本）240/400 × 100% = 60%

从上式可以看出，只要企业息税前投资收益率高于负债成本率，增加负债额度，提高负债比率，就必然会带来权益资本收益率提高的效应。只是应当明确的是，这种分析是基于纯粹的理论意义，而未考虑其他的约束性条件，尤其是舍弃了风险因素及风险成本的追加等，MM 理论及后来的权衡理论正说明了这一点。因为随着负债比率的提高，企业的财务风险及融资风险成本必然增加，导致负债的成本水平超过息税前投资收益率，从而使负债融资呈现出负的杠杆效应，即权益资本收益率随着负债额度、比例的提高而下降，这也证实，实现负债利息抵税效应必须满足“息税前投资收益率不低于负债成本率”这一前提条件。

（二）最佳资本结构规划

依据企业权益资本收益率或普通股每股税后盈余预期目标，组织适度的资本结构，是融资管理的核心任务，其中的关键无疑在于怎样确立适度的负债比率，并以此为基础，进一步界定债务融资的有效限度。

确定目标负债规模与负债比率，可以参考以下公式：

$$EPS = [(K \times R - B \times I)(1 - t) - u]/n$$

其中：

EPS：期望普通股每股盈余；K：投资总额；R：息税前投资收益率；B：负债总额；I：负债成本率；t：所得税税率；u：优先股利支付额；n：已发行普通

股股数。

此外，还可以根据获利能力预期，通过比较负债与资本节税功能的差异，利用上述公式进行追增资本或扩大负债的优选决策。

如果，企业拟扩大规模 ΔK，追加的 ΔK 均为负债，追加负债成本率为 J，则追增负债后，有：

权益资本收益率 $Q = (EBIT - BI - \Delta KJ)/S$ ……………… ①

其中：Q：权益资本收益率；I：既有负债成本率；J：追加负债成本率；S：权益资本额；B：既有负债额；ΔK：追增负债额。

如果，企业拟扩大规模 ΔK，追加的 ΔK 均为股本，则追增资本后，有：

权益资本收益率 $Q = (EBIT - BI)/(S + \Delta K)$ ……………… ②

令① = ②，整理得：$EBIT = BI + SJ + \Delta KJ$

即举债盈亏均衡点的息税前利润 $EBIT = BI + SJ + \Delta KJ$

进一步整理，则可得到下式：

$$\Delta KJ = EBIT - BI - SJ$$

这样在所得税税率及其他因素既定的条件下，企业欲维持原有的权益资本收益率，就必须要求 $EBIT - BI - SJ \leqslant \Delta KJ$ 成立，方可追加负债规模，追加负债的最高限额为：

$$K \leqslant (EBIT - BI) \div J - S\Delta$$

（三）财务视角的税收成本及其对资本收益率的影响

税收成本与企业净收益率之间存在着一定的联系。从理财角度分析，最能有效地量化所有者权益最大化的指标是自有资本净收益率（即净资产收益率），其公式如下：

$$Q = [R + (R - I) \times B/S] \times (1 - T)$$

其中：

Q：自有资本净收益率；R：息税前总资本收益率；I：借入资本利息率；B：借入资本总额；S：自有资本总额；T：企业所得税税率。

上式中 $[R + (R - I) \times B/S] \times T$ 表示税收成本相对数。只要将上述公式稍作变形就可表述为：

$$Q = [R + (R - I) \times B/S] - [R + (R - I) \times B/S] \times T$$

即自有资本净收益率 = 自有资本总收益率 − 税收成本

在决定税收成本的变量中，所得税税率由于税法规定而具有固定性，可视为常量；息税前总资本收益率虽与资本运作有关，但主要还是由行业平均利润率决定，因此也可视为常量；借入资本利息率在一定时期内也是一个常量。因此，在决定税收成本的变量中，关键变量是负债权益比率，即通常所指的资本结构。

税收成本就是通过资本结构这一渠道对企业净收益产生作用的。如果企业弱化自有资本，利润可通过债务利息的支付而减少，由此所获利益通常称为负债利益，由上述公式中的［$(R-I)\times B/S$］表示，巨大的节税收益的取得会导致税收成本的降低。有趣的是，即使在负债利益为零的情况下，弱化自身资本也能导致税收成本的降低。

案例 2－2 广东建兴公司计划筹资 1000 万元用于一项新产品的生产，制定了 A、B、C 三个方案。假设三个方案公司的资本结构（长期负债与权益资本的比例）分别为：0:100、20:80、60:40。三个方案的利率都是 10%，企业所得税税率 25%，企业息税前利润预计为 300 万元，企业为达到节税目的应选择哪一方案（见表 2－2）？

表 2－2　不同资本结构下的投资利润率　　单位：万元

项目	方案 A	方案 B	方案 C
债务资本：权益资本	0:100	20:80	60:40
息税前利润	300	300	300
利率	10%	10%	10%
税前利润	300	280	240
纳税额（25%）	75	70	60
税后利润额	225	210	180
税前投资利润率（权益资本）（%）	30	35	60
税后投资利润率（权益资本）（%）	22.5	26.25	45

解析：

经过计算可知，三种方案下，税前利润分别为 300 万元、280 万元、240 万元；应纳税额分别为 75 万元、70 万元、60 万元；税后利润分别为 225 万元、210 万元、180 万元；税前投资利润率分别为（权益资本）30%、35%、60%；税后投资利润率分别为 22.5%、26.25%、45%。

由上述数据可以看出，随着债务资本比例加大，企业纳税呈递减趋势，从75万元减为70万元，再减为60万元，从而表明债务筹资具有节税功能。

同时可以看出，当投资利润率大于负债利率时，债务资本在投资中所占的比例越高，对企业权益资本越有利。但是负债比例越高，企业投资利润率越高，其关键条件是企业负债融资的成本（债务利息）低于投资利润率。如果这个前提条件发生变化，其结果会相应发生变化。

案例2－3 企业面临五种不同的负债总额方案，各方案的权益资本收益率和普通股每股收益额比较如表2－3所示。

表2－3　　不同资本结构下的权益资本收益率和每股收益额比较

项目	方案A	方案B	方案C	方案D	方案E
负债总额（万元）	0	7500	10000	11250	12000
权益资本额（万元）	15000	7500	5000	3750	3000
负债比率	0	1:1	2:1	3:1	4:1
负债成本率（%）	/	6	9	10	12
息税前投资收益率（%）	10	10	10	10	10
普通股股数（万股）	15000	7500	5000	3750	3000
年息税前利润（万元）	1500	1500	1500	1500	1500
减：负债利息成本（万元）	/	450	900	1125	1440
年税前利润（万元）	1500	1050	600	375	60
所得税税率（%）	25	25	25	25	25
应纳所得税（万元）	375	262.5	150	93.75	15
年税后净利润（万元）	1125	787.5	450	281.25	45
税前权益资本收益率（%）	10	14	12	10	2
税后权益资本收益率（%）	7.5	10.5	9	7.5	1.5
税前每股收益（元）	0.1	0.14	0.12	0.1	0.02
税后每股收益（元）	0.075	0.105	0.09	0.075	0.015

计算结果显示，方案B的税前权益资本收益率、税后权益资本收益率以及普通股每股收益额均为最高；方案C位居第二，通过负债融资，使其权益资本收益率以及普通股每股收益额无论税前或税后的水平均超过了未使用负债的方案A；但同样使用了负债的方案D和方案E，其权益资本收益率以及普通股每股收益额无论税前或税后的水平均未高于未使用负债的方案A，方案E甚至大大

低于方案A的水平。仔细分析可以看出，关键点是：方案B与方案C债务融资成本低于息税前投资收益率（6%、9%<10%）；方案D债务融资成本等于息税前投资收益率（10%=10%）；而方案E债务融资成本则高于息税前投资收益率（12%>10%）。

在上述方案中，假设随着企业负债比例的不断提高，企业融资的成本也在不断增加，反映在表格中是负债成本率不断提高，这一假设是符合现实的。正是由于负债成本率的不断提高，增加的债务融资成本逐渐超过因其抵税作用带来的收益，这时，通过增加负债比例的方法提高权益资本收益率已经无能为力。上述五种方案所带来的权益资本收益率和普通股每股收益额的变化充分体现着这一规律。

第三节　权益融资的涉税决策

一、税务对权益融资的影响

权益融资所筹集的资本具有永久性。权益资本是企业最基本的资金来源，它可以增强企业负债的能力，容易吸收资金。企业采取权益融资方式，不会享受税收优惠。由于发行股票筹资导致的股利发放需要在缴纳所得税后支付，企业不会享受负债融资的利息税前抵扣的优惠。

权益性筹资是在获得税后利润的条件下，将税后利润进行再投资，这种自我积累的融资方式，因资金的使用者和所有者难以分摊，所以税收对其影响空间非常小，不易于实现节税的目标。

二、吸收直接投资的涉税决策

吸收直接投资是有限责任公司筹集自有资金的基本方式，在吸收直接投资时，超过股本的实物资产，一般计入资本公积，不影响所得税。但在接受捐赠时，如果把捐赠变成投资，则可以使捐赠双方都获得节税利益。

案例2-4　甲市A公司是一家从事公益事业的公司，B公司热衷于公益事业，2020 年 1 月通过政府部门将其价值为 500 万元的库房捐赠给 A 公司，该库房折旧年限为 10 年，按照直线法折旧，预计无残值，受赠方 A 公司接受该库房后预计每年的会计利润额为 500 万元，B 公司的每年的会计利润额为 1000 万元，双方除了捐赠外无其他纳税调整事项，企业所得税率为 25%。现有两种方案可供双方选择：A 企业接受捐赠或接受投资，两种方案的涉税决策分析如下：

A 企业接受捐赠，按照税法规定企业接受实物捐赠，应计入营业外收入，调整增加应纳税所得额。当捐赠数额较大时，可以在不超过五年的时间分期纳入应纳税所得额，计算所得税。因此：

A 公司前五年每年的应纳税所得额为 = 500 + （500 ÷ 5） − （500 ÷ 10） = 550（万元）

应纳所得税 = 550 × 25% = 137.5（万元）

前五年总共应纳所得税 = 137.5 × 5 = 687.5（万元）

在预计使用的后五年每年应纳税所得额 = 500 − （500 ÷ 10） = 450（万元）

应纳所得税 = 450 × 25% × 5 = 562.5（万元）

总共应纳所得税 = 687.5 + 562.5 = 1250（万元）

A 企业接受投资，假设是上述条件不变，将库房协议价 500 万元作为投资，并假设 A 公司的税后利润暂不进行分配。则：

A 公司的每年的应纳税所得额 = 500 − （500 ÷ 10） = 450（万元）

总共应纳所得税 = 450 × 25% × 10 = 1125（万元）

由上述分析可得出，A 公司选择接受投资可获得节税利益 = 1250 − 1125 = 125（万元）。

对于 B 公司，税法规定，以不动产投资入股，参与投资方利润分配、共担风险的行为，应按照销售行为征收增值税，而且发生的公益性的捐赠额（变成投资后）不允许税前扣除，B 企业要多缴纳一部分企业所得税和增值税。由于 B 公司可以在 10 年后转让该投资的股权，能够给企业带来现金流入。因此，对 B 公司也是有利的。通过分析可知，当把捐赠变成投资后，捐赠双方都可以受益。

三、留存收益融资的涉税决策

根据我国有关法律规定，企业的税后利润要提取 10% 的法定盈余公积金和 5% ~ 10% 的任意盈余公积金，税后利润余额可经股东大会决议提取任意盈余公积金，或按股东持有股份比例分配给股东，但股东获取的股利需要缴纳所得税。

从降低股东税负的角度考虑，在企业发展需要资金时，可通过股东大会决议多提取任意盈余公积金或将部分盈余公积金转换为企业资本，从而使企业既增加了资本，又获得了足够的营运资金。如果企业将留存收益用于再投资，所获得的利润率低于股东自己进行另一项风险相似的投资所获得的收益率，企业就应当将留存收益分派给股东。

但是从承受税负的角度来看，由于留存收益是从税后利润中提取的，将企业自我积累资金投入生产经营之后，税负需要全部由企业自行负担，故其承受税负较高。因此，从企业承担的税负来看，此种融资方式不是最佳的选择。而且，留在企业使用，资金的使用者和所有者合二为一，因此税收难以分摊，资本成本也不能抵销；另外，这种筹资方式积累速度比较慢，不适应企业规模的迅速扩大，经过征税的利润若再次投资后，获利仍要征税，即存在着双重征税问题。因此，这种方法不利于企业实现企业价值最大化的目标。

四、股票融资的涉税决策

发行普通股筹集的资本是公司最基本的资金来源，它可以作为其他方式筹资的基础。税法规定，支付的股利必须是税后利润，故发行股票企业不能享受股息的所得税收益。企业采用发行普通股的方式筹集资金时，从节税的角度来看，应该考虑以下因素。

1. 确定企业注册资本的最低限额（即负债的最高限额）

注册资本的大小与税负有很大的关系：如果确定的注册资本较小，而所需资金又较多时，企业可以通过筹集部分债务资本来解决所需资金。虽然注册资本的大小对债务资本的筹集会有一定的影响，但企业可以通过改进管理方法，提高企业投资收益率来增加投资者信心，以便筹集到足够的债务资本，这样负债的利息作为税前扣除的项目，就可享受所得税收益。从整体上看，这种融资结构对企业税负最为有利。

2. 确定注册资本的交付时间

企业税负与注册资本的交付时间也有关系：如果企业一次认足股份，则不能享受所得税利益；如果企业分次认足股份，在其资金全部到位之前，股东仍可以按比例分享利润，由于资金不到位的缺口通常可以通过负债融资加以解决，负债的利息列入费用，可冲减收入，从而可以减少企业的所得税的税收负担。

另外，企业发行股票筹集资金，发行股票的融资费用较高，在计算资本成本时要考虑融资费用。例如，某公司发行新股票，发行金额100万元，融资费用率为股票市价的10%，企业发行股票筹集资金，发行费用可以在企业所得税前扣除，但普通股股利必须在所得税后分配。因此该企业发行股票可以节税100×10%×25%=2.5（万元）。

虽然增加负债数额能够减轻税负和提高权益资本收益率，但是风险因素和风险成本的增加等因素的存在是不容忽视的。因此，我们在通过对普通股融资进行涉税决策时，关键是确定适度的负债规模和负债比例，并以此为基础进一步界定权益融资的有效限度。

案例2－5 某股份制企业共有普通股400万股，每股10元，没有负债。由于产品市场行情看好，准备扩大经营规模，假设企业下一年度的资金预期盈利1400万元，企业所得税税率为25%。该公司董事会经过研究，商定了以下两个筹资方案。

方案1：发行股票600万股（每股10元），共6000万元。

方案2：发行股票300万股（每股10元），发行债券3000万元（债券利率为8%）。

当选择方案1时，发行股票600万股。

应纳企业所得税＝1400×25%＝350（万元），税后利润＝1400－350＝1050（万元），每股净利＝1050万元÷1000万股＝1.05（元/股）。

当选择方案2时，发行股票300万股（每股10元），发行债券3000万元。

利息支出＝3000×8%＝240（万元），应纳企业所得税＝（1400－240）×25%＝290（万元），税后利润＝1400－240－290＝870（万元），每股净利＝870万元÷700万股＝1.24（元/股），所以，不同资本结构下，公司的每股净利不同，通过负债融资可以增大公司的每股净利，因此方案2较为理想。

第四节 债务融资的涉税决策

债务性融资需支付本金和利息，能够带来杠杆收益，但是会提高企业的负债率。一般来说，对于预期收益较高，能够承担较高的融资成本，而且经营风险较大，要求融资的风险较低的企业倾向于选择股权融资方式；而对于传统企业，经营风险比较小，预期收益也较小的，一般选择融资成本较小的债务性融资方式进行融资。

一、税务对债务融资的影响

（一）税收对债务和增股之间选择的影响

债务利息支付可从应税所得中扣除，来自用债务融资的投资收入，在债权人收到利息时，只需要缴纳个人所得税。公司所得作为股息分配时，公司所得要缴纳企业所得税，股东在收到股息时，要缴纳个人所得税。正是因为利息支付可以从应税所得中扣除而股息不能扣除，所以，对公司股权所得重复征税，促使企业利用债务而非增股为投资筹措资金。当然，公司不能全部用债务融资，因为债务不仅要承诺支付利息，最终还要偿还本金，而增股则不用。

（二）企业所得税对债务融资的影响

企业所得税对企业的债务融资水平的影响是非常积极的，说明了实际税率越高，企业越有积极的动力进行债务融资，其债务率也就会越高。企业在对融资成本和风险进行分析的基础上，主要是通过短期债务融资来实现税率对债务资本融资的影响，这种影响对财务约束较低的企业具有积极的作用。

我国税法明确规定，企业在自身经营管理过程中所产生合理的、不需要资本化的借款费用予以税前扣除。此外，企业的固定资产折旧、无形资产摊销和长期待摊费用均允许税前扣除。所以，企业可以通过计提折旧、摊销等方式对利润进行影响，形成非债务税盾，从而对企业的价值产生一定程度的影响。企业在经营过程中所拥有的非债务税盾越多，债务税盾在企业以后经营中被使用的动力也就越小。

（三）减税政策对债务融资的影响

货劳税和所得税减税可能降低银行借款，也可能会提高企业银行借款，若减税降低了企业银行借款，所得税减税降低企业银行借款的效应要大于货劳税减税。原因在于，货劳税减税仅通过刺激固定资产和无形资产的投资、增加企业非债务税盾，所得税减税除了因投资激励效应增加非债务税盾外，还有税前扣除项目直接增加的非债务税盾，因此较所得税减税政策，货劳税减税的非债务税盾效应更弱。

（四）税收筹划对企业债务融资的影响

企业的税收筹划行为会向资金提供方传递企业潜在偿债能力的重要信息，税收筹划行为与企业债务融资成本之间存在重要的关系，但在不同的公司控制权结构下，税收筹划对债务融资成本的影响也不同。在控制权集中的公司中，税收筹划往往能在终极控制人有效的把握限度内与企业的股东价值最大化方向一致，因此，这种制度环境下的税收筹划行为也传递出了企业潜在的较强偿债能力信息，从而降低企业债务融资成本。但是在控制权分散的公司中，税收筹划行为可能会偏离股东价值最大化，从而会产生削弱公司偿债能力的不利后果。

二、银行借款融资的税务决策

企业在借款时必然发生借款费用。借款费用包括长期、短期借款的利息；与债券相关的折价或溢价的摊销；安排借款时发生的辅助费用的摊销；与借入资金有关，作为利息费用调整额的外币借款产生的差额等。不同的融资用途和融资时期，带来的税收效益也不同，企业可以通过合理的筹划，达到减少税收支出的效果。

（一）增值税

案例2-6 甲公司与中国工商银行签订借款合同5亿元，年贷款利率6%，贷款期限5年，支付的与该笔贷款直接相关的投融资顾问费、手续费、咨询费500万元。请问如何税务规划使项目公司的融资成本的税收负担最低？

税收规划方案：

根据财税〔2016〕36号附件1《营业税改征增值税试点实施办法》第二十

七条，下列项目的进项税额不得从销项税额中抵扣第六点：购进的旅客运输服务、贷款服务、餐饮服务、居民日常服务和娱乐服务；财税〔2016〕36号附件2《营业税改征增值税试点有关事项的规定》第一条第四项第三点：纳税人接受贷款服务向贷款方支付的与该笔贷款直接相关的投融资顾问费、手续费、咨询费等费用，其进项税额不得从销项税额中抵扣。

基于以上税收政策规定，“向贷款方支付该笔贷款直接相关的投融资顾问费、手续费、咨询费等费用，其进项税额不得从销项税额中抵扣”，其中有一个前提是上述费用是“向贷款方支付的”。如不是向贷款方支付的，向第三方支付的，其进项税额允许在销项税额中抵扣。因此，债权融资所产生的融资利息及向贷款方支付的与该笔贷款直接相关的投融资顾问费、手续费、咨询费等费用，其进项税额不得从销项税额中抵扣。

例如，甲公司应与中国工商银行旗下的子公司或别的融资担保公司合作，让融资担保公司提供担保，将向中国工商银行支付的与该笔贷款直接相关的投融资顾问费、手续费、咨询费等费用变成直接支付给融资担保机构的顾问费用、手续费用和咨询费用，可以得到增值税进项税额的抵扣，从而有节税效应。

税收策划后，甲公司不可以抵扣融资财务费用中利息费用的增值税进项税额为：50000÷（1+6%）×6%=2830（万元）。

甲公司可以抵扣融资支付的顾问费、手续费、咨询费中的增值税进项税额为：500÷（1+6%）×6%=28.3（万元）。

经过税务规划，甲公司可以少缴纳增值税28.3万元。

（二）企业所得税

案例2-7 甲企业根据财务收支，预测当年资金缺口2000万元，拟通过一年期的银行借款来弥补资金缺口。企业当年除了正常的生产经营外，为了提高管理的信息化水平，拟请某软件公司为自己开发ERP软件，软件开发期预计为一年，当年末即可投入使用，需支付软件费用1000万元。假定企业当年及以后两年的税前利润为2200万元，银行一年期正常贷款利率为10%；企业处于正常的纳税期，没有享受企业所得税减免优惠。那么企业在向银行借款2000万元时，应该以什么名目借款呢？这里有两个方案可供选择：

方案一：全部为流动资金借款。

企业如以流动资金名义借款，当年扣除借款费用200万元后的应纳税所得额为 2000 万元，应缴纳企业所得税为 500 万元（2000×25%）。

企业的净现金流量 =（税前利润 - 利息 - 应纳所得税）×10% 利率 3 期年金现值系数，则：

企业的净现金流量 =（2200 - 200 - 500）×2.4869 = 3730.35（万元）

方案二：以组合名义借款 1000 万元用于购置软件，另外 1000 万元为流动资金借款。

企业购置软件的借款利息不能直接在税前扣除，应计入无形资产成本，在以后两年内分期摊销，第 2 年、第 3 年每年摊销 50 万元。

企业第 1 年扣除借款费用后的应纳税所得额为 2100 万元，应缴所得税为 525 万元（2100×25%）。

企业第 2 年扣除借款费用及多摊销的无形资产摊销额后的应纳税所得额为 2050 万元，应缴所得税为 512.5 万元（2050×25%）。

企业第 3 年扣除借款费用及多摊销的无形资产摊销额后的应纳税所得额为 2050 万元，应缴所得税为 512.5 万元（2050×25%）。

企业的净现金流量 =（税前利润 - 利息 - 摊销无形资产费用 - 应纳所得税）×复利现值系数，则：

第 1 年净现金流量 =（2200 - 200 - 525）×0.9091 = 1340.9225（万元）

第 2 年净现金流量 =（2200 - 200 - 50 - 512.5）×0.8264 = 1187.95（万元）

第 3 年净现金流量 =（2200 - 200 - 50 - 512.5）×0.7513 = 1079.9937（万元）

3 年净现金流量累计额

= 1340.9225 + 1187.95 + 1079.9937 = 3608.8662（万元）

比较可知，以流动资金的名义借款比以组合名义借款 3 年净现金流量累计多 121.4838 万元。如果企业处于免税期间，则情况相反。所以，企业在借款时，要根据自身实际情况，按照税法对不同借款费用的处理规定，在合法和有效的前提下做好筹划，以节约筹资成本。

三、债券融资的涉税决策

债务融资的一个重要方式是发行债券，一般有溢价发行、平价发行和折价发行，而且要在发行期内将溢价或折价摊销完毕，摊销将计入财务费用，以冲减利息费用或增加利息费用。利息费用在计算应纳税所得时可以扣除，将会对企业的每期的应纳税所得额产生影响。

案例 2－8 富华公司 2015 年 1 月 1 日发行债券 10 万元，期限为 5 年，票面利率为 10%，每年支付一次利息。公司按溢价 10.803 万元发行，市场利率为 8%。该公司债券溢价发行如表 2－4、表 2－5、表 2－6 所示：

表 2－4　　富华公司债券溢价发行直线摊销法金额　　金额单位：元

付息日期	实付利息	利息费用	溢价摊销	未摊销溢价	账面价值
15.01.01		8030			108030
15.12.31	10000	8394	1606	6424	106424
16.12.31	10000	8394	1606	4818	104818
17.12.31	10000	8394	1606	3212	103212
18.12.31	10000	8394	1606	1606	101606
19.12.31	10000	8394	1606	0	100000
合计	50000	41970	8030	……	……

注：实付利息＝债券面值×票面利率

利息费用＝实付利息－溢价摊销

溢价摊销＝溢价总额÷5（年）

未摊销溢价＝期初未摊销溢价－本期溢价摊销

账面价值＝期初账面价值－本期溢价摊销

表 2－5　　富华公司债券溢价发行实际利率摊销法　　金额单位：元

付息日期	实付利息	利息费用	溢价摊销	未摊销溢价	账面价值
15.01.01		8030			108030
15.12.31	10000	8640.4	1357.6	6672.4	106672.4
16.12.31	10000	8533.8	1466.2	5206.2	105206.2
17.12.31	10000	8416.5	1583.5	3622.7	103622.7
18.12.31	10000	8289.8	1710.2	1912.5	101912.5
19.12.31	10000	8087.5	1912.5	0	100000
合计	50000	41970	8030	……	……

注：8087.5＝10000－1912.5

实付利息＝债券面值×票面利率

利息费用＝账面价值×市场利率

溢价摊销＝实付利息－利息费用

未摊销溢价＝期初未摊销溢价－本期溢价摊销

账面价值＝期初账面价值－本期溢价摊销

表 2 – 6　　不同摊销法下的摊销额和利息费用　　金额单位：元

付息日期	直线摊销法		实际利率摊销法	
	溢价摊销额	利息费用	溢价摊销额	利息费用
15. 12. 31	1606	8394	1357. 6	8640. 4
16. 12. 31	1606	8394	1466. 2	8533. 8
17. 12. 31	1606	8394	1583. 5	8416. 5
18. 12. 31	1606	8394	1710. 2	8289. 8
19. 12. 31	1606	8394	1912. 5	8087. 5

从表 2 – 6 可以看出，债券摊销方法不同，不会影响利息费用总和，但要影响各年度的利息费用摊销额。如果采用实际利率法，前三年的溢价摊销额少于直线法的摊销额，前三年的利息费用则大于直线法的利息费用，公司前期企业所得税税前扣除较多，缴纳的税款较少，后期缴纳税款较多。由于货币时间价值的存在，大多数企业愿意采用实际利率法对债券的溢价进行摊销，可获得延期的纳税利益。

四、非银行金融机构贷款融资的涉税决策

非银行金融机构贷款是指向除银行之外从事金融业务的机构借入的用于企业自身经营的各项贷款。根据企业所得税法，纳税人在生产经营期间，向非金融机构借款的利息支出，不高于金融机构同类、同期贷款利率计算的数额以内的部分，准予扣除。这对公司的企业所得税有着一定程度的影响。

案例 2 – 9　甲企业 2021 年 1 月 1 日因资金困难，向乙企业借款 100 万元，期限 1 年，年利率 10%，该年度共支付利息 10 万元。同期同类银行贷款利率为 7%，假定甲企业为非金融企业，乙企业为非金融机构，且借款发生的利息支出不符合资本化条件。甲企业 2021 年可税前扣除的利息金额是多少？

不得扣除的借款利息支出 = 年度实际支付的全部非银行金融机构借款利息 ×（1 – 金融企业同期同类贷款利率 ÷ 企业实际执行利率）

则甲企业不得税前扣除的利息 = 100 × 10% ×（1 – 7% ÷ 10%）= 3（万元）

甲企业税前扣除的利息 = 100 × 10% – 3 = 7（万元）。

《国家税务总局关于企业贷款支付利息税前扣除标准的批复》将金融机构同类、同期贷款利率界定为：中国人民银行规定的基准利率加上浮动利率，因此

税前扣除的主要问题就是要看浮动利率。按照《中国人民银行关于扩大金融机构贷款利率浮动区间有关问题的通知》的规定，自 2004 年 1 月 1 日起，商业银行贷款利率浮动区间扩大到［0.9，1.7］，按此规定，只要非金融机构的贷款利率不超过上限“基准利率×1.7”即可，可以看出，此项规定是对纳税人非常有利的。

第五节 税收与融资租赁决策

一、融资租赁税收基本理论

（一）税率差别理论

因为每个国家的税法规定内容不同，税率不同，而且一些企业还享有优惠税率，所以提出了税率差别理论。税率差别理论认为，融资租赁之所以存在的最主要原因是，承租企业和融资租赁公司能从融资租赁资产那里得到不同程度的税收利益，双方都达到共赢。在其他因素不变的情况下，这些利益越大，融资租赁就越具有吸引力。在经济实践中，融资租赁资产的实际税收收益就是资产在折旧期内计提的折旧所带来的节税收益。如果高税负的企业从低税负的企业租入资产，由于融资租赁资产计提的折旧额允许税前扣除，高税负的企业可以获得较为可观的税收收益，这样一来，承租方就得到了融资租赁资产折旧带来的税收收益。同时，承租企业会将融资租赁资产折旧所带来的税收收益以融资租赁费用的形式部分转让给出租方，这样出租方通过出租资产也能充分获得税收上的好处。因此，出租企业和承租企业都会因融资租赁获得税收收益。

（二）债务替代理论

债务替代理论认为可以通过融资租赁来融资从而适当减少债务融资。融资租赁作为企业融资决策的一种重要方式，可以减少企业的还债能力。Marston 和 Harris（1998 年）指出融资租赁与债务融资之间存在相互替代的关系，高债务率企业的融资租赁比例较小。但 Ang and Peterson（1984 年）以“租赁之谜”为重点的著作阐述了融资租赁与负债率呈正相关关系，此外，Meheran，Taggart and

Yemack（1999 年）的探究也证实了两者之间呈正比关系。在“税收债务关系说”之下，国家和纳税人是债权人和债务人的关系，其地位和人格关系是平等的，国家所享有的仅仅是请求纳税人的一定行为，而不能直接支配纳税人的财产和对纳税人的人身予以强制。税收对负债比例最大的影响在于企业所得税提供的税盾作用，税法规定，企业对债券持有人支付的利息计入成本而免缴企业所得税，而股息支出和税前净利润要缴纳企业所得税。我们假设企业通过增加负债来购买本期的股票，可使企业的市场价值增加。所以企业获得免税现值，减少支出，增加了企业价值。

近几年，融资租赁在我国的地位上升，发展趋势好转，但是融资租赁市场条件不完善，人们对融资观念理解不到位。当一些企业筹资渠道变窄，则这些企业会选择融资租赁，通常情况下，负债率高的企业会选择融资租赁的方法来筹集资金。

（三）代理成本和破产成本理论

在代理成本中，假设每个个体都是理性经济人，目的是谋求利益最大化。所以代理成本理论表明：代理个体的利益是以委托人的利益为前提。债权人与债务人形成了代理委托关系，债务人追求高收益和高风险的项目，而债权人追求收益最大化，足以见得债权人与债务人目的是不一样的。例如，企业为了得到丰厚的利润倾向于选择债务融资，但这种策略会致使投资者的收益变少，所以选择融资租赁的策略，可以最低成本的降低代理成本费用。破产成本理论指出当一些企业遭遇资金链难题时，融资租赁可以降低破产成本。同样企业愿意以租赁的形式来扩大资金链。Scott and Leeth（1989 年）表明存在资金难题的企业更愿意选择融资租赁。Krishnan and Moyer（1994 年）认为融资租赁与破产成本理论相关，随着破产成本增加，融资租赁占比上升。因此企业风险高，投资者更倾向于融资租赁方式降低租金。

因此我们可以得出，企业价值与企业的综合资本成本呈负相关关系，企业的综合资本成本越高，企业自身的价值越小。企业负债的利息是在税前支付的，实际上是一种避税行为。所以一定量的负债可以减少企业的成本，进而提高企业自身价值。

二、融资租赁的税收立法环境

（一）融资租赁的法律理论基础

《中华人民共和国民法典》旨在通过法律条款对融资租赁加以限定，没有将具体发生的经济形势变化考虑进去，也未揭示融资租赁的特征。融资租赁的特征主要是从融资租赁与传统的财产租赁合同及其借贷合同加以区别，其特征十分明显，更进一步区别了租赁与买卖和贷款的关系。税法是用来调整国家与纳税人在纳税层面上的权利义务关系，但税收却影响融资租赁的成本。税法中不同税种的具体界定方法不同，所得税注重实质性层面，增值税注重形式层面，因为各个税种对融资租赁的界定不一致，所以某一相同的业务所体现的具体政策也不一样，国家应采用具体规定的标准减少法律的不确定性。

增值税改革对我国融资租赁业的发展有重大的影响。自 2009 年 1 月 1 日，我国在全国范围内实施增值税转型，由生产型增值税转为消费型增值税，即允许企业抵扣新购入设备所含的 17% 的增值税。其目的在于鼓励企业加快资产投资和设备更新，以实现企业结构调整。但在《增值税暂行条例》中对于租赁业尤其是融资租赁业的税收问题并未明确。增值税转型之前，融资租赁与企业直接购入设备，货劳税税负基本一致，设备购入所含增值税不允许作进项抵扣；增值税转型之后，企业融资租赁租入设备由于出租方开具的是营业税发票，故承租方无法进行增值税进项税额抵扣；而企业直接购入设备则可作进项税额抵扣，导致税负差别明显；2012 年 1 月 1 日开始的增值税改革，上海市试点办法将租赁业收入优先作为为生产服务的现代服务业纳入增值税征税范围，解决了企业融资租赁租入设备不得抵扣进项税额从而导致的税负过重问题，对于推动融资租赁业的发展会起到显著的推动作用。

表 2-7　增值税类型

<table>
<tr><th rowspan="2">类型</th><th colspan="2">征税范围</th><th colspan="2">进项税额抵扣</th></tr>
<tr><th>商品</th><th>劳务</th><th>全部资产</th><th>机器设备</th></tr>
<tr><td>生产型增值税</td><td colspan="2" rowspan="3">包括全部商品与劳务</td><td colspan="2">不允许抵扣</td></tr>
<tr><td>收入型增值税</td><td colspan="2">分期抵扣</td></tr>
<tr><td>消费型增值税</td><td colspan="2">允许抵扣</td></tr>
<tr><td>转增前</td><td>全部商品</td><td>不包括全部劳务</td><td colspan="2">不允许抵扣</td></tr>
<tr><td>转增后</td><td>全部商品</td><td>不包括全部劳务</td><td>不允许抵扣</td><td>允许抵扣</td></tr>
</table>

征收企业所得税会使企业内部资金流失，所以管理者在选择融资决策方式时，必然将所得税也纳入考虑范围。2007 年统一了内外资企业所得税税率，实行 25% 的统一税率。2020 年企业所得税占税收总收入的 23.6%，面对如此高的税额，企业在运行中更加注重企业税负的高低。企业可以从三个角度降低纳税支出：一是特定行业实行低税率；二是对特定行为免征或者减征；三是对在民族自治区的企业减免税款。

（二）中国融资租赁税收立法演变过程

1. 融资租赁初步发展时期（1981—1987 年）

改革开放初期，融资租赁被引入我国，1979 年，由于美国融资租赁发展进程的影响，中国国际信托投资公司把引进外资的项目举荐给中国民航总局，并且我国为民航总局引入了一架大型客机。随着我国第一家融资租赁公司的出现，租赁业在我国逐渐发展起来了。与此同时在 1985 年 6 月 30 日出台了两部关于融资租赁的规章制度，主要完善租赁物品的租赁期限和折旧处理问题，但在当时的条件下，法律制度不完善，对融资租赁的理解不够全面，并且缺失相关的《合同法》和税法等基本制度。好在一些融资租赁企业通过扩大市场资金规模，引进核心技术和先进设备，为开拓融资租赁市场打下了坚实的基础。

2. 融资租赁前进时期（1988—1998 年）

在这 10 年间，既是融资租赁快速发展的 10 年，又是企业面临巨大困难的 10 年。1994 年“分税制”改革进程中，明确融资租赁为金融服务项目，对此类项目所发生的金额支出按金融税目征收营业税。1995 年将其他单位从事融资租赁业务的按“租赁业”业务征收税额。此规定对业务的开展做了具体的规定，从设立到审批层层监管。1997 年提出纳税人开展融资租赁业务的应纳税额为承租人所支付的全部费用和价外费用包括残值收入减去出租人所支付的成本后的余额。其规定的实质指明了纳税人和纳税依据，并且涉及增值税层层征收的特征，有利于减少重复征收税额。由于前些年业务操作不规范，导致多数企业投资失败，所以 1997 年对金融融资行业进行分业经营和分业监管的整改。

3. 融资租赁建设时期（1999 年至今）

迄今为止，法律、会计以及《合同法》（《民法典》）和银监会相关法律制度逐渐完善，我国融资租赁业也经历了从无到有，从弱到强的转变过程，我国融资租赁也随着经济发展趋势呈递进式增长。2011 年底，融资租赁公司已经将近 290 家，融资租赁合同将近 9300 亿元。2011 年 11 月，《关于在上海市开展交通运输业和部分现代服务业营改增试点的通知》指出有形动产租赁分为有形动产经营租赁和有形动产融资租赁。有形动产经营租赁是在合同规定时间段内，租赁物品的所有权不变交易活动；有形动产融资租赁是使用权归承租人，所有权归出租人，承租人在期满以后可选择续约或者终止合约。还规定对增值税税收负担超过3%的纳税人实行即征即退政策。

三、融资租赁税务决策

（一）税收对融资租赁决策的影响

税收对融资租赁企业的决策影响可以从替代效应和收入效应来考虑，替代效应是融资企业通过融资租赁决策减少纳税支出，增加自身效益；收入效应是企业缴纳税款减少了个人可支配收入。边际收益决定企业税收替代效应大小；平均税率决定收入效应大小。企业所得税是政府财政收入的重要组成部分，从企业自身出发，企业希望少缴税从而增加收入，所以，企业在进行融资决策的过程中，肯定以所得税税款的减少为中心，利用合理的手段及规避方法进行避税。

（二）融资租赁决策

融资决策是企业生存与发展的前提条件，所以融资决策显得尤为重要。如何利用现有的优势条件为企业谋取利润，如何合理实现收益最大化，如何有效降低税负，这就关乎于选择什么渠道去融资。因为不同的融资方式的作用不尽相同。

融资企业可以采用三个方法获得生产所需要的经营设备，一是利用自有的收入去购买设备，但是不能享受税前扣除的优惠政策，所以一般不推荐这种方法。二是企业可以通过经营租赁或者融资租赁的方式取得所需的设备。三是企业通过贷款取得资金购买设备。在经营租赁过程中发生的租赁费和融资租赁中产生的手续费之后支付的费用，还有设备的计提折旧费都可以在税前扣除。所以企业在租赁融资时可以从以上几个方面出发选择一种最优的方法。

案例2－10 如果融资租赁业务、经营租赁业务以及咨询服务的销售额未能超过全部销售额的50%，如何通过筹划增加融资租赁业务销售额（融资租赁销售额包含收回的本金以及利息）以满足税收优惠条件？

解析：

1. 针对融资租赁本金部分一次性开票。

2. 向客户提供售后回租融资租赁服务，对现有的项目进行置换，客户提前还款的金额可计入本年销售额。

3. 一般融资租赁项目期限为3～5年，如果能缩短至1～2年，将大幅增加本年的融资租赁销售额。假设某融资租赁公司在2020年融资租赁业务、经营租赁业务以及咨询服务的销售额超过全部销售额的50%，则在2021年可享受增值税进项税10%加计扣除优惠。假设2021年该融资租赁公司的金额为10亿元（由于融资租赁取得的进项税占融资租赁公司取得的进项税的绝大部分，只考虑了融资租赁取得的进项税进行测算），当年可抵扣进项税1.15亿元（假设此处增值税进项税税率均为13%，无不动产租赁），可享受加计扣除税收优惠0.12亿元，加计扣除部分在会计上作为“其他收益”进行处理，可直接增加融资租赁公司当期收益。

案例2－11 2019年9月，乐安恒利实业有限公司按照特雷克斯电子有限公司所要求的规格、型号、性能等条件购入一台大型设备，取得的增值税发票上注明的价款是500万元，增值税额65万元，该设备的预计使用年限为10年（城市维护建设税适用税率7%、教育费附加3%）。

方案：租期10年，租赁期满后，设备的所有权归特雷克斯电子有限公司，租金总额1000万元，特雷克斯电子有限公司于每年年初支付租金100万元。

[要求解答] 乐安恒利实业有限公司租赁方式应负担的税收。

乐安恒利实业有限公司租赁方式应负担的税额计算如下：租赁期满后，设备的所有权转让，按规定应征收增值税。

如果乐安恒利实业有限公司为增值税一般纳税人，按规定，该设备的进项税额应允许抵扣。乐安恒利实业有限公司应纳增值税＝销项税额－进项税额＝1000÷1.13×13%－65＝50.04（万元），应纳城市维护建设税及教育费附加＝50.04×（7%＋3%）＝5.004（万元），由于征收增值税业务的融资租赁实质上只是一种购销业务，应按照购销合同征收0.3‰的印花税。应纳印花税＝1000×0.3‰＝0.3（万元）

乐安恒利实业有限公司获利＝1000÷1.13－500－5.004－0.3＝379.65（万元）。

如果乐安恒利实业有限公司为小规模纳税人或非增值税企业，

则：乐安恒利实业有限公司应纳增值税＝1000÷1.03×3%＝29.12（万元），应纳城市维护建设税及教育费附加＝29.12×（7%＋3%）＝2.912（万元），应纳印花税＝1000×0.3‰＝0.3（万元），乐安恒利实业有限公司获利＝1000÷1.03－565－2.912－0.3＝402.66（万元）

案例2－12 假设企业需要添置一台价值52万元的固定资产设备（假定不考虑残值），有两种方案可供选择：

方案一：向银行贷款52万元购买，银行贷款利率为12%，还款期限为8年，设备估计使用年限为10年。

方案二：向融资租赁公司融资租赁设备，租赁期为8年，每年末支付租金10.2万元，租赁期满后，设备归企业所有。假设企业的年均资本成本为11%。

先将两方案的税后现金流出量进行对比，融资租赁的年租金为10.2万元，税后现金流出量为：10.2×（1－25%）＝7.65（万元）

税后现金流出量现值为：7.65（P/A，11%，8）＝39.3669（万元）

贷款购置固定资产的税收收益及税后现金流出量如表2－8所示。

表2－8　贷款购置固定资产的税收收益及税后现金流出量　单位：元

年度	还本付息额	付息额	还本额	贷款余额	年折旧额	减少应税额	税收收益	税后现金流出	贴现系数	现值
0	—	—	—	520000	—	—	—		—	
1	104676	62400	42276	477724	52000	114400	28600	76076	0.901	68544
2	104676	57327	47349	430375	52000	109327	27332	77344	0.812	62803
3	104676	51645	53031	377344	52000	103645	25911	78765	0.731	57577
4	104676	45281	59305	317948	52000	97281	24320	80356	0.659	52955

续表

年度	还本付息额	付息额	还本额	贷款余额	年折旧额	减少应税额	税收收益	税后现金流出	贴现系数	现值
5	104676	38154	66522	251428	52000	90154	22539	82137	0.593	48707
6	104676	30171	74505	176921	52000	82171	20543	84133	0.535	45011
7	104676	21231	83445	93476	52000	73231	18308	86368	0.482	41629
8	104676	11200	93476	—	52000	63200	15800	88876	0.434	38572
合计	837408	317409	519979	—	416000	733409	183352	654056	—	415798

说明：年还本付息额＝52万元÷（P/A，12%，8）＝104676（元），付息额＝上年贷款余额×12%，贷款余额＝上年的贷款余额－还本额，减少应税额＝年折旧额＋年付息额，税收收益＝减少应税额×25%，税后现金流出量＝年还本付息额－税收收益。

分析：方案一：举债购置的税后现金流出量现值为41.5798万元；方案二：融资租赁的税后现金流出量现值为39.3669万元。因此，企业应该融资租赁该设备。

租赁是企业用以减轻税负的重要经济手段。对承租人来说，租赁可获取双重好处：一是可以避免因长期拥有设备而承担风险，二是可以在经营活动中以支付租金的方式冲减企业的利润，减少税基，从而减少应纳税额。尤其当出租人和承租人同属一个大的利益集团时，租赁形式最终将会使该利益集团所享受的税收待遇最为优惠，税负最低。因此，企业应该转变观念，在扩大自身融资渠道的同时，获得一定的税收收益。

本章小结

本章从资本结构、融资租赁等方面介绍了税收因素对企业融资决策的影响，并通过比较多种融资渠道和融资行为，系统、全面地阐述了企业在作出融资决策时如何考虑税收因素的影响。

关键术语

资本结构　MM理论　权益融资　债务融资　融资租赁

思考题

1. 税收因素对企业融资决策有何影响?

2. 资本结构与税收之间有何关系?

3. 如何在税制框架下确定企业最佳资本结构?

4. 请分析讨论各种融资方式下的税务决策思路。

案例分析题

1. 甲公司计划投资100万元生产一种新产品，制定了A、B、C三个方案。假设三个方案公司的负债比率（负债/权益）比例分别为0:1、4:1、2:3。三个方案的利率均为10%，甲企业适用的所得税税率为25%，甲企业息税前利润预计为300万元。

请问：甲企业应选择哪个方案?

2. 乙公司是一家高新技术企业，适用的所得税税率为15%，该企业为了扩大生产规模，拟筹集资金6000万元。公司财务部制定了以下备选方案：

方案一：增发普通股股票6000万股，每股1元。

方案二：增发普通股股票3000万股，每股1元；发行债券3000万元，债券票面年利率为6%。

方案三：增发普通股股票2000万元，每股1元；发行债券4000万元，债券票面年利率为7%。

方案四：增发普通股股票1500万元，每股1元；发行债券4500万元，债券票面年利率为9%。

同时假设，乙公司每年息税前利润为600万元，银行同类同期贷款利率为5%。

请问：乙企业应如何决策?

3. A公司决定新增一台设备，设备可以由以下两种方式获得：

（1）向银行申请借款购入一台新设备，假定银行的贷款利率是6%，贷款期限是3年，每年末等额偿还。该机器买价20万元，使用期限是5年，使用期满无残值，设备使用直线法计提折旧，另外公司还要每年支付1万元对设备进行保养维修。

（2）可以向租赁公司租入一台设备，租赁费为4%，租赁期是5年，每年初支付租赁费44926元，维修保养费由租赁公司负担，假设所得税税率是40%。

请问：公司对于该设备应该采取购买还是租赁方式?

4. 某企业去年平均资产总额为1000万元，平均资产负债率为40%，负债平均利息率5%实现的销售收入为1000万元，全部的固定成本和利息费用为220万元，优先股股利为15万元，变动成本率为30%，普通股股数为80万股。今年的销售收入计划提高50%为此需要再筹集250万元资金，有以下三个方案可供选择：

方案1：增发普通股，预计发行价格为5元/股，不考虑发行费用；

方案2：增发债券，债券面值为100元/张，票面年利率为4%，发行价格为125元/张，不考虑发行费用；

方案3：增发优先股，每年增加优先股股利25万元。

假设固定成本和变动成本率今年保持不变，上年的利息费用在今年仍然要发生，所得税税率为25%。

要求：

（1）计算方案1和方案2每股收益无差别点的销售收入，确定应该舍弃的方案；

（2）计算方案1和方案3每股收益无差别点的销售收入，确定应该舍弃的方案；

（3）根据每股收益的大小，确定最终的方案；

（4）计算筹资后的经营杠杆系数、财务杠杆系数和联合杠杆系数。

5. 某公司息税前利润为1000万元，资金全部由普通股资金组成，股票账面价值为4000万元，股票的贝塔系数为1.2，公司适用的所得税税率为25%。该公司认为目前的资本结构不够合理，没有发挥财务杠杆的作用，准备发行债券购回部分股票的方法于以调整。假设长期债务的现值等于其面值。息税前利润永远保持不变，股利支付率为100%。经咨询调查，企业拟采取以下三种方案：

甲方案：发行债券400万元，年利率为10%，由于增加负债，估计股票的贝塔系数为1.35；

乙方案：发行债券600万元，年利率为12%，由于增加负债，估计股票的贝塔系数为1.54；

丙方案：发行债券800万元，年利率为14%，由于增加负债，估计股票的贝塔系数为2。

目前无风险收报酬率为10%，平均风险股票的必要报酬率为15%，求：

（1）计算各方案的权益资本成本；

（2）计算各方案的股票市场价值、公司市场价值；

（3）计算各方案的加权平均资本成本（采用市场价值权数）；

（4）采用公司价值分析法，作出方案的决策。

读书笔记

企业在投资中选择投资项目，主要判断标准就是以最少的投入，获得最大的收益。而税收成本的增加是一种现金净流出量；税收成本的节减与现金流入量具有同样的意义。

——美国税务学会前主席　萨利 · 琼斯（Sally Jones）

第三章　税收与投资管理

- 企业投资的税收效应
- 税收与企业投资管理
- 组织形式的涉税决策
- 行业选择的涉税决策
- 企业规模的涉税决策
- 投资结构的涉税决策
- 其他投资的涉税决策

学习提示

税收与投资决策之间的关系一直是理论界研究的热点问题。当企业面临不同投资方案时，考虑税收因素与否可能会作出完全不同的决策。一项看似可行的投资方案在考虑纳税因素以后就有可能变为不可行的方案。本章从投资的税收效应入手，全面阐述税收与投资管理的关系。通过学习，读者应掌握税收与投资之间的关系，明确公司投资决策中税收所起的重要作用，能够进行复杂税制环境下的投资决策与评价。

案例导入

假设A公司在甲和乙两地各有一家子公司B和C，该企业所得税税率为25%，两家子公司所得税税率为15%。在某一纳税年度，该公司本部实现利润1000万元，B和C两家子公司各实现利润200万元。总公司规定，子公司税后利润40%汇回总公司，60%自己留用。

A公司本部应纳税所得额 = 1000 × 25% = 250（万元）

子公司B应纳税所得额 = 200 × 15% = 30（万元）

子公司C应纳税所得额 = 200 × 15% = 30（万元）

总公司分得子公司利润额 = 2 ×（200 − 30）× 40% = 136（万元）

分回利润应补税额 = 136 ÷（1 − 15%）×（25% − 15%）= 16（万元）

公司整体税负 = 250 + 30 + 30 + 16 = 326（万元）

若将上述两家子公司设为分公司，则：

公司整体税负 =（1000 + 200 + 200）× 25% = 350（万元）

可见，设立子公司比设立分公司减轻企业总体税负24万元（350 − 326）。

第一节　企业投资的税收效应

投资是企业永恒的主题，它既是企业诞生的唯一方式，也是企业得以存续和发展的最重要手段。投资是指企业为了获得一定的未来收益投放资金、实物、人力等多种形式的资源在生产经营领域的经济投入活动。税收对企业投资活动有着重要影响，投资决策最终取决于投资的边际报酬率，而税收是影响投资决策的重要因素。

税收对投资的影响是通过对投资收益的影响而产生的，而投资收益又受投资成本的影响。企业应缴货劳税的多少影响着经营成本的高低，而应缴所得税的多少直接影响着投资成本的高低。税收对经营、投资成本的影响最终表现为投资的税收效应。

一、投资的税收经济效应

自20世纪60年代以来，美国一些经济学家开始研究投资的税收经济效应问题。哈佛大学教授戴尔·乔根森（Dalew. Jorgenson）及其助手们在这个方面做了开创性的研究。他们提出的“新古典投资理论”（也称“乔根森模式”）成为研究税收与投资之间关系的理论基础。根据这一理论，在某一特定阶段，企业将不断积累资本直至最后一单位投资所致的收入（即投资资本的边际收入）刚好等于其运用资本的全部经济成本（投资资本的使用成本[①]），即：

边际收入＝资本使用成本

如果企业的投资额为q，投资的税前报酬率为r，市场利息率为i，资产的年折旧率为d，根据乔根森模式，企业的投资行为会一直持续到投资收益与投资资本的使用成本相等时为止，即：$qr=q(i+d)$

可简化为：$r=i+d$

如果政府对企业征收公司所得税，所得税税率为t，则税后的净投资报酬率变为$r(1-t)$，即公司所得税降低了企业的投资报酬率，对投资产生一定的抑制作用。

一般情况下，世界各国的公司所得税制度允许企业在税前列支一些扣除项目，这些税前扣除项目会减少企业的应纳税所得额，使企业节省一定的所得税款，起到了降低企业投资资本使用成本的目的，鼓励企业增加投资。这些税前扣除项目通常包括下面几种类型：

（1）利息成本的减少。如果企业通过市场借贷融资，则公司所得税法允许企业在税前扣除一定的利息成本，因此，企业的真正利息成本为$i(1-t)$；如

① 资本的使用成本是指企业拥有一笔投资所产生的全部机会成本，包括融资成本、折旧成本等。

果企业使用自有资金投资，企业损失的利息收入不是 i，而是 $i\ (1-t)$。企业每年为利息支付的税收数额实际构成了企业投资成本的抵减，其每单位货币投资的资本利息扣除现值表示为 δ。

（2）折旧的扣除。企业提取的固定资产折旧可以从应纳税所得额中扣除，为企业节约了一部分应纳税额，在一定程度上减轻了企业的投资成本。折旧扣除额所产生的税款节约数额与资产的折旧方法、折旧年限以及所得税税率有关。如果 t 表示所得税税率，$D\ (n)$ 表示企业第 n 年提取的折旧额，i 表示计算企业资金机会成本的贴现率，通常该贴现率是市场利息率，且 ϕ 表示单位投资在资产折旧年限的第 T 年提取的折旧数额所能产生的税款节约额的现值，那么，该现值可由下式计算：

$$\phi = \sum t \times D\ (T)\ \div\ (1+i)^{T}$$

其中，$T=1$，2，3，…

这里的折旧，是指经济折旧，即表示企业资产使用的实际磨损程度，它往往与税制中规定的折旧或企业实际提取的折旧数额不相一致，但可以通过分析比较确定它们之间的数量关系。目前，多数国家的税收制度都倾向于鼓励投资，因此对一些特殊行业资产[①]或特殊类型资产[②]允许采用加速折旧方法，鼓励企业加速折旧，可能出现企业实际提取的折旧额在资产使用期的前几年往往高于经济折旧的情况，即折旧的提取呈现前高后低，帮助企业获得延期纳税的好处。如果存在通货膨胀，会使企业提取的折旧额的实际价值降低，从而使实际提取的折旧额低于经济折旧，不利于鼓励企业投资，此时，可采用折旧提取指数化或缩短折旧年限等方法，来消除或减少通货膨胀的不利影响。

（3）投资额的税收抵免。公司所得税法中往往规定允许企业用投资额的一定比例直接冲减企业应缴纳的所得税税额，该比例即为投资税收抵免率。假设企业的投资税收抵免率为 k，企业购置设备的投资额为 q，则企业当期可以少缴纳所得税税额为 qk。通过投资税收抵免，减少了税收成本，这相当于降低了企业购置资产的有效价格，从而降低了企业资产的使用成本。

如果考虑所得税对投资决策的影响，综合利息、折旧、投资税收抵免等因

① 为了鼓励行业发展，对于一些特殊行业，允许对其资产采用加速折旧法。例如，环保设备允许加速折旧。

② 特殊类型资产有很多种，如电子设备、软件等受技术进步影响较大的资产，应该采用缩短折旧年限或其他加速折旧方法计提折旧。

素，投资行为会一直延续到投资的税后收益与投资资本的使用成本相等时为止，即有：

$$qr\ (1-t)\ =q\ (i+d-\phi-\delta-k)$$

简化可得：

$$r\ (1-t)\ =\ (i+d-\phi-\delta-k)$$

对上式简化变形后，得：

$$r=\ (i+d-\phi-\delta-k)\ \div\ (1-t)$$

其中：r——投资的税前收益率

t——公司所得税税率

i——市场利息率

d——资产的年折旧率

δ——单位货币投资的资本利息扣除现值

ϕ——资产折旧的税款节省额现值

k——投资税收抵免率

上式中的 t、ϕ、k 三个变量是由企业所得税制度决定的，采用加速折旧法和投资税收抵免政策都会对 t、ϕ、k 产生影响，企业充分利用这些政策进行税收筹划会产生“税收节约量”，其结果会降低投资资本的使用成本①，这在一定程度上会刺激企业投资规模的扩张。因而，在公司所得税税率不变的条件下，任何旨在降低投资资本的使用成本的措施都会产生鼓励投资的作用。总之，在公司所得税税率不变的情况下，税法中的某些对投资资本使用成本有影响的税收条款，会成为对企业投资最有影响力的因素。

根据等式 $r\ (1-t)\ =\ (i+d-\phi-\delta-k)$ 可知，当市场利息率 i 越小时，等式右边所显示的投资资本的使用成本就越低，则企业对投资的需求就越大，可见有效的融资市场环境对企业投资产生积极的影响。

二、税收对投资行为的综合影响效应

公司所得税对企业投资决策的影响是双向的，既存在激励企业投资的一面，也存在抑制企业投资的一面。

（1）税收对投资的抑制作用。企业的投资所得需要缴纳企业所得税从而使

① 对公式 $qr\ (1-t)\ =q\ (i+d-\phi-\delta-k)$ 分析可知，等式右边为投资资本的使用成本。

企业的税后投资报酬率降低，所以所得税会影响投资的边际报酬率。对等式 $r(1-t)=(i+d-\phi-\delta-k)$ 的分析可知，企业所得税税率越高，等式左边显示的税后投资报酬率 $r(1-t)$ 越小，税收降低了投资报酬率，对投资具有一定的抑制作用。

税收对投资的抑制作用，表现在税收直接构成了投资的现金流量。从投资全过程来看，一国对投资行为一般在三个环节课税：

一是对投资交易行为进行课税。在投资活动发生时，就要对交易中投资方的交易额征税。对于投资交易行为课税，世界各国做法不一，有征收增值税的，也有征营业税的，也有给予税收减免优惠的。大多数国家采用增值税形式，少数国家如美国虽然没有开征增值税，但对零售环节征收销售税。我国税法规定，如果投资形式为以权益资本投资注册成立新公司，对货币资金投放行为不征税；如果投资以非货币性资产形式投放，则根据资产的性质和具体类别分别征收不同税目增值税（或者消费税）。另外，中国政府曾在 1991 – 1999 年根据国家产业政策和项目经济规模情况，对固定资产投资项目征收差别税率制的固定资产调节税①。

二是对投资持有期间的收益课税。在投资持有过程中，一般对所获得的股息、利息等持有收益征税。投资方企业取得的利息，除税法规定免税的国债利息外，与营业利润一并缴纳企业所得税。投资方企业取得的股息所得，为避免重复征收公司所得税，在税法中一般作为“符合条件的居民企业之间的股息、红利”免税收入。对个人取得的股息所得征收 20% 的个人所得税。

三是对投资处置收益课税。投资方企业取得的投资处置收益，属于资本利得性质，一般作为应纳税所得征税。考虑对长期投资的鼓励和通货膨胀等因素，有的国家对资本利得采用低税率。我国税法允许税前列支投资方企业的股权投资损失②。

我国税法对企业所获得的股票转让所得全额征税；个人取得上市公司的股票转让所得，暂免征收个人所得税。个人因股票期权所获得的已行权的境内上

---

① 1991 年 4 月 16 日中国政府颁布《中华人民共和国固定资产投资方向调节税暂行条例》（国务院令第 82 号），开始对固定资产投资项目征收固定资产投资方向调节税，1999 年中国政府以中发〔1999〕12 号文件决定暂停征收固定资产投资方向调节税。

② 国家税务总局公告 2010 年第 6 号《国家税务总局关于企业股权投资损失所得税处理问题的公告》和《企业所得税法》第八条及其有关规定，自 2010 年 1 月 1 日起，企业对外进行权益性（以下简称股权）投资所发生的损失，在经确认的损失发生年度，作为企业损失在计算企业应纳税所得额时一次性扣除。

市公司股票再行转让而取得的所得，也暂免征收个人所得税；个人转让境外上市公司的股票而取得的所得，应按税法的规定计算应纳税所得额和应纳税额，依法缴纳税款。另外，我国对国有企业转制上市而给予个人的限售股，解禁后在市场上转让，应按“财产转让所得”计征个人所得税。

由于投资的持有收益与投资的处置收益存在税负差异，如何平衡股息所得与股权转让所得的税负是宏观政策制定者必须考虑的问题。如果考虑对公司间股息免税，而对股权转让所得继续全额征税，就必须在两者之间划出明确的界限。股息所得与股权转让所得之间的界限是相对的，两者是可以转化的，例如在企业保留盈余（盈余公积与未分配利润）不分配的期间存在股息所得转化为股权转让所得的可能性，保留盈余不分配通常会导致股价上涨。因此，在公司间股息免税的情况下，需要继续正确区分股息性质的所得与资本利得。[①] 另外，相比股息或利息等其他收入，资本利得税往往被认为是一种不可预测的税收，这至少有两个理由：一是资本利得税是仅在投资出售时才支付，而股息或利息税却是每期都要支付的，资本利得税的推迟使资本利得的有效税率低于一般收入的税率。二是资本利得税的征收数额取决于投资价值的增长。如果投资是因为通货膨胀才增加，那么投资者就可能是在为实际价值并未发生变化的投资付税。

（2）税收对投资的激励作用。在世界各国的公司所得税制度中，激励投资的税收政策大多集中于加速折旧与投资抵免制度方面。“乔根森模式”的研究表明，美国公司所得税制中的“加速折旧法”和“投资税收抵免规定”对美国的总投资有相当显著的经济效应。乔根森教授于1967年对美国总投资的研究证明：1963年美国制造业净投资中的40%应归功于1962年引进的7%的“投资税收抵免规定”。[②]

世界各国对加速折旧和投资抵免制度具体规定有着明显的差异，例如，有的国家规定按冲抵后的投资额提取折旧，而有的国家则规定可以在冲抵后仍按初始固定资产投资额提取折旧。显然，后者对投资的激励作用要远远大于前者。除上述两项比较常用的投资激励措施外，各国也有其他的鼓励投资的税收政策，比如投资补贴、免税期、亏损结转等。

---

① 财政部会计准则委员会．所得税会计［M］．大连：大连出版社，2005：105.

② 谈多娇．税收筹划的经济效应研究［M］．北京：中国财政经济出版社，2004：151－152.

投资补贴是国家对鼓励范围内的企业投资给予政府补助的一种投资鼓励制度，比如对高科技研发投入费用的加计扣除，这种制度对投资的激励作用更大。免税期是规定在一定年限内，企业可以免于缴纳公司所得税的制度。亏损结转是允许企业用以前或以后年度的盈利来弥补当期亏损或用一个资产项目的盈利弥补另一个资产项目的亏损，然后再用弥补亏损后的余额缴纳公司所得税的制度①。

（3）税收对投资行为的综合效应。通过对税收对投资行为的抑制作用和激励作用的分析可知，税收对投资行为的净效应（或称为综合效应）取决于投资报酬率与投资资本的使用成本两方面影响力的强弱对比。

实践证明，企业的投资行为是一个复杂的财务决策过程，它不仅与税收制度和产业政策有关，还在很大程度上取决于企业对未来宏观政策、盈利水平、现金流及经济发展状况的预期，这种预期的存在，不仅增加了企业投资决策的难度，而且很难对企业投资行为作出精准的评价。

总之，税收对投资行为的影响是显著而有效的，国家可以利用税收对投资的影响力进行产业结构调整、引导资源在不同产业及区域间流动，以实现资源的合理配置。因此，世界各国都很重视税收对投资行为的调节作用。

第二节　税收与企业投资管理

一、企业投资的分类

企业投资管理是指企业面临多种市场投资机会，面对各种投资风险时，以税后投资收益最大化为目标对不同投资项目的选择。在这种选择中，企业不仅需要考虑各种市场因素，而且必须考虑相关的税收因素。随着税收制度不断完善和税收管理日益规范，税收日渐成为企业投资决策的重要因素之一。

在我国多税种复合型税制下，企业投资类型不同，需要缴纳的税收也不相

① 亏损弥补政策往往有年限的限制，不会是任意放大期限。税法规定亏损向前结转的最长期限不得超过5年。

同，因此可按不同投资类型分析企业投资的税收效应。按投资者能否直接控制其投资资金的运用进行划分，可将企业投资分为直接投资与间接投资两种类型。

直接投资一般是指投资者用于开办企业、购置设备、收购和兼并其他企业等的投资行为，其主要特征是投资者能有效地控制各类投资资金的使用，并能实施全过程的管理。直接投资的形式多种多样，如投资开办一家新企业；以较高比例股本金参与其他企业经营（控制、共同控制或者对被投资的企业有重大影响）；对外扩张设立子公司或分公司；收购或兼并现有企业；开办中外合资公司，等等。

间接投资主要是指投资者购买金融资产的投资行为，依据具体投资对象的不同，间接投资又可分为股票投资、债券投资及其他金融资产投资（交易性金融资产或以公允价值计量且其变动计入其他综合收益的金融资产），并可依据所投资证券的具体种类作进一步划分。如债券投资，又可细分为国库券投资、金融债券投资、公司债券投资等。其特点是投资者在资本市场上可以灵活地购入各种有价证券和期货、期权等，并能随时进行调整和转移，有利于避免各类风险，但投资者一般不能直接干预和有效控制其投放资金的运用状况。

二、直接投资的税收决策

1. 直接投资涉税选择需考虑的因素[①]

企业直接投资是一个长期的、极其复杂的事项，在投资过程中的涉税问题

① 萨利·M. 琼斯（Sally M. Jones）、谢利·C. 罗兹—卡塔纳奇（Shelley C. Rhoades - Catanach）. 税收筹划原理——经营和投资规划的税收原则［M］. 北京：中国人民大学出版社，2008.

也同样错综复杂。但无论怎样复杂，涉税事项无非是税收成本的增减。企业在投资中选择投资项目，主要判断标准就是以最少的投入，获得最大的收益。而税收成本的增加是一种现金净流出量；税收成本的节减与现金流入量具有同样的意义。

在企业直接投资中，税收成本的增减会导致最终投资效益的变化。因此，直接投资需要考虑的因素包括：

（1）投资项目之间的不同税收处理。国家税收有多种差异性条款，企业投资于不同项目常常会由于所适用的条款不同，导致税前收益与税后收益有很大差别。

案例3－1 A公司现有一笔资金准备投资兴建一个项目，有甲、乙两个备选项目。其中甲项目预计年收入1000万元，成本费用620万元，计算企业所得税时，由于部分费用超过税法规定准予税前扣除的标准，故税前可扣除项目金额仅为500万元。乙项目预计年收入960万元，收入中有200万元可以按90%比例减计收入，成本费用600万元，均符合税法规定准予税前扣除的标准，可在税前扣除。两项目所得税税率为25%，计算过程见表3－1。

表3－1　甲、乙两项目的税收成本分析　单位：万元

项目	甲项目	乙项目
应纳税收入	1000	760＋200×90%＝940
成本费用	620	600
税前现金流	380	360
可扣除项目金额	500	600
所得税成本	（1000－500）×25%＝125	（940－600）×25%＝85
税后现金流	380－125＝255	360－85＝275

如果不考虑税收对不同项目的影响，甲项目（税前现金流380万元）收益优于乙项目（税前现金流360万元），但当考虑了税收对不同项目的影响后，则乙项目（税后现金流275万元）优于甲项目（税后现金流255万元）。

（2）边际税率的影响。企业投资项目在不同年度适用的边际税率不一定完全相等。边际税率是指当纳税人再增加一单位应纳税所得额时所适用的税率。例如，有的国家采用的所得税税率是累进税率，在这种情况下，当纳税人某年收入较少时，其所适用的边际税率就比较低；但当纳税人某年收入较多时，其

所适用的边际税率就比较高。再如，虽然有的国家所得税规定的是比例税率，但对于那些可以享受定期税收优惠的企业来说，实际上不同年度所适用的边际税率是不同的。

我国《企业所得税法实施条例》规定：企业从事国家重点扶持的公共基础设施项目的投资经营所得，从项目取得第一笔生产经营收入所属纳税年度起，第一年至第三年免征企业所得税，第四年至第六年减半征收企业所得税。不难看出，适用这项优惠政策的企业第一年至第三年适用的边际税率为0；第四年至第六年适用的边际税率为12.5%；第七年及以后年度适用税率为25%，实际上是一种不同年度间的累进税率。或者说，当企业获得同样数量的应税所得（如100万元），如在第一年获得，不需缴纳企业所得税；如在第四年获得，需要缴纳企业所得税12.5万元；如在第七年获得，则需缴纳企业所得税25万元。

案例3-2 B公司所在国家实行超额累进税率的企业所得税，相关税收政策规定，年应纳税所得额在60万元以下的适用税率20%；年应纳税所得额超过60万元的部分适用税率30%。20×8年B公司原应纳税所得额为40万元；20×9年预计年应纳税所得额为80万元。20×8年拟追加投资一个项目，有甲、乙两个方案可供选择，两方案均可获得30万元应纳税所得额。甲项目收益可在20×8年实现；而乙项目收益可在20×9年实现。两个项目的投资比较分析如表3-2所示：

表3-2　　项目的投资比较分析　　单位：万元

如追加投资选择甲项目	20×8年	20×9年	两年合计
应纳税所得额	40+30=70	80	150
应缴所得税	60×20%+10×30%=15	60×20%+20×30%=18	33
税后利润	70-15=55	80-18=62	117
如追加投资选择乙项目	20×8年	20×9年	两年合计
应纳税所得额	40	80+30=110	150
应缴所得税	40×20%=8	60×20%+50×30%=27	35
税后利润	40-8=32	110-27=83	115

从甲、乙两个方案的比较可以看出，同样数额应税所得，由于适用的边际税率不同，缴税数额并且最终使投资项目的税后收益也是不同的。投资于甲项目所获得的30万元应税所得由于是在原收入较少年度实现，其中的20万元实际

适用税率 20%，只有 10 万元适用较高边际税率 30%。而投资于乙项目所获得的 30 万元应税所得是在原收入较高年度实现，全部适用 30% 的较高的边际税率，故比甲项目收益多缴 2 万元企业所得税，导致整体税后收益降低。

（3）净现值的考虑。企业投资是一项长期行为，故在投资决策中须考虑投资与收益的货币时间价值，应用净现值法对不同时期的投资与收益折现值比较。运用净现值法分析时，税款缴纳时间的早晚会导致分析结果的变化。

案例 3－3 C 公司投资有甲、乙两个可选择方案，两年中各年的收入均为 100 万元，而甲项目第一年成本费用为 55 万元，第二年成本费用为 65 万元。乙项目第一年成本费用为 70 万元，第二年成本费用为 50 万元。每年年终计算缴纳企业所得税。（假设税率为 30%，当期利率为 10%，第一年复利现值系数为 0.909，第二年复利现值系数为 0.826。）计算两个方案的应纳税现值见表 3－3。

表 3－3　　两个方案应纳税额现值分析　　单位：万元

		甲项目	乙项目
第 1 年	应纳税所得	100－55＝45	100－70＝30
	应纳所得税	45×30%＝13.5	30×30%＝9
	折现值	13.5×0.909＝12.2715	9×0.909＝8.181
第 2 年	应纳税所得	100－65＝35	100－50＝50
	应纳所得税	35×30%＝10.5	50×30%＝15
	折现值	10.5×0.826＝8.673	15×0.826＝12.39
两年应纳税合计		13.5＋10.5＝24	9＋15＝24
两年应纳税现值合计		12.2715＋8.673＝20.9445	8.181＋12.39＝20.571

从上述分析可知，如果单纯从账面价值看，甲、乙两项目两年缴纳的企业所得税总额是一样的，都是 24 万元。但考虑折现因素后，乙项目第一年成本费用比甲项目数额大，应纳税所得额较少，缴纳所得税额较少；第二年成本费用比甲项目数额小，应纳税所得额较多，缴纳所得税额较大。实际上是一部分税款递延了缴纳时间，降低了所缴纳税款的折现值。

（4）为关联交易创造节税机会。当企业的一些业务可能适合国家税收优惠政策时，企业可以投资单独成立一个子公司专门经营该类业务，以便享受税收上的优惠。这种投资也会为未来通过集团内部企业间交易降低税负提供便利。

案例3－4 某医疗器械生产企业既生产普通医疗器械，又生产A类新型医疗器械（该产品属于《国家重点扶持的高新技术领域》规定的范围）。由于某些指标不能达到企业所得税规定的高新技术企业要求（如A类新型医疗器械销售收入未占到全部销售收入所得税优惠条款要求比例），故全部所得只能按照一般企业所得税25%的税率计算缴税。

经过筹划，决策层决定投资成立一个具有独立法人身份的子公司，专门生产经销A类新型医疗器械。独立后的子公司拥有核心自主知识产权，研究开发费用占销售收入的比例、高新技术产品销售收入占企业全部销售收入的比例、科技人员占企业职工总数的比例以及其他条件均符合高新技术企业认定管理办法规定，经批准成为享受15%优惠税率的高新技术企业。假设原来的子公司为X公司，新建子公司为Y公司。这种投资实际上为集团通过内部企业间交易降低税负提供了便利。

当X公司向Y公司销售一批原料价格成本价为450万元的零部件，市场交易价格在800万～1000万元，或者说，只要在这一价格区间都可以被认定为合理的市场定价。Y公司用这批零部件加工成成品销售，销售价格为1600万元。此时，X公司就可以主动按照市场交易的最低价格将这批零部件销售给Y公司。不同交易价格下的纳税分析如表3－4所示。

表3－4　不同交易定价下的纳税分析　单位：万元

项目	X公司	Y公司	合 计
按市场交易平均价	税前利润：900－450＝450	1600－900＝700	1150
	适用税率：25%	15%	
	应缴所得税：450×25%＝112.5	700×15%＝105	217.5
	税后利润：450－112.5＝337.5	700－105＝595	932.5
按市场最低价	税前利润：800－450＝350	1600－800＝800	1150
	适用税率：25%	15%	
	应缴所得税：350×25%＝87.5	800×15%＝120	207.5
	税后利润：350－87.5＝262.5	800－120＝680	942.5

投资成立Y公司使企业有可能通过集团内部的交易定价降低税负，仅这一笔交易就为企业节税10万元。

2. 直接投资的涉税选择①

现代税制是一个由多税种构成的复合型税制体系，每一税种都由极为复杂的条款构成，各税种之间又有错综复杂的关联关系。企业进行直接投资时，对不同项目的选择通常是统筹考虑的决策过程，或者说，各个备选方案都可能存在某一方面或多方面的税收优势，与此同时，又可能存在某些方面的税收劣势。因此，在做投资决策时，企业只能选择最适合预期投资目标要求的项目。

案例3-5 某企业有2000万元资金准备追加投资扩大原产品生产规模。企业现在生产的A、B、C三种产品，市场销路都很好，供不应求。但由于资金有限，只能集中资金投入某一种产品的生产。

三个投资方案情况如下：A项目用于扩大A产品的生产规模，B项目用于扩大B产品的生产规模，C项目用于扩大C产品的生产规模。在不同方案中，投资的2000万元分别用于购置生产不同产品的设备。设备使用期为5年，暂不考虑设备使用期满后的残值。

A产品是比较稳定的传统产品，商场销售及盈利较为平稳；B产品是高科技产品，在可预期的时间内，初期利润水平比较高，但以后逐年呈下降趋势；C产品是更新换代产品，消费者对该产品有一个接受过程，市场打开后，企业收益呈逐年增长趋势。A产品、C产品生产设备采用平均直线法计提折旧；B产品生

① 张阿芬. 税制改革对企业投资决策影响的实证分析［J］. 金融理论与实践，2005.

产设备可采用加速折旧法计提折旧。内部收益率为10%；税率为20%。项目第二行所列收益额均为未扣固定资产折旧的收益额。A、B、C三个项目投资收益的计算见表3－5、表3－6、表3－7。

表3－5 **A项目投资收益** 单位：万元

年数 指标	0	1	2	3	4		合计
投资额	2000						2000
收益额		700	700	700	700	700	3500
设备折旧额		400	400	400	400	400	2000
应纳税所得额		300	300	300	300	300	1500
应纳所得税		60	60	60	60	60	300
税后收益		240	240	240	240	240	1200
折现值		218.16	198.24	180.24	163.92	149.04	909.60

注：1年期、2年期、3年期、4年期、5年期利率的10%的复利现值系数分别为0.909、0.826、0.751、0.683和0.621。

表3－6 **B项目投资收益** 单位：万元

年数 指标	0	1	2	3	4	5	合计
投资额	2000						2000
收益额		850	800	700	600	500	3450
设备折旧额		800	600	240	180	180	2000
应纳税所得额		50	200	460	420	320	1450
应纳所得税		10	40	92	84	64	290
税后收益		40	160	368	336	256	1160
折现值		36.36	132.16	276.37	229.49	158.98	833.36

表3－7 **C项目投资收益** 单位：万元

年数 指标	0	1	2	3	4	5	合计
投资额	2000						2000
收益额		400	600	750	900	950	3600
设备折旧额		400	400	400	400	400	2000
应纳税所得额		0	200	350	500	550	1600
应纳所得税		0	40	70	100	110	320
税后收益		0	160	280	400	440	1280
折现值		0	132.16	210.28	273.20	273.24	888.88

对三个投资项目分析比较如下：

如果不考虑折现因素，单纯从账面数据看，C 项目最优，五年共获得税后收益 1280 万元；A 项目次之，五年共获得税后收益 1200 万元；B 项目最差，五年共获得税后收益 1160 万元。其基本原因是在投资额相等的情况下，C 项目获得的税前收益最多，五年共计 3600 万元；A 项目获得的税前收益较少，五年共计 3500 万元；B 项目获得税前收益最少，五年共计 1160 万元。而且，各年税率相等，最终项目优劣排序为：C > A > B。

如果从折现的角度看，项目的优劣排序发生了变化，即 A 项目最优，五年税后收益折现值为 909.60 万元；C 项目次之，五年税后收益折现值为 888.88 万元；B 项目最差，五年税后收益折现值为 833.36 万元。这种变化的原因是 A 项目五年获得的总收益虽然比 C 项目少，但有部分收入获得时间较 C 项目早，当其乘以较高的折现系数时，其五年收益折现总值高于 C 项目。

在现实经济生活中，企业的实力（或者说真实效益）不能单纯从账面损益来看（即使已经考虑折现因素），还必须考察企业的现金流入与流出。B 项目虽然五年总体收益额较少，但其现金流入（收益额）呈现早期较多，后期较少的状态；而现金流出（应纳所得税）由于实行了加速折旧法，呈现早期较少，后期较多的状态。设备的折旧虽然是核算中的成本，但却没有实际现金流出。采用加速折旧法使企业加大了早期折旧成本，产生抵税效应，减少了应缴所得税的现金流出。

从现金流入与流出的角度比较，结果见表 3 – 8：

表 3 – 8　　A、B、C 三个项目的现金流入与流出分析　　单位：万元

A 项目	现金流入折现值	700 × 0.909 + 700 × 0.826 + 700 × 0.751 + 700 × 0.683 + 700 × 0.621 = 636.3 + 578.2 + 525.7 + 478.1 + 434.7 = 2653
	现金流出折现值	60 × 0.909 + 60 × 0.826 + 60 × 0.751 + 60 × 0.683 + 60 × 0.621 = 54.54 + 49.56 + 45.06 + 40.98 + 37.26 = 227.40
	净现金流入折现值	2653 – 227.40 = 2425.60
B 项目	现金流入折现值	850 × 0.909 + 800 × 0.826 + 700 × 0.751 + 600 × 0.683 + 500 × 0.621 = 772.65 + 660.8 + 525.7 + 409.8 + 310.5 = 2679.45
	现金流出折现值	10 × 0.909 + 40 × 0.826 + 92 × 0.751 + 84 × 0.683 + 64 × 0.621 = 9.09 + 33.04 + 69.092 + 57.372 + 39.744 = 208.338
	净现金流入折现值	2679.45 – 208.338 = 2471.112

续表

C 项目	现金流入折现值	400 × 0.909 + 600 × 0.826 + 750 × 0.751 + 900 × 0.683 + 950 × 0.621 = 363.9 + 495.6 + 563.25 + 614.7 + 589.95 = 2627.10
	现金流出折现值	0 × 0.909 + 40 × 0.826 + 70 × 0.751 + 100 × 0.683 + 110 × 0.621 = 0 + 33.04 + 52.57 + 68.3 + 68.31 = 222.22
	净现金流入折现值	2627.10 − 222.22 = 2404.88

从上述分析可知，从净现金流入的角度看，B 项目有明显的优势。而且，由于各项目的收益都是一种预期，时间越远，预计结果的不确定性就越大，或者说风险越大。因此，选择早期收回现金较多的项目投资也是规避这种风险的重要考虑。

此外边际税率变化的预期也会对不同投资项目的选择产生一定的影响。例如，预期从第三年开始，税率将提高至 25%。这种变化对 A 项目税后收益降低的不利影响最小。对 B 项目的影响在于两个方面，一方面，从其收益前期高后期低的角度讲，适用相对税率较高的收益较少，不利影响较少；另一方面，加速折旧法加大前期账面成本，使一部分所得向以后年度递延，适用较高税率，增加了企业税负，减少了企业税后收益。对 C 项目税后收益降低的影响比较大，因其大部分收入在后三年实现，边际税率的提高会直接增加其税收负担。

三、间接投资的税收决策

（1）债券投资的税收决策。《企业所得税法》规定，企业取得的国债利息收入免征企业所得税，而购买其他债券利息收入需要缴纳企业所得税。所以，企业在进行间接投资时，除要考虑投资风险和投资收益等因素外，还必须考虑相关的税收规定的差别，以便全面权衡和合理决策。

案例 3－6 有两种长期债券，一种是企业债券，年利率为 4.2%；另一种为国债，年利率为 3.4%。企业应如何投资？

解析：

尽管企业债券的利率要高于国债利率，但由于企业债券要被征收 25% 的企业所得税，而国债不缴纳企业所得税，实际的税后收益应该通过计算来评价和比较：

4.2% ×（1 − 25%）= 3.15% < 3.4%

通过计算可知，企业债券的税后收益要低于国债的税后收益，进行国债投资收益更大。只有当其他债券利率大于4.533% ［即3.4% ÷（1－25%）］时，其税后收益才大于利率为3.4%的国债。

（2）股票投资的税收决策。股票投资决策是多因素综合体系，从税收角度来看，需要考虑的因素有投资交易主体选择、所得性质是资产转让还是股息红利、股票是否公开交易、股票持有时间长短等因素。

《企业所得税法》第六条规定：股息、红利等权益性投资收益应当组成企业所得税收入总额；《企业所得税法》第二十六条规定：符合条件的居民企业之间的股息、红利等权益性投资收益以及在中国境内设立机构、场所的非居民企业从居民企业取得与该机构、场所有实际联系的股息、红利等权益性投资收益属于免税收入。

《企业所得税法实施条例》第十六条规定：企业所得税法第六条第（三）项所称转让财产收入，是指企业转让固定资产、生物资产、无形资产、股权、债权等财产取得的收入。财产转让收入以收入总额为应税收入额。《企业所得税法实施条例》第八十三条规定：符合条件的居民企业之间的股息、红利等权益性投资收益，是指居民企业直接投资于其他居民企业取得的投资收益；股息、红利等权益性投资收益，不包括连续持有居民企业公开发行并上市流通的股票不足12个月取得的投资收益。

对企业所得税纳税人投资股票取得的投资收益应根据不同情况处理：首先，对于企业在股票市场上低价买入，高价卖出股票获得的价差收益要并入企业收入总额计算缴纳企业所得税。其次，对于企业购买并持有上市公司股票获得的股息、红利需根据情况确定：①居民企业或非居民企业连续持有居民企业公开发行并上市流通的股票超过12个月取得的投资收益免征企业所得税；②居民企业或非居民企业连续持有居民企业公开发行并上市流通的股票不超过12个月取得的投资收益，应并入企业所得税应税收入，即应当依法征收企业所得税；③居民企业或非居民企业持有非居民企业公开发行并上市流通的股票取得的投资收益，一律并入企业所得税应税收入计算缴纳企业所得税。

《企业所得税法》还进一步明确，在中国境内没有机构、场所的非居民企业应就其来源于中国境内的所得，包括股息、红利所得等，按照10%的税率缴纳企业所得税。

根据上述相关政策，企业在进行股票投资时可通过适当延长股票的持有时间，或选择居民企业公开发行的股票等方式，获得股息、红利的免税利益。

另一个需要考虑的问题是：对于民营投资者来说，有一个以自办企业的名义投资股票，还是以自己个人名义投资股票的涉税选择问题。前者，价差收益并入企业利润缴纳企业所得税；股息红利收益根据前述规定免征企业所得税（且税后利润还涉及个人所得税问题）。后者，价差收益暂免征收个人所得税，上市公司股息分红按20%税率减半征收个人所得税。

（3）基金投资的税收决策①。《财政部、国家税务总局关于企业所得税若干优惠政策的通知》（财税〔2008〕1号）规定：对投资者从证券投资基金分配中取得的收入，暂不征收企业所得税。因此企业在证券基金现金分红中获得的收益是免税的。但应注意的是，有些证券投资基金会采用拆分基金份额的方式向投资者“分红”。在这种“分红”方式中，投资者获得了更多基金份额，降低了单位基金成本，待赎回时获得的价差收益是需要缴纳企业所得税的。

显然，证券投资基金采用不同的分红方式，投资者的税后利益是不同的。当然，采用何种方式分红是由基金公司决定的，投资企业并没有决策权，但企业却可以选择有较大税收分红利益的基金进行投资。

案例3－7 20×8年1月，A企业以500万元投资购买单位净值为1元的X证券投资基金份额500万份。20×8年末，基金净值升为1.6元。基金公司决定将升值部分全部向投资人分配。A企业在20×9年5月基金净值又升为1.3元时将基金赎回。则基金公司采用何种方式分红，A企业的税后收益最大？

---

① 蒋建国，章建良．企业投资开放式基金的所得税筹划［N］．中国税务报，2009－5－11.

解析：

方案一：如果基金公司采用现金分红，则 A 企业全部税后收益为：

(1.6 − 1) ×500 + (1.3 − 1) ×500 × (1 − 25%) = 412.5（万元）

方案二：如果基金公司采用拆分方式，则原来的 500 万份拆分后变为 800 万份，单位净值将降为 0.625 元。赎回时，价差收益应缴纳所得税：

(1.3 − 0.625) ×800 ×25% = 135（万元）

A 企业的税后收益为：

[(1.3 − 0.625) ×800] − 135 = 405（万元）

采用方案一现金分红方式比方案二拆分方式节税 7.5 万元，增加了基金投资的收益。由于现金分红与基金赎回收益税收待遇上的差异，投资企业在确定基金赎回时间时也应将税收因素考虑进来。例如，20×8 年 2 月，B 企业投资 800 万元申购面值 1 元的 Y 基金 800 万份。到 20×9 年 2 月，Y 基金净值为 1.5 元，Y 基金公司决定采取大比例分红方案，每基金份额现金分红 0.45 元。B 企业对这笔基金投资赎回的时间有两种选择：一是在 Y 基金分红之前赎回；二是在 Y 基金实施分红方案（除权日）后再赎回。

计算两种方案下 B 企业的投资收益：

方案一：B 企业的投资收益为：(1.5 − 1) ×800 ×(1 − 25%) = 300（万元）

方案二：B 企业的投资收益为：0.45 ×800 + (1.5 − 1.45) ×800 × (1 − 25%) = 390（万元）

在第二方案中，投资者在基金分红时先获得分红现金收益，享受了免税待遇；分红后，基金净值大幅下降，赎回时，赎回收益很少，应缴税款明显减少，投资收益也相应增加。

企业投资者还须考虑基金投资中的税收风险问题。根据《企业所得税法》第四十七条规定：企业实施不具有合理商业目的的安排而减少其应纳税收入或所得额的，税务机关有权按合理方法调整。当企业购买基金数额较大，超过合理投资比例，有可能被税务机关认定为是以减少、免除或推迟税款缴纳为目的的不合理安排，从而对其进行调整。

第三节 组织形式的涉税决策

一、市场经济中的企业组织形式

(1) 公司制企业、合伙制企业与个人独资企业。企业在进行直接投资时首先须考虑选择何种组织形式。现代市场经济国家按照财产的组织形式和其所承担的法律责任将企业划分为公司制企业、合伙制企业和个人独资企业。在我国，除上述企业组织形式外，还有国家独资公司、国家控股公司以及股份合作制企业等。

公司制企业属于法人企业，又包括有限责任公司和股份有限公司，出资者以出资额为限承担有限责任。公司制企业是现代企业组织中的重要形式，是一种以法人财产制度为核心，以科学规范的法人治理结构为基础，从事大规模生产经营活动，具有法人资格并依法设立的经济组织。它有效地实现了出资者所有权与法人财产权的分离，具有产权清晰、权责明确、政企分开、管理科学、投资风险有限等特点，公司制企业已经成为我国最主要的企业组织形式。

合伙制企业也称为合伙企业，是指由两个或两个以上自然人共同出资，为了获利共同经营，并归企业主共同所有的企业组织形式。合伙人出资可以是资金或其他财物，也可以是特许权、信用和劳务等。总体看来，合伙制企业的数量不如公司制企业和个人独资企业多，如在美国全部企业中，这种形式的企业仅占7%左右。合伙制企业在会计师事务所、律师事务所、零售店、经纪业等行业中较为常见。我国合伙企业法的规定，合伙企业是指在中国境内设立的由各合伙人订立合伙协议，共同出资、合伙经营、共享收益、共担风险，并对合伙企业债务承担无限连带责任的营利性组织。

有限合伙企业（Limited partnership），有限合伙是指一名以上普通合伙人与一名以上有限合伙人所组成的合伙。在表面上及一些具体程序与做法上，有限合伙企业是介于合伙与有限责任公司之间的一种企业形式，在本质上它是合伙的特殊形式之一，而不是公司。

有限合伙企业是由普通合伙人和有限合伙人组成的。普通合伙人也就是以前的合伙人的条件，主要是自然人，对企业的损失承担无限连带责任。

在2006年的《合伙企业法》第三条规定："国有独资公司、国有企业、上市公司以及公益性的事业单位、社会团体不得成为普通合伙人。"有限合伙人则无论是公民个人还是法人机构都可以。

合伙企业施行"先分后税"原则，对合伙企业本身不征税，只对投资人征税。投资人是自然人的，缴纳个人所得税；投资人是法人和其他组织的，缴纳企业所得税。有限合伙企业同样适用。对于自然人投资者，应比照"个体工商户的生产经营所得"，适用5%~35%的五级超额累进税率，计算征收个人所得税；对于法人和其他组织，适用25%的企业所得税率。

个人独资企业也称为个人业主制企业、个人企业，是指由个人出资兴办，完全归个人所有和控制的企业组织形式。这种企业在法律上是自然人企业，不具有法人资格。个人独资企业是最早产生也是最简单的企业组织形式，流行于小规模生产时期，但在现代经济社会中，这种企业在数量上也占多数。在美国，个人独资企业就占企业总数的70%以上。这类企业往往规模较小，在小型加工、零售商业、服务业等领域较为活跃。我国个人独资企业法的规定，在中国境内设立，由一个自然人投资，财产为投资人个人所有，投资人以其个人财产对企业债务承担无限责任的经营实体为个人独资企业。

（2）分公司与子公司。分公司和子公司由于出资不同，各自的法律地位也不同。按照《中华人民共和国登记管理条例》第三十九条规定："分公司是指公司在其住所以外设立的从事经营活动的机构。分公司不具有法人资格。"按此规定，分公司具有以下特点：第一，是总公司的分支机构，与总公司是同一法人实体，不具有独立法人资格。第二，不能独立地对外承担民事责任，其民事责任由成立分公司的总公司承担。第三，在进行工商注册登记，确定企业名称时，分公司是将组建分公司的名称放在前面，后面是某某地名加分公司。

子公司是其一定数额的股份被其他公司持有而由其他公司控制的公司。持有其他公司股份并能控股的是母公司。母公司与子公司是股份控制的经济关系，子公司具有法人资格。子公司的特点是：第一，子公司一定数额的股份被母公司持有并加以控制。第二，子公司具有独立的法人资格，可以依法独立地对外承担民事责任，母公司对子公司的债务不承担责任。第三，在进行工商注册登记，确定企业名称时，子公司可以自行起名称，不需要加母公司的名称。一般来说，如果新办企业归原公司企业所属，则称为总公司与分公司的关系；如果新办企业为原公司企业所控制，则称为母公司与子公司的关系。

两者的相同点是，都具有经营资格，都有自己的经营场所。

二、企业组织形式税收效应分析

1. 公司制、合伙制与个人独资企业税收效应差异。不同企业组织形式的税收效应差异主要为所得税缴纳差异，具体表现在：

（1）不同企业组织形式适用所得税税种不同，适用税目也不尽相同。我国现行税法规定，公司制企业要缴纳企业所得税，同时，在向自然人投资者分配股利或红利时，还要代扣代缴个人所得税。合伙制企业和个人独资企业比照个体工商户生产经营所得，缴纳个人所得税，适用五级超额累进税率。公司制企业的投资者（如果是个人投资者）需要缴纳企业所得税和个人所得税两种税收，而合伙制企业和个人独资企业只需缴纳个人所得税，因此，从总体税负上公司制企业会高于合伙制企业和个人独资企业。

案例3－8 李先生投资兴办一个企业，年应纳税所得额为120万元。该企业如果注册登记为个人独资企业，应按照个人所得税个体工商户生产经营所得缴纳税收，所得税负担为：

$1200000 \times 35\% - 65500 = 354450$（元）

税后利润为：

$1200000 - 354450 = 845550$（元）

但如果该企业注册为有限责任公司，则应首先以法人身份计算缴纳企业所得税，然后，其税后利润还应按照股息、红利所得计缴个人所得税，所得税负担为：

$1200000 \times 25\% + 1200000 \times (1 - 25\%) \times 20\% = 480000$（元）

税后利润为：

$1200000 - 480000 = 720000$（元）

可见，有限责任公司比个体工商户多缴所得税125550元。

如果投资成立的是合伙制企业，虽然也仅需要缴纳个人所得税，但由于现行税制规定每一个合伙人单独按照其所获得的收益计缴个人所得税，因此，投资人有多次机会按照相对较低的边际税率计税（个人所得税生产经营所得适用五级超额累进税率，每个投资人都有一次按照低税率计税的机会），其总体税负会比独资企业更低。

按照前例，如果李先生与朋友共同兴办一个私人合伙制企业，每人投资均为50%，年应纳税所得额为120万元。其所得税负担为：

［（1200000÷2）×35%－65550］×2＝288900（元）

比个人独资企业少缴所得税金额为：354450－288900＝65550（元）

此时合伙企业适用较低的税率（20%）。

（2）不同企业组织形式的税基、税率和税收优惠待遇不尽相同。企业的综合税负是由多种因素决定的，不同企业组织形式除适用税种、税目不同外，在税基、税率和税收优惠待遇上也不尽相同。

第一，税基差异。企业所得税与个人所得税在确定生产经营性收入的税基——应纳税所得额时，尽管基本原则是相同的，都是以收入总额减去与经营性收入有关的成本、费用、税金和损失。但在现行税制中，规定准予扣除项目及标准是有一定差异的。例如，个人所得税对投资人个人的工资薪金不得做税前扣除，没有综合所得的每年的减除费用60000元或者只允许每人每月扣除5000元生计费用；而企业所得税法对工资薪金支出没有标准限制，只做了原则规定。再如，《企业所得税法》规定，企业符合条件的机器设备，经税务机关批准后，可以按照加速折旧法计提折旧，而对适用个人所得税的生产经营者却无这种相关规定。这种差异会直接导致应纳税所得额不同。

第二，税率结构差异。企业所得税税率采用25%的比例税率，这意味着，无论企业应纳税所得额规模多大，其税收负担率是不变的（小型微利企业税率为20%），相对于累进税率而言，比例税率是累退的；个人所得税对生产经营性收入采用五级超额累进税率，应纳税所得额越大，其边际税率越高，税收负担越重。

从理论上分析，如果单纯比较企业所得税与个人所得税生产经营收入的负担率时，会出现应纳税所得额较少时，企业所得税负担率（不考虑小微企业减免的情况）高于个人所得税生产经营收入负担率；而应纳税所得额较多时，企业所得税负担率低于个人所得税生产经营收入负担率的情况。

第三，税收优惠待遇差异。我国企业所得税法对符合条件的企业规定了多项优惠政策，包括：农、林、牧、渔业项目优惠，基础产业优惠，环境保护、资源再利用的优惠，技术转让所得优惠，高新技术企业优惠，企业研发费用的优惠，创业投资优惠，民族自治地方优惠，安置特殊人员就业优惠等。而个人所得税无此类税收优惠条款。显然，只有投资者成为企业所得税的纳税人才有可能享受相关优惠政策。

（3）投资人身份待遇不同。《企业所得税法》将企业分为居民企业和非居民企业。居民企业，是指依法在中国境内成立，或者依照外国（地区）法律成立但实际管理机构在中国境内的企业。非居民企业，是指依照外国（地区）法律成立且实际管理机构不在中国境内，但在中国境内设立机构、场所的，或者在中国境内未设立机构、场所，但有来源于中国境内所得的企业。居民企业应当就其来源于中国境内、境外的所得缴纳企业所得税。非居民企业在中国境内设立机构、场所的，应当就其所设机构、场所取得的来源于中国境内的所得，以及发生在中国境外但与其所设机构、场所有实际联系的所得，缴纳企业所得税。非居民企业在中国境内未设立机构、场所的，或者虽设立机构、场所但取得的所得与其所设机构、场所没有实际联系的，应当就其来源于中国境内的所得缴纳企业所得税。

企业如跨国投资，会涉及成为不同国别居民企业纳税人的问题。按照国际惯例，大多数国家都有居民企业和非居民企业身份的划分，其履行的纳税义务不相同。例如，某公司如果是中国的居民企业纳税人，当其向 A 国进行投资，A 国企业所得税税负低于我国时，该公司需就在 A 国实际缴纳所得税低于我国应缴所得税差额部分在我国补缴税款。但如果该公司是中国的非居民企业纳税人，其来源于 A 国的收入不包括在我国应税收入范围之内，故不需补缴税款。显然，企业自身居民纳税人与非居民纳税人身份的不同，将导致其跨国投资实际所得税税负的差异。

2. 分公司与子公司税收效应

当公司企业发展到一定规模时，通常会考虑在不同地区设立分支机构，那么将分支机构设立为分公司好，还是子公司好？从涉税角度讲，两类分支机构各有利弊。

（1）境内投资分公司与子公司税收效应差异。通常，子公司以独立法人身份向新的注册地进行投资，可以享受当地政府提供的各种税收优惠待遇，而分公司不具有法人身份，它只是作为总公司的组成部分派往外地，因而不能获得当地政府给予的税收优惠。但是，兴办子公司要按照国家有关规定办理复杂的注册登记手续，并需要具备一定的条件，公司成立时还须缴纳注册登记相关税费，开业后需接受当地政府管理部门的监督等，而设立分公司不会遇到这些麻烦。

另外，分公司的收入、成本费用等财务数据都汇入总公司账目，与总公司实行汇总纳税申报。这样，如果总公司内部甲分公司为盈利公司，而乙分公司为亏损公司，则在汇总纳税时，甲、乙分公司盈亏互抵，可以产生较好的亏损抵税效应。

（2）境外投资分公司与子公司税收效应差异。在企业进行境外投资时，分公司与子公司除上述税收效应差异外，还会因为跨国投资涉及不同国家税收政策、制度的区别，以及跨国投资国际惯例、规则要求等因素影响，产生更多的差异。

一般来说，在境外投资时，设立分公司的税收优势在于：第一，由于总公司拥有分公司的资本，故在设立分公司的东道国不需缴纳资本税和印花税；第二，分公司交付给总公司的利润通常不必在东道国缴纳预提税；第三，分公司与总公司之间的资本转移，因不涉及所有权变动，故不必缴纳相关税款；第四，分公司的亏损可直接冲抵总公司利润，降低公司总体税负。

设立子公司的税收优势在于：第一，子公司可获得东道国给予本国居民企业同等的税收优惠待遇；有的国家子公司适用所得税税率低于分公司；有的国家规定子公司向母公司支付股息减征或免征预提税；第二，如果东道国实际税负低于投资企业居住国税负时，母公司仅就子公司分回利润补缴税款，积留于子公司的利润可以得到递延税款缴纳的好处；第三，有的国家规定，集团内部子公司转移固定资产的增益免征所得税；有的国家规定，公司转售境外子公司的股票增益免征所得税；第四，子公司向母公司支付的特许权使用费、利息、管理费用以及其他间接费用更容易得到税务机关的认可；第五，子公司向母公司汇回利润的方式、时间选择更为灵活，可以选择将利润较长时间留在子公司，也可以选择在税负较轻时汇回，获得更多的税后利益。

此外，在企业境外投资中还涉及一个“基地公司”的问题，所谓“基地公司”是由基地国的概念引申而来的。基地国是指可以被外国公司用作国外经营活动基地的国家，这些国家对本国法人来源于国外的收入，通常只征收轻微的所得税或资本税，或甚至完全不征收这类税。基地公司是指为了与第三国进行经营而在基地国组建的法人。基地公司的基本特征为：第一，具有法人资格，作为一个单独的纳税主体，不受高税国无限纳税义务的制约。第二，由两个或两个以上的人共同控制，可以被基地国之外的企业加以合法利用。第三，经济利益主要或全部处于基地国之外，其经济职能是充当资金的中转站。

对于基地公司，人们又形象地将其称为“信箱公司”，即企业在基地国完成登记注册手续，具有法人资格，但并没有组织机构，也不从事真实营业活动，而仅仅存在于注册文件上的、有一个信箱号或在某个办公室门外挂牌子的公司。

三、企业组织形式的涉税决策

（1）公司制企业、合伙制企业与个人独资企业的涉税选择。由于公司制企业、合伙制企业与个人独资企业在适用税种、税基确定、税率结构、税收优惠待遇以及纳税人身份等方面存在多种不同，而这些因素都会导致投资项目实际税收负担的差异，因此，在投资之前应对相关因素作综合性对比分析，以期实现总体税负最低的效果。

案例3－9 甲、乙、丙三个投资人预共同投资兴办一个企业，预计开始经营后每年会计利润可达600万元。那么在确定该企业的组织形式时，就须从多个层面考虑。

解析：

首先，需考虑适用税种的不同。兴办合伙制企业只需缴纳个人所得税，且三个投资人各自按获得收益分别计算缴纳，应缴个人所得税［（6000000÷3）×35%－65500］×3＝1903350（元）；而如果兴办股份制企业，则需缴企业所得税和个人所得税：6000000×25%＋6000000（1－25%）×20%＝2400000（元）。

其次，需考虑税基确定的不同。如果该企业成立后预购置一台技术含量很高的价值200万元的设备，则以股份制企业作为法人缴纳企业所得税，可以经过税务机关的认可，对设备采用加速折旧法计提折旧，增加前期的成本、费用，为企业推迟部分税款的缴纳。但如果兴办合伙制企业直接缴纳个人所得税，则不能获得这种纳税调整的空间。

再次，需考虑税收优惠政策的不同。如果投资新办企业可能被认定为高新技术企业，则兴建为股份制企业，可按15%的低税率计算缴纳企业所得税，应纳所得税为：6000000×15%＋6000000（1－15%）×20%＝1920000（元）。虽然需缴纳企业所得税和个人所得税两个所得税税种，但与不认定高新企业相比少缴所得税480000元。如果投资新办企业属于环保、节能节水或者国家重点基础设施建设项目，则享受“三免三减半”优惠后，第1～3年，每年应缴所得税：6000000×20%＝1200000（元），比兴办为合伙制企业少缴所得税703350（1903350－1200000）元。第4～6年，每年应缴所得税：6000000×12.5%＋6000000（1－12.5%）×20%＝1800000（元），比兴办为合伙制企业少缴所得税103350（1903350－1800000）元。另外，如果新办企业属于农林牧副渔企业，或者计划购置节能节水、环保、安全生产设备，都可以享受企业所得税的免税、减税或投资低税政策，实际缴纳的所得税都可能低于合伙制企业实际缴纳的税款。

（2）分公司与子公司涉税选择。从企业投资涉税选择角度讲，如果公司资金充足且需要对下属企业实施较强的控制，则应选择分公司的组织形式；如果公司资金不足，要吸收他人的投资且不需对下属企业实施较强的控制，只要参股或控股就可以了，则可选择子公司的组织形式。

当企业新建分支机构时，由于该分支机构在当地尚未打开市场，机构运行尚不成熟，可能会出现较大亏损。此时，为利用新设分支机构亏损的抵税效应，应将该分支机构设立为分公司（因为即使将该分支机构设立为子公司，希望享受当地政府的优惠政策，但由于企业处于亏损状态，所得税优惠对自身没有实际意义）。而当该分支机构逐渐成熟，在当地已打开市场，开始盈利时，利用其亏损抵税的效应已不复存在，此时将分公司转换为子公司，让其成为独立法人，可享受当地政府的税收优惠待遇。

在跨国投资时，由于低税国、避税地、避税港、低税地区的存在，当地可能对具有独立法人地位的投资者免征或只征收较低的公司所得税，跨国公司或国内大公司应在此类地区建立子公司，用来转移高税区相关公司的利润，达到降低税负的目的。

案例3－10 假设A公司在中国境内拥有B和C两家子公司。在某一纳税年度，公司本部预计实现利润800万元，其子公司B实现利润220万元，而子公司C由于刚刚设立，成本费用较大，收入较少，预计亏损260万元。企业所得税税率为25%。则公司当年应缴企业所得税为多少？

解析：

A公司应缴企业所得税：800×25%＝200（万元）

B公司应缴企业所得税：220×25%＝55（万元）

C公司亏损，当年不需缴纳企业所得税。

公司总体共缴企业所得税：200+55=255（万元）

如果上述B公司、C公司均为分公司，则总体税负为：

（800+220-260）×25%=190（万元）

公司组织形式不同，使两者所得税相差65万元（255-190）。

进一步考虑，若B公司为高新技术企业，适用税率15%，则企业集团如何进行组织结构调整缴税最少？

通过分析可知，将C公司设立为分公司，可以通过利用他的亏损减少应缴纳的企业所得税，故C公司仍应设立为分公司的形式。

当B公司适用低税率时，若将B公司设立为分公司，则总体税负为：（800+220-260）×25%=190（万元）。此时的企业集团并没有享受到B公司作为高新技术企业带来的税收优惠。

若假定B公司为A公司的控股子公司，采用支付股息红利的方式将利润汇回A公司，根据企业所得税第26条规定：符合条件的居民企业之间的股息、红利等权益性投资收益为免税收入，则无须补缴企业所得税。则当年共应缴的企业所得税为（800-260）×25%+220×15%=168（万元）。相比较于分公司的企业组织形式所得税节约22万元（190-168）。

综上企业应该采用C公司为分公司，B公司为控股子公司的企业组织形式，利润以股息红利的形式上缴集团，此时缴税最少，共需纳税168万元。

（3）企业集团整体投资组织形式涉税规划。企业集团是指以资本为主要联结纽带的母子公司为主体，以集团章程为共同行为规范的母公司、子公司、参股公司及其他成员企业或机构共同组成的具有一定规模的企业法人联合体。企业集团一般拥有一个或几个大中型企业为核心，核心企业具有企业法人地位；具有雄厚的经济技术实力；具有一定数量的成员企业（子公司）；具有投资中心、利润中心、成本中心等功能。企业集团既具有综合优势，可以获取单个企业所无法比拟的规模经济效益，同时，又保持各成员企业的相对独立功能与适应能力，能够在较短的周期内完成产业及产品结构的转换、调整与优化，促进生产力的迅速提高。

由于共同利益的考虑，企业集团在进行对外投资，考虑新设企业组织形式涉税选择时，还需根据原集团内部不同企业实际经营状况及新设企业未来经营预期进行合理安排，以期达到整体税负最轻，税后利润最大化的目的。主要包括以下两个方面的考虑。

首先，通过适度分立可以规避过高的累进税率。当面临累进的所得税税率时，企业集团可以通过拆分较大收益规模的企业，将收益分散到多个独立纳税申报的主体中，以避免使用较高的边际税率。在世界上一些国家，企业所得税实行累进税率，如美国的公司所得税税率：年应税所得 50000 美元以下的部分，税率为 15%；年应税所得 50001 ~ 75000 美元的部分，税率为 25%；年应税所得 75001 ~ 100000 美元及以上的部分，税率为 34%。我国企业所得税虽然是比例税率，但由于规定了小型微利企业享受 20% 的低税率，高新技术企业享受 15% 的低税率，实际上也是一种三级累进税率，而且体现为全额累进。另外，如果是民营企业集团，还可以考虑在集团中分立出若干个人独资企业、合伙制企业，使其有机会适用个人所得税的五级超额累进税率，以减轻总体税负。

其次，合理确定分支机构的归属，最大限度实现盈亏互补的节税效益。企业集团在设置分支机构时，应根据子公司与分公司的法定区别进行合理安排，以最大限度地利用不同类型分支机构的税收优势实现节税效益。

**案例 3-11** 上海新能源技术开发公司是一企业集团公司，为扩大生产经营范围，准备在江西某县新设立一家 A 型原料开采企业，在选择新设企业组织形式时，该公司进行了如下税收方面的分析。

解析：根据对江西某县 A 型原料赋存状况的预测，开采前期投入较大，达到较具规模商品价值的收获期需要 4 ~ 5 年，这样使企业在开办初期面临着很大的亏损，但亏损会逐渐减少。经估计，新设公司第一年亏损额为 400 万元，第二年亏损额为 320 万元，第三年亏损额为 260 万元，第四年亏损额为 100 万元，第五年开始盈利，盈利额为 600 万元。而且以后多年盈利额会持续增加。

上海新能源技术开发公司属于国家重点扶持的高新技术公司，适用的企业所得税税率为15%。该公司除在上海设有总部外，在安徽某县还有一X子公司，适用的税率为25%；经预测，未来四年内，上海公司总部的年应税所得第一、第二年均为800万元，第三、第四年应纳税所得额均为1100万元。X子公司的年应税所得分别为480万元、380万元、320万元、120万元。

经分析，对新设企业有三种组织形式方案可供选择：

方案一，将新设企业建成具有独立法人资格的N子公司。因子公司具有独立法人资格，属于企业所得税的纳税人，按其应纳税所得额独立计算缴纳企业所得税。

在这种情况下，上海新能源技术开发集团公司共包括三个独立纳税主体：上海新能源技术开发公司总部、X子公司和N子公司。在这种组织形式下，因A型原料开采企业——N子公司是独立的法人实体，不能与上海新能源技术公司或X子公司合并纳税，所以，其所形成的亏损不能抵销公司总部的利润，只能在若干年后自身实现利润进行弥补，但如果亏损超过五个自然年度仍未弥补的，则不能弥补。

在前四年里，上海新能源技术开发集团公司纳税总额如表3-9所示。

表3-9　　方案一中集团公司纳税总额分析　　单位：万元

年份	上海公司	安徽公司	江西公司	合计
第1年	120（800×15%）	120（480×25%）	0	240
第2年	120（800×15%）	95（380×25%）	0	215
第3年	165（1100×15%）	80（320×25%）	0	245
第4年	165（1100×15%）	30（120×25%）	0	195
总计	570	325	0	895

四年中，共缴企业所得税895万元。

方案二，将新设企业建成上海新能源技术开发公司的分公司。因分公司不同于子公司，它不具备独立法人资格，不独立建立账簿，只作为分支机构存在。按税法规定，分支机构利润与其总部实现的利润合并纳税。此时，上海新能源技术开发集团公司有两个独立的纳税主体：上海新能源技术开发公司总部和X子公司。

在这种组织形式下，因N公司作为非独立核算的分公司，其亏损在计算企业所得税时可冲抵上海新能源技术开发公司的利润，降低了上海新能源技术开发公司第一年至第四年的应纳税所得额。

在前四年里，上海新能源技术开发集团公司纳税总额如表 3－10 所示。

表 3－10　　方案二中集团公司纳税总额分析　　单位：万元

年份	上海公司	安徽公司	合计
第 1 年	60［（800－400）×15%］	120（480×25%）	180
第 2 年	72［（800－320）×15%］	95（380×25%）	167
第 3 年	126［（1100－260）×15%］	80（320×25%）	206
第 4 年	150［（1100－100）×15%］	30（120×25%）	180
总计	408	325	733

四年中，共缴纳企业所得税 733 万元。

方案三，将新设企业建成安徽 X 公司的分公司。在这种情况下，新设企业和 X 子公司合并纳税。此时，上海新能源技术开发集团公司有两个独立的纳税主体：上海新能源技术开发公司总部和 X 子公司。在这种组织形式下，因新设企业作为 X 子公司的分公司，与 X 子公司合并纳税，其前四年的亏损可冲抵 X 子公司当年利润，降低了 X 子公司第一年至第四年的应纳税所得额，不仅使 X 子公司的应纳所得税得以延缓，而且使整体税负下降。

在前四年里，上海新能源技术开发集团公司纳税总额如表 3－11 所示。

表 3－11　　方案三中集团公司纳税总额分析　　单位：万元

年份	上海公司	安徽公司	合计
第 1 年	120（800×15%）	20［（480－400）×25%］	140
第 2 年	120（800×15%）	15［（380－320）×25%］	135
第 3 年	165（1100×15%）	15［（320－260）×25%］	180
第 4 年	165（1100×15%）	5［（120－100）×25%］	170
总计	570	55	625

四年中，共缴纳企业所得税 625 万元。

第四节　行业选择的涉税决策

企业投资选择向哪个行业进行投资，不仅要考虑企业原行业归属及技术优势等内部影响因素和市场发展趋势等外部影响因素，还应考虑不同时期国家税收政策的导向。随着我国市场经济逐渐成熟，国家税收政策越来越淡化区域性差异，越来越强化行业性差异，这是政府根据不同产品、劳务市场供求变化调整相应税收政策的表现。从企业的投资活动看，适时地选择政府税收政策给予支持的行业作为投资重点，可使企业投资获得更大的税后利益。

一、投资不同行业的税收差异

1. 货劳税的行业差异

货劳税主要通过对企业现金流量的影响约束企业的投资决策，在一定的时期内企业缴纳的货劳税越多，企业在该时期的现金流量就越少，从而抑制企业的投资；反之，企业的现金流量增加将会刺激企业的投资。

我国现行税法在货劳税层面是根据企业所属行业及从事经营业务内容分别规定按不同税种、税目征收，其中，特定产品（如烟、酒、化妆品等共十四大类）在缴纳增值税的同时还须缴纳消费税。

为此，企业投资进行行业选择时应首先考虑未来经营收入应缴货劳税的差异，尽管，从经济学原理角度讲，货劳税可以转嫁他人负担，但实际能否转嫁，转嫁程度如何都会对企业的销售数量以至税后利润总额造成不同影响。具体可从以下方面分析：

（1）适用税种数量差异。生产销售产品的工业企业，大部分商品销售收入只缴一道增值税；而生产消费税应税产品的企业则须缴纳增值税、消费税两道货劳税，而且由于消费税是价内税，增值税与消费税计税价格相同，消费税税率高低既影响消费税应缴税款的多少，又影响增值税应缴税款的多少。

（2）适用税目差异。同样缴纳增值税、消费税，税目不同，适用税率不尽相同，税负轻重不同。同类商品也会有税率高低的差别，如消费税。另外，还需考虑免税项目、出口退税、进口关税对增值税及消费税的影响等问题。

（3）在混合销售、兼营时，实际适用税率差异也会造成应缴税款多少的差别。

2. 所得税的行业差异

所得税对企业投资决策的影响主要体现在其直接影响企业的税后利润水平，继而影响企业的投资收益和投资决策。虽然我国企业所得税对各行各业采用统一比例税率，但各种优惠政策仍然为企业投资行业选择提供了空间。

（1）考虑直接享受优惠政策的行业。如农林牧副渔产业的直接减免税政策；港口码头、机场、铁路、公路、城市公共交通、电力、水利等国家重点扶持的公共基础设施建设减免税优惠集中于建筑行业企业；公共污水处理、公共垃圾处理、沼气综合开发利用、节能减排技术改造、海水淡化等减免税优惠政策主要集中于环境保护企业；对企业安置残疾人员所支付的工资的加计扣除优惠政策主要集中于劳动密集型的服务行业企业；对创业投资企业采取股权投资方式投资于未上市的中小高新技术企业的抵税政策更是直接针对风险投资企业的优惠，等等。

（2）考虑间接享受税收优惠政策的行业。例如，《企业所得税法》规定：企业购置环境保护、节能节水、安全生产等专用设备的投资额的10%可以从企业当年的应纳税额中抵免。实际上对于这类设备的制造企业就是一种间接的优惠，政策为该类设备制造企业打开了更大的市场空间。再如，研究开发费用的加计扣除、固定资产加速折旧等政策集中于高新技术产业，等等。

3. 其他税种的行业差异

除货劳税、所得税以外的一些税种具有更明显的行业差异。如资源税主要针对矿产等自然资源开采行业企业；土地增值税主要针对房地产开发行业企业；车辆购置税主要针对汽车销售行业企业。当企业投资于这类行业时，对相关税种税负必须作出测算，有时这类税种的税负甚至超过货劳税、所得税税负。例如，当房地产开发企业增值额较大，增值率较高时，其所应缴纳的土地增值税往往会比所需缴纳的营业税、企业所得税还要多。

二、投资不同行业的涉税选择

（1）投资不同行业的一般涉税选择。尽管我国主要税种税制对不同行业是统一的（如企业所得税），即使有些不一致（如货劳税），但从总体上看，同一层面的税种各行业企业的税收负担是大致相同的，立法机构在制定税法时也尽量考虑各行业企业税负公平。但实际上由于各行业企业收入形式、成本费用水平等重要涉税因素都有很大差别，因此导致各行业企业实际税负水平会有较大不同。或者可以说，不同行业企业税负轻重不同，除了税法规定的差别以外，更重要的是行业业务内容的差别导致的。因此，在投资行业决策的涉税问题分析中，通常更需进行综合性的考虑。

案例3－12 某市M公司现有3000万元，准备寻找一个投资项目进行长期投资。经多方考察，现有三个备选方案。

方案一，投资兴办一个中型机械加工厂，年销售额3200万元，购进原料2400万元，均为含税价。人工费及各项管理费260万元。

方案二，投资兴办一座酒楼，年营业额3100万元，原料成本2400万元，人工及各项管理费用230万元。

方案三，投资兴建一个花卉种植农场（以种植为主，经过繁育种子、幼苗等过程，培育出成品花卉销售），年花卉销售收入2600万元，种子、农药、化肥等购进金额1000万元，人工及各项管理费用200万元。

解析：

由于三个方案的投资行业不同，相关税种及行业性税收待遇不尽相同，税后收益的差别十分明显。

方案一，应缴增值税：3200/（1+13%）×13%－2400/（1+13%）×13%=92.04（万元）

应缴城市维护建设税及教育费附加：92.04×（7%+3%）=9.204（万元）

企业利润：707.96－9.204－260=438.76（万元）

应缴企业所得税：438.76×25%=109.69（万元）

企业税后利润：329.07万元

年投资利润率：329.07÷3000×100%=10.97%

方案二，应缴增值税：（若税率分别为6%和13%）

3100÷（1+6%）×6%－2400÷（1+6%）×6%=39.62（万元）

3100÷（1+6%）×6%－2400÷（1+13%）×13%=－100.64（万元）（最高是6%，最低是13%）

应缴城市维护建设税及教育费附加：39.62×（7%+3%）=3.962（万元）

企业利润：（增值税税率为6%）3100－39.62－3.962－2400－230=426.42（万元）

（增值税税率为13%）3100－2400－230=470（万元）

应缴企业所得税：426.42×25%=106.61（万元）

470×25%=117.5（万元）

企业税后利润：319.96（万元）（352.5）

年投资利润率：319.96÷3000×100%=10.32%

352.5÷3000×100%=11.75%

酒店行业的增值税进项税额主要由以下项目构成：楼宇购入或者租赁适用9%税率；水电及工业制成品适用13%税率；客房及餐饮服务适用6%税率。

但“营改增”之后，酒店业会产生大量的留抵税额，尤其是酒店入住率不足的情况下。在留抵税额不能退税的情况下，虽然投资利润率高，但留抵税额由企业负担，因此目前实行的增值税增量留抵退税政策对酒店类企业起到了减税降费的效果。

方案三，其生产经营内容属于《增值税暂行条例》第十五条所列免税项目的第一项所称的农业生产者销售的自产农业产品，投资后经申请获得免征增值税待遇。《企业所得税法》及其实施条例规定：企业从事花卉、茶以及其他饮料作物和香料作物的种植取得的所得，减半征收企业所得税。

应缴企业所得税：(2600 − 1000 − 200) ×25% ÷2 =175（万元）

企业税后利润：2600 − 1000 − 200 − 175 =1225（万元）

年投资利润率：1225 ÷3000 ×100% =40.83%

对三个方案进行比较分析，不难看出，税收政策对不同行业投资税后利润影响十分明显。在流转环节既要考虑不同行业收入适用税目不同导致的税负差异，如方案一中加工制造业适用增值税，而方案二中酒楼餐饮业适用低税率。即使适用同一税种，也存在税收待遇的差别，如方案一中一般加工制造业需全面缴纳增值税，而方案三中花卉种植收入可以享受免税待遇。在所得税环节，不同行业投资税收待遇差异更大。

（2）投资不同行业的涉税选择。在预测不同行业企业投资税收负担时，除上述税制的显性差异外，还需考虑各种非税因素（或者说“隐性因素”）形成的不同行业企业实际税负的差别。

①不同行业增值率差异导致增值税实际负担率存在差异；②不同行业产品市场供求关系也会导致其增值税实际负担率存在差异。在一般情况下，该行业产品市场供求较均衡的企业增值税实际税负较接近于全国（或本地区）平均税负率；产品供不应求或垄断行业的企业的增值税实际税负率较高；产品供过于求的行业企业增值税实际税负率较低。

第五节　企业规模的涉税决策

投资规模是指企业在一定时期内投入的人力、物力、财力等各类资源的总体数量。在投资目标既定的前提下，企业可以通过选择和控制投资规模，实现投资效益最佳的目标。投资规模过大或者过小都不利于企业的发展。适时地扩大投资规模不仅可以为企业带来规模效益，而且可以使企业占有足够的市场份额，增强企业的市场竞争能力；但是，如果不顾具体情况而过度扩张，也可能带来资源浪费、顾此失彼等不利影响。以较小规模进入市场，虽然难以与大企业进行竞争，但有的行业更适于小企业的进入与发展，而且，小企业有“船小好掉头”的优势。

影响企业投资规模的因素很多，如企业可筹集到的资金数量；产品的市场需求情况；行业的技术特点；原材料、燃料等的供给状况；专业化分工的要求等。税收也是影响投资规模大小的重要因素之一。每一个投资项目无论是在建设过程中，还是在建成投产的经营过程中，都会在不同环节涉及税收问题。项目规模的大小直接决定未来的生产经营规模和纳税水平，决定着投资项目的效益。

一、不同投资规模的税收差异

（1）增值税对一般纳税人与小规模纳税人税款计算的不同。增值税是我国主体税种，一般纳税人以销项税额减去进项税额确定应纳税额，适用税率13%（或9%、6%）；小规模纳税人以全部销售额乘以3%征收率确定应纳税额。

两种不同身份纳税人实际税负不相同。一般来说，当增值率比较低时，一般纳税人比小规模纳税人税负轻；当增值率比较高时一般纳税人比小规模纳税人税负重。两者无差别平衡点增值率见表3－12：

表3－12　　一般纳税人与小规模纳税人税负无差别平衡点分析

一般纳税人税率（%）	小规模纳税人税率（%）	无差别平衡点增值率（%）
13	3	23.08
9	3	33.33
6	3	50

当然，作为增值税一般纳税人，由于有权开具使用增值税专用发票，可以为购买方提供进项抵扣的凭证，具备吸引大客户的条件，因此，在市场竞争中占有优势地位。

（2）企业所得税对小型微利企业（或相关企业）的一般规定。《企业所得税法实施条例》规定：符合条件的小型微利企业（从事国家非限制和禁止行业的工业企业，年度应纳税所得额不超过30万元，从业人数不超过100人，资产总额不超过3000万元；其他企业，年度应纳税所得额不超过30万元，从业人数不超过80人，资产总额不超过1000万元），按照20%的税率计算缴纳企业所得税。2021年1月1日至2022年12月31日，对小型微利企业年应纳税所得额不超过100万元的部分，减按12.5%计入应纳税所得额，按20%的税率缴纳企业所得税，企业实际税率为2.5%（财税〔2021〕11号）。

从2019年1月11日至2021年12月31日，对小微企业年应纳税所得额超过100万元但不超过300万元的部分，减按50%计入应纳税所得额，按20%的税率缴纳企业所得税，企业实际税率为10%（财税〔2019〕13号）。

创业投资企业采取股权投资方式投资于未上市的中小高新技术企业2年以上的，可以按照其投资额的70%在股权持有满2年的当年抵扣该创业投资企业的应纳税所得额；当年不足抵扣的，可以在以后纳税年度结转抵扣。

从上述规定可知，税法对小型微利企业采用了低税率直接性优惠政策，也还规定了鼓励创业投资企业向中小高新技术企业投资等间接性优惠政策，这种间接性优惠政策可以更好地动员社会资源投向中小企业，产生资源聚集的乘数效应。

（3）大中型企业涉税问题。在我国现行税制中，对大中型企业虽然没有法规明文的“大中型企业税收优惠”字样，但是，分析各种税收优惠的具体条款，其中大部分是只有具备较大经营规模的企业才可能具备的条件。

实际上，大中型企业在享受税收优惠方面比中小企业具有更大的空间。仅以企业所得税为例，税法及实施条例规定的多项税收优惠政策都只有大中型企业才可能具备相应的条件。首先，从直接低税率或定期减免税条款看，例如，国家需要重点扶持的高新技术企业，可以按15%的低税率计税，可享受优惠的高新技术企业是指拥有核心自主知识产权，而且产品所属范围、研发费用比例、高新技术产品收入比例、科技人员比例等都符合条件的企业。显然，符合上述条件的企业大多是经营具有一定规模，财务会计核算比较规范，企业内部管理也比较严格的大中型企业，小企业很难具备上述条件。再如，国家重点扶持的公共基础设施项目，符合条件的环境保护、节能节水项目可以享受“三免三减半”优惠政策。从实施条例对“符合条件”的界定看，都只有大中型企业才可能具备。其次，从科研费用的加计扣除，综合利用资源的减计收入，环保、节能节水、安全生产转向设备购置抵税等间接优惠条款的具体要求看，也同样是大中型企业才可能做到的。最后，在固定资产折旧方法选择、存货发出方法选择以及外币汇兑方法选择等方面，通常也是大中型企业有可以操作的空间。

因此，税法及相关法律法规给大中型企业留有更多计税调整的余地，企业可以通过内部业务流程的调整、财务会计处理方法的选择等实现降低税负的目的。

（4）中小企业其他涉税问题。我国目前对一部分中小企业采用“核定征收”的方法，具体是按照企业当年销售（营业）收入确定应税所得率，然后按照应税所得率确定应纳税所得额作为计税依据。显然，应税所得率的高低直接影响企业实际应缴纳税款的多少。为减轻中小企业的税收负担，国家税务总局于2007年9月颁布了《关于调整核定征收企业所得税应税所得率的通知》（国税发〔2007〕104号），降低了各行业的应税所得率，具体见表3－13。

表3－13　　中小企业各行业应税所得率

行业	应税所得率（%）
农林牧渔业	3～10
制造业	5～15
批发和零售贸易业	4～15
交通运输业	7～15
建筑业	8～20
饮食业	8～25
娱乐业	15～30
其他行业	10～30

二、不同投资规模的涉税选择

根据投资规模税收政策的差异，企业在确定投资规模时需做相应涉税选择。

合理选择增值税一般纳税人与小规模纳税人身份。在进行投资时，应事先预测投资项目获得经营收入后，其增值率的高低。如预计增值率低于无差别平衡点的增值率，可选择成为增值税一般纳税人，通过扩大经营规模获得规模效益；如预计增值率高于无差别平衡点增值率，则可选择成为小规模纳税人，获得低税负的好处，或者通过分设两个或多个小规模企业实现按小规模纳税人计税的效果。

案例3-13 A地某食品零售公司准备在B地投资兴建子公司，预计新设子公司开始营业后年零售含税销售额为150万元，会计核算制度比较健全，销售商品适用13%的税率。年购货金额为100万元（含税），可取得增值税专用发票。

如果设立一个子公司，该子公司由于经营规模较大，其他方面也符合增值税一般纳税人的条件，应按一般纳税人计缴增值税，年应缴增值税：

$$150 \div (1+13\%) \times 13\% - 100 \div (1+13\%) \times 13\% = 5.75\ (万元)$$

根据前述无差别平衡点增值率分析，可以看出，其增值率为 $(150-100) \div 150 \times 100\% = 33.33\%$，高于无差别平衡点增值率23.08%，说明按照一般纳税人计税将比按照小规模纳税人计税多缴税。因此，可以分设成两个子公司，各自作为独立核算单位缴税。

假设分设两个子公司各自年销售额均为75万元，则两个子公司都作为小规模纳税人，年共缴增值税：$75 \div (1+3\%) \times 3\% \times 2 = 4.37$（万元）。比作为一个一般纳税人少缴增值税1.38万元（5.75－4.37）。

但是，如果年购货金额为130万元，其他条件不变。其增值率为 $(150-130) \div 150 \times 100\% = 13.33\%$，低于无差别平衡点增值率23.08%，说明按照一般纳税人计税将比按照小规模纳税人计税少缴税。因此，只需设立一个子公司。

在依据增值税一般纳税人与小规模纳税人原理确定投资规模时，还须注意几个相关问题：第一，企业投资规模大小。企业的基本目标是追求利润最大化，当有足够的市场需求，企业又有一定经济实力时，不断扩大生产经营规模就是一种必然趋势，这时，企业也不必仅仅因为小规模纳税人缴税较少而人为限制自身经营规模。第二，一般纳税人有权开具增值税专用发票，这就为其获得更多大客户提供了便利。这也是很多企业选择成为一般纳税人考虑的重要因素。第三，合理采用简易征收办法有时也可为企业提供节税空间。当企业有条件可以适用简易征收办法，且企业采用一般纳税人计税可抵扣进项税额较少时，可以采用简易征收办法合理减少应纳税款。但是，应予注意的是：企业一旦选择简易征收办法，36个月不可改变，故企业在采用简易征收办法时应进行充分的考虑。

第六节 投资结构的涉税决策

投资结构是指一定时期内企业将自身可控资源在不同项目、不同业务之间进行的配置所形成的投资结构组合。投资结构有量的规定性和质的规定性，而且是量与质的统一。质的规定性是指投资结构各要素之间的经济属性、技术属性的内在联系；量的规定性是指投资结构各要素之间的数量关系。投资结构可以从不同角度表述，包括投资地区结构、投资产业结构、投资用途结构、投资来源结构、投资项目性质结构等。在现实企业投资结构的安排过程中，实际上是经过对上述各方面结构因素综合考虑后作出的决策。

一、不同投资结构的税收差异

等量资源投向不同项目，或在不同项目作不同比例安排决定了企业应税收益的构成，也最终决定企业的税收负担。一般来讲，投资结构不同，有效税基的综合比例、税率的总体水平和纳税综合成本的高低也不相同，必然会对企业税后收益的绝对水平和相对水平产生直接影响。

案例 3－14 假设某企业以等量资金作以下几个投资项目安排，有 A、B 两种不同的投资结构，纳税及税后收益情况如表 3－14 和表 3－15 所示。

表 3－14　A 方案税后收益结构　单位：万元

应税收益	类别	会计利润	纳税调增项目	适用税率（%）	应纳税额	税后利润
营业利润	小型微利企业	90（三个企业）	—	20	18	72
	高新技术企业	420	—	15	63	357
	普通企业	200	45	25	61.25	138.75
对外投资	企业债券	150	—	25	37.5	112.5
	国债	80	—	0	0	80
合计		940	45	—	179.75	760.25

表 3－15　　B 方案税后收益结构　　单位：万元

应税收益	类别	会计利润	纳税调增项目	适用税率（%）	应纳税额	税后利润
营业利润	小型微利企业	30（一个企业）	—	20	6	24
	高新技术企业	200	—	15	30	170
	普通企业	440	88	25	132	308
对外投资	企业债券	240	—	25	60	180
	国 债	60	—	0	0	60
合计	—	970	88		228	742

从企业会计利润看，B 方案各项目收益 970 万元，较 A 项目的 940 万元多 30 万元。但由于 B 方案收益结构中适用高税率收益的数额较大，应纳税款 228 万元，较 A 方案应纳税额 179.75 万元多 48.25 万元，实际税后收益反而低于 A 方案。因此，A 方案的投资组合对于企业降低税负、增加税后利润更为有利。

二、不同投资结构的涉税选择

从分散风险的角度看，企业不可能也不应该把资金全部投资于某地区、某行业，或者全部用于某种用途、某个项目。分散投资于各个项目是大多数企业的投资策略。从上述案例也可以明显看出，投资组合中的涉税因素直接影响整体投资的税后收益水平，因此，需将其从其他财务数据中独立出来进行具体分析。

（1）有效税基的综合比例。分析 A 方案与 B 方案的有效税基，可以看出，B 方案会计利润 970 万元，比 A 方案多 30 万元。这增加的 30 万元作为计税所得，虽然会引起所得税的增加，但应当说是企业利益的有效增长。因为，即使多缴纳了所得税，但仍带来企业税后利益的增加。而 B 方案的“纳税调增项目”金额 88 万元，比 A 方案的 45 万元增加 43 万元。“纳税调增项目”意味着企业发生的费用超过税法规定准予税前扣除的标准，必须就超过部分金额计算缴纳所得税，或者说，企业一方面支付了费用，形成现金流出；另一方面还需就超量流出的部分现金计算缴纳所得税。这部分计税所得对企业来讲是既没有真实所得，又要计税，直接减少企业的税后利润。案例 3－17 中，A 方案的有效税基为 985 万元（940＋45）；B 方案的有效税基为 1058 万元（970＋88）。

（2）税率的总体水平。在案例中，A、B 两方案不同项目适用税率分别都有 15%、20%、25% 几挡，但来源于不同档次的税率收入的结构有较大不同，从而使两方案实际税率总水平不同。

A 方案税率总水平：［90×20%＋420×15%＋（200＋45）×25%＋150×25%］÷940×100%＝［18＋63＋61.25＋37.5］÷940×100%＝19.12%

B 方案税率总水平：［30×20%＋200×15%＋（440＋88）×25%＋240×25%］÷970×100%＝［6＋30＋132＋60］÷970×100%＝23.51%

较高的税率总水平使B方案比A方案付出更多税款，降低了税后利润水平。

（3）纳税综合成本的高低。企业纳税综合成本主要是由有效税基和税率总水平决定的。但除此之外，仍有一些其他的税收因素会影响纳税综合成本的高低。

前面我们对A方案与B方案实际税负及税后收益的比较都是仅针对一年的投资结构收益而言的，实际上，企业的投资结构是经常变动的，国家对不同产业及企业不同投资行为的税收政策也是不断变化的，这些变化都会导致企业实际税收负担的变化。故在投资结构安排中通常需要对未来几年可预期的税收负担及税后收益作通盘考虑。这时就必须将折现因素包括进来。例如在A方案中，所投资的高新技术企业已过成熟期，以后年度会出现收益逐年下滑情况；普通企业正处于高速增长时期。而B方案所投资的高新技术企业与普通企业所处的阶段性状态恰恰相反。这样，如果将投资结构的这种动态变化因素考虑进来，从5年、10年这样一个长期决策的角度看，B方案就可能比A方案具有更好的投资结构优势。

第七节 其他投资的涉税决策

一、投资注册地的涉税选择

我国一些地区仍保留地区性税收优惠政策，如国务院批准的“老、少、边、穷”地区、西部地区、东北老工业基地、中部六省、经济特区、经济技术开发区、沿海开放城市、保税区、旅游度假区，等等。

如果具备了其他享受优惠政策的条件，只是由于注册地点不在特定税收优惠地区而不能享受相应的税收优惠政策，那么就应该考虑在可以享受优惠的地区投资创办一个新的企业，并取得享受税收优惠的资格。如果情况允许，可以将整个企业从一般地区迁移到有税收减免优惠政策的地区。如果全部搬迁不够理想，可以将企业的主要办事机构迁移到上述地区，采取只变更企业注册地的办法，而把老企业作为分支机构仍留在原地继续生产。也可以将原企业与新企业进行合并，将原企业变更为享受税收优惠政策企业的一个分支机构，从而享受合并纳税的好处。

即使上述办法都不宜实行，创建可以享受税收优惠的新企业，也为企业通过内部关联交易，将高税率地区企业的利润转移到享受税收优惠的企业中去提供了便利，有助于实现企业整体税负的下降。

当然，这种投资不能只考虑现实税收优惠，还必须综合考虑企业生产经营的寿命周期、享受税收优惠政策的其他条件的保持能力和企业利润以及新投资所产生的费用支出及新注册地与原注册地在信息、技术来源、市场开拓等诸方面的区别，并进行全面的分析，对有关的经济技术数据进行测算，然后作出相应决策。

二、投资合作伙伴的涉税选择

企业在进行投资决策时，有时会因各种原因需要与他人合作共同创建新的企业，这样就有一个合作伙伴的选择问题。在选择合作伙伴时应考虑双方优势互补，使新创企业符合享受税收优惠的要求。例如，甲企业具有一定的资金实力，对某高新技术产品也具有一定的市场开拓能力，但本身对该种产品没有自主研发独占许可权；而乙公司具有该种产品自主研发独占许可权，且拥有一支实力雄厚的研发技术人员队伍，但却没有足够的资金。那么，可以考虑甲乙双方的投资合作。

科技部、财政部、税务总局于2008年4月14日联合颁发的《高新技术企业认定管理办法》及其附件《国家重点支持的高新技术领域》（国科发〔2008〕172号）明确规定：高新技术企业须同时满足以下条件：第一，近三年内通过自主研发、受让、受赠、并购等方式，或通过5年以上的独占许可方式，对其主要产品（服务）的核心技术拥有自主知识产权。第二，产品（服务）属于《国家重点支持的高新技术领域》规定的范围。第三，具有大学专科以上学历的科技人员占企业当年职工总数的30%以上，其中研发人员占企业当年职工总数的10%以上。第四，企业为获得科学技术（不包括人文、社会科学）新知识，创造性运用科学技术新知识，或实质性改进技术、产品（服务）而持续进行了研究开发活动，且近三个会计年度的研究开发费用总额占销售收入总额的比例符合如下要求：①最近一年销售收入小于5000万元的企业，比例不低于6%；②最近一年销售收入在5000万元至20000万元的企业，比例不低于4%；③最近一年销售收入在20000万元以上的企业，比例不低于3%。其中，企业在中国境内发生的研究开发费用总额占全部研究开发费用总额的比例不低于60%。企业注册成立时间不足三年的，按实际经营年限计算。第五，高新技术产品（服务）收入占企业当年总收入的60%以上。第六，企业研究开发组织管理水平、科技成果转化能力、自主知识产权数量、销售与总资产成长性等指标符合《高新技术企业认定管理工作指引》的要求。

因此，甲企业进行投资时就应选择乙企业作为合作伙伴，双方优势互补，创建的新企业就可以符合规定的初始条件。在以后的运营中，继续保持研发投入，使各年研发费用投资比例及高新技术产品销售收入比例等达到要求，长期享受低税率的优惠。

三、投资模式的涉税选择

（1）投资出资方式的涉税选择。这里的投资出资方式是指，现金与实物的不同投资方式。从涉税选择角度分析，现金方式投资往往优于实物方式投资，故应尽量选择以现金方式进行投资。其原因在于：我国现行《增值税暂行条例》对企业用设备等实物或土地使用权等无形资产注入新的企业，与被投资企业共同承担经营风险、共同分享利润的投资方须视同销售缴纳增值税。

［**案例分析**］甲公司准备向现有股东定向增资5000万元，募集的资金将用于固定资产技术改造。在技术改造过程中，将使用股东乙公司生产的一套设备，该设备市场含税价格1800万元（乙公司在甲公司占股40%；该设备属于国家税务总局颁布的节能设备企业所得税优惠目录范畴）。有两个方案可供选择：

方案一，乙公司以现金进行入股对甲企业增资，然后，甲企业用该笔现金购买乙企业的设备；

方案二，乙企业用该项设备投入甲企业实现增资。

分析：两个方案中，货劳税是没有差异的，都是一方形成增值税销项税额；另一方作为进项税额抵扣。但企业所得税层面就会出现差异，因为企业所得税相关文件对企业购置节能节水、安全生产设备可按购置金额 10% 抵减当期税金的优惠政策。这样，如果按第一个方案，可以享受这项政策。

（2）投资方式的涉税选择。企业购置机器设备，进行固定资产投资可以采用多种方法，既可以完全自行出资，直接购置所需设备；也可以借助他人资金，采用分期付款赊购或者融资租赁方式。显然，前者须考虑完全由自己支付资金所形成的机会成本的增加；后者则需考虑借用他人资金所需承担的融资成本，无论哪一种方式，在预测中都须考虑税收因素。

案例 3－15 某企业预扩大生产规模，需购置一台大型设备，设备使用年限为 5 年。有两个投资方案：方案一，企业直接出资购入设备。设备购置款为 2000 万元。方案二，采用融资租赁方式从某租赁公司租入设备。首期付款 400 万元，每年年末支付租金 350 万元，租期为 5 年。双方约定租期结束，设备所有权转让给承租方。预计租期结束设备尚有估值 40 万元（设备采用平均直线折旧法，折旧抵税视同现金流入，折现率为 10%）。（注：1 年期、2 年期、3 年期、4 年期、5 年期利率的 10% 的复利现值系数分别为 0.909、0.826、0.751、0.683 和 0.621）

方案一：购置设备现金流出：2000 万元

折旧抵税（视同现金流入）：

第一年：（400 ×25%） ×0.909 =90.9（万元）

第二年：（400 ×25%） ×0.826 =82.6（万元）

第三年：（400×25%） ×0.751 =75.1（万元）

第四年：（400×25%） ×0.683 =68.3（万元）

第五年：（400×25%） ×0.621 =62.1（万元）

折旧抵税折现值：90.9+82.6+75.1+68.3+62.1=379（万元）

现金净流出：2000-379=1621（万元）

方案二：交付首期款现金流出：400万元

每年支付租金现金流出：

第一年：350×0.909 =318.15（万元）

第二年：350×0.826 =289.1（万元）

第三年：350×0.751 =262.85（万元）

第四年：350×0.683 =239.05（万元）

第五年：350×0.621 =217.35（万元）

现金流出：400+318.15+289.1+262.85+239.05+217.35=1726.5（万元）

折旧抵税：[年折旧额：（400+350×5） ÷5=430（万元）]

第一年：（430×25%） ×0.909 =97.72（万元）

第二年：（430×25%） ×0.826 =88.80（万元）

第三年：（430×25%） ×0.751 =80.73（万元）

第四年：（430×25%） ×0.683 =73.42（万元）

第五年：（430×25%） ×0.621 =66.76（万元）

折旧抵税折现值：97.72+88.80+80.73+73.42+66.76=407.43（万元）

现金净流出：1726.5-407.43-40×0.621=1294.23（万元）

从［案例3-15］可以看出，采用融资租赁方式进行设备投资，表面上看，比直接购置设备多支付设备款150万元［（400+350×5） -2000］，但从长期投资的折现角度看，融资租赁方式的投资不仅使设备购置方减轻了初期支付大额现金的压力，而且获得了低成本融资的额外利益。最后，从折旧抵税的角度看，增加的设备使用成本也扩大了抵减企业所得税的效应。

哪一种投资方式能为投资者带来更大的税后收益并没有一个绝对的比较结果。通常，影响投资税后收益的因素是多种多样的，其中，某一项因素的变化都可能使不同投资方案的比较结果发生变化。从上例中，可以看出，当预计融资租赁所支付首期付款和年租金水平比较低时，方案二优于方案一。如果，预计融资租赁所支付的首期付款和年租金水平比较高，尽管较高的设备使用成本可以增加折旧抵税效应，但仍可能由于现金流出量的加大，使方案二的现金净流出大于方案一，从而失去其比较优势。

四、投资方向的涉税选择

我国企业所得税的政策倾向有所改变，将以往的地区优惠为主转变为针对不同行业或企业的不同行为为主。企业不同的投资方向会由于税收待遇不同，获得税后收益存在差异。例如，企业在作出购置设备等固定资产投资时，就应优先考虑税法给予节能、节水、安全生产等设备的优惠条款。

本章小结

本章涉及企业组织形式、投资行业、投资规模等方面的涉税投资决策，系统、全面地阐述了企业在进行投资决策时应如何考虑税收因素的影响，以及应如何进行投资决策。

关键术语

税收效应　　组织形式　　投资行业　　投资规模

思考题

1. 税收因素对企业投资决策有何影响？
2. 投资结构与税收之间有何关系？
3. 企业集团应怎样进行整体投资组织形式的涉税规划？
4. 不同行业的税收优惠差异有哪些？

练习题

1. 假设A公司在国内拥有两家分公司B和C，在某一纳税年度，A公司本部实现利润1000万元，B公司实现利润150万元，C公司亏损200万元，企业所得税税率为25%。则该公司本年度应纳税额为多少？若上述B和C是子公司呢？

2. 某公司现有1000万元流动资金，拟投资于产品甲或产品乙。已知产品甲的购进价税总额为900万元，销售价税总额为1400万元，各项费用总额为100

万元，全部用于国内销售；产品乙的购进价税总额为920万元，销售价税总额为1370万元，各项费用总额为80万元，90%的产品出口。假设两种产品均适用于13%的增值税，增值税的出口退税率为13%，且所得税税率为25%，企业应如何作出投资决策？

3. 某市机械厂现有闲置的一台设备和一幢自建房屋。该台设备账面原值为200万元，累计已提折旧100万元，经评估确认评估价值为120万元；该幢房屋账面原值为110万元，累计已提折旧50万元，经评估确认评估价值为120万元。机械厂经与有关单位协商约定决定以设备或房屋投资组成联营企业，第一种方式：以设备作为投资，房屋由联营企业购进；第二种方式：以房屋作为投资，设备由联营企业购进。无论投资还是购进行为均以评估价值计算。假定市机械厂当年盈利，不享受任何税收优惠政策，试比较市机械厂采用上述两种不同方式相关税种的税负差异。(本题不考虑土地增值税。)

4. 20×9年5月，某机械制造企业计划对现有设备进行更新换代，现有两种方案可供选择：一是购买一套普通设备，价款3000万元；二是购买一种节能设备（属于国家税务总局颁布的《节能节水专用设备企业所得税优惠目录》范围内设备)，价款3400万元，与普通设备相比，该设备每年节能可为企业降低能源成本40万元。两项设备的预计使用年限均为10年。(暂不考虑货币的时间价值，该企业适用所得税税率为25%。）企业应如何投资？

5. 某企业（非房地产开发企业）准备将一处房地产转让给另一家企业乙，房地产公允市价为5000万元，城市维护建设税及教育费附加分别为7%和3%。企业面临两种选择：一种是直接将房地产按照5000万元的价格销售给乙企业；另一种是将房地产作价5000万元投入乙企业，然后将持有的股权以5000万元转让给乙企业的母公司，站在节税减负角度，哪种方式更适合（不考虑土地增值税)？

6. 某企业为扩大产品销售，谋求市场竞争优势，打算在A地和B地设销售代表处。根据企业财务预测：20×8年A地代表处将盈利100万元，而B地代表处由于竞争对手众多，20×8年将暂时亏损50万元，同年总部将盈利150万元。站在公司高层的角度是设立分公司形式还是子公司形式对企业发展更有利（假设不考虑应纳税所得额的调整因素，企业所得税税率为25%)？

7. 甲实业发展公司准备与某法国公司联合投资设立一中外合资经营企业，投资总额8000万元，注册资本为4000万元。中方占40的股份。中方准备以自已使用过1600万元的固定资产和价值1600万元的房屋建筑物入股。投入方案有两个：方案一，以作价1600万元的机器设备作为注册资本金投入，价值1600万元的房屋建筑物以其他资金形式投入。方案二，以价值1600万元的房屋建筑物作为注册资本金投入，而作价1600万元的机器设备则以其他资金形式投入。试对两个方案进行分析，选择最优纳税方案。

税收代表一种经营成本,而且要像产品成本、雇员工资、财务成本等一样进行管理。将税收作为一种战略规划变量,特别强调其在经营决策中的角色。

——美国税务学会前主席　萨利·琼斯(Sally Jones)

第四章　税收与资产负债管理

- 税收与存货管理
- 税收与金融资产管理
- 税收与固定资产管理
- 税收与无形资产管理
- 税收与投资性房地产管理
- 税收与应付职工薪酬管理
- 税收与金融负债管理

学习提示

企业的资产分为存货、金融资产、固定资产、无形资产及投资性房地产等，负债分为金融负债（含属于金融负债的衍生工具）、流动负债（含短期借款、应付票据、应付账款、应付利息、预收账款、应付职工薪酬、应缴税费、应付股利、其他应付款等）和长期负债（含长期借款、应付债券、长期应付款等）等，其管理的好坏直接影响着企业的经营效益。由于会计准则与税法规定存在差异，通过本章学习，读者应掌握企业在税法允许的范围内，根据各项资产负债的特点对各项资产负债进行管理和计量时，如何关注税收收益的影响。

案例导入

A公司由于扩大生产规模，需要再建一条生产线。经董事会研究讨论，决定在郊区购买一块土地用于新厂房的建设。已知这块土地使用权的购买价格为1亿元，另外建造厂房预计支出20亿元，企业应如何处理该土地使用权才能获得税收利益？

案例分析：根据《企业会计准则》规定，企业取得的土地使用权，通常应当按照取得时所支付的价款及相关税费确认为无形资产。土地使用权用于自行开发建造厂房等地上建筑物时，土地使用权的账面价值不与地上建筑物合并计算其成本，而仍作为无形资产进行核算。土地使用权与地上建筑物分别进行摊销和提取折旧。但下列情况除外：

（1）房地产开发企业取得的土地使用权用于建造对外出售的房屋建筑物，相关的土地使用权应当计入建造的房屋建筑物成本。

（2）企业外购的房屋建筑物，实际支付的价款中包括土地以及建筑物的价值，则应当对支付的价款按照合理的方法（例如，公允价值比例）在土地和地上建筑物之间进行分配；如果确实无法在地上建筑物与土地使用权之间进行合理分配的，应当全部作为固定资产，按照固定资产确认和计量的规定进行处理。

在对土地使用权的核算上，有两种方法可以选择：一是自行购买土地使用权，将土地使用权单独核算，作为无形资产管理；二是先由施工单位购买土地，然后A公司再购买厂房，土地使用权计入房屋的成本之中，按固定资产管理。如果仅从税收利益的角度考虑，企业应把土地使用权作为无形资产，单独核算。

因为无形资产的摊销年限（通常情况下为10年）[①] 低于房屋的折旧年限（税法规定20年），土地使用权作为无形资产管理，每年的摊销费用为10000000元（100000000÷10）；若作为固定资产，每年只可摊销5000000元（100000000÷20），因此作为无形资产管理可以较快地进行摊销，从而取得费用提前抵税的税收利益。

以上案例就是利用税法的规定，通过对资产购置方式的事先安排，取得了节税的理财收益。企业资产是为企业所拥有，并预期能为企业带来重要经济利益的资源。企业资产分为存货、金融资产、固定资产、无形资产等，加强资产管理，提高资产效益，是企业理财的重要内容。

第一节 税收与存货管理

一、存货

1. 存货的概念

存货是指企业在日常活动中持有以备出售的产成品或商品，处在生产过程中的在产品，在生产过程或提供劳务过程中耗用的材料、物资等。企业保持必要的存货的主要目的是：①可以保证生产的正常进行。生产过程中所需的原材料，是生产中必需的物质资料，为了保证生产的顺利进行，必须适当地储备一些材料。存货在生产不均衡和商品供求波动时，可起到缓和矛盾的作用。②利于销售。为节约成本，达到成批生产、成批销售的目的，企业也必须适当储存一些产成品或商品。

2. 存货的成本

（1）取得存货的成本。企业取得存货应当按照成本进行计量。存货成本包括采购成本、加工成本和其他成本三个组成部分。

①外购存货的成本。企业外购存货主要包括原材料和商品。外购存货的成

---

① 《企业所得税法实施条例》第六十七条规定，无形资产的摊销年限不得低于10年。作为投资或者受让的无形资产，有关法律规定或者合同约定了使用年限的，可以按照规定或者约定的使用年限分期摊销。根据这一规定，企业在选择摊销年限时就有一个选择权，可以根据企业的具体情况，选择适宜的摊销年限。

本即存货的采购成本，一般包括采购价格、进口关税和其他税金、运输费、装卸费、保险费以及其他可直接归属于存货采购的费用。

商品流通企业存货的采购成本包括采购价格、进口关税和其他税金等。

②加工取得存货的成本。企业通过进一步加工取得的存货，主要包括产成品、在产品、半成品、委托加工物资等，其成本由采购成本、加工成本构成。加工成本包括直接人工以及按照一定方法分配的制造费用，通常是指生产成本中除直接材料以外的其他生产费用，如直接人工、制造费用等。产品加工过程中所发生的损失，如废品损失、原材料的毁损也包括在内。某些存货成本还包括使存货达到目前场所和状态所发生的其他成本。其他成本是指除采购成本、加工成本以外的，使存货达到目前场所和状态所发生的其他支出，如为特定客户设计产品所发生的设计费用等。

（2）发出存货的成本。企业应当根据各类存货的实际情况，确定发出存货的实际成本，可以采用的方法有个别计价法、先进先出法、月末一次加权平均法、移动加权平均法等。

个别计价法，是指逐一辨认各批发出存货和期末存货所属的购进批别或生产批别，分别按其购入或生产时所确定的单位成本计算各批发出存货和期末存货的成本。对于不能替代使用的存货，以及为特定项目专门购入或制造的存货，一般应当采用个别计价法确定发出存货的成本。在实际工作中，越来越多的企业采用计算机信息系统进行会计处理，个别计价法可以广泛应用于发出存货的计价，并且该方法确定的存货成本最为准确。

先进先出法是指以先购入的存货应先发出（销售或耗用）这样一种存货实物流转假设为前提，对发出存货进行计价。

月末一次加权平均法，是指以当月全部进货数量加上月初存货数量作为权数，去除当月全部进货成本加上月初存货成本，计算出存货的加权平均单位成本，以此为基础计算当月发出存货的成本和期末存货的成本。

移动加权平均法，是指以每次进货的成本加上原有库存存货的成本，除以每次进货数量加上原有库存存货的数量，据以计算加权平均单位成本，作为在下次进货前计算各次发出存货成本的依据。滚动的价格调整导致的成本变化可以说明移动加权平均法对成本的影响及各个方法的不同。

（3）期末存货的计量。根据《企业会计准则》规定，资产负债表日，存货应当按照成本与可变现净值孰低计量。当存货成本低于可变现净值时，存货按成本计量；当存货成本高于可变现净值时，存货按可变现净值计量，同时按照成本高于可变现净值的差额计提存货跌价准备，计入当期损益。可变现净值，是指在日常活动中，存货的估计价值减去至完工时估计将要发生的成本、估计的销售费用以及相关税费后的金额。

案例4－1 A公司2021年12月31日库存甲产品的账面成本为500万元，数量为10吨。据市场调查，甲产品的市场销售价格为30万元/吨，同时可能发生销售费用及相关税费共计为5万元，则甲产品的可变现净值为：

30×10－5＝295（万元）

由于甲产品的账面价值（500万元）高于可变现净值（295万元），因此甲产品的期末成本调至为可变现净值295万元，账面价值高于可变现净值的部分205万元（500－295）计提存货跌价准备，计入当期损益。

二、存货的税务处理

（1）取得存货成本的税务处理。根据《企业所得税法》的规定，存货以历史成本为计税基础。历史成本是指企业取得该项资产时实际发生的支出。企业取得存货时按照以下方法确定成本：

①通过支付现金方式取得的存货，以购买价款和支付的相关税费为成本。

②通过支付现金以外的方式取得的存货，以该存货的公允价值和支付的相关税费为成本。

③生产性生物资产收获的农产品，以产出或者采收过程中发生的材料费、人工费和分摊的间接费用等必要支出为成本。

企业在取得存货的时候，应严格按照上述税法的规定进行处理，但实际上，企业更多的是考虑货物实际的购进成本，即价税合计成本，特别是在流转环节的增值税。增值税作为价外税，虽然不影响企业损益表上所表述的数字，但是，增值税确实是企业现金流出的一部分，而且在存货的后续计量时关系到增值税的抵扣问题，因此在经营决策的时候要特别加以考虑。

案例4－2 某服装生产企业为增值税一般纳税人，适用增值税税率13%，预计每年可实现含税销售收入500万元，同时需要外购棉布200吨。现有甲、乙两个企业提供货源，其中甲为生产棉布的一般纳税人，能够开具增值税专用发票，适用税率13%，乙为生产棉布的小规模纳税人（征收率为3%），能够委托主管税局代开增值税征收率为3%的专用发票，甲、乙两个企业提供的棉布质量相同，但是含税价格却不同，分别为每吨2万元和1.5万元，作为财务人员，为降低增值税应纳税额应当如何选择？

解析：从甲企业购进：

增值税应纳税额 $=500\div(1+13\%)\times13\%-200\times2\div(1+13\%)\times13\%$

$=11.50$（万元）

从乙企业购进：

增值税应纳税额 $=500\div(1+13\%)\times13\%-200\times1.5\div(1+3\%)\times3\%$

$=48.78$（万元）

从上例可以看出，由于采购对象不同造成企业增值税应纳税额差异较大。

案例4－3 某企业（增值税一般纳税人）采购货物时面临两种运输方式：直接由销货方运输和自行选择运输公司运输。若由销货方运输，则货物采购价格和运费合计110万元（可开具一张货物销售发票），增值税税率为13%；若自行选择运输公司运输，则货物采购价格为100万元，运费9万元（货物采购和运费均能开具增值税专用发票），企业应如何选择？

解析：若由销货方运输，企业可以抵扣的增值税为：

$110\times13\%=14.30$（万元）

若由运输公司运输，企业可以抵扣的增值税为：

$100\times13\%+9\times9\%=13.81$（万元）

由上述分析可知，如果单从可抵扣增值税款来看，企业选择由销货方运输相应抵扣的增值税较多，相应缴纳的增值税比较少。

进一步考虑，从案例数据可见，无论是110万元，还是100万元的货价都是不含增值税的价格。如果是这样，那么：

若选择由销售方运输，在采购货物时是要额外支付增值税税款的，加上这个因素，支付的价税合计款为：

110×（1+13%）=124.30（万元）

若选择由运输公司运输，在采购货物时，其支付的价税合计款为：

100×（1+13%）+9×（1+9%）=122.81（万元）

将两种方式购货时支付价税合计款差异，与抵扣时抵扣税款差异进行比较，可见：

第一种方式比第二种方式，虽然获取的发票可使企业有更多的抵扣，多抵税款0.49万元（14.30－13.81）。但是，在采购环节第一种方式比第二种方式实际多支付价税合计款1.49万元（124.3－122.81）。这样考虑后，第二种方式反而比第一种方式节约采购成本1万元（1.49－0.49）。

背景资料

税收与历史成本的关系

与其他计量属性相比，历史成本在可靠性上具有优势，如果在期末采用重置价格或者现值计价，不同的会计人员对这些概念会有不同的认识，会计处理的结果也可能大相径庭，但历史成本是发生交易时的实际成本，是由客观经济业务所确定的，不掺杂主观因素，经得起检验。历史成本会计在考核企业管理效率、设计激励机制方面可以发挥重要的作用。

为什么以历史成本作为资产的计税基础呢？首先是考虑到历史成本原则本身在会计计量上的可靠性和优势性；其次是考虑到税收征管的需要。因为只有历史成本是真实的，具有较强的确定性，同时花费的资源成本也不高，有利于税收征管。根据《企业会计准则》规定，资产的历史成本，是企业取得该项资产时实际发生的支出。与其他计量属性不同，历史成本强调：一是其计算时点是企业取得该项资产时，而不是企业取得资产后持有期间的价值；二是企业取得资产时所实际发生的支出，强调的是现实性，即便是企业取得资产时应当负担的支出，不管出于何种原因，若企业最终实际上没有兑付这种义务性支出，那么这种所谓的“支出”是不被承认的，不得纳入资产的历史成本中。

鉴于目前我国各类资产市场价格决定机制不够健全和完善的情况，以及金融衍生工具少，企业实际发生的业务量小等特定情况，税法没有采用按公允价值确定资产计税基础的方法。这也是多数发展中国家普遍采用的做法。但根据税法相关政策精神，对于某些已具备完善市场决定价格机制的资产，如外汇、上市公司的股票、期货等，应该采用公允价值模式计量，相信未来我国会解决对这些资产采用公允价值确定资产计税基础的问题。

（2）发出存货成本的税务处理。企业使用或者销售的存货的成本计算方法，可以在先进先出法、加权平均法、个别计价法中选用一种。计价方法一经选用，不得随意变更。企业持有存货期间的资产增值或者减值，除国务院财政、税务主管部门规定可以确认损益外，不得调整该资产的计税基础。

背景资料

税收与资产的增值与减值

历史成本强调的是在特定环境和时刻下，企业为取得该项资产所实际发生的支出，其数额是固定的，而且作为资产的计税基础，不得由企业自由调整，否则会严重侵蚀税基。但是企业的资产基本上是一个长期的存在，不是一次性消费就消失的，也就是说资产对于某个持有者来说，有一个持有过程。而现实情况的复杂性，以及企业生产经营活动的正常需求，导致在企业持有资产期间，资产本身发生变化是常态，既可能是增值，也可能是减值，若一概不允许资产计税基础的调整，将无法真实反映企业资产的变化，也无法满足企业正常生产经营活动的需要。因此需要有一个可以控制的。调整的可能性来维护国家税收利益和企业经济利益之间的平衡。

税法规定，企业持有各项资产期间发生资产增值或者减值，符合国务院财政、税务主管部门规定条件的，可以调整该资产的计税基础，也就是企业调整特定资产计税基础的前提为必须符合国务院财政、税务主管部门规定的条件，使在计税基础上，企业与国家之间找到了一个平衡点。

三、存货管理的税收策略

（一）合理确定存货数量

企业存货占流动资产的比重较大，是构成企业产品（商品）成本的一个重要组成部分，应注意加强存货的规划与控制，使存货保持在最优水平，从而降低存货成本。从税务角度考虑，值得一提的是，存货在购进时要支付增值税，只有待其销售产生增值税销项税额后，其进项税额才能得到补偿。如果库存量过大，会带来一些负面影响。一是会增加仓库面积和库存保管费用，从而提高产品成本；二是占用大量的流动资金和税款资金，造成资金呆账，既加重了货款利息等负担，又会影响资金的时间价值和机会收益；三是造成产成品和原材料的有形损耗和无形损耗，造成企业资源的大量闲置，影响其合理配置和优化；四是掩盖了企业生产、经营全过程的各种矛盾和问题，不利于企业提高管理水平。

但是库存量过小也会产生以下的问题：服务水平下降，影响销售利润和企业信誉；生产系统原材料或其他物料供应不足，影响生产过程的正常进行；使订货间隔期缩短，订货次数增加，订货（生产）成本提高；影响生产过程的均衡性和装配时的成套性。因此根据企业的生产、销售特点及经验，合理确定存货数量是存货管理的一个重要理财目标。

存货数量的控制要考虑以下几个方面：销量、到货周期、采购周期、特殊季节、特殊需求，等等。库存量计算方法如下：

（1）如果是商业企业，库存数量依每日销售量而定。

库存量 = 每日销售量 × 每次补货所需日数 + 安全存量

安全存量应当根据销售量变量和季节性变动而定，一般为库存量的 30% ~50%。

（2）如果是一般工业用原材料，依产品用料清单耗用比例计算。

库存数量 = 每日耗用量 × 每次补料所需日数

知识库

1915 年，美国的 F. W. 哈里斯发表了关于经济订货批量的模型，开创了现代库存理论研究的先河。在此之前，意大利的 V. 帕累托在研究世界财富分配问题时曾提出帕累托定律，应用于库存管理方面即为 ABC 分类法。随着管理工作的科学化，库存管理的理论有了很大的发展，形成多种订货模型，按订货方式分类，可分为以下5种订货模型：

（1）定期定量模型：订货的数量和时间都固定不变。

（2）定期不定量模型：订货时间固定不变，而订货的数量依实际库存量和最高库存量的差别而定。

（3）定量不定期模型：当库存量低于订货点时就补充订货，订货量固定不变。

（4）不定量不定期模型：订货数量和时间都不固定。

以上4种模型属于货源充足、随时都能按需求量补充订货的情况。

（5）有限进货率定期定量模型：货源有限制，需要陆续进货。

（二）合理确定存货的取得成本

需注意正确区分存货成本与期间费用。存货成本只有当存货售出时（原材料必须加工成产成品，产成品销售后），其成本才能作为当期的营业成本支出冲减利润，才能影响出售当期的所得税。而作为期间费用的支出，其发生的当期就可以作为支出冲减利润的影响，抵减当期的应纳税所得额。因此存货成本与期间费用对于利润，进而对于企业应缴所得税的时间影响是不一样的。存货的税收理财目标之一是正确区分两者的界限，对可以作为期间费用处理的支出不要误计入存货的成本之中。

根据《企业会计准则》的规定，下列费用不应包括在存货成本中，而应在其发生时确认为当期费用：①非正常消耗的直接材料、直接人工及制造费用，应计入当期损益，不得计入存货成本。例如，企业超定额的废品损失以及因自然灾害而发生的直接材料、直接人工及制造费用，由于这些费用的发生无助于使存货达到预定使用状态，不应计入存货成本，而应计入当期损益。②仓储费用，即企业在采购入库后发生的储存费用，应计入当期损益。但是在生产过程中为达到下一个生产阶段所必需的仓储费用则应计入存货成本。例如，某种酒类产品生产企业为使生产的酒达到规定的产品质量标准，而必须发生的仓储费用，就应计入酒的成本，而不是计入当期损益。③商品流通企业采购商品的进货费用金额较小的，可以在发生时直接计入当期销售费用。

（三）合理选用存货的发出计价方法

根据税法规定，企业使用或者销售的存货的成本计算方法，可以在先进先出法、加权平均法、个别计价法中选用一种。合理选用存货的计价方法，可使存货成本得以较快弥补，从而节约资金成本，获得递延纳税的税收利益。企业存货计价方法的选择应根据企业的具体情况，分别加以处理：

（1）在享受所得税优惠政策期间，由于减免税期间成本费用的抵税效应会全部或部分地被减免税优惠所抵销，因此，在存货成本总额一定的情况下，应选择减免税期少计成本，进而加大非减免税期成本的计价方法。

（2）在正常纳税年度，由于存货成本能从所得额中税前扣除，即存货成本的抵税效应能够完全发挥，因此，在选择计价方法时，应着眼于使成本费用的抵税效应尽可能早地发挥作用，即选择前期成本较大的计价方法。

（3）在亏损期间，选择计价方法应同企业的亏损弥补情况相结合。选择的计价方法，必须使不能得到或不能完全得到税前弥补的亏损年度的成本费用降低。

案例4－4 某企业2021年的购货和销货情况如表4－1所示。

表4－1　　企业购货、销货情况表　　单位：元

购货			销货		
日期	数量	单价	日期	数量	单价
1月1日	100	20	2月2日	80	20
3月1日	40	25	12月28日	100	60
9月1日	50	30			
12月25日	40	35			

假设企业销售货物的费用为1000元，哪一种计价方法（个别计价法、先进先出法、全月一次加权平均法）可以获得递延纳税的税收利益？

解析：税法规定，企业使用或者销售的存货的成本计算方法，可以在先进先出法、加权平均法、个别计价法中选用一种。计价方法一经选用，不得随意变更。

方法一：个别计价法。该企业在2月2日确认其所发出的数量为80件的货物所属的购货批次为1月1日购进，由此，2月2日发出存货的单位成本应当为20元。其发货成本为$80\times20=1600$（元）。

在12月28日发出数量为100件的存货时，也需要具体确认其中所属的购货批次，假设其中有10件是1月1日购进的，有20件是3月1日购进的，有40件是9月1日购进的，有30件是12月25日购进的，那么，12月28日发出货物的成本应当等于$10\times20+20\times25+40\times30+30\times35=2950$（元）

销售收入：80×20+100×60=7600（元）

销售成本：1600+2950=4550（元）

销售毛利：7600-4550=3050（元）

期末存货成本：(100×20+40×25+50×30+40×35)-(1600+2950)=1350(元)

企业销售货物费用为1000元

企业销售收入应纳所得税额为：(3050-1000)×25%=512.5（元）

(注：个别计价法适用于一般不能替代使用的存货以及为特定项目专门购入或制造的存货，如房产、珠宝、名画等贵重物品。)

方法二：先进先出法。采用先进先出法计价，货物的流转情况及成本计算表如表4-2所示。

表4-2　　先进先出法下的存货成本计算表　　单位：元

日期	购货			销货			存货		
	数量	单价	金额	数量	单价	金额	数量	单价	金额
1月1日	100	20	2000				100	20	2000
2月2日				80	20	1600	20	20	400
3月1日	40	25	1000				20 40	20 25	400 1000
9月1日	50	30	1500				20 40 50	20 25 30	400 1000 1500
12月25日	40	35	1400				20 40 50 40	20 25 30 35	400 1000 1500 1400
12月28日				20 40 40	20 25 30	400 1000 1200	10 40	30 35	300 1400

销售收入：80×20+100×60=7600（元）

销售成本：1600+400+1000+1200=4200（元）

销售毛利：7600-4200=3400（元）

期末存货成本：300+1400=1700（元）

企业销售货物费用为1000元

企业销售收入应纳所得税额为：(3400－1000)×25%＝600(元)

(注：采用先进先出法，存货成本按照最近购货确定，期末存货价值比较接近现行市场价值，优点是使企业不能随意挑选存货计价以调整当期利润，缺点是工作量比较烦琐，特别对于存货进出频繁的企业尤其如此。同时，当物价上涨时，会高估企业当期利润和库存存货价值；反之，会低估企业存货价值和当期利润。)

方法三：全月一次加权平均法。

加权平均单价：(2000＋3900)÷(100＋130)＝25.65(元)

销售收入：80×20＋100×60＝7600(元)

销售成本：(80＋100)×25.65＝4617(元)

销售毛利：7600－4617＝2983(元)

存货成本：50×25.65＝1282.5(元)

企业销售货物的费用为1000元。

企业销售收入应纳所得税额为：(2983－1000)×25%＝495.75(元)

采用加权平均法，只在月末计算一次加权平均单价，比较简单，而且市场价格上涨或者下跌时所计算出来的单位成本平均化，对存货成本的分摊较为折中。但是，这种方法平时无法从账上提供发出和结存存货的单价和金额，不利于加强对存货的管理。[①]

三种计价方法下应纳税额比较如表4－3所示。

表4－3　应纳税额比较表　单位：元

项目	个别计价法	先进先出法	加权平均法
应纳所得税税额	512.5	600	495.75

从表4－3可知，企业采用加权平均法在2021年度应纳所得税税额最小。

因此，在企业处于正常盈利，且未来没有边际税率提高或降低的预期，材料采购价格呈上涨趋势时，加权平均计价法比先进先出法可将存货较高价格提前计入成本，更好地发挥存货成本的抵税效应。但是，在企业亏损期间或享受企业所得税优惠政策期间，则应选择先进先出法以延迟计入成本，以便盈利期

① 翟继光．企业所得税实务操作［M］．北京：经济管理出版社，2006：150－158.

间或非减免税期间更好地发挥存货成本的抵税效应。

案例4-5 A公司在2021年6月和8月先后有两批进货，数量相同，均为10吨，进价分别为80万元和120万元。2021年10月和2022年10月分别出售10吨，售价均为200万元。企业所得税税率为25%，同时假设折现率为10%。则第一年复利现值系数为0.909，第二年复利现值系数为0.826。

请比较加权平均法与先进先出法对企业所得税的影响，并分析采用哪种方法企业能取得最佳的税收利益？

解析：（1）加权平均法。加权平均单价：（80+120）÷20×10=100（万元）

2021年：

销售收入：10×200=2000（万元）

销售成本：10×100=1000（万元）

销售毛利：2000-1000=1000（万元）

2021年末存货成本：10×100=1000（万元）

A公司2021年销售收入应纳所得税额：1000×25%=250（万元）

2022年：

销售收入：10×200=2000（万元）

销售成本：10×100=1000（万元）

销售毛利：2000-1000=1000（万元）

A公司2022年销售收入应纳所得税额=1000×25%=250（万元）

（2）先进先出法。采用先进先出法计价，货物的流转情况如表4-4所示。

表4-4 先进先出法下的存货成本计算表 单位：万元/吨

年份	购货			销货			存货		
	数量	单价	金额	数量	单价	金额	数量	单价	金额
2021年	10	80	800						
	10	120	1200	10	80	800	10	120	1200
2022年				10	120	1200			

2021年：销售收入：10×200=2000（万元）

销售成本：10×80=800（万元）

销售毛利：2000-800=1200（万元）

2021 年末存货成本：10×80=800（万元）

A 公司 2021 年销售收入应纳所得税额：1200×25%=300（万元）

2022 年：销售收入：10×200=2000（万元）

销售成本：10×120=1200（万元）

销售毛利：2000-1200=800（万元）

A 公司 2022 年销售收入应纳所得税额=800×25%=200（万元）

两种计价方法下应纳税额现值比较如表 4-5 所示。

表 4-5　应纳税额比较　单位：万元

	加权平均法	先进先出法
2021 年应纳所得税	250	300
应纳所得税折现值	227.25（250×0.909）	272.70（300×0.909）
2022 年应纳所得税	250	200
应纳所得税折现值	206.50（250×0.826）	165.20（200×0.826）
应纳税现值合计	433.75	437.90

根据表 4-5 可知，采用加权平均法企业能取得最佳的税收利益。

进一步运用净现值法比较两种方法下的公司税后净现金流量，如表 4-6 所示。

表 4-6　税后净现金流量　单位：元

	加权平均法	先进先出法
2021 年购货支出	2000	2000
2021 年销售收入	2000	2000
2021 年所得税支出	250	300
2021 年现金净流量	-250	-300
2021 现金流量折现值	-227.25	-272.70
2022 年销售收入	2000	2000
2022 年所得税支出	250	200
2022 年现金净流量	1750	1800
2022 现金流量折现值	1445.50	1486.80
净现值合计	1218.25	1214.10

结论：加权平均法下的公司税后净现金流量大于先进先出法下的税后净现金流量，故 A 公司应选择加权平均法。

第二节 税收与金融资产管理

一、金融资产

（一）金融资产的概念

金融资产是实物资产的对称，是指以价值形态存在的资产，有广义与狭义之分。广义的金融资产属于企业资产的重要组成部分，包括库存现金、银行存款、应收账款、应收票据、其他应收款项、股权投资、债权投资和衍生金融资产等。

狭义的金融资产仅指有关会计准则中关于金融工具里确认的金融资产，根据《企业会计准则第22号——金融工具确认和计量》的规定，狭义的金融资产可以做如下表述：

金融资产，是指企业持有的现金、其他方的权益工具以及符合下列条件之一的资产：①从其他方收取现金或其他金融资产的合同权利。②在潜在有利条件下，与其他方交换金融资产或金融负债的合同权利。③将来须用或可用企业自身权益工具进行结算的非衍生工具合同，且企业根据该合同将收到可变数量的自身权益工具。④将来须用或可用企业自身权益工具进行结算的衍生工具合同，但以固定数量的自身权益工具交换固定金额的现金或其他金融资产的衍生工具合同除外。其中，企业自身权益工具不包括应当按照《企业会计准则第37号——金融工具列报》分类为权益工具的可回售工具或发行方仅在清算时才有义务向另一方按比例交付其净资产的金融工具，也不包括本身就要求在未来收取或交付企业自身权益工具的合同。

由于我国近两年出台了新的金融准则、新收入准则和新租赁准则（以下简称“新三则”）在进行财务列报时，有的企业执行“新三则”，有的企业未执行“新三则”，因此，目前企业的金融资产如果按照财报进行分类，难以找到一个合适的口径。

根据《企业会计准则第22号——金融工具确认和计量》的相关规定，企业应当根据其管理金融资产的业务模式和金融资产的合同现金流量特征，将金融资产划分为以下三类：以摊余成本计量的金融资产；以公允价值计量且其变动计入其他综合收益的金融资产；以公允价值计量且其变动计入当期损益的金融资产。

（二）金融资产的分类

广义的金融资产可以分为以下几类。

（1）以摊余成本计量的金融资产。以摊余成本计量的金融资产，应同时符合下列条件：①企业管理该金融资产的业务模式以收取合同现金流量为目标。②该金融资产的合同条款规定，在特定日期产生的现金流量，仅为对本金和以未偿付本金金额为基础的利息的支付。

（2）以公允价值计量且其变动计入其他综合收益的金融资产。以公允价值计量且其变动计入其他综合收益的金融资产，应同时符合下列条件：①企业管理该金融资产的业务模式既以收取合同现金流量为目标又以出售该金融资产为目标。②该金融资产的合同条款规定，在特定日期产生的现金流量，仅为对本金和以未偿付本金金额为基础的利息的支付。

（3）以公允价值计量且其变动计入当期损益的金融资产。以公允价值计量且其变动计入当期损益的金融资产，是指按照相关准则分类，归属于以摊余成本计量的金融资产和以公允价值计量且其变动计入其他综合收益的金融资产之外的金融资产。

（4）持有至到期投资。持有至到期投资，是指到期日固定、回收金额固定或可确定，且企业有明确意图和能力持有至到期的非衍生金融资产。通常情况下，能够划分为持有至到期投资的金融资产，主要是债权性投资。

（5）贷款和应收款项。贷款和应收款项，是指在活跃市场中没有报价、回收金额固定或可确定的非衍生金融资产。

知识库

金融资产的类别区分

划分为贷款和应收款项类的金融资产，与划分为持有至到期投资的金融资产，其主要差别在于前者不是在活跃市场上有报价的金融资产，并且不像持有至到期投资那样在出售或重分类方面受到较多限制。如果某债务工具投资在活跃市场上没有报价，则企业不能将其划分为持有至到期投资。

（6）企业持有的可供出售的金融资产。可供出售金融资产，是指初始确认时即被指定为可供出售的非衍生金融资产，以及除下列各类资产以外的金融资产：①贷款和应收账款；②持有至到期投资；③以公允价值计量且其变动计入当期损益的金融资产。

专栏

衍生金融资产

衍生金融资产也叫金融衍生工具（financial derivative）。金融资产的衍生工具是金融创新的产物，也就是通过创造金融工具来帮助管理者更好地进行风险控制，这种工具就叫金融衍生工具。

衍生工具是指企业会计准则涉及的、具有下列特征的金融工具或其他合同：

（1）其价值随着特定利率、金融工具价格、商品价格、汇率、价格指数、信用等级、信用指数或其他类似变量的变动而变动，这些变量为非金融变量，与合同的任一方不存在特定关系。

（2）不要求初始净投资，或与对市场情况变动有类似反应的其他类型合同相比，要求很少的初始净投资。

（3）在未来某一日期结算。

目前最主要的金融衍生工具有远期合同、金融期货、期权和互换等。

（1）期货合约。期货合约是指由期货交易所统一制定的、规定在将来某一特定时间和地点交割一定数量和质量实物商品或金融商品的标准化合约。

（2）期权合约。期权合约是指合同的买方支付一定金额的款项后即可获得的一种选择权合同。目前，我们证券市场上推出的认股权证，属于看涨期权，认沽权证则属于看跌期权。

（3）远期合同。远期合同是指合同双方约定在未来某一日期以约定价值，由买方向卖方购买某一数量的标的项目的合同。

（4）互换合同。互换合同是指合同双方在未来某一期间内交换一系列现金流量的合同。按合同标的项目的不同，互换可以分为利率互换、货币互换、商品互换、权益互换等。其中，利率互换和货币互换比较常见。

（三）金融资产的计价

对于其他类别的金融资产或金融负债，相关交易费用应当计入初始确认金额。但是，企业初始确认的应收账款不包含《企业会计准则第 14 号——收入》所定义的重大融资成分或根据《企业会计准则第 14 号——收入》规定不考虑不超过一年的合同中的融资成分的，应当按照该准则定义的交易价格进行初始计量。

第三十四条 企业应当根据《企业会计准则第 39 号——公允价值计量》的规定，确定金融资产和金融负债在初始确认时的公允价值。公允价值通常为相关金融资产或金融负债的交易价格。金融资产或金融负债公允价值与交易价格存在差异的，企业应当区别下列情况进行处理：

（1）在初始确认时，金融资产或金融负债的公允价值依据相同资产或负债在活跃市场上的报价或者以仅使用可观察市场数据的估值技术确定的，企业应当将该公允价值与交易价格之间的差额确认为一项利得或损失。

（2）在初始确认时，金融资产或金融负债的公允价值以其他方式确定的，企业应当将该公允价值与交易价格之间的差额递延。初始确认后，企业应当根据某一因素在相应会计期间的变动程度将该递延差额确认为相应会计期间的利得或损失。该因素应当仅限于市场参与者对该金融工具定价时将予考虑的因素，包括时间等。

第三十五条 初始确认后，企业应当对不同类别的金融资产，分别以摊余成本、以公允价值计量且其变动计入其他综合收益或以公允价值计量且其变动计入当期损益进行后续计量。

（1）以公允价值计量且其变动计入当期损益的金融资产。根据《企业会计准则》的规定，企业初始确认金融资产，应当按照公允价值计量。对于以公允价值计量且其变动计入当期损益的金融资产，相关交易费用应当直接计入当期损益。交易费用，是指可直接归属于购买、发行或处置金融工具的增量费用。增量费用是指企业没有发生购买、发行或处置相关金融工具的情形就不会发生的费用，包括支付给代理机构、咨询公司、券商、证券交易所、政府有关部门等的手续费、佣金、相关税费及其他必要支出，不包括债券溢价、折价、融资费用、内部管理成本和持有成本等与交易不直接相关的费用。

（2）持有至到期投资。根据《企业会计准则》的规定，除了以公允价值计量且其变动计入当期损益的金融资产以外，对于其他类别的金融资产，相关交易费用应当计入初始确认金额。因此，持有至到期投资初始确认时，应当按照公允价值计量和相关交易费用之和作为初始入账金额。实际支付的价款中包括的已到付息期但尚未领取的债券利息，应单独确认为应收项目。企业应当采用实际利率法，按摊余成本对持有至到期投资进行后续计量。其中实际利率法，是指按照金融资产或金融负债的实际利率计算其摊余成本及各期利息收入或利息费用的方法。摊余成本，是指该金融资产的初始确认金额经下列调整后的结果：①扣除已偿还的本金；②加上或减去采用实际利率法将该初始确认金额与到期日金额之间的差额进行摊销形成的累计摊销额；③扣除已发生的减值损失。处置持有至到期投资时，将所取得价款与持有至到期投资账面价值之间的差额，计入当期损益。

（3）贷款和应收款项。贷款和应收款项的会计处理原则，与持有至到期投资大体相同。具体而言：①金融企业按当前市场条件发放的贷款，应按发放贷款的本金和相关交易费用之和作为初始确认金额，一般企业对外销售商品或提供劳务形成的应收债权，通常应按从购货方应收的合同或协议价款作为初始确认金额；②贷款持有期间所确认的利息收入，应当根据实际利率计算；③企业收回或处置贷款和应收款项时，应将取得的价款与该贷款和应收款项账面价值之间的差额计入当期损益。

（4）企业持有的可供出售的金融资产。可供出售的金融资产初始确认时，相关交易费用计入初始入账金额；在资产负债表日，其公允价值变动计入资本公积（其他资本公积）；发生的减值损失，计入当期损益；处置可供出售的金融资产时，应将取得的价款与该金融资产账面价值之间的差额，计入投资损益，同时将原直接计入所有者权益的公允价值变动累计额对应处置部分的金额转出，计入投资损益。

二、金融资产的税务处理

（1）以公允价值计量且其变动计入当期损益的金融资产。税法规定，企业以公允价值计量的金融资产、金融负债以及投资性房地产等，在某一会计期末的计税基础为其历史成本，且持有期间公允价值的变动不计入应纳税所得额，而在实际处置或结算时，处置取得的价款扣除其历史成本后的差额应计入处置或结算期间的应纳税所得额。由于税法与会计准则对此规定不同，在公允价值变动的情况下，会造成以公允价值计量的金融资产账面价值与计税基础之间存在差异。

案例4-6 2021年5月13日，甲公司支付价款100万元从二级市场购入乙公司发行的股票10万股，每股价格10元。甲公司将持有的乙公司的股权划分为交易性金融资产。6月30日，乙公司的股票价格涨到每股12元。9月30日，甲公司将持有的乙公司股票全部售出，每股售价15元。计算该笔交易对甲公司应纳税所得额的影响。

解析：(1) 5月13日，购入乙公司的股票时，该笔资产的初始成本为100万元。

根据税法规定，企业购入的交易性金融资产的计税基础应按历史成本计账，即购买所发生的全部实际支出100万元。

(2) 6月30日，确认股票价格变动，每股上涨2元，其公允价值变动额应计入当期损益20万元（“公允价值变动损益”科目），而根据税法规定，该资产的公允价值变动不计入应纳税所得额，调减应纳税所得额20万元。

(3) 9月30日，将乙公司股票全部售出，其公允价值与初始入账金额之间的差额应确认为投资收益50万元，同时调整公允价值变动损益。公允价值变动损益20万元应调增应纳税所得额。

(2) 持有至到期投资。税法规定，持有至到期投资以历史成本即企业取得该项资产时实际发生的支出为计税基础。但是，《企业会计准则》规定，持有至到期投资初始确认时，应按照公允价值计量和相关交易费用之和作为初始入账金额，且实际支付的价款中包括的已到付息期尚未领取的债券利息，应单独确认为应收项目，不计入该资产的成本，这就使该资产取得时的实际成本与税法规定的成本出现差异。

根据《企业所得税法》的规定，利息收入应按合同约定的利率和债务人应付利息的日期计算和确认利息收入，而根据《企业会计准则》的规定，企业应该采用实际利率法，按摊余成本计算持有至到期投资的利息收入，并计入投资收益，并在资产负债表日确认利息收入。可见，会计和税法在确认利息收入时存在差异，需要进行纳税调整。

如果持有至到期投资是在对方非面值（溢价或折价）发行的情况下取得，就会随着溢折价的摊销产生账面价值与计税基础之间的后续计量差异，从而产生该投资的账面价值大于（折价取得）或小于（溢价取得）其计税基础的情况，进而产生应纳税暂时性差异或可抵扣暂时性差异所涉及的递延所得税问题。

案例 4－7 甲公司于 2021 年 1 月 1 日购入乙公司当日发行且可上市交易的 5 年期债券 100 万张，支付价款 9500 万元，另支付手续费 90.12 万元，该债券每张面值为 100 元（相当于折价发行），票面利率为 6%，于每年 12 月 31 日支付当年利息，最后一次支付本金。甲公司有充裕的现金，管理层拟持有该债券至到期。甲公司适用的企业所得税税率为 25%。

解析：(1) 甲公司于 2021 年 1 月 1 日取得债券时，该项持有至到期投资的初始入账金额为 9590.12 万元，其计税基础也为 9590.12 万元。因此，该持有至到期投资的账面价值等于其计税基础，此时不会产生暂时性差异，不需做纳税调整。

(2) 该债券每年可获得的票面利息为 $I=10000\times6\%=600$（万元）。设该债券的实际利率为 i，则该持有至到期投资的现值 $9590.12=600\times(P/A, i, 5)+10000\times(P/F, i, 5)$，即利率为 i、期限为 5 年的 600 元利息的年金现值与利率为 i、期限为 5 年的 10000 万元面值的复利现值之和。用插值法可求出 $i=7\%$ 即为实际利率，据此，持有至到期投资折价摊销如表 4－7 所示：

表 4－7　持有至到期投资折价摊销　单位：万元

年份	期初摊余成本	实际利息收入	现金流入	期末摊余成本
2021	9590.12	671.31	600	9661.43
2022	9661.43	676.30	600	9737.73
2023	9737.73	681.64	600	9819.37
2024	9819.37	687.36	600	9906.73
2025	9906.73	693.27	10600	0

注：表中数字考虑了计算过程中的误差。

其中，2021—2025 年每年的 12 月 31 日，按票面利率确认应收利息 $10000\times6\%=600$ 万元；按照实际利率确认实际利息收入作为投资收益（各期期初摊余成本 $\times7\%$）。由于随着折价的摊销，其期初摊余成本不断上升，在实际利率不变的情况下，投资收益随着摊余成本的上升而增加。实际利息收入和票面利息收入的差额即为持有至到期投资的利息调整。

2021 年 12 月 31 日，该持有至到期投资的账面价值随着利息的调整由 9590.12 万元上升至 9661.43 万元，而该笔金融资产的计税基础仍然是 9590.12 万元，从而形成应纳税暂时性差异 71.31 万元，故甲公司应确认递延所得税负债并调减应纳税所得额 $71.31\times25\%=17.83$（万元）。

2022 年 12 月 31 日，该持有至到期投资随着利息的调整账面价值上升到 9737.73 万元，而其计税基础仍为 9590.12 万元。二者之间有 147.61 万元的差异，由于 2021 年 12 月 31 日已经确认 71.31 万元的差异，因此此时只需确认 76.30 万元的差异，由此产生递延所得税负债为 76.30 × 25% = 19.07（万元），故应调减应纳税所得额 19.07 万元。

同样的道理，2023—2025 年的每个资产负债表日，该债券的账面价值依次上升为 9819.37 万元、9906.73 万元和 9590.12 万元。扣除每一期前期确认过的差异，2023—2025 年每期产生的差异分别为 81.64 万元、87.36 万元和 93.27 万元，由此产生的递延所得税负债分别为 20.41 万元、21.84 万元和 23.32 万元，故每期均应调减应纳税所得额 20.41 万元、21.84 万元和 23.32 万元。

2025 年底，甲公司持有的该债券到期，收到本金 10000 万元。由于该债券的计税基础为 9590.12 万元，所以在到期收到本金时，按照税法规定其收入中的 9590.12 万元可以进行税前扣除，超额部分计算交纳企业所得税。因此，该公司在处置这笔到期债券时对于取得价款超过计税基础部分（实际上是当初购买该债券的折价部分）409.88 万元（10000 − 9590.12）要计算交纳企业所得税，也就是以前确认的递延所得税负债此时全部转回，由此产生的转回递延所得税负债为 409.88 × 25% = 102.47（万元）（即 2021—2025 年确认的递延所得税负债之和）。

（3）贷款和应收款项。对于金融企业贷款所提取的减值准备、风险准备等准备金的税前扣除比例，在国务院财政、税务主管部门的规定条件和标准范围内的，才允许税前扣除，否则一律不得扣除。对于非金融企业计提的应收款项的坏账准备、委托贷款减值准备等，一律不得在税前扣除。根据企业会计制度规定，企业对应收款项采用备抵法核算坏账损失，坏账准备的计提方法和计提比例由企业自行确定。

案例4－8 A公司2021年12月31日应收账款余额为1000万元，该公司期末对应收账款计提了100万元的坏账准备。

税法规定，该项坏账准备不得在税前扣除。

应收账款的期末账面价值为900万元（1000－100），而其计税基础仍为1000万元，产生可抵扣暂时性差异100万元。调增应纳税所得额100万元。

（4）企业持有的可供出售的金融资产。企业持有的可供出售金融资产计税基础的确定，与以公允价值计量且其变动计入当期损益的金融资产类似，可比照处理。由于可供出售金融资产公允价值的变动计入资本公积，因此该事项所产生的递延所得税资产或递延所得税负债及其变化亦应计入所有者权益，不构成利润表中的递延所得税费用。

案例4－9 A公司2021年5月15日从二级市场购入股票10万股，每股市价10元，手续费2000元；初始确认时，该股票划分为可供出售的金融资产。

A公司2021年12月31日仍持有该股票，该股票当时的市价为15元。

A公司2022年8月1日将该股票售出，售价为每股12元，另支付交易税费3600元。假定不考虑其他因素，涉税调整如下：

（1）2021年5月15日，购入股票，其交易费用2000元计入该资产的初始价值之中，其成本为1002000元。初始成本的计量与税法规定相同，不需作任何纳税调整。

（2）2021年12月31日，确认股票价格变动，股票每股上涨5元，根据会计准则的规定，其公允价值变动部分金额50万元要计入“资本公积”，由于资本公积不影响应纳税所得额，所以不用进行纳税调整。

（3）2022年8月1日，出售股票，会计计算的投资收益与税法计算的投资收益相同，不需作纳税调整。

三、金融资产的税收理财策略

（1）合理划分金融资产的种类。金融资产的种类不同，其计价规定也不尽相同。根据会计准则及税法的规定，以公允价值计量且其变动计入当期损益的金融资产初始确认时，应按公允价值计量，相关交易费用应当直接计入当期损益；而持有至到期投资、贷款和应收款项以及可供出售的金融资产发生的相关交易费用则计入初始入账金额。这里需要注意的是，无论会计上如何规定，税法规定金融资产的计税基础均包括交易费用，也就是说，会计准则允许计入当期损益的交易费用在计算所得税时也需调整到金融资产的成本之中。

根据《企业会计准则》的规定，对于在活跃市场上有报价的金融资产，既可能划分为以公允价值计量且其变动计入当期损益的金融资产，也可能划分为可供出售的金融资产；如果该金融资产属于有固定到期日、回收金额固定或可确定的金融资产，则该金融资产还可能划分为持有至到期投资。可见，某项金融资产具体应分为哪一类，主要取决于企业管理层的风险管理、投资决策等因素。金融资产的分类是管理层意图的如实表达，企业可以根据管理的目的，兼顾税收利益的因素，对企业的金融资产进行合理划分。

（2）期末公允价值变动部分不得计入应纳税所得额。根据《企业会计准则》的规定，在资产负债表日，企业应将以公允价值计量且其变动计入当期损益的金融资产的公允价值变动计入当期损益；处置该金融资产时，其公允价值与初始入账金额之间的差额应确认为投资收益，同时调整公允价值变动损益。对于可供出售的金融资产，在资产负债表日其公允价值变动计入所有者权益（对其发生的减值损失，计入当期损益）；处置可供出售金融资产时，应将取得的价款与该金融资产账面价值之间的差额，计入投资收益。同时，将原直接计入所有者权益的公允价值变动累计额对应处置部分的金额转出，计入投资收益。

根据税法规定，企业以公允价值计量的金融资产、金融负债以及投资性房地产等，持有期间公允价值的变动不计入应纳税所得额，在实际处置或结算时，处置取得的价款扣除其历史成本后的差额应计入处置或结算期间的应纳税所得额。

由于《企业会计准则》与税法的规定不同，企业对金融资产进行核算时，需要注意两者之间规定的差异，以便正确核算应纳税所得额。

（3）明确交易费用的范围。交易费用包括支付给代理机构、咨询公司、券商等的手续费和佣金及其他必要支出，不包括债券溢价、折价、融资费用、内部管理成本及其他与交易不直接相关的费用。企业为发行金融工具所发生的差旅费等，不属于交易费用。企业应正确划分交易费用的范围，不得随意扩大或缩小交易费用的范围，以保持会计核算及应纳税额计算的正确性。

例如，2021 年 5 月 13 日，甲公司支付价款 100 万元从二级市场购入乙公司发行的股票 10 万股，每股价格 10 元，另支付交易费用 2000 元。甲公司将持有的乙公司的股权划分为交易性金融资产，则这笔交易费用从会计的角度可以直接计入当期损益。

（4）正确核算投资收益。企业取得金融资产所支付的价款中，包含已宣告但尚未发放的现金股利或已到付息期但尚未领取的债券利息的，应单独确认为应收项目。在持有期间取得的利息或现金股利，应当确认为投资收益。对于不同的投资收益，税法规定是不一样的。如果投资收益是来自居民企业的股息、红利所得，则这部分投资属于免税收入；如果投资收益是利息收入、资产转让收益，则需并入应纳税所得额，计算缴纳所得税（国债利息和国家发行的金融债券利息收入免缴企业所得税）。

案例 4－10 2021 年 5 月 10 日，C 公司支付价款 100 万元从二级市场购入 D 公司发行的股票 10 万股，每股价格 10 元（含已宣告但尚未发放的现金股利 0.30 元）；C 公司持有至 2022 年 4 月 3 日，又收到 D 公司发放的股利 5 万元；2022 年 5 月 20 日，C 公司以每股 11 元的价格将股票全部售出。则：

（1）2021 年 5 月 10 日购入 D 公司股票时，其所含股利 3 万元作为“应收股利”处理，而不能计入“投资收益”。

（2）2022 年 4 月 3 日收到的股利 5 万元应作为“投资收益”，但这部分收益属于免税收入。

（3）2022 年 5 月 20 日，企业转让股票取得收益 10 万元，应计入“投资收益”，这部分投资收益属于资产转让收入，应计算缴纳企业所得税。

第三节　税收与固定资产管理

一、固定资产

固定资产，是指企业为生产商品、提供劳务、出租或者经营管理而持有的，使用年限超过一个会计年度的非货币性资产，包括房屋、建筑物、机器、机械、运输工具以及其他与生产经营活动有关的设备、器具、工具等。税法所界定的固定资产，与会计上的固定资产基本相同，只是把“使用年限超过一个会计年度”表述为“使用时间超过 12 个月”。

知识库

固定资产在生产过程中可以长期发挥作用，长期保持原有的实物形态，但其价值则随着企业生产经营活动而逐渐地转移到产品成本中去，并构成产品价值的一个组成部分。根据重要性原则，一个企业把劳动资料按照使用年限和原始价值划分成固定资产和低值易耗品。对于原始价值较大、使用年限较长的劳动资料，按照固定资产来进行核算；而对于原始价值较小、使用年限较短的劳动资料，按照低值易耗品来进行核算。

二、固定资产的税务处理

一般而言，固定资产是企业资产中价值较高的部分，固定资产的税务处理是企业所得税法的一个重要组成部分。

（一）固定资产的计税基础

固定资产的计税基础与准则规定的固定资产的计价原则相同。根据《企业所得税法实施条例》第五十八条的规定，固定资产按照以下方法确定计税基础。

（1）外购的固定资产。外购的固定资产，以购买价款和支付的相关税费以及直接归属于使该资产达到预定用途发生的其他支出为计税基础。与会计准则上的规定一致。外购的固定资产，其计税基础由两部分组成：首先是购买价款，这是固定资产计税基础的主体构成部分，是指企业通过货币形式，为购买固定资产所支付的直接对价物。其次是支付的相关税费，包括企业为购买固定资产而缴纳的税金、行政事业性收费等，如购买车辆而支付的车辆购置税、签订购买合同而缴纳的印花税以及使固定资产达到预定可使用状态而发生的可归属于该项资产的运输费、装卸费、安装费和专业人员服务费等。

（2）自行建造的固定资产。自行建造的固定资产，以竣工结算前发生的支出为计税基础，包括固定资产所需的原材料费用、人工费、管理费、缴纳的相关税费、应予资本化的借款费用等，只要是固定资产在达到预定用途之前所发生的，为建造固定资产所必需的、与固定资产的形成具有直接关系的支出，都应作为固定资产的计税基础的组成部分。《企业会计准则》规定，自行建造固定资产的入账价值，由建造该项资产达到预定可使用状态前所发生的必要支出构成。

税法对预定可使用状态的把握以工程的竣工决算为标志。这一规定与《企业会计准则》是有差异的，因为《企业会计准则》并没有将预定可使用状态等同于工程的竣工决算，有可能存在已达到预定可使用状态但并未办理竣工决算的固定资产。对此，《企业会计准则》规定，已达到预定可使用状态但尚未办理竣工决算的固定资产，应当按照估计价值确定其成本，并计提折旧；待办理竣工决算后，再按实际成本调整原来的暂估价值，但不需要调整原已计提的折旧额。

（3）融资租入的固定资产。融资租入的固定资产，以租赁合同约定的付款总额和承租人在签订租赁合同过程中发生的相关费用为计税基础；租赁合同未约定付款总额的，以该资产的公允价值和承租人在签订租赁合同过程中发生的相关费用为计税基础。

融资租赁，是指实质上转移了与资产所有权有关的全部风险和报酬的租赁。虽然在融资租赁状态下，融资租赁物的所有权最终可能转移，也可能不转移，但是租赁人实际上负担了租赁物的绝大部分风险，是租赁物实质上的所有人，与租赁人所有的其他资产的性质类似，所以企业所得税法不允许融资方式租出的固定资产计算折旧扣除，而允许以融资租赁方式租入的固定资产计算折旧扣除。

《企业会计准则》规定，在租赁期开始日，承租人应当将租赁开始日租赁资产公允价值与最低租赁付款额现值两者中较低者作为租入资产的入账价值，将最低租赁付款额作为长期应付款的入账价值，其差额作为未确认融资费用。承租人在租赁谈判和签订租赁合同过程中发生的，可归属于租赁项目的手续费、律师费、差旅费、印花税等初始直接费用，应当计入租入资产价值。

所谓最低租赁付款额，是指在租赁期内，承租人应支付或者可能被要求支付的款项（不包括或有租金和履约成本），加上由承租人或者与其有关的第三方担保的资产余值。承租人有购买租赁资产的选择权，所订立的购买价款预计将远低于行使选择权时租赁资产的公允价值，因而在租赁开始日就可以合理确定承租人将会行使这种选择权的，购买价款应当计入最低租赁付款额。承租人在计算最低租赁付款额的现值时，能够取得出租人租赁内含利率的，应当采用租赁内含利率作为折现率；否则，应当采用租赁合同规定的利率作为折现率。承租人无法取得出租人的租赁内含利率且租赁合同没有规定利率的，应当采用同期银行贷款利率作为折现率。未确认融资费用应当在租赁期内按实际利率法在各个期间进行分摊，计入财务费用。

《企业所得税法实施条例》规定，融资租入的固定资产，以租赁合同约定的付款总额和承租人在签订租赁合同过程中发生的相关费用为入账价值，租赁合同未约定付款总额的，以该资产的公允价值和承租人在签订租赁合同过程中发生的相关费用为入账价值。也就是说，税法并未规定计算最低租赁付款额的现值，这与《企业会计准则》的规定是有差异的。从经济实质来看，融资租入固定资产与具有融资实质的分期付款购入固定资产相似。相应地，出租方应为提供贷款确认一部分利息收入，承租方应为延期付款承担一部分利息费用。因而，《企业会计准则》规定按最低租赁付款额现值和公允价值两者中的较低者作为固定资产入账价值，最低租赁付款额与最低租赁付款额现值或公允价值的差额作为未实现融资费用处理，在租赁期内按实际利率法摊入财务费用。但税法采用相对简化的处理方式，按合同规定的租赁付款额或者公允价值作为固定资产的入账价值，将《企业会计准则》中确认的未实现融资费用直接计入固定资产原值，然后分期计提折旧，与《企业会计准则》规定的在租赁期内摊入财务费用相比，差别不大，对应纳税所得额的影响也不大，而且由于有合同参照，不需要确定折现率，不需要计算现值，因而比《企业会计准则》的规定更直观、更简单。

同时，为了防止有些租赁合同对付款总额没有约定，而可能造成的实践操作困难，税法明确规定，对于租赁合同未约定付款总额的，以该资产的公允价值和承租人在签订合同过程中发生的相关费用为计税基础，作为补充的确定方式，避免了可能存在的漏洞。

（4）盘盈的固定资产。盘盈的固定资产，以同类固定资产的重置完全价值为计税基础。

盘盈的固定资产，是指盘点中发现的账外固定资产。固定资产的单位价值相对较高，使用时限相对较长，一般而言，对于管理规范的企业而言，在清查中发现盘盈的固定资产的情况是比较少见的。由于盘盈的固定资产，往往在企业以前的会计账簿上没有记载或者记载的相关资料不全等原因，无法有效确定其历史成本，所以规定盘盈的固定资产以同类固定资产的重置完全价值计价。所谓重置完全价值计价，是指按现有的生产能力、技术标准，重新购置同样的固定资产所需要付出的代价。通过这种方法计算的计税基础，相对较为科学、合理，也符合这种固定资产来源形式的特殊需要。具体说来，如果同类或者类似固定资产存在活跃市场的，按同类或者类似固定资产的市场价格，减去按该项资产的新旧程度估计的价值损耗后的余额，作为入账价值；如果同类或者类似固定资产不存在活跃市场的，按该项固定资产的预计未来现金流量现值，作为入账价值。

（5）通过捐赠、投资、非货币性资产交换、债务重组等方式取得的固定资产。通过捐赠、投资、非货币性资产交换、债务重组等方式取得的固定资产，以该资产的公允价值和支付的相关税费为计税基础。

之所以以公允价值作为此类固定资产的计税基础，主要是因为，固定资产的捐赠方、用固定资产进行投资的一方、非货币资产交换中换出固定资产的一方以及债务重组中用固定资产抵债的一方，按照《企业所得税法》的规定，均应该作视同销售处理，即应该视为先销售固定资产再捐赠、再投资、再购进非货币资产、再偿债两个过程进行处理。因而作为固定资产的接受方，应该按该资产的市场价格即公允价值加上接受固定资产过程中可能发生的契税、土地增值税、车辆购置税、印花税等税费作为固定资产的入账价值。

（6）改建的固定资产。改建的固定资产，除《企业所得税法》第十三条第（一）项和第（二）项规定的支出外，以改建过程中发生的改建支出增加计税基础。《企业所得税法》第十三条规定，已足额提取折旧的固定资产的改建支出和租入固定资产的改建支出，应作为企业的长期待摊费用，所以对于这两种情形下的改建支出不宜再作为固定资产的计税基础。所以，除了已足额提取折旧的固定资产和租入的固定资产以外，其他固定资产的改建支出，应按照改建过程中发生的改建支出，包括材料费、人工费、相关税费等，增加固定资产的计税基础。

以各种方式取得的固定资产，初始确认时按照会计准则规定确定的入账价值基本上是被税法认可的，即取得时其账面价值一般等于计税基础。

（二）固定资产的折旧方法和折旧年限

（1）固定资产的折旧方法。《企业所得税法实施条例》第五十九条规定，固定资产按照直线法计算的折旧，准予扣除。

直线法又称平均年限法，它是指按固定资产使用年限平均计算折旧的一种方法。采用这种方法计算的每期折旧额均相等，其计算公式为：

年折旧额 =（固定资产原值 - 预计净残值）÷预计使用年限

企业应当自固定资产投入使用月份的次月起计算折旧；停止使用的固定资产，应当自停止使用月份的次月起停止计算折旧。

企业应当根据固定资产的性质和使用情况，合理确定固定资产的预计净残值。固定资产的预计净残值一经确定，不得变更。

《企业所得税法》第三十二条规定，企业的固定资产由于技术进步等原因，确需加速折旧的，可以缩短折旧年限或者采取加速折旧的方法。《企业所得税法实施条例》第九十八条规定，可以采取缩短折旧年限或者采取加速折旧的方法的固定资产，包括：①由于技术进步，产品更新换代较快的固定资产；②常年处于强震动、高腐蚀状态的固定资产。

采取缩短折旧年限方法的，最低折旧年限不得低于税法规定折旧年限的60%；采取加速折旧方法的，可以采取双倍余额递减法或者年数总和法。

《企业会计准则》规定，企业应当根据与固定资产有关的经济利益的预期实现方式合理选择折旧方法，如可以按直线法计提折旧，也可以按照双倍余额递减法、年数总和法计提折旧。税法规定除了特殊情况外，基本是按照直线法计提折旧。由于折旧方法不同而产生的折旧费用的差异在计算应缴所得税时需要作出相应的纳税调整。

案例4-11　某企业于2021年1月1日购入某设备，原价2000万元，预计净残值为零。税法规定按年数总和法计提折旧，折旧年限为4年；会计上采用直线法计提折旧，折旧年限为5年。甲企业适用的企业所得税税率为25%。

要求：计算折旧对2021—2025年度应纳税所得额的影响金额。

解析：（1）会计上计提的折旧：会计上计提的年折旧额 = 2000 ÷ 5

= 400（万元）

2021年折旧：400 × 11 ÷ 12 = 366.67（万元）。

期末固定资产账面价值：2000 - 366.67 = 1633.33（万元）

2022年折旧：400万元。

期末固定资产账面价值：1633.33 - 400 = 1233.33（万元）

2023 年折旧：400 万元。

期末固定资产账面价值：1233.33 − 400 = 833.33（万元）

2024 年折旧：400 万元。

期末固定资产账面价值：833.33 − 400 = 433.33（万元）

2025 年折旧：400 万元。

期末固定资产账面价值：433.33 − 400 = 33.33（万元）

（2）按税法计算的折旧：2021 年折旧：2000 × 4 ÷ 10 × 11 ÷ 12 = 733.33（万元）

期末计税基础：2000 − 733.33 = 1266.67（万元）

2022 年折旧：2000 × 4 ÷ 10 × 1 ÷ 12 + 2000 × 3 ÷ 10 × 11 ÷ 12 = 616.67（万元）

期末计税基础：1266.67 − 616.67 = 650（万元）

2023 年折旧：2000 × 3 ÷ 10 × 1 ÷ 12 + 2000 × 2 ÷ 10 × 11 ÷ 12 = 416.67（万元）

期末计税基础：650 − 416.67 = 233.33（万元）

2024 年折旧：2000 × 2 ÷ 10 × 1 ÷ 12 + 2000 × 1 ÷ 10 × 11 ÷ 12 = 216.67（万元）

期末计税基础：233.33 − 216.67 = 16.66（万元）

2025 年折旧：16.66 万元。

期末计税基础：0。

（3）折旧差异：2021 年折旧差异：733.33 − 366.67 = 366.66（万元），应调减应纳税所得额 366.66 万元。

2022 年折旧差异：616.67 − 400 = 216.67（万元），应调减应纳税所得额 216.67 万元。

2023 年折旧差异：416.67 − 400 = 16.67（万元），应调减应纳税所得额 16.67 万元。

2024 年折旧差异：216.67 − 400 = −183.33（万元），应调增应纳税所得额 183.33 万元。

2025 年折旧差异：16.66 − 400 = −383.34（万元），应调增应纳税所得额 383.34 万元。

汇总分析如表 4 − 8 所示。

表4－8　　某项设备折旧计算　　单位：元

项目	2021年	2022年	2023年	2024年	2025年
实际成本	20000000	20000000	20000000	20000000	20000000
会计折旧	3666700	4000000	4000000	4000000	4000000
账面价值	16333300	12333300	8333300	4333300	333300
计税折旧	7333300	6166700	4166700	2166700	166600
计税基础	12666700	6500000	2333300	166600	0
折旧差异	3666600	2166700	166700	－1833300	－3833400

（2）固定资产的折旧年限。《企业所得税法实施条例》第六十条规定：除国务院财政、税务主管部门另有规定外，固定资产计算折旧的最低年限如下：①房屋、建筑物，为20年；②飞机、火车、轮船、机器、机械和其他生产设备，为10年；③与生产经营活动有关的器具、工具、家具等，为5年；④飞机、火车、轮船以外的运输工具，为4年；⑤电子设备，为3年。

虽然企业固定资产折旧年限的长短，只是涉及缴纳税款的时序问题，但是受国家每年财政收入的要求、通货膨胀或者紧缩等经济情况的变化等多种因素的影响，若不对固定资产的折旧年限做一个基本要求，仍然会影响国家的税收利益。所以，国家需要根据不同类型的固定资产的共有特性，对不同类别的固定资产的折旧年限做一个最基本的强制规定，以避免国家税收利益受到大的冲击。

各项固定资产的最低折旧年限，只是一个基本要求，并不排除企业自己规定对资产采用比最低折旧年限更长的折旧时限。也就是说，企业可以根据固定资产的属性和使用情况，在税法规定的相关资产最低折旧年限更长的时限内计提折旧。

税法规定的固定资产折旧年限与《企业会计准则》规定不同。按照《企业会计准则》的规定，企业可以根据其所处的经济环境、技术环境以及其他环境的变化，确定固定资产的使用寿命，并每年进行复核。如果固定资产使用寿命预计数与原先估计数有差异，应当调整固定资产使用寿命。在计算应缴所得税时，企业应根据税法规定的年限对会计核算的折旧数额进行纳税调整。

案例4－12　A企业于2021年末以800万元购入一台生产用机器设备，按照该项固定资产的预计使用情况，A企业在会计核算时估计其使用寿命为5

年，按照税法规定，该项设备的最低折旧年限为10年。假设企业采用平均年限法对固定资产计提折旧（不考虑净残值及固定资产减值因素），则该项固定资产折旧计算、纳税调整及相应会计处理如下：

第1~5年：

会计每年计提折旧：800÷5=160（万元）

税法每年计提折旧：800÷10=80（万元）

在计算应缴所得税时应调增应纳税所得额80万元。

第6~10年：

会计折旧已提足，税法每年计提折旧仍为80万元，故在计算应缴所得税时应调减应纳税所得额80万元。

（3）固定资产的预计净残值。企业应当根据固定资产的性质和使用情况，合理确定固定资产的预计净残值，固定资产的预计净残值一经确定，不得变更。预计净残值，又称估计残值，是指假定固定资产预计使用寿命已满并处于使用寿命终了时的预期状态，企业目前从该项资产处置中获得的扣除预计处置费用后的金额。通俗地说，预计净残值是指固定资产在报废时，预计残料变价收入扣除清算时清算费用后的净值。在计算折旧时，把固定资产原值减去估计净残值后的余额称为折旧基数或者折旧总额。所以，预计净残值的大小和确定方法，直接影响企业可以税前扣除的折旧额。

《企业会计准则》规定，企业应当根据固定资产的性质和使用情况，合理确定固定资产的使用寿命和预计净残值，企业应当在每年年度终了，对固定资产预计净残值进行复核。如果固定资产预计净残值预计数与原先估计数有差异，应当调整预计净残值。如果企业并非根据固定资产的性质和使用情况，而是出于某种避税等非合理商业目的确定预计净残值，将被税务机关进行调整，并承担相应的法律责任。另外需要注意的是，预计净残值一经确定，不得变更，即企业根据固定资产的性质和使用情况，合理确定预计净残值后，就不得再变更。这主要是为了防止企业通过改变固定资产的净残值，在年度之间随意调节利润规避税收。

三、固定资产的税收理财策略

（一）正确确定固定资产计提折旧的范围

由于固定资产占用资金量较大，折旧构成企业成本费用的一个重要部分，尤其是对资本有机构成比较高的企业，因此企业应加强固定资产的管理，在提高资产使用效益的同时，正确计提固定资产的折旧，充分发挥折旧的抵税效应。在确定计提折旧的范围时应注意以下几点：

（1）固定资产应当按月计提折旧，并根据用途计入相关资产的成本或者当期损益。当月增加的固定资产，当月不计提折旧，从下月起计提折旧；当月减少的固定资产，当月仍计提折旧，从下月起不计提折旧。

（2）固定资产提足折旧后，不论是否继续使用，均不再计提折旧，提前报废的固定资产也不再补提折旧。提足折旧是指已经提足该项固定资产的应计折旧额。

（3）已达到预定可使用状态但尚未办理竣工决算的固定资产，应当按照估计价值确定其成本，并计提折旧；待办理竣工决算后再按实际成本调整原来的暂估价值，但不需要调整原已计提的折旧额。

（4）根据《企业会计准则》的规定，企业应当对所有的固定资产计提折旧，但是，已提足折旧仍继续使用的固定资产和单独计价入账的土地除外。但《企业所得税法》第十一条规定：在计算应纳税所得额时，下列固定资产不得计算折旧扣除：①房屋、建筑物以外未投入使用的固定资产；②以经营租赁方式租入的固定资产；③以融资租赁方式租出的固定资产；④已足额提取折旧仍继续使用的固定资产；⑤与经营活动无关的固定资产；⑥单独估价作为固定资产入账的土地；⑦其他不得计算折旧扣除的固定资产。

（二）固定资产减值准备不允许税前扣除

企业在持有固定资产的期间内，按照《企业会计准则》的规定可以计提固定资产减值准备。在对固定资产计提了减值准备以后，因税法规定企业计提的减值准备在发生实质性损失前不允许税前扣除，会造成固定资产的账面价值与计税基础的差异。

案例4－13 B企业某项固定资产在2021年末其账面余额为500万元，企业估计该项固定资产的可收回金额为450万元。

该项固定资产的账面余额大于其可收回金额，两者之间的差额应计提50万元的固定资产减值准备。

固定资产的计税基础与账面价值产生50万元的暂时性差异，应进行纳税调整，调增应纳税所得额50万元。

知识库

固定资产减值准备

《企业会计准则》规定，企业的固定资产应当在期末时按照账面价值与可收回金额孰低计量，对可收回金额（指资产的销售净价，与预期从该资产的持续使用和使用寿命结束时的处置中形成的预计未来现金流量的现值进行比较，两者之间较高者）低于账面价值的差额，应计提固定资产减值准备。

因此，计提减值准备的基本思路是，比较固定资产的账面价值与可收回金额。如果账面价值大于可收回金额，则需要计提资产减值准备；如果账面价值小于可收回金额，则无须计提资产减值准备。账面价值是指账面余额减去相关的备抵项目后的净额。账面价值不等于净值，固定资产原价扣除累计折旧后为净值，净值再扣除减值准备后为账面价值（净额）。账面余额是指账面实际余额，不扣除作为备抵的项目，如累计折旧、减值准备等。可收回金额的确认采用了孰高原则。

（三）合理选择固定资产的折旧方法

固定资产使用过程中所处经济环境、技术环境以及其他环境的变化可能致使与固定资产有关的经济利益的预期实现方式发生重大改变。如果固定资产给企业带来经济利益的方式发生重大变化，企业也应相应改变固定资产的折旧方法。例如，某企业以前年度采用平均年限法计提固定资产折旧，此次年终复核发现，与该固定资产相关的技术发生了很大变化，平均年限法已很难反映该项固定资产给企业带来经济利益的方式，因此，决定变平均年限法为加速折旧法。但根据税法的规定，企业在一般情况下只允许采用平均年限法，折旧方法一经采用，不得随意变更。税法对可以采取加速折旧方法的固定资产作了限定。根据税法规定，企业的固定资产由于技术进步等原因，确需加速折旧的，可以缩短折旧年限或者采取加速折旧的方法。采取缩短折旧年限或者采取加速折旧方法的固定资产，包括：①由于技术进步，产品更新换代较快的固定资产；②常年处于强震动、高腐蚀状态的固定资产。

采取缩短折旧年限方法的，最低折旧年限不得低于税法规定折旧年限的60%；采取加速折旧方法的，可以采取双倍余额递减法或者年数总和法。

折旧方法的选择应立足于使折旧费用的抵税效应得到最充分的发挥。在不同期间，选择不同的折旧方法，才能使企业的所得税税负降低。一般情况下，在企业享受减免税政策期间，企业可以通过延长固定资产折旧年限、采取平均年限法计提折旧，将折旧费用递延到正常纳税年度，以发挥折旧的抵税效应。而对处于正常纳税年度的企业来说，由于加速折旧能最大限度地发挥折旧抵税效应，因此企业应根据自身情况，在税法允许的范围内尽可能选用加速折旧方法。在亏损期间，折旧方法的选择应同企业的亏损弥补情况相结合，选择的折旧方法，必须使不能得到或不能完全得到税前弥补的亏损年度的折旧费用降低。

案例4－14 甲公司的某项设备原价为120万元，税法规定的折旧年限为5年，预计净残值率为4%；该设备为常年处于强震动、高腐蚀状态的固定资产。假设公司处于正常纳税年度，并且没有对该设备计提减值准备。请问公司采用何种加速折旧方法才能取得更大的税收利益（假设贴现率为8%）?

解析：根据税法规定，常年处于强震动、高腐蚀状态的固定资产，可以缩短折旧年限或者采取加速折旧的方法。下面分别计算各种方法下的抵税效应。

（1）缩短折旧年限法。根据税法规定，采取缩短折旧年限方法的，最低折旧年限不得低于税法规定折旧年限的60%。假定公司的折旧年限缩短为3年。

每年的折旧率＝（1－预计净残值率）÷折旧年限×100%

＝（1－4%）÷3×100%＝32%

年折旧额＝固定资产原价×年折旧率＝120×32%＝38.4（万元）

年抵税额＝38.4×25%＝9.6（万元）

（2）双倍余额递减法。年折旧率＝2÷折旧年限（年）×100%＝40%

第1年应提的折旧额＝固定资产账面净值×年折旧率

＝120×40%＝48（万元）

第1年折旧抵税额＝48×25%＝12（万元）

第2年应提的折旧额＝（120－48）×40%＝28.8（万元）

第2年折旧抵税额＝28.8×25%＝7.2（万元）

第3年应提的折旧额＝（120－48－28.8）×40%＝17.28（万元）

第3年折旧抵税额＝17.28×25%＝4.32（万元）

从第4年起改按平均年限法（直线法）计提折旧：

第4～5年应提的折旧额＝（120－48－28.8－17.28－120×4%）÷2

=10.56（万元）

第4~5年折旧抵税额=10.56×25%=2.64（万元）

（3）年数总和法。年折旧率=尚可使用年限÷折旧年限的年数总和×100%

年折旧额=（固定资产原价-预计净残值）×年折旧率

第1年应计提的折旧额=（120-120×4%）×5/15=38.4（万元）

第1年折旧抵税额=38.4×25%=9.6（万元）

第2年应计提的折旧额=（120-120×4%）×4/15=30.72（万元）

第2年折旧抵税额=30.72×25%=7.68（万元）

第3年应计提的折旧额=（120-120×4%）×3/15=23.04（万元）

第3年折旧抵税额=23.04×25%=5.76（万元）

第4年应计提的折旧额=（120-120×4%）×2/15=15.36（万元）

第4年折旧抵税额=15.36×25%=3.84（万元）

第5年应计提的折旧额=（120-120×4%）×1/15=7.68（万元）

第5年折旧抵税额=7.68×25%=1.92（万元）

三种方法下折旧抵税情况见表4-9。

表4-9　折旧抵税金额表　单位：万元

项目	缩短折旧年限法		双倍余额递减法		年数总和法	
	折旧抵税额	现值	折旧抵税额	现值	折旧抵税额	现值
第一年	9.6	8.89	12	11.11	9.6	8.89
第二年	9.6	8.23	7.2	6.17	7.68	6.58
第三年	9.6	7.62	4.32	3.43	5.76	4.57
第四年			2.64	1.94	3.84	2.82
第五年			2.64	1.80	1.92	1.31
合计	28.8	24.74	28.8	24.45	28.8	24.17

通过以上比较可以看出，采用缩短年限法获取的折旧抵税效应最大，因此，公司应采用缩短折旧年限法才能取得更大的税收利益。

（四）注意固定资产使用寿命与净残值的规定

《企业会计准则》与税法对固定资产的使用寿命和净残值的规定不同。税法对固定资产的折旧年限做了明确的限定，并规定企业应当根据固定资产的性质和使用情况，合理确定固定资产的预计净残值。固定资产的预计净残值一经确定，不得变更。而《企业会计准则》规定，企业可以自行确定固定资产的使用寿命和预计净残值，并至少应当于每年年度终了，对固定资产使用寿命和预计净残值进行复核。如果固定资产使用寿命预计数与原先估计数有差异，应当调整固定资产使用寿命；如果固定资产预计净残值预计数与原先估计数有差异，应当调整预计净残值。

（五）把握修理支出与改建支出的界限

企业的固定资产修理支出可在发生当期直接扣除。企业的固定资产改良支出，如果有关固定资产尚未提足折旧，可增加固定资产价值；如有关固定资产已提足折旧，可作为长期待摊费用，在固定的期间内平均摊销。

固定资产的改建支出，是指改变房屋或者建筑物结构、延长使用年限等发生的支出。已足额提取折旧的固定资产的改建支出，按照固定资产预计尚可使用年限分期摊销；租入固定资产的改建支出，按照合同约定的剩余租赁期限分期摊销；改建的固定资产延长使用年限的，除已足额提取折旧的固定资产、租入固定资产的改建支出外，其他的固定资产发生改建支出，应当适当延长折旧年限。

大修理支出，按照固定资产尚可使用年限分期摊销。

《企业所得税法》所指的固定资产的大修理支出，是指同时符合下列条件的支出：

（1）修理支出达到取得固定资产时的计税基础 50% 以上。

（2）修理后固定资产的使用年限延长 2 年以上。

由于不同类型的修理支出计入费用的时间不同，因此其抵税效应也是不同的。企业应合理安排修理支出的金额，尽量使修理费用支出能作为期间费用当期进行扣除。

案例 4 - 15 2021 年 1 月 12 日，长城公司对其所拥有的某固定资产进行修理。该固定资产的计税基础为 1500 万元，尚可使用年限为 5 年，发生的修理支出为 800 万元，修理以后，该固定资产的使用寿命延长了 3 年，发生修理后的固定资产性能得到了实质性改进，使生产的产品性能得到了实质性改进，能够为企业带来经济利益的增加。对于该笔费用，该公司应当如何进行税务处理？如何进行规划才能取得税收利益？

解析：固定资产的大修理支出，是指同时符合下列条件的支出：①修理支出达到取得固定资产时的计税基础 50% 以上；②修理后固定资产的使用年限延长 2 年以上。固定资产的大修理支出，按照固定资产尚可使用年限分期摊销。该公司对其所拥有的固定资产所进行的修理全部满足以上条件，因此，属于固定资产的大修理支出。在计算应纳税所得额时，企业发生的固定资产的大修理支出作为长期待摊费用，按照规定摊销，并可以在计算应纳税所得额时予以扣除。该项固定资产的大修理支出，按照固定资产尚可使用年限分期摊销，该项修理支出800万元需分8年（5+3）进行折旧摊销，每年摊销金额为100万元。

如果企业把800万元修理支出分两次进行，第一次支出750万元，第二次再支出50万元，则第一次支出的750万元可以在当年进行扣除。这样一来便可取得费用提前抵税的税收利益。

（六）确定固定资产投资方式

固定资产投资方式可分为购买和租赁两种。采用购买方式进行投资的好处是折旧抵税，账面利润减少可少纳所得税。不足的地方是，在固定资产购置期间发生的合理的借款费用不能在税前扣除，而应予以资本化，作为资本性支出计入固定资产原值，通过折旧方式逐年抵扣，这无疑使企业因纳税而导致现金流出提前，损失资金的时间价值。采用租赁方式进行投资的好处是租金抵税，也可以避免因设备过时被淘汰的风险，缺陷是无折旧抵税。因此，企业应权衡以上两方面的因素，选择能最大限度降低税负的理财方案。

第四节　税收与无形资产管理

一、无形资产

无形资产是指企业为生产产品、提供劳务、出租或者经营管理而持有的、没有实物形态的非货币性长期资产，包括专利权、商标权、著作权、土地使用权、非专利技术、商誉等。

知识库

无形资产的特征

无形资产在使用和形成过程中，具有不同于有形资产的特征。

（1）非实体性。一方面，无形资产没有人们感官可感触的物质形态，只能从观念上感觉它。它或者表现为人们心目中的一种形象，或者以特许权形式表现为社会关系范畴。另一方面，它在使用过程中没有有形损耗，报废时也无残值。

（2）垄断性。无形资产的垄断性表现在以下几个方面：有些无形资产在法律制度的保护下，禁止非持有人无偿取得；排斥他人的非法竞争，如专利权、商标权等。有些无形资产的独占权虽不受法律保护，但只要能确保不泄密，实际上也能独占，如专有技术、秘诀等。还有些无形资产不能与企业整体分离，除非整个企业产权转让，否则别人无法获得，如商业信誉。

（3）不确定性。一方面，无形资产的有效期受技术进步和市场变化的影响很难准确确定；另一方面，由于有效期不稳定，无形资产在持有过程中为企业带来未来经济利益的情况也很难准确确定。

（4）共享性。无形资产有偿转让后，可以由几个主体同时共有，而固定资产和流动资产不可能同时在两个或两个以上的企业中使用。例如商标权，受让企业可以使用，同时出让企业也可以使用。

（5）高效性。无形资产能给企事业单位带来远远高于其成本的经济效益。企事业无形资产越丰富，则其获利能力就越强；反之，企业的获利能力往往较弱，市场竞争力也较差。

二、无形资产的税务处理

《企业所得税法实施条例》第六十六条规定，无形资产按照以下方法确定计税基础：

第一，外购的无形资产，以购买价款和支付的相关税费以及直接归属于使该资产达到预定用途发生的其他支出为计税基础；

第二，自行开发的无形资产，以开发过程中该资产符合资本化条件后至达到预定用途前发生的支出为计税基础；

第三，通过捐赠、投资、非货币性资产交换、债务重组等方式取得的无形资产，以该资产的公允价值和支付的相关税费为计税基础。

《企业所得税法实施条例》第六十七条规定，在计算应纳税所得额时，无形资产按照直线法计算的摊销费用，准予扣除。无形资产的摊销年限不得低于10

年。作为投资或者受让的无形资产，有关法律规定或者合同约定了使用年限的，可以按照规定或者约定的使用年限分期摊销。

无形资产的摊销期限自其可供使用（即其达到预定用途）时起至终止确认时止，即无形资产摊销的起始和停止日期为：当月增加的无形资产，当月开始摊销；当月减少的无形资产，当月不再摊销。

无形资产的残值一般为零。

外购商誉的支出，在企业整体转让或者清算时，准予扣除。按照《企业会计准则》规定，“商誉”单独作为一个会计科目，不属于“无形资产”会计科目。

需要注意的是，《企业会计准则》规定，企业取得的土地使用权通常应确认为无形资产，但改变土地使用权用途，用于赚取租金或者资本增值的，应当将其转为投资性房地产。税法没有将土地使用权分别归属于无形资产和投资性房地产，而是一律按照无形资产进行处理。

三、无形资产的税收理财策略

1. 准确核算土地使用权的价值

根据《企业会计准则》的规定，企业取得的土地使用权，通常应当按照取得时所支付的价款及相关税费确认为无形资产。土地使用权用于自行开发建造厂房等地上建筑物时，土地使用权的账面价值不与地上建筑物合并计算其成本，而仍作为无形资产进行核算。土地使用权与地上建筑物分别进行摊销和提取折旧，但下列情况除外：

（1）房地产开发企业取得的土地使用权用于建造对外出售的房屋建筑物，相关的土地使用权应当计入建造的房屋建筑物成本。

（2）企业外购的房屋建筑物，实际支付的价款中包括土地以及建筑物的价值，则应当对支付的价款按照合理的方法（例如，公允价值比例）在土地和地上建筑物之间进行分配；如果确实无法在地上建筑物与土地使用权之间进行合理分配的，应当全部作为固定资产，按照固定资产确认和计量的规定进行处理。

根据以上规定，企业应把土地使用权作为无形资产，单独核算，因为无形资产的摊销年限（通常情况下为 10 年）低于房屋的折旧年限（税法规定为 20 年），土地使用权作为无形资产管理，可以较快地进行摊销，从而取得费用提前抵税的税收利益。

2. 充分利用研发费用加速摊销的税收优惠政策

《企业所得税法实施条例》第九十五条规定：企业为开发新技术、新产品、新工艺发生的研究开发费用，未形成无形资产计入当期损益的，在按照规定据实扣除的基础上，按照研究开发费用的50%加计扣除；形成无形资产的，按照无形资产成本的150%摊销。依据“财税〔2018〕99号”“财政部　税务总局公告2021年第6号”“财政部　税务总局公告2021年第13号”等文件规定，制造业企业开展研发活动中实际发生的研发费用，未形成无形资产计入当期损益的，在按规定据实扣除的基础上，自2021年1月1日起，再按照实际发生额的100%在税前加计扣除；形成无形资产的，自2021年1月1日起，按照无形资产成本的200%在税前摊销。制造业以外的企业开展研发活动中实际发生的研发费用，未形成无形资产计入当期损益的，在按规定据实扣除的基础上，再按照实际发生额的75%在税前加计扣除；形成无形资产的，在上述期间按照无形资产成本的175%在税前摊销。

案例4－16 在A企业当期发生的研究开发支出中，未形成无形资产的费用支出为400万元，形成无形资产的支出为1000万元，即形成的无形资产的账面成本为1000万元。假设该项无形资产的摊销期限为10年，计算可以在税前扣除的研发费用金额。

解析：（1）未形成无形资产部分的研究开发支出：实际发生支出400万元，按照税法规定可以在税前扣除的金额为600万元（400＋400×50%）。

（2）形成无形资产的成本摊销：无形资产每年会计摊销金额为100万元，按照税法规定可以在税前扣除的摊销金额为150万元（100×150%）。

3. 合理确定无形资产的摊销年限

《企业会计准则》规定，企业应根据无形资产的使用寿命情况，区分为使用寿命有限的无形资产与使用寿命不确定的无形资产。对于源自合同性权利或其他法定权利的无形资产，其使用寿命不应超过合同性权利或其他法定权。

税法规定，无形资产的摊销年限不得低于10年，但是作为投资或者受让的无形资产，有关法律规定或者合同约定了使用年限的，可以按照规定或者约定的使用年限分期摊销，也就是其摊销年限可以低于10年。无形资产的使用寿命包括法定寿命和经济寿命两个方面，有些无形资产的使用寿命受法律、规章或者合同的限制，属于法定寿命，如我国有关法律规定发明专利权有效期为20年、商标权的有效期为10年，如合同双方当事人约定无形资产的使用年限为3年等，对于这些情况，分期摊销年限应服从法律的规定或者合同的约定。

对于使用寿命不确定的无形资产，会计上不要求摊销，但持有期间每年应进行减值测试。而计税时可以按照税法规定确定的摊销额允许税前扣除，这样就会造成该类无形资产账面价值与计税基础的差异。

当税法规定的摊销年限、摊销方法与会计确定的使用寿命及摊销方法不一致时，需要在计算所得税时做纳税调整。

知识库

商　誉

商誉是由于企业所处地理位置优越，或者由于信誉好而获得了客户的信任，或者由于组织得当、生产经营效益高，或者由于技术先进、掌握了生产的诀窍等原因而形成的无形资产。这种无形资产能为企业带来超过一般盈利水平的超额利润。

商誉可以是由企业自己建立的，也可以是从外界购入的。但是，只有外购的商誉，才能确认入账。只有在企业兼并或者购买另一个企业时，才能确认商誉。

商誉的计价方法很多，也很复杂。通常在一个企业购买另一个企业时，经双方协商确定买价后，买方与卖方可辨认净资产公允价值的差额即为商誉。考虑到商誉的价值很不确定，且不能单独存在和变现，而形成商誉的因素企业难以控制，商誉的价值也没有损耗等多种因素，借鉴国际上通行的做法，《企业所得税法》第十二条规定，自创商誉，不得计算摊销费用扣除。

《企业会计准则》更是规定，自创商誉不应确认为企业的无形资产。所以，税法规定，只有在企业整体转让或者清算时，才能确定企业外购商誉的实际数额，也只能在这个时候，才允许其税前扣除。

4. 正确使用无形资产的摊销方法

《企业会计准则》规定，企业选择的无形资产摊销方法，应当反映与该项无形资产有关的经济利益的预期实现方式。无形资产的摊销方法有很多种，包括直线法、生产总量法等，但是准予税前扣除的无形资产摊销费用的计提方法只能是直线法。直线法又称平均年限法，采用这种方法计算的每期摊销额均相等，其计算公式为：

年摊销额 = 无形资产原值 ÷ 预计使用年限。

5. 无形资产的减值准备不得在税前扣除

在对无形资产计提减值准备的情况下，因税法规定计提的无形资产减值准备在转变为实质性损失前不允许税前扣除，即无形资产的计税基础不会随减值准备的提取发生变化，从而造成无形资产的账面价值与计税基础的差异。对此形成的暂时性差异在计算所得税时应做纳税调整。

案例 4－17 B 企业于 2021 年 1 月 1 日取得某项无形资产，取得成本为 1000 万元。取得该项无形资产后，根据各方面情况判断，B 企业无法合理预计其使用期限，将其作为使用寿命不确定的无形资产。企业在计税时，对该项资产按照 10 年的期限进行摊销。

企业在此年度对该项无形资产进行摊销，按税法规定每年的摊销额为 100 万元。

案例 4－18 A 公司 2021 年底对某商标按照资产减值的原则进行减值测试，经测试表明该商标已发生 20 万元减值。

无形资产计提的减值损失 20 万元，在计算所得税时，应作纳税调整，调增应纳税所得额 20 万元。

知识库

无形资产的潜力

无形资产的运作与经营比有形资产具有更大的空间，相对于无形资产，无形资产的升值具有更快的速度和更大的空间，一些国际知名企业的无形资产大于甚至几倍于企业的有形资产就是例证。

无形资产经营是企业资产运营的高级阶段。高明的资产经营者主要是利用无形资产经营，减少有形资产的投入，即以无形资产输出为手段，在更大的空间和范围内实施控股或参股，通过无形资产运营代替有形资产投入，实现少投资甚至不投资也能收购企业、合并企业或建立战略联盟。

知识经济时代的到来，使各种无形资产——品牌、知识产权、软件、媒体内容和技能的价值迅速升值。一方面，新兴产业和高新技术企业的无形资产占全部资产的比例越来越大，无形资产日益成为创造财富的主动力；另一方面，经济全球化刺激世界各地对国际名牌的消费需求扩大，更加速了无形资产在全球的扩张。微软公司这种以无形资产为主的公司成为近十年来世界成长最快的公司就是一个极好的例子。

第五节　税收与投资性房地产管理

一、投资性房地产

投资性房地产是指为赚取租金或资本增值，或者两者兼有而持有的房地产。投资性房地产包括已出租的土地使用权、持有并准备增值后转让的土地使用权以及已出租的建筑物。下列各项不属于投资性房地产：一是自用房地产，即为生产商品、提供劳务或者经营管理而持有的房地产；二是作为存货的房地产。

投资性房地产主要有以下特征：

第一，投资性房地产是一种经营性活动。投资性房地产的主要形式是出租建筑物、出租土地使用权，这实质上属于一种让渡资产使用权的行为。

第二，投资性房地产在用途、状态、目的等方面区别于作为生产经营场所的房地产和用于销售的房地产。

知识库

投资性房地产与其他资产的转换

企业有确凿证据表明房地产用途发生改变，满足下列条件之一的，应当将投资性房地产转换为其他资产或者将其他资产转换为投资性房地产：

（1）投资性房地产开始自用。

（2）作为存货的房地产，改为出租。

（3）自用土地使用权停止自用，用于赚取租金或资本增值。

（4）自用建筑物停止自用，改为出租。

二、投资性房地产的税务处理

根据《企业会计准则》的规定，投资性房地产的后续计量，通常应当采用成本模式，只有满足特定条件的情况下才可以采用公允价值模式，即企业有确凿证据表明其投资性房地产的公允价值能够持续可靠取得的，可以采用公允价值模式进行后续计量。采用成本模式进行后续计量的投资性房地产，按期（月）计提折旧或摊销；采用公允价值模式进行后续计量的，不计提折旧或摊销，应当以资产负债表日的公允价值计量。

企业持有的投资性房地产进行后续计量时，采用成本模式计量的投资性房地产，其账面价值与计税基础的确定与固定资产、无形资产相同，不需要作纳税调整；采用公允价值模式进行后续计量的投资性房地产，其计税基础的确定类似于固定资产或无形资产计税基础的确定，需要在计算所得税时作相应的纳税调整。

知识库

投资性房地产的计量

《企业会计准则》对采用公允价值核算投资性房地产做了以下规定。

（1）采用公允价值模式计量的，应同时满足两个条件：第一，投资性房地产所在地有活跃的房地产交易市场。第二，企业能够从房地产交易市场上取得同类或类似房地产的市场价格及其他相关信息，从而对投资性房地产的公允价值作出合理的估计。

（2）采用公允价值计量模式，不对投资性房地产计提折旧或进行摊销，应当以资产负债表日投资性房地产的公允价值为基础调整其账面价值，公允价值与原账面价值之间的差额计入当期损益。

（3）已采用公允价值模式计量投资性房地产的，不得从公允价值模式转为成本模式。

三、投资性房地产的涉税业务对税务处理与会计处理的影响

（1）房产税。房产税是指以房屋为征税对象，按房屋的计税余值或租金收入为计税依据，向产权所有人征收的一种财产税。它分为从价计征和从租计征两种方法。对于从租计征而言，企业会计准则并没有影响税基，因此会计准则的处理方式和税务处理并没有存在差异。而对于从价计征，其计税依据是房产余值，即房产原值减除一定比例后的剩余价值。由于房产税是以房产余值或租金收入为计税依据，这就没有考虑房产增值的部分；另外从价计征的税率为1.2%，而从租计征的税率为12%。但是，企业会计准则允许投资性房地产在后续计量时采用公允价值的模式，以资产负债表日投资性房地产的公允价值为基础调整其账面价值。两者在此形成了一定的差异。

（2）土地增值税。土地增值税是对转让国有土地使用权、地上建筑物及其附着物取得的增值收入征税的一种税。土地增值税是对增值收入征税，而企业会计准则规定在采用公允价值模式进行后续计量时，应根据资产负债表日的公允价值调整投资性房地产的账面价值。

土地增值税仅在房地产的转让环节对取得的转让收入征收，是否计征的判断依据在于投资性房地产是否发生了产权或者土地使用权的转移。但是根据企业会计准则的规定，会计主体需要在资产负债表日确认土地增值，如果产权并没有发生改变，企业不需要缴纳土地增值税，这种规定的差别也造成了企业在土地增值税上的税务处理和会计处理有一定的差异。

（3）企业所得税。企业在计算应纳税所得额时，按照税法规定的年限和折旧方法对房地产计提的折旧或进行摊销所产生的费用，可以在税前列支。而企业会计准则规定，投资性房地产采用公允价值模式进行后续计量的，在对投资性房地产计提折旧或进行摊销时，应当以资产负债表日投资性房地产的公允价值为基础调整其账面价值，公允价值与原账面价值之间的差额计入当期损益，从而造成了税务与会计处理的差异。

四、投资性房地产的涉税理财策略

（1）明确投资性房地产的范围。投资性房地产的范围包括已出租的土地使用权、持有并准备增值后转让的土地使用权以及已出租的建筑物。企业应明确投资性房地产的范围，区分投资性房地产与自用房地产、存货房地产，分类进

行计量和管理。

例如，企业出租给本企业职工居住的宿舍，虽然也收取租金，但属于间接为企业自身的生产经营服务，因此具有自用房地产的性质。又如，企业拥有的并自行经营的旅馆饭店，该旅馆饭店的经营者在向顾客提供住宿服务的同时，还提供餐饮、娱乐等其他服务，其经营目的主要是通过向客户提供服务取得收入，因此，企业自行经营的旅馆饭店是企业的经营场所，应当属于自用房地产。

再如，甲房地产开发商建造了一栋商住两用楼盘，一层出租给一家大型超市，已签订经营租赁合同；其余楼层均为普通住宅，正在公开销售中。在这种情况下，如果一层商铺能够单独计价和出售，应当确认为甲企业的投资性房地产，其余楼层为甲企业的存货，即开发产品。

（2）准确核算投资性房地产的计税基础。根据《企业会计准则》的规定，企业可以采取成本模式和公允价值模式对投资性房地产进行会计计量，但无论采取何种会计计量模式，在计算应纳税所得额均需按税法规定依照投资性房地产的计税基础进行调整。

案例4－19 A公司于2021年8月与B公司签订房屋租赁协议，约定将A公司开发的一栋写字楼于开发完成的同时租赁给B公司使用，租赁期10年。当年10月1日，该写字楼完工并开始起租，总造价为1200万元。2021年12月31日，该写字楼的公允价值为1300万元。假设企业采用公允价值计量模式（不考虑房屋的净残值），计算该项投资性房地产的成本及纳税调整金额。

解析：

（1）写字楼完工并出租，该项投资性房地产的成本为1200万元。

（2）12月31日，企业按照公允价值调整其账面价值，公允价值与原账面价值之间的差额计入当期损益。而按照税法规定，该写字楼应按20年的折旧年限计提折旧，11月和12月两月共计提折旧10万元（1200÷20÷12×2）。至2021年12月31日，该写字楼的计税基础为1190万元（1200－10），账面价值为1300万元，产生差异110万元（1300－1190），应调减应纳税所得额110万元。

第六节　税收与应付职工薪酬管理

一、应付职工薪酬

应付职工薪酬作为企业流动负债的基本内容之一，主要体现为劳动力成本因素对企业经营状况和经营成果的影响，按照税法有关规定，企业在支付职工薪酬及其上缴相关社会保险基金时，应优先于税款缴纳。

1. 职工薪酬的概念

职工薪酬，是指企业为获得职工提供的服务或解除劳动关系而给予的各种形式的报酬或补偿。企业提供给职工配偶、子女、受赡养人、已故员工遗属及其他受益人等的福利，也属于职工薪酬。

职工薪酬有广义与狭义之分，广义的职工薪酬包括短期薪酬、离职后福利、辞退福利和其他长期职工福利。狭义的职工薪酬仅包括在供职或雇用关系存续期间获得的与劳动付出直接相关的工资、奖金、津贴和补贴。

2. 职工薪酬的分类

（1）短期薪酬。短期薪酬，是指企业预期在职工提供相关服务的年度报告期间结束后 12 个月内将全部予以支付的职工薪酬，因解除与职工的劳动关系给予的补偿除外。因解除与职工的劳动关系给予的补偿属于辞退福利的范畴。

短期薪酬主要包括：① 职工工资、奖金、津贴和补贴，是指企业按照构成工资总额的计时工资、计件工资、支付给职工的超额劳动报酬等的劳动报酬，为了补偿职工特殊或额外的劳动消耗和因其他特殊原因支付给职工的津贴，以及为了保证职工工资水平不受物价影响支付给职工的物价补贴等。其中，企业按照短期奖金计划向职工发放的奖金属于短期薪酬，按照长期奖金计划向职工发放的奖金属于其他长期职工福利。② 职工福利费，是指企业向职工提供的生活困难补助、丧葬补助费、抚恤费、职工异地安家费、防暑降温费等职工福利支出。③ 医疗保险费、工伤保险费和生育保险费等社会保险费，是指企业按照国家规定的基准和比例计算，向社会保险经办机构缴存的医疗保险费、工伤保险费和生育保险费。④ 住房公积金，是指企业按照国家规定的基准和比例计算，向住房公积金管理机构缴存的住房公积金。⑤ 工会经费和职工教育经费，是指企业为了改善职工文化生活、为职工学习先进技术和提高文化水平和业务素质，用于开展工会活动和职工教育及职业技能培训等相关支出。⑥ 短期带薪缺勤，是指职工虽然缺勤但企业仍向其支付报酬的安排，包括年休假、病假、婚假、产假、丧假、探亲假等。长期带薪缺勤属于其他长期职工福利。⑦ 短期利润分享计划，是指因职工提供服务而与职工达成的基于利润或其他经营成果提供薪酬的协议。长期利润分享计划属于其他长期职工福利。⑧ 其他短期薪酬，是指除上述薪酬以外的其他为获得职工提供的服务而给予的短期薪酬。

（2）离职后福利。离职后福利，是指企业为获得职工提供的服务而在职工退休或与企业解除劳动关系后，提供的各种形式的报酬和福利，属于短期薪酬和辞退福利的除外。

离职后福利计划，是指企业与职工就离职后福利达成的协议，或者企业为向职工提供离职后福利制定的规章或办法等。离职后福利计划按照企业承担的风险和义务情况，可以分为设定提存计划和设定受益计划。其中，设定提存计划，是指企业向独立的基金缴存固定费用后，不再承担进一步支付义务的离职后福利计划。设定受益计划，是指除设定提存计划以外的离职后福利计划。

（3）辞退福利。辞退福利，是指企业在职工劳动合同到期之前解除与职工的劳动关系，或者为鼓励职工自愿接受裁减而给予职工的补偿。

辞退福利主要包括：① 在职工劳动合同尚未到期前，不论职工本人是否愿意，企业决定解除与职工的劳动关系而给予的补偿。② 在职工劳动合同尚未到期前，为鼓励职工自愿接受裁减而给予的补偿，职工有权利选择继续在职或接受补偿离职。

（4）其他长期职工福利

其他长期职工福利，是指除短期薪酬、离职后福利、辞退福利之外所有的职工薪酬，包括长期带薪缺勤、长期残疾福利、长期利润分享计划等。

二、应付职工薪酬的税务处理

1. 工资薪金支出

企业发生的合理的工资薪金支出，准予扣除。工资薪金，是指企业每一纳税年度支付给本企业任职或者受雇员工的所有现金形式或者非现金形式的劳动报酬，包括基本工资、奖金、津贴、补贴、年终加薪、加班工资，以及与员工任职或者受雇有关的其他支出。

案例4－20 2021年A企业实际发放工资1000万元，经当地税务机关纳税评估，实际发生的合理的工资支出为800万元；2019年利润总额为700万元。计算该企业2019年度应纳税所得额。

解析：

超过合理工资部分：1000－800＝200（万元）

应纳税所得额＝700＋200＝900（万元）

2. 职工福利费、工会经费、职工教育经费

（1）企业发生的职工福利费支出，不超过工资薪金总额14%的部分，准予扣除。

（2）企业拨缴的工会经费，不超过工资薪金总额2%的部分，准予扣除。

（3）除国务院财政、税务主管部门另有规定外，企业发生的职工教育经费支出，自2018年1月1日起不超过工资薪金总额8%的部分，准予在计算企业所得税应纳税所得额时扣除；超过部分，准予在以后纳税年度结转扣除。在这里，要注意区别职工教育经费和职工培训经费。

案例4－21 假如案例4－20中A企业按实发工资计提并发生了职工工会经费、职工教育经费，当年实际支出职工福利费为110万元。计算A企业2019年度应纳税所得额。

按计税工资标准限额可以扣除的职工福利费＝800×14%＝112（万元）

按计税工资标准限额可以扣除的职工工会经费＝800×2%＝16（万元）

按计税工资标准限额可以扣除的职工教育经费 = 800 × 8% = 64（万元）

超过计税工资标准的工资 = 1000 − 800 = 200（万元）

职工福利费需调整的应纳税所得额 = 1000 × 14% − 112 = 28（万元）

工会经费需调增的应纳税所得额 = 1000 × 2% − 16 = 4（万元）

职工教育经费需调增的应纳税所得额 = 1000 × 8% − 64 = 16（万元）

应纳税所得额 = 700 + 200 + 28 + 4 + 16 = 948（万元）

3. 社会保险费

（1）企业依照国务院有关主管部门或者省级人民政府规定的范围和标准为职工缴纳的基本养老保险费、基本医疗保险费、失业保险费、工伤保险费、生育保险费等基本社会保险费和住房公积金，准予扣除。

（2）企业为投资者或者职工支付的补充养老保险费、补充医疗保险费，在国务院财政、税务主管部门规定的范围和标准内，准予扣除。企业依照国家有关规定为特殊工种职工支付的人身安全保险费和符合国务院财政、税务主管部门规定可以扣除的商业保险费，准予扣除。

案例 4 – 22 2021 年度，甲公司当年应发工资 1560 万元，其中：生产部门生产工人工资 1000 万元；生产部门管理人员工资 200 万元；管理部门管理人员工资 360 万元。根据甲公司所在地政府规定，甲公司应当按照职工工资总额的 10% 和 8% 计提并缴存医疗保险费和住房公积金。甲公司分别按照职工工资总额的 2% 和 8% 计提工会经费和职工教育经费。

在实际发放时，由于受到销售业绩影响，全年实际发放工资 1350 万元，其中，生产部门生产工人工资 880 万元；生产部门管理人员工资 160 万元；管理部门管理人员工资 310 万元。

假设该企业年度利润总额为 640 万元，除职工薪酬相关调整项目外，企业所得税其他影响因素需调增的应纳税所得额为 120 万元。根据上述资料，甲公司计算其 2021 年度的职工薪酬金额和调整后的应纳税所得额。

解析：

甲公司计算其 2021 年度的职工薪酬金额和调整后的应纳税所得额如下：

应当计入生产成本的职工薪酬金额 = 1000 + 1000 ×（10% + 8% + 2% + 8%）= 1280（万元）

应当计入制造费用的职工薪酬金额 = 200 + 200 ×（10% + 8% + 2% + 8%）

=256（万元）

应当计入管理费用的职工薪酬金额 = 360 + 360 ×（10% + 8% + 2% + 8%）= 460.80（万元）

2021 年度计入职工薪酬总额 = 1280 + 256 + 460.80 = 1996.80（万元）

2021 年度职工薪酬实际准予税前扣除金额 = 1350 ×（1 + 10% + 8% + 2% + 8%）= 1728（万元）

职工薪酬调增应纳税所得额 = 1996.80 - 1728 = 268.80（万元）

2021 年度甲公司调整后的应纳税所得额 = 640 + 120 + 268.80 = 1028.80（万元）

三、应付职工薪酬的涉税理财策略

（1）合理利用企业安置残疾人员所支付的工资。根据《企业所得税法实施条例》的相关规定，企业的安置残疾人员及国家鼓励安置的其他就业人员所支付的工资支出，可以在计算应纳税所得额时加计扣除。企业安置残疾人员所支付的工资的加计扣除，是指企业安置残疾人员的，在按照支付给残疾职工工资据实扣除的基础上，按照支付给残疾职工工资的 100% 加计扣除。企业安置国家鼓励安置的其他就业人员所支付的工资的加计扣除办法，由国务院另行规定。

（2）合理列支企业年金或职业年金。根据《企业所得税法实施条例》的有关规定，企业为投资者或者职工支付的补充养老保险费、补充医疗保险费，在国务院财政、税务主管部门规定的范围和标准内，准予扣除。企业依照国家有关规定为特殊工种职工支付的人身安全保险费和符合国务院财政、税务主管部门规定可以扣除的商业保险费，准予扣除。

根据《个人所得税法实施条例》的有关规定，个人所得税法第六条第一款第一项所称依法确定的其他扣除，包括个人缴付符合国家规定的企业年金、职业年金，个人购买符合国家规定的商业健康保险、税收递延型商业养老保险的支出，以及国务院规定可以扣除的其他项目。

根据财政部、税务总局《关于个人所得税法修改后有关优惠政策衔接问题的通知》（财税〔2018〕164 号）第四项规定，关于个人领取企业年金、职业年金的政策如下：

个人达到国家规定的退休年龄，领取的企业年金、职业年金，符合《财政部、人力资源社会保障部、国家税务总局关于企业年金、职业年金个人所得税有关问题的通知》（财税〔2013〕103 号）规定的，不并入综合所得，全额单独计算应纳税款。其中按月领取的，适用月度税率表计算纳税；按季领取的，平均分摊计入各月，按每月领取额适用月度税率表计算纳税；按年领取的，适用综合所得税率表计算纳税。

个人因出境定居而一次性领取的年金个人账户资金，或个人死亡后，其指定的受益人或法定继承人一次性领取的年金个人账户余额，适用综合所得税率表计算纳税。对个人除上述特殊原因外一次性领取年金个人账户资金或余额的，适用月度税率表计算纳税。

从上述相关政策规定可以看出，为职工支付企业年金等支出，既增加了企业支出费用，减少了企业应纳税所得额，进而节约了企业所得税支出，还为员工提供了一笔可观的福利，由于上述项目是在年费用 6 万元标准以及五险一金以外的支出项目，只要在限额内支付，就可以大幅降低个税计税所得，从而，节约个税纳税支出。同时，由于企业年金在领取时，不并入综合扣除范围一并计税，和年终奖金一样，相当于又多出一种单独计税的扣除范围。

（3）适当选择股东收益支配政策。在企业中，很多股东也都扮演着该企业的职工角色，因此，其报酬可能会含有工薪形式和股息红利形式。对于股东来说，无论企业所得税前获取收益还是税后获取收益，均要缴纳个人所得税，所不同的是，企业所得税前获得收益，应按照“工资薪金所得”计较个人所得税，企业所得税后获取收益，则按照“股息红利所得”缴纳个人所得税，在这里，股东考虑的是哪种情形税负更轻。但是，对于企业而言则大不相同，如果利用“年薪制”列支工薪，则可以在企业所得税前作为费用扣除，只要充分利用职工工资及其计提相关福利最大化的策略，就会减少数量可观的企业所得税的应税所得额，进而减少所得税支出。当然，两种分配政策还要综合考虑其他相关税种的税负情况及其整体效益。

第七节 税收与金融负债管理

一、金融负债的概念与分类

金融负债有广义与狭义之分。广义的金融负债按照《企业会计准则第 30 号

——财务报表列报》（财会〔2014〕7 号）第三章资产负债表规定，主要包括短期借款、以公允价值计量且其变动计入当期损益的金融负债、应付款项、长期借款、应付债券、长期应付款等。狭义的金融负债按照《企业会计准则第 22 号——金融工具确认与计量》（财会〔2017〕7 号）第一章第四条规定含义确认。

（一）金融负债的概念

按照《企业会计准则第 22 号——金融工具确认与计量》（财会〔2017〕7 号）第一章第四条规定，金融负债的概念作如下表述。

金融负债，是指企业的下列负债：

（1）向其他单位交付现金或其他金融资产的合同义务；

（2）在潜在不利条件下，与其他单位交换金融资产或金融负债的合同义务；

（3）将来须用或可用企业自身权益工具进行结算的非衍生工具的合同义务，企业根据该合同将交付非固定数量的自身权益工具；

（4）将来须用或可用企业自身权益工具进行结算的衍生工具的合同义务，但企业以固定金额的现金或其他金融资产换取固定数量的自身权益工具的衍生工具合同义务除外。其中，企业自身权益工具不包括本身就是在将来收取或支付企业自身权益工具的合同。

（二）金融负债的分类

金融负债应当在初始确认时划分为下列两类：（1）以公允价值计量且其变动计入当期损益的金融负债，包括交易性金融负债（含属于金融负债的衍生工具）和指定为以公允价值计量且其变动计入当期损益的金融负债。（2）以摊余成本计量的金融负债。

（三）金融负债的确认条件与依据

（1）交易性金融负债的确认条件。金融负债满足下列条件之一的，应当划分为交易性金融负债：①承担该金融负债，主要是为了近期内回购。②属于进行集中管理的可辨认金融工具组合的一部分，且有客观证据表明企业近期采用短期获利方式对该组合进行管理。③属于衍生工具。但是，被指定且为有效套期工具的衍生工具、属于财务担保合同的衍生工具、与在活跃市场中没有报价且其公允价值不能可靠计量的权益工具投资挂钩并须通过交付该权益工具结算的衍生工具除外。

（2）以公允价值计量且其变动计入当期损益的金融负债的确认条件。除特殊规定外，只有符合下列条件之一的金融负债，才可以在初始确认时指定为以公允价值计量且其变动计入当期损益的金融负债：①该指定可以消除或明显减少由于该金融负债的计量基础不同所导致的相关利得或损失在确认或计量方面不一致的情况。②企业风险管理或投资策略的正式书面文件已载明，该金融负债组合、或该金融资产和金融负债组合，以公允价值为基础进行管理、评价并向关键管理人员报告。

在活跃市场中没有报价、公允价值不能可靠计量的权益工具投资，不得指定为以公允价值计量且其变动计入当期损益的金融资产。

（四）短期借款、应付款项、长期借款、应付债券、长期应付款

（1）短期借款。短期借款是指企业为维持正常的生产经营所需的资金或为抵偿某项债务而向银行或其他金融机构等外单位借入的、还款期限在一年以下（含一年）的各种借款。短期借款主要有经营周转借款、临时借款、结算借款、票据贴现借款、卖方信贷、预购定金借款和专项储备借款，等等。

（2）应付款项。应付款项，是指相关经济实体在经济活动中应当支付而尚未支付的各种款项。即企业在生产经营活动过程中，因采购商品物资、原材料、接受劳务供应，应付未付供货单位的款项。包括应付账款、应付票据和其他应付款。

（3）长期借款。应付款项，是指公共组织在经济活动中应当支付而尚未支付的各种款项。即企业在生产经营活动过程中，因采购商品物资、原材料、接受劳务供应，应付未付供货单位的款项。包括应付账款、应付票据和其他应付款。

（4）应付债券。应付债券是指企业为筹集资金而对外发行的期限在一年以上的长期借款性质的书面证明，约定在一定期限内还本付息的一种书面承诺。它属于长期负债。

（5）长期应付款。长期应付款指对其他单位发生的付款期限在1年以上的长期负债，而会计业务中的长期应付款是指除了长期借款和应付债券以外的其他多种长期应付款。主要有应付补偿贸易引进设备款、采用分期付款方式购入固定资产和无形资产发生的应付账款、应付融资租入固定资产租赁费等。

二、金融负债的税务处理

广义的金融负债，除了考虑金融衍生品在运营时或有负债、货币时间价值以外，其他金融负债的税务处理，主要是关于金融负债形成的利息如何处理的问题。

（1）利息在企业所得税前扣除问题。根据《企业所得税法实施条例》第三十八条规定：

企业在生产经营活动中发生的下列利息支出，准予扣除：（1）非金融企业向金融企业借款的利息支出、金融企业的各项存款利息支出和同业拆借利息支出、企业经批准发行债券的利息支出。（2）非金融企业向非金融企业借款的利息支出，不超过按照金融企业同期同类贷款利率计算的数额的部分。

（2）利息资本化问题。根据《企业所得税法》相关规定，企业在经营、筹资、固定资产投资等情形发生以后，无论以银行借款还是发行债券等方式进行融资，形成的负债，其利息是否予以资本化，视以下情况而定：①企业在生产经营活动中发生的合理的不需要资本化的借款费用，准予扣除。②企业为购置、建造固定资产、无形资产和经过12个月以上的建造才能达到预定可销售状态的存货发生借款的，在有关资产购置、建造期间发生的合理的借款费用，应当作为资本性支出计入有关资产的成本；有关资产交付使用以后发生的借款利息，可在发生当期扣除。③企业通过发行债券、取得贷款、吸收保户储金等方式融资而发生的合理的费用支出，符合资本化条件的，应计入相关资产成本；不符合资本化条件的，应作为财务费用，准予在企业所得税前据实扣除。

（3）关联方贷款利息问题。根据《财政部 国家税务总局关于企业关联方利息支出税前扣除标准有关税收政策问题的通知》（财税〔2008〕121号）规定，在计算企业所得税应纳税所得额时，企业实际支付给关联方的利息支出，不超过以下规定比例和税法及其实施条例有关规定计算的部分，准予扣除，超过的部分不得在发生当期和以后年度扣除。①企业实际支付给关联方的利息支出，除符合“财税〔2008〕121号”通知有关规定外，其接受关联方债权性投资与其权益性投资比例为：金融企业为5:1，其他企业为2:1。②企业如果能够按照税法及其实施条例的有关规定提供相关资料，并证明相关交易活动符合独立交易原则的；或者该企业的实际税负不高于境内关联方的，其实际支付给境内关联方的利息支出，在计算应纳税所得额时准予扣除。③企业同时从事金融业务和非金融业务，其实际支付给关联方的利息支出，应按照合理方法分开计算；没有按照合理方法分开计算的，一律按“财税〔2008〕121号”第一条有关其他企业的比例计算准予税前扣除的利息支出。④企业自关联方取得的不符合规定的利息收入应按照有关规定缴纳企业所得税。

（4）企业向自然人借款的利息支出问题。根据《国家税务总局关于企业向自然人借款的利息支出企业所得税税前扣除问题的通知》（国税函〔2009〕777号）规定，企业向除第一条规定以外的内部职工或其他人员借款的利息支出，其借款情况同时符合以下条件的，其利息支出在不超过按照金融企业同期同类贷款利率计算的数额的部分，根据税法第八条和税法实施条例第二十七条规定，准予扣除。①企业与个人之间的借贷是真实、合法、有效的，并且不具有非法集资目的或其他违反法律、法规的行为；②企业与个人之间签订了借款合同。

三、金融负债管理的税务策略

（1）合理选择不同的筹资渠道。目前，企业扩大再生产的融资渠道基本上有依靠企业自我积累、举债和发行股票、融资租赁等形式，其中举债的方式又分为向金融机构信贷资金、企业间相互拆、借企业内部集资和发行债券。

不同的筹资方式对企业纳税产生不同的影响。企业应首先比较其资金成本，包括资金占用费（借款利息、债券利息、股息等）和资金筹集费用（股票发行费和上市费、债券注册费等）。因为不同的筹资渠道，资金成本各不相同，取得的难易程度也不同，因此，企业必须综合考虑包括税收在内的各方面因素，才能比较出哪种筹资方式更有利于企业利益。

企业通过自我积累方式筹资，由于其资金来源主要是税后利润，且资金投入以后，其所有者和使用者是同一主体，因而，其所得税税基难以分摊或抵销。

企业负债经营，按照我国相关税法规定，纳税人向金融机构借款的利息支出可以在税前扣除，向非金融机构借款的利息支出，按不高于金融机构同类、同期贷款利率计算的部分准予税前扣除。因此，这种筹资方式使所得税税基缩小，税负得以减轻。在某些特殊的条件下，负债经营支付的利息，不仅降低所得税税基，甚至税法允许企业在税前归还一部分贷款或以税还贷。

（2）合理选择不同的负债方式。一般来说，企业在负债经营中，通过发行债券、内部集资、企业间相互拆借、金融机构贷款等方式来达到其降低税负的目的，其承受的所得税税负是依次减轻的。发行企业债券，必须符合国家法律、法规的规定，按照一定的程序依法进行，其利率一般比内部集资、企业间相互拆借、金融机构贷款都要高一些。一旦国家批准发行企业债券，其利息可以全部进入“财务费用”，以抵减利润，达到降低税负的目的。

但是，目前发行企业债券在我国控制比较严格，其发行主体仅限于股份有限公司、国有独资公司和两个以上的国有企业或两个以上的国有投资主体设立的有限责任公司。其他任何公司、企业或个人都不能向社会发行企业债券。由此可知，发行债券虽然“节税”效果最好，但有一定的局限性。向金融机构贷款而承担的所得税税负相对内部集资、企业间拆借等其他借款方式来说要重一些，但企业仍然可以通过与金融机构特殊的业务关系实现一定规模的减轻纳税义务的目的。但在现实经济活动中，根据我国相关税法规定，纳税人在生产、经营期间，向非金融机构借款的利息支出，高于金融机构同类、同期贷款利息的部分，不准从收入总额中扣除。也就是说，这部分利息，在计算应纳税所得额时，要作为会计利润的加项，计入应税所得。这样，内部集资、企业间相互拆借、金融机构贷款三种筹资方式，从降低税负的角度看，其税负就扯平了。因此，在这几种筹资方式中，哪种筹资方式取得容易，筹资费用较少，就应该采用哪种方式。

从纳税角度来看，这些负债筹资渠道产生的纳税效果有很大的差异，对某些筹资渠道的利用可有效地帮助企业减轻税负，获得税收上的好处。通常情况下，企业自我积累筹资所承担的税收负担要重于向金融机构贷款所承受的税收负担，企业之间互相拆借筹资所承担的税收负担要重于企业内部集资所承担的税收负担。站在节税的角度，企业内部集资与企业之间拆借方式效果最好（尤其企业间税率有差别），金融机构贷款次之，自我积累效果最差。其原因在于内部集资与企业之间的拆借涉及的部门和机构较多，容易使纳税利润规模分散而降低，出现“削山头”现象。

负债筹资活动不可避免地要涉及还本付息的问题。利用利息摊入成本的不同方法和资金往来双方的关系及所处经济活动地位的不同往往是实现合理节税的关键所在。金融机构贷款其核算利息的方法和利率比较稳定、幅度变化比较小，实行节税的选择余地不大。而企业与经济组织的资金拆借在利息计算和资金回收期限方面均有较大弹性和回旋余地，从而为节税提供了有利条件。其主要方法是提高利息支付，减少企业利润，抵销所得税额，同时，再用某种形式将获得的高额利息返还给企业或以更方便的形式为企业提供担保、服务等，从而达到节税的目的。

案例4－23 某电磁炉厂由于资金紧缺，拖欠货款严重，原料物资不能及时购买，产量上不去，危及该厂前途。为此，总经理制定一系列措施，力争从企业内部挖掘潜力，要增加产品产量，试制新产品进行批量生产，所需存货物资、设备和劳力等耗资约595万元。财务人员根据目前情况及新的年度的发展计划提出了三种筹资方式：

（1）银行贷款集资。相关情况是，去年年底贷款利率为9.2%，筹资费率估计1%，以后贷款利率可能会提高，本企业所得税率为25%。

（2）股票集资。相关情况是，电磁炉虽然近年产量萎缩，但质量享有盛誉，发行股票有良好基础。可先经有关部门及银行批准，合法成立欢乐电磁炉股份有限公司，在新的一年里正式发行，可以先发行普通股。每股1万元，共595股，筹资费率约4%，普通股的股利是不固定的，通常逐年增加，但按目前规定股息加红利最高不超过15%，现假定发行当年股利率为12%。每年根据企业经营情况确定，企业既可向其他企业，也可向内部职工发行。通过发行股票筹集的资金可视同企业自有资金。股票持有者参与企业经营管理，其利益同企业经济状况紧密联系。这样可以调动企业各方面的积极性和能动性，实现税收筹划与激励政策的结合。

（3）联合经营集资。这种观点认为，导致企业产品产量上不去的重要原因是长期以来形成的“小而全”的传统局面束缚了手脚。建议以本厂为主体，与有一定生产设备基础的若干个企业联合经营，可采取由主体厂提供原存货物资，成员厂加工成电磁炉零配件，再卖给主体厂，主体厂组装最终产品，并负责产品对外销售，这样本厂试制成功的新产品可利用成员厂的场地、劳力、设备和资源等进行批量生产，从而形成欢乐牌电磁炉专业化生产能力，可保证产量、产值和税利的稳步增长。

[案例解析] 三种方式都有其资金成本，首先采取比较资金成本率的方法。

计算方法如下：

资金成本率=资金占用费÷［（筹集资金总额-筹集费）］×100%

该公式要求每年所要花费的代价占筹资总额扣除筹资费后的百分比。在其他条件不变的情况下，资金成本率越高，表示所付出的代价越大，假如企业筹资时，考虑了筹资费率，上述公式可变为：

资金成本率=资金占用费÷［筹集资金总额×（1-筹集费率）］×100%

方案1：银行贷款

资金成本率=595000×9.2%÷［595000×（1-1%）］×100%=9.29%，这说明企业支付的贷款利息占银行贷款金额扣除筹资费后的9.29%。

方案2：股票集资

资金成本率(发行当年)=595000×12%÷[595000×(1-4%)]×100%=12.5%

按股利率15%计算时资金成本率为：

595000×15%÷［595000×（1-4%）］×100%=15.63%

这表明在新的一年中股息红利占筹资金额外负担扣除筹资费用后的15.63%，相对于银行贷款筹集资金来说，其资金成本较高。

方案3：联合经营集资

此时，资金成本率分别以两种情况：当成立一个联营实体时，资金成本率就是联合企业分得利润占联合企业出资总额之比例，比例越高，联合企业获得的利润越多，资金成本率越高，用公式表示为：

资金成本率=联合企业获得利润÷联合企业出资总额×100%

当企业一个项目合资生产时，资金成本率就是联合企业获得利润占整个实现利润总额的百分比，即：

资金成本率=联合企业获得利润总额÷实现利润总额×100%

联合经营集资会导致资金成本率增大，在三种选择中为最差选择。但是，若情况反过来，自己作别人联营伙伴时，自己将有利。

本章小结

税收对企业资产管理的影响是巨大的，本章分别针对税收对企业的存货、金融资产、固定资产、无形资产及投资性房地产等的影响进行了具体分析，并提出相应的税收理财策略。

（1）存货是指企业在日常活动中持有以备出售的产成品或商品，处在生产过程中的在产品，在生产过程或提供劳务过程中耗用的材料、物资等。

（2）合理确定存货规模，正确选用存货计价方法，提高存货管理效益。

（3）金融资产分为以公允价值计量且其变动计入当期损益的金融资产、持有至到期投资、贷款和应收款项以及可供出售的金融资产。

（4）合理进行金融资产的分类，注意金融资产会计核算与税法核算的不同，加强对金融资产的管理。

（5）固定资产，是指为生产商品、提供劳务、出租或者经营管理而持有的，使用年限超过一个会计年度的资产。

（6）对于固定资产，企业应合理采用折旧方法，正确安排修理支出金额，注意固定资产计税基础及折旧年限等的规定，获得折旧抵税的税收利益。

（7）无形资产是指企业为生产产品、提供劳务、出租或者经营管理而持有的、没有实物形态的非货币性长期资产，包括专利权、商标权、著作权、土地使用权、非专利技术、商誉等。

（8）投资性房地产是指为赚取租金或资本增值，或者两者兼有而持有的房地产。投资性房地产包括已出租的土地使用权、持有并准备增值后转让的土地使用权以及已出租的建筑物。

（9）职工薪酬，是指企业为获得职工提供的服务或解除劳动关系而给予的各种形式的报酬或补偿。企业提供给职工配偶、子女、受赡养人、已故员工遗属及其他受益人等的福利，也属于职工薪酬。

（10）金融负债有广义与狭义之分。广义的金融负债按照《企业会计准则第30号——财务报表列报》（财会〔2014〕7号）第三章资产负债表规定，主要包括短期借款、以公允价值计量且其变动计入当期损益的金融负债、应付款项、长期借款、应付债券、长期应付款等。狭义的金融负债按照《企业会计准则第22号——金融工具确认与计量》（财会〔2017〕7号）第一章第四条规定含义确认。

本章涉及存货、金融资产、固定资产、无形资产、投资性房地产的涉税决策，以及职工薪酬、金融负债涉税决策，全面阐述了企业在进行资产、负债管理中的财务决策及税收影响，以及如何优化税收决策。

关键术语

存货　金融资产　固定资产　折旧　无形资产　投资性房地产　职工薪酬　金融负债

思考题

1. 金融资产如何计价？与税法规定有何不同？
2. 如何进行金融资产的税收管理？
3. 固定资产的计税基础如何确定？
4. 如何更好地发挥固定资产的折旧抵税效应？
5. 无形资产的计税基础如何确定？
6. 如何进行无形资产的税收管理？
7. 如何进行职工薪酬的税收管理？
8. 简述金融负债利息支出的税收管理。

练习题

1. A公司在2020年6月和12月先后有两批进货，数量相同，均为10吨，进价分别为80万元和120万元。2021年和2022年各出售一半，售价均为200万元。所得税税率为25%。比较加权平均法与先进先出法，采用哪种方法企业能取得最佳的税收利益？

2. 2021年5月3日，甲公司支付价款106万元从二级市场购入乙公司发行的股票10万股，每股价格10.60元（含已宣告但尚未发放的现金股利0.60元）。甲公司将持有的乙公司股权划分为交易性金融资产。

甲公司其他相关资料如下：

（1）5月23日，收到乙公司发放的现金股利；

（2）6月30日，乙公司股票价格涨到每股13元；

（3）8月15日，将持有的乙公司股票全部售出，每股售价15元。

要求：计算以上事项对企业应纳税所得额的影响金额。

3. 2021 年 1 月 5 日，A 公司从二级市场支付价款 102 万元（含已到付息但尚未领取的利息 2 万元）购入某公司发行的债券。该债券面值 100 万元，剩余期限为 2 年，票面年利率为 4%，每半年付息一次，A 公司将其划分为交易性金融资产。

A 公司的其他资料如下：

（1）2020 年 1 月 10 日，收到该债券半年利息；

（2）2020 年 6 月 30 日，该债券的公允价值为 115 万元（不含利息）；

（3）2020 年 7 月 10 日，收到该债券半年利息；

（4）2020 年 12 月 31 日，该债券的公允价值为 110 万元（不含利息）；

（5）2021 年 1 月 10 日，收到该债券半年利息；

（6）2021 年 3 月 31 日，A 公司将该债券出售，取得价款 118 万元（含 1 季度利息 1 万元）。

要求：计算以上事项对应纳税所得额的影响。

4. A 企业处于正常纳税年度，2021 年 12 月购进一项固定资产，原值为 40 万元，预计残值率为 3%，折旧年限为 5 年。现有两种折旧方法可供企业选择：一是平均年限法；二是双倍余额递减法。请问企业应选择哪一种折旧方法？

5. 某企业购进一台机器，价格为 20 万元，预计使用 5 年，残值率为 5%，假设每年末未扣除折旧的税前利润为 200 万元，不考虑其他因素，企业所得税税率为 25%。根据上述条件，分别采用直线法、双倍余额递减法、年数总和法和缩短折旧年限法计算各年的折旧及缴纳所得税的情况。

6. 某企业 2019 年先后进货两批，数量相同，进价分别为 400 万元和 600 万元。2020 年和 2021 年各出售一半，售价均为 1000 万元。所得税税率为 25%，假设不存在纳税调整项。试比较采用加权平均法和先进先出法两种不同计价方法对企业所得税和净利润的影响。

读书笔记

长期以来，纳税人已经表现出相当显著的聪明才智，试图将收入：（1）从一种类型转换为另一种类型；（2）从一个口袋转移到另一个口袋；（3）从一个时期转移到另一个时期。

——诺贝尔经济学奖得主 迈伦·斯科尔斯（Myron Scholes）

第五章 税收与公司损益管理

- 税收与收入管理
- 税收与成本管理
- 税收与费用管理
- 税收与损益管理

学习提示

本章主要介绍公司收入管理、成本管理、费用管理与损益管理中的涉税决策，主要从企业所得税角度探讨财务管理的税收影响。通过本章的学习、读者应掌握、收入确定的税收决策，成本费用列支的税收决策，以及损益形成与涉税处理，系统掌握企业所得税的税负控制与税收筹划方法。

案例导入

企业利润控制的税收筹划。

某企业投资总额5000万元以内，拥有员工300人以内，12月20日初步计算的年应纳税所得额为305000元。请对该公司的利润进行税收筹划。

解析：

税收筹划前，应纳企业所得税税额 = 3050000 × 25% = 76.25（万元）。

[筹划方案] 按照已知条件，该企业属于小微企业。若在当月购进一些办公用品支出5万元，就能享受小微企业税收优惠政策，解决高税负，则：

该企业应纳税所得额 = 3050000 − 50000 = 300（万元）

应纳所得税税额 = 100 × 20% × 25% + 200 × 20% × 50% = 25（万元）。

筹划后比筹划前节税 76.25 − 25 = 51.25（万元）。

[提醒] 到年底前，企业应当结合相关税收优惠政策对其利润等指标进行合理控制，避免突破税收优惠的有利条件，采取合法措施予以调整，使企业符合某种类型的优惠身份。

第一节　税收与收入管理

一、销售收入对税收的影响

（1）销售收入作为计税依据，收入越高税收往往越多。如增值税销项税等于不含税销售额乘以税率，一般情况下，销售收入高低决定应该缴纳的税款多少，当然，实际应纳税额也会随着当期进项税额大小而不同，甚至出现零负税额的情况。再如企业所得税，应纳所得税额等于应纳税所得额乘以税率，在成本费用一定的情况下，销售收入大小决定应纳所得税额的高低。

（2）销售收入的大小在一定程度上决定着纳税人的纳税身份，进而影响纳税人的税收负担。如增值税一般纳税人和小规模纳税人身份界定，税法规定，原则上，年应纳增值税销售额在500万元及以下的，登记为小规模纳税人，超过500万元的则登记为一般纳税人。不同类型的纳税人分别适用简易计税办法和一般计税办法。不同的计税办法意味着不同的税收成本。不仅如此，还影响着企业在市场上的经济地位和经营业绩。

（3）销售收入的大小还影响以销售额为基础计提的各项费用多少，进而影响所得税支出。例如，依照税法规定，企业提取业务招待费、广告费及业务宣传费等；对于高新技术企业而言，销售收入规模的大小影响可税前列支的研发费用占销售收入的比例。例如，科技部 财政部 国家税务总局最新修订印发的《高新技术企业认定管理办法》（国科发火〔2016〕32号）规定：企业近三个会计年度（实际经营期不满三年的按实际经营时间计算）的研究开发费用总额占同期销售收入总额的比例符合如下要求：①最近一年销售收入小于5000万元（含）的企业，比例不低于5%；②最近一年销售收入在5000万元至2亿元（含）的企业，比例不低于4%；③最近一年销售收入在2亿元以上的企业，比例不低于3%。

二、税法和会计关于收入的界定

根据《企业会计准则第14号——收入》《企业会计准则——基本准则》，“收入”是指企业在销售商品、提供劳务及他人使用本企业资产等日常经营活动中形成的经济利益的总流入。从会计核算角度来看，“收入”可分为主营业务收入、其他业务收入、投资收益、营业外收入、补贴收入五类。这些收入均表现为资产的增加或负债的减少，是有形的收入。与会计准则规定不同，根据现行增值税、消费税和企业所得税法，“收入”是指增加企业经济利益的全部流入，即一项流入只要能增加公司经济利益，就是收入。它包括有形收入和无形收入两大类。有形收入包括营业收入（具体包括主营业务收入、其他业务收入）和非营业收入（具体包括投资收益、营业外收入、补贴收入）；无形收入包括各种视同销售收入和其他经济利益。其中，“视同销售”是指公司或纳税人在会计上不作为销售核算，而在税法上要作为销售确认收入计缴税金的商品或劳务的转移行为。

三、销售收入的确认

税法对取得收入的纳税义务发生时间进行了明确界定，同时还针对不同的结算方式和销售方式下收入的界定进一步明确。

（一）增值税法关于收入的确认

（1）《中华人民共和国增值税暂行条例》第十九条增值税纳税义务发生时间：（一）发生应税销售行为，为收讫销售款项或者取得索取销售款项凭据的当天；先开具发票的，为开具发票的当天。（二）进口货物，为报关进口的当天。增值税扣缴义务发生时间为纳税人增值税纳税义务发生的当天。

（2）《中华人民共和国增值税暂行条例实施细则》第三十八条规定：条例第十九条第一款第（一）项规定的收讫销售款项或者取得索取销售款项凭据的当天，按销售结算方式的不同，具体为：

采取直接收款方式销售货物，不论货物是否发出，均为收到销售款或者取得索取销售款凭据的当天；

采取托收承付和委托银行收款方式销售货物，为发出货物并办妥托收手续的当天；

采取赊销和分期收款方式销售货物，为书面合同约定的收款日期的当天，无书面合同的或者书面合同没有约定收款日期的，为货物发出的当天；

采取预收货款方式销售货物，为货物发出的当天，但生产销售生产工期超过12个月的大型机械设备、船舶、飞机等货物，为收到预收款或者书面合同约定的收款日期的当天；

委托其他纳税人代销货物，为收到代销单位的代销清单或者收到全部或者部分货款的当天。未收到代销清单及货款的，为发出代销货物满180天的当天；

销售应税劳务，为提供劳务同时收讫销售款或者取得索取销售款的凭据的当天；

纳税人发生本细则第四条第（三）项至第（八）项所列视同销售货物行为，为货物移送的当天。

（3）《财政部 国家税务总局关于全面推开营业税改征增值税试点的通知》（财税〔2016〕36号）附件1：《营业税改征增值税试点实施办法》第四十五条

增值税纳税义务、扣缴义务发生时间为：

纳税人发生应税行为并收讫销售款项或者取得索取销售款项凭据的当天；先开具发票的，为开具发票的当天。

收讫销售款项，是指纳税人销售服务、无形资产、不动产过程中或者完成后收到款项。

取得索取销售款项凭据的当天，是指书面合同确定的付款日期；未签订书面合同或者书面合同未确定付款日期的，为服务、无形资产转让完成的当天或者不动产权属变更的当天。

纳税人提供建筑服务、租赁服务采取预收款方式的，其纳税义务发生时间为收到预收款的当天。

纳税人从事金融商品转让的，为金融商品所有权转移的当天。

纳税人发生本办法第十四条规定情形的，其纳税义务发生时间为服务、无形资产转让完成的当天或者不动产权属变更的当天。

增值税扣缴义务发生时间为纳税人增值税纳税义务发生的当天。

（4）《财政部 税务总局关于建筑服务等营改增试点政策的通知》（财税〔2017〕58号）第二条《营业税改征增值税试点实施办法》（财税〔2016〕36号印发）第四十五条第（二）项修改为“纳税人提供租赁服务采取预收款方式的，其纳税义务发生时间为收到预收款的当天”。

纳税义务发生时间的判定及具体情形如下：

其一，直接收款方式销售货物时：①货物已发出，收到款项，纳税义务发生；②货物已发出，没有收到款项，但已到合同约定的收款日，纳税义务发生；③货物未发出，收到款项，纳税义务发生；④货物未发出，没有收到款项，但已到合同约定的收款日，纳税义务发生。

其二，赊销和分期收款方式销售货物时：①货物已发出，收到款项，纳税义务发生；②货物已发出，合同约定收款日，纳税义务发生；③货物已发出，合同未约定收款日，发出货物时，纳税义务发生。

其三，预收货款方式销售货物时：①款项已收到，货物发出，纳税义务发生；②款项已收到，但货物生产周期超过12个月，收到款项时，纳税义务发生；③款项未收到，但货物生产周期超过12个月，合同约定收款日期，纳税义务发生。

其四，视同销售货物，货物移送时，纳税义务即发生。

其五，销售应税劳务或服务时：①劳务或服务已经提供或正在提供，收到款项，纳税义务发生；②劳务或服务已经提供或正在提供，未收到款项，合同约定收款日，纳税义务发生；③款项未收到，合同也未约定收款日期，劳务或服务完成时，纳税义务发生。

其六，视同销售服务，服务已经提供，纳税义务发生。

其七，提供租赁服务时：不论服务是否提供，款项收到时，纳税义务发生。

其八，转让金融商品时：不论款项是否收到，金融商品所有权转移，纳税义务发生。

其九，转让无形资产、销售不动产时：①无形资产或不动产已经转让，收到款项，纳税义务发生；②无形资产或不动产已经转让，未收到款项，合同约定收款日，纳税义务发生；③款项未收到，合同也未约定收款日期，无形资产或不动产转让完成，纳税义务发生；④视同销售无形资产和转让不动产，无形资产或不动产转让完成，纳税义务发生。

（二）增值税法关于差额征税政策下收入的确认

差额征税是原来营业税的政策规定，即纳税人以取得的全部价款和价外费用扣除支付给其他纳税人的规定项目价款后的销售额来计算税款的计税方法。根据增值税的计税原理，营改增后，支付给其他纳税人的支出应按照规定计算进项税额，从销项税额中抵扣。但由于原营业税差额征税扣除项目范围较广，且部分行业的部分支出无法取得符合增值税规定的进项凭证等原因，差额征税在营改增后在多个行业中有所保留。我国目前适用增值税差额征税的主要有以下行业：

1. 金融商品转让，按照卖出价扣除买入价后的余额为销售额。

2. 中国证券登记结算公司的销售额，不包括以下资金项目：按规定提取的证券结算风险基金；代收代付的证券公司资金交收违约垫付资金利息；结算过程中代收代付的资金交收违约罚息。

3. 经纪代理服务：以取得的全部价款和价外费用，扣除向委托方收取并代为支付的政府性基金或者行政事业性收费后的余额为销售额。

4. 融资租赁和融资性售后回租业务：

（1）经批准从事融资租赁业务的试点纳税人，提供融资租赁服务，以收取的全部价款和价外费用，扣除支付的借款利息、发行债券利息和车辆购置税后的余额为销售额。

（2）经批准从事融资租赁业务的试点纳税人，提供融资性售后回租服务，以取得的全部价款和价外费用（不含本金），扣除对外支付的借款利息、发行债券利息后的余额作为销售额。

（3）试点纳税人根据2016年4月30日前签订的有形动产融资性售后回租合同，在合同到期前提供的有形动产融资性售后回租服务，可继续按照有形动产融资租赁服务缴纳增值税。继续按照有形动产融资租赁服务缴纳增值税的试点纳税人，经批准从事融资租赁业务的，根据2016年4月30日前签订的有形动产融资性售后回租合同，在合同到期前提供的有形动产融资性售后回租服务，可以选择以下方法之一计算销售额：①以向承租方收取的全部价款和价外费用，扣除向承租方收取的价款本金，以及对外支付的借款利息（包括外汇借款和人民币借款利息）、发行债券利息后的余额为销售额。②以向承租方收取的全部价款和价外费用，扣除支付的借款利息（包括外汇借款和人民币借款利息）、发行债券利息后的余额为销售额。

以上（1）至（3）所称“经批准”，系指经人民银行、银监会或者商务部批准，包括经上述部门备案从事融资租赁业务的试点纳税人。

（4）经商务部授权的省级商务主管部门和国家级经济技术开发区批准（包括经该部门备案）的从事融资租赁业务的试点纳税人，2016年5月1日后实收资本达到1.7亿元的，从达到标准的当月起按照上述第（1）至（3）点规定执行；2016年5月1日后实收资本未达到1.7亿元但注册资本达到1.7亿元的，在2016年7月31日前仍可按照上述第（1）至（3）点规定执行，2016年8月1日后开展的融资租赁业务和融资性售后回租业务不得按照上述第（1）至（3）点规定执行。

5. 航空运输企业：销售额不包括代收的机场建设费和代售其他航空运输企业客票而代收转付的价款。

6. 一般纳税人提供客运场站服务：以其取得的全部价款和价外费用，扣除支付给承运方运费后的余额为销售额。

7. 旅游服务：可以选择以取得的全部价款和价外费用，扣除向旅游服务购买方收取并支付给其他单位或者个人的住宿费、餐饮费、交通费、签证费、门票费和支付给其他接团旅游企业的旅游费用后的余额为销售额。

8. 建筑服务：提供建筑服务适用简易计税方法的，以取得的全部价款和价外费用扣除支付的分包款后的余额为销售额。

一般纳税人提供建筑服务，适用一般计税方法计税的，按现行规定需要预缴增值税时，纳税人应以取得的预收款（全部价款和价外费用）扣除支付的分包款后的余额，适用2%的预征率计算预缴税款，向建筑服务发生地或机构所在地的税务机关预缴税款。

——《营业税改征增值税试点有关事项的规定》（财税〔2016〕36号）附件2

——《纳税人跨县（市、区）提供建筑服务增值税征收管理暂行办法》（国家税务总局公告2016年第17号）

——《财政部 国家税务总局关于建筑服务等营改增试点政策的通知》（财税〔2017〕58号）

纳税人（一般纳税人/小规模纳税人）提供建筑服务，按规定适用或选择适用简易计税方法计税的，按现行规定需要预缴增值税时，以取得的预收款（全部价款和价外费用）扣除支付的分包款后的余额，按照3%的预征率（征收率）计算预缴税款，向建筑服务发生地或机构所在地的税务机关预缴税款。

（1）小规模纳税人提供建筑服务适用简易计税方法计税。

（2）一般纳税人为建筑工程老项目提供的建筑服务，可以选择适用简易计税方法计税。建筑工程老项目，是指：①《建筑工程施工许可证》注明的合同开工日期在2016年4月30日前的建筑工程项目；②《建筑工程施工许可证》未注明合同开工日期，但建筑工程承包合同注明的开工日期在2016年4月30日前的建筑工程项目；③未取得《建筑工程施工许可证》的，建筑工程承包合同注明的开工日期在2016年4月30日前的建筑工程项目。

（3）建筑工程总承包单位为房屋建筑的地基与基础、主体结构提供工程服务，建设单位自行采购全部或部分钢材、混凝土、砌体材料、预制构件的，适用简易计税方法计税。

在纳税义务发生时，纳税人应以取得的全部价款和价外费用扣除支付的分包款后的余额为销售额，适用3%的征收率计算增值税应纳税额向机构所在地主管税务机关进行纳税申报。

9. 房地产开发企业销售其开发的房地产项目（选择简易计税方法的房地产老项目除外），以取得的全部价款和价外费用，扣除受让土地时向政府部门支付的土地价款后的余额为销售额。

“向政府部门支付的土地价款”，包括土地受让人向政府部门支付的征地和拆迁补偿费用、土地前期开发费用和土地出让收益等。在取得土地时向其他单位或个人支付的拆迁补偿费用也允许在计算销售额时扣除。纳税人按上述规定扣除拆迁补偿费用时，应提供拆迁协议、拆迁双方支付和取得拆迁补偿费用凭证等能够证明拆迁补偿费用真实性的材料。

——《房地产开发企业销售自行开发的房地产项目增值税征收管理暂行办法》（国家税务总局公告2016年第18号）

10. 销售不动产：一般纳税人销售其2016年4月30日前取得（不含自建）的不动产，可以选择适用简易计税方法，以取得的全部价款和价外费用减去该项不动产购置原价或者取得不动产时的作价后的余额为销售额，按照5%的征收率计算应纳税额。其他个人销售其取得（不含自建）的不动产（不含其购买的住房），应以取得的全部价款和价外费用减去该项不动产购置原价或者取得不动产时的作价后的余额为销售额。

以上1～10项政策依据为《营业税改征增值税试点有关事项的规定》（财税〔2016〕36号印发）第一条第三项相关规定。

一般纳税人销售其2016年4月30日前取得（不含自建）的不动产，可以选择适应简易计税方法，以全部收入减去该项不动产购置原价或者取得不动产时的作价后的余额，按照5%的预征率向不动产所在地的主管税务机关预缴税款，向机构所在地的主管税务机关进行纳税申报。

——《纳税人转让不动产增值税征收管理暂行办法》（国家税务总局公告2016年第14号）

11. 一般纳税人销售其2016年5月1日后取得（不含自建）的不动产，应适用一般计税方法，以取得的全部价款和价外费用为销售额计算应纳税额。纳税人应以取得的全部价款和价外费用减去该项不动产购置原价或者取得不动产时的作价后的余额，按照5%的预征率向不动产所在地的主管税务机关预缴税款，向机构所在地的主管税务机关进行纳税申报。

12. 小规模纳税人销售其取得（不含自建）的不动产（不含个体工商户销售购买的住房和其他个人销售不动产），应以取得的全部价款和价外费用减去该项不动产购置原价或者取得不动产时的作价后的余额为销售额，按照5%的征收率计算应纳税额。

13. 劳务派遣服务：一般纳税人提供劳务派遣服务，可以选择差额纳税，以取得的全部价款和价外费用，扣除代用工单位支付给劳务派遣员工的工资、福利和为其办理社会保险及住房公积金后的余额为销售额，按照简易计税方法依5%的征收率计算缴纳增值税。提供劳务派遣服务，可以选择差额纳税，以取得的全部价款和价外费用，扣除代用工单位支付给劳务派遣员工的工资、福利和为其办理社会保险及住房公积金后的余额为销售额，按照简易计税方法依5%的征收率计算缴纳增值税。

（1）一般纳税人提供劳务派遣服务，可以选择差额纳税，以取得的全部价款和价外费用，扣除代用工单位支付给劳务派遣员工的工资、福利和为其办理社会保险及住房公积金后的余额为销售额，按照简易计税方法依5%的征收率计算缴纳增值税。

（2）小规模纳税人提供劳务派遣服务，可以选择差额纳税，以取得的全部价款和价外费用，扣除代用工单位支付给劳务派遣员工的工资、福利和为其办理社会保险及住房公积金后的余额为销售额，按照简易计税方法依5%的征收率计算缴纳增值税。

——《财政部 国家税务总局关于进一步明确全面推开营改增试点有关劳务派遣服务、收费公路通行费抵扣等政策的通知》（财税〔2016〕47号）

14. 转让2016年4月30日前取得的土地使用权：纳税人转让2016年4月30日前取得的土地使用权，可以选择适用简易计税方法，以取得的全部价款和价外费用减去取得该土地使用权的原价后的余额为销售额，按照5%的征收率计算缴纳增值税。

15. 人力资源外包服务：纳税人提供人力资源外包服务，按照经纪代理服务缴纳增值税，其销售额不包括受客户单位委托代为向客户单位员工发放的工资和代理缴纳的社会保险、住房公积金。

以上11～13项政策依据为：《财政部 国家税务总局关于进一步明确全面推开营改增试点有关劳务派遣服务、收费公路通行费抵扣等政策的通知》（财税〔2016〕47号）

16. 物业管理服务中收取自来水水费：提供物业管理服务的纳税人，向服务接受方收取的自来水水费，以扣除其对外支付的自来水水费后的余额为销售额，按照简易计税方法依3%的征收率计算缴纳增值税。

——《国家税务总局关于物业管理服务中收取的自来水水费增值税问题的公告》（2016年第54号）

17. 安全保护服务：纳税人提供安全保护服务，比照劳务派遣服务政策（财税〔2016〕47 号）执行。

——《财政部 国家税务总局关于进一步明确全面推开营改增试点有关再保险、不动产租赁和非学历教育等政策的通知》（财税〔2016〕68 号）

（1）一般纳税人提供安全保护服务，可以选择差额纳税，以取得的全部价款和价外费用，扣除代用工单位支付给外派员工的工资、福利和为其办理社会保险及住房公积金后的余额为销售额，按照简易计税方法依 5% 的征收率计算缴纳增值税。

（2）小规模纳税人提供安全保护服务，也可以选择差额纳税，以取得的全部价款和价外费用，扣除代用工单位支付给外派员工的工资、福利和为其办理社会保险及住房公积金后的余额为销售额，按照简易计税方法依 5% 的征收率计算缴纳增值税。

——《财政部 国家税务总局关于进一步明确全面推开营改增试点有关再保险、不动产租赁和非学历教育等政策的通知》（财税〔2016〕68 号）

——《财政部 国家税务总局关于明确金融、房地产开发、教育辅助服务等增值税政策的通知》（财税〔2016〕140 号）

18. 境外单位通过教育部考试中心及其直属单位在境内开展考试：教育部考试中心及其直属单位应以取得的考试费收入扣除支付给境外单位考试费后的余额为销售额，按提供“教育辅助服务”缴纳增值税；就代为收取并支付给境外单位的考试费统一扣缴增值税。

——《国家税务总局关于在境外提供建筑服务等有关问题的公告》（2016 年第 69 号）

19. 纳税人提供签证代理服务：以取得的全部价款和价外费用，扣除向服务接受方收取并代为支付给外交部和外国驻华使（领）馆的签证费、认证费后的余额为销售额。

20. 代理进口免征进口增值税货物：纳税人代理进口按规定免征进口增值税的货物，其销售额不包括向委托方收取并代为支付的货款。

——《国家税务总局关于在境外提供建筑服务等有关问题的公告》（2016 年第 69 号）

21. 航空运输销售代理企业提供境外航段机票代理服务：自 2018 年 1 月 1 日起，航空运输销售代理企业提供境外航段机票代理服务，以取得的全部价款和价外费用，扣除向客户收取并支付给其他单位或者个人的境外航段机票结算款和相关费用后的余额为销售额。

——《财政部 税务总局关于租入固定资产进项税额抵扣等增值税政策的通知》(财税〔2017〕90 号)

22. 航空运输销售代理企业提供境内机票代理服务：航空运输销售代理企业提供境内机票代理服务，以取得的全部价款和价外费用，扣除向客户收取并支付给航空运输企业或其他航空运输销售代理企业的境内机票净结算款和相关费用后的余额为销售额。

——《国家税务总局关于明确中外合作办学等若干增值税征管问题的公告》(2018 年第 42 号)

23. 电信企业为公益性机构接受捐款：电信企业通过手机短信公益特服号为公益机构接受捐款提供服务，如果捐款人索取增值税专用发票的，应按照捐款人支付的全部价款和价外费用，扣除支付给公益性机构捐款后的余额开具增值税专用发票。

——《国家税务总局关于发布〈电信企业增值税征收管理暂行办法〉的公告》(2014 年第 26 号)

（三）增值税关于视同销售情形下收入的确认

《中华人民共和国增值税暂行条例实施细则》第四条规定：单位或者个体工商户的下列行为，视同销售货物：

（一）将货物交付其他单位或者个人代销；

（二）销售代销货物；

（三）设有两个以上机构并实行统一核算的纳税人，将货物从一个机构移送其他机构用于销售，但相关机构设在同一县（市）的除外；

（四）将自产或者委托加工的货物用于非增值税应税项目；

（五）将自产、委托加工的货物用于集体福利或者个人消费；

（六）将自产、委托加工或者购进的货物作为投资，提供给其他单位或者个体工商户；

（七）将自产、委托加工或者购进的货物分配给股东或者投资者；

（八）将自产、委托加工或者购进的货物无偿赠送其他单位或者个人。

《中华人民共和国增值税暂行条例实施细则》第三十八条第七款 纳税人发生本细则第四条第（三）项至第（八）项所列视同销售货物行为，为货物移送的当天。

《营业税改征增值税试点实施办法》第十四条规定：下列情形视同销售服务、无形资产或者不动产：

（一）单位或者个体工商户向其他单位或者个人无偿提供服务，但用于公益事业或者以社会公众为对象的除外。

（二）单位或者个人向其他单位或者个人无偿转让无形资产或者不动产，但用于公益事业或者以社会公众为对象的除外。

（三）财政部和国家税务总局规定的其他情形。

增值税关于视同销售的归纳：

将货物（有形动产）用于在建工程、无形资产开发、职工福利、个人消费等非生产性用途，要考虑货物的来源：

——如果货物是外购的，为进项税额不得抵扣的行为，需要将进项税额转出；

——如果货物是自产或者委托加工收回的，则视同销售行为。

将货物用于投资、偿债、捐赠、利润分配、非货币性资产交换，包括总公司将货物移送分公司销售等，无论货物的来源如何，均为增值税的视同销售行为。

（四）不同促销方式下收入的确认

（1）折扣销售。指销货方在销售货物或提供应税劳务时，因购货方购货数量较大等原因，给予购货方的价格优惠，如买 5 件折扣 10%，买 10 件折扣 20% 等。企业为促进商品销售而在商品价格上给予的价格扣除属于商业折扣，商品销售涉及商业折扣的，应当按照扣除商业折扣后的金额确定销售商品收入金额。

税法规定，销售额和折扣额在同一张发票上分别注明的，可按折扣后的余额作为销售额计算各项税额；如果将折扣额另开发票，不论其在财务上如何处理，均不得从销售额中扣除折扣额。折扣销售仅限于货物价格的折扣，如果销货者将自产、委托加工和购买货物用于实物折扣的，则该实物款额不能从货物销售额中扣除。

（2）销售折扣。销售方在销售货物或提供应税劳务时，为了鼓励购货方及早偿还货款，而协议许诺给予购货方的一种折扣优惠（如 10 天内付款折扣

10%；20 天内付款折扣 1%；30 天内则全价付款）。销售折扣发生在销货之后，是一种融资性质的理财费用。债权人为鼓励债务人在规定的期限内付款而向债务人提供的债务扣除属于现金折扣，销售商品涉及现金折扣的，应当按扣除现金折扣前的金额确定销售商品收入金额，现金折扣不得在销售额中减除，而是在实际发生时作为财务费用扣除。因此，公司在确定销售额时，应严格把折扣销售和销售折扣区分开来。

（3）销售折让。货物销售以后，由于其品种、质量等原因，购货方未予退货，但销货方需给予购货方的一种价格折让。销售折扣和销售折让虽然都在销货后发生，但由于销售折让是由于货物的质量、品种引起销售额的减少，因此，对销售折让可以以折让后的货款为销售额。

企业因售出商品的质量不合格等原因而在售价上给的减让属于销售折让；企业因售出商品质量、品种不符合要求等原因而发生的退货属于销售退回。企业已经确认销售收入的售出商品发生销售折让和销售退回，应当在发生当期冲减当期销售商品收入。

（4）采取以旧换新方式销售。以旧换新是指纳税人在销售自己的货物同时，有偿收回旧货物的行为。依照税法规定，采取以旧换新方式销售货物的，应按新货物的同期销售价确定销售额，不得扣减旧货物的收购价格。金银首饰的以旧换新业务，则可以按销售方实际收取的不含增值税的全部价款确定销售额。

（5）采取还本销售方式销售。还本销售，是指销售方在销售货物后，在一定期限内一次或分次退还购货方全部或部分价款的销售方式。这种方式实际上是一种筹集资金行为，是以货物换取资金的使用价值、到期还本不付息的方法。税法规定，采取还本不付息的方式销售货物，其销售额就是货物的销售价，不得从销售额中减除还本支出。

（6）采取以物易物方式销售。以物易物是一种较为特殊的购销活动，是指购销双方不是以货币相互结算，实现货物购销的销售方式。税法规定，以物易物，双方都应作购销处理，并以各自发出的货物核算销售额、计算增值税销项税额，以各自收到的货物按规定核算购货额、计算增值税进项税额。

（7）采取捆绑销售"买一赠一"方式销售。企业以捆绑销售"买一赠一"方式组合销售本企业商品的，不属于捐赠，应将总的销售金额按各项商品的公允价值的比例来分摊确认各项的销售收入。

（五）混合销售和兼营方式下收入的确认

税法规定，一项销售行为如果既涉及货物又涉及服务，为混合销售。从事货物的生产、批发或者零售的单位和个体工商户的混合销售行为，按照销售货物缴纳增值税；其他单位和个体工商户的混合销售行为，按照销售服务缴纳增值税。上述从事货物的生产、批发或者零售的单位和个体工商户，包括以从事货物的生产、批发或者零售为主，并兼营销售服务的单位和个体工商户在内。混合销售下原则上不予划分和分开确认收入，而是一并确认收入。

兼营行为，是指纳税人发生的应税行为，既包括销售货物、应税劳务、应税服务，又包括转让不动产、无形资产。但各类应税行为不同时发生在同一购买者身上，即不发生在同一项销售行为中。

由于兼营行为所涉及的税率与服务范围不同，需要分以下情况处理：

1. 纳税人兼营不同税率的货物或者应税劳务，应当分别核算不同税率货物或者应税劳务的销售额；未分别核算销售额的，从高适用税率。

2. 纳税人销售货物、加工修理修配劳务、服务、无形资产或者不动产适用不同的税率或者征收率的，应当分别核算适用不同税率或者征收率的销售额，未分别核算销售额的，按照以下方法适用税率或者征收率：

（1）兼有不同税率的销售货物、加工修理修配劳务、服务、无形资产或者不动产，从高适用税率。

（2）兼有不同征收率的销售货物、加工修理修配劳务、服务、无形资产或者不动产，从高适用征收率。

（3）兼有不同税率和征收率的销售货物、加工修理修配劳务、服务、无形资产或者不动产，从高适用税率。

3. 纳税人兼营免税、减税项目的，应当分别核算免税、减税项目的销售额；未分别核算的，不得免税、减税。

兼营方式下，原则上分别核算和确认收入，并分别适用不同的税率或者征收率。

四、企业所得税法关于收入的确认规则

（一）不同类型的收入确认

1. 销售商品货物收入的确认。《中华人民共和国企业所得税法实施条例》第二十三条规定：企业的下列生产经营业务可以分期确认收入的实现：

（一）以分期收款方式销售货物的，按照合同约定的收款日期确认收入的实现；

（二）企业受托加工制造大型机械设备、船舶、飞机，以及从事建筑、安装、装配工程业务或者提供其他劳务等，持续时间超过12个月的，按照纳税年度内完工进度或者完成的工作量确认收入的实现。

《中华人民共和国企业所得税法实施条例》第二十四条规定：采取产品分成方式取得收入的，按照企业分得产品的日期确认收入的实现，其收入额按照产品的公允价值确定。

国税函〔2008〕875号文对企业所得税相关收入实现的确认作了进一步明确：根据《国家税务总局关于确认企业所得税收入若干问题的通知》（国税函〔2008〕875号）第一条规定，除企业所得税法及实施条例另有规定外，企业销售收入的确认，必须遵循权责发生制原则和实质重于形式原则。

企业销售商品同时满足下列条件的，应确认收入的实现：（1）商品销售合同已经签订，企业已将商品所有权相关的主要风险和报酬转移给购货方。（2）企业对已售出的商品既没有保留通常与所有权相联系的继续管理权，也没有实施有效控制。（3）收入的金额能够可靠地计量。（4）已发生或将发生的销售方的成本能够可靠地核算。

符合上款收入确认条件，采取下列商品销售方式的，应按以下规定确认收入实现时间：（1）销售商品采用托收承付方式的，在办妥托收手续时确认收入。（2）销售商品采取预收款方式的，在发出商品时确认收入。（3）销售商品需要

安装和检验的，在购买方接受商品以及安装和检验完毕时确认收入。如果安装程序比较简单，可在发出商品时确认收入。（4）销售商品采用支付手续费方式委托代销的，在收到代销清单时确认收入。

2. 提供劳务收入的实现时间。根据《国家税务总局关于确认企业所得税收入若干问题的通知》（国税函〔2008〕875号）第二条规定，企业在各个纳税期末，提供劳务交易的结果能够可靠估计的，应采用完工进度（完工百分比）法确认提供劳务收入。

提供劳务交易的结果能够可靠估计，是指同时满足下列条件：①收入的金额能够可靠地计量；②交易的完工进度能够可靠地确定；③交易中已发生和将发生的成本能够可靠地核算。

提供劳务满足收入确认条件的，应按下列具体规定确认收入：

（1）安装费。应根据安装完工进度确认收入。安装工作是商品销售附带条件的，安装费在确认商品销售实现时确认收入。

（2）宣传媒介的收费。应在相关的广告或商业行为出现于公众面前时确认收入。广告的制作费，应根据制作广告的完工进度确认收入。

（3）软件费。为特定客户开发软件的收费，应根据开发的完工进度确认收入。

（4）服务费。包含在商品售价内可区分的服务费，在提供服务的期间分期确认收入。

（5）艺术表演、招待宴会和其他特殊活动的收费。在相关活动发生时确认收入。收费涉及几项活动的，预收的款项应合理分配给每项活动，分别确认收入。

（6）会员费。申请入会或加入会员，只允许取得会籍，所有其他服务或商品都要另行收费的，在取得该会员费时确认收入。申请入会或加入会员后，会员在会员期内不再付费就可得到各种服务或商品，或者以低于非会员的价格销售商品或提供服务的，该会员费应在整个受益期内分期确认收入。

（7）特许权费。属于提供设备和其他有形资产的特许权费，在交付资产或转移资产所有权时确认收入；属于提供初始及后续服务的特许权费，在提供服务时确认收入。

（8）劳务费。长期为客户提供重复的劳务收取的劳务费，在相关劳务活动发生时确认收入。

3. 股息、红利等权益性投资收益的实现时间。根据《中华人民共和国企业所得税法实施条例》第十七条规定：

股息、红利等权益性投资收益，除国务院财政、税务主管部门另有规定外，按照被投资方作出利润分配决定的日期确认收入的实现。

根据《国家税务总局关于贯彻落实企业所得税法若干税收问题的通知》（国税函〔2010〕79号）第四条规定：

企业权益性投资取得股息、红利等收入，应以被投资企业股东会或股东大会作出利润分配或转股决定的日期，确定收入的实现。

4. 股权转让收入的实现时间。根据《国家税务总局关于贯彻落实企业所得税法若干税收问题的通知》（国税函〔2010〕79号）第三条规定：

企业转让股权收入，应于转让协议生效、且完成股权变更手续时，确认收入的实现。转让股权收入扣除为取得该股权所发生的成本后，为股权转让所得。企业在计算股权转让所得时，不得扣除被投资企业未分配利润等股东留存收益中按该项股权所可能分配的金额。

5. 利息收入的实现时间。根据《中华人民共和国企业所得税法实施条例》第十八条规定：

企业所得税法第六条第（五）项所称利息收入，是指企业将资金提供他人使用但不构成权益性投资，或者因他人占用本企业资金取得的收入，包括存款利息、贷款利息、债券利息、欠款利息等收入。

利息收入，按照合同约定的债务人应付利息的日期确认收入的实现。

6. 租金收入的实现时间。根据《中华人民共和国企业所得税法实施条例》第十九条规定：

企业所得税法第六条第（六）项所称租金收入，是指企业提供固定资产、包装物或者其他有形资产的使用权取得的收入。

租金收入，按照合同约定的承租人应付租金的日期确认收入的实现。

《中华人民共和国企业所得税法实施条例》释义第十九条做了进一步明确：

租金的支付时间是租赁合同的重要条款，承租人应当按照租赁合同约定的租金支付时间履行支付租金的义务，因此自合同约定支付租金之日起，该笔租金在法律上就属于出租人所有，发生财产转移的法律效力。企业租金收入金额，应当按照有关租赁合同或协议约定的金额全额确定。

租赁期限跨年度且租金提前一次性收取情形：

根据《国家税务总局关于贯彻落实企业所得税法若干税收问题的通知》（国税函〔2010〕79号）第一条“关于租金收入确认问题”规定：

根据《实施条例》第十九条的规定，企业提供固定资产、包装物或者其他有形资产的使用权取得的租金收入，应按交易合同或协议规定的承租人应付租金的日期确认收入的实现。其中，如果交易合同或协议中规定租赁期限跨年度，且租金提前一次性支付的，根据《实施条例》第九条规定的收入与费用配比原则，出租人可对上述已确认的收入，在租赁期内，分期均匀计入相关年度收入。

7. 特许权使用费收入的实现时间。根据《中华人民共和国企业所得税法实施条例》第二十条规定：企业所得税法第六条第（七）项所称特许权使用费收入，是指企业提供专利权、非专利技术、商标权、著作权以及其他特许权的使用权取得的收入。

特许权使用费收入，按照合同约定的特许权使用人应付特许权使用费的日期确认收入的实现。

8. 接受捐赠收入的实现时间。根据《中华人民共和国企业所得税法实施条例》第二十一条规定：企业所得税法第六条第（八）项所称接受捐赠收入，是指企业接受的来自其他企业、组织或者个人无偿给予的货币性资产、非货币性资产。

接受捐赠收入，按照实际收到捐赠资产的日期确认收入的实现。

9. 债务重组收入的实现时间。根据《国家税务总局关于贯彻落实企业所得税法若干税收问题的通知》（国税函〔2010〕79号）第二条规定：企业发生债务重组，应在债务重组合同或协议生效时确认收入的实现。

10. 国债转让收入的实现时间。根据《国家税务总局关于企业国债投资业务企业所得税处理问题的公告》（国家税务总局公告2011年第36号）第二条规定：企业转让国债应在转让国债合同、协议生效的日期，或者国债移交时确认转让收入的实现。

企业投资购买国债，到期兑付的，应在国债发行时约定的应付利息的日期，确认国债转让收入的实现。

（二）收入确认的特殊规定

1. 视同销售。《中华人民共和国企业所得税法实施条例》第二十五条：企业发生非货币性资产交换，以及将货物、财产、劳务用于捐赠、偿债、赞助、集资、广告、样品、职工福利或者利润分配等用途的，应当视同销售货物、转让财产或者提供劳务，但国务院财政、税务主管部门另有规定的除外。

关于处置资产收入的确认：

《国家税务总局关于企业处置资产所得税处理问题的通知》（国税函〔2008〕828号）规定：企业将资产移送他人的下列情形，因资产所有权属已发生改变而不属于内部处置资产，应按规定视同销售确定收入：（1）用于市场推广或销售；（2）用于交际应酬；（3）用于职工奖励或福利；（4）用于股息分配；（5）用于对外捐赠；（6）其他改变资产所有权属的用途。

国税函〔2008〕828号文对条例第二十五条中货物、财产处置的视同销售问题作出了清晰的界定，以资产的所有权是否发生变化为判定标准，确定资产在法人主体内部流转，不视同销售，资产在不同法人主体之间流转，则视同销售。

除将资产转移至境外以外，企业的资产所有权属在形式和实质上均不发生改变，可作为内部处置资产，不视同销售确认收入，相关资产的计税基础延续计算。为此，828号文列举了不视同销售的情形：（1）将资产用于生产、制造、加工另一产品；（2）改变资产形状、结构或性能；（3）改变资产用途（如自建商品房转为自用或经营）；（4）将资产在总机构及其分支机构之间转移；（5）上述两种或两种以上情形的混合；（6）其他不改变资产所有权属的用途。

企业所得税关于视同销售的归纳。企业所得税法建立了法人所得税制，对于货物在同一法人实体内部的转移，如用于在建工程、管理部门、分公司等不再作为视同销售行为，不需要计算缴纳企业所得税。除此之外都作为所得税的视同销售行为。

自制的资产，按同类资产同期售价确定收入；外购的资产，符合条件的，可按购入时的价格确定收入。

2. 企业所得税法确认收入的三种特殊方式。要关注企业所得税关于收入确认的特殊规定：

（1）按利润分配日确认收入。根据《企业所得税法实施条例》规定，股息、红利等权益性投资收益，除国务院财政、税务主管部门另有规定外，按照被投资企业股东会或股东大会做出利润分配或转股决定的日期确认收入的实现。因此，无论投资方是否实际收到股息分红款项，是否在当期确认投资收益，采取何种核算方法，投资方都应当在被投资方做出利润分配决议当期确认纳税所得。

如果符合免税相关条件，同时应当在当期进行备案，并享受免税。

（2）按合同约定收款日确认收入。根据《企业所得税法实施条例》规定，利息收入、租金收入、特许权使用费收入及以分期收款方式销售货物收入的确认应以合同约定的付款日期确认收入的实现，而不是以相应的收入归属期间分期均匀确认。

（3）在实际收到时确认收入。根据《企业所得税法实施条例》，部分收入在确认收入实现时，更偏向于采用收付实现制的方式。例如，接受捐赠收入，在实际收到捐赠资产时确认收入的实现；采取产品分成方式取得收入的，按照企业实际分得产品的时间确认收入的实现，其收入额按照产品的公允价值确定。

这种收入确认方式，与权责发生制完全不同，我们在进行汇算清缴时应特别注意。

五、企业会计准则关于收入的确认

（一）收入确认的基本规则

《企业会计准则——基本准则》规定，企业应当以权责发生制为基础进行会计确认、计量和报告。这明确了会计上确认收入是以权责发生制为基础。

《企业所得税法实施条例》第二章第一节第九条规定：企业应纳税所得额的计算，以权责发生制为原则，属于当期的收入和费用，不论款项是否收付，均作为当期的收入和费用；不属于当期的收入和费用，即使款项已经在当期收付，均不作为当期的收入和费用。本条例和国务院财政、税务主管部门另有规定的除外。

因此，在税法上确认收入也是以权责发生制为基础。可见，会计核算与企业所得税法关于收入确认的原则基本一致，一般情况下企业会计确认的收入即为税法确认的收入。但是，基于税收法规的某些特殊规定，税收上确认收入并不完全遵循权责发生制原则，这就形成了税会差异。税会差异存在，要求我们严格按照税法的规定对会计确认的收入进行调整，这样才能准确计算应纳税所得额，规避税务风险。

（二）会计准则对收入确认的时点

《企业会计准则第 14 号——收入》相关规定如下：

第二条 收入是指企业在日常活动中形成的、会导致所有者权益增加的、与所有者投入资本无关的经济利益的总流入。

第四条 企业应当在履行了合同中的履约义务，即在客户取得相关商品控制权时确认收入。

取得相关商品控制权，是指能够主导该商品的使用并从中获得几乎全部的经济利益。

第五条 当企业与客户之间的合同同时满足下列条件时，企业应当在客户取得相关商品控制权时确认收入：

（一）合同各方已批准该合同并承诺将履行各自义务；

（二）该合同明确了合同各方与所转让商品或提供劳务（以下简称“转让商品”）相关的权利和义务；

（三）该合同有明确的与所转让商品相关的支付条款；

（四）该合同具有商业实质，即履行该合同将改变企业未来现金流量的风险、时间分布或金额；

（五）企业因向客户转让商品而有权取得的对价很可能收回。

在合同开始日即满足前款条件的合同，企业在后续期间无须对其进行重新评估，除非有迹象表明相关事实和情况发生重大变化。合同开始日通常是指合同生效日。

第六条 在合同开始日不符合本准则第五条规定的合同，企业应当对其进行持续评估，并在其满足本准则第五条规定时按照该条的规定进行会计处理。

对于不符合本准则第五条规定的合同，企业只有在不再负有向客户转让商品的剩余义务，且已向客户收取的对价无需退回时，才能将已收取的对价确认为收入；否则，应当将已收取的对价作为负债进行会计处理。没有商业实质的非货币性资产交换，不确认收入。

第十三条 对于在某一时点履行的履约义务，企业应当在客户取得相关商品控制权时点确认收入。在判断客户是否已取得商品控制权时，企业应当考虑下列迹象：

（一）企业就该商品享有现时收款权利，即客户就该商品负有现时付款义务。

（二）企业已将该商品的法定所有权转移给客户，即客户已拥有该商品的法定所有权。

（三）企业已将该商品实物转移给客户，即客户已实物占有该商品。

（四）企业已将该商品所有权上的主要风险和报酬转移给客户，即客户已取得该商品所有权上的主要风险和报酬。

（五）客户已接受该商品。

（六）其他表明客户已取得商品控制权的迹象。

新收入准则对收入确认时点的规定：

新旧收入准则关于收入确认时点的最大区别，是以“控制权转移”替代“风险报酬转移”作为收入确认时点的判断标准（具体规定详见新收入准则第四条、十三条、三十二条）。新收入准则将“控制权转移”的判断分为五个步骤：一是识别客户合同，二是识别履约义务，三是确定交易价格，四是分摊交易价格，五是确认收入。

企业在确认收入时，需先判断该履约义务是某一时段内的履约义务还是某一时点的履约义务。如果是某一时段内的履约义务，其收入确认时点的会计规定与旧准则中的建造合同类似，其税会差异也与旧收入准则下的税会差异变化不大。如果是某一时点内的履约义务，则新旧收入准则对收入确认时点存在较大差异，并将带来新的税会差异。因此，以下重点分析某一时点的履约义务下，其会计收入确认时点与税法纳税义务发生时点的差异，以及纳税调整。

新收入准则打破商品和劳务的界限，要求企业在履行合同中的履约义务，即客户取得相关商品（或服务）控制权时确认收入，从而能够更加科学合理地反映企业的收入确认过程。

（三）新收入准则下收入确认时点的税会差异

1. 增值税。如上所述，新收入准则要求客户取得控制权为确认收入时点，但增值税暂行条例等法规则以收款日、取得索取销售款项凭据日、开具发票日、约定的收款日、预收款日、所有权转移日、发货日等作为纳税义务发生时间。因此，会计确认收入时点与增值税纳税义务发生时点差异较大。根据不同的销售方式，其税会差异见表 5-1。

表 5-1 税会差异分析

<table>
<tr><th>销售方式</th><th>会计收入确认时间</th><th>增值税纳税义务发生时间</th><th>税会差异分析</th></tr>
<tr><td>直接收款方式</td><td rowspan="7">企业应当在客户取得相关商品控制权时点确认收入。在判断客户是否已取得商品控制权时，企业应当考虑下列迹象：
（一）企业就该商品享有现时收款权利，即客户就该商品负有现时付款义务
（二）企业已将该商品的法定所有权转移给客户，即客户已拥有该商品的法定所有权
（三）企业已将该商品实物转移给客户，即客户已实物占有该商品
（四）企业已将该商品所有权的主要风险和报酬转移给客户，即客户已取得该商品所有权的主要风险和报酬
（五）客户已接受该商品
（六）其他表明客户已取得商品控制权的迹象</td><td>不论货物是否发出，均为收到销售款或者取得索取销售款凭据的当天</td><td>企业在收款时，假如客户尚未接收到该商品（客户未及时提货或商品在途）。则会计上不应确认为收入，但增值税纳税义务已经发生，应予纳税</td></tr>
<tr><td>托收承付和委托银行收款方式</td><td>为发出货物并办妥托收手续的当天</td><td>企业在商品发出并办妥托收手续的当天，假如客户未接收到该商品（商品在途）。则会计上不应确认为收入，但增值税纳税义务已经发生，应予纳税</td></tr>
<tr><td>赊销和分期收款方式</td><td>为书面合同约定的收款日期的当天，无书面合同的或者书面合同没有约定收款日期的，为货物发出的当天</td><td>1. 在某些情况下，客户已接受商品，由于未到合同约定的收款时间，则会计上应确认收入，但增值税纳税义务尚未发生。
2. 在某些情况下，货物已发出，但客户尚未接受到，由于无书面合同或合同未约定收款日期，则会计上不确认收入，但增值税纳税义务发生</td></tr>
<tr><td>预收货款方式</td><td>为货物发出的当天。但生产销售生产工期超过 12 个月的大型机械设备、船舶、飞机等货物，为收到预收款或者书面合同约定的收款日期的当天</td><td>1. 预收货款后，在商品发出当天，如客户尚未收到货物，会计上不确认收入，但增值税纳税义务发生。
2. 对于生产工期超过 12 个月的大型机械设备、船舶、飞机等货物，预收款日至期末结算前，增值税纳税义务已发生，但会计上并不确认收入</td></tr>
<tr><td>委托其他纳税人代销货物</td><td>为收到代销单位的代销清单或者收到全部或者部分货款的当天；未收到代销清单及货款的，为发出代销货物满 180 天的当天</td><td>发出代销货物满 180 天的当天，如货物并未销售给第三方，则会计上不应确认为收入，但增值税纳税义务发生</td></tr>
<tr><td>销售应税劳务</td><td>为提供劳务同时收讫销售款或者取得索取销售款的凭据的当天</td><td>基本无差异</td></tr>
<tr><td>视同销售货物</td><td>为货物移送的当天</td><td>基本无差异</td></tr>
</table>

注1：无论会计上是否确认收入，除特殊情况（房地产预售房屋、金融企业贴息票据、预付卡类业务等开不征税发票）外，企业先开具发票的，增值税的纳税义务时间为开具发票的当天。

注2：增值税纳税义务发生时间主要相关条款规定为：《中华人民共和国增值税暂行条例》第十九条规定、《中华人民共和国增值税暂行条例实施细则》第三十八条规定、《关于全面推开营业税改征增值税试点的通知》（财税〔2016〕36号）第四十五条规定，以及《中华人民共和国增值税暂行条例实施细则》（2011年第65号令）第十一条、第三十一条规定。

2. 企业所得税。《国家税务总局关于确认企业所得税收入若干问题的通知》（国税函〔2008〕875号）规定的企业所得税收入确认条件，与原收入准则差异不大。新收入准则的改变，必将带来新的税会差异。针对不同的销售方式，具体分析其税会差异见表5－2。

表5－2　针对不同的销售方式的税会差异分析

销售方式	会计收入确认时间	企业所得税收入确认时间	税会差异分析
托收承付方式	企业应当在客户取得相关商品控制权时点确认收入。在判断客户是否已取得商品控制权时，企业应当考虑下列迹象： （一）企业就该商品享有现时收款权利，即客户就该商品负有现时付款义务 （二）企业已将该商品的法定所有权转移给客户，即客户已拥有该商品的法定所有权 （三）企业已将该商品实物转移给客户，即客户已实物占有该商品 （四）企业已将该商品所有权的主要风险和报酬转移给客户，即客户已取得该商品所有权的主要风险和报酬 （五）客户已接受该商品 （六）其他表明客户已取得商品控制权的迹象	在办妥托收手续时确认收入	企业在办妥托收手续的当天，假如客户未接收到该商品（商品在途）。则会计上不确认为收入，但企业所得税应确认收入
预收款方式		在发出商品时确认收入	预收货款后，在商品发出当天，如客户尚未收到货物，会计上不确认收入，但企业所得税应确认收入
需要安装和检验		在购买方接受商品及安装和检验完毕时确认收入。如果安装程序比较简单，可在发出商品时确认收入	对于安装程序比较简单的，在发出商品当天，如果客户尚未收到该商品，则会计上不确认收入，但企业所得税可确认收入
采用支付手续费方式委托代销的		在收到代销清单时确认收入	基本无差异

（四）货物视同销售，税收和会计处理归纳

1. 自产产品

（1）自产产品对外投资：会计确认主营业务收入并结转成本，增值税确认收入并计算销项税额，所得税确认收入并扣除相关成本；

（2）自产产品进行利润分配：会计确认主营业务收入并结转成本，增值税确认收入并计算销项税额，所得税确认收入并扣除相关成本；

（3）自产产品进行非货币交易：会计确认主营业务收入并结转成本，增值税确认收入并计算销项税额，所得税计入收入并扣除相关成本；

（4）自产产品作为单位的劳保用品使用：会计不确认收入直接计入相关成本费用，增值税不视同销售、相关进项税额不需要进项税转出，所得税不视同销售并扣除相关成本费用；

（5）自产产品用于职工奖励或福利：会计不确认收入直接计入福利费，增值税视同销售计算缴纳增值税，所得税视同销售，相关福利费在规定限额内扣除；

（6）自产产品用于对外捐赠：会计不确认收入、相关成本计入捐赠支出，增值税视同销售，所得税视同销售，捐赠支出在规定限额内扣除；

（7）自产产品用于在建工程：会计不确认收入，相关成本计入在建工程成本，增值税视同销售，所得税不视同销售。

2. 外购产品

（1）外购产品对外投资：会计确认主营业务收入并结转成本，增值税确认收入并计算销项税额，所得税确认收入并扣除相关成本；

（2）外购产品进行利润分配：会计确认主营业务收入并结转成本，增值税确认收入并计算销项税额，所得税确认收入并扣除相关成本；

（3）外购产品进行非货币交易：会计确认主营业务收入并结转成本，增值税确认收入并计算销项税额，所得税计入收入并扣除相关成本；

（4）外购产品作为单位的劳保用品使用：会计不确认收入，相关成本直接计入相关成本费用，增值税不视同销售不需要进项税转出，所得税不视同销售并可抵扣相关成本费用；

（5）外购产品用于职工奖励或福利：会计不确认收入，相关直接计入福利费，增值税需要进项税额转出，所得税视同销售，相关福利费在规定限额内扣除；

（6）外购产品用于对外捐赠：会计不确认收入，相关成本计入捐赠支出，增值税视同销售，所得税视同销售，捐赠支出在规定限额内扣除；

（7）外购产品用于在建工程：会计不确认收入，相关成本计入在建工程，增值税要做进项税额转出，所得税不视同销售（见表5－3）。

表5－3　视同销售问题在增值税和企业所得税及会计处理对照表

项目	会计收入	增值税	企业所得税
将货物交付其他单位或者个人代销	√	√	√
销售代销货物	√	√	√
统一核算，异地移送	×	√	×
自产、委托加工货物用于非应税项目	×	√（失效）	×
外购货物用于非应税项目	×	×	×
自产、委托加工用于集体福利个人消费	√	√	√
外购货物用于集体福利个人消费	×	×	√（食堂、浴室）
投资（自产、委托加工、外购）	√	√	√
分配（自产、委托加工、外购）	√	√	√
赠送（自产、委托加工、外购）	×	√	√

六、销售收入的管理与控制

（一）影响收入的关键因素

从确认销售收入的条件看，不同的结算方式、销售方式（赊销、促销、代销、视同销售等）、业务性质（如长期建设工程）和发票开具时间，都会影响当期收入的记录。

从不同纳税人身份看，小规模纳税人与一般纳税人将含税收入换算为不含税收入结果不同，因为采用的税率（征收率）不同。

从市场营销看，市场竞争体现在价格竞争，价格一直在变化当中，这要看企业的议价能力如何，还有面对不同的销售对象的价格也有所不同，因此需要对价格进行管理。

从税收水平看，若企业增值税税负过高，往往会迫使企业降低不含税价格，因为价格是一定的，或者议价能力强的企业会转移税收价格，以确保盈利空间；若企业所得税负担过高，会导致企业通过转移定价方式将利润转移至低税率地区或业务，或通过转移税收价格的方式实现部分税负转嫁。

（二）收入管理与控制的关键点

我们从上述影响收入的几个关键因素切入进行考虑，如何进行收入的管理与控制，从各个因素出发全面考虑分析收入管理与控制的关键点和关键环节，从各个角度做好预先安排，确保准确记录收入、计提税金，消除税会差异带来的税收风险。在实际工作中，要围绕纳税义务发生时点重点查找相关税收风险点。具体由以下几种情形：

1. 税收上已确认收入，会计上尚未确认收入的情形。由于企业通常是根据会计数据计提税金，所以，要关注增值税及企业所得税的少计提风险。为此，需要做好以下工作：

（1）取得资产负债表日的存货发出管理台账，筛选是否存在先开票后发货，以及预收款销售/托收承付或委托银行收款/直接收款/赊销和分期收款/委托代销等方式下，企业在会计上虽未确认收入但已发货（包括对方未签收）的记录。如存在，则需汇总上述记录并根据商品相应的增值税税率，计算出应补计的增值税税额。

（2）取得资产负债表日的存货发出管理台账，筛选托收承付/预收款方式下，企业在会计上虽未确认收入但已发货（包括对方未签收）的记录。如存在，则需汇总这些记录，并直接调增其企业所得税汇算清缴表中的收入。

2. 会计上已确认收入，但纳税义务尚未发生的情形。在此情况下应关注多缴纳增值税或多计提企业所得税的风险。该种情形较少，主要体现为分期收款发出商品。根据会计准则的规定，如果判断该分期收款发出商品存在重大融资成分，应分解为销售和融资两项业务，即在按照销售商品的交易价格全额确认收入，未来分期收回的总额与商品价格的差额，按照实际利率法摊销。而税法上，是按照合同约定的日期来分期确认收入的，不考虑融资利率的影响。为此，需要做好以下工作：

（1）取得资产负债表日的存货发出管理台账，筛选分期收款方式下，存货已发出且对方已收货，企业会计上已确认收入，但尚未到约定的收款日期，发票未提前开具，增值税纳税义务尚未发生，根据财会〔2016〕22 号的规定应列入“应交税费——待转销项税额”，在报表中转入“其他流动负债”或“其他非流动负债”。

（2）在计算企业所得税时，应确认递延所得税负债，并调减企业所得税汇算清缴表中的分期确认收入以及相应的成本及财务费用项目。

3. 附有销售退回条款的销售。对于附有销售退回条款的销售，新收入准则第三十二条规定应预估销售退回概率及金额，将预期销售退回的金额作为负债处理，其退回商品的成本（扣除退回商品的价值减损）作为资产处理。但增值税则要求销售时不预估退货，以未扣除预估退货的全部金额作为收入纳税。在销售退回实际发生时，会计上作冲减负债和收回库存商品处理，而增值税则冲减退回当期的销售收入或销项税额。企业所得税的税会差异与增值税一致。

为此，应复核会计收入确认时、货物实际退回时、货物退货期满时，会计确认的收入与增值税和企业所得税计量的收入差异是否正确，其金额差异在整个退货期逐年调整是否计算正确。具体如下：

（1）会计收入确认时，是否存在因会计预估退货，导致会计收入小于增值税及企业所得税计税基础的情况，如有应补提相应的增值税及企业所得税。

（2）货物实际退回时，是否存在未冲减当期收入或销项税额的情况，如有，则应冲减收入并滚动调整前期补提的增值税及企业所得税。

（3）货物退货期满时，是否存在会计上调增收入，而相应的收入无须缴纳增值税和企业所得税的情形。

为准确核算税金并缩小税会差异，降低因税会差异带来的纳税金额不准确与存在跨期的风险。企业可以考虑以下措施：

（1）为便于准确计算税会间的时间差异，企业应完善存货发出管理台账，增加是否开具发票、结算方式、约定收款日期、对方签收日期、是否退货、退货时间、是否换货、是否已确认收入等统计信息。

（2）企业可根据税法及新收入准则的规定，调整合同的相关条款，如结算方式、支付条款、商品的交接形式、交易的商业模式、定价的安排等合同条款，力求达到新收入准则、增值税、企业所得税最大可能的统一。

七、基于税收筹划的收入管理策略与方法

（一）税基管理与控制的策略

1. 收入最小化。普通意义上的收入，即会计收入，作为公司利润及资金的重要源泉，当然是金额越大越好、实现的时间越早越好，这是实现公司价值最大化的根本途径，是公司财务管理的重点。而这一点，会不可避免地与我们所强调的收入最小化管理相冲突。在这种情况下，必须坚持“一切以财务管理的目标为最终目标”的原则进行各种筹划活动。在税收筹划中，任何选择和安排都要围绕着公司的财务管理目标来进行，两者的终极目标是一致的，且税收筹划既受财务管理目标的约束，又对财务管理目标产生影响。因此，必须以财务管理目标，即公司价值最大化、公司利润最大化的实现为前提，在此基础上合理合法地利用税法与会计的差异，对应税收入进行最小化筹划管理，实现税收收益的最大化。与此同时，充分考虑税法不征税收入和免税收入的相关规定，充分利用各种与收入相关的优惠政策，也是收入最小化管理的重点，值得公司关注。

2. 收入最大化。一般情况下，公司财务管理要按照上述应税收入最小化管理，然而，在有些情况下，需要反其道而行之，目的仍然是实现整个公司集团财务管理目标，就是公司价值和公司利润能最大化。收入最大化可能会产生高税收，这是一般常识。然而，在公司不同的时期和不同的情况下，收入最大化策略恰恰是用来应对整个公司集团的现实问题，即有的子公司盈利而有的则长期处于亏损状态，有的公司进项税大而有的公司销项税大，这些情况的出现，可能会导致整个公司集团税收支出增加。因此，从货劳税方面考虑，当其中的公司出现进销项税额不均衡的时候，可以考虑此项策略，就是使收入（税基）提前实现。从所得税方面考虑，例如，当企业处于税收减免期间，往往会借此机会扩大经营成果，以便能够享受到税收的优惠，给企业争取更多的税收利益；再如企业本身亏损数额较大，可以将其关联企业的收入转移过来填补亏损，而其关联企业可以通过此举压低利润，达到降低所得税支出的目的。

3. 收入均衡化。在一个纳税年度内，尽量做到收入（税基）均衡实现，免得因各期收入（税基）变化过大导致更多的纳税。不受季节性影响或受季节性影响较小的企业往往容易做到，但各期收入波动较大的企业则需要关注收入变

化的规律，在总的收入一定的情况下，采取均衡平摊的办法。就增值税而言，收入波动太大会在某些期间产生较多的销项税和应纳税额，形成大量的现金净流出，企业税负增加；就企业所得税而言，收入波动太大会出现某个阶段缴纳的所得税特别多，也同样导致大量的现金净流出，企业税负加重。所有这些，都会形成企业的资金压力和税负压力，削弱企业的资金流动性和营利能力，进而减弱企业的价值。

总而言之，企业要根据自身情况和经营环境选择不同的理财策略，达到整体利益最大化。

（二）销售收入管理与控制的方法

1. 因素法

即从影响销售收入确认的关键因素切入，研究管理和控制收入的方法。影响收入的因素有很多，而从税收和会计对收入确认的角度看，销售（促销）方式、结算方式、收入的业务类型，以及销售合同的签订等，对收入有着显著影响。

（1）不同销售（促销）方式下对销售收入管理和控制的要点。增值税法列举了在直接销售、赊销、委托代销、折扣销售、销售折扣、销售折让、以物易物、还本销售、以物易物、“买一送一”、售后回购等销售方式下，销售收入确认和纳税义务发生时点。

直接销售，强调收讫销售款项或者取得索取销售款项凭据，如果没有收讫款项，就意味着要垫付税款，这对企业是不利的，因此，如果已经收讫款项，则可以确认收入，否则，要采取分期收款方式，按照合同约定的收款时间确认收入。

赊销方式，意味着销售方没有实际收到货款但要确认收入实现，并且要计提应交税金。这对销售方而言是不利的。尽量避免采取赊销方式销售。

委托代销，要求在受托方向供货方开具销货清单时，供货方开具增值税专用发票并确认收入，开具清单和开具发票对接的时点很关键，如果代销方同委托方（供货方）达成默契，有意推迟对接时点，使收入延迟实现，则不能超过税法规定的180天，如果供货时间与开具清单、开发票做销售的时间超过这个时间，就必须在第180天时做销售，不论双方是否实现上述对接。

折扣销售、销售折扣和销售折让这三个概念字面差不多，但是完全不同。首先，打折的原因各不相同；其次，打折的税务处理各不相同；最后，发票开具规范不同。

折扣销售，是指销货方在销售货物或应税劳务时，由于购货方购货数量较大等原因，而给予购货方的价格优惠。税法规定折扣销售是先折扣后销售，但必须将价款和折扣额在同一张发票上分别注明，才可以以折扣后的价款为销售额；若未在同一张发票上分别注明的，则以价款为销售额，不得扣除折扣额。若将折扣额另开发票，不论其在财务上如何处理，都不得从销售额中减除折扣额。例如，某试点纳税人提供应税服务的价款为100元、折扣额为10元，如果将价款和折扣额在同一张发票上分别注明的，以90元为销售额；如果未在同一张发票上分别注明的，以100元为销售额。具体要点的理解与把握：①价款和折扣额在同一张发票上分别注明是指价款和折扣额在同一张发票上的“金额”栏分别注明的，以折扣后的价款为销售额征收增值税。未在同一张发票“金额”栏注明折扣额，而仅在发票的“备注”栏注明折扣额的，折扣额不得从价款中减除。②如果允许对销售额开一张销货发票，对折扣额再开一张退款红字发票，就可能造成销货方按减出折扣后的销售额计算销项税额，而购货方却按未减出折扣额的销售额及其进项税额进行抵扣，显然会造成增值税计算征收上的混乱。

销售折扣（现金折扣）不同于折扣销售，是指销货方在销售货物或应税劳务后，为了鼓励购货方及早偿还货款，而协议许诺给予购货方的一种折扣优待（如2/10、1/20、n/30，即：10天内付款，折扣2%；依次类推）。销售折扣与折扣销售先折扣后销售不同，是先销售后折扣，折扣发生在销售之后，不属于销售行为，而是一种融资性质的理财费用，因此销售折扣不得从销售额中减除，也不允许开具红字发票冲减销售额。

销售折让（价格折让），是指纳税人销售货物后，由于品种、质量等原因购货方未予退货，而要求销货方给予一定的价格折让，销售方可以按折让后的货款作为销售额。销售折让实际是由于货物品种、质量等不符合要求而造成的销售额的减少，要以折让后的销售额作为计税销售额。在核算时，由于销售折让不具备费用的属性，因此，应当将其作为收入的抵减数处理，可按规定开具红字增值税发票冲减收入。

以旧换新，是指纳税人在销售自己的货物同时，有偿收回旧货物的行为。依照税法规定，采取以旧换新方式销售货物的，应按新货物的同期销售价确定销售额，不得扣减旧货物的收购价格。金银首饰的以旧换新业务，则可以按销售方实际收取的不含增值税的全部价款确定销售额（例外）。这意味着，除了金银首饰以外的其他商品货物，要按照新品同期售价确认收入，回收的旧品价格不能冲抵收入。在会计处理上，新品销售按照销售处理，旧品按照产品采购处理，以旧换新补的差价和旧品的公允价值作为销售收入，而旧品公允价值作为存货计量。

还本销售，是指销售方在销售货物后，在一定期限内一次或分次退还购货方全部或部分价款的销售方式。这种方式实际上是一种筹集资金行为，是以货物换取资金的使用价值、到期还本不付息的方法。税法规定，采取还本不付息的方式销售货物，其销售额就是货物的销售价，不得从销售额中减除还本支出。

以物易物，是一种较为特殊的购销活动，是指购销双方不是以货币相互结算，实现货物购销的销售方式。税法规定，以物易物，双方都应作购销处理，并以各自发出的货物核算销售额、计算增值税销项税额，以各自收到的货物按规定核算购货额、计算增值税进项税额。

企业以买一赠一等方式组合销售本企业商品的，按《国家税务总局关于确认企业所得税收入若干问题的通知》（国税函〔2008〕875 号）第三条中企业以买一赠一等方式组合销售本企业商品的，不属于捐赠，应将总的销售金额按各项商品的公允价值的比例来分摊确认各项的销售收入。假如商品的不含税价格为 100 元，赠品的价格为 10 元，则增值税的处理是：若商品和赠品开在同一张发票上，赠品不视同捐赠不缴纳增值税，此时按照 100 元计算；若只开具商品发票，赠品没有一起开具，赠品要视同捐赠要缴纳增值税，此时按照 110 元计算。所得税的处理是：买一送一的赠品不视同捐赠，应将销售总额按照商品和赠品的公允价值比例分摊各自确认销售收入，此时按照 100 元计算。

售后回购，是指销售商品的同时，销售方同意日后重新买回所销商品的销售。《企业会计制度》规定，在售后回购业务中，在通常情况下，所售商品所有权上的主要风险和报酬没有从销售方转移到购货方，因而不能确认相关的销售商品收入。会计按照“实质重于形式”的要求，视同融资进行账务处理。若回购价格大于原售价，应在销售与回购期内按期计提利息费用，计提的利息费用直接计入当期财务费用。税法上则把售后回购业务视为销售、购入两项经济业务。在实际交易中，企业销售时已按规定开具发票并收取价款，这已构成计税收入。同时按照税法规定，企业在销售时还应该计征城市维护建设税、教育费附加和企业所得税。重要区别在于，会计上对售后回购业务不确认为销售商品，而按照“实质重于形式”原则，视同融资做账务处理。而税法上则把售后回购业务视为销售、购入两项经济业务处理。

（2）不同结算方式下对销售收入管理和控制的要点。不同的结算方式往往会影响纳税义务发生的时间，确认收入是否实现，不一定要实际收到款项，而是看是否符合税法规定的纳税义务发生时间的条件。例如，在赊销方式下，合同没有签订或者合同上没有签订收款日期，这时发出货物就要做销售收入，而货款没有实际收到；在分期付款的结算方式下，按照合同约定的收款时间确认销售收入就可以了。为了不提前垫付税金，在销货款无法及时全部收回的情况下，往往要选择委托代销或分期收款方式。

案例 5－1 从事机械制造的 A 公司与黑龙江 B 农场签订了一份购销合同，A 公司向 B 销售一批农用机械，不含税总价值 2000 万元。农场由于资金问题，要求先付 1000 万元货款，另外的 1000 万元 3 个月后支付。合同中的付款方式选用下列哪种方式对 A 有利？（1）普通的赊销；（2）商业汇票；（3）分期付款。增值税率为 13%。

案例分析：方案（1）采用普通赊销，A 销售商品后开具发票当月就得计算增值税销项税，但还有 1000 万元货款没有收到，就需要垫付增值税 130 万元。

方案（2）采用商业汇票结算，A 销售商品后收到一张 3 个月期商业汇票，A 在没有拿到 1000 万元货款情况下，还需要垫付 130 万元的增值税款。如果是银行承兑汇票，3 个月后按期收到款项；如果是商业承兑汇票，到期若对方无款支付，则汇票到期时企业仍然拿不到钱。虽然 A 持商业汇票到开户行办理贴现，但需要额外支付贴现利息。

方案（3）采用分期收款结算，A 与 B 签分期收款合同，约定交货时付款 50%，其余的 50% 货款 3 个月后付款。这样，收到第一笔 1000 万元只开具相同数额的发票，当月只按 1000 万元计算交纳增值税。与前两种方式相比，相当于得到 3 个月 130 万元的无息贷款。方案（3）有利。

（3）不同业务类型下对销售收入管理和控制的要点。无论是销售商品货物、提供劳务服务，还是转让无形资产、销售不动产等其他类别的交易内容，最关键的是注意税法关于纳税义务发生时间的规定，即符合税法规定的纳税义务发生时间条件的就要确认收入。要注意在不同业务情形下销售收入的确认条件及判定要素，例如，货物已发出，服务劳务已提供、价款已收到，发票已开具，已办妥托收手续，或者是合同签订的收款日期等，这成为各种不同的销售情形下关键所在，需要认真甄别和把握。从税收上来讲，销售收入实现的核心原则是商品货物的所有权发生转移；从会计上来讲，销售收入确认的核心原则是所售商品货物的“控制权转移”。所有权也好控制权也罢，实质上就是所售商品货物的管理权、控制权以及相应的风险转移到购买方。

有些情况下，不同业务类型决定着销售收入的性质，因而会适用不同的税率。例如，海运和空运业务当中的干租、湿租和光租、程租，其实干租与湿租、光租与程租最大的不同是，是否配备驾驶人员，不配备驾驶人员的就是租赁设备（轮船或飞机）；反之，就是提供运输劳务。这样一来两者之间的收入性质就有非常大的不同，因而在增值税征收上，前者适用动产租赁业务，征收13%的增值税，后者适用运输劳务，征收9%的增值税。可见，收入性质的确认与划分十分重要，在开展该项业务之前要未雨绸缪。

案例5－2 甲公司20×7年1月为乙公司提供一次光租业务，收费200万元，相关成本费用为100万元，相关可抵扣进项税额为15万元，若提供期租业务，自身多支出成本费用50万元，需要收费250万元，相关可抵扣进项税额为20万元。若提供程租业务，自身多支出成本费用100万元，需要收费300万元，相关可抵扣进项税额为23万元。

请对上述业务进行纳税筹划。

案例分析：《财政部 国家税务总局关于全面推开营业税改征增值税试点的通知》（财税（2016）36号）规定：水路运输的程租、期租业务，属于水路运输服务，按照交通运输服务缴纳增值税，适用11%的增值税税率（2019年4月1日起税率为9%）。程租业务，是指运输企业为租船人完成某一特定航次的运输任务并收取租赁费的业务。期租业务，是指运输企业将配备有操作人员的船舶承租给他人使用一定期限，承租期内听候承租方调遣，不论是否经营，均按天向承租方收取租赁费，发生的固定费用均由船东负担的业务。

水路运输的光租业务，属于经营性租赁，按照有形动产经营租赁服务缴纳增值税，适用17%的增值税税率（2019年4月1日起税率为13%）。光租业务，是指运输企业将船舶在约定的时间内出租给他人使用，不配备操作人员，不承担运输过程中发生的各项费用，只收取固定租赁费的业务活动。

筹划思路：水路运输的程租、期租业务，属于水路运输服务，按照交通运输服务缴纳增值税，适用9%的增值税税率；水路运输的光租业务，属于经营租赁，按照有形动产经营租赁服务缴纳增值税，适用13%的增值税税率。因此，就税率筹划来看，企业应当尽量提供程租、期租业务，以适用较低的增值税税率。

方案一：提供光租业务

应纳增值税＝200÷（1＋13%）×13%－15＝8.00（万元）

应纳城建税和教育费附加＝8.00×（7%＋3%）＝0.80（万元）

税后利润［200÷（1＋13%）－100－0.80］×（1－25%）＝57.14（万元）

方案二：提供期租业务

应纳增值税＝250÷（1＋9%）×9%－20＝0.64（万元）

应缴纳城建税和教育费附加＝0.64×（7%＋3%）＝0.064（万元）

税后利润＝［250÷(1＋9%)－100－50－0.064］×(1－25%)＝79.29（万元）

方案三：提供程租业务

应纳增值税＝300÷（1＋9%）×9%－23＝1.77（万元）

应纳城建税和教育费附加＝1.77×（7%＋3%）＝0.177（万元）

税后利润＝［300÷(1＋9%)－100－100－0.177］×(1－25%)＝56.29（万元）

结论：方案二比方案一多获得税后利润22.15万元，比方案三多获取税后利润23万元。因此应当选择方案二。不过相对于水路运输的光租业务来说，运输企业需要承担一定的责任。如何做出选择，除了税率因素之外，还要考虑价格因素，因为实现税后利润最大化是根本目标。因此，提供水路运输业务的企业应当按照这种推演思路权衡利弊、综合考虑。

［链接］航空运输企业的干租和湿租服务与水运企业的光租、期租及程租服务类似，关键看是否含人，如果含人，就是提供劳务服务，否则就是提供有形动产租赁服务，两者的税率存在差异，这就为税收筹划提供可能。

（4）销售合同签订过程中对销售收入管理和控制的要点：

一是规划约定的收款日期。税法规定，在分期收款方式下，以合同约定的收款日期为纳税义务发生时间；如果没有签订合同或者签订合同中没有约定收款日期，则以发出商品为纳税义务发生时间。采取预收货款方式销售货物，为货物发出的当天，但生产销售生产工期超过12个月的大型机械设备、船舶、飞机等货物，为收到预收款或者书面合同约定的收款日期的当天。这里收到预收款和合同约定哪天为具体收款日期是关键。因此，要与对方签订销售合同并在合同中明确具体的收款日期或结算方式，利用纳税义务发生时间来达到推迟纳税。

二是规划委托代销方式下销售收入的确认时间。委托代销方式下，纳税义务发生时间为收到代销单位的代销清单或者收到全部或者部分货款的当天。未收到代销清单及货款的，为发出代销货物满180天的当天。若受托方以买断式代销，则以商品发出时为纳税义务发生时间。因此，一般情况下供货方要在收到受托方开具的代销清单时要开具增值税发票，注意有个例外，就是当发出代销货物满180天的时候要强制做收入，不论是否收到代销清单。在买断式代销情况下，如果不能及时收回货款，由于发出商品就要做收入，并计提销项税，这对企业是不利的，应该采取有利的代销方式（受托方收取手续费而不是买断）。

三是规划合同签订方，避免形成混合销售。混合销售中会存在适用不同税率或征收率的货物及服务劳务，按照税法规定从高税率征税，因而给企业增加税收负担。为此，应将不同税率的业务收入分别给不同的企业做，具体操作上，就是由本企业与购买方签订供货合同，再将劳务服务安排自己的子公司或关联公司去与相同购买方签订一纸合同。当然，还可以在具体交易价格上进行规划。

（5）兼营过程中收入的管理与控制要点。应注意对兼营的各类业务收入分别核算，分别适用不同的税率和征收率缴税，或者享受相应业务的减免税，否则要全额从高税率纳税。因此，要对取得的不同业务收入精准做好会计核算。在税务处理上要明确兼营与混合销售的区别。构成混合销售必须同时符合以下两点：一是其销售行为必须是一项，二是该项行为必须即涉及服务又涉及货物；在一项销售行为中是面对一个购买方，所销售的货物与服务之间存在必然的联系，有因果关系。然而，兼营行为是在不同的时间面对不同购买方的销售行为，且各项业务之间没有必然的联系，不存在因果关系。

（6）不同销售对象下对销售收入管理和控制的要点：

一是出口销售，记账汇率的选择。发生出口业务，一定要注意将外币换算成人民币记账本位币这个重要环节。选择不同的记账汇率会产生不同的销售收入，进而会影响企业利润。因此，应利用汇率变化，选择有利于企业的记账汇率，这存在汇率选择的问题。要注意，选择销售业务发生当日或者当月1日记账汇率，事先确定之后一年内不得变更。这需要对汇率变化趋势进行长期跟踪和预测。

案例5-3 某商业企业进货时用人民币结算，销货时用美元结算。进货单价为1000元人民币，销货单价为180美元。某月1日美元对人民币汇率为

1:6.8，某月16日发生进货成本10万元、销售收入为18000美元，当日汇率为1:6.6。该企业应如何选择它的汇率来计算呢?

[解析]

若按当日汇率计算:

销售额 = 18000 × 6.6 = 118800（元）

应纳增值税 = 118800 × 13% − 100000 × 13% = 2444（元）

如果按当月1日汇率计算:

销售额 = 18000 × 6.8 = 122400（元）

应纳增值税 = 122400 × 13% − 100000 × 13% = 2912（元）

由于该企业预先选择了销售发生当日汇率，因此可节税468元（2912 − 2444）。

[要点] 因为税法规定所选择汇率一年内不得变更，所以该案例中提前准确预测人民币升值的总体趋势是关键。

二是内销给最终消费者或者个人，注意价格的管理。当生产企业销售给最终消费者，销售价格往往要高于供应给企业单位（用于生产经营）的价格。作为生产销售应税消费品的企业，要注意这种价格上的不同会使企业税负增加，缴纳更多的消费税。应当按照消费税缴纳的环节，选择采用相应的价格管理方法。例如，由生产环节缴纳消费税的企业，可以出厂价销售给自己的销售公司，由销售公司卖给最终消费者。

案例5－4 某酒厂主要生产粮食白酒，本地的一些零售户、酒店及消费者每年到酒厂直接购买的白酒2000箱（每箱12瓶，每瓶500克）。酒厂销售给本地的商业批发部的价格每箱1200元（不含税），销售给零售户、酒店及消费者的价格为每箱1400元（不含税）。直接销售给零售户、酒店、消费者白酒的纳税情况：应纳消费税 = 1400 × 2000 × 20% + 12 × 2000 × 0.5 = 572000（元）

[方案设计] 设立销售公司，先将白酒销售给自己的销售公司，再由销售公司卖给零售户、酒店及消费者。

该厂应纳消费税 = 1200 × 2000 × 20% + 12 × 2000 × 0.5 = 492000（元）

减轻消费税税负80000元。

[税收风险提醒] 应税消费品计税价格明显偏低且无正当理由的，由主管税务机关核定其计税价格。因此，也不能将卖给销售公司的价格定的偏低。

2. 递延法

即收入（税基）总量不变，合法推迟纳税义务发生时间。推迟收入确认时间可以实现递延纳税，从而实现货币的时间价值；在通货膨胀环境下，推迟收入实现时间的效果更为明显。因为通货膨胀使企业的名义收入（利润）增加，在有差别的比例税率和累进税率条件下，往往导致税率爬升，纳税义务增加，企业税负加重，进而降低企业当期的偿债能力和购买能力。推迟收入确认时间和递延纳税，会防止税率自动爬升，有效缓解企业资金压力，保持企业充分的资金流动性，提升企业应对风险的能力。

另外，纳税环节、抵扣环节、纳税时间、纳税地点是递延纳税筹划法的关键。纳税人可以通过合同控制、交易控制及流程控制延缓纳税时间，也可以合理安排进项税额抵扣时间和企业所得税预缴、汇算清缴的时间及额度，合理推迟纳税。

案例 5－5 某造纸厂 7 月向汇文文具商店销售白板纸 113 万元（含税价格），货款结算采用销售后付款的方式，汇文商店 10 月只汇来货款 33.9 万元。对此类销售业务，该造纸厂应如何进行税收筹划呢?

［解析］此笔业务，由于购货方是商业企业，并且货款结算采用销售后付款的方式，因此可以选择委托代销模式，即按委托代销结算方式进行税务处理：该造纸厂 7 月可以不计算销项税额，10 月按收到代销单位的销货清单后确认销售额，并计提销项税额：$33.9 \div (1+13\%) \times 13\% = 3.9$（万元）。

对尚未收到销货清单的货款，可以暂缓申报、计算销项税额。如果不按委托代销结算方式处理，则应计提销项税额：$113 \div (1+13\%) \times 13\% = 13$（万元）。

因此，对于此类销售业务，选择委托代销结算方式可以实现递延纳税。

3. 分解法（分劈法，化整为零）

税法对不同纳税人身份采用不同的税收政策。例如，增值税法对一般纳税人和小规模纳税人分别采用一般计税方法和简易计税方法；对年应税销售额超过 500 万元的、会计核算健全的，要登记为一般纳税人；对小规模纳税人税收上给予一定的税收减免。企业所得税法对小微企业采取 20% 的低税率，并在此基础上增加了税收减免。作为小规模纳税人和小微企业，获得的税收减免的确助力企业发展，对于企业来讲有一定的吸引力。特别是在疫情防控期间或者经济形势不稳定的情况下，获得更多税收减免是企业发展的内在诉求。因此，当企业的销售收入达到税法规定的临界点前，需要在日常工作中全面开展收入控制与规划。到第四季度要审视各项指标的变化趋势，例如，小型微利企业要控制企业资产、人员和应纳税所得额三项指标，若应纳税所得额超过300万元，就要想办法压下来，如扩大开支；若三项指标增长幅度过大的话，则可以考虑将业务分解为两个单元，分设出两个独立的法人公司，每个公司都可以享受税收减免。

有的企业拥有自己的核心自主知识产权（专利技术），但不符合税务上的高新技术企业标准。因为高新技术企业纳税资格认定条件很多，如果其中有一项不符合条件就不能达标，无法享受高新技术企业税收优惠。例如，若收入的构成中高新技术产品收入的比例低于80%的话，则可以考虑将企业“瘦身”，就是把非高新技术产品收入剥离掉，使符合收入构成的比例。

4. 转移法

简单地讲，就是将公司收入转移到能够享受税收优惠的项目、地区或者关联公司等税收洼地，从而建立公司自己的利润池。增值税和所得税都有一些项目式优惠，只要符合项目优惠条件的都能够享受。公司可以做大做强这些项目，扩大相应的项目收入，可以考虑合理转移一些收入过来，改变公司收入的结构，从而实现降低税负的目的。税收还有些地区优惠，可以考虑在低税率地区设立公司，建立自己的利润池企业（profit pool company），将业务收入逐步转移过去。

5. 产业链法

现在企业竞争模式已经发生很大变化，即逐步由单个企业之间、产品之间的价格竞争变成产业链之间的竞争。一个产业链内部上下游企业之间也要改变过去那种各自为战的做法，取而代之的是相互之间达成某种默契，不但市场经营方面形成良好的协作关系，而且还要在如何降低交易成本（如税收成本）方面协调配合，共同应对竞争对手施加的竞争压力，使整个产业链健康发展，不断强化竞争优势。换言之，产业链内部各企业之间要达成共识，构建产业链命运共同体，共同作好价格设计和利益分配，精诚合作，以实现产业链整体利益最大化目标。具体做法可以包括：产业链内部上下游企业之间进行并购或者资产重组，改变各企业之间的收入结构，通过改变业务合作模式来降低整体税收负担和相关成本。

案例5-6 不同经营方式的税务规划。

某企业与客户签定的合同金额为5万元，合同中约定的付款期为40天，如果客户 在20天内付款，将给予其3%的折扣。由于企业采取的是销售折扣方式，折扣额不能从销售额中扣除，企业应按照5万元的销售额计算销项税，即50000×13%=6500（元）。应如何筹划？

方案1：承诺给予对方3%折扣的同时，将合同约定的付款期缩短为20天。则可以将折扣额与销售额在同一张发票上体现，按折扣后的价格计算增值税销项税=50000×（1-3%）×13%=6305（元）。节税195元。

方案2：企业主动压低价格，将合同金额降低为4.85万元，相当于给予对方3%折扣后的金额。同时在合同中约定，对方企业超过20天付款加收1500元滞纳金。这样企业的收入并没有受到实质性影响，并且如果对方在20天之内付款，可以按照4.85万元的价款给对方开具专用发票，并计算6305元的销项税。如果对方没有在20天之内付款，企业可向对方收取1500元的滞纳金，并以“全部价款和价外费用”，即按照5万元计算销项税。这也符合税收规定。

结论：降价销售一方面会产生减少利润的负面效应，另一方面又会产生促销和节税的正面效应。

[筹划技巧] 如果企业面对的是一个信誉良好的客户，销售货款回收风险较小，则可考虑通过修改销售合同，将销售折扣方式转换为折扣销售方式。

案例5-7 莫成套销售应税消费品。

某酒厂生产粮食白酒和药酒（属于“其他酒”），将两种酒的小瓶装组成礼品套酒（粮食白酒500克/瓶、药酒250克/瓶）。2020年9月生产粮食白酒10吨，其销售收入56万元，生产药酒5吨，其销售额18万元，上述两种酒的小瓶装礼品套酒共计15000套，销售额为96万元。

筹划策略：对套酒分别计价，合理进行分别销售，分别核算。

若分别销售、分开核算：

粮食白酒销售单价=560000÷20000（10吨）=28（元/500克）

药酒的销售单价=180000÷10000（5吨）=18（元/500克）

白酒复合计税，一套中白酒应纳消费税=1×0.5+28×20%=6.1（元）

药酒从价定率计税，一套当中药酒应纳消费税=18÷2×10%=0.9（元）

15000套两种酒合计应缴纳消费税=（6.1+0.9）×15000=105000（元）

若成套销售，则全部按照白酒税率计算纳税：

一套当中药酒应纳消费税=18÷2×20%+1÷2×0.5=4.3（元）

一套当中白酒应纳税6.1元

15000套两种酒合计应纳消费税 =（4.3 + 6.1）×15000 = 156000（元）

成套销售多缴纳消费税 = 156000 − 105000 = 51000（元）

[筹划策略] 需要将不同税率的商品组成套装销售时，应当采取“先销售后包装”的方式进行核算。

案例5－8 以物易物的税务规划。

大卡摩托车生产企业，当月对外销售同型号的摩托车（汽缸容量在250毫升以上的）时共有三种价格，以4000元的单价销售50辆，以4500元单价销售10辆，以4800元的单价销售5辆。当月以20辆同型号的摩托车与甲企业换取原材料。双方按当月的加权平均销售价格确定摩托车的价格，摩托车消费税税率为10%。

按税法，应交纳消费税 = 4800（最高价）×20×10% = 9600（元）

[筹划方案] 先将这20辆摩托车按照当月的加权平均单价销售后，再购买原材料。

则应纳消费税

=（4000×50 + 4500×10 + 4800×5）÷（50 + 10 + 5）×20×10%

= 8276.92（元）

消费税节税额 = 1323.08元。

[要点] 税法规定，纳税人用应税消费品进行投资、换取生产资料和消费资料以及抵偿债务等，应当按纳税人销售同类应税消费品的最高销售价格作为计税依据计算缴纳消费税。这将加重税负，因此，需要对价格进行规划。

案例5－9 先买后配筹划。

某汽车厂家生产两款车，第一款为高档配置，装有ABS、气囊、真皮座椅、豪华音响、防盗器、天窗、中控锁等，不含税销售价格为20万元，消费税税率5%，则其应纳消费税为10000元。第二款车，装有ABS、气囊，但没有后几项配置，价格17万元，缴纳消费税8500元。对厂家来说，如果其第一款车销售没有任何问题，当然会获取更大的利润。但是，许多消费者觉得价格太贵，认为高档音响、中控锁没有什么用，但喜欢真皮座椅、天窗、高级防盗器。这样，这些消费者就对两款车都不满意，很可能就不购买。

[销售策略] 采取“先买后配”办法。

消费者先买低配置车型，后再由厂家的特约维修站或其他机构为其配置真皮座椅、天窗、高级防盗器。假定真皮座椅价格为4000元，天窗6000元，高级防盗器3000元，合计13000元，如果是原车配置，厂家需要就该部分价款交纳650元消费税。车卖出后再装配，可以省掉650元消费税。

消费者：一是省掉不需要的配置钱，二是也少缴车购税（购车发票金额 $\div(1+13\%)\times10\%$）。三是节省一部分保险费和车购税。

案例5－10 产业链税务规划。

甲公司为了有效降低采购成本，在某市投资设立了上游企业丙公司，丙公司将生产的成品A产品销售给甲公司，作为甲公司的主要材料用于继续深加工；最后加工成B产品销售，B产品的加工周期较长，一般为2年。

已知甲、丙公司均为增值税一般纳税人，增值税率为13%，城建税率为7%，教育费附加征收率为3%，企业未享受税收优惠，适用税率为25%。按2018年度财务预算分析，当年甲公司计划购入丙公司的A产品60000万元，并全部投入用于加工B产品，预计至2019年才加工完成并销售。假定丙公司产品销售利润率为20%。甲公司2018年实现销售收入100000万元，发生业务招待费800万元；丙公司2018年实现销售收入60000万元，发生业务招待费100万元。

方案一，母、子公司形式。

丙公司销售A产品60000万元给甲公司，以产品销售利润率20%计算，

当年实现利润总额 $60000\times20\%=12000$（万元）

应缴企业所得税 $12000\times25\%=3000$（万元）

销售A产品应按购销合同金额缴印花税 $60000\times0.3‰=18$（万元）

甲公司购入A产品应缴印花税 $60000\times0.3‰=18$（万元）；购销业务合计应缴印花税 $18+18=36$（万元）

甲公司购入丙公司的A产品用于继续加工，加工周期较长，产成品在第二年才销售。增值税方面，因双方为增值税一般纳税人，在凭票扣税的政策下，发生的购销业务可及时抵扣，不存在时间差问题。

税法规定，企业发生的与生产经营活动有关的业务招待费支出，按照发生额的60%扣除，但最高不得超过当年销售（营业）收入的5‰；

（双限定：i. 60%；ii. 5‰）

甲公司发生业务招待费800万元，为此可税前扣除 $800\times60\%=480$（万元）［低于 $100000\times5‰=500$（万元）］；

丙公司发生业务招待费100万元，可税前扣除100×60% =60（万元）［低于60000×5‰=300（万元）］；

两公司合计发生业务招待费800+100=900（万元），可税前扣除的业务招待费480+60=540（万元），招待费可抵税540×25% =135（万元）。

方案二，总、分公司形式。丙公司作为甲公司的分公司，不能独立承担债权债务和承担民事权利，根据《国家税务总局关于企业处置资产所得税问题的通知》（国税函〔2008〕828号）的规定，企业发生下列情形的处置资产，除将资产转移至境外以外，由于资产所有权在形式和实质上均不发生改变，可作为内部处置资产，不视同销售确认收入，相关资产的计税基础延续计算。

（一）将资产用于生产、制造、加工另一产品；

（二）改变资产形状、结构或性能；

（三）改变资产用途（如自建商品房转为自用或经营）；

（四）将资产在总机构及其分支机构之间转移；

（五）上述两种或两种以上情形的混合；

（六）其他不改变资产所有权属的用途。

企业所得税：甲公司使用分公司的产品，只作为内部处置资产，不视同销售确认收入，不计缴企业所得税；

印花税：因是总机构及其分支机构之间转移资产不需签订购销合同，不缴印花税。

增值税：按照增值税有关规定，设有两个以上机构并实行统一核算的纳税人，将货物从一个机构移送到其他机构用于销售，但相关机构设在同一县（市）的除外，应视同销售，两家公司设在同一市区，增值税不需视同销售处理。

两公司合计发生业务招待费100+800=900（万元），可税前扣除的业务招待费100000×5‰=500（万元）［低于900×60% =540（万元）］，业务招待费可抵税500×25% =125（万元）。

很显然，方案二中，丙公司所销售的A产品的利润在2018年不计缴企业所得税，而是在2019年随着甲公司销售B产品，确认销售收入和甲公司实现的利润一并计税，相当于可延迟一年缴纳，按年利率6%计算，可节约银行借款利息3000×6% =180（万元），可少缴印花税36万元；

相对于方案一，以上两项合计税后多获利（180+36）×（1-25%）=162（万元），不过，方案一比方案二多在税前扣除业务招待费，而多抵税135-125

=10（万元）。

结果方案二较方案一税后多获利162－10=152（万元），采取方案二为好。

第二节　税收与成本管理

《企业所得税法实施条例》规定，计算应纳税所得额时准予扣除的项目，是指与纳税人取得的收入有关的、合理的支出，包括成本、费用、税金、损失和其他支出。

税法在此所指的成本，是指公司为生产、经营商品和提供劳务等所发生的各项直接成本和间接成本，包括销售成本、销货成本、业务支出以及其他耗费，与一般会计意义上的成本概念有所不同。会计上的成本，是指公司在生产产品、提供劳务过程中劳动对象、劳动手段和活劳动的耗费，是对象化的费用，是针对一定产出对象计算归集的。在实务中，成本一般包括直接材料、直接人工、燃料和动力、制造费用。税法中成本归集的内容不仅包括公司的主营业务成本，还包括其他业务成本和营业外支出。

一、成本对税收的影响

（1）企业生产经营成本高，企业销售收入中增值额（产品附加值）就低，会减低增值税；同时减低企业利润和企业所得税。

（2）企业生产经营成本低，产品附加值相对就高，增值税中的销项税就多，进项税就相对少，企业利润率也会高，应纳增值税和所得税也就多，企业的税负就会比较高。

（3）企业生产经营成本变化小，会使企业各期缴纳的税款保持相对均衡，不会出现缴税数额大起大落的情况，否则会给企业的资本运作带来不确定预期，而且会形成大量的现金流出和税收负担。

二、成本的确认与计量原则

（1）合法性原则。指计入成本的费用都必须符合法律、法令、制度等的规定。不合规定的费用不能计入成本。

（2）可靠性原则。包括真实性和可核实性。真实性就是所提供的成本信息与客观的经济事项相一致，不应掺假，或人为地提高、降低成本。可核实性指成本核算资料按一定的原则由不同的会计人员加以核算，都能得到相同的结果。真实性和可核实性是为了保证成本核算信息的正确可靠。

（3）相关性原则。包括成本信息的有用性和及时性。有用性是指成本核算要为管理当局提供有用的信息，为成本管理、预测、决策服务。及时性是强调信息取得的时间性。及时的信息反馈，可及时地采取措施，改进工作。而这时的信息往往成为徒劳无用的资料。

（4）分期核算原则。企业为了取得一定期间所生产产品的成本，必须将川流不息的生产活动按一定阶段（如月、季、年）划分为各个时期，分别计算各期产品的成本。成本核算的分期，必须与会计年度的分月、分季、分年相一致，这样可以便于利润的计算。

（5）权责发生制原则。应由本期成本负担的费用，不论是否已经支付，都要计入本期成本；不应由本期成本负担的费用（即已计入以前各期的成本，或应由以后各期成本负担的费用），虽然在本期支付，也不应计入本期成本，以便正确提供各项的成本信息。

（6）实际成本计价原则。生产所耗用的原材料、燃料、动力要按实际耗用数量的实际单位成本计算、完工产品成本的计算要按实际发生的成本计算。虽然原材料、燃料、产成品的账户可按计划成本（或定额成本、标准成本）加、减成本差异，以调整到实际成本。

（7）一致性原则。成本核算所采用的方法，前后各期必须一致，以使各期的成本资料有统一的口径，前后连贯，互相可比。

（8）重要性原则。对于成本有重大影响的项目应作为重点，力求精确。而对于那些不太重要的琐碎项目，则可以从简处理。

三、成本的管理与控制

（一）影响成本的的关键因素

1. 市场因素

一是生产要素的价格。包括资本、土地、劳动、生产资料、技术要素和物流服务的价格。因此，公司在生产经营过程中要不断关注这些因素，对各种市场价格进行对比分析，选择比较合理的价格。

二是供货商的身份。供应商身份不同，提供的价格可能也不同。例如，从一般纳税人和小规模纳税人那里购进货物，其价格会有差异，这主要是因为两者适用的税率不同，一般纳税人适用标准税率，小规模纳税人则适用征收率，两者提供的进项税发票抵扣率相差明显；因此，小规模纳税人会压低价格销售，以弥补进项税抵扣的不足，从而会降低进货成本，这看起来会带来一定利润，但也会提高当期增值税应纳税额。

三是汇率和利率的变化。有时候企业需要通过贷款购进货物和固定资产，这时利率水平影响购进的实际成本，所支付的利息往往要记录到资产的原值当中；如果采用外币付款，那么又要扯上汇率问题，当时汇率的水平也影响着资产的人民币价格，两者都对公司的盈利情况有显著影响。采用什么汇率和利率，是需要研究的问题。

2. 制度因素

第一，采用权责发生制还是收付实现制。税法和会计似乎都同时采用这两种核算制度，只不过有所侧重。在多数行业里，采用的是权责发生制，或者以权责发生制为主，在金融业里，基本采用收付实现制或者以收付实现制为主。不同的记账规则会对企业成本有影响。体现在所记录成本在时间上存在差异。

第二，税会之间的差异。税务处理与会计处理之间存在永久性差异和时间性差异，在做税会处理时，要注意两者之间的上述差异对成本的影响，防范成本管理中的税收风险。

第三，不同的成本核算方法影响成本水平。例如，选取不同的存货计价方法和固定资产折旧方法，对企业成本、利润及纳税金额的影响是不同的。若在物价持续下跌时采用先进先出法，就可使期末存货成本降低，本期销货成本增加，利润减少，应纳税所得额减少，把减少的应纳税额延期到以后年度缴纳；反之或在市场价格上下波动时，采用加权平均法或移动加权平均法，可以避免企业利润的波动，使企业的应纳税所得额保持一定的稳定性。若采取固定资产加速折旧方法，将会使前期利润减少，递延缴纳企业所得税。

第四，增值税进项税抵扣政策影响成本。按照现行增值税税法规定，一般纳税人企业购买原材料、动力、设备和不动产所支付的增值税（进项税），可以在其当期的销项税中抵扣，对不符合抵扣条件的进项税要做进项税转出处理，并计入所购物资的成本或原值当中。因此，所取得的进项税发票能否参与抵扣，直接影响当期成本。另外，由于税法对企业购买员工的劳动所支付的工资中没有进项税可抵扣，企业往往更愿意购买能够抵扣进项税的设备，因而就改变了产品成本的构成，即物化成本和人工成本的构成比例，进而会导致企业整体利润水平的变化。

第五，企业所得税制度中，对收益性支出和资本性支出如何控制会影响成本大小。例如，固定资产改良和大修理支出要根据税法规定的条件进行税务处理，符合条件的就作为资本性支出处理；反之，就作为收益性支出处理。作为收益性支出会提高当期成本费用，而作为资本性支出则会均匀地分摊到以后各期的成本当中。公司要根据企业实际，合理分摊各项支出。

3. 人为因素

除了上述市场因素和制度因素以外，人为因素也是造成成本增加或者减少的关键因素。其中，最明显的表现在以下几点：

一是企业自身的技术水平和员工操作技能。生产加工同样的产品，采取不同的技术手段，由不同技能的员工操作都会产生不同的成本效果。产品本身的技术含量高或者生产设备先进，加上员工技能娴熟，最终会生产出高质量的产品，而且效率很高，相应所耗费的原材物料就少，产品成本就低；反之，产品成本就高。

二是关联公司之间通过转让定价的方式人为抬高或者压低成本，形成高进低出或低进高出的现象，导致公司的成本扭曲，偏离合理的市场成本。其目的一般是转移公司利润。

三是企业由于管理不善或者违法违规而遭受损失，符合这两个条件的非正常损失所包含的进项税额不得从销项税额中抵扣，作进项税转出处理；另外，企业在年终存货盘点工作中，也会形成一定的盘盈盘亏，由此会影响公司的成本。

（二）成本管理与控制的关键点

从上面影响成本的诸因素分析，可以得知成本管理和控制的几个关键点。

1. 如何选择合格的供应商

从一般纳税人购进货物服务，能取得增值税专用发票，有标准税率的进项税抵扣；从小规模纳税人购进货物服务，只能取得征收率抵扣发票，但同时对方可能会在价格上给予一定优惠。再就是注意不得抵扣增值税进项税额具体包含哪些情形，原则上企业购买货物之后所产生的进项税尽量得到抵扣，尽可能地从符合该要求的供货商那里进货；若从免税（免征增值税）单位购进货物，则没有进项税抵扣；这也是需要注意的问题，要考虑价格是否合适，这要看具体情况而定。

2. 如何安排生产以及如何进行生产成本核算

第一，产品设计和生产的产品结构会影响产品成本（包括税收成本）。例如，在应税消费品生产过程中，产品的设计可能会提高应税消费品的税率，如轿车生产，增加排气量和提高汽车的性能标准都会使该款车型适用高税率，且成本也随之增加；再如卷烟生产，生产甲类卷烟与乙类卷烟分别适用不同的税率；形成不同规格的产品所负担的税收成本不同。因此，就出现一种现象，就是公司生产不同规格类型的产品的成本率不同，换言之，就是给公司带来的产品利润有差别，甚至有很大差别。因此，有必要根据公司的情况，对产品生产结构进行运筹。

第二，会计核算的方法影响产品的成本。例如，对存货计价方法的选择，选择不同的计价方法，对企业成本、利润及纳税金额的影响是不同的。在物价持续下跌时，采取先进先出法会使本期销货成本增加，从而减少当期应纳税所得额，将减少的应纳税额延期到以后年度缴纳；若在物价上升时期选择先进先出法，则会使公司利润虚增，前期多缴所得税，除非公司处于所得税减免期。在市场价格上下波动时，企业应采用加权平均法或移动加权平均法，避免企业利润的波动，使企业的应纳税所得额保持一定的稳定性。

再如，对折旧方法的选择。加速折旧会使当期利润减少，所得税减少，反之则相反。如果设备损耗较快，企业往往未能在规定的年限内提足折旧费用，就面临着更新先进技术设备的选择，由此造成各期折旧费用偏低而低估成本、高估利润，负担了较高的所得税费用。如果企业在享有税收优惠期间，就应选用直线法计提折旧，使该期间的折旧费用最低，达到节税的目的。

再例如，正确核算固定资产改良和大修理支出，如果达到税法上规定的大修理支出的条件，则要在会计上进行资本化处理，按照固定资产尚可使用年限分期摊销；如果达不到税法规定的大修理支出的两个标准（修理支出达到取得固定资产时的计税基础 50% 以上；修理后的固定资产的使用年限延长 2 年以上），则作为固定资产日常修理支出，直接计入当期费用，从当期应纳税所得额中扣减。企业应根据自身的情况对固定资产修理费进行规划：（1）企业如果处于盈利期，固定资产能够通过小型维修保持原有功能的，尽量不进行大修，避免将维修费计入长期待摊费用。如果一次性维修费用较高，可以分几次进行，将修理费用控制在计税基础50%的临界点以内；（2）如果企业处于减免税期间，在日常维修和大修理的选择上，尽量使维修的开支达到税法规定的两个条件，计入长期待摊费用，这样可以在以后年度进行摊销，抵减以后年度的应纳税所得额。

第三，生产环节的工资和福利费支出安排会影响产品成本。若以职工福利费的形式安排过多，会按照税法规定对超额部分进行剔除，并要调增应纳税所得额；若以工资形式出现，就可以将工资全部打入成本，公司利润就会降低。因此，就需要针对公司的实际情况进行员工薪酬设计。

3. 在销售环节如何规划销售成本

公司有没有设立销售公司，会使生产成本与销售成本之间的占比出现差异。若没有设立销售公司，当期销售成本所包含的内容就会减少，所花费的支出更多地列入生产成本和管理成本，并在各期分摊，属于当期的成本就会少；如果成立销售公司，那么所有因销售所发生的支出都会列入当期销售成本，这样当期的销售成本就会增加，从而会直接减少当期应缴纳的所得税，产生递延纳税的效果。不但如此，而且还会影响生产环节的消费税负担，特别是当产品以较低价格卖给销售公司的情况下，生产环节的货劳税会减少。

四、成本管理的税务策略与方法

（一）具体策略

（1）成本最大化策略。对处于正常纳税的企业而言，在合法合理的范围内，尽可能通过提前记录发生的成本，以及扩大成本开支的方式来提高期间成本，以减少产品的附加值和应纳税所得额，从而实现延期纳税和税收最小化。注意提高成本需要合法有效的凭证以及业务发生的真实性。

（2）成本最小化策略。对处于所得税减免期间的企业而言，只有获得数额可观的利润，才能享受到减免税带来的实际税收利益，如果企业在此期间处于亏损状态，那么也就意味着税收减免对企业来讲毫无意义。要充分获得税收优惠带来的好处，就必须认真研究如何管理和控制成本。成本最小化策略与成本最大化策略正好相反，需要采取合法合理地递延记录成本开支，使当期利润尽可能大。

（3）成本均衡化策略。有的行业往往会受到市场变化周期、产品生命周期以及季节性变化影响，其成本和利润的变化幅度太大，由此给企业带来纳税震荡，就是一年当中各期纳税数额变化过大，不论是货劳税还是所得税，都可能有多纳税或提前纳税的情况出现。例如，前几个月盈利较大，企业必须要依据税法申报纳税，但是后面的几个月又出现亏损，不纳所得税，全年加起来也没有实现盈利，但是前面已经缴纳所得税，公司现金已经流出，只能等到来年汇算清缴办理退税。如此一来，会给企业造成资金压力。这种企业应该做好市场预测，谨慎做到均衡列支成本。

采取上述哪一种策略，要根据企业所处的环境和实际情况，视情况而定。从理论上讲，不论是成本最大化、最小化，还是均衡化，其实最终实现的利润总额是一定的，只不过利润在各会计期间的分布不同，也就产生不同的纳税结果。

（二）具体方法

（1）因素法。如上所述，影响成本的因素概括起来讲有三个：即市场因素、制度因素和人为因素。成本管理和控制也因此要围绕这些因素展开。同时，还要结合企业实际生产经营情况，如供、产、销等方面，认真进行调查研究和分析运筹，从多因素、多维度综合预算与规划，实现各种资源能够得到充分有效的配置，进而提升企业价值。具体而言，例如，在供应环节，企业选择供应商，既要考虑市场价格和进项税抵扣，又要考虑会计核算要求和税收优惠政策。在生产环节，企业如何组织生产，生产什么，生产多少；如何核算生产制造成本及产品成本，是提早做成本还是递延做成本，抑或保持成本均衡实现；所有这些都需要从公司效益最大化、税收最小化和企业价值最大化等方面，考虑如何有效安排和配置生产资源，通过建立数学模型求得各方面最佳结合点。

（2）递延法。在成本核算中，递延成本实现就是通过合理的购销安排，依据和参照税法关于成本确认规则和纳税义务发生时间的规定，有意控制购进货物的节奏和成本计入的时间，将当期成本递延至以后各期实现，这样当期的成本就可以被控制在有利的水平，因此可以很好的享受所得税减免，至少可以调节收入与成本的配比，避免出现利润变化幅度过大带来的不利影响。成本递延可以与收入递延协同并用，共同实现公司财务管理的目标。

（3）分解法。分解成本，需要根据企业的盈利状况和所能适用的税收政策情况，对当期正在发生的成本以及未来将要发生的成本进行分拆，分别记录到以后各期，或者记录到不同的企业（关联企业），目的是实现集团公司整体利益最大化。例如，作为高级形态的成本控制，要从开发、设计环节开始，一方面，在保证产品质量的前提下，通过对产品结构及组成进行设计，将一部分生产成本分解到售后环节；例如，轿车生产企业可以将轿车的辅助配置设计为基本配置，以降低产品价格，不但公司可以节税，而且能帮助客户减少相关支出；另外在售后环节由销售公司向客户提供升级服务，即根据客户要求将轿车升级到高级配置。这样可以节约相关税费。另一方面，通过重组生产流程，将一部分高成本的生产工序分解给其他企业。从公司成本控制的角度考虑，应该将不必要的生产环节让别的公司来生产，以控制差量成本；从节税的角度考虑，可以根据公司财务税务状况，有意将一部分成本分解给关联公司，以达到提高本公司利润、抵销关联公司利润的目的。

（4）转移法。在享受减免税期间，企业为了能够得到足够多的税收优惠，往往把更多的收益及利润留在本企业，而将成本支出尽可能多地转给其他公司。在大多数情况下，公司会在关联公司之间转移其成本。最常用的就是转移定价的办法，再是通过向关联公司提供劳务及服务，或者由关联公司承接相关业务为本公司服务。如果关联公司处于高税率地区，或者不享受减免税，成本转移可以在关联公司之间实现盈亏互抵，从而做到整个集团公司均衡纳税，不至于出现整个集团亏损或者微利而缴纳大量所得税的情况。

（5）产业链法。成本控制中较多考虑生命周期中产品成本在企业上下游的分布情况，在保证产品满足市场多样化需求的基础上，将产品的成本与功能综合考虑，由产业链上下游企业协同控制产品的各种成本，即将产品的研发成本、生产成本和消费成本都纳入成本控制的范围，形成系统化的成本控制，而不是孤立地进行成本控制。这样做，一方面可以确保低产品成本战略的实施，打造成本竞争优势；另一方面，可以根据上下游企业的实际情况——财务和税务状况，在各企业之间合理布局产品成本，有助于实现整个产业链的财务管理目标和税收利益最大化目标。

（三）经典案例：成本分摊管理

1. 存货计价方法的选择

案例5－11 甲公司20×6年1月和11月先后购进数量和品种相同的货物两批，进货价格分别为1000万元和800万元，假设此前甲公司库存没有这种货物。甲公司在20×6年12月和20×7年3月各出售购进的货物的一半，出售价格分别为1200万元和1000万元。假设甲公司20×6年和20×7年均处于非减免税期间，且处于盈利年度。以上价格均不含增值税，假设折现率为10%。

［工作要求］请对上述业务进行纳税筹划（见表5－4）。

表 5-4　　不同存货计价方法下相关项目的比较　　单位：万元

项目	方法					
	方案一：加权平均法			方案二：先进先出法		
	20×6 年	20×7 年	合计	20×6 年	20×7 年	合计
销售收入	1200	1000	2200	1200	1000	2200
销售成本	900	900	1800	1000	800	1800
税前利润	300	100	400	200	200	400
企业所得税	75	25	100	50	50	100
复利现值系数	0.9091	0.8264		0.9091	0.8264	
税金支出现值	68.18	20.66	88.84	45.46	41.32	86.78

方案一：采用加权平均法。

存货的加权平均成本 =（1000+800）÷2=900（万元）

20×6 年应纳企业所得税 =（1200-900）×25%=75（万元）

20×7 年应纳企业所得税 =（1000-900）×25%=25（万元）

企业所得税折合到 20×6 年年初的现值

=75×(P/F,10%,1)+25×(P/F,10%,2)=75×0.9091+25×0.8264=88.84（万元）

方案二：采用先进先出法。

20×6 年应纳企业所得税 =（1200-1000）×25%=50（万元）

20×7 年应纳企业所得税 =（1000-800）×25%=50（万元）

企业所得税折合到 20×6 年年初的现值

=50×（P/F，10%，1）+50×（P/F，10%，2）

=50×0.9091+50×0.8264

=86.78（万元）

[筹划结论]

方案二比方案缴纳的企业所得税的现值共少 2.06 万元（88.84-86.78），若以实现涉税资金时间价值最大化为纳税筹划目标，则应当选择方案二。

2. 购货过程中的税收筹划

案例 5-12　甲公司主营净水器的研发、生产和销售。根据其产销能力，预计本年实现不含增值税销售收入 2000 万元（取得购买方支付给甲公司 2260 万元的含增值税货款），所用原材料55成本为1200万元（领用时转入“生产成本”科目，完工时转入库存商品”科目，销售时转入“主营业务成本”科目）。假定甲公司当期期初存货为0，现有三种方案可供选择。方案一：购进1200万元（不含增值税）的原材料。方案二：购进2000万元（不含增值税）的原材料。方案三：购进2400万元（不含增值税）的原材料。以上三种方案均取得税率为13%的增值税专用发票。城市维护建设税税率为7%，教育费附加征收率为3%。

要求：请对上述业务进行税收筹划。

方案一：购进1200万元（不含增值税）的原材料。

应纳增值税2000×13% －1200×13% =104（万元）

应纳城市维护建设税和教育费附加=104×（7% +3%） =10.4（万元）

应纳企业所得税=（2000－1200－10.4） ×25% =197.4（万元）

应纳税额合计=104+10.4+197.4=311.8（万元）

税后利润=2000－1200－10.4－197.4=592.2（万元）

现金净流量=2260－（1200+1200×13% +311.8） =592.2（万元）

方案二：购进2000万元（不含增值税）的原材料。

应纳增值税=2000×13% －2000×13% =0

应纳城市维护建设税和教育费附加=0

应纳企业所得税=（2000－1200） ×25% =200（万元）

应纳税额合计=0+0+200=200（万元）

税后利润=2000－1200－200=600（万元）

现金净流量=2260－（2000+2000×13% +200） = －200（万元）

方案三：购进2400万元（不含增值税）的原材料。

应纳增值税2000×13% －2400×13% ×52（万元）

52万元留待下期抵扣，本期实际应纳增值税为0。

应纳城市维护建设税和教育费附加=0

应纳企业所得税=（2000－1200） ×25% =200（万元）

应纳税额合计=0+0+200=200（万元）

税后利润=2000－1200－200=600（万元）

现金净流量=2260－（2400+2400×13% +200） = －652（万元）

[筹划结论] 方案一比方案二多缴纳税款111.8万元（311.8－200），若以

实现税负最小化为纳税筹划目标，则应当优先选择方案二、方案三，其次是方案一。方案一比方案二现金净流量多792.2万元［592.2－（－200）］，方案一比方案三现金净流量多1244.2万元［592.2－（－652）］，若以实现现金净流量最大化为纳税筹划目标，则应当优先选择方案一，其次是方案二，最后是方案三。

3. 固定资产折旧方法的选择

案例5－13　某内资公司有一新购置的超强度使用的设备，原值为80万元，预计残值2万元，规定的使用年限5年，根据规定可以按程序申请加速折旧，但不宜按工作量法计提折旧。预计该公司这一设备投入生产后5年内未扣除折旧的利润如表5－5所示。假设年利率为10%，对该公司计提折旧的纳税方案作出选择。

表5－5　　公司未扣除折旧的利润表

年　限	未扣除折旧的利润（元）
第一年	400000
第二年	500000
第三年	480000
第四年	400000
第五年	300000
合　计	2080000

解析：

该公司使用的设备按规定属于允许加速折旧的固定资产，可以申请加速折旧。在不同的折旧方法下应纳税额的计算见表5－6。

表5－6　　各种折旧方法应税所得计算表　　单位：元

年限	未扣除折旧的利润	平均年限法		双倍余额递减法		年数总和法	
		折旧	应税所得	折旧	应税所得	折旧	应税所得
第一年	400000	156000	244000	320000	80000	260000	140000
第二年	500000	156000	344000	192000	308000	208000	292000
第三年	480000	156000	324000	115200	364800	156000	324000
第四年	400000	156000	244000	76400	323600	104000	296000
第五年	300000	156000	144000	76400	223600	52000	248000
合　计	2080000	780000	1300000	780000	1300000	780000	1300000

在表5－6中，各种折旧方法每年折旧额计算如下（见表5－7）：

（1）平均年限法：

每年折旧额＝（800000－20000）÷5＝156000（元）

（2）双倍余额递减法：

年折旧率＝2÷5×100%＝40%

第一年折旧额＝800000×40%＝320000（元）

第二年折旧额＝（800000－320000）×40%＝192000（元）

第三年折旧额＝（800000－320000－192000）×40%＝115200（元）

第四、第五年每年折旧额＝（800000－320000－192000－115200－20000）÷2＝76400（元）

（3）年数总和法：

应计提折旧总额＝800000－20000＝780000（元）

第一年折旧额＝780000×5÷［5×（5＋1）÷2］＝260000（元）

第二年折旧额＝780000×（5－1）÷［5×（5＋1）÷2］＝208000（元）

第三年折旧额＝780000×（5－2）÷［5×（5＋1）÷2］＝156000（元）

第四年折旧额＝780000×（5－3）÷［5×（5＋1）÷2］＝104000（元）

第五年折旧额＝780000×（5－4）÷［5×（5＋1）÷2］＝52000（元）

表5－7　各种折旧方法下当期应纳税额与税额现值计算表　　单位：元

年度	平均年限法		双倍余额递减法		年数总和法	
	应纳税额	税额现值	应纳税额	税额现值	应纳税额	税额现值
第一年	61000.00	55455.10	20000.00	18182.00	35000.00	31818.50
第二年	86000.00	71070.40	77000.00	63632.80	73000.00	60327.20
第三年	81000.00	60855.30	91200.00	68518.56	81000.00	60855.30
第四年	61000.00	41663.00	80900.00	55254.70	74000.00	50542.00
第五年	36000.00	22352.40	55900.00	34708.31	62000.00	38495.80
合　计	325000.00	251396.20	325000.00	240296.37	325000.00	242038.80

注：税额现值＝应纳税额÷$(1+10\%)^n$，或者：税额现值＝应纳税额×复利现值系数

依据现值计算的所得税额，双倍余额递减法支出的税额现值最少（240296.37元），其次是年数总和法（242038.80元），平均年限法支出的税额现值最多（251396.20元）。所以，本例中双倍余额递减法是最佳方案，应当选择双倍余额递减法计提折旧。

从案例5－13可知，公司如果不计提折旧，一定会增加当期的应纳税所得额，所得税也会增加许多；如果计提折旧，就会增加成本费用、减少利润，从而使所得税减少。折旧这种抵减税负的作用，被称为“折旧抵税”或“税收挡板”。以双倍余额递减法为代表的加速折旧法，可以使公司在资产使用的前期多提折旧，抵减应纳税所得额，少缴税款。这就是许多财务人员认为加速折旧可以少缴税的原因。其实，无论采用哪种折旧方法，所计提的折旧总额都是相同的，总体上不会减少企业所得税。加速折旧的意义在于，它可使固定资产成本在使用期限内加速得到补偿，使后期成本费用前提、前期会计利润后移。公司前期利润少、纳税少，后期利润多、纳税多，从而使公司缴纳税款的时间大大延迟，这对市场经济机制下的公司来讲是极为有利的，相当于公司利用递延纳税，获得货币的时间价值，增加公司现金流量，达到了其前期融通资金的目的。

第三节 税收与费用管理

一、费用确认与核算的原则

企业所得税法对成本与费用的概念做了明确区分。费用是指公司每一纳税年度为生产、经营商品和提供劳务等所发生的销售（经营）费用、管理费用和财务费用，但是已经计入成本的有关费用除外。而企业会计准则不再严格区分成本与费用，它采用的是“大费用”的概念，即凡是公司在日常活动中发生的，会导致所有者权益减少的，与向所有者分配利润无关的经济利益的总流出，都属于费用。

费用的实质是资产的耗费，但并不是所有的资产耗费都是费用。因此，就需明确什么样的资产耗费应确认为费用。由于发生的费用的目的是取得收入，那么费用的确认就应当与收入确认相联系。因此，确认费用应遵循划分收益性支出与资本性支出原则、权责发生制原则和配比原则。

（1）划分收益性支出与资本性支出原则。按照划分收益性支出与资本性支出原则，某项支出的效益及于几个会计年度（或几个营业周期），该项支出应予以资本化，不能作为当期的费用；如果某项支出，在一个会计期间内确认为费用，则作为收益性支出。这一原则为费用的确认，给定了一个时间上的总体界限。正确地区分收益性支出与资本性支出，保证了正确地计量资产的价值和正确地计算各期的产品成本、期间费用及损益。

（2）权责发生制原则。划分收益性支出与资本性支出原则，只是为费用的确认作出时间上的大致区分，而权责发生制原则则规定了具体在什么时点上确认费用。企业会计制度规定，凡是当期已经发生或应当负担的费用，不论款项是否收付，都应作为当期的费用；凡是不属于当期的费用，即使款项已在当期支付，也不应当作为当期的费用。

（3）配比原则。按照配比原则，为产生当期收入所发生的费用，应当确认为该期的费用。配比原则的基本含义在于，当收入已经实现时，某些资产（如物料用品）已被消耗，或已被出售（如商品），以及劳务已经提供（如专设的销售部门人员提供的劳务），已被耗用的这些资产和劳务的成本，应当在确认有关收入的期间予以确认。如果收入要到未来期间实现，相应的费用应递延分配于未来的实际受益期间。因此，费用的确认，要根据费用与收入的相关程度，确定哪些资产耗费或负债的增加应从本期收入中扣减。

二、税法规定的税前扣除项目

（一）增值税中的可抵扣进项税项目

《增值税暂行条例》第八条规定：纳税人购进货物、劳务、服务、无形资产、不动产支付或者负担的增值税额，为进项税额。下列进项税额准予从销项税额中抵扣：（一）从销售方取得的增值税专用发票上注明的增值税额。（二）从海关取得的海关进口增值税专用缴款书上注明的增值税额。（三）购进农产品，除取得增值税专用发票或者海关进口增值税专用缴款书外，按照农产品收购发票或者销售发票上注明的农产品买价和10%的扣除率计算的进项税额。（四）自境外单位或者个人购进劳务、服务、无形资产或者境内的不动产，从税务机关或者扣缴义务人取得的代扣代缴税款的完税凭证上注明的增值税额。

根据《财政部 税务总局 海关总署关于深化增值税改革有关政策的公告》（2019 年第 39 号）规定：2019 年 4 月 1 日起，企业购进农产品发生的进项税抵扣有变化，增加了客运发票进项税抵扣政策。

1. 农产品进项税抵扣要点

（1）从按照简易计税方法依照 3% 征收率计算缴纳增值税的小规模纳税人取得增值税专用发票的，以增值税专用发票上注明的金额和 9% 的扣除率计算进项税额。

（2）取得（开具）农产品销售发票或收购发票的，以农产品销售发票或收购发票上注明的农产品买价和9%的扣除率计算进项税额。

（3）纳税人购进用于生产销售或委托受托加工13%税率货物的农产品，按照10%的扣除率计算进项税率。

（4）纳税人购进农产品既用于生产销售或委托受托加工13%税率货物又用于生产销售其他货物服务的，应分别核算用于生产销售或委托受托加工13%税率货物和其他货物服务的农产品进项税额。未分别核算的，统一以增值税专用发票或海关进口增值税专用缴款书上注明的增值税额为进项税额，或以农产品收购发票或销售发票上注明的农产品买价和9%的扣除率计算进项税额。

（5）农产品核定扣除时：①以农产品为原料生产货物，扣除率为销售货物的适用税率。②购进农产品用于生产经营且不构成货物实体的（包装物、辅助材料、燃料、低值易耗品）：最终货物税率为9%时扣除率为9%；最终货物税率为13%，扣除率为10%。③购进农产品直接销售时，扣除率为9%。

（注意：纳税人购进农产品，不区分自产环节和流通环节，只要购进了农产品并取得符合规定的抵扣凭证，就能按规定抵扣进项税额。）

2. 购进国内旅客运输服务进项税额抵扣要点

纳税人未取得增值税专用发票的，暂按照以下规定确定进项税额：

（1）取得增值税电子普通发票的，为发票上注明的税额；

（2）取得注明旅客身份信息的航空运输电子客票行程单的，为按照下列公式计算进项税额：

航空旅客运输进项税额 =（票价 + 燃油附加费）÷（1 + 9%）×9%

（3）取得注明旅客身份信息的铁路车票的，为按照下列公式计算的进项税额：

铁路旅客运输进项税额 = 票面金额 ÷（1 + 9%）×9%

（4）取得注明旅客身份信息的公路、水路等其他客票的，按照下列公式计算进项税额：

公路、水路等其他旅客运输进项税额 = 票面金额 ÷（1 + 3%）×3%

3. 加计抵减政策

自2019年4月1日至2021年12月31日，允许生产、生活性服务业纳税人按照当期可抵扣进项税额加计10%，抵减应纳税额（以下简称“加计抵减政策”）。本公告所称生产、生活性服务业纳税人，是指提供邮政服务、电信服务、现代服务、生活服务（以下简称“四项服务”）取得的销售额占全部销售额的比重超过50%的纳税人。四项服务的具体范围按照《销售服务、无形资产、不动产注释》（财税〔2016〕36号印发）执行。

2019年《财政部 税务总局关于明确生活性服务业增值税加计抵减政策的公告》（2019年第87号）提高了加计抵减比例。规定：2019年10月1日至2021年12月31日，允许生活性服务业纳税人按照当期可抵扣进项税额加计15%，抵减应纳税额。

（二）企业所得税费用扣除项目及其标准

1. 工资、薪金支出

（1）企业发生的合理的工资、薪金支出准予据实扣除。

（2）股权激励，可计入工资总额，作为计算三项经费的基数（见表5-8）。

表5-8　工资薪金税费扣除标准

立即可以行权的	工资薪金支出=（行权时该股票的公允价格-实际行权支付价格）×数量 依税法规定进行税前扣除
有等待期的	不得在等待年度计算缴纳企业所得税时扣除（纳税调增）
	可行权后，工资薪金支出=（行权时该股票的公允价格-实际行权支付价格）×数量 计算确定作为当年上市公司工资薪金支出，依照税法规定进行税前扣除（纳税调减）

（3）列入企业员工工资薪金制度、固定与工资薪金一起发放的福利性补贴，且符合规定的，可作为企业发生的工资薪金支出，按规定在税前扣除。

（4）接受外部劳务派遣用工所实际发生的费用：①支付给劳务派遣公司的费用：作为劳务费支出，可税前扣除，但是不能计入工资总额。②直接支付给员工个人的费用：应作为工资薪金支出和职工福利费支出。其中属于工资薪金支出的费用，准予计入企业工资薪金总额的基数，作为计算其他各项相关费用扣除的依据。

2. 职工福利费、工会经费、职工教育经费

允许在税前扣除的金额为规定标准与实际发生数中的较小者。标准为：(1) 企业发生的职工福利费支出，不超过工资薪金总额14%的部分准予扣除。(2) 企业拨缴的工会经费，不超过工资薪金总额2%的部分准予扣除。(3) 除国务院财政、税务主管部门另有规定外，企业发生的职工教育经费支出，不超过工资薪金总额8%的部分准予扣除，超过部分准予结转以后纳税年度扣除。

软件生产企业发生的职工教育经费中的职工培训费用（单独核算），核电厂操作员发生的培养费用（单独核算），可以全额在企业所得税前扣除。

3. 保险费

(1) 企业按照国务院有关主管部门或者省级人民政府规定的范围和标准为职工缴纳的基本养老保险费、基本医疗保险费、失业保险费、工伤保险费、生育保险费等基本社会保险费和住房公积金（五险一金），准予扣除。

(2) 企业为在本企业任职或者受雇的全体员工支付的补充养老保险费、补充医疗保险费，分别在不超过职工工资总额5%标准内的部分，在计算应纳税所得额时准予扣除；超过的部分，不予扣除。

[解释1] 除企业依照国家有关规定为特殊工种职工支付的人身安全保险费和国务院财政、税务主管部门规定可以扣除的其他商业保险费外，企业为投资者或者职工支付的“商业保险费”，不得扣除。

[解释2] 企业职工因公出差乘坐交通工具发生的人身意外保险费支出，准予扣除。

[解释3] 企业参加财产保险，按照有关规定缴纳的保险费，准予扣除（见表5-9）。

表5-9　　社会保险费扣除列表

<table>
<tr><th colspan="2">保险类型</th><th>是否可税前扣除</th></tr>
<tr><td colspan="2">财产保险</td><td>准予扣除</td></tr>
<tr><td rowspan="3">企业为职工购买的保险</td><td>基本保险（五险一金）</td><td>按规定缴纳的，准予扣除</td></tr>
<tr><td>补充保险</td><td>在国务院财政、税务主管部门规定的范围和标准内，在计算应纳税所得额时准予扣除</td></tr>
<tr><td>商业保险</td><td>(1) 准予扣除：为特殊工种职工支付的人身安全保险费
(2) 不得扣除：其他商业保险费（为职工购买的人寿或财产保险等商业保险）</td></tr>
</table>

4. 利息费用

（1）非金融企业向金融企业借款的利息支出、金融企业的各项存款利息支出和同业拆借利息支出、企业经批准发行债券的利息支出，准予扣除。

（2）非金融企业向非金融企业借款的利息支出，不超过按照金融企业同期同类贷款利率计算的数额的部分，准予扣除。

（3）企业实际支付给关联方的利息支出，不超过以下规定比例计算的部分，准予扣除，超过的部分不得扣除。除另有规定外，企业接受关联方债权性投资与其权益性投资比例：金融企业为5:1，其他企业为2:1（见表5-10）。

表5-10　　　　利息费用扣除列表

非金融企业向金融企业借款的利息支出、金融企业的存款、同业拆借、发行债券的利息支出	可据实扣除
非金融企业向非金融企业借款的利息支出（包含企业向自然人借款）（利率限额标准）	不超过金融企业同期同类贷款利率计算的数额的部分可据实扣除，超过部分不许扣除
关联企业利息费用（包含企业向股东或其他有关联关系的自然人借款）（本金和利率限额双标准）	（1）接受关联方债权性投资与其权益性投资比例为：金融企业为5:1；其他企业为2:1 （2）利率不得超过金融企业同期同类贷款利率

5. 借款费用

（1）企业在生产经营活动中发生的合理的不需要资本化的借款费用，准予扣除。

（2）企业为购置、建造固定资产、无形资产和经过12个月以上的建造才能达到预定可销售状态的存货发生的借款，在有关资产购置、建造期间发生的合理的借款费用，应当作为资本性支出计入有关资产的成本，并依照有关规定扣除。（资本化处理）

［解释］借款费用包括借款利息、折价或者溢价的摊销、辅助费用以及因外币借款而发生的汇兑差额等（见表5-11）。

表5-11　　　　借款费用扣除列表

资本化的借款费用	作为资本性支出计入有关资产的成本，随折旧和摊销在企业所得税前扣除
费用化的借款费用	可以扣除

6. 汇兑损失

汇率折算形成的汇兑损失，除计入有关资产成本、与向所有者进行利润分配相关的部分外，计入财务费用准予扣除。

7. 业务招待费

企业发生的与生产经营活动有关的业务招待费支出，按照实际发生额的60%扣除，但最高不得超过当年销售（营业）收入的5‰（见表5－12）。

表5－12　扣除范围

扣除规定	按照实际发生额的60%扣除，但最高不得超过当年销售（营业）收入的5‰（孰低原则）
销售（营业）收入范围	（1）包括主营业务收入、其他业务收入和视同销售收入，但不包括营业外收入、投资收益（从事股权投资业务的企业除外），不得扣除现金折扣，不包含增值税 （2）对从事股权投资业务的企业（包括集团公司总部、创业投资企业等），其从被投资企业所分配的股息、红利以及股权转让收入，可按规定的比例计算业务招待费扣除限额

［解释1］在计算业务招待费、广告费和业务宣传费的扣除限额时，销售（营业）收入包括会计核算中的“主营业务收入”“其他业务收入”和会计上不确认收入但税法上确认的“视同销售收入”，但不包括“营业外收入”和“股息、红利等权益性投资收益”。

［解释2］销售收入为不含增值税的收入。

［解释3］企业将自产或者外购的货物无偿赠送给他人，会计上不确认收入但税法上确认为“视同销售收入”，应计入当年销售（营业）收入，作为计算业务招待费、广告费和业务宣传费扣除限额的基数。

［解释4］企业接受捐赠的货物，计入企业的“营业外收入”账户，不作为计算业务招待费、广告费和业务宣传费扣除限额的基数。

8. 广告费和业务宣传费

（1）企业发生的符合条件的广告费和业务宣传费支出，除国务院财政、税务主管部门另有规定外，不超过当年销售（营业）收入15%的部分，准予扣除；超过部分，准予在以后纳税年度结转扣除。（无限期向后结转）

对化妆品制造或销售、医药制造和饮料制造（不含酒类制造）企业发生的广告费和业务宣传费支出，不超过当年销售（营业）收入30%的部分，准予扣除；超过部分，准予在以后纳税年度结转扣除。

（2）根据国家有关法律、法规或行业管理规定不得进行广告宣传的企业或产品，企业以公益宣传或者公益广告的形式发生的费用，应视为业务宣传费，按规定的比例据实扣除。

非广告性的赞助支出不得税前扣除。

烟草、酒类生产企业的广告费和业务宣传费支出一律不得税前扣除（见表5－13）。

表5－13　　广告费和业务宣传费支出扣除标准

一般15%限额	不超过当年销售收入15%的部分，准予扣除；超过部分，准予结转以后纳税年度扣除
特殊30%限额	化妆品制造与销售、医药制造、饮料制造（不含酒类制造）企业发生的广宣费，不超过当年销售（营业）收入30%的部分，准予扣除；超过部分，准予结转以后纳税年度扣除
签订分摊协议的关联企业	其中一方发生的不超过当年销售收入税前扣除限额比例内的可以在本企业扣除，也可以将其中的部分或全部按照分摊协议归集至另一方扣除
不得扣除	（1）烟草企业的烟草广告费和业务宣传费支出，一律不得在计算应纳税所得额时扣除；（2）与生产经营无关的非广告性质的赞助费在所得税前不得列支

9. 环境保护专项资金

准予扣除。专项资金提取后改变用途的，不得扣除。

10. 租赁费

（1）以经营租赁方式租入固定资产发生的租赁费支出，按照租赁期限均匀扣除（但不得计提折旧）。

（2）以融资租赁方式租入固定资产发生的租赁费支出，按照规定构成融资租入固定资产价值的部分应当提取折旧费用，分期扣除。

11. 劳动保护费

企业发生的合理的劳动保护支出，准予扣除。

由企业统一制作，要求员工统一着装所发生的工作服饰费用，可以作为企业合理的支出给予税前扣除。

12. （间接）公益性捐赠支出

企业发生的公益性捐赠支出，在年度利润总额12%以内的部分，准予在计算应纳税所得额时扣除；超过年度利润总额12%的部分，准予结转以后3年内在计算应纳税所得额时扣除（2017年重大调整），见表5－14。

表 5-14 公益性捐赠支出扣除范围

扣除限额标准	不超过年度利润总额12%的部分，准予扣除。超过部分，准予以后三年内结转扣除 [注意] 计算扣除时应先扣除以前年度结转的捐赠支出，再扣除当年发生的捐赠支出
不能扣除	直接向受赠人的捐赠、非公益性捐赠
非货币资产间接公益性捐赠	①捐赠支出不超过年度利润总额12%的部分，准予扣除。超过部分调整当年应纳税所得额 ②会计上不确认收入和结转成本，但是视同对外销售缴纳所得税 调增应纳税所得额 = 非货币性资产的公允价值 - 非货币性资产的成本 ③企业将自产货物用于捐赠，按公允价值计算增值税

[解释1] 年度利润总额，是指企业依照国家统一会计制度的规定计算的年度会计利润。

[解释2] 公益性捐赠，是指企业通过公益性社会团体或者县级以上人民政府及其部门，用于《公益事业捐赠法》规定的公益事业的捐赠。

[解释3] 纳税人“直接”向受赠人的捐赠不允许税前扣除。

[解释4] 企业向公益性社会团体实施的股权捐赠，应按规定视同转让股权，股权转让收入额以企业所捐赠股权取得时的历史成本确定。

13. 其他项目

如会员费、合理的会议费、差旅费、违约金、诉讼费用等，准予扣除。

14. 手续费及佣金支出（见表5-15）

表 5-15 手续费及佣金支出范围

限额标准	（1）保险企业：财产保险按保费扣除退保金等后余额的15%；人身保险按保费扣除退保金等后余额的10%计算限额 （2）一般行业：收入金额的5%计算限额。限额以内准予扣除；超过部分，不得扣除
不得扣除	（1）企业已计入固定资产、无形资产等相关资产的手续费及佣金支出 （2）为发行权益性证券支付给有关证券承销机构的手续费及佣金不得在税前扣除 （3）除委托个人代理外，现金方式支付的手续费及佣金 （4）回扣

《财政部、国家税务总局关于企业手续费及佣金支出税前扣除政策的通知》（财税〔2009〕29号）规定：

一、企业发生与生产经营有关的手续费及佣金支出，不超过以下规定计算限额以内的部分，准予扣除；超过部分，不得扣除。

1. 保险企业：财产保险企业按当年全部保费收入扣除退保金等后余额的15%（含本数，下同）计算限额；人身保险企业按当年全部保费收入扣除退保金等后余额的10%计算限额。

2. 其他企业：按与具有合法经营资格中介服务机构或个人（不含交易双方及其雇员、代理人和代表人等）所签订服务协议或合同确认的收入金额的5%计算限额。

二、企业应与具有合法经营资格中介服务企业或个人签订代办协议或合同，并按国家有关规定支付手续费及佣金。除委托个人代理外，企业以现金等非转账方式支付的手续费及佣金不得在税前扣除。企业为发行权益性证券支付给有关证券承销机构的手续费及佣金不得在税前扣除。

三、企业不得将手续费及佣金支出计入回扣、业务提成、返利、进场费等费用。

四、企业已计入固定资产、无形资产等相关资产的手续费及佣金支出，应当通过折旧、摊销等方式分期扣除，不得在发生当期直接扣除。

五、企业支付的手续费及佣金不得直接冲减服务协议或合同金额，并如实入账。

六、企业应当如实向当地主管税务机关提供当年手续费及佣金计算分配表和其他相关资料，并依法取得合法真实凭证。

15. 棚户区改造支出

企业参与政府统一组织的工矿、林区棚户区改造、垦区危房改造并符合相关条件的，准予税前扣除。

16. 税金

纳税人按照规定缴纳的消费税、资源税、土地增值税、关税、城市维护建设税、教育费附加，以及发生的房产税、车船税、城镇土地使用税、印花税等税金及附加，准予扣除。

［解释］《条例》第三十一条 企业所得税法第八条所称税金，是指企业发生的除企业所得税和允许抵扣的增值税以外的各项税金及其附加。

17. 损失

《条例》第三十二条 企业所得税法第八条所称损失，是指企业在生产经营活动中发生的固定资产和存货的盘亏、毁损、报废损失，转让财产损失，呆账损失，坏账损失，自然灾害等不可抗力因素造成的损失以及其他损失。

企业发生的损失，减除责任人赔偿和保险赔款后的余额，依照国务院财政、税务主管部门的规定扣除。

企业已经作为损失处理的资产，在以后纳税年度又全部收回或者部分收回时，应当计入当期收入。

[解释] 企业发生非正常损失时，不得从销项税额中抵扣的进项税额，应视同企业财产损失，申报后在所得税前按规定扣除。

固定资产和流动资产的盘亏、毁损净损失，以及与其相关的转出的增值税进项税额。提供清查盘存资料，经向主管税务机备案后，准予扣除。

18. 有关资产的费用

企业转让各类固定资产发生的费用，按规定计提的固定资产折旧费、无形资产和递延资产（长期待摊费用）的摊销费，准予扣除。

《企业所得税法》第十三条规定：在计算应纳税所得额时，企业发生的下列支出作为长期待摊费用，按照规定摊销的，准予扣除：（1）已足额提取折旧的固定资产的改建支出；（2）租入固定资产的改建支出；（3）固定资产的大修理支出；（4）其他应当作为长期待摊费用的支出。

19. 总机构分摊的费用

非居民企业在中国境内设立的机构、场所，就其中国境外总机构发生的与该机构、场所生产经营有关的费用，能够提供总机构出具的费用汇集范围、定额、分配依据和方法等证明文件，并合理分摊的，准予扣除。

不能在税前扣除的项目：

按照《企业所得税法》及《企业所得税法实施条例》的规定，在计算应纳税所得额时，下列支出不得扣除：（1）向投资者支付的股息、红利等权益性投资收益款项。（2）企业所得税税款。（3）税收滞纳金。（4）罚金、罚款和被没收财物的损失。（5）公益性捐赠以外的捐赠支出。（6）赞助支出，即与生产经营活动无关的非广告性支出。（7）未经核定的准备金支出是指未经财政部、国家税务总局核定的、企业提取的各项存货跌价准备金、短期投资跌价准备金、长期投资减值准备金、风险准备基金（包括投资风险准备基金）等准备金。（8）企业之间支付的管理费、企业内经营机构之间支付的租金和特许权使用费，以及非银行企业内营业机构之间支付的利息。（9）企业以其取得的不征税收入用于支出所形成的费用或资产（包括对资产计提的折旧、摊销）不得在税前扣除，但企业取得的免税收入所对应的各项成本费用，除另有规定外，可以税前扣除。[文件：财政部 国家税务总局关于专项用途财政性资金企业所得税处理问题的通知（财税〔2011〕70号）根据实施条例第二十八条的规定，上述不征税收入用于支出所形成的费用，不得在计算应纳税所得额时扣除；用于支出所形成的资产，其计算的折旧、摊销不得在计算应纳税所得额时扣除]（10）与取得收入无关的其他支出。税法第十二条　下列无形资产不得计算摊销费用扣除：（一）自行开发的支出已在计算应纳税所得额时扣除的无形资产；（二）自创商誉；（三）与经营活动无关的无形资产；（四）其他不得计算摊销费用扣除的无形资产。

三、费用管理的税务策略

（一）费用最大化策略

对正常纳税的企业而言，在合法合理的范围内，尽可能通过提前记录发生的费用，或者以扩大开支的方式来提高期间费用，以降低当期应纳税所得额，从而实现税额最小化和递延纳税。注意增加费用需要合法有效的凭证以及发生的真实性业务。

收入既定时，在遵守财务会计准则和税收制度的前提下，充分列支成本费用同样可以达到减轻税负、扩大公司税收收益的目的。而成本费用的充分列支，必然会影响公司当期经济利益。因此，如何在税法允许的范围和限额内把握好成本费用列支的筹划管理和控制，使公司当期税前可扣除的费用尽量多，使税收收益最大化，进而实现税后利润最大化。与税收收入最小化管理类似，在可扣除费用的最大化管理中，公司需要利用税法上可扣除项目与会计费用在确认计量等方面的差异进行分析处理。

（二）费用最小化策略

在企业所得税减免期间，要充分获得税收优惠带来的好处，就必须严格控制费用支出的规模，尽量体现出更多的利润。费用最小化策略与费用最大化策略正好相反，需要采取合法合理地递延费用开支，使当期利润尽可能大。

（三）费用均衡化策略

企业因受到市场变化周期、产品生命周期以及季节性变化影响，其费用支出和利润的变化幅度太大，往往使企业各期纳税数额变化过大，不论是货劳税还是所得税，都可能有多纳税或提前纳税的情况，造成事实上的现金流出，导致企业资金压力加大。所以，企业应做好市场预测，认真研究市场变化规律，控制好费用开支的数额和时间，做到均衡列支费用。

无论采取上述哪一种策略，都要根据企业所处的环境和实际情况，视情况而定。

四、费用管理的财税方法

（一）适时入账法

属于当期的费用不但能抵减当期应纳税所得额，而且能提高增值税进项税抵扣额。因此，对于已发生的费用，应该及时索取合法票据，选择合适的企业费用列支方法及时核销入账。另外，如已发生的坏账、呆账应及时列入费用；还有存货的盘亏及毁损，应及时查明原因，属于正常损耗部分及时列入费用。

（二）费用提前法

对于一般企业而言，若能按照税法和会计制度规定提早列支费用，则可以直接抵减或者递延当期的应纳所得税额。例如，可以运用好以下几个会计科目：

一是“预提费用”。对于能够合理预计发生额的费用、损失应采用预提方法计入费用。通过预提的办法提前增列费用，年终再调整该账面余额（不留余额），在年度纳税申报或者年终汇算清缴时补缴税款；

二是计提坏账准备金列管理费用。不过税法已经取消一般企业计提坏账准备金的做法，对于可以依法计提坏账准备金的企业来说还是很有价值的，其实就是采取预提的办法提前列支（备抵法），比起实际发生坏账准备时列支该项费用（直接转销法）要对企业有利的多；

三是待摊费用。当企业实际发生的费用过大时，按照规定要分摊到各期，这时要尽可能缩短摊销的年限；当然，用小步快跑的方式安排实际发生的费用额度，争取能一次性列支最好；

四是低值易耗品摊销。按照规定可以采取一次性摊销或者“五五摊销”方式摊销，这时就要选择一次性摊销方式，全部列入费用；

五是销售费用。销售费用与成品成本列支时间不同，销售费用作为期间费用可在当期扣除，而产品成本只能将本期已销售部分的成本转出扣除，未售出部分待销售时扣除。因此，将成本支出尽量计入销售费用。例如，专设销售部，其发生的差旅费、工资、业务费、福利费等可作为销售费用列支；

六是财务费用。生产经营企业的财务费用包括利息支出（减利息收入）汇兑损益以及相关的收续费、企业发生的现金折扣或收到的现金折扣等。

与股息不同，企业发生的利息支出，可以在所得税前列支，利息具有显著的抵税作用。因此，可以考虑将部分股息转换为利息或者采取职工集资方式增加利息费用；还通过融资租入固定资产等方式适当扩大借贷规模，注意企业之间拆借资金在税法规定的利率内可以列支。特别地，当小型微利企业的利润超过税法规定标准，扩大利息开支也是压缩利润的一种策略。目前，企业发生的贷款利息暂时还不能抵扣增值税进项税，将来随着增值税彻底转型（转为彻底的消费型增值税），贷款利息支出所含的进项税便可以参与抵扣。

当期发生的汇兑损失可以列入财务费用。因此便涉及汇率的选择问题，在日常的生产经营过程中，企业可以考虑选取有利的记账汇率。记账汇率可以选择当月 1 日或者外币结算当日的汇率，已经选择一个纳税年度内不得变更。

与折扣销售不同，销售折扣（现金折扣）是企业为了尽快回笼资金、减少坏账损失、缩短收款时间而发生的理财费用，现金折扣在实际发生当期直接计入财务费用。虽然现金折扣可以作为财务费用抵顶所得税，但是在增值税方面并没优势，因为现金折扣不能冲减销售额。注意：现金折扣的核算方法有三种：总价法、净价法和备抵法，新企业会计准则要求企业采用总价法，不允许采用净价法，备抵法则可以有助于企业提前列支。

（三）费用递延法

在有些情况下，例如，当企业享受所得税优惠期间，要尽可能地减少费用支出，确保期间利润最大化，最大限度地获得税收政策带来的好处。采用递延费用支出就是其中一种办法。该办法与上面所讲的费用提前法恰好相反，各有不同的功用，但都是为企业争得更多的利益。在当期费用确认上，可以考虑在税法允许的范围内采取延长费用摊销期限、改变合同约定的付款时间、选择有利的会计核算方法和推迟费用发生等办法。例如，将固定资产一般修理支出改为当期可以直接列入费用的大修理支出；将低值易耗品一次性摊销统一为五五摊销的方法；将可以加速折旧的采取一般折旧方法；在存货价格上涨的市场情况下，将存货计价方法采用加权平均法等，依此类推；同时，在索取费用发票方面，尽可能地推迟对方开具发票的时间。

（四）费用转换法

按照税法规定，对不同的费用有不同的费用列支标准，这些费用被称为限制性费用。如业务招待费与广告费、业务宣传费。税法规定，业务招待费按实际发生额的60%扣除，最高不得超过销售（营业）收入的0.5%；一般企业的广告费和业务宣传费不超过销售（营业）收入的15%。对一般企业而言，业务招待费支出会越来越大，常常因超支不得不缴纳所得税，而广告费、业务宣传费经常花不了，有大量的指标没有用上，这时可以考虑如何将业务招待费转换为广告费和业务宣传费，以减少业务招待费开支，这可以减低业务招待费剔除额（但不能避免剔除，因为有个60%的比例），充分利用广告费、业务宣传费开支比例大的空间。因此，企业应做好业务招待费的预算，尽量减少业务招待费支出，可以将业务招待费转为广告费、业务宣传费、办公费用等支出，能列入会议费的支出尽量不列入业务招待费；企业的部分宣传完全可以不再通过广告公司策划，而是将自行生产或经过委托加工的印有企业标志的礼品、纪念品当作礼品赠送给客户，以达到广告的目的，同时又可降低成本。这样调节费用列支渠道，可以达到节税的目的。但要注意，非广告性质的赞助支出不在扣除之列。因此，企业的赞助支出，应尽量赋予广告宣传企业的元素或功能，以避免发生非广告性质的赞助支出。

再如，工资与职工福利费、职工教育经费和工会经费。税法对正常的工资发放没有限制，超过个人所得税纳税标准代扣代缴个人所得税就可以了，但是职工福利费则要求在工资总额的14%以内列支，超过部分要缴纳企业所得税。这两项费用支出也可以实现转换。如果员工工资较低或者说大部分员工都不够缴纳个人所得税标准，那么，就可以考虑将一部分职工福利费加到工资上，也许仍在个人所得税起征点以内或者缴纳最低税率的个人税，而职工福利费则可以充分在税前扣除。另外，还可以充分利用职工教育经费和工会经费两个渠道，提高职工待遇，如增加职工教育、培训机会。

职工集资利息与工资之间也可以实现一定程度的转换。按照税法规定，对超过同期商业利率的利息支出要剔除并缴纳企业所得税。那么，这部分超额利息能否可以加到工资上呢？这要看员工的工资水平，视情况而定。具体做法同上。

还有，当企业处于亏损状态时，企业发生的公益性捐赠就不能在税前列支。因为税法规定公益性捐赠支出的比例是企业实际利润的12%，企业亏损自然就不能列支该项费用。那怎么办呢？当然可以考虑采用此法，通过赠送样品将其转换为业务宣传费。

（五）临界点法

在我国现行税制中，税基、税率和税收优惠政策等都存在临界点的规定，以及由于税率差异和限制性费用列支等规定而产生的临界现象。临界点的边际税率往往出现递增或递减的变化态势。很多情况下，一旦突破临界点，就会出现税率爬升、优惠政策等发生改变，以及产生许多不能在税前列支的费用，而导致税负加重的问题。因此，临界点法的关键在于寻找临界点来控制税负。

对税法规定了扣除规模或比例的项目，应尽量在规定范围内安排支出，尽量减少因超出标准的纳税调整；当然，企业不能单纯为了降低企业所得税负担一味多安排支出，还必须结合税后净收益指标来考虑。

（1）税基式临界点。主要包括起征点、扣除限额、税率跳跃等临界点。应该结合企业的实际情况，选择有利的临界点或者通过调整收入、成本和费用的结构来控制临界点。税收优惠临界点控制的关键在于优惠政策所适用的前提条件，只有满足优惠政策的前提条件，才能适用相应的税收优惠政策。一般来讲，优惠政策的临界点包括绝对数额临界点、相对比例临界点和时间期限临界点三个方面。

（2）绝对数额临界点。例如，小型微利企业的标准（即“335”：职工人数300人，应纳税所得额300万元，资产总额5000万元），如果突破了“335”当中任何一条，就要按照标准税率25%缴纳企业所得税，而不再适用小微企业的优惠政策。再如，增值税一般纳税人和小规模纳税人的界定标准中，年应税销售额500万元是其中一个临界值，如果企业会计核算健全且又超过该临界值，就要登记为一般纳税人，否则登记为小规模纳税人，而两者的税收待遇差别很大。在消费税当中不同类别的烟、酒的消费税率存在差异，如甲类卷烟与乙类卷烟，甲类啤酒与乙类啤酒等，都是以一个绝对值临界点来加以区别，分别适用不同的税率。

（3）相对比例临界点。例如，在增值税纳税人身份选择方面，往往依据无差别平衡点增值率判别法来确定。首先经过推算得出：增值率 = 1 - （销货增值税税率 - 征收率）÷ 进货增值税税率，然后将税率和征收率分别代入公式，得出不同税率和征收率下的无差别平衡点增值率，高于增值率就选择按照小规模纳税人计税，反之，则相反。再如，业务招待费支出存在着一个“临界点”，即业务招待费支出在销售收入的8.3‰以内的部分纳税调整额最低，可以充分在税前扣除。（具体推算过程详见案例）

（4）时间期限临界点。现行税收法律和政策中所能体现的时间临界点很多，几乎所有的税种都涉及时间的临界点。如果以是否具有税收优惠性为标准，时间临界点可以分为一般性时间临界点和特别性时间临界点。一般时间临界点是指那些由税收法律和政策予以一般规定并对一般纳税人普遍适用的一些时间临界点。特别时间临界点则是指与税收优惠等政策相关联或只对相对特殊的纳税人适用的一些时间临界点。

（5）一般时间临界点。应税收入实现与纳税义务的产生时间临界点。税法对纳税人应税收入实现以及纳税义务的产生时间作出了明确、具体的规定。应税收入实现与纳税义务的产生时间临界点规定都是纳税人在处理纳税事务时所无法回避的，因此，应税收入与纳税义务方面的时间临界点是我国目前最为基本的时间临界点。

（6）特殊时间临界点。如环保、节能节水和安全生产设备投资抵免政策规定，企业将上述专用设备在5年内转让、出租的，停止享受税额抵免优惠，并补缴已经抵免的企业所得税税款。这个5年就是一个临界点。再如，固定资产大修理支出有个临界点。税法规定，固定资产大修理支出是指同时符合下列条件的支出：修理支出达到取得固定资产时的计税基础的50%以上；修理后固定资产的使用年限延长2年以上。固定资产大修理支出，按照固定资产尚可使用年限分期摊销。由于大修理支出的发生不均衡，为了均衡成本负担，公司可以采用费用摊销或费用预提的方法。这里的2年即为特殊的时间临界点。

再如，对于符合条件的居民企业之间的股息、红利等权益性投资收益免税，但不包括持有居民企业公开发行并上市流通的股票连续时间不超过12个月取得的权益性投资收益。根据这一政策，企业应尽量避免将公开发行上市流通不超过12个月的股票进行交易。在不影响公司盈利的情况下，企业应尽量选择以上免税收入，直接降低所得税税负。

案例5－14 间接转换限制性费用

某企业职工人数500人，人均月工资3500元，当年度向职工集资人均1万元，年利率10%，同期同类银行贷款利率为7%。当年度税前会计利润总额为30万元。因为借款利率超过可扣除标准，超支利息应调整应纳税所得额为：500×10000×（10%－7%）＝15（万元），该企业应纳企业所得税为11.25万元，应代扣代缴个人所得税10万元。有什么办法避免这种支出？

［筹划思路］如果将职工集资利率降为7%，将降低的利息通过提高职工工资来解决，那么，职工的个人收入不但没有减少，而且降低了利息所得项目应纳的个人所得税。对企业来说，集资利息未超过同期同类银行贷款利息，可以获得全额扣除。

每人每月增加工资额1500元，增加后人均月工资达到5000元，仍未超过个人所得税计税工资标准。将超额利息转为工资费用后，应纳企业所得税额减少，应代扣代缴个人所得税减少。

案例5－15 业务招待费与广告费、业务宣传费合理转换

A企业计划2020年度的业务招待费支出为150万元，业务宣传费支出为120万元，广告费支出为480万元。该企业2020年度的预计销售额8000万元。试对该企业进行纳税筹划。

[解析] 根据税法的规定，该企业2020年度的业务招待费的扣除限额为40万元（8000×5‰）。该企业2020年度业务招待费发生额的60%为90万元，故该企业无法税前扣除的业务招待费为110万元（150－40）。该企业2020年度广告费和业务宣传费的扣除限额为1200万元（8000×15%），该企业广告费和业务宣传费的实际发生额为600万元，可以全额扣除。

[筹划思路] 如果该企业事前进行纳税筹划，可以考虑将部分业务招待费转为业务宣传费，比如，可以将若干次餐饮招待费改为宣传产品用的赠送礼品。这样可以将业务招待费的总额降低为65万元，而将业务宣传费的支出提高到205万元。此时，该企业2018年度业务招待费的发生额的60%为39万元，可以全额扣除。该企业广告费和业务宣传费的总发生额为685万元，亦可全额扣除。通过纳税筹划，企业不得税前扣除的业务招待费支出为24万元，由此可以少缴企业所得税21.5万元［（110－24）×25%］。

[注意] 在核算业务招待费时，企业除了应将会务费（会议费）、差旅费等项目与业务招待费等严格区分外，还应当严格区分业务招待费和业务宣传费，并通过二者间的合理转换进行纳税筹划。

案例5－16 业务招待费节税"临界点"

问题：企业如何能够充分使用业务招待费的限额又可以减少纳税调整事项呢？

假设企业2018年销售（营业）收入为X，2018年业务招待费为Y，则2018年允许税前扣除的业务招待费＝Y×60%≤X×5‰，只有在Y×60%＝X×5‰的情况下，即Y＝X×8.3‰，业务招待费在销售（营业）收入的8.3‰的临界点时，企业才可能充分利用好上述政策。

一般情况下，企业的销售（营业）收入是可以测算的。我们假定2018年企

业销售（营业）收入 $X=10000$（万元），则允许税前扣除的业务招待费最高不超过 $10000\times5‰=50$（万元），那么，财务就可以据此预算全年业务招待费 $Y=50\div60\%=83$（万元）。其他销售（营业）收入可以依此类推。

如果企业实际发生业务招待费100万元>计划83万元，即大于销售收入的8.3‰，则业务招待费的60%可以扣除，纳税调整增加100－60＝40（万元）。但是另一方面销售收入的5‰只有50万元，还要进一步纳税调整增加10万元，按照两方面限制孰低的原则进行比较，取其低值直接纳税调整，共调增应纳税所得额50万元，计算缴纳企业所得税12.50万元，即实际消费100万元则要付出112.50万元的代价。

如企业实际发生招待费40万元<计划83万元，即小于销售收入的8.3‰，则业务招待费的60%可以全部扣除，纳税调整增加40－24＝16（万元）。另一方面销售收入的5‰为50万元，不需要再做纳税调整，只需要计算缴纳企业所得税4万元（16×25%），即实际消费40万元则要付出44万元的代价。

结论：

当企业的实际业务招待费小于销售（营业）收入的8.3‰时，60%的限额可以充分利用，只需要就40%部分计税处理，等于吃1000元掏1100元的腰包。

当企业的实际业务招待费大于销售（营业）收入的8.3‰时，除超过60%的部分需要全部计税处理外，60%当中的一部分还要剔除纳税。吃1000元的实际花费要大于1100元。

案例5－17　坏账损失的财务方法选择

税法规定：纳税人按财政部的规定提取的坏账准备和商品削价准备金，准予在计算应纳税所得额时扣除。不建立坏账准备金的纳税人，发生的坏账损失，经主管税务机关核定后，按当期实际发生数扣除。坏账损失的财务处理方法，主要有直接转销法和备抵法。哪种方法对减轻税负更为有利呢？

例如，某公司2018年3月销售产品1万件，单价100元，2010年底货款尚未收到，确认为坏账。

（1）采用直接转销法处理如下：

2018年发生应收账款时：

借：应收账款　　　　1000000

　　贷：销售收入　　　　1000000

2020 年确认为无法收回的坏账：

借：管理费用　　1000000

　　贷：应收账款　　1000000

（2）采用应收账款余额百分比法（提取坏账准备率为 3%）处理如下：

2018 年发生应收账款时：

借：管理费用　　3000

　　贷：坏账准备　　3000

2020 年确定为坏账时：

借：坏账准备　　1000000

　　贷：应收账款　　1000000

由以上会计分录可以看出，采用应收账款余额百分比法可以增加当期扣除项目，降低当期应纳税所得额。即使两种方法计算的应交纳所得税数额是一致的，但应收账款余额百分比法将应纳税款滞后，等于享受到国家一笔无息贷款，增加了企业的流动资金。计算如下：

方案 1：1000000 × 25% = 250000（元）

方案 2：（1000000 − 3000）× 25% = 249250（元）

方案 1 与方案 2 之间的差额：250000 − 249250 = 750（元）

只这一笔业务，应收账款余额百分比法就使企业节税 750 元。

案例 5 − 18　职工薪酬的税务设计

李某每月工资、薪金 8000 元，每月支付房租 1000 元，其工资薪金每月应缴纳个人税 =（8000 − 5000）× 3% − 0 = 90（元），除去房租，该员工税后可支配收入为 6910 元。该员工由于工作业绩突出，单位决定将其工资涨为 9000 元/月。如何筹划？（不考虑各项扣除）

筹划技巧：如果雇用单位能够把员工显性工资变成隐性工资，就可以避免税率的累进效应，使员工少缴个人税。

有两种选择：（1）直接将工资增至月 9000 元；（2）工资不调整，每月 8000 元不变，为其免费提供月租金为 1000 元的住房。

方案（1）：应纳个人税 =（9000 − 5000）× 10% − 210 = 190（元）

个人税后可支配收入为 9000 − 1000 − 190 = 7810（元）；

方案（2）：应纳个人税 =（8000 − 5000）× 3% − 0 = 90（元）

个人税后可支配收入为 8000－90＝7910（元）；

结论：方案（2）有利。而对于单位来说，其实际支出并没有发生变化。对于工资、薪金收入较高的个人来说，任职单位通过上述方法筹划的效果更为明显。

案例5－19 王华被某大型企业集团聘为常务副总裁，主管集团营销业务。该集团董事会允诺，扣除规定的社保费、住房公积金后，每年给予他不少于45万元的年薪。同时，因为王华还担任集团下属子公司董事会的董事，每年可获得董事费收入5万元。这样，王华每年的税前收入可达50万元。公司支付报酬的方式是否合理?

筹划思路：

在大的企业集团，高级管理人员在担任行政职务的同时往往会兼任集团或下属子公司的董事，相应地会获得一笔董事费收入。董事费收入从本质上说具有劳务服务性质，因此，每月里，个人的董事费收入应作为劳务报酬所得缴纳个人所得税，适用20%～40%的超额累进税率；个人的年薪收入则应按照工资薪金所得缴纳个人所得税，适用3%～45%的超额累进税率；到来年汇算清缴时，再将这两块收入按综合收入合并计税。这两种税目之间的税率差异为我们进行税收筹划提供了切入点。若合理安排这两块收入，使平时申报缴纳的税款降低，可以免得提前缴纳过多的个税，实现节税和递延纳税的效果。

作为同时担任企业行政职务和董事的高级管理人员，可以在保证年度总收入不变的前提下，通过工资奖金收入和董事费收入的合理分配与转化，降低其整体税负水平，从而增加实际税后收益。

按政策规定，实行年薪制的企业，个人取得的年度工资薪金所得应实行按年计算、分月预缴，年度终了再按全年的基本收入和效益收入分12个月平均计算实际应纳的税款。

王华的年薪收入应缴纳的个人所得税＝［（450000－60000）×25%－31920］＝65580（元）；

王华获得的董事费收入应纳个人所得税：＝50000×（1－20%）×30%－2000＝10000（元）；

以上两项合计缴纳个人所得税＝65580＋10000＝75580（元）；

年终汇算清缴按照综合收入应缴纳个人税＝（450000＋50000－60000）×30%－52920＝79080（元）；税后收入＝450000＋50000－79080＝420920（元）；

如果在保证王华税前总收入不变的情况下，合理调整年薪收入和董事费收入之间的比例，则可提高税后收入，提升激励效果。假定董事会决定将王华的董事费增加到24万元，并在每月发放2万元，相应地，每年的年薪收入变为26万元。

则王华的年薪收入应缴纳的个人所得税＝［（260000－60000）×20%－16920］＝23080（元）；

王华获得的董事费收入应纳个人所得税＝12×20000×（1－20%）×20%－0＝38400（元）；

以上两项合计缴纳个人所得税＝23080＋38400＝61480（元）；

年终汇算清缴按照综合收入应缴纳个人税＝（260000＋240000－60000）×30%－52920＝79080（元）；

需要补缴个人税＝79080－61480＝17600（元）；

也就是说这17600元的税平时每月不交，等到第二年6月前汇缴补税。实现递延纳税的效果。

［点评］该筹划方案对个人而言可以获得递延纳税的效果，对于公司而言，公司的工资总额减少，因此计提的相关费用（如职工福利费、工会经费、职工教育经费等）也会减少，公司会因此多缴企业所得税。这意味着，2019年实施的新个人所得税法将劳务收入与工资薪金收入作为综合所得汇总纳税，因此，相对于旧法分别纳税而言，税收筹划的空间变小了，旧税法下可以进行节税筹划，但是新税法下只能做递延纳税筹划；而且对于公司而言，还要为此多拿企业所得税。这要根据企业的实际情况作出合理决策。

第四节　税收与损益管理

一、影响企业损益的税收因素

（一）增值税对企业损益的影响

增值税是价外税，企业在核算利润的时候并不涉及增值税，是不是就意味着增值税对企业盈利就没有影响呢？也不尽然。增值税影响企业损益有几个因素：

一是不允许抵扣的进项税额会被转入相关存货的成本，或摊销或提取折旧，按照一定的方法计入成本。

不允许抵扣的进项税额有下列情形：①用于简易计税方法计税项目、免征增值税项目、集体福利或者个人消费的购进货物、劳务、服务、无形资产和不动产；②非正常损失的购进货物，以及相关的劳务和交通运输服务；③非正常损失的在产品、产成品所耗用的购进货物（不包括固定资产）、劳务和交通运输服务；④国务院规定的其他项目。

“营改增”之后，不得抵扣的进项税额的范围进一步扩大，《营业税改征增值税实施办法》第二十七条 下列项目的进项税额不得从销项税额中抵扣：(1) 用于简易计税方法计税项目、免征增值税项目、集体福利或者个人消费的购进货物、加工修理修配劳务、服务、无形资产和不动产。其中涉及的固定资产、无形资产、不动产，仅指专用于上述项目的固定资产、无形资产（不包括其他权益性无形资产）、不动产。(2) 非正常损失的购进货物，以及相关的加工修理修配劳务和交通运输服务。(3) 非正常损失的在产品、产成品所耗用的购进货物（不包括固定资产）、加工修理修配劳务和交通运输服务。(4) 非正常损失的不动产，以及该不动产所耗用的购进货物、设计服务和建筑服务。(5) 非正常损失的不动产在建工程所耗用的购进货物、设计服务和建筑服务。纳税人新建、改建、扩建、修缮、装饰不动产，均属于不动产在建工程。(6) 购进的旅客运输服务（政策放宽后，与生产经营无关的纯属个人的消费行为不能抵扣）、贷款服务、餐饮服务、居民日常服务和娱乐服务。(7) 财政部和国家税务总局规定的其他情形。

除了上述条款之外，还有一些不得抵扣进项税的情形，如贷款利息支出，以及与贷款直接相关的投融资顾问费、手续费、咨询费等费用不得抵扣进项税；融资性售后回租业务按照“贷款服务”处理，其进项税不得抵扣，金融商品转让业务进项税不得抵扣，实行差额征税的项目进项税不得抵扣。

二是随着实际缴纳的增值税额越多，附着在增值税上的城市维护建设税、教育费附加和地方教育费附加等税费也就越多，这些小的税费都被计入“税金及附加”，并在所得税前扣除，因此，对企业盈利造成影响。

三是作价税分离计算增值税时，采取简易计税办法与一般计税方法的不同选择会影响价格，并在一定程度上影响利润。在有些情况下，一般纳税人可以在一般计税方法与简易计税方法上作出选择，例如，营改增中建筑业中的老项目、清包工和甲供材，以及适用简易计税办法差额计税的项目等，在换算为不含税收入时由于适用的税率与征收率不同，导致换算后的收入存在差异。

（二）消费税及其他小税对企业损益的影响

消费税及其他小税是价内税，缴纳的多少与企业利润高度相关，降低了实际缴纳的这些税费也就相应增加了企业利润。因此，企业往往通过改变交易价格、采用不同的生产方式等措施减少消费税额的缴纳。例如，大多数产品是在生产环节缴纳消费税，为此，企业就设立独立的销售公司，将产品先出售给自己的销售公司，然后再由销售公司对外销售，通过这种转移定价的方式节税；再是在委托加工原材料、委托加工半成品和完全自己生产三种不同的生产购方式中选择有利于本企业的方式，实现税收最小化和税后利益最大化目标。

案例5－20 不同的生产方式选择

某企业拟投入价值1000万元的材料加工生产应税消费品，售价6000万元。若委托加工半成品再自己生产，则加工费470万元，生产费用400万元；若委托加工产成品，则加工费1090万元；若自己生产产成品，则生产费用900万元。可如何进行纳税筹划？

表5－16　　不同生产方式选择

项目	委托加工半成品	委托加工产成品	自行生产产成品
投入材料	1000	1000	1000
加工费	470	1090	
生产费用	400		900
代扣代缴税率	30%	45%	
代扣代缴消费税	630＝（100＋470）÷（1－30%）×30%	1710＝（1000＋1090）÷（1－45%）×45%	
代扣城建税等	63	171	
售价	6000	6000	6000
产成品税率	45%		45%
应纳消费税	2070＝6000×45%－630		2700＝6000×45%
城建税及附加	207		270
经营利润	1160	2029	1130

结论：在各相关因素相同的情况下，自行加工方式的税后利润最少，其税

负最重。而彻底的委托加工方式（收回后不再加工直接销售）又比委托加工后再自行加工后销售，其税负要低。

策略：委托加工半成品再自己生产、委托加工产成品、自行生产产成品三种方式中，委托加工产成品的消费税税负最轻。不论委托加工费大于或小于自行加工成本，只要收回的应税消费品的计税价格低于收回后直接出售的价格，委托加工应税消费品的税负就会低于自行加工的税负。

（三）企业所得税法对企业损益的影响

我国《企业所得税法》第十八条规定：企业纳税年度发生的亏损，准予向以后年度结转，用以后年度的所得弥补，但结转年限最长不得超过五年。

近年来，对特定企业的亏损弥补期限又进一步延长，不同类型纳税人的亏损结转年限不同。一般企业的亏损结转年限为5年；对“符合条件的高新技术企业”和“符合条件的科技型中小企业”亏损结转年限为10年。[即符合《财政部 税务总局关于延长高新技术企业和科技型中小企业亏损结转年限的通知》（财税〔2018〕76号）、《国家税务总局关于延长高新技术企业和科技型中小企业亏损结转弥补年限有关企业所得税处理问题的公告》（2018年第45号）等文件规定的纳税人]。

亏损弥补的另外一种形式则是总分公司之间的盈亏互抵。根据《国家税务总局关于规范汇总合并缴纳企业所得税范围的通知》（国税函〔2006〕48号）的规定：经国家税务总局审批，独立核算的分公司可以由总公司汇总缴纳企业所得税。在这种情况下，根据《国家税务总局关于汇总（合并）纳税企业实行统一计算、分级管理、就地预交、集中清算所得税问题的通知》（国税发〔2001〕13号）的规定：总公司和分公司分别计算盈亏，年终由总公司集中清算，合并缴纳企业所得税。

亏损弥补的形式除了企业内部弥补，即由本企业以后的应纳税所得额或由本行业或集团内部的盈亏互抵来弥补之外，还有企业外部弥补，即通过向外投资而分回的利润或通过资产重组来弥补。亏损弥补或盈亏互抵会减少企业应纳税所得额，对企业有利。不过需要注意的是，税法第十七条规定：企业在汇总计算缴纳企业所得税时，其境外营业机构的亏损不得抵减境内营业机构的盈利。

另外，低税率、减免税等税收优惠会增加企业税后利润，有助于提升企业的偿债能力和生产能力。

二、企业税收最小化的损益管理目标及策略

公司是以营利为目标的组织，追求公司价值最大化、税后利润最大化是公司财务管理的最终目标。而公司增加利润的方式主要有两种：一是提高效益；二是减轻税负。企业所得税的轻重、多寡，直接影响着公司税后净利润的多少，关系着公司的切身利益。

按照《企业所得税法》的规定，应纳税所得额为公司每一个纳税年度的收入总额，减除不征税收入、免税收入、各项扣除，以及允许弥补的以前年度亏损后的余额，基本公式为：

应纳税所得额 = 收入总额 − 不征税收入 − 免税收入 − 各项扣除 − 以前年度亏损

从公式考虑，公司必须通过收入、费用的管理，在税法允许的范围和限额内，尽量取得不被税法认定为应税所得的经济收入，使各项计税收入最少、当期可扣除的费用最多，来实现计税基础的最小化，即税基最小化。与此同时，通过对税收优惠政策的配合辅助应用，公司可以使应纳税所得额进一步降低，从而实现企业所得税应纳税额的最小化，即税收收益的最大化。

三、企业税收最小化的损益管理方法

（一）对享受免税和减税的收益管理

1. 投资所得的管理。《企业所得税法》第二十六条：企业的下列收入为免税收入：（一）国债利息收入；（二）符合条件的居民企业之间的股息、红利等权益性投资收益；（三）在中国境内设立机构、场所的非居民企业从居民企业取得与该机构、场所有实际联系的股息、红利等权益性投资收益；（四）符合条件的非营利组织的收入。

企业投资于国债所取得的国债利息收入，是指企业从持有国务院财政部门发行的国债取得的利息收入，不包括持有外国政府国债取得的利息，也不包括企业从二级国债市场购进的国债利息收入。

符合条件的居民企业之间的股息、红利等权益性投资收益享受免税必须同时符合两个条件：一是直接投资于其他居民企业，包括独资开办企业、合资开办企业或者投入资本不参与经营；二是在公开市场买入一定数量的股票，连续持有居民企业公开发行并上市流通的股票12个月以上。因此，不包括连续持有居民企业公开发行并上市流通的股票不足12个月取得的投资收益。

《企业所得税法实施条例》第八十三条　企业所得税法第二十六条第（二）项所称符合条件的居民企业之间的股息、红利等权益性投资收益，是指居民企业直接投资于其他居民企业取得的投资收益。企业所得税法第二十六条第（二）项和第（三）项所称股息、红利等权益性投资收益，不包括连续持有居民企业公开发行并上市流通的股票不足12个月取得的投资收益。

在中国境内设立机构、场所的非居民企业从居民企业取得与该机构、场所没有实际联系的股息、红利等权益性投资收益，或者在中国境内没有设立机构、场所但有来源于中国境内的股息、红利等权益性投资收益，都同样不能享受免征企业所得税。企业需要在汇出境外前代扣代缴10%的预提所得税。

企业需要注意：即便财务报表上有利润，但不一定能够分配。例如，应收账款和存货大、银行存款不足，都会导致企业出现有利润但不能支付的情况。因此，当企业有了实力支付股利的时候，才去计提和支付股利。如果计提了，却长期不支付，会惹上不必要的麻烦。

符合条件的非营利组织的收入免征所得税。这里必须注意的是，要明确享受免税的主体是“符合条件的非营利性组织”。这种非营利性组织必须是从事非营利事业才能享受免税待遇，如果超出规定的业务范围从事营利活动，则不能享受免税政策。

2. 产业项目所得的管理。现行企业所得税法改变了过去老企业所得税法身份式税收优惠政策，侧重于产业项目和产业技术优惠。《企业所得税法》第二十七条规定：企业的下列所得，可以免征、减征企业所得税：（一）从事农、林、牧、渔业项目的所得；（二）从事国家重点扶持的公共基础设施项目投资经营的所得；（三）从事符合条件的环境保护、节能节水项目的所得；（四）符合条件的技术转让所得；（五）本法第三条第三款规定的所得。这里需要注意几点：一是注意弄清产业项目税收优惠的范围及条件；二是注意税收优惠的有效期限及限额；三是注意丧失税收优惠带来的税收风险。

税法对农、林、牧、渔业项目实施长期的税收减免政策；对投资经营国家重点扶持的公共基础设施项目，从取得第一笔生产经营收入的年度起，实行“三免三减半”所得税优惠。

《企业所得税法实施条例》第八十七条：企业所得税法第二十七条第（二）项所称国家重点扶持的公共基础设施项目，是指《公共基础设施项目企业所得税优惠目录》规定的港口码头、机场、铁路、公路、城市公共交通、电力、水利等项目。

企业从事前款规定的国家重点扶持的公共基础设施项目的投资经营的所得，自项目取得第一笔生产经营收入所属纳税年度起，第一年至第三年免征企业所得税，第四年至第六年减半征收企业所得税。

企业承包经营、承包建设和内部自建自用本条规定的项目，不得享受本条规定的企业所得税优惠。

对从事符合条件的环境保护、节能节水项目的所得实行“三免三减半”所得税优惠。

《企业所得税法实施条例》第八十八条：企业所得税法第二十七条第（三）项所称符合条件的环境保护、节能节水项目，包括公共污水处理、公共垃圾处理、沼气综合开发利用、节能减排技术改造、海水淡化等。项目的具体条件和范围由国务院财政、税务主管部门商国务院有关部门制订，报国务院批准后公布施行。

企业从事前款规定的符合条件的环境保护、节能节水项目的所得，自项目取得第一笔生产经营收入所属纳税年度起，第一年至第三年免征企业所得税，第四年至第六年减半征收企业所得税。

《企业所得税法实施条例》第八十九条：依照本条例第八十七条和第八十八条规定享受减免税优惠的项目，在减免税期限内转让的，受让方自受让之日起，可以在剩余期限内享受规定的减免税优惠；减免税期限届满后转让的，受让方不得就该项目重复享受减免税优惠。

《企业所得税法实施条例》第一百条：企业所得税法第三十四条所称税额抵免，是指企业购置并实际使用《环境保护专用设备企业所得税优惠目录》《节能节水专用设备企业所得税优惠目录》和《安全生产专用设备企业所得税优惠目录》规定的环境保护、节能节水、安全生产等专用设备的，该专用设备的投资额的10%可以从企业当年的应纳税额中抵免；当年不足抵免的，可以在以后5个纳税年度结转抵免。

享受前款规定的企业所得税优惠的企业，应当实际购置并自身实际投入使用前款规定的专用设备；企业购置上述专用设备在5年内转让、出租的，应当停止享受企业所得税优惠，并补缴已经抵免的企业所得税税款。

《企业所得税法实施条例》第一百零二条：企业同时从事适用不同企业所得税待遇的项目的，其优惠项目应当单独计算所得，并合理分摊企业的期间费用；没有单独计算的，不得享受企业所得税优惠。

对符合条件的技术转让所得实行限额内免税和超额部分减半征税。《企业所得税法实施条例》第九十条：企业所得税法第二十七条第（四）项所称符合条件的技术转让所得免征、减征企业所得税，是指一个纳税年度内，居民企业技术转让所得不超过500万元的部分，免征企业所得税；超过500万元的部分，减半征收企业所得税。

《企业所得税法》第三条第三款规定的所得，是指非居民企业在中国境内未设立机构、场所的，或者虽设立机构、场所但取得的所得与其所设机构、场所没有实际联系的所得。我国对此拥有“收入来源地”税收管辖权，应当就其来源于中国境内的所得征收所得税，税率为20%，实际执行减按10%的税率。相反，如果该所得与其所设机构、场所“有实际联系”，则应对设在中国境内的机构、场所取得的该项所得先征收25%的所得税（若该所得是股息、红利等权益性投资所得则免税），然后，在该项所得汇出境外时再征收10%的预提所得税。但是，根据财政部、税务总局、国家发展改革委、商务部《关于扩大境外投资者以分配利润直接投资暂不征收预提所得税政策适用范围的通知》（财税〔2018〕102号），境外投资者在2018年1月1日（含当日）以后取得的股息、红利等权益性投资收益，可以享受暂不征收预提所得税政策。

另外，国家对特定的软件产业和集成电路产业实施所得税“五免五减半”。根据《中华人民共和国企业所得税法》及其实施条例和《国务院关于印发进一步鼓励软件产业和集成电路产业发展若干政策的通知》（国发〔2011〕4号）精神，为进一步推动科技创新和产业结构升级，促进信息技术产业发展，财税〔2012〕27号文件规定：企业生产集成电路线宽小于0.25微米或投资额超过80亿元的集成电路生产企业，经认定后，减按15%的税率征收企业所得税，其中经营期在15年以上的，在2017年12月31日前自获利年度起计算优惠期，第一年至第五年免征企业所得税，第六年至第十年按照25%的法定税率减半征收企业所得税，并享受至期满为止。

（二）对企业盈亏互抵的管理控制

按照税法规定，企业盈亏互抵的渠道包括内部渠道和外部渠道。内部渠道有企业在不同年度之间的盈亏互抵和企业总分支机构之间汇总纳税的盈亏互抵；外部渠道即企业通过对外投资而分回的利润或通过并购与资产重组来实现盈亏互抵。

通过内部渠道盈亏互抵需要注意几个要点：一是企业在不同年度出现的盈利和亏损，如果不能在税法规定的弥补期内充分弥补，就会给企业带来税收上的损失。因此，应当预先测算和安排财务收支项目，利用提前或递延技术合理安排各期会计盈亏。二是在企业总分支机构之间盈亏互抵方面，要注意汇总纳税是在年终进行，也就是说，盈利的一方需要在平日纳税申报期先缴税，这样就导致平时公司缴纳数量可观的税款，如果总体亏损的话，就意味着公司预先垫付了税金，这给企业带来资金压力。为此，企业应当合理规划总分支机构之间的盈亏状况，尽量做到双方先亏后盈，将税收递延到最后缴纳。

通过外部渠道盈亏互抵需要注意的要点：一是企业向其他居民企业投资而分回的利润属于股息、红利等权益性投资收益，免征所得税，对该企业当期的缴纳所得税没有影响，但如果该企业当期处于亏损状态，需要由分回的利润弥补亏损，因而会传导影响以后年度的税收。二是企业并购其他企业或者与其他

企业进行资产重组，在特殊情况下可以产生盈亏互抵的效果。

根据《财政部　国家税务总局关于企业重组业务企业所得税处理若干问题的通知》（财税〔2009〕59 号）的规定，企业重组的税务处理划分为一般性税务处理方法和特殊性税务处理方法。企业合并若适用企业重组的一般性税务处理方法，则企业合并当事各方应当按照下列规定处理：①合并企业应按公允价值确定接受被合并企业各项资产和负债的计税基础；②被合并企业及其股东都应按清算进行所得税处理；③被合并企业的亏损不得在合并企业结转弥补。另外，就能否盈亏互抵而言，企业分立相关企业的亏损也不得相互结转弥补。

适用特殊性税务处理方法的企业重组，必须同时符合下列条件：①具有合理的商业目的，且不以减少、免除或者推迟缴纳税款为主要目的；②被收购、合并或分立部分的资产或股权比例符合规定比例；③重组交易对价中涉及股权支付金额符合规定比例；④企业重组后的连续 12 个月内不改变重组资产原来的实质性经营活动；⑤企业重组中取得股权支付的原主要股东，在重组后连续 12 个月内，不得转让所取得的股权。

其中的企业合并形式，若企业股东在该企业合并发生时取得的股权支付金额不低于其交易支付总额的 85%，以及同一控制下且不需要支付对价的企业合并，就可以选择按以下规定处理：①合并企业接受被合并企业资产和负债的计税基础，以被合并企业的原有计税基础确定。②被合并企业合并前的相关所得税事项由合并企业承继。③可由合并企业弥补的被合并企业亏损的限额 = 被合并企业净资产公允价值 × 截至合并业务发生当年年末国家发行的最长期限的国债利率。④被合并企业股东取得合并企业股权的计税基础，以其原持有的被合并企业股权的计税基础确定。⑤股权支付部分暂不确认有关资产的交易所得或损失。⑥非股权支付部分仍应在交易当期确认相应的资产转让所得或损失，并调整相应资产的计税基础。由此可见，企业合并在特殊性税务处理方法下可以实现部分盈亏互抵，但法律规定了盈亏互抵的比例。

因此，企业在兼并亏损企业或者与亏损企业合并时，应当全面满足企业重组特殊性税务处理方法的条件。鉴于这类企业合并中，可由合并企业弥补的被合并企业的亏损规定了限额，而且该限额较小，为了充分达到盈亏互抵的目的，就需要采取更好的合并方式。例如，若企业合并亏损数额较大的企业，那么就应当先收购对方企业的股权，将被合并企业变为全资子公司，再通过转移定价或转移业务的方式，将利润转移至亏损企业，充分利用被合并企业的亏损。

（三）对企业应纳税所得额的管理控制

1. 按照税务处理规则进行项目控制

应当知道，企业所得税是按照当期应纳税所得额来计算缴纳，而不是按照企业会计利润计算缴纳。这其中有两种计算方法：

一是直接计算方法，用公式表达：

应纳税所得额 = 每一纳税年度的收入总额 − 不征税收入 − 免税收入 − 各项扣除项目 − 允许弥补的以前年度亏损

当期企业所得税应纳税额 = 当期应纳税所得额 × 税率

二是间接计算法，用公式表达：

应纳税所得额 = 会计利润总额 ± 纳税调整项目金额

当期企业所得税应纳税额 = 当期应纳税所得额 × 税率

其实，不管哪一种方法，其核算的内容都是一致的，都要对各种收入和成本费用支出以及往年亏损进行核对是否应当列入应纳税所得额计算的范围。从两种方法的计算公式，我们就可以发现所得税计算所应当关注的项目，或者说是我们核查的切入点。正如本章第一节，首先应当从收入的确认进行切入，厘清哪些是应税收入，哪些是不征税收入，哪些是免税收入，哪些收入可以通过递延的方式推迟到以后纳税；然后，核查税前扣除项目是否符合税法规定，金额是否合理，哪些应当做纳税调整，哪些扣除项目可以提前或者推后，以便获得更多的税收利益；最后就是核查允许弥补的以前年度亏损项目，考察以前年度亏损是否得到充分利用，如果超过规定的弥补年限，则会让企业受损。当然，这是就事中、事后进行的核查，在此之前，企业一定要做好事前预测并做好各项预案，以便获得最终想要的结果。企业做好事前、事中和事后的项目核查非常重要，这样可以帮助企业开展系统性的管理和控制，尽可能控制住纳税调整项目金额，防止出现大量的纳税调整事项和金额，而给企业带来不利影响。

2. 按照纳税人身份进行项目控制

（1）小微企业身份。《企业所得税法》对小微企业和国家需要重点扶持的高新技术企业分别给予低税率优惠，以及在此基础上的税收减免和研发费用加计扣除等税收优惠。税法规定，符合条件的小微企业适用 20% 的法定税率，对符合条件的高新技术企业适用 15% 的税率。

《财政部 国家税务总局关于实施小微企业普惠性税收减免政策的通知》（财税〔2019〕13 号）放宽小型微利企业标准，扩大小型微利企业的覆盖面，并进一步降低了实际税率。小型微利企业是指从事国家非限制和禁止行业，且同时符合年度应纳税所得额不超过300万元、从业人数不超过300人、资产总额不超过5000万元等三个条件的企业。对小型微利企业年应纳税所得额不超过100万元的部分，减按25%计入应纳税所得额，按20%的税率缴纳企业所得税；对年应纳税所得额超过100万元但不超过300万元的部分，减按50%计入应纳税所得额，按20%的税率缴纳企业所得税。简而言之，对100万元以内征收5%的所得税，对超过100万元但不超过300万元的部分征收10%的所得税。

（2）高新技术企业身份。税法规定，国家重点扶持的高新技术企业享受15%低税率优惠和研发费用加计扣除政策，以促进科技创新。

《财政部 税务总局 科技部关于提高研究开发费用税前加计扣除比例的通知》（财税〔2018〕99号）规定：企业开展研发活动中实际发生的研发费用，未形成无形资产计入当期损益的，在按规定据实扣除的基础上，在2018年1月1日至2020年12月31日，再按照实际发生额的75%在税前加计扣除；形成无形资产的，在上述期间按照无形资产成本的175%在税前摊销。

《财政部 税务总局 科技部关于提高科技型中小企业研究开发费用税前加计扣除比例的通知》（财税〔2017〕34号）规定：科技型中小企业开展研发活动中实际发生的研发费用，未形成无形资产计入当期损益的，在按规定据实扣除的基础上，在2017年1月1日至2019年12月31日，再按照实际发生额的75%在税前加计扣除；形成无形资产的，在上述期间按照无形资产成本的175%在税前摊销。

顺便说一下，科技部 财政部 国家税务总局修订印发的《高新技术企业认定管理办法》（国科发火〔2016〕32号）将享受研发费用加计扣除的企业范围扩大到查账征收的居民企业。这对于从事研究与开发的普通企业而言无疑是一大利好。

自2015年10月1日起，全国范围内的居民企业转让5年（含）以上非独占许可使用权取得的技术转让所得，纳入享受企业所得税优惠的技术转让所得范围。可以计入技术转让收入的技术咨询、技术服务、技术培训收入，是指转让方为使受让方掌握所转让的技术投入使用、实现产业化而提供的必要的技术咨询、技术服务、技术培训所产生的收入，并应同时符合以下条件：（1）在技术转让合同中约定的与该技术转让相关的技术咨询、技术服务、技术培训；（2）技术咨询、技术服务、技术培训收入与该技术转让项目收入一并收取价款。

2021 年国家进一步降低小微企业的实际税率，并提高制造业企业加计扣除比例。2021 年初，《国务院关于落实〈政府工作报告〉重点工作分工的意见》明确：对小微企业和个体工商户年应纳税所得额不到100 万元的部分，在现行优惠政策基础上，再减半征收所得税。部分小微企业的所得税负将低至 2.5%。同时，从 2021 年 1 月 1 日起，将延续执行企业研发费用加计扣除 75% 政策，将制造业企业加计扣除比例提高到 100%。相当于企业每投入 100 万元研发费用可在应纳税所得额中扣除200 万元。允许企业自主选择按半年享受加计扣除优惠，上半年的研发费用由次年所得税汇算清缴时扣除改为当年 10 月预缴时即可扣除，让企业尽早受惠。

（3）技术先进型服务业。根据《财政部 税务总局 商务部 科技部 国家发展改革委关于将技术先进型服务企业所得税政策推广至全国实施的通知》（财税〔2017〕79 号）规定，自 2017 年 1 月 1 日起，在全国范围内，对经认定的技术先进型服务企业，减按 15% 的税率征收企业所得税；经认定的技术先进型服务企业发生的职工教育经费支出，不超过工资薪金总额 8% 的部分，准予在计算应纳税所得额时扣除；超过部分，准予在以后纳税年度结转扣除（具体按照《技术先进型服务业务认定范围（试行)》进行认定)。

对符合上述纳税人身份的企业而言，需要注意的是，要严格管控小微企业、高新技术企业，以及技术先进型服务业的税收优惠资格。始终对相关条件指标进行跟踪监控，当有指标出现突破临界点的预兆时，要发出预警并采取措施加以控制，以免得丧失享受税收优惠的资格。例如，对小微企业而言，特别要注意应纳税所得额的临界点，300 万元不是会计利润指标而是应纳税所得额指标，不能混淆，不要突破应纳税所得额的临界点。

而对于尚未通过身份认定的企业来说，需要创造条件，如通过业务剥离、人员结构调整、资产金额调整、收入分劈等办法使企业成为具有这种纳税人身份的企业。有句俗话：有条件要上，没有条件创造条件也要上。例如，通过主副业务分离和收入分劈，分立企业，使原企业符合认定条件，享受相关税收优惠；分立出来的企业也可以设立为小微企业或者福利企业，从而达到“一石两鸟”的节税效果。可见，理财其实就是帮助企业更合理地配置资源，通过优化资源配置，提高资源配置的经济效率，从而提升企业价值。

3. 按照减免税项目进行控制

企业所得税法规定了一些项目式减免税收优惠，例如，资源综合利用、环保、节能节水、安全生产等生产项目，要注意在会计上一定分开核算收入成本费用及所得额，否则，无法享受减免税优惠。不仅如此，还要尽可能扩大减免税项目的所得额，争取获得更多的税收减免。

经典案例：

公司要扩展业务，投资成立新的公司前要预先进行税收筹划，应预测未来新设立公司的盈利状况，特别是头几年的盈利状况，这很重要。若预计头几年亏损，则要考虑盈亏互抵的效应；若预计未来有一定盈利，则需要考虑享受小微企业的税收优惠政策，或者其他相关的减免税政策。

案例 5－21　总分公司之间盈亏互抵的税收筹划

M 公司所得税税率为 25%，2019 年 1 月拟投资设立回收期长的公司，预计该公司当年亏损 600 万元，假定 M 公司当年实现利润 1000 万元。现有两方案可供选择：一是设立全资子公司；二是设立分公司（假设不存在其他纳税调整事项）。请作出选择。

1. 设立子公司情况下的所得税税负：

子公司当年亏损，不缴纳所得税，其亏损可结转以后年度，用以后年度所得弥补。

M 公司当年缴纳的所得税 = 1000 × 25% = 250（万元）；集团公司整体税负为 250 万元。

2. 设立分公司情况下的所得税税负：M 公司当年缴纳的所得税 = （1000 － 600） × 25% = 100（万元）。

3. 比较 M 公司的整体税负，设立子公司情况下缴纳的所得税比设立分公司缴纳的所得税多缴纳 150 万元（250 － 100）。

结论：当下属公司亏损的情况下，企业应选择设立分公司的组织形式。

案例 5－22　母公司与其销售子公司之间的利润筹划。

大华集团公司生产一种产品，每件市场最终接受价格为 100 元，2019 年公司销售了 1 万件产品。有关单件产品情况如下：生产成本 40 元，销售费用 30 元，暂不考虑管理费用、财务费用等因素。企业所得税税率为 25%。如果你是公司的税务经理，你认为公司的所得税税负能够进一步降低吗？如果能够，你如何设计方案管理公司的收入与费用，以达到降低企业所得税负担的目的呢？

案例分析：

大华集团公司进行收入、费用、税率管理之前应缴纳的所得税税额为：

1×（100－40－30）×25%＝7.5（万元）

集团公司经营状况改造：集团公司经过市场调查发现，其产品主要销往沿海一带，因此，经董事会讨论同意，在深圳投资设立一家具有独立法人资格的销售公司，一切产品均由该销售公司负责销售，集团公司只重生产。该销售公司属于小型微利企业，所得税税率为20%。

方案一：该集团公司领导层听取税务经理的建议，定价如下：

集团公司向其子公司销售产品的价格为单件60元，其他条件不变，则

集团公司应缴所得税为：

1×（60－40）×25%＝5（万元）

销售公司应缴所得税为：

1×（100－60－30）×20%×25%＝0.5（万元）

大华集团共计纳税为：5＋0.5＝5.5（万元），比未设销售公司前产品节税2万元。

方案二：大华集团公司财务总监认为，只要在税法准许的情况下，能够达到同行业一般生产型企业的平均利润水平，就还可以将部分利润转让给深圳销售子公司，故此将销售给深圳销售公司的产品每件售价降至50元，则

集团公司应缴所得税为：

1×（50－40）×25%＝2.5（万元）

销售公司应缴所得税为：

1×（100－50－30）×20%×25%＝1（万元）

大华集团共计纳税为：2.5＋1＝3.5（万元）；

方案二比方案一的产品转移定价低10元，导致转让后比转让前节税0.5万元；与设立销售公司前的经营比较，产品少缴税2万元（5.5－3.5）。这样，大华集团公司通过税收优惠政策管理转移定价和税率就实现了降低税负的目标。

[税收风险提醒]

第一，不同地区设立的公司必须同属于一个利益集团，否则会造成利润外流，利润管理失败。

第二，关联企业之间转移定价不能违背独立交易原则，应当按照独立交易原则定价，符合正当的商业理由，否则，税务机关有权按照合理方法对交易价

格进行调整。

本章小结

本章主要讲授公司收入管理涉税决策、成本费用涉税决策、公司损益形成及涉税决策，从所得税计算与申报缴纳角度，系统探讨公司收入、成本费用及损益的理财纳税问题，旨在降低公司损益涉及的企业所得税负担。

关键术语

收入确认　成本管理　亏损弥补　税收最小化　利润最大化

思考题

1. 收入确认的会计处理与税收处理有哪些差异性？
2. 成本管理主要涉及哪些税收决策？
3. 公司应如何有效运用亏损弥补政策？

案例分析题

1. 做好关联企业之间的利润管理，实现税收最小化。

A 公司所得税税率为 25%。2019 年 1 月投资设立一全资子公司 B（小型微利企业），预计其当年的税前会计利润为 30 万元，A 公司当年预计实现税前会计利润 1000 万元。

[工作要求] 请对两家公司的利润作出合理安排以实现税收最小化目标。

[解决方案] 通过合法手段，将 A 公司的一部分利润 270 万元转移给 B。因为 B 公司为小型微利企业，可以享受所得税减免优惠。

转移利润前：

A 公司预计应缴纳企业所得税 $=1000\times25\%=250$（万元）

B 公司预计应缴纳企业所得税 $=30\times20\%\times25\%=1.5$（万元）

集团公司合计缴纳所得税 $=250+1.5=251.5$（万元）

转移利润后：

A 公司预计应缴纳企业所得税

=（1000 - 270）×25% = 182.5（万元）

B 公司预计应缴纳企业所得税

= 100（万元）×20% ×25% + 200（万元）×20% ×50%

= 25（万元）

集团公司合计缴纳所得税 = 182.5 + 25 = 207.5（万元）

转移利润后比转移利润前节税 251.5 - 207.5 = 44（万元）

[点评] 集团公司当中有大大小小的公司，需要考虑小公司能否享受小微企业的税收优惠待遇，如果可以，那么就可以把大公司的利润转移一部分到小公司来，用足用满小微企业的减免税政策，从而实现集团整体税负最小化。

2. 公司在不同时期的亏损弥补规划。

上海两家同样从事集成电路生产企业 A 和 B（按照税法规定，可以从获利年度起享受“两免三减半”所得税优惠），都在 2018 年 1 月投资成立，预定生产经营期均为 15 年。2018—2024 年 B、D 两公司的经营业绩分别见表 5 - 17 和表 5 - 18。

表 5 - 17　　2018—2024 年 A 公司的经营业绩

年度	2018	2019	2020	2021	2022	2023	2024
利润/万元	-50	40	-30	20	120	200	300

表 5 - 18　　2018—2024 年 B 公司的经营业绩

年度	2018	2019	2020	2021	2022	2023	2024
利润/万元	20	-10	30	-20	80	200	300

由表 5 - 17 可以看出，A 公司七年的总利润为：

-50 + 40 - 30 + 20 + 120 + 200 + 300 = 600（万元）

由表 5 - 18 可以看出，B 公司七年的总利润为：

20 - 10 + 30 - 20 + 80 + 200 + 300 = 600（万元）

从账面上看，两企业的经营成果相当，营业总利润相同。但自 2018 年之后 7 年内，A 公司缴纳的企业所得税为 22.5 万元，而 B 公司缴纳的企业所得税为 81.75 万元，两家企业缴纳税款相差悬殊。

[解析]

税法规定，2018 年 1 月 1 日后投资新设的集成电路线宽小于 130 纳米，且经营期在 10 年以上的集成电路生产企业，享受“两免三减半”所得税优惠（按照集成电路生产企业享受优惠，优惠期自企业获利年度起计算）。

A公司第一年没有获利，第二年弥补第一年亏损后也没获利，依次类推可知A公司开始获利的年度为2022年。根据“两免三减半”的规定，该公司2022年和2023年两年免企业所得税，2024年按15%的税率减半缴纳所得税，其计算如下：

应纳所得税额 = 300 × 15% ÷ 2 = 22.5（万元）

B公司的情况则不如A公司乐观。由于B企业2018年就已获利，所以从2018年开始享受“两免三减半”所得税优惠，B企业2018年和2019年两年免企业所得税，2020年、2021年和2022三年按15%减半缴纳所得税。因而应纳所得税额计算如下：

应纳企业所得税

=（30 − 20 + 80）× 15% ÷ 2 +（200 + 300）× 15%

= 81.75（万元）

［点评］7年内两家总盈利相同的公司所得税相差悬殊，关键是在于A、B两家公司对利润的管理策略大不相同。很显然，A公司把握住了几个要点：一是盈亏互抵把握得好，二是获利年度控制得好，三是追求免税效果最大化，将盈利最好的年度安排在免税期；反观B公司，从一开始就没有明确的税务安排，让企业的利润野蛮生长，没有像A公司那样对企业盈亏作出合理安排，最终导致多纳税风险。

读书笔记

未来的资本利得像树上的鸟一样不一定能抓到，而眼前的股利则犹如手中的鸟一样飞不掉，即“一鸟在手胜过二鸟在林”。

——财务金融学家　麦伦·戈登（Myron Gordon）

第六章　税收与利润分配

- 公司利润分配基础
- 公司利润分配的会计处理
- 公司利润分配的税收效应分析
- 公司利润分配的税收政策
- 降低税负的利润分配策略选择

学习提示

本章主要介绍公司利润分配涉及的会计处理及所形成的税收效应，并结合现行税收政策，规划安排税负最低的利润分配方案。通过本章的学习，读者应掌握公司利润分配顺序及会计处理；在了解利润分配相关税收理论的基础上，进行利润分配的税收效应分析；掌握利润分配环节的税收政策，从而制订出税负最低的利润分配方案。

案例导入

某股份制企业（非上市企业）2019 年未分配利润总额为 5000 万元，经股东会讨论在提取 10% 的法定盈余公积金和 5% 的任意盈余公积金之后，准备把剩余的 4250 万元用于股利支付。现有两种股利支付方式：一是发放现金股利；二是发放股票股利。企业现金流量状况良好，企业股东全部为自然人股东。在选择哪种股利支付方式上，董事会成员进行了充分讨论，讨论结果是选择第一种股利支付方案。原因如下：

第一，企业现金充足，无论哪种股利支付方式均不会带来企业现金流的不足；

第二，企业无论发放现金股利，还是股票股利，均不涉及税收问题；

第三，对于股东（自然人股东）来说，无论何种股利支付方式，均需缴纳 20% 的个人所得税。在现金股利分配方式下，取得现金股利净收益 3400 万元（4250 − 4250 × 20%）；在股票股利分配方式下，未取得任何现金流，却需为此缴纳个人所得税 850 万元（4250 × 20%）。

因此，在公司利益未受影响的情况下，基于股东税后利益最大化考虑，企业最终选择了现金股利支付方案。

以上案例可知，在进行公司的利润分配方案决策时，需要考虑税收因素的影响。除此之外，在公司利润分配过程中还会涉及哪些税收问题呢？税收是影响公司利润分配决策的重要因素，怎样才能制订出税负最小的利润分配方案呢？……通过本章的学习，你将会一一得到答案。

第一节　公司利润分配基础

一、利润分配基本概念

（一）利润

利润是指企业在一定会计期间的经营成果。根据我国现行《企业会计准则——基本准则》（2014 年中华人民共和国财政部令第 76 号）的规定，利润包括收入减去费用后的净额、直接计入当期利润的利得和损失等。直接计入当期利润的利得和损失，是指应当计入当期损益、会导致所有者权益发生增减变动的、与所有者投入资本或者向所有者分配利润无关的利得或者损失。利润按其构成的不同可以分为营业利润、利润总额和净利润，具体计算公式分别如下：

营业利润 = 营业收入 − 营业成本 − 税金及附加 − 销售费用 − 管理费用 − 研发费用 − 财务费用 + 其他收益 ± 投资收益 ± 净敞口投资收益 ± 公允价值变动收益 ± 信用减值损失 ± 资产减值损失 ± 资产处置收益

利润总额 = 营业利润 + 营业外收入 − 营业外支出

净利润 = 利润总额 − 所得税费用

利润项目应当列入利润表，上述几项利润构成项目都体现在我国企业的利润表中。

通常情况下，如果企业实现了利润，则表明企业的所有者权益将增加，业绩得到了提升；反之，如果企业发生了亏损（即利润为负数），则表明企业的所有者权益将减少，业绩下降。利润是评价企业管理层业绩的指标之一，也是投资者等财务会计报告使用者在进行决策时的重要参考依据。

（二）可供分配利润

可供分配利润是企业在经营管理中实现的，可以依法分配的利润，它等于企业当年实现的净利润加年初未分配利润（或减年初未弥补亏损）以及其他调整因素后的金额。也就是说，分配利润之前要将本年净利润与年初未分配利润合并，如有亏损也进行合并，计算出可供分配的利润。

可供分配利润＝当年实现的净利润（或净亏损）＋年初未分配利润（或－年初未弥补亏损）＋其他转入

根据我国《公司法》的有关规定，如果可供分配的利润为负数（即亏损），则不能进行后续分配；如果可供分配的利润为正数（即本年累计盈利），则进行后续分配。

（三）利润分配

利润分配是指企业根据国家有关规定和企业章程、投资者协议等，对企业当年可供分配的利润所进行的分配。利润分配关系着国家、企业、职工及所有者各方面的利益，是一项政策性较强的工作，必须严格按照国家的法规和制度执行。

利润分配的结果，形成了国家的所得税收入、投资者的投资报酬和企业的留用利润等不同的项目，其中企业的留用利润是指盈余公积金和未分配利润。公司年度利润分配方案应由董事会（或类似机构）制定，报股东会（或股东大会）审议批准。公司董事会应在每年年底结账后，根据当年缴纳所得税后的利润，提出年度利润分配方案。

二、利润分配的原则

企业的利润分配不仅影响投资者的收益，而且会影响企业的留存收益，进而影响企业的资本结构。为此，企业利润分配一般遵循以下四个原则：

（一）依法分配原则

企业利润分配的对象是企业缴纳所得税后的净利润，这些利润是企业的权益，企业有权自主分配。国家有关法律、法规对企业利润分配的基本原则、一般次序和重大比例也作了较为明确的规定，其目的是保障企业利润分配的有序进行，维护企业和所有者、债权人以及职工的合法权益，促使企业增加积累，增强风险防范能力。国家有关利润分配的法律和法规主要有《公司法》《外商投资法》等，企业在利润分配中必须切实执行上述法律、法规。

（二）资本保全原则

资本保全是责任有限的现代企业制度的基础性原则之一，企业在分配中不能侵蚀资本。利润的分配是对经营中资本增值额的分配，不是对资本金的返还。按照这一原则，一般情况下，企业如果存在尚未弥补的亏损，应首先弥补亏损，再考虑其他分配。

（三）充分保护债权人利益原则

债权人的利益按照风险承担的顺序及其合同契约的规定，企业必须在利润分配之前偿清所有债权人到期的债务，否则不能进行利润分配。同时，在利润分配之后，企业还应保持一定的偿债能力，以免产生财务危机，危及企业生存。此外，企业在与债权人签订某些长期债务契约的情况下，其利润分配政策还应征得债权人的同意或审核方能执行。

（四）多方及长短期利益兼顾原则

利益机制是制约机制的核心，而利润分配的合理与否是利益机制最终能否持续发挥作用的关键。利润分配涉及投资者、经营者、职工等多方面的利益，企业必须兼顾，并尽可能地保持稳定的利润分配。出于企业发展及资本结构优化的考虑，企业在遵循法律规定的情况下，应合理确定提取盈余公积金和分配给投资者利润之间的比例，使利润分配真正成为促进企业发展的有效手段。

三、利润分配的主要形式

利润分配有多种方式，既可以采用现金，也可以采用其他财产形式或者负债形式，还有股票股利和股票回购等。公司根据不同时期的筹资投资政策，主要通过以下几种形式分配利润：

（一）现金股利

现金股利是公司以现金方式支付给股东的股利，它是股利支付的主要方式。公司支付现金股利除了要有累计盈余（特殊情况下可用弥补亏损后的盈余公积金支付）外，还要有足够的现金。因此，公司在支付现金股利前需筹备充足的现金。

（二）股票股利

股票股利是公司以增发的股票作为股利的支付方式，不涉及公司的现金流。股票股利并不直接增加股东的财富，不会导致公司资产的流出或负债的增加，同时也并不因此而增加公司的财产，但会引起所有者权益各项目的结构发生变化。发放股票股利以后，如果盈利总额与市盈率不变，会由于普通股股数增加而引起每股收益和每股市价的下降。但由于股东所持股份的比例不变，每位股东所持有股票的市场价值总额仍保持不变。

（三）财产股利

财产股利是以现金以外的资产支付的股利，主要是以公司所拥有的其他企业的有价证券，如债券、股票，作为股利支付给股东。

（四）负债股利

负债股利是公司以负债支付的股利，通常以公司的应付票据支付给股东，在不得已的情况下也有发行公司债券抵付股利的。财产股利和负债股利实际上是现金股利的替代。这两种股利方式目前在我国公司实务中很少使用，但并非法律所禁止。

（五）股票回购①

股票回购是指上市公司从股票市场上购回本公司一定数额发行在外股票的行为。股票回购时，公司以多余现金购回股东所持有的股份，使流通在外的股份减少，每股股利增加，从而会使股价上升，股东能因此获得资本利得，这相当于公司支付给股东现金股利。所以，可以将股票回购看作一种现金股利的替代方式。公司在股票回购完成后可以将所回购的股票注销。但在绝大多数情况下，公司将回购的股票作为“库存股”保留，仍属于发行在外的股票，但不参与每股收益的计算和收益分配。

① 我国《公司法》规定，公司只有在以下四种情形下才能回购本公司的股份：一是减少公司注册资本；二是与持有本公司股份的其他公司合并；三是将股份奖励给本公司职工；四是股东因对股东大会作出的合并、分立决议持异议，要求公司收购其股份。

知识链接

股票回购的作用

早在20世纪50年代，美国上市公司就出现了股票回购，但是在20世纪70年代之前，这一行为并没有得到大规模使用。到了20世纪70年代，美国经济出现了滞胀的局面，当时的美国总统尼克松为挽救下滑的美国经济，提出了八项主张，其中有一条即为限制上市公司发放现金股利。结果使股票回购成为愿意大量增加对股东分配现金的企业唯一可选方式。

经历了20世纪五六十年代快速增长时期的IBM公司，70年代中期出现大量的现金盈余，1976年末现金盈余为61亿美元，1977年末为54亿美元。由于缺乏有吸引力的投资机会，IBM公司在增加现金红利（1978年的红利支付率为54%，而五六十年代平均红利支付率仅为1%～2%）的同时，于1977年和1978年共斥资14亿美元回购本公司股票。据统计，1985—1989年，IBM公司用于回购本公司股票的资金达到56.6亿美元，共回购4700万股股票，平均红利支付率为56%。

之后，即使对于巨型公司，回购也开始成为普通事件。进入20世纪80年代之后，兼并活动盛行，股票回购成为公司有效阻止敌意兼并的主要方式。特别是1984年以来，由于敌意并购盛行，因此许多上市公司大举进军股市，回购本公司股票，以维持控制权。比较典型的有：1985年菲利普石油公司动用81亿美元回购8100万股本公司股票；1989年和1994年，埃克森石油公司分别动用150亿美元和170亿美元回购本公司股票。再如日本，20世纪60年代末至80年代初，为了防止本国企业被外国资本吞并，企业界进行了著名的“稳定股东工作”——职工持股制度和管理人员认股制度。前者是指企业对职工购买、持有本企业股票给予某种优惠或经济援助，奖励职工持股；后者是指企业给予高级管理人员优惠认购本企业股票的权利。其目的是提高管理人员的责任感，留住企业的优秀人才。而允许企业在一定条件下回购本公司股票，则是建立职工持股制度和管理人员认股制度，维持企业控制权的前提条件。正因为这样，所以，80年代在欧美国家修改《公司法》的同时，日本亦相应修改了《公司法》，并相应放宽了企业回购本公司股票的限制。

我国股票回购的历史不长，20 世纪90 年代，中国资本市场相继出现了几起股票回购案例，1992 年豫园股票的合并回购，1994 年陆家嘴协议回购国有股后增发 B 股，1996 年厦门国贸回购减资案。1999 年云天化与申能股票部分国有股的成功回购，国有股回购才引起市场的广泛关注，并成为当年资本市场的一个亮点。2000 年冰箱压缩、长春高新回购、2001 年青岛啤酒与科龙电器计划回购 H 股、2002 年深高速计划回购 H 股，将股票回购交易推上了日程。

从股票回购的源起，我们可以看到，在不同的时期以及不同的国家，其股票回购的目的是不完全相同的。一般而言，实施股票回购不仅可以作为现金股利的替代方式，还可以防止兼并与收购，实现股票价格的稳定和提高，有时还能起到优化股权结构的作用。

四、利润分配的顺序

根据我国《公司法》等有关法律法规的规定，公司当年实现的净利润，一般应按照下列内容、顺序和金额进行分配：

（一）弥补亏损

公司的法定盈余公积金不足以弥补以前年度亏损的，在提取法定盈余公积金之前，应当先用当年利润弥补亏损。

（二）提取盈余公积金

公司分配当年税后利润时，应当提取利润的 10% 列入公司法定盈余公积金。根据规定：公司法定盈余公积金累计额为公司注册资本的 50% 以上的，可以不再提取；法定盈余公积金转为资本时，所留存的该项公积金不得少于转增前公司注册资本的 25%。公司从税后利润中提取法定盈余公积金后，经股东会或者股东大会决议，还可以从税后利润中提取任意盈余公积金。

（三）向股东（投资者）分配利润

公司税后利润在进行以上分配后，如仍有剩余，可以按确定的利润分配方案向公司股东支付股利。依照《公司法》相关规定：有限责任公司，除了全体股东另有约定的外，按照股东实际缴纳的出资比例分配红利；股份有限公司，除了公司章程另有规定的外，按照股东持有的股份比例分配。公司持有的本公司的股份不得分配股利。

法律规定公司的税后利润应当先用于弥补亏损、提取盈余公积金，然后才能分配给公司股东，以保持公司资本的稳定性，维护债权人的利益。如果股东会、股东大会或者董事会违反前款规定，在公司弥补亏损和提取盈余公积金之前向股东分配利润的，股东必须将违反规定分配的利润退还公司。

知识链接

股利支付重要日期

为了确定哪些人可以领到股利，必须在发放股利前确定一些日期界限。这些日期无论对于那些注重当前收入的人，或是对注重资本利得的人都十分重要。

（1）股利宣告日（declaration date），即公司董事会将股东大会通过本年度利润分配方案的情况以及股利支付情况予以公告的日期。公告中将宣布每股派发股利、股权登记日、除息日、股利支付日以及派发对象等事项。

（2）股权登记日（record date），即有权领取本期股利的股东其资格登记截止日期。只有在股权登记日这一天登记在册的股东（即在此日及之前持有或买入股票的股东）才有资格领取本期股利，而在这一天之后登记在册的股东，即使是在股利支付日之前买入的股票，也无权领取本期分配的股利。

（3）除息日（ex－dividend date），也称除权日，是指股利所有权与股票本身分离的日期，将股票中含有的股利分配权利予以解除，即在除息日当日及以后买入的股票不再享有本次股利分配的权利。我国上市公司的除息日通常是在登记日的下一个交易日。由于在除息日之前的股票价格中包含了本次派发的股利，而自除息日起的股票价格中则不包含本次派发的股利，通常需要除权调整上市公司每股股票对应的股利价值，以便投资者对股价进行对比分析。

（4）股利支付日（payment date），是公司确定的向股东正式发放股利的日期。公司通过资金清算系统或其他方式将股利支付给股东。

上述日期对股票交易是十分重要的。如果持股人在除息日前一天卖出股票，那么他将失去享受股利的权利；如果持股人在除息日当天或以后买进股票，那么他也无权分享即将分配的这次股利，这次股利仍将归原股东领取。很显然，股利的宣布日、发放日对股票交易价格有一定的影响。

第二节　公司利润分配的会计处理

企业根据国家有关规定和企业章程、投资者协议等，对当年实现的可供分配利润进行分配时，应设置“利润分配”科目，主要核算企业利润的分配（或亏损的弥补）和历年分配（或弥补）后的余额。

该科目应分别“提取法定盈余公积金”“提取任意盈余公积金”“应付现金股利或利润”“盈余公积补亏”“未分配利润”等进行明细核算，该科目年末余额，反映企业的未分配利润（或未弥补亏损）。企业未分配利润通过“利润分配——未分配利润”明细科目进行核算。

一、弥补亏损

根据会计核算要求，企业年度终了，应将全年实现的净利润或发生的净亏损，自“本年利润”科目转入“利润分配——未分配利润”科目。如果企业持续盈利，则不存在亏损弥补，按照税法规定计算应缴纳的企业所得税；如果企业以前年度持续盈利，本年发生亏损，则需要考虑如何弥补亏损[①]。从会计原理看，年终不需要将经营亏损进行专门的账务处理，由“本年利润”结转到“利润分配——未分配利润”时，即自动实现补亏。

根据《企业所得税法》规定，企业发生的年度亏损，可以用下一年度实现的税前利润弥补，下一年度税前利润不足弥补的，可以在5年内延续弥补。通过弥补以前年度（前五年内）发生的亏损后，企业仍有剩余的利润，应按照税法有关规定相应进行调整计算缴纳企业所得税。

案例6－1　甲股份有限公司2021年年初累计未分配利润500万元，本年发生亏损300万元，将亏损300万元自“本年利润”科目，转入“利润分配——未分配利润”科目，实现自动补亏。编制会计分录如下：

借：利润分配——未分配利润　　　　3000000

① 我国《公司法》明确规定，资本公积不得用于弥补公司的亏损。

贷：本年利润　　3000000

假设不考虑其他纳税影响因素，2021 年补亏后剩余利润 200 万元需要计算缴纳企业所得税，应交所得税 = 200 × 25% = 50（万元）。编制会计分录如下：

借：所得税费用　　500000

贷：应交税费——应交所得税　　500000

借：本年利润　　500000

贷：所得税费用　　500000

所得税后利润 = 200 - 50 = 150（万元），转入“利润分配——未分配利润”科目：

借：本年利润　　1500000

贷：利润分配——未分配利润　　1500000

如果企业连续五年内用税前利润不足弥补的亏损，可以用税后利润弥补。企业发生的年度亏损及超过用利润抵补期限的亏损，也可以用以前年度提取的盈余公积金弥补。但是，以税前利润进行弥补亏损的情况下，其弥补的数额可以抵减公司当期的应纳税所得额，而用税后利润进行弥补亏损的数额，不能抵减公司当期的应纳税所得额。若企业用盈余公积金弥补亏损，则按照补亏的金额，借记“盈余公积”科目，贷记“利润分配——盈余公积补亏”科目。

二、提取盈余公积金

（一）提取法定盈余公积金

法定盈余公积金是国家规定企业必须从税后利润中提取的盈余公积，提取比例为 10%，并且公司法定盈余公积金累计额达到公司注册资本 50% 以上的，可以不再提取。需要注意的是，提取法定盈余公积金的基数是抵减年初累计亏损后的本年净利润，不是可供分配的利润，也不一定是本年的税后利润。只有不存在年初累计亏损时，才能按本年税后利润计算应提取数。

案例 6 - 2　沿用案例 6 - 1 的资料，甲股份有限公司在 2021 年弥补亏损并缴纳企业所得税后，按照规定应提取 10% 的法定盈余公积金。则甲公司本年应提取法定盈余公积金 = 150 × 10% = 15（万元），编制会计分录为：

借：利润分配——提取法定盈余公积金　　150000

贷：盈余公积——法定盈余公积金　　150000

（二）提取任意盈余公积金

任意盈余公积金是公司在法定盈余公积金之外，按照公司章程或者股东（大）会决议而从税后利润中提取的公积金。任意盈余公积金由于并非法律强制规定要求提取的，其提取金额与用途由公司自行决定。

案例6-3　沿用案例6-1和案例6-2的资料，假设甲股份有限公司2021年末经股东会决议，从税后利润中按8%提取任意盈余公积金。则提取任意盈余公积金=150×8%=12（万元），编制会计分录为：

借：利润分配——提取任意盈余公积金　　120000

贷：盈余公积——任意盈余公积金　　120000

三、向股东（投资者）分配利润

公司当年实现的利润经过上述弥补亏损、提取法定盈余公积金、提取任意盈余公积金等分配之后，形成可向股东（投资者）分配的利润。目前利润分配的形式主要有现金股利、股票股利、财产股利、负债股利以及股票回购等，我国上市公司多采用现金股利、股票股利及两者相结合的方式。现金股利是公司向股东分配股利的基本形式，现金股利分配方案和股票股利分配方案在董事会决议时，不进行账务处理，作为资产负债表日后非调整事项在会计报表附注中披露。现金股利分配方案待股东大会批准后再进行账务处理，股票股利待股东大会批准并办妥增资手续后再进行账务处理。

（一）公司层面的会计处理

通常情况下，对利润或者现金股利进行宣告发放时，按照应发放的金额，借记“利润分配——应付现金股利或利润”科目，贷记“应付股利”科目；实际支付现金股利或者利润时，借记“应付股利”科目，贷记“银行存款”科目。

若公司股东（大）会决议分派股票股利，则在办理增资手续后，按实际发放的股票股利金额，借记“利润分配——转作股本的股利”科目，按分派股票股利的面值总额贷记“股本”（或“实收资本”）科目，按实际发放的股票股利金额与股票面值总额的差额贷记“资本公积——股本溢价”科目。

案例6-4　沿用案例6-1、案例6-2和案例6-3的资料，假设2022年

2 月甲股份有限公司经股东会决议分配现金股利 100 万元，并于 2022 年 4 月实际支付。则作出股利分配决议时，编制会计分录如下：

借：利润分配——应付现金股利　　1000000

　　贷：应付股利　　1000000

实际收到现金股利时，编制会计分录如下：

借：应付股利　　1000000

　　贷：银行存款　　1000000

（二）股东层面的会计处理

根据企业会计准则相关规定，采用成本法核算的长期股权投资，除取得投资时实际支付的价款或对价中包含的已宣告但尚未发放的现金股利或利润外，投资企业应当按照享有被投资单位宣告发放的现金股利或利润确认投资收益，不管有关利润分配是属于对取得投资前还是取得投资后被投资单位实现净利润的分配。即借记“应收股利”科目，贷记“投资收益”科目。

按照权益法核算的长期股权投资，投资企业自被投资单位取得的现金股利或利润，应抵减长期股权投资的账面价值。在被投资单位宣告分派现金股利或利润时，借记“应收股利”科目，贷记“长期股权投资——损益调整”科目；若被投资单位发生亏损，则自被投资单位取得的现金股利或利润超过已确认损益调整的部分应视同投资成本的收回，冲减长期股权投资的成本。

根据现行企业会计准则规定，无论采取成本法核算还是权益法核算的长期股权投资，投资企业对取得的股票股利，均不作账务处理。但应于除权日注明所增加的股数，以反映股份的变化情况。股票股利并不直接增加股东的财富，公司资产没有流出，而且没有增加公司的财产，也没有增加负债，但是所有者权益各项目的结构发生了变化。

案例 6－5　甲公司长期持有乙公司 80% 的股权，采用成本法核算。2021 年 1 月 1 日，该项投资账面价值为 1500 万元。2021 年度乙公司实现净利润 2000 万元，宣告发放现金股利 1000 万元。则甲公司编制会计分录如下：

借：应收股利　　8000000

　　贷：投资收益　　8000000

实际收到现金股利时，编制会计分录如下：

借：银行存款　　8000000

贷：应收股利　　8000000

四、利润分配完毕后其明细科目的结转

年度终了，企业应将“利润分配”科目所属其他明细科目的余额，转入“未分配利润”明细科目。结转后，除“未分配利润”明细科目外，利润分配的其他明细科目应无余额。“利润分配——未分配利润”科目如为贷方余额，表示累积未分配的利润金额；如为借方余额，则表示累积未弥补的亏损金额。

知识链接

股票回购的会计处理

股票回购既是一项重要的股利政策，也是完善公司治理结构、优化企业资本结构的重要方法。根据规定，公司股份的发行、回购、出售和注销，适用《企业会计准则第 37 号——金融工具列报》。公司回购的股份在注销或者转让之前，作为库存股管理。回购自身权益工具（库存股）支付的对价和交易费用，应当减少所有者权益，不得确认金融资产。

（1）回购本公司股票时。借记“库存股”（实际支付的金额），贷记“库存现金”“银行存款”等科目。

（2）注销库存股时。按注销股票的面值总额，借记“股本”，按所注销库存股的账面余额，贷记“库存股”，按其差额，借记“资本公积——股本溢价”，股本溢价不足冲减的，借记“盈余公积”“利润分配——未分配利润”科目。

购回股票支付的价款低于面值总额的，应按股票的面值总额，借记“股本”，按所注销库存股的账面余额，贷记“库存股”，按其差额，贷记“资本公积——股本溢价”科目。

第三节 公司利润分配的税收效应分析

一、利润分配税收效应理论

针对利润分配的税收效应理论研究从20世纪60年代末就已经广泛开展，通过财务学家们的深入研究，形成了税差理论、客户效应理论、税后CAPM等一系列理论。

（一）税差理论

Farrar和Selwyn在1967年提出所得税率差异理论即税差理论，主张如果股利的税率比资本利得税率高，投资者会对高股利收益率股票要求较高的必要报酬率。因此，为了使资金成本降到最低，并使公司的价值最大，应当采取低股利政策。后来的一些研究说明股票的预期必要报酬率会随股票收益率增加而有正的线性关系，这表明存在税收效果。股利无关论中假设不存在税收，但现实条件下，现金股利税与资本利得税不仅是存在的，而且表现出差异性，它强调了税收在股利分配中对股东财富的重要作用。一般来说，股利收益税率高于资本利得税率，致使股东会偏好资本利得而不是派发现金股利。

因此，当存在税收差异时，如果不考虑股票交易成本，因为股利收益税率高于资本利得税率，企业应采取低现金股利比率的分配政策；如果存在股票的交易成本，当资本利得税与交易成本之和大于股利收益税时，偏好现金股利收益的股东自然会倾向于企业采用高现金股利支付率的政策。

（二）客户效应理论

客户效应理论是对税差理论的进一步扩展，研究处于不同税收等级的投资者对待股利分配态度的差异，认为投资者不仅仅是对资本利得和股利收益有偏好。即使是投资者本身，因其所处不同等级的边际税率，对企业股利政策的偏好也是不同的。收入高的投资者因其拥有较高的税率表现出偏好低股利支付率的股票，希望少分现金股利或不分现金股利，以更多的留存收益进行再投资，从而提高所持有的股票价格。而收入低的投资者以及享有税收优惠的养老基金投资者表现出偏好高股利支付率的股票，希望支付较高而且稳定的现金股利。

投资者的边际税率差异性导致其对待股利政策态度的差异性。边际税率高的投资者会选择实施低股利支付率的股票，边际税率低的投资者则会选择实施高股利支付率的股票。这种投资者依据自身边际税率而显示出的对实施相应股利政策股票的选择偏好现象被称为“客户效应”。

（三）税后 **CAPM**①

税后 CAPM 模型是在资本资产定价模型的基础上推演出的，其假设条件为：可以按无风险利率无限制的借款；股利所得税率高于资本利得税率；股利所得税实行累进税率。在这些前提下，可以得到均衡状态下税前期望收益率与股利的关系为：

$$E(R_i - r_f) = b_0\beta_i + c_o(d_i - r_f)$$

其中，R_i ——股票的税前收益率；

β_i ——股票的系统风险；

r_f ——无风险收益率；

d_i ——股利收益率；

b_0 ——对风险的厌恶程度，假设投资人都是风险厌恶者，则 b_0 大于 0；

c_o ——投资者边际税率的加权平均，表示税收的影响，所以 c_o 大于 0。

该模型建立了期望收益率与股利收益率的联系，从理论上解释了股利所得税对股票价格的影响。在该模型的假设条件中，根据现实情况增加了边际借款限制和利息抵扣额度限制的前提，对上述模型进行了修正：

$$E(R_i - r_f) = a_0 + b_0\beta_i + c_o(d_i - r_f)$$

其中，a_0 是股利收益率等于无风险利率并且 β 为 0 时的投资组合的风险报酬，它反映了边际限制的存在。

---

① 王志强．税收与公司财务政策选择［M］．北京：中国商务出版社，2004.

二、公司层面利润分配税收效应

公司财务管理的目标是实现企业价值的最大化，公司作出任何一个重要的决策都要在这个前提下进行，在作出股利分配决策时也应如此。要实现企业价值最大化，就要保证公司最优的资本结构，这就涉及股利政策制定的问题。而公司股利政策的制定受到企业所得税及个人所得税的影响，因此公司需要综合考虑资本结构、所得税与利润分配的问题。

（一）企业所得税对利润分配的影响

从公司层面看，将公司净利润的多少比例作为股利分配是管理者必须面对的财务问题，可以说是公司战略的一个重要组成部分。一般来说，为了满足投资权益资本的需求，公司应该最大限度地留存利润，前提是利润再投资后所获取的收益率超过投资者自行投资到相同风险机会所能获得的收益率，否则应该进行利润分配。

由于利润分配只能在公司缴纳企业所得税后进行，公司向股东支付的股息、红利等权益性投资收益款项是不能在计算公司应纳税所得额时扣除的。如果公司当年利润全部留存，不予分配，公司当年税后利润在公司累积，在某些情况下就规避了股东分得股利应缴纳的企业所得税或个人所得税，尤其是尽可能保留低税区投资企业的利润不分配，减轻投资者的税负；如果公司将税后利润分配给股东，其分配形式无论是派股（现金股利形式）还是送红股（股票股利形式），股东都要就其股利收入申报缴纳所得税。而且，公司利润分配的比例决定了股东股利收入的多少，这进一步决定了股东应缴纳所得税税额的多少，同时也会形成股利在公司和股东两个层面所得税的重复征税。对公司来说，需要通过降低公司企业所得税税负，实现公司利润最大化，从而达到股东税负最低化、收益最大化的目标。所得税是公司的一项费用，它的发生直接导致公司的现金流出。如果能够减少企业所得税税负，那么相应地增加了公司可供分配利润，即提高了股东的税后收益。为此，在合理合法的情况下，公司将尽量降低计税依据、利用所得税的不同税率或所得税上的优惠政策，等等。如高新技术企业、双软、技术先进服务企业所得税可减按 15% 税率征收，或是在税收洼地新设公司，如天津、江西、上海、浙江等地，享受地方留存部分一定比例的奖励扶持。

知识链接

税收对利润分配的影响

为了减轻对股利在公司和股东两个层面的重复征税，有的国家的公司所得税①实行双税率制，即对公司留存利润部分适用标准税率，对公司分配利润部分适用较低税率。在这种公司所得税的双税率制下，公司利润分配政策不仅会影响股东的税收利益，还会直接影响公司自身的税收利益。

如果在公司所得税税率的适用上，不区分留存利润和分配利润，均适用相同的税率，那么公司利润分配政策只会影响股东的税收利益，对分配利润公司的税收利益没有直接影响。我国就属于后一种情况。

（二）个人所得税对利润分配的影响

我国税法规定，股东的股利所得必须缴纳20%的个人所得税。公司的利润分配政策，如当年利润是否分配以及分配多少、如何分配等，会影响股东的税收利益，因为股东对其股利收入负有缴纳所得税的义务。在相关税收法规有明确规定的情况下，分配利润的公司将负有代扣代缴股东因其股利收入而发生的所得税义务。很显然，个人所得税的存在无论如何都对公司利润分配形成一种抑制。

对公司而言，如果没有充裕的现金用于发放股利，那么公司只能通过增发新股或其他外部融资的渠道获取派发资金以发放股利，这不管是对公司的未来发展，还是从税收的角度来看都不是最优选择。但如果公司有剩余现金可供分配股利，则是否马上支付股利取决于公司所得税率与个人所得税率的比较。若公司所得税率高于个人所得税率时，将多余的现金发放给股东，使股东能进一步投资于其他方面以获取更大的利益；若公司所得税率低于个人所得税率，则不适合派发多余的现金，应尽量留存更多的利润以投资项目，为股东赚取更多利润。但需明确的是，个人所得税的存在只是影响公司股利分配的因素之一，并非决定性因素。

当然，公司对其分配的股息、红利负有代扣代缴股东应纳的所得税义务。

① “公司所得税”是国际上大多数国家对法人课征的所得税形式，相当于我国的企业所得税。

一方面，当股东为居民个人时，相关税收法规明确规定分配利润的公司对其向居民个人支付股息、红利应代扣代缴个人所得税，分配利润的公司就是个人所得税代扣代缴义务人。另一方面，当股东为外国居民时，分配利润的公司在其向外国居民（法人或自然人）支付股息、红利时应代扣代缴预提所得税（公司所得税或个人所得税），这时分配利润的公司就是预提所得税（公司所得税或个人所得税）的代扣代缴义务人。

三、股东层面利润分配税收效应

股利作为公司对其股东的报酬，作为对股东的回报方式，直接影响着股东从本企业获得财富的多少。但是，由于我国不同股利分配方式下税收政策的差异性，尤其是对股利个人所得税和资本利得税的规定不同，可能导致企业采取不同的股利分配政策。因此，企业应根据具体的税收环境选择适当的方法，权衡各方的利益关系，以实现股东税后收益最高的目标。

（一）股利分配形式的影响

目前公司利润分配多采用现金股利、股票股利以及两者相结合的方式，现金股利是将公司的净利润用现金的形式来发放给股东，股票股利不是对净利润的发放而是将其保留在公司里，股东只拿到代表公司所有权凭证的股票。根据规定，符合条件的居民企业之间的股息、红利等权益性投资收益，免征企业所得税；在中国境内设立机构、场所的非居民企业从居民企业取得与该机构场所有实际联系的股息、红利等权益性投资收益，免征企业所得税。但不包括连续持有居民企业公开发行并上市流通的股票不足 12 个月取得的投资收益。除此以外其他的股息、红利所得都是需要交企业所得税的。而个人股东的股利收入要依法申报缴纳个人所得税。

在确定向公司股东支付股利时，公司是发放现金股利还是股票股利，发放的现金股利采用何种股利政策，是否采用股票回购方式等，既要考虑法律制度的限制，又要考虑公司在不同时期的财务状况（如现金流量是否充沛）等问题。每种股利形式都会对股东的税收产生不同的影响，包括股东纳税的税率以及纳税的时间，股东将评估选择税负最低、收益最高的股利分配方式。

（二）股利与资本利得的税收差异影响

股东获取回报的渠道除了现金股利之外，还有资本利得。目前股利与资本

利得的税率并不完全一致，一般情况下资本利得税率低于股利所得税率，而且资本利得纳税义务成立的条件一般基于资本利得的变现。因此，投资者可以通过延迟资本利得的变现来达到延迟纳税的目的，这进一步降低了资本利得的实际税率。这种税率上的差异会对公司股利政策产生影响。

对个人股东而言，我国税法规定，从公开发行和转让市场取得的上市公司股票及个人持有全国中小企业股份转让系统挂牌公司的股票，执行股息红利差别化个人所得税政策，且对个人转让上市公司股票取得的所得暂免征收个人所得税。由于股利收入的税率要高于资本利得税率，这种多留盈利、少派股利的政策可以给这些富有股东带来更多的资本利得收入，从而达到少纳所得税的目的。相反，如果一个公司绝大部分股东是低收入阶层，其所适用的个人所得税税率比较低，这些股东就会重视当期的股利收入，宁愿获得没有风险的当期股利，而不愿冒风险去获得以后的资本利得，这也是客户效应理论的体现。

（三）国际反避税的影响

在一般情况下，对股东的股息、红利收入征税是在被投资公司实现利润分配时进行[①]。但是，为了有效防范国际避税，有的国家税法规定，对于由本国居民控制的位于所谓国际避税地[②]的某些外国公司的某些消极所得，即使该外国公

---

① 即所谓“延迟纳税”制度，是指对居民公司未分配和汇回的境外投资收入不予征税，这样在境外的被投资公司实际上等于从政府那里得到了一笔无息贷款，能在一定期限内减轻公司税负。该制度在刺激本国居民公司对外投资的同时，也导致越来越多的跨国公司利用避税地设立受控子公司（基地公司），并将利润保留在避税地子公司以逃避居住国税收。为对付纳税人在避税地设立基地公司并利用延迟纳税进行避税，美国自 20 世纪 60 年代初着手建立其受控外国公司（controlled foreign company，CFC）法规，简称 CFC 法规。

② 对于国际避税地的概念，国际社会并没有一个统一的标准。一般认为，国际避税地可以包括下列三类国家或地区：一是不征收任何所得税的国家或地区；二是所得税税率远低于世界平均水平的国家或地区；三是实施某些特殊的税收优惠，特别是对离岸公司免税的国家或地区。实施受控外国公司法规的国家都在该法规中明确本国关于国际避税地的具体标准，有的甚至列出避税地“黑名单”。

司不分配利润，也要对该外国公司利润中应归属于本国居民股东的部分对该居民征收所得税，这就是包括我国在内的许多国家已经建立的受控外国公司（CFC）法规。受控外国公司法规主要是针对跨国公司利用国际避税地转移利润进行国际避税的行为而制定的特殊反避税法规，可以看作对股东股息、红利收入进行征税的特殊情况[①]。

知识链接

何谓受控外国公司

美国是世界上最早建立CFC法规的国家。1962年美国国会通过了其《国内收入法典》的F分部条款，提出了具有特定意义的受控外国公司概念。一家外国公司，如果一个纳税年度中任何一天其50%以上的表决权或资产被美国股东独自或共同拥有，则该公司就被认定为是受控外国公司（整体持股的条件规定，即所谓“控制标准”）。美国股东是指直接或间接拥有一家外国公司10%以上表决权利益的一个美国人（持股个体需满足的条件，即所谓的“所有权标准”），而“美国人”包括美国公民或居民个人、美国国内合伙企业、国内股份公司、遗产或信托。对于归属收入，F分部条款规定，在会计年度的最后一天，受控外国公司的国内股东必须就受控外国公司的某些利润（简称“F分部所得”）纳税，即使这些利润并未被分配也不例外。

（四）经济性重复征税的影响

公司利润分配产生的经济性重复征税，是研究公司所得税不可回避的一个重要问题。经济性重复征税会对企业组织形式、公司的投融资方式、国际投资等产生重要影响，使企业或个人的经济活动由于税收因素而产生扭曲。因此，许多国家都采取了各种各样的办法减轻或消除股利分配产生的重复征税。这些措施归结起来大体有两类：一类是在公司层面，具体做法又有两种，一是如前

① 各国在其CFC法规中都规定了对归属利润征税的具体条件，包括外国公司的住所地（一般多为避税地）、外国公司累积利润的性质（主要是消极所得）、本国居民对外国公司的控制标准、单个本国居民对外国公司的所有权标准等。我国2008年1月1日起实施的《企业所得税法》第四十五条及其相关的解释性规章构成了我国的CFC法规。

所述的公司所得税采用双税率制；二是股息扣除制，即将作为股息分配的利润的全部或部分从公司应税利润中扣除，对全部或部分分配利润不计征公司所得税。另一类是在股东层面，具体做法也有两种，一是归集抵免制，即在对股东的股利收入计征公司所得税或个人所得税时，允许该股利在公司层面已经缴纳的公司所得税从股东应纳的所得税税额中全部或部分抵免；二是股息免税制，即对股东的股利收入的全部或一定比例[①]免于征收所得税。

重复征税的减轻或消除，将会影响股东股利政策的选择。如果把个人所得税理解为个人直接支付的税收，那么减轻或消除重复征税将直接降低股东股利所得的实际税率[②]。一方面，股利个人所得税虽然不会导致公司完全取消现金股利的派发，但却抑制了股东派发现金股利的积极性，而且股利个人所得税率越高，这种抑制作用就越明显。如果不存在重复征税问题，即实际的股利所得税率为零，股利个人所得税对股利支付水平的高低就不会产生抑制效应。另一方面，股利重复征税的减轻或消除，减少了股利所得税率与资本利得税率之间的差异幅度，这也将影响公司股利支付形式的选择。

知识链接

股息、红利税收政策的国际比较

美国税法规定，通常美国公司从其他美国公司获得的股息可以扣除70%。如果获得股息分配的公司拥有分配股息的公司不低于20%、不高于80%的股权，那么股息可以扣除80%。如果获得股息分配的公司拥有分配股息的公司80%以上股权，那么股息可以全部扣除。但是，美国公司从外国公司获得的股息不能扣除。[③] 支付股息的公司一般不能获得对其支付的股息作出扣除的待遇。

日本在1988年以前实行所有红利收入不列入法人课税收入的制度。20世纪80年代后期以后，许多企业把获得红利作为其投资的主要目的，法人相互持股较为普遍，法人的红利收入普遍增大。因此，从1989年开始，规

① 该比例规定的高低一般多与股东对公司的控股比例相关联，控股比例高的，免税股利的比例就高。

② 王志强．税收与公司财务政策选择［M］．北京：中国商务出版社，2004.

③ 解学智．国外税制概览：公司所得税［M］．北京：中国财政经济出版社，2003：489.

定将法人取得红利的20%列为计算课税所得时的收入。但是，对于持有股份在25%以上、持有时间在6个月以上的，其红利仍全额不列为收入。[①]

法国母公司从其子公司取得的红利的95%可以免除公司所得税，但是5%部分必须加回到母公司的应纳税所得额中。对已经在境外缴纳所得税的红利，给予免税处理。[②]

中国香港税法规定，缴纳利润税的公司发放的股息，在股东环节免纳利润税。无论支付给居民股东还是非居民股东的股息都不缴预提税。[③]

第四节 公司利润分配的税收政策

一、公司层面

公司对其分配利润具有代扣代缴股东应纳所得税的义务。具体有以下两种情况：

（一）代扣代缴个人所得税义务

公司向自然人股东（包括居民和非居民）支付股息、红利时，应依法代扣代缴其自然人股东应缴纳的个人所得税。

1. 居民个人。《中华人民共和国个人所得税法》（以下简称《个人所得税法》）第三条第三款规定："利息、股息、红利所得，财产租赁所得，财产转让所得和偶然所得，适用比例税率，税率为百分之二十。"

《个人所得税法》第九条规定："个人所得税以所得人为纳税人，以支付所得的单位或者个人为扣缴义务人。"

《个人所得税法》第十四条规定："扣缴义务人每月或者每次预扣、代扣的税款，应当在次月十五日内缴入国库，并向税务机关报送扣缴个人所得税申

① 王国华．外国税制［M］．北京，中国人民大学出版社，2008：78.
② 王国华．外国税制［M］．北京，中国人民大学出版社，2008：133－134.
③ 解学智．国外税制概览：公司所得税［M］．北京：中国财政经济出版社，2003：8.

报表。”

《中华人民共和国个人所得税法实施条例》（以下简称《个人所得税法实施条例》）第二十四条规定：“扣缴义务人向个人支付应税款项时，应当依照个人所得税法规定预扣或者代扣税款，按时缴库，并专项记载备查。”

《个人所得税法实施条例》第二十六条规定：“扣缴义务人在代扣税款的次月十五日内，向主管税务机关报送其支付所得的所有个人的有关信息、支付所得数额、扣除事项和数额、扣缴税款的具体数额和总额以及其他相关涉税信息资料。”

根据上述税收法律规定，分配利润公司向我国居民个人支付股息、红利，应按照股息、红利所得的个人所得税适用税率20%代扣代缴该居民个人应缴纳的个人所得税。

2. 非居民个人。公司向非居民个人支付股息、红利，也应依法代扣代缴该非居民应向我国缴纳的个人所得税税款（即通常所说的预提税）。如果该非居民个人的居住国与我国签订有避免双重征税以及防止偷漏税的协定，并且协定中规定的股息预提税税率比我国个人所得税法规定的适用税率更为优惠（即低于20%），则应该按照协定中规定的股息预提税税率代扣代缴该非居民个人应向我国缴纳的个人所得税税款；如果该非居民个人的居住国与我国没有签订避免双重征税以及防止偷漏税的协定，则按照我国《个人所得税法》规定的适用税率20%扣缴其个人所得税税款。

（二）代扣代缴非居民企业的企业所得税（预提税）义务

公司向非居民企业股东支付股息、红利，应依法代扣代缴其应缴纳的企业所得税[①]。

《企业所得税法》第三十七条规定：“对非居民企业取得本法第三条第三款规定的所得应缴纳的所得税，实行源泉扣缴，以支付人为扣缴义务人。税款由扣缴义务人在每次支付或者到期应支付时，从支付或者到期应支付的款项中扣缴。”其中“本法第三条第三款规定的所得”是指非居民企业在中国境内未设立机构、场所而又来源于中国境内的所得，或者虽设立机构、场所但取得的所得与其所设机构、场所没有实际联系的所得。

---

① 公司向居民企业股东支付股息、红利，由居民企业就其取得的股息、红利自行申报缴纳企业所得税，分配利润公司不实行代扣代缴。

《企业所得税法》第四条第二款规定："非居民企业取得本法第三条第三款规定的所得，适用税率为20%。"

《企业所得税法》第二十七条第五款规定："企业取得的本法第三条第三款规定的所得可以免征、减征企业所得税。"

《企业所得税法实施条例》第九十一条规定："非居民企业取得《企业所得税法》第二十七条第（五）项规定的所得，减按10%的税率征收企业所得税。"

《企业所得税法实施条例》第十七条规定："股息、红利等权益性投资收益，除国务院财政、税务主管部门另有规定外，按照被投资方作出利润分配决定的日期确认收入的实现。"

《企业所得税法》第四十条规定："扣缴义务人每次代扣的税款，应当自代扣之日起七日内缴入国库，并向所在地的税务机关报送扣缴企业所得税报告表。"根据上述税收法律规定，公司向非居民企业支付股息、红利，应依法代扣代缴该非居民企业应向我国缴纳的企业所得税税款（即通常所说的预提税）。在适用税率上要注意：如果该非居民企业的居住国与我国签订有避免双重征税以及防止偷漏税的协定，并且协定中规定的股息预提税税率比上述税法规定的适用税率更为优惠（即低于10%），则应该按照协定中规定的股息预提税税率代扣代缴该非居民企业应向我国缴纳的企业所得税税款，比如内地公司直接持有香港公司25%以上股份，可以享受税收协定优惠，在香港按5%缴纳所得税①。如果该非居民企业的居住国与我国没有签订避免双重征税以及防止偷漏税的协定，则按照上述税法规定的适用税率（即10%）扣缴其企业所得税税款。

二、股东层面

（一）个人股东

根据《个人所得税法》的规定，个人因拥有公司股权而从公司取得的股息、红利所得，属于个人所得税的征税项目，应依法缴纳个人所得税。其中，股息是指按照一定的比率对每股发放的息金，红利是上市公司分派股息之后按持股比例向股东分配的剩余利润。

1. 来源于我国境内的股利所得。股息、红利所得以个人每次取得的收入额为应纳税所得额，不得从收入中扣除任何费用。其中，每次收入是指支付单位

① 根据《内地和香港特别行政区关于对所得避免双重征税和防止偷漏税的安排》第十条规定。

或个人每次支付股息、红利时，个人所取得的收入。

对于股份制企业在分配股息、红利时，以股票形式向股东个人支付应得的股息、红利（即派发红股），应以派发红股的股票票面金额为收入额，计算征收个人所得税。

对个人从公开发行和转让市场取得的上市公司[①]股票，自2015年9月8日起，持股期限[②]在1个月以内（含1个月）的，其股息、红利所得全额计入应纳税所得额；持股期限在1个月以上至1年（含1年）的，其股息、红利所得暂减按50%计入应纳税所得额；上述所得统一适用20%的税率计征个人所得税。自2019年7月1日起至2024年6月30日止，全国中小企业股份转让系统挂牌公司[③]股息、红利差别化个人所得税政策也按照上述政策执行。

对证券投资基金从上市公司分配取得的股息、红利所得，按照上述股息、红利差别化个人所得税政策执行，由股息、红利的支付方代扣代缴个人所得税。

若股份制企业用资本公积金转增股本不属于股息、红利性质的分配，对个人取得的转增股本数额，不作为个人所得，不征收个人所得税。股份制企业用盈余公积金派发红股属于股息、红利性质的分配，对个人取得的红股数额，应作为个人所得征税。

若个人股东取得企业以未分配利润、盈余公积和除股票溢价发行外的其他资本公积转增注册资本和股本的，应按照“利息、股息、红利所得”项目，依据现行政策规定计征个人所得税。

**案例6-6** 2021年6月，我国居民王先生从我国某居民公司A取得一笔股息收入2000元，则王先生应缴纳个人所得税400元（2000×20%）。若A公司为在上海或深圳证券交易所挂牌交易的上市公司，且2020年11月取得该笔股息，则王先生应缴纳个人所得税为200元（2000×20%×50%）。

解析：根据税法规定，该笔税款由A公司向王先生支付股息时代扣代缴。由于这笔股息是A公司在缴纳企业所得税后进行的利润分配，因此，这里就产生了国内的经济性重复征税。

① 这里的上市公司是指在上海证券交易所、深圳证券交易所挂牌交易的上市公司。

② 持股期限是指个人取得上市公司或挂牌公司股票之日至转让交割该股票之日前一日的持有时间。

③ 挂牌公司是指股票在全国中小企业股份转让系统公开转让的非上市公众公司。

案例 6－7 A 股份制公司将股票溢价发行收入所形成的资本公积金转增股本，其中，个人股东甲取得的转增股本金额共计 100 万元。

解析：甲取得的 A 公司将股票溢价发行收入所形成的资本公积金转增股本所得，不属于股息、红利性质的分配，不作为个人应税所得，不征收个人所得税。因此，个人股东甲不需要缴纳个人所得税。

税收法律、行政法规、部门规章和规范性文件中未明确规定纳税人享受减免税必须经税务机关审批的，且纳税人取得的所得完全符合减免税条件的，无须经主管税务机关审批，纳税人可自行享受减免税。因此，甲无须办理申请减免税审批手续。

案例 6－8 2021 年 6 月，经公司股东会决议，A 公司将盈余公积金转增股本。其中，个人股东甲取得的转增股本金额共计 400 万元。

解析：甲取得的 A 公司转增股本，属于 A 公司将盈余公积金向股东分配了股息、红利，应按应按“利息、股息、红利所得”计征个人所得税，即以转增股本金额 400 万元为应纳税所得额，按适用税率 20% 计算应缴纳的个人所得税。

甲应缴纳个人所得税 $=400\times20\%=80$（万元），该笔税款应由 A 公司代扣代缴。

自 2016 年 1 月 1 日起，全国范围内的中小高新技术企业（未上市或未在新三板挂牌交易的）以未分配利润、盈余公积、资本公积向个人股东转增股本时，个人股东一次缴纳个人所得税确有困难的，可根据实际情况自行制订分期缴税计划，在不超过 5 个公历年度内（含）分期缴纳，并将有关资料报主管税务机关备案。

2. 来源于我国境外的股利所得。根据我国税法的规定，在中国境内有住所，或者无住所而一个纳税年度内在中国境内居住累计满 183 天的个人，属于我国的居民个人，其所取得的应纳税所得，无论是来源于中国境内还是中国境外任何地方，都要在中国缴纳个人所得税。因此，作为我国居民个人的个人投资者，取得的来源于我国境外的股息、红利所得，也应计算征收个人所得税。

在对纳税人的境外所得征税时，会存在其境外所得已在来源国家或者地区缴税的实际情况。基于国家之间对同一所得应避免双重征税的原则，我国在对纳税人的境外所得行使税收管辖权时，对该所得在境外已纳税额采取了分不同情况从应征税额中予以扣除的做法。纳税人从中国境外取得的所得，准予其在应纳税额中抵免其在境外实际缴纳的个人所得税税额，但抵免额不得超过该纳税人境外所得依照我国税法规定计算的应纳税额。

居民个人境外所得实际抵免境外税额的计算采用抵免限额和可抵免的境外所得税税额孰低原则确认。居民个人当期可抵免的境外所得税税额低于按照我国《个人所得税法》及其实施条例计算出的境外所得抵免限额的，应以可抵免的境外所得税额作为实际抵免税额进行抵免，同时在中国补缴差额部分的税款；当期可抵免的境外所得税税额高于境外所得抵免限额的，应以抵免限额作为实际抵免税额进行抵免，超过抵免限额的部分可在以后连续五个纳税年度延续结转抵免。

可抵免的境外所得税税额，是指居民个人取得境外所得，依照该所得来源国（地区）税收法律应当缴纳且实际已经缴纳的所得税性质的税额。

我国个人所得税的抵免限额采用分国不分项计算方法。居民个人来源于中国境外的股息、红利所得，不与境内所得合并，应当分别单独计算应纳税额。

案例 6－9 2021 年 5 月，我国居民王先生持有 B 国甲公司股权，2021 年取得分红收入 10 万元，在 B 国缴纳个人所得税 1.5 万元。王先生持有 C 国乙公司股权，2021 年取得分红收入 20 万元，在 C 国缴纳个人所得税 5 万元。试计算王先生需在我国补交个人所得税税额。

解析：（1）王先生 B 国分红所得的抵免限额 $=10\times20\%=2$（万元）＞在 B 国实际缴纳税额 1.5 万元，需在我国补缴个人所得税 $=2-1.5=0.5$（万元）。

（2）王先生 C 国分红所得的抵免限额 $=20\times20\%=4$（万元）＜在 C 国实际缴纳税额 5 万元，不需要在我国补缴个人所得税。

因此，王先生应在我国补交个人所得税 0.5 万元，且王先生在 C 国缴纳的税额超过抵免限额部分可以在以后 5 个纳税年度内结转抵免。

知识链接

股权激励：个人所得税如何计算？

所谓股权激励，是指以本公司股票为标的对激励对象进行的长期性激励，主要包括股票（权）期权、股票增值权、限制性股、股权奖励等形式。

其中，股票（权）期权是指公司给予激励对象在一定期限内以事先约定的价格购买本公司股票（权）的权利；股票增值权是指上市公司授予公司员工在未来一定时期和约定条件下，获得规定数量的股票价格上升所带来收益的权利。被授权人在约定条件下行权，上市公司按照行权日与授权日二级市场股票差价乘以授权股票数量，发放给被授权人现金；限制性股票是指公司按照预先确定的条件授予激励对象一定数量的本公司股权，激励对象只有工作年限或业绩目标符合股权激励计划规定条件的才可以处置该股权；而股权奖励是指企业无偿授予激励对象一定份额的股权或一定数量的股份。那么，个人取得上述股权激励所得应如何缴税呢？

根据《关于个人所得税法修改后有关优惠政策衔接问题的通知》（财税〔2018〕164号）规定，自2019年1月1日起，居民个人取得股票期权等股权激励，在2021年12月31日前，不并入当年综合所得，全额单独适用综合所得税率表，计算纳税。居民个人一个纳税年度内取得两次以上（含两次）股权激励的，应合并按上述规定计算纳税。同时，激励对象在授权日或授予日取得的只是与本公司股票有关的权利，而且这种权利在取得时并不能给其带来任何经济利益，因此通常不在授权日或授予日对其缴税，而是在行权日或限制性股票的解锁日缴税。

非上市公司授予本公司员工的股票期权、股权期权、限制性股票和股权奖励，符合规定条件的，经向主管税务机关备案，可实行递延纳税政策，即员工在取得股权激励时可暂不纳税，递延至转让该股权按“财产转让所得”项目，按照20%的税率计算缴纳个人所得税。上市公司授予个人的股票期权、限制性股票和股权奖励，经向主管税务机关备案，个人可自股票期权行权、限制性股票解禁或取得股权奖励之日起，在不超过12个月的期限内缴纳个人所得税。下面举例说明不同情况下的股权激励所得个人所得税应如何计算。

之一：股票期权所得如何缴税

［案例分析］：王先生为某上市公司的员工，公司2021年实行雇员股票期权计划。2021年3月1日，该公司授予王先生股票期权10000股，授予价3元/股；该期权无公开市场价格，并约定2022年6月1日起可以行权，行权前不得转让。2022年6月1日王先生以授予价购买股票10000股，当

日该股票的公开市场价格8元/股。企业实施股票期权计划，授予该企业员工股票期权。员工因此在行使期权购买股票时，以低于市场价格（购买股票当日收盘价）的某一特定价格（施权价）购买本公司一定数量的股票，从而获得的施权价与收盘价的差额，是因员工在企业的表现和业绩情况而取得的与任职、受雇有关的所得，应按“工资、薪金所得”适用的规定计算缴纳个人所得税。按下列公式计算：

股票期权形式的工资薪金应纳税所得额 =（行权股票的每股市场价 - 员工取得该股票期权支付的每股施权价）×股票数量

则王先生在2022年6月1日行权时取得工资薪金应纳税所得额 =（8 - 3）×10000 = 50000（元）

应纳税额 = 股权激励收入×适用税率 - 速算扣除数

因此，王先生取得的股票期权激励，应全额单独计税。

应纳个人所得税额 = 50000×10% - 2520 = 2480（元）

假定，王先生2022年10月31日再次行使股票期权，又取得公司股票5000股，每股施权价5元，10月31日当日公司股票收盘价9元，王先生该如何计算并缴纳个人所得税？

居民个人一个纳税年度内取得两次以上（含两次）股权激励的，应将各次的所得合并后，不并入当年综合所得，全额单独适用综合所得税率表，计算纳税。《个人所得税法》规定，纳税年度，自公历1月1日起至12月31日止。

王先生第二次行使股票期权是2022年10月31日，与6月1日第一次行权在同一个纳税年度内，因此，王先生的第二次股权激励所得，应当与第一次合并计税。具体如下：

第二次股权激励工资薪金应纳税所得额 =（9 - 5）×5000 = 20000（元）

合并两次股权激励应纳税所得额 = 50000 + 20000 = 70000（元）

第二次股权激励应申报纳税 = 70000×10% - 2520 - 2480 = 2000（元）

根据《财政部 国家税务总局关于个人股票期权所得征收个人所得税问题的通知》（财税字〔2005〕35号）规定，对于员工转让股票等有价证券取得的所得，应按现行税法和政策规定征免个人所得税。即：个人将行权后的境内上市公司股票再行转让而取得的所得，暂不征收个人所得税；个人转让境外上市公司的股票而取得的所得，应按税法的规定计算应纳税所得额和应纳税额，依法缴纳税款。行权后不转让而参与企业税后利润分配取得的股息、红利所得，除依照有关规定可以免税或减税的外，应全额按规定税率计算纳税。

之二：股票增值权所得如何缴税

[案例分析]：2019 年 2 月 1 日，激励对象王某获得了所在上市公司授予的 10 万股股票增值权，授予价格为 15 元/股，共分三期兑现。假定 2021 年 2 月 1 日业绩考核符合标准，并按计划兑现股票增值权总量 40% 的增值额，当日该公司股票的收盘价格为 25 元/股。王某在取得股票增值权时，并无实际所得，故不存在缴纳个人所得税的问题。

股票增值权被授权人获取的收益，是由上市公司根据授权日与行权日股票差价乘以被授权股数，直接向被授权人支付的现金。上市公司应于向股票增值权被授权人兑现时依法扣缴其个人所得税。王某 2021 年 2 月取得股票增值权奖励应按照“工资、薪金所得”计算纳税，被授权人股票增值权应纳税所得额计算公式为：

股票增值权某次行权应纳税所得额 =（行权日股票价格 - 授权日股票价格）×行权股票份数

行权日王某的应纳税所得额 =（25 - 15）×100000×40% =400000（元）

从 2019 年 1 月 1 日起至 2021 年 12 月 31 日，满足条件的应该按照财税〔2018〕164 号第二条“关于上市公司股权激励的政策”规定计算纳税，即：

王某的应纳税额 = 股权激励收入×适用税率 - 速算扣除数

=400000×25% - 31920 =68080（元）

之三：限制性股票所得如何缴税

[案例分析]：2020 年 1 月，居民个人李某从其任职的某上市公司取得限制性股票 10000 股，在取得限制性股票时支付了 10000 元，该批股票进行股票登记日的收盘价为 6 元/股。按照计划约定，2021 年 3 月 31 日解禁 5000 股，假定当日收盘价为 10 元/股；2021 年 11 月 30 日解禁剩下的 5000 股，假定收盘价为 9 元/股。假定不考虑其他税费的情况下，李某限制性股票应缴纳多少个人所得税？

李某取得限制性股票的2020年1月不产生纳税义务，因为限制性股票个人所得纳税义务发生时间是每一次股票解禁的日期。

第一批股票解禁时（2021年3月31日），应纳税所得额 =（6 +10）÷ 2 ×5000 - 10000 ×（5000 ÷10000）= 35000（元），应纳税额 = 35000 × 3% -0 =1050（元）。

第二批股票解禁时（2021年11月30日），应纳税所得额 =（6 +9）÷ 2 ×5000 -10000 ×（5000 ÷10000）=32500（元）。

按照财税〔2018〕164号第二条“关于上市公司股权激励的政策”规定居民个人一个纳税年度内取得两次以上（含两次）股权激励的，应合并计算纳税。

由于李某的限制性股票解禁都是在一个纳税年度内，因此，第二批股票解禁时，不能再单独计算纳税，必须要跟第一批解禁合并计算纳税。

合并后的应纳税所得额 =35000 +32500 =67500（元）

合并后应纳税额 =67500 ×10% -2520 =4230（元）

第二批股票解禁应补缴税款 =4230 -1050 =3180（元）

另假设，该公司采取回购股票方式向激励对象无偿授予限制性股票，其他激励条件及解锁规定不变。2020年1月1日，激励对象李某在中国证券登记结算有限责任公司深圳分公司登记1万股限制性股票，当日该公司股票的收盘价格为6元/股。假定2021年3月31日，达到激励计划规定的解锁条件，并在当日解锁限制性股票的50%，当日该公司股票的收盘价格为10元/股。则应在解锁日确认应纳税所得额：10 ×10000 ×50% =50000（元），应纳税额 =50000 ×10% -2520 =2480（元）。

若第一批解禁后的这部分股票进行再转让，根据《财政部 国家税务总局 证监会关于个人转让上市公司限售股所得征收个人所得税有关问题的通知》（财税〔2009〕167号），假设再转让的价格为15元/股，则应纳税所得额：（15 -1）×5000 =70000（元），按“财产转让所得”，适用20%的税率缴纳个人所得税，应纳税额：70000 ×20% =14000（元）。

在限售股解禁日，已经就股票增值部分8 -1 =7（元）按照“工资薪金所得”缴纳过个人所得税，再转让环节就这部分增值额又按照“财产转让所得”征税，造成对同一增值额两次征税。因此存在重复征税问题。

> 根据《国家税务总局关于我国居民企业实行股权激励计划有关企业所得税处理问题的公告》(2012 第 18 号)的规定，上市公司在股权激励计划授予激励对象时，按照该股票的公允价格及数量，计算确定作为上市公司相关年度的成本或费用，作为换取激励对象提供服务的对价：对股权激励计划实行后立即可以行权的，上市公司可以根据实际行权时该股票的公允价格与激励对象实际行权支付价格的差额和数量，计算确定作为当年上市公司工资薪金支出，依照税法规定进行税前扣除；对股权激励计划实行后，需待一定服务年限或者达到规定业绩条件（以下简称“等待期”）方可行权的。上市公司等待期内会计上计算确认的相关成本费用，不得在对应年度计算缴纳企业所得税时扣除。在股权激励计划可行权后，上市公司方可根据该股票实际行权时的公允价格与当年激励对象实际行权支付价格的差额及数量，计算确定作为当年上市公司工资薪金支出，依照税法规定进行税前扣除。

（二）法人股东①

根据《企业所得税法》的规定，企业所得税的征税对象是纳税人以货币形式和非货币形式从各种来源取得的所得，包括从事生产经营的所得和其他所得，股息、红利等权益性投资收益就属于其他所得的一种。因此，企业应就其从被投资企业取得的股息、红利等权益性投资收益缴纳企业所得税。

具体来讲，居民企业应就其来源于我国境内、境外的股息、红利所得申报缴纳企业所得税；非居民企业在中国境内设立机构、场所的②，应当就其发生在中国境外但与其所设机构、场所有实际联系③的股息、红利所得，缴纳企业所得税。

1. 来源于我国境内的股利所得。《企业所得税法》第二十六条规定：“企业的下列收入为免税收入：（一）国债利息收入；（二）符合条件的居民企业之间

---

① 这里主要研究公司形式的法人，即公司作为股东，其股息、红利等权益性投资收益所面临的税收法律问题。

② 非居民公司未在中国境内设立机构、场所但有来源于中国居民公司的股息、红利等权益性投资收益，其应向中国缴纳的企业所得税，由支付股息、红利的中国居民公司以预提税的形式代扣代缴。这一点，在前面的 6.3.1 中已经讲过。

③ 所谓的实际联系，是指非居民公司在中国境内设立的机构、场所拥有据以取得股息、红利所得的股权。

的股息、红利等权益性投资收益；（三）在中国境内设立机构、场所的非居民企业从居民企业取得与该机构、场所有实际联系的股息、红利等权益性投资收益；（四）符合条件的非营利组织的收入。”

《企业所得税法实施条例》第八十三条规定：“企业所得税法第二十六条第（二）项所称符合条件的居民企业之间的股息、红利等权益性投资收益，是指居民企业直接投资于其他居民企业取得的投资收益。企业所得税法第二十六条第（二）项和第（三）项所称股息、红利等权益性投资收益，不包括连续持有居民企业公开发行并上市流通的股票不足12个月取得的投资收益。”

根据上述税收法律规定，非居民企业直接投资于其他居民企业且连续持有该居民企业公开发行并上市流通的股票满12个月取得的股息、红利等权益性投资收益，免征企业所得税。这是我国税法为了避免对股息、红利所得的经济性国内重复征税而作出的特别规定。

2. 来源于我国境外的股利所得。《企业所得税法》第二十三条规定：“企业取得的下列所得已在境外缴纳的所得税税额，可以从其当期应纳税额中抵免，抵免限额为该项所得依照本法规定计算的应纳税额；超过抵免限额的部分，可以在以后五个年度内，用每年度抵免限额抵免当年应抵税额后的余额进行抵补：（一）居民企业来源于中国境外的应税所得；（二）非居民企业在中国境内设立机构、场所，取得发生在中国境外但与该机构、场所有实际联系的应税所得。”

《企业所得税法》第二十四条规定：“居民企业从其直接或者间接控制的外国企业分得的来源于中国境外的股息、红利等权益性投资收益，外国企业在境外实际缴纳的所得税税额中属于该项所得负担的部分，可以作为该居民企业的可抵免境外所得税税额，在本法第二十三条规定的抵免限额内抵免。”

《企业所得税法实施条例》第七十八条规定：“企业所得税法第二十三条所称抵免限额，是指企业来源于中国境外的所得，依照企业所得税法和本条例的规定计算的应纳税额。除国务院财政、税务主管部门另有规定外，该抵免限额应当分国（地区）不分项计算，计算公式如下：

抵免限额＝中国境内、境外所得依照企业所得税法和本条例的规定计算的应纳税总额×来源于某国（地区）的应纳税所得额÷中国境内、境外应纳税所得总额

自2017年7月1日起，企业可以选择按国（地区）别分别计算［即“分国（地区）不分项”］，或者不按国（地区）别汇总计算［即“不分国（地区）不

分项”] 其来源于境外的应纳税所得额，并按照有关规定分别计算其可抵免境外所得税税额和抵免限额。上述方式一经选择，5 年内不得改变。

企业选择采用不同于以前年度的方式（以下简称“新方式”）计算可抵免境外所得税税额和抵免限额时，对该企业以前年度按照有关规定没有抵免完的余额，可在税法规定结转的剩余年限内，按新方式计算的抵免限额中继续结转抵免。

《企业所得税法实施条例》第八十条规定：“企业所得税法第二十四条所称直接控制，是指居民企业直接持有外国企业 20% 以上股份。企业所得税法第二十四条所称间接控制，是指居民企业以间接持股方式持有外国企业 20% 以上股份，具体认定办法由国务院财政、税务主管部门另行制定。”

《企业所得税法实施条例》第八十一条规定：“企业依照企业所得税法第二十三条、第二十四条的规定抵免企业所得税税额时，应当提供中国境外税务机关出具的税款所属年度的有关纳税凭证。”

根据上述税收法律规定，我国居民企业来源于中国境外的股息、红利所得，企业作为纳税人已经向外国政府直接缴纳的外国预提税（已经在来源国由支付方代扣代缴），在按照税法规定计算的抵免限额以内，可以从应向我国政府缴纳的企业所得税额中直接抵免；我国居民企业作为股东，来源于其直接或者间接控制的外国企业的股息、红利所得，该股利所得间接承担的受控外国企业的外国公司所得税，在按照税法规定计算的抵免限额以内，可以从应向我国政府缴纳的所得税额中间接抵免（以消除国际重复征税）。但是，允许享受间接抵免的条件是，直接或间接持有外国企业 20% 以上股份。

上述外国税收的直接抵免和间接抵免，均采取分国不分项的办法进行，即企业应分别核算其来源于不同国家的股息、红利所得，分别计算已经直接缴纳或间接承担的各国的所得税额，分别计算对各国的抵免限额，在各自限额内分别进行抵免。

案例 6－10 我国某居民公司在甲、乙两国设有分公司。某年度该公司来源于国内的应税所得是 2000 万元，来源于甲、乙两国的应税所得分别为 600 万元和 800 万元。该居民公司适用我国企业所得税税率 25%，甲、乙两国的所得税税率分别为 28% 和 18%。计算该居民公司本年度应向我国缴纳的企业所得税税额。

解析：本案例中的该居民公司为跨国总、分公司形式，其当年来源于境外的所得已经缴纳的外国所得税税额，可以在当年限额内直接抵免。本案例与利润分配无关，主要是为了说明外国税收分国抵免的基本方法。

该公司已缴纳的甲国所得税额 =600×28% =168（万元）

对甲国所得税的抵免限额 =600×25% =150（万元）

该公司已缴纳的乙国所得税额 =800×18% =144（万元）

对乙国所得税的抵免限额 =800×25% =200（万元）

该公司已缴纳的甲国所得税税额超过其抵免限额，超过抵免限额部分，即 168 -150 =18（万元），当年不得抵免，结转并从下一年度或今后五年的甲国抵免限额余额中抵免；该公司已缴纳的乙国所得税额未超过其抵免限额，全部可以在当年抵免。

因此，该公司当年应向我国缴纳的企业所得税 =（2000 +600 +800）×25% -（150 +144）=556（万元）。

知识链接

上市公司分红派息如何纳税？

上市公司向其股东派发股息和红利主要有现金股利和股票股利两种形式。分红派息时如何代扣代缴所得税？

一、企业所得税的申报及扣缴

上市公司分红派息，对投资企业而言，属于《企业所得税法》规定中的股息、红利等权益性投资收益。居民企业与非居民企业对此有着不同的申报及扣缴方式。

（一）居民企业取得分红派息自行申报纳税，无须代扣代缴

对根据《企业所得税法》及《国家税务总局关于境外注册中资控股企业依据实际管理机构标准认定为居民企业有关问题的通知》（国税发〔2009〕82 号）的规定，居民企业直接投资于其他居民企业取得的投资收益为免税收入。需要说明的是，这里的股息、红利等权益性投资收益，不包括连续持有居民企业公开发行并上市流通的股票不足 12 个月取得的投资收益。对居民企业取得上市公司的分红派息等权益性投资收益，由投资企

业根据上述情形确定是否为应税或免税收入，由投资企业自行向当地税务机关申报纳税，不存在代扣代缴行为。

（二）非居民企业取得分红派息实行源泉扣缴

根据《企业所得税法》及《国家税务总局关于非居民企业所得税源泉扣缴有关问题的公告》（2017 年第 37 号）的规定，非居民企业其取得来源于中国境内的股息、红利等权益性投资收益，实行源泉扣缴，税款由扣缴义务人从每次支付或者到期应支付的款项中扣缴。扣缴义务发生之日为股息、红利等权益性投资收益实际支付之日。

具体又包括以下 4 种情形：

（1）对合格境外机构投资者（QFII）取得来源于中国境内的股息、红利和利息收入，应当按照《企业所得税法》规定缴纳 10% 的企业所得税。

《国家税务总局关于中国居民企业向 QFII 支付股息、红利、利息代扣代缴企业所得税有关问题的通知》（国税函〔2009〕47 号）规定，QFII 取得来源于中国境内的股息、红利和利息收入，应当按照《企业所得税法》规定缴纳 10% 的企业所得税。如果是股息、红利，则由派发股息、红利的企业代扣代缴；如果是利息，则由企业在支付或到期应支付时代扣代缴。如果上述收入需要享受税收协定（安排）待遇的，可向主管税务机关提出申请，主管税务机关审核无误后按照税收协定的规定执行；涉及退税的，应及时予以办理。

（2）中国居民企业向境外非居民企业股东派发 2008 年及以后年度股息时，统一按 10% 的税率代扣代缴企业所得税。《国家税务总局关于中国居民企业向境外 H 股非居民企业股东派发股息代扣代缴企业所得税有关问题的通知》（国税函〔2008〕897 号）、《国家税务总局关于非居民企业取得 B 股等股票股息征收企业所得税问题的批复》（国税函〔2009〕394 号）规定，在中国境内外公开发行、上市股票（A 股、B 股和海外股）的中国居民企业，在向非居民企业股东派发 2008 年及以后年度股息时，应统一按 10% 的税率代扣代缴企业所得税。非居民企业股东需要享受税收协定待遇的，依照税收协定执行的有关规定办理。

（3）中国居民企业向全国社会保障基金所持 H 股派发股息不予代扣代缴企业所得税。根据《财政部 国家税务总局关于全国社会保障基金有关企业所得税问题的通知》（财税〔2008〕136号）规定，全国社会保障基金从证券市场取得的收入，包括买卖证券投资基金、股票、债券的差价收入，证券投资基金红利收入，股票的股息、红利收入，债券的利息收入及产业投资基金收益、信托投资收益等其他投资收入，作为企业所得税不征税收入。为此，《国家税务总局关于中国居民企业向全国社会保障基金所持H股派发股息不予代扣代缴企业所得税的通知》（国税函〔2009〕173号）规定，在香港上市的境内居民企业派发股息时，可凭香港中央结算（代理人）有限公司确定的社保基金所持H股证明，不予代扣代缴企业所得税。在香港以外上市的境内居民企业向境外派发股息时，可凭有关证券结算公司确定的社保基金所持股证明，不予代扣代缴企业所得税。在境外上市的境内居民企业向其他经批准对股息不征企业所得税的机构派发股息时，可参照本通知执行。

（4）在中国境内设立机构、场所的非居民企业从居民企业取得与该机构、场所有实际联系的股息、红利等权益性投资收益，无论是否为免税收入，均不存在代扣代缴行为。如果是取得境内上市公司的分红派息，则应根据《企业所得税法》及实施条例第二十六条、第八十三条规定，进行判断认定是否为免税收入，由投资企业自行向当地税务机关申报纳税，不存在代扣代缴行为。

二、个人所得税的申报及扣缴

个人取得利息、股息所得，依照《个人所得税法》规定按月或者按次计算个人所得税，有扣缴义务人的，由扣缴义务人按月或者按次代扣代缴税款。扣缴义务人每月或者每次预扣、代扣的税款，应当在次月十五日内缴入国库，并向税务机关报送扣缴个人所得税申报表。根据《国家税务总局关于印发〈征收个人所得税若干问题的规定〉的通知》（国税发〔1994〕89号）的规定，股息、红利所得实行源泉扣缴的征收方式，其扣缴义务人应是直接向纳税义务人支付股息、红利的单位。

个人投资者从境内上市公司取得的股息、红利所得，依据《关于上市公司股息红利差别化个人所得税政策有关问题的通知》（财税〔2015〕101号）以及《关于继续实施全国中小企业股份转让系统挂牌公司股息红利差别化个人所得税政策的公告》（财政部 税务总局 证监会公告2019年第78

号）规定，实施差别化个人所得税政策。派发股息红利时，对个人持股1年以内（含1年）的，上市公司暂不扣缴个人所得税；待个人转让股票时，证券登记结算公司根据其持股期限计算应纳税额，由证券公司等股份托管机构从个人资金账户中扣收并划付证券登记结算公司，证券登记结算公司应于次月5个工作日内划付上市公司，上市公司在收到税款当月的法定申报期内向主管税务机关申报缴纳。

第五节 降低税负的利润分配策略选择

一般情况下，为了企业的长远发展，企业保留税后利润不分配，相当于对其经营主体追加投资，降低了企业的融资成本，从而提高企业的股票（股价）市值，为投资者带来更多收益。然而，由于法律法规等多方面的限制，企业都会考虑给投资者分配利润。而企业在制订利润分配方案时，则需要考虑方方面面的因素，比如是否分配、何时分配、怎样分配以及分配多少税负最低等，这些都关系到所有者与企业、所有者与内部员工以及所有者与经营者之间的关系，也关系着公司长短期利益的协调。

一、利润分配的时机选择

在企业持续经营的情况下，被投资企业的税后利润留在被投资企业对投资方并无大碍，减少了企业的现金流出。不仅可以把税后利润的大部分作为企业的追加投资，使企业的资产总额增加，在不增发股票的情况下，使企业的股票升值，为投资者带来更多的收益；而且有效地避免了股息所得转化为资本利得，使投资者（股东）分回的利润（股息、红利）无须再缴纳税款，消除了重复纳税。

但是，如果投资方打算将拥有的被投资企业的全部或部分股权对外转让时，则会由于被投资企业存有大量未分配利润而抬高股价，投资方转让股权时就会造成免税的股息所得转化为应税的股权转让所得。因此，为避免股息所得转化为资本利得，在对控股企业的部分股权转让之前有必要先进行利润分配。

案例6－11 A公司于2018年2月20日以银行存款900万元投资于B公司，占B公司总股本的70%，B公司当年获得税后利润500万元，A公司2019年度内部生产经营所得为100万元。A公司所得税税率为25%，B公司所得税税率为15%。

方案一：2020年3月，B公司董事会决定将税后利润的30%用于分配，A公司分得利润105万元，2020年9月，A公司将其拥有的B公司70%的股权全部转让给C公司，转让价为1000万元，转让过程中发生税费0.5万元。

方案二：B公司保留盈余不分配。2020年9月，A公司将其拥有的B公司70%的股权全部转让给C公司，转让价为1105万元，转让过程中发生税费0.6万元。

解析：

方案一：A公司生产经营所得100万元，企业所得税税率为25%，应纳企业所得税为100×25%＝25（万元）。

A公司分得股息收益105万元，不需缴纳企业所得税，则

股权转让所得＝1000－900－0.5＝99.5（万元）

应纳所得税额＝99.5×25%＝24.88（万元）

因此，A公司2020年应纳企业所得税额为49.88万元（25＋24.88）。

方案二：A公司生产、经营所得应纳税额为25万元。

由于B公司保留盈余不分配，从而导致股息所得和资本利得发生转化，即当被投资企业有税后盈余而发生股权转让时，被投资企业的股价就会发生增值，如果此时发生股权转让，这个增值实质上就是投资者在被投资企业的股息所得转化为资本利得。因为企业保留利润不分配，才会导致股权转让价格升高。这种因股权转让而获得的收益应全额并入企业应纳税所得额，依法缴纳企业所得税。

A公司资本转让所得204.5万元（1105－900－0.5），应纳所得税额51.13万元（204.5×25%），则A公司2020年合计应纳企业所得税为76.13万元(25＋51.13)。

方案一比方案二减轻税负76.13－49.88＝26.25（万元），前者明显优于后者。其原因在于，A公司在股权转让之前获取了股息所得，有效防止了股息所得转变为股权转让所得，避免了这部分股息所得重复征税。

二、股利政策的选择[①]

（一）股利政策的类型

1. 剩余股利政策

股利分配与公司的资本结构相关，而资本结构又是由投资所需资金构成的，因此实际上股利政策要受到投资机会及其资本成本的双重影响。剩余股利政策就是在公司有着良好的投资机会时（即投资机会的预期报酬率高于股东要求的必要报酬率时），根据一定的目标资本结构（最佳资本结构），测算出投资所需的权益资本，先从盈余当中留用，然后将剩余的盈余作为股利予以分配。

采用剩余股利政策时，应遵循四个步骤：

（1）设定目标资本结构，即确定权益资本与债务资本的比率，在此资本结构下，加权平均资本成本将达到最低水平；

（2）确定目标资本结构下投资所需的股东权益数额；

（3）最大限度地使用保留盈余来满足投资方案所需的权益资本数额；

（4）投资方案所需权益资本已经满足后若有剩余盈余，再将其作为股利发放给股东。

案例 6－12 A 公司 2020 年的税后净利润为 5000 万元，目前的资本结构为：债权资本 40%，股东股权资本 60%。该资本结构也是 A 公司 2021 年度的目标资本结构（即最佳资本结构）。

（1）如果 2021 年该公司有一个很好的投资项目，需要投资 6000 万元。在该公司采用剩余股利政策的前提下，计算股利分配数额。

（2）如果 2021 年该公司有一个很好的投资项目，需要投资 8500 万元，在该公司采用剩余股利政策的前提下，计算股利分配数额。

解析：（1）根据 A 公司目标资本结构（最佳资本结构）的要求，将项目所需的 6000 万元资金中需要股权融资和债务融资的金额分别为：

股权融资金额 = 6000 × 60% = 3600（万元）

债务融资金额 = 6000 × 40% = 2400（万元）

剩余可用于股利支付的净利润金额 = 5000 － 3600 = 1400（万元）

① 中国注册会计师协会．财务成本管理［M］．北京：中国财政经济出版社，2021.

即公司将净利润的3600万元作为留存利润，还有1400万元的净利润可用于分配股利，然后再通过举债筹集2400万元的资金。

（2）若该公司的投资项目需要投资的资金为8500万元，则目标资本结构下投资所需的权益资本金为8500×60%＝5100（万元），现有的盈利满足不了投资项目对权益资金的需要，所以企业不仅不能发放股利，反而还要发行新股100万元（5100－5000），以弥补权益资本的不足。

从案例可知，按照剩余股利政策，企业每期支付的股利，随企业投资机会和盈利水平的变动而变动。在盈利水平不变的情况下，投资机会越多，企业发放股利越少或者不发放股利。反之，投资机会越少，企业发放股利越多。这种政策的优点是能充分利用筹资成本较低的资金来源，满足投资机会的需要并能保持理想的资本结构，使加权平均资本成本最低。但这种股利政策往往导致股利支付不稳定，不能使希望取得稳定收入的股东满意，也不利于树立公司良好的财务形象。

2. 固定股利或稳定增长股利政策

固定股利或稳定增长股利政策是企业将每年派发的股利固定在某一特定水平，或是在此基础上维持某一固定增长率从而逐年稳定增长。当然，企业只有在确信未来盈余不会发生逆转时才会宣布实施固定或稳定增长的股利政策。这一股利政策有以下优点：

（1）可以消除投资者内心的不确定性。向市场传递企业经营业绩正常或稳定增长的信息，有利于树立企业良好的形象，增强投资者对公司的信心，稳定股票价格。

（2）有利于投资者安排股利收入和支出，有利于吸引那些打算进行长期投资并对股利有很高依赖性的股东。

但是，固定股利或稳定增长股利政策会造成股利的支付与盈余脱节，当企业盈余较低时，仍然要支付固定的股利，这可能导致资金短缺，出现财务状况恶化。因此，它适用于成熟的、盈利充分且获利能力比较稳定的、扩张需求减少的企业。从企业发展的生命周期考虑，稳定增长期的企业可采用稳定增长股利政策，成熟期的企业可采用固定股利政策。

3. 固定股利支付率政策

固定股利支付率政策是企业确定一个股利占盈余的比例，即股利支付率，并在一定时期保持不变。在这一股利政策下，各年股利支付额随企业经营的好坏而上下波动，获得较多盈余的年份股利额高，获得盈余少的年份股利额就低，体现了“多盈多分，少盈少分，不盈不分”的分配原则。

但是，这种股利政策也存在一些问题。首先，各年度股利波动较大，很容易给投资者带来经营状况不稳定的感觉，不利于稳定股价；其次，容易使企业面临较大的财务压力。因为企业实现的盈利多，并不代表企业有充足的现金派发股利，只能表明企业盈利状况较好而已；最后，确定合适的固定股利支付率难度大。如果固定股利支付率确定得较低，不能满足投资者对投资收益的要求，而固定股利支付率确定得较高，没有足够的现金派发股利时会给公司带来巨大的财务压力。一般来说，只有处于稳定发展且财务状况也比较稳定的企业才考虑采用这一股利政策。

4. 低正常股利加额外股利政策

低正常股利加额外股利政策，是企业在一般情况下每年只支付一个固定的、数额较低的股利，在盈余较多的年份，再根据实际情况向股东发放额外股利。该股利政策能赋予企业较大的灵活性，使企业在股利发放上留有余地，并具有较大的财务弹性。企业可根据每年的具体情况，选择不同的股利发放水平，以稳定和提高股价，进而实现企业价值的最大化；也可以使那些依靠股利度日的股东每年至少可以得到虽然较低但比较稳定的股利收入，从而吸引住这部分股东。

当然，由于各年度之间企业盈利的波动使额外股利不断变化，容易给投资者造成收益不稳定的感觉。而且，企业在较长时期持续发放额外股利后，可能会被股东误认为是“正常股利”，一旦取消，传递出去的信号可能会使股东认为这是企业财务状况恶化的表现，进而导致股价下跌。

以上各种股利政策各有所长，企业应根据宏观经济形势、发展规划和未来盈利状况制订适合自己具体实际情况的股利政策。

知识链接

股利分配基本理论

股利分配的核心问题是如何权衡公司股利支付决策与未来长期增长之间的关系，以实现公司价值最大化的财务管理目标。围绕着公司股利政策是否影响公司价值这一问题，主要有两类不同的股利理论：股利无关论和股利相关论。

一、股利无关论

股利无关论（也称 MM 理论）是米勒（Merton Miller）与莫迪格利安尼（Franco Modigliani）于 1961 年首先提出的。在一系列严格假设的基础上，他们提出：在企业投资决策既定的情况下，投资者并不关心企业股利的分配，股利的支付比率不影响企业的价值。在完善的资本市场条件下，企业的盈利和价值的增加与否完全视其投资政策而定，企业市场价值与它的资本结构无关，而是取决于它所在行业的平均资本成本及其未来的期望报酬。因此，股利政策不会对企业价值产生任何影响。

若企业留存较多的利润用于再投资，会导致企业股票价格上升；此时尽管股利较低，但需用现金的投资者可以出售股票换取现金。若企业发放较多的股利，投资者又可以用现金再买入一些股票以扩大投资。也就是说投资者对股利和资本利得并无偏好。

同时，既然投资者不关心股利的分配，企业的价值就完全由其投资的获利能力所决定，企业的盈余在股利和保留盈余之间的分配并不影响企业的价值。

二、股利相关论

MM 理论假设在现实生活中并不成立，因此学术界提出了各种理论进行解释，如果放宽这些假设条件，股利政策就会显现出对公司价值（或股票价格）产生的影响，由此提出了其他股利理论，如“一鸟在手”理论、代理理论、信号理论、税差理论、客户效应理论等，后两个理论前文已提及，不再赘述。

1. “一鸟在手”理论。“一鸟在手”理论源于谚语“双鸟在林不如一鸟在手”，是最早关于股利政策研究的理论，由Gordon于1963年提出，认为投资者更偏好于现金股利。该理论认为用留存收益再投资带给投资者的收益具有很大的不确定性，并且投资风险将随着时间的推移而进一步增大。因此，投资者认为获得现金股利比留存收益所带来的未来收入更加可靠，倾向于选择股利支付率高的股票。

当企业股利支付率提高时，股东承担的收益风险越小，其所要求的权益资本报酬率也越低，权益资本成本也相应越低，则根据永续年金计算所得的企业权益价值（企业权益价值=分红总额÷权益资本成本）将会上升；反之，随着股利支付率的下降，股东的权益资本成本升高，企业的权益价值将会下降。这说明股利政策会对股东价值产生影响。而“一鸟在手”理论所强调的为了实现股东价值最大化的目标，企业应实行高股利分配率的股利政策。

2. 代理理论。企业中的股东、债权人、经理人员等诸多利益相关者的目标并非完全一致，在追求自身利益最大化的过程中有可能会以牺牲另一方的利益为代价，这种利益冲突关系反映在公司股利分配决策过程中表现为不同形式的代理成本：股东与债权人之间的代理冲突，比如债权人为保护自身利益，希望企业采取低股利支付率；经理人员与股东之间的代理冲突，比如实施多分少留的政策，既有利于抑制经理人随意支配自由现金流量的代理成本，也有利于满足股东取得股利收益的愿望；控股股东与中小股东之间的代理冲突，比如对处于外部投资者保护程度较弱环境的中小股东希望企业采用高股利支付率政策，以防控股股东的利益侵害。

如果在企业进行股利分配决策过程中，同时伴随着其他公司财务决策，并处于不同的公司治理机制条件下（如所有权结构、经理人员持股、董事会结构特征等），基于代理理论对股利分配政策选择的分析将是多种因素权衡的复杂过程。

3. 信号理论。MM的股利无关论假设不存在信息不对称，但现实条件下这一假设是不成立的，企业经理人员往往比外部投资者拥有更多的企业经营状况与发展前景的信息。股利政策是一种传递信息的机制，可以向市场传递有关企业未来获利能力的信息，其所产生的信息效应会影响股票的价格。

> 信号理论认为股利向市场传递企业信息可以表现为两个方面：一是股利增长方面，能传递未来业绩大幅增长信号，也可能传递的是企业没有前景好的投资项目的信号；二是股利减少方面，可能传递企业未来出现衰退的信号；也可能传递企业有前景看好的投资项目的信号。股利信号理论为解释股利是否具有信息含量提供了一个基本分析逻辑，鉴于投资者对股利信号信息的理解不同，所做出的对企业价值的判断也不同。

（二）降低税负的股利政策选择

从公司层面分析，无论其采取何种股利分配政策，都必须是在企业所得税后进行，并且任何股利的支付均不得在所得税前扣除，因此每一单位股利的税前成本都是相同的。如果单从公司层面的角度考虑，只要从公司的偿债能力、现金流动性、投资机会以及股东对公司信心的角度去决定公司的股利支付政策即可。在公司出现流动性困难的情况下，为保持公司现金的流动性，尽量选择股票股利的方式。

从股东层面分析，不同的股利支付政策会影响股东的税后净利益，股东的每股税后净收益最大化是企业财务管理目标之一。公司在决定股利支付政策时需要从股东的角度进行考虑。

（1）个人股东。根据《个人所得税法》的相关规定，公司在支付股东（自然人）股利时，需要代扣代缴个人所得税。如果股东不是靠股利维持生活的话，可以采取低股利支付政策，使超额利润累积在公司。这样一方面可以获得递延纳税的税收利益，另一方面累积的留存收益可以增加企业的积累资金，降低企业的筹资成本，有利于促进企业的成长和发展，从而带来企业股票价值的拉升。在现金股利和股票股利的选择上，自然人股东更希望的是现金股利，因为两种股利支付方式均需缴纳个人所得税，而股票股利在未取得任何现金流入的情况下却因此需付出股息所得的个人所得税税款。

（2）法人股东。对于法人股东来说，符合条件的居民企业之间投资性收益，如股息分配是免税的（不包括连续持有居民企业公开发行并上市流通的股票不足 12 个月取得的投资收益），由于从被投资企业分得的股息属于免税收入，因此希望较高的股利支付政策。在现金股利和股票股利的选择上更希望采用现金股利方式，因为两种方式下取得的股利均不纳税，而股票股利只是增加股票数量，其权益比重却不会作任何改变。

案例6－13 某上市公司2021年目前发行在外的普通股为5000万股（假设所有股东持股期限均超过1个月，小于1年），每股市价15元。2021年底，该公司共有7500万元的留存收益可供分配。为了方便比较，假定用金额相等的留存收益发放现金股利与股票股利，现有以下两种方案可供选择：

方案1：发放现金股利7500万元，每股股利1.5元（7500/5000）。

方案2：发放股票股利，每10股发放1股，股票面值1元，共500万股，除权价约等于每股13.64元［15/（1+0.1）］。

解析：根据个人所得税法及实施条例规定，利息、股息、红利所得适用税率20%，并由支付所得单位按照规定履行扣缴义务。另外，根据《财政部 国家税务总局 证监会关于上市公司股息红利差别化个人所得税政策有关问题的通知》（财税〔2015〕101号）规定：个人从公开发行和转让市场取得的上市公司股票，持股期限在1个月以上至1年（含1年）的，暂减按50%计入应纳税所得额。但股利的形式有现金股利和股票股利，在计税时有所不同。现金股利按20%缴纳个人所得税，股票股利以派发红利的股票票面金额为收入额，按利息、股息、红利项目计征个人所得税。

方案1：应纳个人所得税＝7500×50%×20%＝750（万元）

方案2：应纳个人所得税＝500×50%×20%＝50（万元）

对个人股东而言，更希望公司发放股票股利，因为相比发放现金股利，其承担的税负较轻；对于派发股利的企业而言，股票股利除了能够节税之外，还能够起到保留现金、增加投资机会的作用。即使股价在除权时可能成倍地下降，但一个成长性较好的公司，随后的股价可能上升，会出现较好的填权行情。

知识链接

股利政策的影响因素

在现实生活中，企业的股利分配是在种种制约因素下进行的，采取何种股利政策虽然是由管理层决定的，但是实际上在其决策过程中会受到诸多主观与客观因素的影响。影响股利分配政策的因素主要有：

（一）法律限制

为了促进公司长期稳定发展，有关法规对公司的股利分配经常作如下限制：

1. 资本保全的限制。规定公司不能用资本（包括股本和资本公积）发放股利。股利的支付不能减少法定资本，如果一个公司的资本已经减少或因支付股利而引起资本减少，则不能支付股利。

2. 企业积累的限制。为了制约公司支付股利的任意性，按照法律规定，公司税后利润必须先提取法定公积金。此外还鼓励公司提取任意公积金，只有当提取的法定公积金达到注册资本的50%时，才可以不再提取。提取法定公积金后的利润净额才可以用于支付股利。

3. 净利润的限制。规定公司年度累计净利润必须为正数时才可发放股利，以前年度亏损必须足额弥补。

4. 超额累积利润的限制。由于许多国家股东接受股利缴纳的所得税税率高于其进行股票交易的资本利得税税率，于是规定公司不得超额累计利润，一旦公司的保留盈余超过法律认可的水平，将被加征额外税额。

5. 无力偿付的限制。基于对债权人的利益保护，如果一个公司已经无力偿付负债，或股利支付会导致公司失去偿债能力，则不能支付股利。

（二）股东因素

公司的股利政策最终由股东大会决定，因此，股东的要求不可忽视。股东从自身经济利益需要出发，对公司的股利分配往往产生这样一些影响：

1. 稳定的收入和避税。主要收入来源是股利的股东往往要求公司支付稳定的股利，他们认为通过保留盈余引起股价上涨而获得资本利得是有风险的。另外，一些边际税率较高的股东出于避税的考虑（股利收益税率高于资本利得税率），往往反对公司发放较多的股利。

2. 控制权的稀释。公司支付较高的股利，就会导致留存盈余减少，这又意味着将来发行新股的可能性加大，而发行新股必然稀释公司的控制权，这是公司拥有控制权的股东们所不愿看到的局面。因此，若他们拿不出更多的资金购买新股，宁肯不分配股利。

（三）公司因素

公司的经营情况和经营能力，影响其股利政策。

1. 盈余的稳定性。公司是否能获得长期稳定的盈余，是其股利决策的重要基础。盈余相对稳定的公司相对于盈余不稳定的公司而言具有较高的股利支付能力，因为盈余稳定的公司对保持较高股利支付率更有信心。收益稳定的公司面临的经营风险和财务风险较小，筹资能力较强，这些都是其股利支付能力的保证。

2. 公司的流动性。较多的支付现金股利会减少公司的现金持有量，使公司的流动性降低。这里公司流动性是指及时满足财务应付义务的能力；而公司保持一定的流动性，不仅是公司经营所必需的，还是在实施股利分配方案时需要权衡的。

3. 举债能力。具有较强举债能力（与公司资产的流动性相关）的公司因为能够及时地筹措到所需的现金，有可能采取高股利政策；而举债能力弱的公司则不得不多滞留盈余，因而往往采取低股利政策。

4. 投资机会。有着良好投资机会的公司，需要有强大的资金支持，因而往往少发放股利，将大部分盈余用于投资。缺乏良好投资机会的公司，保留大量现金会造成资金的闲置，于是倾向于支付较高的股利。正因为如此，处于成长中的公司多采取低股利政策；处于经营收缩中的公司多采取高股利政策。

5. 资本成本。与发行新股相比，保留盈余不需花费筹资费用，是一种比较经济的筹资渠道。所以，从资本成本考虑，如果公司有扩大资金的需要，也应当采取低股利政策。

6. 债务需要。具有较高债务偿还需要的公司，可以通过举借新债、发行新股筹集资金偿还债务，也可直接用经营积累偿还债务。如果公司认为后者适当的话（比如，前者资本成本高或受其他限制难以进入资本市场），将会减少股利的支付。

（四）其他限制

除了上述的因素以外，还有其他一些因素也会影响公司的股利政策选择。

1. 债务合同约束。公司的债务合同，特别是长期债务合同，往往有限制公司现金支付程度的条款，这使公司只得采取低股利政策。

2. 通货膨胀。在通货膨胀的情况下，由于货币购买力下降，公司计提的折旧不能满足重置固定资产的需要，需要动用盈余补足重置固定资产的需要，因此在通货膨胀时期公司股利政策往往偏紧。

三、利润弥补亏损的策略选择

（一）一般情况亏损弥补策略

根据《企业所得税法》的规定，企业纳税年度发生的亏损，准予向以后年度结转，用以后年度的所得弥补，但结转年限最长不得超过五年①。五年内不论是盈利还是亏损，都作为实际弥补期限计算。由此可见，税法允许企业用下一个纳税年度的所得弥补本年度的亏损，充分考虑了有暂时困难的企业的利益，在一定程度上给予了税收帮助。纳税人可以通过对本企业投资和收益的控制充分地利用亏损弥补的规定，尽可能地将能够弥补的亏损弥补。

需要说明的是，税法所允许弥补的亏损是指按照税法对企业会计利润进行调整后的数据，而不是企业会计报表所表示的会计亏损；亏损弥补的时限是自亏损年度的下一个年度起，连续五年不间断地计算；对于连续几年发生亏损的，以后年度获得的利润，要遵循先亏先补的原则，从第一个亏损年度算起，按顺序连续计算亏损弥补期，不可以将每个亏损年度的连续弥补期相加，更不能间断开计算。

在实际生产经营中，有时企业相邻年度的盈利和亏损是可以进行调整的，这种调整就可以帮助企业对前期亏损实现充分弥补。当企业某年度发生了亏损，企业应尽可能使相邻的纳税年度获得较多的利润，即尽可能早地将亏损予以弥补；如果企业已经没有需要弥补的亏损或者企业在组建的初期，预计未来几年可能发生亏损的，应尽可能地先安排企业的亏损，然后再安排企业的盈利。基于此，在相关法律允许的范围之内，企业可以对收入、成本费用等进行合理安排，比如：通过与客户协商，将销售收入提前实现，成本费用推迟支付、入账，进一步提升企业利润以弥补即将到期的亏损。

案例 6－14 某生产企业自 2015 年起开始营业，经营期在 10 年以上。2015－2019 年的利润分布情况如下表所示。假设该公司 2020 年下半年预计全年税前利润为 30 万元。某企业各年利润分布如表 6－1 所示。

---

① 财税〔2018〕76 号规定：自 2018 年 1 月 1 日起，当年具备高新技术企业或科技型中小企业资格的企业，其具备资格年度之前 5 个年度发生的尚未弥补完的亏损，准予结转以后年度弥补，最长结转年限由 5 年延长至 10 年。

表 6－1　　企业年利润分布

年度	2015	2016	2017	2018	2019	合计
税前利润（万元）	－100	10	13	17	22	62

解析：方案一：该公司维持2020年的盈利不变。

则2020年应纳税所得额＝－100＋10＋13＋17＋22＋30＝－8（万元）

2015年仍有8万元亏损得不到弥补，且已超过五年弥补期。

方案二：该公司通过提前确认收入或延迟确认费用等方式，将2020年度的税前利润提高到38万元。第一，通过与客户协商，提前销售部分商品，将2021年的部分销售收入提前到2020年实现；第二，将部分可以在2020年支付，也可以在2021年支付的成本、费用推迟到2021年支付，并在2021年入账。

则2020年应纳税所得额＝－100＋10＋13＋17＋22＋38＝0（元）

2015年的亏损全部实现弥补。

（二）境外所得分回利润弥补亏损顺序选择

根据税法规定，企业取得已在境外缴纳所得税的应税所得，可以从其当期应纳税额中抵免，抵免限额为该项所得依照本法规定计算的应纳税额；超过抵免限额的部分，可以在以后五个年度内，用每年度抵免限额抵免当年应抵税额后的余额进行抵补。如果企业境内为亏损，境外盈利分别来自多个国家，则弥补境内亏损时，企业可以自行选择弥补境内亏损的境外所得来源国家（地区）顺序。

如果境内亏损，境外有两个以上国家盈利，且境内亏损小于境外各国盈利之和时，在用境外各国盈利弥补境内亏损时先后顺序不同则相应的应纳企业所得税税额可能会不同。一般来说，如果优先用来源国所得税率较高国家的所得来弥补，通常会导致最终多交税；如果优先用来源国所得税率较低国家的所得来弥补，通常会导致最终少交税；如果按比例分摊各国所得应弥补境内亏损的金额，通常交税额会介于上述两者之间。既然企业可自由选择弥补顺序，那么为了降低企业的税负，应当优先用所得税率较低国家的所得来弥补。

案例 6－15　北京市某居民企业2021年发生亏损，其应纳税所得额为－100万元，来自境外甲国分支机构实现盈利300万元，在甲国缴纳所得税款为90万元（税率30%）；乙国分支机构实现盈利200万元，在乙国缴纳所得税款为40万元（税率20%）。不考虑以前年度亏损，该企业采用分国不分项①计算抵免限额。

解析：根据税法相关规定，如果境内亏损小于境外盈利之和，即境外汇总的盈利在弥补境内亏损后还能有盈余，这种情况下就需要考虑弥补亏损的先后顺序。

方案一：甲国所得全部用来弥补境内亏损

弥补境内亏损后，甲国所得的应纳税所得额 = 300 - 100 = 200（万元），甲国所得的所得税抵免限额 = 200 × 25% = 50（万元），甲国所得在境外已经缴纳的所得税款90万元，本年可抵免的A国所得税款50万元。

乙国所得的应纳税所得额200万元，乙国所得的所得税抵免限额 = 200 × 25% = 50（万元），乙国所得在境外已经缴纳的所得税款40万元，本年可抵免的乙国所得税款40万元。

汇总抵免限额 50 + 40 = 90（万元）

实际缴纳企业所得税额 =（ - 100 + 300 + 200）× 25% - 90 = 10（万元）

方案二：乙国所得全部用来弥补境内亏损

弥补境内亏损后，乙国所得的应纳税所得额 = 200 - 100 = 100（万元），乙国所得的所得税抵免限额 = 100 × 25% = 25（万元），乙国所得在境外已经缴纳的所得税款40万元，本年可抵免的乙国所得税款25万元。

甲国所得的应纳税所得额300万元，甲国所得的所得税抵免限额 = 300 × 25% = 75（万元），甲国所得在境外已经缴纳的所得税款90万元，本年可抵免的甲国所得税款75万元。

汇总抵免限额 75 + 25 = 100（万元）

实际缴纳企业所得税额 =（ - 100 + 300 + 200）× 25% - 100 = 0（元）

方案一比方案二多缴纳10万元。由此可以得出，如果优先用来源国所得税率较高国家的所得来弥补境内亏损，通常会导致多交税。当然，如果企业采用不分国不分项计算抵免限额，结果与方案二一致。

总之，企业在境内外亏损弥补方面，应综合评估分析选择抵免限额计算方

① 根据财税〔2017〕84号规定，自2017年7月1日起，企业可以选择按“分国（地区）不分项”或者“不分国（地区）不分项”计算其来源于境外的应纳税所得额，并按照有关规定分别计算其可抵免境外所得税税额和抵免限额。上述方式一经选择，5年内不得改变。

法以及弥补亏损顺序，尤其是分国不分项情况下要优先选择低税率国家所得来弥补。同时，在境外交易可以进行国家间转移的情况下，应把所得尽量安排在税率比较低的国家，以取得最大抵免税额的税收利益。

四、合理确定对外国企业的持股比例

根据规定：企业在境外取得的股息所得，在按规定计算该企业境外股息所得的可抵免所得税额和抵免限额时，由该企业直接或者间接持有20%以上股份的外国企业，限于按照财税〔2009〕125号文件第六条规定的持股方式确定的五层外国企业，即：

第一层：企业直接持有20%以上股份的外国企业；

第二层至第五层：单一上一层外国企业直接持有20%以上股份，且由该企业直接持有或通过一个或多个符合财税〔2009〕125号文件第六条规定持股方式的外国企业间接持有总和达到20%以上股份的外国企业。因此，居民企业来源于境外的所得已在国外缴纳的所得税税款可以实行抵免的条件是居民企业必须直接持有或间接持有外国企业20%以上的股份，公司在确定对外国企业的投资金额时一定要考虑持股比例20%的限制。

案例6－16 居民企业A公司投资的持股比例及层级关系见图6－1。B1公司当年应纳税所得总额为1000万元，其中来自C1公司的投资收益为300万元，按10%缴纳C1公司所在国预提所得税额为30万元，当年在所在国按该国境外税收抵免规定计算后实际缴纳所在国所得税额为210万元，税后利润为760万元，全部分配。

要求：计算甲国B1及其下层各企业已纳税额中属于A公司可予抵免的间接负担税额。

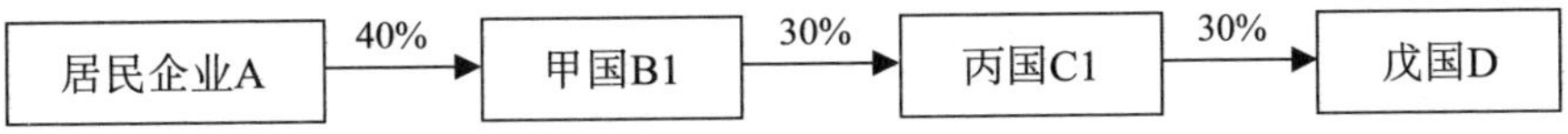

图6－1 层级关系

解析：根据上例中持股条件判断，C1不符合A公司的间接抵免条件，B1公司符合A公司的间接抵免持股条件。

1. 由于C1不符合A公司的间接抵免条件，因此不计算由A公司可予抵免的间接负担税额。

2. B1 公司符合 A 公司的间接抵免持股条件。则：

本层企业所得税后利润额 = 税前利润 - 实际缴纳所在国税额 - 缴纳预提税额 = 1000 - 210 - 30 = 760（万元）

本层企业向一家上一层企业分配的股息（红利） = 760 × 40% = 304（万元）

本层企业 B1 所纳税额属于由一家上一层企业 A 负担的税额 = 本层企业就利润和投资收益所实际缴纳的税额（210 + 30） + 符合规定的由本层企业间接负担的税额（0） × 本层企业向一家上一层企业分配的股息（红利）（304） ÷ 本层企业所得税后利润额（760） = （210 + 30 + 0） × （304 ÷ 760） = 96（万元）。

即：A 公司就从 B1 公司分得股息间接负担的可在我国应纳税额中抵免的税额为 96 万元。

五、合理利用税收优惠政策

根据《企业所得税法》的规定：符合条件的居民企业之间的股息、红利等权益性投资收益，以及在中国境内设立机构、场所的非居民企业从居民企业取得与该机构、场所有实际联系的股息、红利等权益性投资收益免税。其中：居民企业之间的股息、红利等权益性投资收益免税有两大条件：一是直接投资，二是不包括持有股份公司公开发行股票不足 12 个月的情形（非居民企业从居民企业取得的投资收益也有这一要求）。符合这两个条件的，不仅可以享受免税待遇，而且作为投资方的企业适用的企业所得税税率高于、等于或者低于被投资企业，都不需要考虑税率差因素，都不涉及投资利润分配的补税问题。

因此，利用这一税收政策，合理控制投资条件，满足权益性投资收益免税的相关条件是非常重要的。一方面，投资方应该合理控制持股时间，尽量满足这一税收优惠条件，确保投资收益所得符合免税条件，降低相关税负。另一方面，被投资方尽量选择税收洼地注册，即选择低税区进行投资。这样即使利润分配涉及税率差也无须补税，投资企业对投资分配中的产生的股息、红利回流就不会产生额外税负，最重要的是可以达到减轻整体税负的目的。

六、合理规避反避税条款

《个人所得税法》第八条第二款规定：“居民个人控制的，或者居民个人和居民企业共同控制的设立在实际税负明显偏低的国家（地区）的企业，无合理经营需要，对应当归属于居民个人的利润不作分配或者减少分配的，税务机关有权按照合理方法进行纳税调整。”

《企业所得税法》第四十五条规定：“由居民企业，或者由居民企业和中国居民控制的设立在实际税负明显低于本法第四条第一款规定税率水平的国家（地区）的企业，并非由于合理的经营需要而对利润不作分配或者减少分配的，上述利润中应归属于该居民企业的部分，应当计入该居民企业的当期收入。”

《企业所得税法实施条例》第一百一十七条规定：“企业所得税法第四十五条所称控制，包括：（一）居民企业或者中国居民直接或者间接单一持有外国企业10%以上有表决权股份，且由其共同持有该外国企业50%以上股份；（二）居民企业，或者居民企业和中国居民持股比例没有达到第（一）项规定的标准，但在股份、资金、经营、购销等方面对该外国企业构成实质控制。”

《企业所得税法实施条例》第一百一十八条规定：“企业所得税法第四十五条所称实际税负明显低于企业所得税法第四条第一款规定税率水平，是指低于企业所得税法第四条第一款规定税率的50%。”

上述税收法律规定构成了我国现行的受控外国公司法规。

根据上述税法规定，由我国居民公司（或居民）直接或者间接控制（共同持有50%以上股份，单一持有10%以上的有表决权股份；或者在股份、资金、经营、购销等其他方面有实质性控制）的设立在实际税负低于12.5%的国家和地区的受控外国公司，如果没有合理的经营需要而对利润不作分配或者减少分配的，上述利润中应归属于该居民公司的部分，应当计入该居民公司的当期收入，计征企业所得税。

可见，我国CFC法规中关于避税地的认定标准是，实际税率（而非名义税率）低于12.5%的国家或地区。据此，不征收所得税的巴哈马、百慕大群岛、开曼群岛，以及低税率且对控股公司的股息所得免税的瑞士等应属此列。但是近年来，我国相继与以上国家和地区签订了税收情报交换协定，如中国等67国共同签署BEPS多边公约，即《实施税收协定相关措施以防止税基侵蚀和利润转移（BEPS）的多边公约》；2019年4月18日与多个国家（地区）税务部门共同签署了《“一带一路”税收征管合作机制谅解备忘录》，等等。因此投资于上述国家或地区的公司应注意这些条款的限制。

本章小结

本章主要讲授公司利润分配概述、会计处理以及税收效应，根据利润分配环节相关税收政策，合理安排企业利润分配方案，尽可能降低相关税负，获取最大收益。

降低税负的利润分配策略包括利润分配时机选择、股利政策选择、亏损弥补策略、合理确定对外国企业的持股比例、合理利用税收优惠政策及规避反避税条款等。

关键术语

利润分配　股利政策　税收效应　重复征税　税额抵免　亏损弥补

延伸阅读

1. 于志坤．基于股利政策选择中的税收效应研究［D］．哈尔滨：东北林业大学，2012.

2. 卢月根，王春飞．股利税收效应与中小投资者保护［J］．税务研究，2012（11）．

3. 陈红娜．股息税的股利效应研究：来自上市公司的经验证据［J］．公共经济与政策研究，2016（下）．

4. http：//www.chinatax.gov.cn/chinatax/n810341/n810765/n4182981/201907/c5141470/content.html.

5. http：//www.chinatax.gov.cn/chinatax/n363/c20533134/content.html.

6. http：//www.chinatax.gov.cn/chinatax/n810341/n810825/c101434/c10859401/content.html.

思考题

1. 企业利润分配的顺序是什么？

2. 企业利润分配的基本原则是什么？

3. 股利收入如何进行纳税？

4. 重复征税产生的原因是什么?

5. 境外所得如何进行纳税?

6. 股利政策有哪几种方式?

7. 如何利用税收差异进行利润分配的规划?

案例分析题

1. 为避免对股利的重复征税，美国税法规定对已获股利实行税前扣除制度。已获股利扣除的数量取决于收到股利的公司持有发放股利的公司的股权比例。当持股比例低于20%时，已获股利扣除的数量是已获股利的70%；当持股比例介于20%~79.9%时，则已获股利扣除比例是80%；当持股比例是80%或更多时，已获股利扣除比例是100%，即完全不计列应税所得。若A公司持有B公司10%的股票，并从B公司取得1亿美元股利，在公司税率为35%的情况下，则:

(1) A公司取得股利的应税所得是多少?

(2) A公司的股利所得的实际税率是多少?

(3) A公司股东收到的股利被征过多少次税?

2. 我国居民企业C公司拥有甲国D公司19%的有表决权股份，2021年C公司有来源于国内的应税所得2000万元，收到D公司支付的净股息95万元。C公司适用我国企业所得税税率25%。D公司的所得税税率为20%。甲国适用的股息预提所得税税率为5%。要求:

(1) 计算C公司2021年度应向我国缴纳的企业所得税税额。

(2) 如何设计方案才能使公司享受到税收抵免? 享受到的抵免额是多少?

3. 某企业2021年度境内应纳税所得额为90万元，适用25%的企业所得税税率。另外，该企业分别在A、B两国设有分支机构（我国与A、B两国已经缔结避免双重征税的协定），A国分支机构的应纳税所得额为50万元，A国企业所得税税率为20%；B国分支机构的应纳税所得额为30万元，B国企业所得税税率为30%。假设该企业在A、B两国所得按我国税法计算的应纳税所得额和按A、B两国税法计算的应纳税所得额一致，两个分支机构在A、B两国分别缴纳了10万元和9万元的企业所得税。现有一笔所得10万元既可安排在A国分支机构取得，又可安排在B国分支机构取得，请问这笔所得在哪国取得才能获得最大的税收利益?

4. 某一集团公司有若干个下属子公司，其中预计子公司甲在2021年盈利1500万元，而子公司乙到上一年已3年累计亏损1800万元。集团公司经理层做了经营性调整，将甲公司的一个有年盈利600万元能力的生产流水线（正好是一个独立的车间）出租给乙公司，租赁期为3年，并向乙公司收取每年100万元的租赁费，预计乙公司当年可以扭亏为盈。甲、乙公司的所得税税率均为25%，暂不考虑乙公司原有项目的新增亏损和其他因素。试分析调整前后甲、乙公司的税负差异。

5. 某公司目前发行在外普通股1000万股，每股市价20元，30%的股东为个人股东（持股半年）。公司对于现有的6000万元可供分配的留存收益有如下两种方案可供选择：方案一、发放现金股利6000万元；方案二、发放股票股利，每10股发放3股，股票面值1元，共300万股，除权价为15.38元即20÷（1+30%）。

要求：请从个人股东角度对以上两个方案进行税务分析与决策。

综合阅读题

H家电公司（以下简称“H公司”）为港、澳、台商独资经营企业，H公司前身为一家批发站，后随着改革开放的不断放开，该批发站规模逐渐扩大。

H公司在上市前，通过一系列的股权重组，达到了香港联交所上市的要求，最终于2020年3月在香港联交所正式挂牌，当前该企业的股权结构为：董事主席甲为境内居民纳税人，在BVI注册成立了全资控股公司英属维尔京D投资发展公司，D公司持有开曼C投资控股公司24.59%的股权，C公司其余股东均为境外投资人。C公司在香港联交所上市，持有香港B投资控股公司100%股权，B公司持有H公司100%的股权，C公司公告中明确，上市公司所有的经营活动由H公司来执行。H公司2020年业绩为盈利，为保证投资者的信心，于2021年决定分红。该分红由H公司操作，对外支付分红2200万元人民币。

思考题

如果分红款由H公司汇往C公司，C公司按股权比例将款项分给甲在BVI的D公司，一直放在D公司账户上，D公司未再次分红给其个人。那么，税务机关能否要求甲就分红款缴纳个人所得税？现行税收政策对此有没有特别调整？

各特殊利益集团和政治家认为，利息支付所带来的税收扣除鼓励人们采取举债收购方式……为什么目标公司非要求助举债收购，而不能依靠自己举债或调整自身资本结构呢？原因在于，税收成本之外的非税成本使资本重组较之于其他税收替代手段更有效。

——诺贝尔经济学奖得主 迈伦·斯科尔斯（Myron Scholes）

第七章 税收与资本交易

- 资本交易分析
- 企业组织形式及性质改变的财税考量
- 债权债务重组的财税考量
- 股权转让与股权收购的财税考量
- 资产转让与资产收购的财税考量
- 企业合并的财税考量
- 企业分立的财税考量
- 资产划转的财税考量
- 企业迁址注销、合并注销与关闭注销的财税考量
- 资本交易财税决策的综合分析

学习提示

本章主要介绍资本交易的税收效应、不同企业重组形式的财税考量，以及资本交易中的税务策略。通过学习，读者应掌握企业组织形式及性质改变、债权债务重组、股权转让与收购、资产转让与收购、企业合并、企业分立、企业资产划转、企业迁址、企业注销等企业重组形式的税收处理方法，明确资本交易中税收所占据的重要地位，掌握资本交易的税务决策方法。

案例导入

奥维集团是某市的一家生产型的企业集团，由于近期生产经营效益不错，因该产业属于国家支持发展的产业，集团预测今后几年的市场需求还有进一步扩大的趋势，于是准备扩展生产能力。离奥维集团不远的A公司生产的产品正好是其生产所需的原料之一，A公司由于经营管理不善正处于严重的资不抵债状态，已经无力经营。经评估确认，资产总额为6000万元，负债总额为8000万元，但A公司的一条生产线性能良好，正是奥维集团生产原料所需的生产线，该生产线于2016年3月购入，其原值为2000万元（不动产1200万元、生产线800万元），评估值（不含增值税）为2600万元（不动产作价1600万元，生产线作价1000万元）。奥维集团与A公司双方协商，形成了关于资产重组的三种可行方案：

方案一：资产买卖行为

奥维集团拿现金2600万元直接购买不动产及生产线，应承担相关的税收负担为增值税、城市维护建设费、教育费附加及企业所得税，按照有关税收政策规定，A公司销售2016年4月30日前取得的不动产应按照5%的征收率（简易计税）缴纳增值税，生产线转让按13%的税率缴纳增值税，资产转让所得应按25%的税率缴纳企业所得税。

转让不动产需要缴纳的增值税：1600×5%＝80（万元）

转让生产线需要缴纳的增值税：1000×13%＝130（万元）

需要缴纳的附加税：（80＋130）×（7%＋3%＋2%）＝25.2（万元）

财产转让需要缴纳的企业所得税：（2600－2000－25.2）×25%＝143.7（万元）

税负总额＝80＋130＋25.2＋143.7＝378.9（万元）。

该方案对于奥维集团来说，虽然不需购买其他没有利用价值的资产，更不要承担巨额债务，但在较短的时间内要筹措到2600万元的现金，负担较大。

方案二：承债式整体并购

奥维集团以吸收合并的方式合并A公司，A公司将其全部资产和负债转让给奥维集团，并取得奥维集团的股权和非股权支付。

该方案相关的税收政策如下：

国家税务总局公告2011年第13号《国家税务总局关于纳税人资产重组有关增值税问题的公告》规定：纳税人在资产重组过程中，通过合并、分立、出售、置换等方式，将全部或者部分实物资产以及与其相关联的债权、负债和劳动力一并转让给其他单位和个人，不属于增值税的征税范围，其中涉及的货物转让，不征收增值税。

根据《财政部、国家税务总局关于全面推开营业税改征增值税试点的通知》（财税〔2016〕36号）的规定，企业在资产重组过程中，通过合并、分立、出售、置换等方式，将全部或者部分实物资产以及与其相关联的债权、负债和劳动力一并转让给其他单位和个人，其中涉及的不动产、土地使用权转让行为，不征收增值税。

A公司被奥维集团合并，如果符合特殊性税务处理条件（详见财税〔2009〕59号文第五条），A公司转让资产的行为可以不确认所得和缴纳企业所得税。但是，这从经济核算的角度讲没有必要，因为A公司的资产总额为6000万元，负债总额为8000万元，已严重资不抵债，奥维集团将承担大量的不必要债务，对以后的集团运作不利。

方案三：产权交易行为

A公司先将原料生产线重新包装成一个全资子公司，资产为生产线，负债为2600万元，净资产为0，即先分设出一个独立的B公司，然后再实现奥维集团对B公司的并购，将资产买卖行为转变为企业产权交易行为。同方案二，A公司产权交易行为不缴纳增值税。对于企业所得税，当从A公司分设出B公司时，被分设企业应视为按公允价值转让其被分离出去的部分或全部资产，计算被分设资产的财产转让所得，依法缴纳企业所得税：A公司分设B公司后，A公司应按公允价值2600万元确认生产线的财产转让所得600万元，计税150万元。

B公司被奥维集团合并，根据企业合并有关税收政策，被合并企业应视为按公允价值转让、处置全部资产，计算资产转让所得，缴纳企业所得税。由于B

公司转让所得为0，所以不缴纳企业所得税。

需要注意的是，如果A公司分立出的B公司符合特殊性税务处理条件，则A公司转让资产的行为可以不确认所得及缴纳企业所得税。如果B公司被奥维集团合并时也符合特殊性税务处理条件，B公司转让资产的行为也可以不确认所得及缴纳企业所得税。也就是说，在整个过程中，A公司和B公司均无须对产权交易缴纳企业所得税。

综上所述，方案三的效果最好，一是避免了支付大量现金，解决了在短期内筹备大量现金的难题；二是B公司只承担A公司的一部分债务，资产与债务基本相等；三是奥维集团在资产重组过程中所获取的利益最大，既购买了自己需要的生产线，又未购买其他无用资产，增加了产权交易的可行性。

对于奥维集团来说，把资产转让转化成为产权交易，巧妙地降低了企业税负。值得注意的是，该方案有以下两个关键点：（1）债权转让行为的可行性。要避免债权人或其他利益相关者怀疑企业分立行为含有逃废债务的目的而不予配合。（2）企业分立中会涉及税收负担，税收负担最终应由哪方承担，在操作时要考虑通过价格转嫁税负。

第一节　资本交易分析

一、资本交易概念

自19世纪以来以美国为代表的西方国家先后已经历资本并购重组交易的五次浪潮，自20世纪70年代末以来我国企业重组也经历“放权让利”“明晰产权”“结构调整”三个阶段。正是这些资本交易促进了社会资源的优化配置，加快了全社会产业升级换代。可以说资本交易是经济高速发展的“催化剂”，也是经济高速发展的重要特征。美国著名经济学家、诺贝尔经济学奖获得者乔治．施蒂格勒讲：“没有一个美国的大公司不是通过某种程度、某种方式的并购而成长起来的，几乎没有一家大公司是靠内部扩张成长起来的。”

资本交易是对企业拥有的或可控的资产、负债、权益、人力、业务等要素进行重新组合。

二、资本交易的动机

资本交易的动机总体可以概括为实现资源的优化配置。在具有中国特色的社会主义市场经济中，一直以来是国有企业占据经济的主导地位，也是国家经济支柱，国有企业自然成为资本交易主战场，所以我们研究资本交易也必须以中国特色社会主义经济为基础。因此在我国促进资本交易的推手可以概括为：一个是市场，一个是政府。

市场是以提高资源使用效率为目标的，政府除了促进提高资源使用效率外还会考虑促进资源配置的社会公平性、均衡性、国际战略性等。在我国研究与应用资本交易，必须要研究国家产业政策（如 2009 年十大产业振兴规划、中国工业经济 4.0），否则将成为无源之水，无本之木。

企业资本交易的形式多种多样，如资产重组、债务重组、股权重组、资产租赁、公司制改造、股权托管与远期转让、经营权托管、法律组成形式变化、跨境产业分布等。我们从企业微观经济角度可以将资本交易动机分为以下几类：一是以扩张为动机的资本交易，主要包含合并、收购、股权托管与远期转让等；二是以收缩为动机的资本交易，主要包含分立、资产剥离、经营托管等；三是以重整为动机的资本交易，主要包含企业改制、管理层收购、法律形式改变等；四是以促成债权实现、阻止或减低债权人损失为动机的债务重组，主要包含债务打折、债权转股权、非货币资产偿债等；五是以比较优势理论和国际分工理论为基础的全球资源配置；六是以利用国家优惠政策为动机的国家政策驱动型交易，主要包括国家产业政策规划与调整。

三、资本交易的财税处理

资本交易的对象通常不是企业单一的资产、负债、权益，至少包括企业的一个及一个以上的资产或负债组；一般的情形还包括企业的业务、人员，商标、著作权、专有技术、特许经营权、流转土地等特定无形资产，这些交易对象有的可以货币计量，有的则无法货币计量。另外，资本交易还突出表现出以下两个特点，一是非货币交易量远大于货币交易量，二是集团内（同一控制下）的资本交易量巨大。资本交易的以上特点为我们带来会计核算、财务管控、税收征纳三方面的重大问题。

会计核算上我们要充分考虑资本交易的双方或多方是否为同一控制，同一控制下的资本交易通常使用“账面价值法”对交易后资产、负债、权益进行计量；非同一控制下的资本交易通常使用“公允价值法”对交易后资产、负债、权益进行计量。

财务管控上我们要充分考虑交易对象如何准确计价，交易成本（包括税收成本）、交易对价中货币与非货币组成、交易对价资金时间价值、交易机会成本、交易中非财税事项的影响等。

相较于一般经济交易，资本交易具有大宗交易和非货币交易特点。由于是大宗交易，它的计价相较于一般交易可以偏高或偏低；由于是以非货币交易为主导，则缺乏支付税金的货币，如何处理好这两大问题就成为资本交易的税收征纳焦点。正是在这种情况下，国际上形成了以美国为主导的并购重组税制，我国也从20世纪90年代以来逐步以财税〔2009〕59号《企业重组业务企业所得税处理若干问题的通知》和财税〔2016〕36号《关于全面推开营业税改征增税试点的通知》为主线的并购重组税收政策。这也是本章研究与学习的重点。

（一）美国资本重组与收购税制情况

美国自1918年开始在联邦税制中制定了免税并购条款，《美国国内收入法典》（以下简称《法典》）将并购重组交易分为应税交易和免税交易两大类。基本原则是：资产（目标方股东所持有的股权或目标公司自身的资产）的处置导致所处置部分应税收入的变现和纳税义务的立即确认。因此，企业的并购重组实质上是将企业的资产或其股东所持有的股权进行处置，是应税行为，免税重组只有在符合以下三个条件下作为例外情况存在。

（1）实现原则。收购方在对目标企业或其股东的补偿支付中如果主要采用股权支付手段，目标企业出售的资产或目标企业的股东所持有的股权所实现的利得或损失将保留在其收到的股权中，因而认为在交易未实现当期不予确认。

当目标企业或其股东处置这笔交易中得到的股权时，交易当期未予确认的利得或损失将最终实现，并按当时的税率计算纳税。实现原则说明美国并购税制中的“免税”实际上是一种所得税的纳税递延。

（2）经营目的原则。即并购的最初目的是为了交易各方业务并不是为了避税。

（3）经济合理原则，也叫实质重于形式原则。即并购业务必须有合理的商业目的或经营目的，必须保持股东权益的连续性（要求目标公司的股东能够收到收购公司的足够股权，而且目标公司的股东必须在合并后的公司中拥有实质性的股权权益），必须保持企业经营的连续性（要求收购公司或者待收购目标公司的历史经营业务或者使公司的大部分历史经营业务延续），才能适用免税并购的规定。

综上我们可以发现，美国资本交易免税（递延税收）是对持续经营下重组的鼓励。

（二）我国并购重组税制情况

我国资本的并购重组，主要涉及税种有企业所得税、增值税、土地增值税、契税等。

1. 企业所得税相关规定

（1）《中华人民共和国企业所得税法实施条例》（以下简称《企业所得税法实施条例》）第七十五条规定：“除国务院财政、税务主管部门另有规定外，企业在重组过程中，应当在交易发生时确认有关的转让所得或者损失，相关资产应当按照交易价格重新确定计税基础。”

（2）财政部、国家税务总局《企业重组业务企业所得税处理若干问题的通知》（财税〔2009〕59号）最核心的内容，就是将重组区分为“普通重组”和“特殊重组”，即所得税递延处理。

财税〔2009〕59号文第五条对适用特殊性税务处理规定必须同时满足以下五个条件：

（1）具有合理的商业目的，且不以减少、免除或推迟缴纳税款为主要目的。

（2）被收购、合并或分立部分的资产或股权比例符合本通知规定的比例。现行规定比例为不低于50%。

（3）企业重组后的连续12个月内不改变重组资产原来的实质性经营活动。

（4）重组交易对价中涉及股权支付金额符合本通知规定的比例。现行规定比例为不低于85%。

（5）企业重组中取得股权支付的原主要股东，在重组后连续12个月内，不得转让所取得的股权。

我国这五个限定条件与美国并购重组税制中三大原则具有基本的对应性，这也是我国并购重组税收政策对发达国家税制的借鉴和参考。

2. 增值税的相关规定

（1）国家税务总局公告2011年第13号《国家税务总局关于纳税人资产重组有关增值税问题的公告》规定：

纳税人在资产重组过程中，通过合并、分立、出售、置换等方式，将全部或 者部分实物资产以及与其相关联的债权、负债和劳动力一并转让给其他单位和个 人，不属于增值税的征税范围，其中涉及的货物转让，不征收增值税。

（2）财税〔2016〕36号《财政部 国家税务总局关于全面推开 营业税改征增值税试点的通知》（节选）

一、营改增试点期间，试点纳税人［指按照《营业税改征增值税试点实施办法》（以下称《试点实施办法》）缴纳增值税的纳税人］有关政策：

（二）不征收增值税项目。

1. 根据国家指令无偿提供的铁路运输服务、航空运输服务，属于《试点实施办法》第十四条规定的用于公益事业的服务。

2. 存款利息。

3. 被保险人获得的保险赔付。

4. 房地产主管部门或者其指定机构、公积金管理中心、开发企业以及物业管理单位代收的住宅专项维修资金。

5. 在资产重组过程中，通过合并、分立、出售、置换等方式，将全部或者部分实物资产以及与其相关联的债权、负债和劳动力一并转让给其他单位和个人，其中涉及的不动产、土地使用权转让行为。

3. 契税方面的规定

财税〔2018〕17号《财政部 税务总局关于继续支持企业、事业单位改制重组有关契税政策的通知》中规定："企业改制、事业单位改制、公司合并、企业破产、资产划转、债权转股权、公司股权（股份）转让符合一定条件不征收契税。"主要的条件，如原投资主体存续，在改制后公司中的股权比超75%、50%；债权人承受破产企业土地、房屋，非债权承受破产企业土地、房屋且安置全部员工；同一投资主体内土地、房屋权属划转等。

4. 土地增值税相关规定

财税〔2018〕57号《财政部 税务总局关于继续实施企业改制重组 有关土

地增值税政策的通知》规定："对非房地产业在不改变原投资主体的原则下，企业整体改制、公司合并、公司分立、房地产投资入股暂免土地增值税。"

以上税收规定形成了我国较完备的资本交易税收体系，我们深入分析各个税种的规定可以得出它们有一个共同的遵循，那就是免税（税收递延）是特别规定，必须满足相关特别条件，征税是基本原则。另外纳税人对税收规定的免税（税收递延）具有选择权。

四、资本交易的效果分析

1. 资本交易的宏观影响效果分析

（1）从经济学的角度，我们可发现资本交易是一个稀缺资源的优化配置，可提高社会资源使用效率，可创造更多的就业机会和财富提升。

（2）从国家对产业战略布局的角度，在国有经济占主导和控制地位的中国特色社会主义市场经济下，国家可以通过产业政策促进资本交易的实施。

2. 资本交易的微观影响效果分析

（1）资本交易可以改善交易各方的资产负债结构，可以提升资产负债产出效率，改变企业产业方向。

（2）资本交易通常会带来企业的法律结构变化，如注册地变化，纳税主体、纳税地变化，控股权变化等。

（3）资本交易通常也会引起企业会计核算、财务管理的重大变化，如投资的核算方法变化，报表合并结构变化，投资控制关系变化，投资产业方向变化，融资方式变化等。

第二节　企业组织形式及性质改变的财税考量

企业组织形式是指企业存在的形态和类型，主要有个人独资企业、合伙企业、公司制企业、个体工商户等几种形式。无论企业采用何种组织形式，都应具有两种基本的经济权利，即所有权和经营权，它们是企业从事经济运作和财务运作的基础。企业采用何种组织形式，对企业财务管理工作有重大的影响。

根据《财政部 国家税务总局关于企业重组业务企业所得税处理若干问题的

通知》（财税〔2009〕59 号），企业重组包括企业法律形式改变，是指企业注册名称、住所以及企业组织形式等的简单改变。如企业由法人（即公司制企业）转变为个人独资企业、合伙企业等非法人组织，应视同企业进行清算、分配，股东重新投资成立新企业，适用一般性税务处理，企业的全部资产以及股东投资的计税基础均应以公允价值为基础确定，按照《财政部 国家税务总局关于企业清算业务企业所得税处理若干问题的通知》（财税〔2009〕60 号）规定进行清算。

企业发生其他法律形式简单改变的，可直接变更税务登记，除另有规定外，有关企业所得税纳税事项（包括亏损结转、税收优惠等权益和义务）由变更后企业承继，但因住所发生变化而不符合税收优惠条件的除外。

一、子公司与分公司转换的财税考量

（一）子公司与分公司的优缺点分析

（1）子公司是独立纳税人。子公司是对应母公司而言的，是指被另一家公司（母公司）有效控制的下属公司或者是母公司直接或间接控制的一系列公司中的一家公司。子公司是一个独立企业，具有独立的法人资格。

子公司因其具有独立法人资格，而被设立的所在国视为居民企业，通常要履行与该国其他居民企业一样的全面纳税义务，同时也能享受所在国为新设公司提供的免税期或其他税收优惠政策。但建立子公司一般需要复杂的手续，财务制度较为严格，必须独立开设账簿，并需要复杂的审计和证明，经营亏损不能冲抵母公司利润，与母公司的交易往往是税务机关反避税审查的重点内容。

（2）分公司不是独立纳税人。分公司是指公司独立核算的、进行全部或部分经营业务的分支机构，如分厂、分店等。分公司是企业的组成部分，不具有独立的法人资格。法人所得税制要求总、分公司汇总计算缴纳企业所得税。因此，设立分支机构，使其不具有法人资格，就可由总公司汇总缴纳所得税。这样可以实现总、分公司之间盈亏互抵，合理减轻税收负担。

（二）子公司与分公司的选择

增值税角度：子公司为增值税独立纳税义务人，与母公司之间的增值税不能互抵；分公司如经批准与总机构汇总纳税，则可以与总公司之间的增值税互抵，否则，按照增值税独立纳税义务人交税。

企业所得税应从以下几个方面综合考虑：①子公司可以单独作为高新技术

企业享受低税率优惠；②子公司可以单独享受小型微利企业税收优惠；③子公司与分公司均可享受西部大开发税收优惠；④分公司可以与总公司汇总纳税，实现盈亏互抵，子公司则单独纳税。

综上所述，在确定设立子公司还是分公司时，可以结合上述几项税收差异因素进行考量。

（三）子公司与分公司的转换

子公司转换为分公司，属于由法人转换为非法人形式，适用一般税务处理，子公司按照清算处理，分公司按照新设处理。

分公司转换为子公司，属于企业分立，具体参照本章第七节进行税务处理。

二、个人独资企业、合伙企业与公司制企业转换的财税考量

1. 个人独资企业、合伙企业、公司制企业的优缺点分析

个人独资企业，是指依法在中国境内设立，由一个自然人投资，财产为投资人个人所有，投资人以其个人财产对企业债务承担无限责任的经营实体。个人独资企业属于非法人主体，有经营收益独享、组织结构简单、完全控制和低税收的优点。因为企业的收益纳入个人所得税核算，避免了双重征税。缺点在于，出资人个人承担损失，对企业债务承担无限责任，投资能力有限等。

合伙企业是指自然人、法人和其他组织依法在中国境内设立的普通合伙企业、特殊普通合伙企业和有限合伙企业，由两个以上合伙人订立合伙协议，共同出资、合伙经营、共享收益、共担风险。其中，普通合伙企业由普通合伙人组成，普通合伙人对合伙企业债务承担无限连带责任；特殊普通合伙企业，以专业知识和专门技能提供服务，各合伙人对合伙债务承担连带责任仅限于合伙人本人业务范围及过错；有限合伙企业由普通合伙人和有限合伙人组成，普通合伙人对合伙企业债务承担无限连带责任，有限合伙人以其认缴的出资额为限对合伙企业债务承担责任。合伙制企业的优点有：投资能力较个人独资企业强；亏损由合伙人共同承担等。缺点有：控制权分散，普通合伙人对合伙企业债务承担无限连带责任。

公司制企业是最主要的企业组织形式，公司是独立承担民事责任的企业法人。它的主要优点有：投资只以出资额为限承担偿债责任，损失可预见；融资能力强，可增资扩股、可上市股权融资，可银行贷款、可向其他企业借欠款、可向个人借欠款等债权融资；股权容易转让，可在原股东间转让，可向非原股

东转让；股东可以很多，有利于风险的分散。缺点有：公司的营运费用高；财务信息公开，尤其是上市公司，需接受较严格的监督；所有权与经营权分离，有可能产生代理人舞弊、不完全尽职称职等问题；税收负担较重，存在重复征税问题，具体是对自然人股东将面临企业所得税后分利的个人所得税，对非居民法人股东将面临企业所得税后分利的预提所得税。

2. 个人独资企业、合伙制企业、公司制企业的选择

基于上述分析，在确定企业组织形式时，应综合参照前述不同类型的优缺点，同时参照以下差异进行抉择：

（1）若投资人为自然人，若成立个人独资企业与合伙制企业，只需缴纳个人所得税，不涉及企业所得税，不存在所得税重复征税问题；同时，个人独资企业、合伙制企业的生产经营所得一般比照个体工商户的生产、经营所得征收个人所得税（5% ~35%税率），部分税收洼地还可以享受核定征收等低税率政策。成立公司制企业自然人投资者在公司缴纳25%的企业所得税的基础上，取得分红时尚需缴纳20%个人所得税。故自然人作为直接投资者的情形下，个人独资企业、合伙制企业税负更低。

（2）若投资人为法人企业，则在合伙制企业与公司制企业的选择上，还存在以下差异：法人企业取得被投资的合伙制企业的利润需要缴纳企业所得税，而取得的被投资的境内公司制企业的分红可享受免税政策，避免重复交税。

3. 个人独资企业、合伙制企业、公司制企业的转换

公司制企业转换为个人独资企业、合伙制企业，属于由法人转换为非法人形式，适用一般税务处理，公司制企业按照清算处理，个人独资企业或合伙制企业按照新设处理。

三、个体工商户与公司制企业转换的财税考量

（1）个体工商户与公司制企业的优缺点分析。个体工商户，是指有经营能力的公民，依照《个体工商户条例》规定经市场监督管理部门登记，从事工商业经营的主体。个体工商户只能由自然人设立，法人无法设立。个体工商户不具备法人资格，以个人或家庭财产承担无限责任。但个体工商户注册，手续简化、流程简便；个体工商户税收，只需缴纳个人所得税，避免双重征税。同时，个体工商户一般还可以享受个税核定征收，使实际所得税税负较低。

公司制企业可以由自然人投资，也可以由法人投资设立。如前述分析，若由自然人出资，个体工商户税负可能低于公司制企业；若由居民法人出资，公司制企业的实际税负可能更低，因暂不涉及重复征税。

（2）个体工商户与公司制企业的选择。个体工商户与公司制企业相比，税负相对较低，但由于个体工商户需以个人或家庭财产承担无限责任，而公司制企业以企业财产承担有限责任，选择时可根据企业税负测算及风险概率进行综合研判。

（3）个体工商户与公司制企业的转换考量。公司制企业转换为个体工商户，属于由法人转换为非法人形式，适用一般税务处理，公司制企业按照清算处理，个体工商户按照新设处理；个体工商户转换为公司制，仍需注销个体工商户，新注册公司制企业。

四、企业改组的其他税收事宜

对于企业注册名称、住所的改变，企业应当变更税务登记；涉及改变税务登记机关的，企业应向原税务登记机关申报办理注销税务登记，并自注销税务登记之日起30日内向迁往地税务机关申报办理税务登记。由于经营存续，企业原本的增值税纳税事项由变更后的企业承继；变更前未履行的各税种纳税义务需在变更前履行。

如果企业的组织形式发生改变，根据《财政部、国家税务总局关于增值税若干政策的通知》（财税〔2005〕165号）规定，一般纳税人注销，其存货不作进项税额转出处理，其留抵税额也不予以退税。同时，按照《中华人民共和国公司法》的规定，企业清算时要进行财产的清理、债务的清偿和剩余财产的分配等，因此，企业的存货、固定资产等在出售、抵债或分配给投资者时应依法

计算缴纳增值税。

第三节 债权债务重组的财税考量

本节的债权债务重组是指财政部于2019年5月16日修订印发的《企业会计准则第12号——债务重组》（财会〔2019〕9号）。债权债务重组涉及债权人和债务人，对债权人而言为“债权重组”，对债务人而言为“债务重组”，这里统称为“债权债务重组”。

债权债务重组，是指在不改变交易对手方的情况下，经债权人和债务人协定或法院裁定，就清偿债务的时间、金额或方式等重新达成协议的交易。

新准则中的债权债务重组，不强调在债务人发生财务困难的背景下进行，也无论债权人是否做出让步，只要债权人和债务人就债务条款重新达成了协议，就符合债务重组的定义。与同样具有消灭债权债务关系的破产程序相比，债权债务重组法律干预程度低，主要体现为债权债务双方当事人之间协定的过程，与破产程序的程序法定及司法主导有着明显的不同。

一、债权债务重组的经济动机

随着世界经济的快速发展，经济全球化程度不断加深，公司面临着更多的挑战和机遇。经济全球化能够让公司获得更大的发展空间，也会因此面临更激烈的市场竞争，面临来自市场的各种威胁与挑战。随着我国社会经济发展进入新常态，我国很多公司尤其是大型公司在经营过程中出现了各种问题。比如，企业因外部因素更迭，自身未能及时跟上时代变化而破产；由于企业决策层对企业的负债规模、融资渠道等方面的选择不甚合理，以及对筹措资金的使用不当，使企业的负债杠杆过高，一旦出现资金断裂而无法偿还到期债务时，企业就会面临破产倒闭的风险；内部财务监督体系的不完备不健全使企业陷入困局等。企业为了能在激烈的市场竞争中持续生存，就需要运用各种重组工具对企业进行债权债务重组，使企业能在持续生存中实现长足发展。公司进行债权债务重组主要有以下经济动机：

（一）提升企业的经营管理能力

债权债务重组能够使企业快速恢复经营管理能力。企业陷入债务危机需要进行债务重组时，大部分企业都会借助外力，通过引入战略投资人的方式，在投资人为其带来资金的同时，还会注入先进的管理经验。企业遭受财务困境往往是由于企业管理层的决策失误，为了避免企业再次陷入债务危机，债务人在重组企业时通常会对企业的治理结构进行调整。

（1）促进用人机制的优化改善。企业管理层所设置的用人机制，对一个企业的整体生产经营具有重要的作用，一套能与市场接轨、具有正向激励的用人机制，能为一个企业带来源源不断的发展动能，并能最大限度激发人的活力，最大限度提升企业经营管理质效。

（2）促进产业结构的转型升级。在债权债务重组中，要想企业摆脱困境、可持续发展，产业结构的升级改造尤其是传统行业企业，落后的生产工艺、生产技术、经营方式、产业布局等，很难适应新的技术、新的经营、新的市场；企业可以通过债权债务重组，引入战略投资人学习借鉴先进管理经验，改变业务模式及运营方向，以此来创新企业的经营管理模式，提升技术、提升管理、提升市场竞争力。

（二）提升企业的盈利能力

为了防止企业破产倒闭，大多数企业会通过债权债务重组来降低企业杠杆率，盘活现有资产，恢复企业的盈利能力，使企业起死回生。企业盈利能力的提升包括在债权债务重组中通过对产业、技术、管理能力的改善而提高的收益，还包括通过处置资产所获得的收益。企业盈利能力得到提升还可促进企业的现金流正循环，从而有利于从根本上扭转企业困局。

（三）激活并增强企业流动性

流动性是企业的命脉，保持较强的流动性是企业正常运营中的基本财务要求；这里的流动性不仅指现金流，还指企业其他流动资产及流动负债。企业的流动性与企业的支付能力和偿债能力关系密切，即企业能够按时按量履行其对职工、债权人、交易方等的支付义务，且其清偿债务能力始终大于支付能力时，则企业的流动性较强。

在债权债务重组过程中，企业可以通过拍卖、出售资产来获得相应的对价，也可通过战略投资人的注资、向银行贷款等方式获得充裕的资金；还可以通过债转股、债务豁免等减少流动负债的方式，增强企业的偿债能力。通过债权债务重组，使企业在短时间内不仅解决了债务负担，还扩大了融资渠道，获得维持正常生产经营的流动性。

（四）提高公司质量以降低证券市场风险

部分公司因为体制或历史遗留问题，在上市之初就有这样那样的包袱；还有些公司上市后因为各种原因出现亏损，影响其在证券市场的发展。公司可通过债权债务重组，对股权结构、资产结构、产业结构等进行一系列调整，清理不良资产和债务，置入优良资产，提高公司资产质量，化解证券市场风险。

二、债权债务重组的方式

债权债务重组的方式主要包括：债务人以资产清偿债务、将债务转为权益工具、修改其他条款，以及前述两种以上方式的组合。这些债权债务重组方式都是通过债权人和债务人重新协定或者法院裁定达成的，与原来约定的偿债方式不同。

（一）债务人以资产清偿债务

债务人以资产清偿债务，是债务人转让其资产给债权人以清偿债务的一种债权债务重组方式。债务人用于偿债的资产通常是已经在资产负债表中确认的资产，也可能以不符合资产确认条件而未予确认的资产。例如，债务人以未确认的内部创立品牌清偿债务，还可能以处置组（即一组资产和与这些资产直接相关的负债）清偿债务。

（二）债务人将债务转为权益工具

债务人将债务转为权益工具，是债务人将其所承担的债务转为权益工具以清偿债务的一种债权债务重组方式，这里的权益工具在会计处理上体现为股本、实收资本、资本公积等科目。

（三）修改其他条款

修改债权和债务的其他条款，如调整债务本金、改变债务利息、变更还款期限等。经修改其他条款的债权和债务分别形成重组债权和重组债务。

（四）组合方式

组合方式，是采用债务人以资产清偿债务、债务人将债务转为权益工具、修改其他条款三种方式中两种以上方式的组合清偿债务的债权债务重组方式。例如，债权人和债务人约定，由债务人以机器设备清偿部分债务，将另一部分债务转为权益工具，调减剩余债务的利率，本金和还款期限不变，等等。实务中多以组合方式进行债权债务重组。

三、债权债务重组方式选择的财税考量

债权债务重组方式的选择涉及很多因素，企业应根据自身特点，选择其中一种方式或者混合运用，达到债权债务重组的目的，使企业能在激烈的市场竞争中持续生存下去。

（一）债权债务重组方式选择的财务考量

不同的债权债务重组方式，对重组双方财务管理和财务目标的影响也不同。具体体现在以下几个方面。

1. 对债务人财务影响的考量

（1）可以盘活闲置资产。对于债务人来说，用非现金资产通过债权债务重组的方式抵偿债务，不仅可以用自身的闲置资产来解决债务问题，使这部分闲置资产被充分盘活，利用效率也得到提升。

（2）降低资产负债率。通过债务转化为权益工具，不仅减少了企业资金的调度成本，推迟了企业现金流出时间，增强了企业现金流的充裕度，还改善了企业的资产负债结构。

（3）降低负债成本以减轻企业财务负担。企业可以通过修改债务的其他条款来实现债权债务重组，比如减少债务本金或者利息。通过债务条件的改变，可以减少企业未来的经济负担，降低资产使用成本，提升企业营利能力，让企业能够获得更多的发展空间。

2. 对债权人财务影响的考量

（1）导致债权人资产减少而带来损失。债务人可选择以自有资产或修改债务条件的重组方式清偿债务，无论选取何种重组方式，只要受让的资产公允价值小于重组债权账面价值，就需要按照新会计准则规定的方法明确所形成的债权债务重组损失，并把此损失计入当期损益之中。由此可见，在债权债务重组中，会给债权人带来损失。

（2）盘活呆滞资产以加速资产周转。通过债权债务重组，能够优化公司的债权债务结构，提升公司的偿债能力，同时还能够实现资金的有效增值和保值。

公司应收账款从性质上看属于流动资产，如果应收账款长久不能收回，就会变成呆滞资产，此类资产数量越多，资产周转率越低，就越影响公司的营利能力和偿债能力。债权债务重组能够有效解决应收账款呆滞的现象，加速资产周转。

（3）可以避免部分坏账损失并避免损失扩大。债权人的应收账款如果被拖欠过多，久久得不到偿还，表面上看似债权人没有损失，实际上已经存在着潜在亏损，而且还有损失进一步扩大的风险。因为这部分应收账款并没有实现现金流入，而且可能只能流入部份或全部不能流入。通过债权债务重组，债权人可以回收一定量的货币资金，或者回收一定的非货币资产，这些资金或资产能够减少债权人的经济负担，使债权人的债权能够得到部分实现，从而消除部分潜在亏损。

（二）债权债务重组方式选择的税务考量

债权债务重组是企业常用的清理企业债务或调整企业结构的方式。企业之间进行债权债务重组，往往会受到企业所得税、增值税等诸多税收因素的影响。如何有效降低重组过程中的税收成本，规避潜在的税收风险，如何适用与债权债务重组有关的税收优惠政策等，这些都是重组双方选择债权债务重组方式必须要考虑的因素。

1. 债务人以资产清偿债务

债务人用于清偿债务的资产通常是已在资产负债表中确认的资产，债务人通过支付货物、投资性房地产、固定资产、在建工程、无形资产等非货币性资产的方式清偿对债权人的债务，涉及企业所得税和增值税。

（1）企业所得税的考量。《关于企业重组业务企业所得税处理若干问题的通知》（财税〔2009〕59 号）规定，以非货币资产清偿债务应当分解为转让相关非货币性资产和按非货币性资产公允价值清偿债务两项业务，确认相关资产的所得或损失；还规定企业重组同时符合下列五个条件，可以选择适用特殊性税务处理，即：企业债权债务重组确认的应纳税所得额占该企业当年应纳税所得额 50% 以上，可以在 5 个纳税年度的期间内，均匀计入各年度的应纳税所得额。

① 具有合理的商业目的，且不以减少、免除或者推迟缴纳税款为主要目的。

② 被收购、合并或分立部分的资产或股权比例符合本通知规定的比例。

③ 企业重组后的连续 12 个月内不改变重组资产原来的实质性经营活动。

④ 重组交易对价中涉及股权支付金额符合本通知规定比例。

⑤ 企业重组中取得股权支付的原主要股东，在重组后连续 12 个月内，不得

转让所取得的股权。

根据上述规定，债务人以非货币资产清偿债务，一是要确认转让相关非货币性资产的损益，即将转让的非货币资产的公允价值与其账面价值之间的差额计入当期损益；二是要确认按非货币性资产公允价值清偿债务的损益，即将所清偿债务的账面价值与转让的非货币资产的公允价值之间的差额确认为债务重组利得，计入当期损益。如果在以非货币资产清偿债务的过程中产生了增值税纳税义务，那么债务重组利得应为转让非货币资产的公允价值和该增值税销项税额与所清偿债务账面价值的差额。债权人应当对受让的非货币资产按其放弃债权的公允价值，以及使该资产达到当前位置和状态所发生的可直接归属于该资产的税金、运输费、装卸费、保险费等其他成本，来确认受让资产的价值。放弃债权的公允价值与账面价值之间的差额记入投资收益。

债务人确认的债务重组利得需要缴纳企业所得税，如果债权债务重组当年确认的债务重组利得很大，应缴纳的企业所得税也会很多，势必让债务人承受较重的税收负担，若债权债务重组能满足以上五个条件，债务人就可以选择适用特殊性税务处理，即在 5 个纳税年度内，将债务重组利得平均计入各年度的应纳税所得额，从而减轻债务重组当年的税收负担。

债权人确认的债务重组损失可以在企业所得税前扣除，但需要债权人将与债务重组损失相关的资料，包括合同协议、支出依据、付款凭证等留存备查，以证实税前扣除凭证的真实性。

（2）增值税的考量。债务人以非货币性资产偿还债务，不仅要按规定确认债务重组利得，计算企业所得税，还要按规定视同销售计算增值税及附加税费，增加了税收负担，但此种方案在一定程度上也缓解了债务人的现金偿还压力。另外，抵债资产的公允价值如何确定存在税收风险，债务人不仅需要与债权人展开协商，同时需要确保确定公允价值的方法被税务机关认可，否则税务机关将会依照税收征收管理法的规定调整计税价。

2. 债务人将债务转为权益工具

债转权益工具能增强债权债务重组的灵活性，债权人为了改善自身的资产负债结构或对债务人实施控制等，通常会选择将债务转为权益工具的债权债务重组方式。

（1）企业所得税的考量。《关于企业重组业务企业所得税处理若干问题的通知》（财税〔2009〕59 号）规定，债务人将债务转为权益工具，应当分解为债务清偿和股权投资两项业务，确认有关债务清偿所得或损失；还规定债务重组若符合适用特殊性税务处理的五个条件，对债务清偿和股权投资两项业务暂不确认有关债务清偿所得或损失，股权投资的计税基础以原债权的计税基础确定，企业的其他相关所得税事项保持不变。

根据上述规定，债务人初始确认权益工具时应当按照权益工具的公允价值计量，如果公允价值不能可靠计量的，应当按照所清偿债务的公允价值计量。所清偿债务账面价值与权益工具确认金额之间的差额记入投资收益。

企业在进行债转权益工具交易前应积极做好税收筹划，尽量创造条件享受选用特殊性税务处理的税收优惠。

（2）增值税的考量。债务转权益工具的重组方式有利于缓解债务人的资金筹集压力，但是却对债务人原有股东的权益结构产生影响，债务人如若不具有良好的经营管理制度及股权结构清晰规范等特点，与债权人很难达成债务转权益工具的协议，但该重组方式一般不会涉及增值税等纳税义务，税收负担相对较轻。

3. 修改其他条款

修改债权和债务的其他条款，包括调整债务本金、改变债务利息、变更还款期限等。

（1）企业所得税的考量。《关于企业重组业务企业所得税处理若干问题的通知》（财税〔2009〕59 号）规定，债务人应当按照支付的债务清偿额低于债务计税基础的差额，确认债务重组所得；债权人应当按照收到的债务清偿额低于债权计税基础的差额，确认债务重组损失。

根据上述规定，债务人被免除部分债务时，一般会形成债务重组所得，如果债权债务重组当年确认的债务重组所得很大，应缴纳的企业所得税也会很多，势必让债务人承受较重的税收负担，若重组当年存在大额亏损或有待弥补的亏损时，可以有效抵减因债务重组形成的所得，减轻企业的税收负担。

（2）增值税的考量。根据《增值税暂行条例实施细则》的规定，销售货物是指有偿转让货物的所有权，细则所称有偿，是指从购买方取得货币、货物或者其他经济利益。因此，通过修改其他条款减少债务属于债务人获得了其他经济利益，故该行为应缴纳增值税。

通过上述分析可以得出，企业之间在实施债权债务重组时，不仅要确保债务重组方案能够满足债务人与债权人之间的利益需求，还要注重债务人与债权人在债权债务重组交易中不同的税收负担。企业可以通过对比分析不同类型的债权债务重组方案，综合选择税负较低的交易模式，并尽量规避税收风险。

（三）债权债务重组方式选择的非财税因素考量

在债权债务重组方式的选择上，除了上述对债务人和债权人财税影响的考量外，还有一些非财税方面的考量。

（1）公司控制权的考量。如果采用债务转权益工具方式或者该方式与其他方式的组合，债权人因此而成为债务企业的新股东，原有股东对企业的控制可能受到削弱。如果采用以资产清偿债务、修改其他债务条件或这两种方式的组合，虽不会直接影响债务企业的控制权，但债权人在接受对原有偿债条件和方式的修改时，一般会对债务企业附加许多限制，如在还清债务之前不得发放股利或分配利润、提供抵押担保、在债务结清前双方发生商品交易一律以现金支付等。这些限制条件对债务企业的经营运作同样会产生重要影响。

（2）债权人风险承受能力的考量。经过债权债务重组后，按债务清偿时间的长短一般分为即期清偿、展期、债务转为权益工具不再清偿三种情况。采用即期清偿，债权人承担的风险小，但作出的让步可能很大。在展期的方式下，债务得到偿还的可能具有不确定性。采用债务转为权益工具的方式，获得回报的大小将取决于债务企业今后能在多大程度上改善其经营状况。

（3）法律对债权债务重组的限制和实施费用的考量。不同的债权债务重组方式所受的法律限制也不同。比如对经过担保的债务进行重组，须遵循有关担保法的规定；采用债务转为权益工具方式，须严格按照《中华人民共和国公司法》等国家有关法律的要求等。另外，采用不同的债权债务重组方式，其费用支出也有较大的差别，如转让资产，要对资产进行评估；增发股票将债务转为权益工具，则会发生较大的发行费用等。这些法律限制和重组成本都会影响重组双方对重组方式的选择。

综上所述，在债权债务重组方式的选择上，企业应根据自身特点，选择合适的重组方式。以资产清偿债务和以修改债务条件清偿债务的方式灵活性较低，尤其是企业陷入财务困境后，资产贬值从而缺乏流动性。而债务转权益工具的重组方式就能增强债权债务重组的灵活性，也能有效改善企业的资产负债结构。在重组方案的选择中，企业通常会根据债权人不同的特点采取以债务转权益工具为主，其他重组方式并重的操作模式。

第四节 股权转让与股权收购的财税考量

一、股权转让与股权受让的经济动机

股权转让是把股份转让给他人，而股权受让则是指接受股份的转让。

在股份有限公司经营过程中，公司股东依法将全部或部分股权转让给其他股东或者第三人是很普遍的现象。

1. 股东进行股权转让的原因

（1）引入新的投资者；（2）股东有资金需求，需通过股权转让获取收益；（3）对赌、股权激励；（4）企业运营不好，股东想及时止损；（5）其他。

2. 投资者投资受让股权的原因

（1）看好所投资的行业；（2）对受让股权企业未来前景的良好预期；（3）对较好投资回报的认同；（4）增大对受让股权企业的话语权；（5）其他。

二、股权收购与股权被收购的经济动机

股权收购，是指一家企业（以下简称“收购企业”）购买另一家企业（以下简称“被收购企业”）的股权，以实现对被收购企业控制的交易。收购企业支付对价的形式包括股权支付、非股权支付或两者的组合。

股权被收购，是指企业股东的主要部分或全部股份被收购，失去对被收购企业控制权的交易。

股权收购是企业进行资本运作和经营的一种主要形式，企业可能基于以下原因实施股权收购：（1）收购企业在某行业有迅速扩张的需求，通过股权收购扩大生产经营规模以获取竞争对手的市场份额，迅速扩大市场占有率；（2）收购企业通过股权收购，除掉竞争对手，可实现寡头垄断；（3）收购企业意图在短时间内进入一个新的领域；（4）收购企业看重被收购企业的某项资源或资质，且该资源或资质不能脱离被收购企业单独存在的；（5）基于投资需求，投资资本发现价值被低估的公司，收购后进行重新定位、包装，改善其经营管理后重新出售，获取超额收益；（6）其他。

三、股权转让与股权受让的财税考量

（一）股权转让与股权受让的财务考量

1. 股权转让方

（1）程序合法。例如，股东在对外转让股权前要征求其他股东意见，其他股东在同等条件下，放弃优先购买权时，才能向股东外第三方转让；一些股权转让合同涉及前置审批，如国有股权转让等，程序不合法可能会出现转让行为无效的法律后果。

（2）制订保证股权转让款收回的措施：① 股权转让协议中须明确，受让方若不能按约定支付受让款的备选方案，如终止交易、变卖抵押物、民事赔偿等。② 采取尽职调查等方式充分了解股权受让方的经营状况及财务状况，以确保受让方有足够支付能力。③ 配合受让方付款，控制好办理工商变更登记手续的节奏与时间节点。

2. 股权受让方

股权受让方除了关注程序的合法性外，还应做好以下财务管理工作：（1）对转让股权公司进行财务尽调和法务尽调，必要时要对转让股权公司所处行业进行调研；（2）了解受让的股权是否存在瑕疵，如该股权有无处于质押状；（3）对转让股权公司未履行完的合同、或有负债等，约定清晰的权责划分；（4）及时办理工商变更手续，控制付款节奏。

（二）股权转让与股权受让的税务考量

股权转让与股权受让是转出方与转入方之间的股权变换，它涉及的税收问题主要有股权转让是否有所得，是否缴纳所得税。企业进行股权受让，若转让方通过股权转让发生了所得，作为个人股东就需要缴纳个人所得税，作为企业股东需要缴纳企业所得税；若股权受让发生了损失，如受让方发生了费用情形下股权受让失败，也可以按规定税前扣除，下面就企业得税和个人所得税可能存在的税收规划做如下介绍。

1. 企业所得税可能的税收规划

（1）充分享受税收优惠。将持股平台公司设立在有税收优惠的地方，转让持股平台的股权或份额以实现对目标公司股权的转让，从而有效降低税负。

（2）企业股东先减资，受让方再增资。《国家税务总局关于企业所得税若干问题的公告》（2011 年第 34 号）规定，“五、投资企业撤回或减少投资的税务处理 投资企业从被投资企业撤回或减少投资，其取得的资产中，相当于初始出资的部分，应确认为投资收回；相当于被投资企业累计未分配利润和累计盈余公积按减少实收资本比例计算的部分，应确认为股息所得；其余部分确认为投资资产转让所得。”

先减负后增资，可避免公司原税后累积的盈余公积和未分配利润被再确认为转让所得征企业所得税。

（3）企业股东先分红，后股权转让。《国家税务总局关于贯彻落实企业所得税若干税收问题的通知》（国税函〔2010〕79 号）第二条规定：“转让股权收入扣除为取得该股权所发生的成本后，为股权转让所得。企业在计算股权转让所得时，不得扣除被投资企业未分配利润等股东留存收益中按该项股权所可能分配的金额。”由于企业股东取得被投资企业的股息、红利免征企业所得税，故企业股东在转让股权之前，可先将未分配利润予以分配，按降低的股权转让价款进行股权转让。

（4）推迟纳税时点，获取资金时间价值。《国家税务总局关于贯彻落实企业所得税法若干税收问题的通知》（国税函〔2010〕79 号）第三条规定：“企业转让股权收入，应于转让协议生效、且完成股权变更手续时，确认收入的实现。”股权转让方可通过对股权变更手续办理时点的合理约定，推迟纳税时点，获取资金时间价值。当然，在此重要的是要避免纳税义务产生时点先于资金流入时点。

2. 个人所得税

（1）利用“正当理由”实现低价转让股权。《股权转让所得个人所得税管理办法（试行）》（国家税务总局公告 2014 年第 67 号）第十三条规定：“符合下列条件之一的股权转让收入明显偏低，视为有正当理由：1. 能出具有效文件，证明被投资企业因国家政策调整，生产经营受到重大影响，导致低价转让股权；2. 继承或将股权转让给其能提供具有法律效力身份关系证明的配偶、父母、子女、祖父母、外祖父母、孙子女、外孙子女、兄弟姐妹以及对转让人承担直接抚养或者赡养义务的抚养人或者赡养人；3. 相关法律、政府文件或企业章程规定，并有相关资料充分证明转让价格合理且真实的本企业员工持有的不能对外转让股权的内部转让；4. 股权转让双方能够提供有效证据证明其合理性的其他合理情形。”

可见，若有正当理由，可以实现较低价格股权转让。

（2）以合伙企业作为公司股东。自然人在税收优惠地通过设立个人独资企业或合伙企业间接持有目标公司股权后直接转让目标公司股权，该自然人的综合税费在适用各项税收优惠、税收返还后将明显降低。

以上只是一些常见的筹划手段，实践中还有很多其他的税收筹划方法。但总体来说，企业的税收筹划一定要有法可依。

四、股权收购与股权被收购的财税考量

（一）股权收购与股权被收购的财务考量

股权收购与股权被收购应关注的财务问题，除了“股权转让与股权受让”中提到的财务问题外，由于股权收购后收购方的持股比例很高，其对被收购企业的尽调将更加深入和全面；另外由于收购企业支付对价的形式包括股权支付、非股权支付或两者的组合，若收购方以上市公司的股份支付，还需满足《证券法》《上市公司收购管理办法》等法律法规的相关要求（《证券法》第九十八条规定：“在上市公司收购中，收购人持有的被收购的上市公司的股票，在收购行为完成后的十二个月内不得转让。”《上市公司收购管理办法》第七十四条规定：“在上市公司收购中，收购人持有的被收购公司的股份，在收购完成后十二个月内不得转让。”若收购方以非上市公司的股权支付，则被收购方需对股权支付对应公司进行尽调，对其财务状况、经营情况进行充分了解，必要时要进行评估。

（二）股权收购与股权被收购的税务考量

一般来讲，股权转让的税务处理均适用于股权收购。

由于股权收购后将实现对被收购企业的控制且收购企业支付对价的形式特

殊，包括股权支付、非股权支付或两者的组合，满足一定条件的股权收购（财税〔2009〕59号文的规定为：收购企业购买的股权不低于被收购企业全部股权的75%，并且收购企业在该股权收购发生时的股权支付金额不低于其交易支付总额的85%；财税〔2014〕104号文股权收购比例由不低于75%调整为不低于50%），转让方可以选择特殊性税务处理，暂不缴纳企业所得税，即利用特殊性税务处理实现递延纳税（见表7－1）。

表7－1　股权收购与股权被收购的税务处理方式

	一般性税务处理	特殊性税务处理
股权重组	1. 被收购方应确认股权、资产转让所得或损失 2. 收购方取得股权或资产的计税基础应以公允价值为基础确定 3. 被收购企业的相关所得税事项原则上保持不变	1. 被收购企业的股东取得收购企业股权的计税基础，以被收购股权的原有计税基础确定 2. 收购企业取得被收购企业股权的计税基础，以被收购股权的原有计税基础确定 3. 收购企业、被收购企业的原有各项资产和负债的计税基础和其他相关所得税事项保持不变

第五节　资产转让与资产收购的财税考量

从处置的资产是否构成企业实质经营性资产，可划分为资产转让和资产收购，资产转让多是对单项的、非重要的、闲置的甚至是淘汰报废的资产进行处置，而资产收购涉及的资产一般系企业的实质经营性资产，是企业的一项资产组，甚至包括与之相关的债权债务。故本节分别对资产转让与受让、资产收购与被收购的经济动机及财税考量进行分析。

一、资产转让与资产受让的经济动机

资产转让是指资产所有者为更有效地使用其资产而对部分资产进行调剂处理等经营管理活动。资产转让本身是一种买卖行为，转让资产的公司的资产总额不发生变化，股东地位也不受影响。

经济动机：资产转让是企业改善经营，提高整体资产产出能力的客观需要。

资产产出能力不仅取决于对资产的合理利用，而且取决于资产的优化配置。通过市场组织，适时地调剂和处理陈旧、老化和报废的资产以及因技术进步和产品、工艺调整而闲置不需用的资产，可以减少资产损失，盘活资产存量，优化资产结构，从而提高资产的总体产出效益。

从宏观经济管理的角度积极推进资产转让活动的开展，也有利于调整社会产业结构和企业组织结构，推动存量资产在流动中实现优化配置，从而形成社会资产总量的集约化经营效益。

例：转让方以中能电气为例，2018 年 11 月 13 日公告，为进一步盘活公司资产，提高资产利用率，公司拟将持有的福州市仓山区建新镇金洲北路20号的1～8 号楼（房产宗地面积共计 2.17 万平方米，建筑面积共计 2.41 万平方米），转让给关联方中能发展，转让总价款为人民币 6560.23 万元。预计本次交易将增加公司税前利润 3500 万元。公司三季报显示，2018 年 1—9 月，共实现归属于上市公司股东净利润 1864.77 万元，同比增长 65.34%。公司表示，此次将标的房产转让，有利于进一步盘活公司资产，提高资产利用率，实现公司资源的有效配置。

受让方以汇顶科技为例，公司于 2018 年 11 月 21 日通过竞拍，以人民币 5.58 亿元竞得位于福田区梅林路与中康路交汇处的“全球智能芯片创新中心”项目地块土地使用权。通过构建集研发、设计、转化于一体的集成电路产业体系，将其打造成全球领先的芯片设计、软件开发及提供整体解决方案的研发与应用示范基地。另外，受让方以投资为出发点，为主业增加业绩“蓄水池”，甚至在关键时刻，通过出售房地产获利，起到扭亏、保壳的作用，也是企业积极推进房产转让不可忽略的因素。

二、资产收购与资产被收购的经济动机

资产收购，是指一家企业（以下简称“收购企业”）购买另一家企业（以下简称“被收购企业”）实质经营性资产的交易。

实质经营性资产，是指企业用于从事生产经营活动、与产生经营收入直接相关的资产，包括经营所用各类资产、企业拥有的商业信息和技术、经营活动产生的应收款项、投资资产等。这与《企业会计准则第 20 号——企业合并》第三条所称的业务合并相似，即一家企业必须是购买另一家企业内部某些生产经营活动或资产的组合，该组合一般具有投入、加工处理和产出能力，能够独立

计算其成本费用或所产生的收入，但不构成独立法人资格的部分。同时，企业在购买这些资产组合后，必须实际经营该项资产，以保持经营上的连续性。

1. 资产收购具有以下法律特征。

（1）资产收购协议的主体是作为买卖双方的两家公司，而不包括公司股东在内。因此，资产收购与控制权收购、股权收购的主体存在本质区别。

（2）资产收购行为完成后，收购公司与目标公司各自保持自己的独立法律人格。

（3）在资产收购交易中，被收购企业可以在被收购后继续存在，也可以通过清算将资产被收购所得分配给原股东。

2. 资产收购的经济动机。

（1）收购同类竞争对手的资产，获取主营业务所需的关键技术、研发人员等，可以迅速做大规模、扩大产能、提高市场占有率，从而增强产品定价权、降低成本，提升利润水平。

（2）收购处于成熟期企业的资产，能帮助其完善上下游产业链，实现产业链价值延伸。

（3）优化资产配置，实现收入稳定。通过将公司一部分资产从收入有周期性变化的行业转移到收入较稳定的行业，可保持公司收入稳定，对风险进行有效的对冲，从而平滑投资者的风险，使投资者在较长时期获得平稳收益。

（4）谋求多元化经营，寻求新的业务增长点。公司将核心产品或市场转移到具有更高潜在增长率的产品线和市场，可扩大市场份额，保持公司业绩较高增长。

（5）只收购企业真正有用实质性经营资产，可隔离原标的公司的历史财税或法律风险。

例如，2021 年 2 月 7 日，闻泰科技股份有限公司与欧菲光集团股份有限公司签署了“收购意向协议”。闻泰科技拟以现金方式购买欧菲光拥有的与向境外特定客户供应摄像头的相关业务资产，具体包括欧菲光持有的广州得尔塔影像技术有限公司（以下简称“广州得尔塔”）的 100% 股权，以及欧菲光及其控股公司在中国及境外所拥有的（除广州得尔塔外的）与向境外特定客户供应摄像头相关业务的经营性资产［包括固定资产（包括生产设备、研发设备、测试设备等）、无形资产（包括但不限于专利、技术资料、技术秘密、图纸、制造方法、工艺流程、配方等）、存货等，以下合称“经营性资产”］具体资产明细及交易金额由交易双方在正式收购协议中确定。

本次闻泰科技收购的目的和对公司的影响：通过本次收购，公司将从产品集成业务向上游电子元器件战略拓展，构建全产业链客户服务能力。在全面统筹产品集成业务板块和安世集团半导体业务板块发展的基础上，公司可以通过本次收购进一步向产业链上游延伸，进行产业垂直领域的布局和整合，从而更好地抓住 5G、智能汽车领域需求快速增长的发展机遇，促进上市公司业绩长期可持续增长。

本次欧菲光被收购的目的和对公司的影响：本次签订意向协议有助于公司紧紧围绕“聚焦核心、创新驱动、夯实基础、行稳致远”的发展战略，更加聚焦消费电子、车载等多领域的光学及微电子等核心业务，持续优化公司内部资源配置和业务结构，提升高附加值产品占比，提高公司整体运营效率和盈利水平，促进公司的长远发展。

三、资产转让与资产受让的财税考量

（一）会计处理

资产转让一般为直接转让存货、固定资产、无形资产等资产，受让方一般以现金资产作为交易对价，会计处理分别适用：《企业会计准则第 1 号——存货》及指南、《企业会计准则第 4 号——固定资产》及指南、《企业会计准则第 6 号——无形资产》及指南等，受让方按照取得非现金资产的公允价值进行初始计量。

（二）税务处理

资产转让主要涉及增值税及附加、印花税、企业所得税，若为不动产，则还涉及土地增值税、契税。因资产转让标的仅为资产，不涉及负债及人员等，且多以现金资产作为对价，故一般无减免税优惠及特殊性税收处理。其中：

（1）资产转让所得或损失的税务处理，由于资产转让的主体是企业，因此资产转让产生的所得或损失应并入企业的应税所得额或在税前加除。

（2）资产转让中货劳税的处理。

①如果纳税人转让的存货，应按销售额计算纳增值税；存货属涉及消费税的消费品，还应该缴纳消费税。

②如果纳税人转让的是固定资产（动产），区别表7－2情况处理：

表7－2　　纳税人转让固定资产（动产）的税务处理

<table>
<tr><th>纳税人</th><th>取得或自制时情况</th><th>计税方法</th><th>适用税率或征收率</th></tr>
<tr><td rowspan="3">一般纳税人</td><td>购入或自制时不能抵扣且未抵扣进项税额</td><td>简易计税方法</td><td>3%征收率减按2%征收</td></tr>
<tr><td>购入或自制时应当抵扣且已抵扣进项税额</td><td>一般计税方法</td><td>按照适用税率征收</td></tr>
<tr><td>购入或自制时应当抵扣但未抵扣进项税额</td><td>一般计税方法</td><td>按照适用税率征收</td></tr>
<tr><td>小规模纳税人</td><td></td><td>简易计税方法</td><td>3%征收率</td></tr>
</table>

③如果纳税人系转让房屋、建筑物等不动产，区别表7－3情况处理：

表7－3　　纳税人转让房屋、建筑物等不动产的税务处理

<table>
<tr><th>纳税人</th><th>取得时间</th><th>计税方法</th><th>取得方式</th><th>销售额</th><th>适用税率或征收率</th></tr>
<tr><td rowspan="6">一般纳税人</td><td>2016.4.30前</td><td rowspan="2">简易计税方法</td><td>非自建</td><td>取得的全部价款和价外费用扣除不动产购置原价或者取得不动产时的作价后的余额</td><td>5%征收率</td></tr>
<tr><td>2016.4.30前</td><td>自建</td><td>取得的全部价款和价外费用</td><td>5%征收率</td></tr>
<tr><td>2016.4.30前</td><td rowspan="4">一般计税方法</td><td>非自建</td><td>取得的全部价款和价外费用</td><td>9%税率</td></tr>
<tr><td>2016.4.30前</td><td>自建</td><td>取得的全部价款和价外费用</td><td>9%税率</td></tr>
<tr><td>2016.5.1后</td><td>非自建</td><td>取得的全部价款和价外费用</td><td>9%税率</td></tr>
<tr><td>2016.5.1后</td><td>自建</td><td>取得的全部价款和价外费用</td><td>9%税率</td></tr>
<tr><td rowspan="2">小规模纳税人（不含其他个人）</td><td></td><td rowspan="2">简易计税方法</td><td>非自建</td><td>取得的全部价款和价外费用扣除不动产购置原价或者取得不动产时的作价后的余额</td><td>5%征收率</td></tr>
<tr><td></td><td>自建</td><td>取得的全部价款和价外费用</td><td>5%征收率</td></tr>
</table>

案例7-1 甲公司（一般纳税人）于2020年10月将2015年10月购买的办公楼转让给乙公司，转让房屋的原值2472万元（其中契税72万元），累计折旧618.5万元，公允价值3500万元（含增值税），计税基础为2472万元（购买时已经缴纳契税，并取得产权证、契税完税证72万元及发票），乙公司以现金支付。

注：增值税征收率5%，城建税7%，教育费附加3%，地方教育费附加2%，印花税0.05%、契税3%。

甲公司涉及税收：

1. 应纳增值税＝（含税销售价格－购置价格）÷（1＋征收率）×5%

＝（3500－2400）÷（1＋5%）×5%

＝55（万元）

根据《纳税人转让不动产增值税征收管理暂行办法》（国家税务总局公告2016年第14号），一般纳税人转让其2016年4月30日前取得（不含自建）的不动产，可以选择适用简易计税方法计税，以取得的全部价款和价外费用扣除不动产购置原价或者取得不动产时的作价后的余额为销售额，按照5%的征收率计算应纳税额。

2. 应纳城建税：55×7%＝3.85（万元）

3. 应纳教育费附加：55×3%＝1.65（万元）

4. 应纳地方教育费附加：55×2%＝1.10（万元）

5. 应纳印花税：3500×0.05%＝1.75（万元）

6. 应纳土地增值税：

（1）收入＝3500－55＝3445（万元）

（2）扣除项目金额

① 转让旧房成本＝2400×（1＋5%×5）＝3000（万元）

② 购房时缴纳的契税：72万元

③ 转让过程中发生的税费＝城建税＋教育费附加＋地方教育费附加＋印花税

＝3.85＋1.65＋1.1＋1.75＝8.35（万元）

扣除项目金额合计：3000＋72＋8.35＝3080.35（万元）

（3）增值额＝3445－3080.35＝364.65（万元）

（4）增值率＝364.65÷3080.35＝11.84%

（5）应纳土地增值税额＝364.65×30%＝109.395（万元）

7. 企业所得税

该项资产转让涉及应纳税所得额：

=3445 －（2472－618.5）－（3.85＋1.65＋1.1＋1.75＋109.395）

=855.255（万元）

该项资产转让所得并入甲公司当年应纳税所得，汇算缴纳。

乙公司涉及税收：

1. 应纳契税＝（3500－55）×3%＝103.35（万元）

2. 应纳印花税＝3500×0.05%＝1.75（万元）

四、资产收购与资产被收购的财税考量

资产收购是企业进行扩张式经营的常见重组形式，收购企业支付对价的形式包括股权支付、非股权支付或两者的组合，一般会涉及企业所得税、增值税、土地增值税、印花税和契税等税种的处理。

（一）会计处理

（1）收购方的会计处理。收购方以发生权益工具，或者以其持有的控股子公司股权作为对价，以及与其他非股权支付额组合一并支付对价，所取得的固定资产、无形资产、存货等经营资产，分别适用：《企业会计准则第4号——固定资产》及指南、《企业会计准则第6号——无形资产》及指南、《企业会计准则第1号——存货》及指南、《企业会计准则第7号——非货币性资产交换》及指南等，按照取得非现金资产的公允价值进行初始计量。

（2）被收购方的会计处理。被收购方以非现金资产作为对价取得收购方的股权，按照《企业会计准则第2号——长期股权投资》及指南、《企业会计准则第20号——企业合并》及指南对长期股权投资进行初始计量。

被收购方以非现金资产作为对价取得收购方持有的控股子公司的全部或部分股权，如果被收购方对收购方实施控制，应按照《企业会计准则第20号——企业合并》及指南对长期股权投资进行初始计量；如果不构成控制，应按照《企业会计准则第7号——非货币性资产交换》及指南作账。

（二）税务处理

1. 增值税

资产收购中只要是与资产相关的债权、负债和劳动力随同资产一并转让，

转让资产中涉及的实物资产转让，就不征收增值税。若不涉及债权、负债和劳动力，则被收购方应依法计算缴纳增值税。

2. 企业所得税

（1）一般性税务处理。资产收购的所得税处理和一般意义上的企业资产买卖交易的税务处理原则是完全一致的。如果进行资产收购，被收购企业通过资产转让发生了所得，被收购方要按资产的市场价格或公允价值与计税基础的差额确认资产转让所得或损失，被收购方需要缴纳企业所得税；如果资产收购发生了资产损失，也可以按规定税前扣除。

《中华人民共和国企业所得税法实施条例》第七十五条规定：除国务院、税务主管部门另有规定外，企业在重组过程中，应当在交易发生时确认有关资产的转让所得或者损失，相关资产应当按照交易价格重新确定计税基础。

财税〔2009〕59 号文第四条规定：企业进行资产收购，相关交易应按以下规定处理：（1）被收购方应确认资产转让所得或损失；（2）收购方取得资产的计税基础应以公允价值为基础确定；（3）被收购企业的相关所得税事项原则上保持不变。以上税务处理为一般性税务处理。

案例 7-2 甲公司于 2019 年 1 月 1 日将一座厂房及其内部设备全部出售给乙公司，出售资产的账面原价为 2500 万元，已计提折旧 1000 万元，售价为 2000 万元。乙公司用银行存款支付款项。乙公司在收购该项资产后立即投入了使用。

根据税法规定，甲公司转让该项资产的所得为 500 万元（2000 - 1500）。因此需要缴纳的企业所得税为：500 × 25% = 125（万元）。

（2）特殊性税务处理。财税〔2009〕59 号文第五条规定：企业资产收购重组同时符合规定条件的，交易各方对其交易中的股权支付部分，可以按规定适用如下特殊性税务处理规定：（1）转让企业取得受让企业股权的计税基础，以被转让资产的原有计税基础确定；（2）受让企业取得转让企业资产的计税基础，以被转让资产的原有计税基础确定。

企业资产收购重组适用特殊性税务处理需同时满足的条件包括：（1）具有合理的商业目的，且不以减少、免除或者推迟缴纳税款为主要目的；（2）被收购部分的资产不低于转让企业全部资产的 50%；（3）企业重组后的连续 12 个月内不改变重组资产原来的实质性经营活动；（4）资产收购发生时的股权支付金额不低于其交易支付总额的85%；（5）企业重组中取得股权支付的转让方企业，在重组后连续12个月内，不得转让所取得的股权。

资产收购重组适用特殊性税务处理，交易各方按规定对交易中股权支付部分暂不确认有关资产的转让所得或损失的，但非股权支付部分仍应在交易当期确认相应的资产转让所得或损失，并调整相应资产的计税基础。计算公式为：

非股权支付对应的资产转让所得或损失 =（被转让资产的公允价值 - 被转让资产的计税基础）×（非股权支付金额 ÷ 被转让资产的公允价值）

案例7－3 为了节省生产成本，甲公司2019年10月决定以500万元的价格收购其原料供应厂家乙公司的全套生产线。乙公司拟转让的生产线计税基础400万元，公允价值为500万元，乙公司全部资产公允价值为600万元。经董事会商讨，甲公司以40万股普通股和40万元现金来支付价款，合同签订之日甲公司的股票公允价值为11.5元/股，甲公司收购该套生产线后立即投入了使用。

[解析]

（1）是否适用所得税处理的特殊性规定的判断

依据财税〔2009〕59号、财税〔2014〕109号文件的规定，企业合并在符合重组业务特殊性处理基本条件的基础上，适用所得税处理的特殊性规定需要同时符合下列两个条件：一是资产收购中受让企业收购的资产不低于转让企业全部资产的50%，二是受让企业在该资产收购发生时的股权支付金额不低于其交易支付总额的85%。该项资产收购中：

甲公司收购的生产线占乙公司全部资产的比例为：500 ÷ 600 × 100% = 83.33% >50%。

甲公司支付的价款中以股权进行支付的金额为：(11.5 ×40) ÷ (11.5 ×40 + 40) ×100% =92% >85%。

因而，该资产收购交易同时满足特殊性税务处理规定的条件，经交易双方协商一致，选择适用特殊性税务处理。

（2）被收购方取得股权支付的计税基础及非股权支付应确认资产转让所得的确定

税务处理时，乙公司因转让资产而从甲公司取得股权或非股权支付的计税基础应以被转让资产的原有计税基础为基础确定。对乙公司取得的对价中包含现金等非股权支付的部分，应在当期确认资产转让所得，同时调整股权的计税基础。

非股权支付对应的资产转让所得＝（被转让资产的公允价值－被转让资产的计税基础）×（非股权支付金额÷被转让资产的公允价值）＝（500－400）×（40÷500）＝100×（40÷500）＝8（万元）

乙公司取得的股权支付的计税基础＝被转让资产的原计税基础＋非股权支付对应的资产转让所得－非股权支付公允价值＝400＋8－40＝368（万元）

（3）收购方取得资产的计税基础。税务处理时，甲公司取得乙公司资产的计税基础，以乙公司资产原有计税基础确定。因甲公司支付对价方式为股权和非股权组合方式，对甲公司支付对价中的非股权支付部分，乙公司应在当期确认资产转让所得，同时，甲公司按照收购资产公允价值占全部资产公允价值的比例调整对应资产的计税基础。

甲公司取得被转让资产的计税基础为：400＋8＝408（万元）

3. 土地增值税

根据《财政部 税务总局关于继续实施企业改制重组有关土地增值税政策的公告》（财政部 税务总局2021年第21号公告）第四条的规定，单位、个人在改制重组时以房地产作价入股进行投资，对其将房地产转移、变更到被投资的企业，暂不征土地增值税。第五条规定，上述改制重组有关土地增值税政策不适用于房地产转移任意一方为房地产开发企业的情形。

以本公司股权作为对价支付的资产收购，实质就是被收购企业的非货币资产投资行为。涉及不动产转让的资产收购，如符合该规定，可以暂不征土地增值税。如果不符合该规定，或者不动产转移任意一方为房地产开发企业的，应按规定计算缴纳土地增值税。

4. 契税

若涉及不动产，对收购企业应按规定征收契税。

5. 印花税

资产收购合同按照购销合同税目征收印花税，税率万分之三，若涉及不动产，则税率为万分之五。

第六节　企业合并的财税考量

一、企业合并的经济动机

合并，是指一家或多家企业（以下简称“被合并企业”）将其全部资产和负债转让给另一家现存或新设企业（以下简称“合并企业”），被合并企业股东换取合并企业的股权或非股权支付，实现两个或两个以上企业的依法合并。

1. 企业合并的税收目的

（1）合并后的企业可以进入新的领域、新的行业，实施多元化战略，分散投资风险。

（2）根据合并公司的经营状况，如企业盈利状况很好，为改变其纳税状况，可合并一家有大量经营亏损的企业，合并后企业的盈利与亏损相互抵销，从而实现企业所得税的减免。

（3）企业合并可以实现关联性企业或上下游企业流通环节的减少，降低生产、管理、原材料供应等环节的成本费用。

（4）通过合并取得先进的生产技术、管理经验、经营网络、专业人才等各类资源。并购活动不仅收购了企业的资产，而且获得了被收购企业的人力资源、管理资源、技术资源、销售资源等。这些都有助于企业整体竞争力的根本提高，对公司发展战略的实现有很大帮助。

（5）企业合并可能改变纳税主体性质，例如，企业可能因为合并而由小规模纳税人变为一般纳税人，或由内资企业变为中外合资企业。

2. 企业合并的税收考虑

从税收规划的角度来讲，根据合并各方所处行业，可以从以下几方面考虑：

（1）横向并购，即两个或两个以上生产经营同一产品或类似产品的企业的合并，一般节税空间不大；（2）纵向并购，即同类产品不同产销阶段企业之间的并购，可减少增值税纳税环节，达到递延纳税的目的；（3）混合并购，是指与企业供应、生产、销售无直接关系的企业之间的并购，混合并购有助于降低经营风险，实现战略转移。

二、企业合并的方式

会计准则中的企业合并方式包括控股合并、吸收合并和新设合并三种，而税收政策中所指的合并仅包括新设合并和吸收合并两种。

控股合并是指，合并企业取得被合并企业的控制权，企业合并后能够通过所取得的股权等主导被合并方的生产经营决策，被合并方在企业合并后仍维持其独立法人资格继续经营。

该类合并中，因合并方通过企业合并交易或事项取得了对被合并方的控制权，被合并方成为其子公司，在企业合并发生后，被合并方应当纳入合并方合并财务报表的编制范围，从合并财务报表角度，形成报告主体的变化。

吸收合并，需要注销被合并方的法人资格，由合并方持有合并中取得的被合并方的资产、负债，在新的基础上继续经营。

新设合并，为参与合并的各方在企业合并后法人资格均被注销，重新注册成立一家新的企业，由新注册成立的企业持有参与合并各企业的资产、负债，在新的基础上经营。

三、企业合并的财税考量

（一）企业合并的财务考量

（1）吸收合并和新设合并的选择。吸收合并和新设合并不存在谁优谁劣的问题，只是需根据具体的合并目的进行选择。例如：并购亏损企业一般采用吸收合并，不采用新设合并方式。因为新设合并会核销被合并企业的亏损，无法抵减合并后的企业利润。但此类并购活动必须警惕亏损企业可能给购并后的整体带来不良影响，特别是利润下降给整体企业市场价值带来的消极影响，可能导致不但没有获得税收抵免递延效应，反而将优势企业也拖入亏损的境地。

（2）做好企业价值评估。企业价值评估是指把一个企业作为一个有机整体，对其整体资产公允市场价值进行的综合性评估。

企业合并中的价值评估包括合并企业、被合并企业、合并后整体企业价值评估。一项成功的合并在于合并后企业总价值大于两个独立企业的价值之和，增加的价值来源于合并产生的协同效应。

交易价格往往成为交易成败的关键，在交易价格的确定中价值评估起着重要的参考作用，因此交易双方对标的的价值评估是决定是否成交的基础，也是谈判的焦点。

（3）做好被合并企业的风险分析。在进行合并前，应对被合并方资产构成结构、股权配置、资产担保、不良资产、债务清偿、或有负债、人员安置等情况进行充分的分析。

（4）全面深入地了解被合并企业的纳税情况。企业合并就意味着大量的税务事宜需要清查与变更，被合并企业未完结的税收事宜将由合并企业承担。故合并方企业在合并中应全面清查被合并企业的税务缴纳状况及合并涉及税务事宜，确认应纳税款是否缴齐；同时有哪些税收优惠政策可以利用：例如合并原企业续存的，合并后原企业的土地、房屋权属免征契税，等等。

（二）企业合并的税收考量

1. 增值税

（1）财税〔2016〕36号附件2：（二）不征收增值税项目。在资产重组过程中，通过合并、分立、出售、置换等方式，将全部或者部分实物资产以及与其相关联的债权、负债和劳动力一并转让给其他单位和个人，其中涉及的不动产、土地使用权转让行为。

企业合并在满足上述条件的情况下不需缴纳增值税。

（2）国家税务总局公告2012年第55号《关于纳税人资产重组增值税留抵税额处理有关问题的公告》：增值税一般纳税人（以下称“原纳税人”）在资产重组过程中，将全部资产、负债和劳动力一并转让给其他增值税一般纳税人（以下称“新纳税人”），并按程序办理注销税务登记的，其在办理注销登记前尚未抵扣的进项税额可结转至新纳税人处继续抵扣。

当被合并方已无实质经营，但有大量留抵税额时，通过合并，合并方可以获得大量进项税额，减少增值税的缴纳。

2. 企业所得税

根据《关于企业重组业务企业所得税处理若干问题的通知》（财税〔2009〕59号），企业合并的税务处理分为一般性税务处理和特殊性税务处理。

（1）一般性税务处理：

合并企业应按公允价值确定接受被合并企业各项资产和负债的计税基础。

被合并企业及其股东都应按清算进行所得税处理。

被合并企业的亏损不得在合并企业结转弥补。

（2）特殊性税务处理：

企业合并所得税的特殊性纳税处理是指，企业股东在该企业合并发生时取得的股权支付金额不低于其交易支付总额的85%，以及同一控制下且不需要支付对价的企业合并。对于特殊性纳税处理可以选择按以下规定处理（见表7－4）：

合并企业接受被合并企业资产和负债的计税基础，以被合并企业的原有计税基础确定。

被合并企业合并前的相关所得税事项由合并企业承继。

可由合并企业弥补的被合并企业亏损的限额＝被合并企业净资产公允价值×截至合并业务发生当年年末国家发行的最长期限的国债利率。

被合并企业股东取得合并企业股权的计税基础，以其原持有的被合并企业股权的计税基础确定。

表7－4　企业合并的一般性与特殊性税务处理比较

	一般性税务处理	特殊性税务处理
企业合并	1. 合并企业应按公允价值确定接受被合并企业各项资产和负债的计税基础 2. 被合并企业及其股东都应按清算进行所得税处理 3. 被合并企业的亏损不得在合并企业结转弥补	1. 合并企业接受被合并企业资产和负债的计税基础，以被合并企业的原有计税基础确定 2. 被合并企业合并前的相关所得税事项由合并企业承继 3. 可由合并企业弥补的被合并企业亏损的限额＝被合并企业净资产公允价值×截至合并业务发生当年年末国家发行的最长期限的国债利率 4. 被合并企业股东取得合并企业股权的计税基础，以其原持有的被合并企业股权的计税基础确定

（3）一般税务处理和特殊税务处理的选择。特殊税务处理由于在企业合并中暂不缴纳企业所得税，对企业来讲，获得了资金的时间价值，在重组业务中被普遍采用，但是若被合并方本身亏损较大，亏损额足以抵销一般税务处理产生的应纳税所得额，也可采用一般税务重组；另外，由于特殊重组的限制条件较多，如企业重组中取得股权支付的原主要股东，在重组后连续12个月内，不得转让所取得的股权等，在特定的交易环境下，企业只能放弃特殊税务处理而选择一般税务处理。

3. 土地增值税

财税〔2015〕5号《关于企业改制重组有关土地增值税政策的通知》规定：按照法律规定或者合同约定，两个或两个以上企业合并为一个企业，且原企业投资主体存续的，对原企业将国有土地、房屋权属转移、变更到合并后的企业，暂不征土地增值税。上述改制重组有关土地增值税政策不适用于房地产开发企业。

因此，合并双方及合并后的企业如果均为非房地产企业，若合并过程中涉及国有土地、房屋权属转移，则暂不征收土地增值税。

4. 契税

《财政部 税务总局关于继续支持企业事业单位改制重组有关契税政策的通知》（财税〔2018〕17 号）："两个或两个以上的公司，依照法律规定、合同约定，合并为一个公司，且原投资主体存续的，对合并后公司承受原合并各方土地、房屋权属，免征契税。"

企业合并免征契税的条件是：原投资主体存续。

第七节　企业分立的财税考量

一、企业分立概述

（一）分立的概念

根据《财政部 国家税务总局关于企业重组业务企业所得税处理若干问题的通知》（财税〔2009〕59 号）第一条第（六）项的规定：分立，是指一家企业（以下简称"被分立企业"）将部分或全部资产分离转让给现存或者新设的企业（以下简称"分立企业"），被分立企业股东换取分立企业的股权或非股权支付，实现企业的依法分立。

股权支付，是指企业重组中购买、换取资产的一方支付的对价中，以本企业或其控股企业的股权、股份作为支付的形式；所称非股权支付，是指以本企业的现金、银行存款、应收款项、本企业或其控股企业股权和股份以外的有价证券、存货、固定资产、其他资产以及承担债务等作为支付的形式。

（二）分立的分类

按被分立后分立企业是否存续可分为新设分立和派生分立。其中，原企业解散，分立出的各方分别设立为新的企业，为新设分立，也称解散分立；原企业存续，而其中部分分出设立为一个或数个新的企业，为派生分立，也称存续分立。

（三）分立的结果

企业不论采取何种方式分立，均不需经清算程序。分立前企业的债权和债务，按法律规定和分立协议约定，由分立后的企业继承。

分立后各企业符合企业所得税纳税人条件的，以各企业为纳税人。分立前企业的未了税务事宜，由分立后的企业承继。企业分立后的各项资产，在缴纳企业所得税时，不能以企业为实现分立而对有关资产等进行评估的价值计价并计提折旧，应按分立前企业资产的账面历史成本计价，并在剩余折旧期内按该资产账面价值计提折旧。

二、企业分立相关理论

关于企业分立的理论有信息理论、管理效率理论、融资理论、税收理论等。

（1）信息理论。该理论认为，当公司的资产结构和经营活动的内容过于庞杂时，公司的真实价值往往难于为外界判断，尽管现在存在着公司的公开信息披露，但是很多投资者和投资咨询公司并不能真正熟悉公司的经营状况和经营领域。在这种情况下，适度的分立可能会有利于改变企业的市场形象，帮助外界更好地了解公司的实际情况。

（2）管理效率理论。该理论认为，企业并购是为了取得协同效应，从而达到1+1>2的效果。但是，要真正达到上述效果，需要各种外部条件和内部条件共同作用。并且，企业在不断向外扩张的过程中，差异性越来越大，即使是具有优秀的管理体制的公司也可能达到边际管理报酬率的临界点，所以，当企业的合并成为“负协同效应”时，就要进行适当的分立，来达到1-1>0的效果。

（3）融资理论。融资理论也称为吸引投资理论。企业的资产结构和经营活动过于复杂，特别是资产使用效率的级次特别不均匀，主营与非主营的划定过于模糊的情况下，企业就不能吸引投资者的眼球，从而不利于企业的融资。这时如果对企业进行合理的分立，使分立后的某个或者某几个企业集中优势资产和业务，具有很强的市场竞争力，便会提高企业整体的融资能力。

（4）税收理论。该理论认为，企业分立后增加了纳税环节，还有可能形成有利的关联交易，分立后的企业群会形成新的业务构架，可能会对企业的税负产生有益的影响。

三、企业分立的动机

（一）经济动机

企业分立的经济动机，大致可概括为以下几点：

（1）分立出部分优质资产，以引入战略投资者。为免除战略投资者对原公司整体所涉或有法律风险或经营风险的担心，而采取将其优质资产分立至新的独立法人企业，以寻求战略合作。

（2）分立出部分不良资产，以寻求经营创新。原企业所有者将不良资产分立至新的企业，寻求经营创新主体的介入，或将其打包出售、或再与别的企业合并。

（3）实施主辅业分立，以提高效率效益。利用扁平化等现代管理、利用专业分工优势，通过分立后的公司治理优化，提高管理效率、提高资源利用效率。

（4）其他特定目的。如为弥补并购决策失误的逆向操作，如为重构产业链节税。

（二）节税动机

（1）将税率高低不同的混合销售通过分立，使适用低税率业务不一并按混销适用高税率纳税。如销售空调并提供安装，安装费收入作为混销将一并按13%缴纳增值税；若将安装业务分立至独立法人的安装公司，该收入将缴纳9%的增值税。

（2）将某些业务环节分立，以增大增值税进项税额抵扣。如传统的乳制品厂集牧草种护、养奶牛产原奶、加工乳制品销售等业务环节于一体，最大的问题是可抵增值税进项税额太少；将其分立为养殖场、乳制品厂两个独立法人企业，养殖场将原奶销售给乳制品厂免征增值税，乳制品厂可凭来自养殖场开具的销售原奶普通发票而计抵10%增值税进项税，从而整体上增大了可抵扣进项税额，降低增值税应纳税额。

（3）将某业务环节分立，以降低上一环节的计税依据。如白酒生产厂将白酒的包装业务环节分立至另一销售公司完成，因白酒消费税只在生产环节征，从而降低每瓶白酒在生产厂的销售价，使白酒在产销环节的消费税计税依据降低，从而降低了白酒消费税额。

（4）将销售业务分立出去成立销售公司，从集团角度增大销售总额，相应增大以销售收入为基础的可扣除费用限额。企业增大可扣除费用总额，有助于减小应税利润，从而少缴企业所得税，这些费用如业务招待费、广告宣传费、佣金等。

四、分立的财税考量

（一）企业分立的当事方、主导方及重组完成年度

（1）分立的当事方。《国家税务总局关于企业重组业务企业所得税征收管理若干问题的公告》（2015 年第 48 号）第一条（五）的规定：分立中当事各方，指分立企业、被分立企业及被分立企业股东。分立中被分立企业股东，可以是自然人。当事各方中的自然人应按个人所得税的相关规定进行税务处理。

（2）分立的主导方。《国家税务总局关于企业重组业务企业所得税征收管理若干问题的公告》（2015 年第 48 号）第二条：重组当事各方企业适用特殊性税务处理的（指重组业务符合财税〔2009〕59 号文件和财税〔2014〕109 号文件第一条、第二条规定条件并选择特殊性税务处理的）（五）的规定：分立，主导方为被分立企业。

（3）重组及重组完成年度。《国家税务总局关于企业重组业务企业所得税征收管理若干问题的公告》（2015 年第 48 号）第三条规定：财税〔2009〕59 号文件第十一条所称重组业务完成当年，是指重组日所属的企业所得税纳税年度。分立，以分立合同（协议）生效、当事各方已进行会计处理且完成工商新设登记或变更登记日为重组日。

（二）分立的会计处理

（1）被分立企业。企业分立时，被分立企业将部分或全部资产分离转让给分立企业需要进行会计处理，被分立企业按进入分立企业的资产、负债的原账面价值确认结转，借记负债类科目（被分立的负债）、权益类科目（股本或实收资本、资本公积、盈余公积、未分配利润），贷记资产类科目。

（2）分立企业。企业分立时，分立企业取得被分立企业的部分或全部资产，需要确认资产、负债和所有者权益，企业需要进行会计处理，借记资产类科目，贷记负债类科目、权益类科目（股本或实收资本、资本公积）。

（3）被分立企业股东。被分立企业将部分或全部资产分离转让给新设的企业（即分立企业），被分立企业的股东换取分立企业的股权或非股权支付时，被分立企业股东通常增加对分立企业的权益性投资，减少对被分立企业的投资，借记长期股权投资（分立企业），贷记长期股权投资（被分立企业）、投资收益。

（三）分立的税务考量

1. 企业所得税

（1）一般性税务处理。企业分立业务不符合特殊性税务处理条件，或虽符合但企业根据自身的具体情况不愿选择适用特殊性税务处理，按照一般性的税务规定进行税务处理。根据《财政部 国家税务总局关于企业重组业务企业所得税处理若干问题的通知》（财税〔2009〕59号）第四条第（五）项规定：企业分立，当事各方应按下列规定处理：

①被分立企业对分立出去资产应按公允价值确认资产转让所得或损失。

②分立企业应按公允价值确认接受资产的计税基础。

③被分立企业继续存在时，其股东取得的对价应视同被分立企业分配进行处理。

《国家税务总局关于企业所得税若干问题的公告》（2011年第34号）第五条规定，投资企业从被投资企业撤回或减少投资，其取得的资产中，相当于初始出资的部分，应确认为投资收回；相当于被投资企业累计未分配利润和累计盈余公积按减少实收资本比例计算的部分，应确认为股息所得；其余部分确认为投资资产转让所得。被投资企业发生的经营亏损，由被投资企业按规定结转弥补；投资企业不得调整减低其投资成本，也不得将其确认为投资损失。

④被分立企业不再继续存在时，被分立企业及其股东都应按清算进行所得税处理。

根据《中华人民共和国企业所得税法实施条例》第十一条规定：企业所得税法第五十五条所称清算所得，是指企业的全部资产可变现价值或者交易价格减除资产净值、清算费用以及相关税费等后的余额。投资方企业从被清算企业分得的剩余资产，其中相当于从被清算企业累计未分配利润和累计盈余公积中应当分得的部分，应当确认为股息所得；剩余资产减除上述股息所得后的余额，超过或者低于投资成本的部分，应当确认为投资资产转让所得或者损失。

⑤企业分立相关企业的亏损不得相互结转弥补。《企业重组业务企业所得税管理办法》（国家税务总局公告2010年第4号）第十四条规定：企业发生《财政部 国家税务总局关于企业重组业务企业所得税处理若干问题的通知》（财税〔2009〕59号）》第四条第（五）项规定的分立，被分立企业不再继续存在，应按照财税〔2009〕60号文件规定进行清算。

被分立企业在报送《企业清算所得纳税申报表》时，应附送以下资料：

（一）企业分立的工商部门或其他政府部门的批准文件；

（二）被分立企业全部资产的计税基础以及评估机构出具的资产评估报告；

（三）企业债务处理或归属情况说明；

（四）主管税务机关要求提供的其他资料证明。

需要注意的是，企业分立不能视为新办企业，不得享受新办企业的税收优惠照顾。分立前享受有关税收优惠尚未期满，分立后的企业仍然符合减免税条件的，可继续享受减免税至期满；分立前的企业符合税收法规的减免税条件，分立后已不再符合的，不得继续享受有关税收优惠。

案例7-4 悦来酒店股份有限公司地处北京，由A公司和B公司共同投资成立，公司的投资总额为1000万元，A公司和B公司分别占70%和30%的股份。为满足扩大经营的需要，2019年11月悦来公司剥离部分净资产成立好滋味餐饮有限公司。

分立基准日，悦来公司的资产负债表显示公司的资产总额为3000万元（公允价值为3800万元），负债2000万元（公允价值为2000万元），净资产1000万元（公允价值为1800万元），此外公司尚有未超过法定弥补期限的亏损360万元。在悦来公司剥离的净资产中，资产的账面价值800万元（公允价值为1000万元），剥离负债的账面价值200万元（公允价值为200万元），剥离净资产的账面价值600万元（公允价值为800万元），并在市场监督管理部门办理了300万元的减资手续。好滋味公司的注册资本为800万元，并确认A公司和B公司的投资额分别为300万元和200万元，同时好滋味公司分别向A公司和B公司支付银行存款 180 万元和 120 万元。

由于案例中好滋味公司股权支付金额占交易支付总额的比例为(300 + 200) ÷ 800 × 100% = 62.5%，低于 85% 的比例，适用于企业分立的一般税务处理：被分立企业对分立出去的资产按其公允价值确认资产转让所得或损失。分立企业应按公允价值确认接受资产的计税基础。被分立企业股东取得的对价视同被分立企业分配进行处理，确认为股息所得。悦来公司的资产转让所得为：800 − 600 = 200（万元），好滋味公司接受资产的计税基础为资产的公允价值 800（万元）。A 公司视同分配的股息所得为：200 × 70% = 140（万元），B 公司视同分配的股息所得为：200 × 30% = 60（万元）。

（2）企业分立的特殊性税务处理（见表 7 – 5）。

表 7 – 5　　企业分立的一般性与特殊性税务处理比较

	一般性税务处理	特殊性税务处理
企业分立	1. 被分立企业对分立出去资产应按公允价值确认资产转让所得或损失。 2. 分立企业应按公允价值确认接受资产的计税基础。 3. 被分立企业继续存在时，其股东取得的对价应视同被分立企业分配进行处理。 4. 被分立企业不再继续存在时，被分立企业及其股东都应按清算进行所得税处理。 5. 企业分立相关企业的亏损不得相互结转弥补。	1. 分立企业接受被分立企业资产和负债的计税基础，以被分立企业的原有计税基础确定。 2. 被分立企业已分立出去资产相应的所得税事项由分立企业承继。 3. 被分立企业未超过法定弥补期限的亏损额可按分立资产占全部资产的比例进行分配，由分立企业继续弥补。 4. 被分立企业的股东取得分立企业的股权（以下简称“新股”），如需部分或全部放弃原持有的被分立企业的股权（以下简称“旧股”），“新股”的计税基础应以放弃“旧股”的计税基础确定。如不需放弃“旧股”，则其取得“新股”的计税基础可从以下两种方法中选择确定：直接将“新股”的计税基础确定为零；或者以被分立企业分立出去的净资产占被分立企业全部净资产的比例先调减原持有的“旧股”的计税基础，再将调减的计税基础平均分配到“新股”上。

分立适用特殊性税务处理的条件

《财政部 国家税务总局关于企业重组业务企业所得税处理若干问题的通知》（财税〔2009〕59 号）第五条、第六条规定：分立同时符合下列条件的，适用特殊性税务处理规定：

（一）具有合理的商业目的，且不以减少、免除或者推迟缴纳税款为主要目的。

（二）被收购、合并或分立部分的资产或股权比例符合本通知规定的比例。

（三）企业重组后的连续12个月内不改变重组资产原来的实质性经营活动。

（四）重组交易对价中涉及股权支付金额符合本通知规定比例。

（五）企业重组中取得股权支付的原主要股东，在重组后连续12个月内，不得转让所取得的股权。

分立时适用特殊性税务处理条件此后发生改变的处理

《企业重组业务企业所得税管理办法》（国家税务总局公告2010年第4号）第三十条规定，当事方的其中一方在规定时间内发生生产经营业务、公司性质、资产或股权结构等情况变化，致使重组业务不再符合特殊性税务处理条件的，发生变化的当事方应在情况发生变化的30天内书面通知其他所有当事方。主导方在接到通知后30日内将有关变化通知其主管税务机关。

上款所述情况发生变化后60日内，应按照《通知》第四条的规定调整重组业务的税务处理。原交易各方应各自按原交易完成时资产和负债的公允价值计算重组业务的收益或损失，调整交易完成纳税年度的应纳税所得额及相应的资产和负债的计税基础，并向各自主管税务机关申请调整交易完成纳税年度的企业所得税年度申报表。逾期不调整申报的，按照《征管法》的相关规定处理。

分立特殊性税务处理规定

《财政部 国家税务总局关于企业重组业务企业所得税处理若干问题的通知》（财税〔2009〕59号）第六条规定，企业分立重组符合本通知第五条规定条件的，交易各方对其交易中的股权支付部分，可以按以下规定进行特殊性税务处理：企业分立，被分立企业所有股东按原持股比例取得分立企业的股权，分立企业和被分立企业均不改变原来的实质经营活动，且被分立企业股东在该企业分立发生时取得的股权支付金额不低于其交易支付总额的85%，可以选择按以下规定处理：

①分立企业接受被分立企业资产和负债的计税基础，以被分立企业的原有计税基础确定。

②被分立企业已分立出去资产相应的所得税事项由分立企业承继。

③被分立企业未超过法定弥补期限的亏损额可按分立资产占全部资产的比例进行分配，由分立企业继续弥补。

④被分立企业的股东取得分立企业的股权（以下简称“新股”），如需部分或全部放弃原持有的被分立企业的股权（以下简称“旧股”），“新股”的计税

基础应以放弃"旧股"的计税基础确定。如不需放弃"旧股"，则其取得"新股"的计税基础可从以下两种方法中选择确定：直接将"新股"的计税基础确定为零；或者以被分立企业分立出去的净资产占被分立企业全部净资产的比例先调减原持有的"旧股"的计税基础，再将调减的计税基础平均分配到"新股"上。

案例7－5 接上例，若确认A公司和B公司的投资额分别为504万元和216万元，同时好滋味公司分别向A公司和B公司支付银行存款56万元和24万元。

根据财税〔2009〕59号文件的规定，企业分立在符合重组业务特殊性处理基本条件的基础上，适用所得税处理的特殊性规定需要同时符合下列三个条件：一是被分立企业所有股东按原持股比例取得分立企业的股权；二是分立企业和被分立企业均不改变原来的实质经营活动；三是被分立企业股东取得的股权支付金额不低于其交易支付总额的85%。由于案例中好滋味公司股权支付金额占交易支付总额的比例为（504＋216）÷（504＋216＋56＋24）×100%＝90%，高于85%的比例，现假定该分立业务符合特殊处理的其他条件，则本案例可以适用所得税处理的特殊性规定。

非股权支付对应的所得或损失确认

根据《财政部 国家税务总局关于企业重组业务企业所得税处理若干问题的通知》（财税［2009］59号）第六条（六）规定，重组交易各方按规定对交易中股权支付暂不确认有关资产的转让所得或损失的，其非股权支付仍应在交易当期确认相应的资产转让所得或损失，并调整相应资产的计税基础。

非股权支付对应的资产转让所得或损失＝（被转让资产的公允价值－被转让资产的计税基础）×（非股权支付金额÷被转让资产的公允价值）

案例7－6 接上例，被分立企业悦来公司可暂不确认分立资产中股权支付对应的资产转让所得，但需要确认银行存款对应的资产转让所得，悦来公司应确认的资产转让所得＝（被转让资产的公允价值－被转让资产的计税基础）×（非股权支付金额÷被转让资产的公允价值）＝（1000－800）×（56÷1000）＝11.2（万元）。

对于悦来公司未超过法定弥补期限的亏损360万元，依据财税〔2009〕59

号文件的规定，可按分立资产占全部资产的比例进行分配[1]。按照资产的公允价值确认分配比例，悦来公司可以弥补的亏损额为：360×［（3800－1000）÷3800］＝265.26（万元）。

由于好滋味公司支付的对价中包含非股权支付银行存款80万元，且悦来公司确认了非股权支付对应的被分立资产的转让所得11.2万元，所以好滋味公司在确定被分立资产的计税基础时应考虑悦来公司已确认的该部分资产的转让所得，即好滋味公司取得被分立资产的计税基础＝被分立资产的原计税基础－非股权支付额＋悦来公司已确认的资产转让所得＝（800－80＋11.2）＝731.2（万元）。

需要说明的是，如果未来好滋味公司转让此部分资产，在计算股权转让所得时允许扣除的金额是736万元，而不是按公允价值入账的1000万元，因此需要调增应纳税所得额264万元。此外，对于悦来公司未超过法定弥补期限的亏损360万元，依据财税〔2009〕59号文件的规定，可以由好滋味公司继续弥补的亏损为：360×（1000÷3800）＝94.74（万元）。A公司和B公司应当确认非股权支付对应的放弃旧股的转让所得。其中，A公司应确认旧股转让所得：［（504＋56）－300×70%］×［56÷（504＋56）］＝35（万元）；B公司应确认旧股转让所得：［（216＋24）－300×30%］×［24÷（216＋24）］＝15（万元）。

2. 增值税

《国家税务总局关于纳税人资产重组有关增值税问题的公告》（国家税务总局公告2011年第13号）规定：纳税人在资产重组过程中，通过合并、分立、出售、置换等方式，将全部或者部分实物资产以及与其相关联的债权、负债和劳动力一并转让给其他单位和个人，不属于增值税的征税范围，其中涉及的货物转让，不征收增值税。

《国家税务总局关于纳税人资产重组有关增值税问题的公告》（国家税务总局公告2013年第66号）规定：纳税人在资产重组过程中，通过合并、分立、出售、置换等方式，将全部或者部分实物资产以及与其相关联的债权、负债经多次转让后，最终的受让方与劳动力接收方为同一单位和个人的，仍适用《国家税务总局关于纳税人资产重组有关增值税问题的公告》（国家税务总局公告2011

① 财税〔2009〕59号文件并未明确具体分配时是按照资产的公允价值还是按照账面价值计算确认分配比例。根据会计惯例，理应按照公允价值。这里按照公允价值计算确认分配比例。

年第 13 号）的相关规定，其中货物的多次转让行为均不征收增值税。资产的出让方需将资产重组方案等文件资料报其主管税务机关。

《营业税改征增值税试点有关事项的规定》（财税〔2016〕36 号）第一条第（二）项不征收增值税项目规定：在资产重组过程中，通过合并、分立、出售、置换等方式，将全部或者部分实物资产以及与其相关联的债权、负债和劳动力一并转让给其他单位和个人，其中涉及的不动产、土地使用权转让行为。

需要说明的是，企业分立是资产、负债、劳动力、技术等要素的同时转移，区别于一般的资产转让，按上述规定不需要缴纳增值税。企业在资产重组过程中将所属资产、负债及相关权利和义务转让给控股公司，但保留上市公司资格的行为，严格来说并不属于上述文件中的企业分立的行为，因此需要就资产转移行为征收增值税。

案例 7－7 甲公司由 A 公司和 B 公司共同投资成立，分别占 60% 和 40% 的股份。为满足经营需要，甲公司剥离部分净资产（账面价值 400 万元，公允价值 500 万元）给乙公司（增值税小规模纳税人）。乙公司确认 A 公司和 B 公司的投资额分别为 240 万元和 160 万元，同时分别向 A 公司支付一批本公司生产的木材（账面价值 50 万元，公允价值 60 万元），向 B 公司支付一辆本公司的设备（账面价值 26 万元，公允价值 40 万元）。按照财税〔2009〕9 号文件和国税函〔2009〕90 号文件的规定，乙公司需要就非股权支付的木材计算销项税 $60 \div (1+3\%) \times 3\% = 1.75$（万元）；需要就非股权支付的设备计算销项税 $40 \div (1+3\%) \times 2\% = 0.78$（万元）。

3. 契税

《财政部 税务总局关于继续执行企业、事业单位改制重组有关契税政策的公告》（财政部税务总局公告 2021 年第 17 号）第四条规定：公司依照法律规定、合同约定分立为两个或两个以上与原公司投资主体相同的公司，对分立后公司承受原公司土地、房屋权属，免征契税。

这里所称企业、公司，是指依照我国有关法律法规设立并在中国境内注册的企业、公司。投资主体存续，是指原企业、事业单位的出资人必须存在于改制重组后的企业，出资人的出资比例可以发生变动；投资主体相同，是指公司分立前后出资人不发生变动，出资人的出资比例可以发生变动。

4. 土地增值税

（1）分立时土地增值税处理。《财政部 税务总局关于继续实施企业改制重组有关土地增值税政策的公告》（财政部 税务总局公告2021年第21号）第三条规定：按照法律规定或者合同约定，企业分设为两个或两个以上与原企业投资主体相同的企业，对原企业将房地产转移、变更到分立后的企业，暂不征土地增值税。投资主体相同，是指企业改制重组前后出资人不发生变动，出资人的出资比例可以发生变动。

（财政部 税务总局公告2021年第21号）第五条规定：上述改制重组有关土地增值税政策不适用于房地产转移任意一方为房地产开发企业的情形。

（2）分立后再转让土地使用权的土地增值税处理。（财政部 税务总局公告2021年第21号）第六条规定：改制重组后再转让房地产并申报缴纳土地增值税时，对“取得土地使用权所支付的金额”，按照改制重组前取得该宗国有土地使用权所支付的地价款和按国家统一规定缴纳的有关费用确定；经批准的国有土地使用权作价出资入股的，为作价入股时县级及以上自然资源部门批准的评估价格。

5. 印花税

《财政部 国家税务总局关于企业改制过程中有关印花税政策的通知》（财税〔2003〕183号）第一条关于资金账簿的印花税的规定：以合并或分立方式成立的新企业，其新启用的资金账簿记载的资金，凡原已贴花的部分可不再贴花，未贴花的部分和以后新增加的资金按规定贴花。合并包括吸收合并和新设合并。分立包括存续分立和新设分立。

《财政部 税务总局关于对营业账簿减免印花税的通知》财税〔2018〕50号的规定：自2018年5月1日起，对按万分之五税率贴花的资金账簿减半征收印花税，对按件贴花五元的其他账簿免征印花税。

《财政部 税务总局关于实施小微企业普惠性税收减免政策的通知》财税〔2019〕13号）：三、增值税小规模纳税人可以在50%税额幅度内减征资源税、城市维护建设税、房产税、城镇土地使用税、印花税（不含证券交易印花税）、耕地占用税、教育费附加和地方教育附加。

6. 个人所得税

《国家税务总局关于企业重组业务企业所得税征收管理若干问题的公告》（国家税务总局公告2015年第48号）第一条规定：重组交易中，股权收购中转让方、合并中被合并企业股东和分立中被分立企业股东，可以是自然人。当事各方中的自然人应按个人所得税的相关规定进行税务处理。

第八节　资产划转的财税考量

一、资产划转的经济动机

资产划转是指100%直接控制的居民企业之间，以及受同一或相同多家居民企业100%直接控制的居民企业之间按账面净值划转股权或资产。

“资产划转”一词来源于“国有资产无偿划转”，20世纪80年代末，为了解决部分国有企业因经营不善陷入财务困境的难题，政府部门通常采用无偿划转的方式，将经营不善的企业连同职工、不良债务和企业办社会等一起划转给经济效益较好的国有企业，这一阶段，无偿划转的模式主要是政府部门主导型。随着时代的发展，无偿划转逐步向企业主动型转变，常常被用于国有企业改制特别是国有企业集团资产重组的过程中。2014年12月25日，财政部、国家税务总局发布了《财政部 国家税务总局关于促进企业重组有关企业所得税处理问题的通知》（财税〔2014〕109号），明确了资产划转的企业所得税处理方式，并在其具体配套政策管理性公告《国家税务总局关于资产（股权）划转企业所得税征管问题的公告》（2015年第40号）中将资产划转扩展到符合条件的所有居民企业之间。

从业务实质上来讲，资产划转属于企业重组的一种特殊形式，由于被划转的资产仍保留在同一集团内，这类交易并不完全按照市场化方式运作，因此，国家针对这一事项出台了包括企业所得税、土地增值税、契税等相关的税收优惠政策，这就大大降低了企业集团内部交易的税收成本，也节约了企业融资成本，能够促进企业的资源整合和业务重组，从宏观上讲，也更有利于市场经济的蓬勃发展。

二、资产划转的形式

根据国家税务总局公告2015年第40号的规定，资产划转包括以下四种形式：

（一）母公司按资产原账面净值向全资子公司增资型划转

100%直接控制的母子公司之间，母公司向子公司按账面净值划转其持有的股权或资产，母公司获得子公司100%的股权支付。母公司按增加长期股权投资处理，子公司按接受投资处理。母公司获得子公司股权的计税基础以划转股权或资产的原计税基础确定。

（二）母公司减资，全资子公司增资型资产划转

100%直接控制的母子公司之间，母公司向子公司按账面净值划转其持有的股权或资产，母公司没有获得任何股权或非股权支付。母公司按冲减实收资本处理，子公司按接受投资处理。

（三）全资子公司对母公司无偿划转

100%直接控制的母子公司之间，子公司向母公司按账面净值划转其持有的股权或资产，子公司没有获得任何股权或非股权支付。母公司按收回投资处理，或按接受投资处理，子公司按冲减实收资本处理。母公司应按被划转股权或资产的原计税基础，相应调减持有子公司股权的计税基础。

（四）全资子公司之间的无偿划转

受同一或相同多家母公司100%直接控制的子公司之间，在母公司主导下，一家子公司向另一家子公司按账面净值划转其持有的股权或资产，划出方没有获得任何股权或非股权支付。划出方按冲减所有者权益处理，划入方按接受投资处理。

三、资产划转的财税考量

（一）资产划转的财务考量

由于税收优惠申报和备案资料要求比较严格，为了充分享受税收优惠，企业必须做好资产的备案和登记工作，应尽量多的取得原始相关资料并妥善保存，有条件的话可聘请第三方中介机构做评估认证。

资产划转采用的是“双向管理备案和后续报告”的管理模式，即划转双方在汇算清缴时都需要向其主要税务机关进行备案，提交相关的备查资料，同时负有跟踪划转完成后一年内划转资产情况的责任，如果不再符合特殊性税务处理条件的，应及时向主管税务机关报告。

（二）资产划转的税务考量

1. 企业所得税

根据财税〔2014〕109号以及国税总局2015年第40号公告规定：只有同时满足以下条件时，才可适用特殊性税务处理：一是主观要件，即划转应具有合

理商业目的，不以减少、免除或者推迟缴纳税款为主要目的；二是存续要件，股权或资产划转后连续12个月内不改变被划转股权或资产原来实质性经营活动，“资产划转后连续12个月”，是指自股权或资产划转合同（协议）或批复生效，且交易双方已进行会计处理之日起的连续12个月；三是会计计量要件，要求资产按账面净值划转，且双方均未在会计上确认损益，此处的账面净值是指有关资产的计税基础减除已经按照规定扣除的折旧、折耗、摊销、准备金等后的余额。

满足上述条件的，可以选择按以下规定进行特殊性税务处理：

（1）划出方企业和划入方企业均不确认所得。

（2）划入方企业取得被划转股权或资产的计税基础，以被划转股权或资产的原账面净值确定。

（3）划入方企业取得的被划转资产，应按其原账面净值计算折旧扣除。

如果无法满足上述特殊性税务处理条件的，则应适用一般性税务处理方法：

（1）划出方按国税函〔2008〕828号文件规定视同按公允价值转让股权、资产计算资产转让所得，全额一次性纳税；划入方取得股权或资产按公允价值确定计税基础。

（2）划出方按财税〔2014〕116号文件规定视同以非货币性资产对外投资确认非货币性资产转让所得，按五年平均确认资产转让所得；划入方取得股权或资产按公允价值确定计税基础。

2. 增值税

根据国家税务总局公告2011年第13号、财税〔2016〕36号文附件2第一条的相关规定：当资产（包括货物、不动产、土地使用权）及与其相关的债权、负债和劳动力一起划转时，不属于增值税的征税范围，不征收增值税。如果不满足上述条件，则划出方应按视同销售缴纳增值税，可以按规定开具增值税专用发票，划入方取得发票后可按规定抵扣进项税额。

另外，如果划转的资产中包括可以依法享受免税的货物或技术转让，可以按规定办理免税手续。

3. 土地增值税

《财政部 税务总局关于继续实施企业改制重组有关土地增值税政策的公告》（财政部 税务总局公告2021年第21号）规定：除改制重组有关土地增值税政策不适用于房地产转移任意一方为房地产开发企业外，通过企业改制变更到改制后企业，企业重组合并、分立变更，以及单位、个人在改制重组时以房地产作价入股进行投资，对其将房地产转移、变更到被投资的企业，暂不征土地增值税。

4. 契税

《财政部 税务总局关于继续支持企业事业单位改制重组有关契税政策的公告》（财政部 税务总局2021年第21号公告）规定第六条“资产划转”规定：对承受县级以上人民政府或国有资产管理部门按规定进行行政性调整、划转国有土地、房屋权属的单位，免征契税。同一投资主体内部所属企业之间土地、房屋权属的划转，包括母公司与其全资子公司之间，同一公司所属全资子公司之间，同一自然人与其设立的个人独资企业、一人有限公司之间土地、房屋权属的划转，免征契税。

第九节 企业迁址注销、合并注销与关闭注销的财税考量

企业注销，指企业不再在特定地域从事生产经营、不再以某法人或非法人单位名义经营和不再从事生产经营，而需与有关交易方结清债权债务，需在有关行政机关办理报备手续、清缴手续。与企业生产经营直接相关的行政机关主要有前置审批机关、市场监督管理机关、税务机关等。

企业注销的类别，大致分为三类：一是企业不再在特定地域从事生产经营，而需要变更到其他地域从事生产经营，需要注销其在原生产经营地的税务登记，是为企业迁址注销；二是企业被别的企业合并，其可能不再以独立法人单位的身份存在，需要注销原法人单位的税务登记，是为企业合并注销；三是企业因各种原因而不再持续经营，需注销其税务登记，是为企业关闭注销。

一、企业迁址注销的财税考量

企业迁址，通常指企业注册地的迁移，随着企业注册地迁移，最直接的是该企业的企业所得税纳税地点将变更到新注册地，其次还可能随之有在新注册地购置、购建办公或生产经营场所，相应会产生与新场所相关的生产经营各税收、房产税、城镇土地使用税等变更到新注册或新生产经营地。

企业迁址的原因很多，从生产经营视角考虑大致有：一是基于管控需要，

如将不同层级子公司的注册地集中到集团公司所在地；二是基于生产经营需要，如将生产经营地靠近原材料、动力、水、矿山等资源供给地，或靠近主要市场所在地，或靠近专业技术等人才聚集地，或靠近产业链集聚地；三是基于政策因素，这些政策包括产业政策、供地政策、金融政策、财税政策等，而其中的财政扶持政策和税收优惠政策直接关系到经营活动净利润。

企业迁址一般不影响会计核算的连续性、不影响会计政策选择的一惯性，但企业迁址应充分考量税收诸方面。

（1）妥善应对企业迁址所面临的税费检查。企业对于注册地或生产经营地，可能带来的有 GDP 贡献、税收提供、劳动力就业、消费拉动，所以，其注册地或生产经营地政府通常是不支持企业迁出的；这种不支持反应在税收管理上，就是会对迁出企业进行较严格的税费检查。对迁出企业的税费检查，从税费种类而言，定当是涉及所有税费种；从时间跨度而言，除了迁出当年，定会追溯一定年份（一般为 3 年），甚至较极端的，可以是企业在该地域的实际生产经营年限；从检查方法而言，可以抽查，但也不排除进行详查，细致到生产经营各环节各方面各交易事项；从查处问题定性定量及处罚而言，通常不会从轻。为此，企业当在拟迁出前先进行自查，由于企业自身专业水准和专业团队人员所限，最好聘请专业水准高的税务师事务所等第三方专业机构，以税务稽查视角和手段实施委托自查，以完整、准确发现差错并及时补缴税款；此做法的好处是，可以免除罚款、减少被计收滞纳金的天数。

（2）关注并符合企业迁出的征税管理要求。企业迁出首先是履行完持续经营期间的各种税费，具体包括迁出年度经营活动的各税费（可不涉及当年企业所得税汇算清缴）、以往年度的欠缴税费、税务机关检查要求补缴的各税费及滞纳金等；其次是在主管税务机关缴销已领购未使用发票、发票领购簿及税务登记证；最后是在办妥前两项事务基础上注销在迁出地的税务登记。

（3）符合企业迁入地的征税管理要求。对仅仅迁址的持续经营企业而言，到新迁入地纳入税务管理，与新办企业类似。首先需在 30 日内报送类似新办企业税务登记的各种资料，主要是税务登记表及该表所填列事项的佐证资料，如场地的不动产权证、租赁合同、各个银行账户证明等；其次需报备企业会计政策选择；再次需办理发票领购手续，其原来的一般纳税人或小规模纳税人身份可平移至新纳税地。从纳税管理角度，应做好：一是纳税人身份（小规模或一般）的规划及经营活动规划；二是保持或重塑成为良好纳税信用等级的纳税人；

三是关注纳税风险防控与合法节税。

二、企业合并注销的财税考量

企业合并，是指在企业并购重组业务中，该企业被吸收合并或被新设合并。企业合并注销，是指经此合并重组，该企业可能不再以原独立法人身份存在，需注销该企业。

企业合并的原因、企业合并的财税处理等，均已在此前展开讨论，在此需要就企业合并注销的财税考量强调以下几点：

（1）企业合并注销不同于企业关闭注销。主要的区别在于，企业关闭注销，意味着该企业及其经营性资产经此注销将不再持续经营；企业合并注销，虽该企业法人已注销，但该企业经营性资产仍将持续经营。因此，企业合并注销，不涉及被合并企业资产变现或处置的税收。

（2）企业合并注销也是“注销”。因其不再以独立法人主体存在，所以需审视其以往年作为独立法人企业在持续经营期间的税收，也是需要最终确认各税费应缴多少、已缴多少、还应补缴多少；至于如何确认其持续经营期间的税收，基本做法应类同于关闭注销的做法。

（3）企业合并注销涉及被合并企业原股东的税收。被合并企业原股东若涉及非股权支付或实施的是一般重组，其应确认资产转让所得、缴纳所得税；被合并企业原股东若为自然人的，发起合并方负有代扣缴相应个人所得税的义务。

三、企业关闭注销的财税考量

企业关闭，分为正常关闭和非正常关闭。正常关闭，指企业实现了设立宗旨或届满了设立时预设的经营年限，而不再持续经营的关闭；非正常关闭，指企业因经营违法违规而被吊销了存在必有的前置批文，或违反了市场监督管理的有关规定（如垄断经营、价格欺诈）而被吊销了营业执照，或因经营不善、连年亏损而股东不愿继续亏损，相应地不能或不愿再持续经营的关闭。

企业关闭注销，需了结与其有业务往来单位及个人的债权债务，需在有关行政机关办理报备手续、清交手续，需变现或处置非货币资产，需对股东就债、税、费了结后进行剩余资产的分配，需代扣缴非居民法人股东的预提所得税、自然人股东的个人所得税。所有上述事项，与税直接相关的有四个方面：一是企业持续经营期间的税收确认与结清；二是企业非货币资产变现的税收缴纳；三是清算所得的企业所得税缴纳；四是办理注销手续和对股东分配的税收代扣缴。

（一）注销企业在持续经营期间的税收确认与结清

注销企业在持续经营期间的税收，主要包括由企业自主纳税申报的欠缴税、此前经税务机关纳税评估、税务稽查等认定的应纳税额的欠缴数，和在申请注销时主管税务机关确认的应纳税总额大于此前累计申报或查增税额的差额。

对于持续经营期间企业应纳各税费总额的确认，主要的做法：一是查清所有税费种；二是时间跨度是追溯3年，根据发现问题情况，可延长追溯期；三是清查的主体，可以是主管税务机关的某些职能部门、可以委托税务师事务所等第三方专业机构，主管税务机关内的职能部门可能是法制科、可能是科技征管科等；四是对查出以往年度少交税，会收取每日万分之五的滞纳金，是否处以罚款取决于少交税的原因是否属于违法。

从纳税管理角度考虑，注销企业有必要自行或委托税务师事务所等第三方专业机构，在税务机关清查前进行自查，以便发现差错、进行补交、免除罚款。

（二）注销企业非货币资产变现的税收缴纳

企业的非货币资产，主要包括存货、机器设备、房屋建筑物、土地使用权、专利等其他无形资产。注销企业基于分配，需要将非货币资产按市场公允价变现或按市场公允价处理给股东；不论其售卖给股东、还是非股东，均须不低于市场公允价，均须就处置变现纳税；非货币资产变现的税收，主要涉及增值税、土地增值税、企业所得税、印花税等。

1. 存货、机器设备变现的税收

存货、机器设备变现，都属于货物销售，都应计缴增值税。此过程有以下税务问题需关注：

（1）变现或处置的作价如何体现公允。一是有同类货物在近期对非关联方的公平交易参照价，当涉及多个高低不等的参照价时，可采用其算术平均或加权平均数作为公平交易参照价；应当说，方法不同、样本不同，计算出的均价也会不同。从纳税管理角度，可进行定价方面的税收筹划安排。二是若没有同类货物在近期对非关联方的公开交易参照价，或变现处置已使用过机器设备，找寻市场公允价的主要方法有公开拍卖或进行资产评估；采用拍卖方式，需提前在公开媒体进行规定天数的公告，并遵循合理确定起拍价原则、遵循出价高原则；资产评估，其机构和人员需具备资质，基于评估目的需选取恰当的评估方法。当然，基于纳税管理，可选取评估价区间值中的下限处置资产。

（2）计税方法应正确。其中，对于原未抵扣进项税的购进机器、设备，可选择按3%征收率减按2%计增值税；对于原已抵扣购进环节进项税的，则采用13%税率计增值税销项。

存货、机器设备变现，其不含增值税的价款部份会形成变现收入，该收入及其对应成本将汇入清算所得，计缴清算所得的企业所得税。

2. 房屋建筑物、土地使用权变现的税收

房屋建筑物、土地使用权变现，都应计缴增值税。其中，若房屋建筑物、土地使用权系2016年4月30日前取得，则变现收入适用简易计税，即将收入除以1+5%、再乘以5%计增值税；若房屋建筑物、土地使用权系2016年5月1日后取得，则变现收入适用一般计税，即将收入除以1+9%、再乘以9%计增值税销项税额。

房屋建筑物、土地使用权变现，都应计缴土地增值税。其中，在计算扣除项目时，都不涉及加扣20%；房屋建筑物的扣除成本，按重置成本法进行评估；扣除项目中，包含变现环节涉及在增值税基础上的附加税费、合同印花税、评估费、拍卖费等其他合理税费。

房屋建筑物、土地使用权变现不含税收入，扣除其折余或摊余价值，扣除增值税附加税费、土地增值税等税费以后，余额部份将汇入清算所得，计缴清算所得的企业所得税。

3. 专利等其他无形资产的税收

其他无形资产中较特殊的如采矿权等自然资源开采权，其变现收入仍然应计缴增值税，其一般计税适用税率6%。

其他无形资变现收入，扣除增值税，扣减摊余价值，扣减增值税附加税费等税费余额部分汇入清算所得，计缴清算所得的企业所得税。

（三）清算所得的企业所得税缴纳

企业注销清算的所得，应包括非货币资产变现不含税收入扣除成本、费用、税金的余额，加收回债权，减收不回的债权，加不用偿还的债务，减能偿还的债务，减原始投资成本，减累计资本和盈余公积与未分配利润。

计算资产变现净所得时，资产变现不含税收入，指不含增值税的收入；减除成本，指存货原始成本、固定资产折余价值、无形资产摊余价值；减除费用，指资产评估费、拍卖费、付给第三方的中介费等；减除税金，指增值税基础上的附加税费、土地增值税、印花税等。

企业清算所得的应纳企业所得税额 = 企业清算所得 ×25%，而无论该企业此前是否因属高新技术企业或享受西部大开发税收政策等，而按低于 25% 的税率缴纳企业所得税。之所以有如此规定，是因为企业清算所得的来源主要来自企业资产升值和不用偿还的债务等，与企业原主营业务无关。

（四）办理注销手续和对股东分配的税收代扣缴

企业关闭注销，是最彻底的企业注销，除需注销其前置审批，还需注销工商登记、税务登记，注销银行账号、注销企业印章等；其中，工商登记、税务登记的注销，应先注销税务登记，后注销工商登记。

注销税务登记的前提，是结清已确认持续经营期间的各税费，结清已确认资产变现或处置的税收，结清企业清算所得的企业所得税，结清剩余货币资金（资产）在向股东分配时的税收。

关闭企业在缴纳清算所得的企业所得税后，向企业股东进行分配。其中，相当于原各股东投入额的部份，作为股东收回投资；相当于原持续经营期间积累的资本公积、盈余公积和未分配利润，作为对股东的股利分配；再有剩余部份对股东的分配，作为股东取得资产转让所得。

股东取得股利分配，若股东方为自然人，关闭注销清算管理主体负有代扣缴 20% 个人所得税义务；若股东方为非居民法人，关闭注销清算管理主体负有代扣缴预提所得税义务，预提所得税比率通常为 10%，股东所在国与我国有税收协定的预提所得税征收比率可能低于 10%。

股东取得财产转让所得，若股东方为自然人，关闭注销清算管理主体负有代扣缴 20% 个人所得税义务；若股东方为非居民法人，关闭注销清算管理主体负有代扣缴 25% 企业所得税义务。

关闭注销企业，在完成了上述各税费缴纳和代扣缴后，需向主管税务机关缴销税务登记证、发票领购簿、剩余未使用发票，至此可办理税务登记注销，取得税务登记注销通知书；凭税务登记注销通知书等资料，可在市场监督管理部门办理工商登记注销。

第十节　资本交易财税决策的综合分析

一、实际发生的交易案例及启示

（一）基本情况

T集团由罗某和王某共同创建，经过20多年发展已成为集教育、地产于一体的经营公司，教育版块在国内成为知名品牌并于境外上市。2017年王某移居加拿大，工作与生活场景与罗某存在的巨大差异，二人已无法再共同经营。两人在资产评估的基础上经过友好协商决定将公允值4亿元集团公司下属G房产公司分割给王某，然后王某从T集团退出。

T集团公司的主要营业执照体现从事项目投资、企业管理咨询等业务，注册资本为29809.9959万元人民币，股东共计五个法人，分别为A、B、C、D、E，其中A、C、D、E实际控制人为罗某，B实际控制人为王某。B为商业公司持有T集团22.46%的股权（对应T集团原始出资额6694.6万元人民币），B公司除对T集团投资外无其他资产。T集团组织结构简图见图7－1。

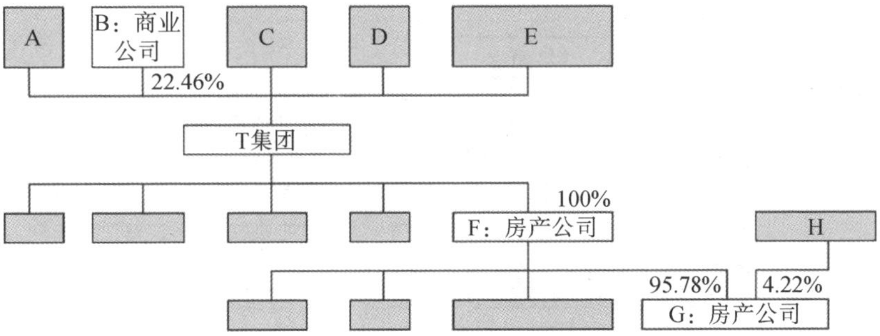

图7－1　集团组织结构简图

注：（1）F房产公司是T集团的全资子公司。

（2）G房产公司注册资本为3200万元人民币，股东为F房产公司、H公司。

（3）F房产公司持有G房产公司95.78%的股权（对应出资额3065万元人民币）。G房产公司目前正在进行的房地产开发项目。

（二）重组目的和重组后所求的架构

B 公司退出 T 集团，以持有的 T 集团 22.46% 的股权交换 F 房产公司持有的 G 房产公司 95.78% 的股权。交易后 B 公司不再是 T 集团的股东，G 房产公司也将从 T 集团剥离出去。交易后结构见图 7－2。

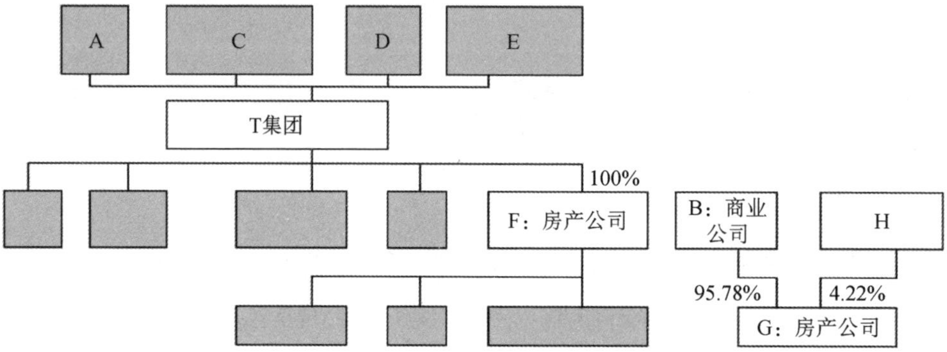

图 7－2　交易后集团结构简图

（三）方案设计

方案一：分立＋定向减资

1. 交易模式

第一步：T 集团对 F 房产公司进行特殊分立，将持有的 G 房产公司股权分立出去成立 F1（见图 7－3）。

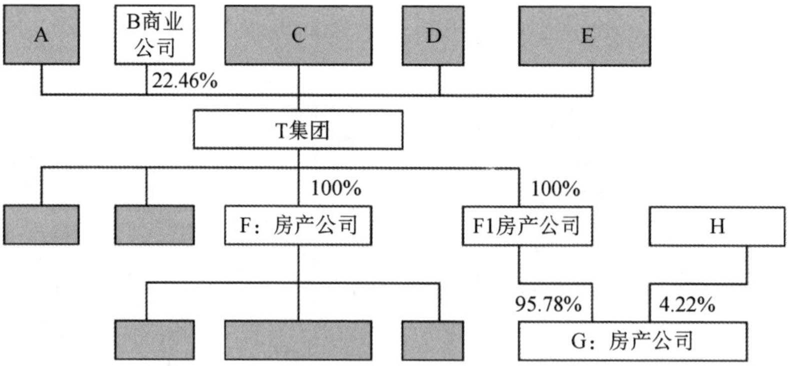

图 7－3　F1 成立后集团结构简图

第二步：T 集团以持有的 F1 房产公司的股权对 B 公司进行减资，B 公司退出 T 集团（见图 7－4）。

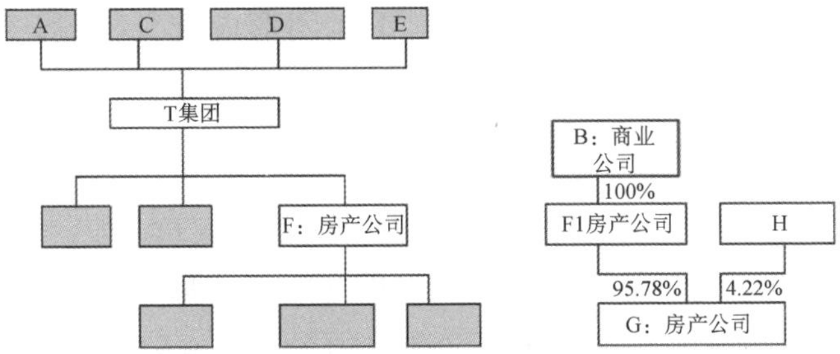

图 7－4　B 公司退出后集团结构简图

2. 税收分析

（1）分立。企业所得税：上述分立符合特殊重组（股东不变、股权比例不变，股权支付比例达到交易支付总额的 85%）。

（2）对 B 公司定向减资（将 F1 房产公司的股权分配给 B 公司，B 公司退出 T 集团），其取得的 G 房产公司股权会按公允价值进行计算，超过原投资成本的部分视为股权转让所得，涉及企业所得税。

文件规定：《关于企业所得税若干问题的公告》（国家税务总局公告〔2011〕34 号）：五、投资企业撤回或减少投资的税务处理。投资企业从被投资企业撤回或减少投资，其取得的资产中，相当于初始出资的部分，应确认为投资收回；相当于被投资企业累计未分配利润和累计盈余公积按减少实收资本比例计算的部分，应确认为股息所得；其余部分确认为投资资产转让所得。

（3）该方案还存在以下问题：①分立和减资均需公告 45 天，时间较长；②特殊分立后，T 集团 12 个月内不得转让 F1 房产公司的股权。

方案二：以 B 公司为收购方，收购 F 房产公司持有的 G 房产公司股权

（1）交易模式。

第一步：B 公司以所持 T 集团 22.64% 的股权作为对价，收购 F 房产公司持有 G 房产公司 95.78% 的股权（见图 7－5）。

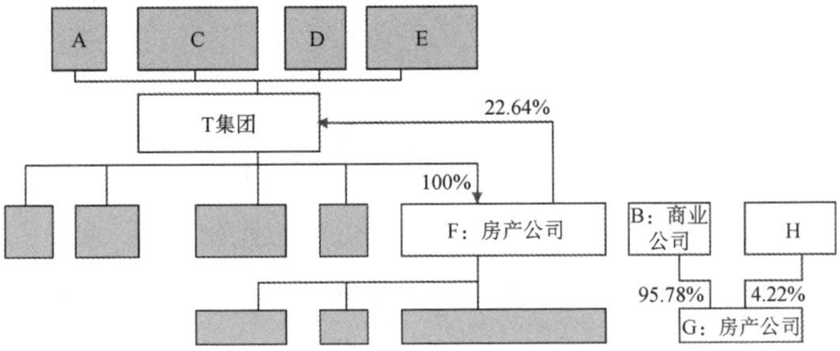

图 7－5　收购后集团结构简图

第二步：经过第一步，F 房产公司与 T 集团形成交叉持股。F 房产公司可以将所持 T 集团 22.64% 的股权划拨给 T 集团。

（2）税收分析。该模式主要涉及企业所得税，根据财税〔2009〕59 号、财税〔2014〕109 号文规定，若要适用特殊性税收处理，需满足以下条件：一是受让企业收购的资产不低于转让企业全部资产的 50%，且股权支付金额不低于其交易支付总额的 85%；二是股权支付需以本企业或其控股企业的股权、股份支付。

因 B 公司在收购 F 房产公司持有的 G 公司 95.78% 的的股权中，虽是以股份（T 集团的股份）作为支付形式，但 B 公司对 T 集团只有 22.64% 的股权，并不具有控股权，故不符合特殊重组，不能适用特殊性税务处理。要按股权公允价值计算股权转让所得。

方案三：以 F 房产公司为收购方，收购 B 公司持有的 T 集团股权

1. 交易模式

第一步：F 房产公司以所持有的 G 房产公司 95.78% 的股权作为对价，收购 B 公司持有 T 集团 22.64% 的股权（见图 7－6）。

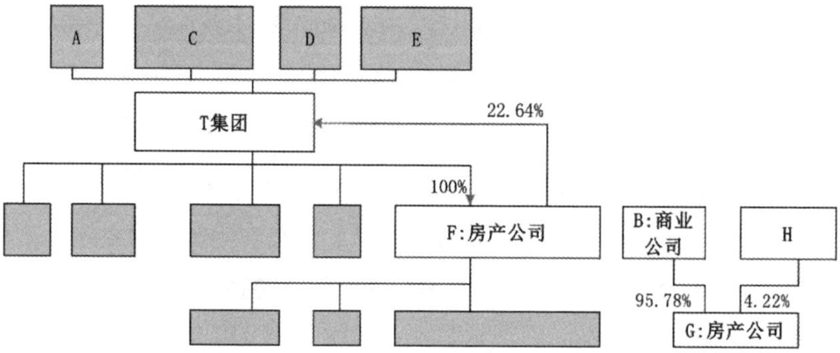

图 7－6　收购后集团结构简图

第二步：经过第一步，F 房产公司与 T 集团形成交叉持股。F 房产公司可以将所持 T 集团 22.64% 的股权划拨给 T 集团。

2. 税收分析

（1）股权收购。该模式股权收购符合特殊重组，适用特殊性税务处理。B 公司持有的集团 22.64% 的股权，占 B 公司资产的比例大于 50%；F 房产公司以控股企业 G 公司的股权支付，其股权支付金额大于交易支付总额的 85%。

（2）资产划拨。F 房产公司将持有的 T 集团 22.64% 的股权划拨给 T 集团，因 F 房产公司是 T 集团的全资子公司，双方划拨股权、资产可以适用特殊性税

务处理，双方均不确认所得。

《财政部 国家税务总局关于促进企业重组有关企业所得税处理问题的通知》（财税〔2014〕109号）第三条规定：对100%直接控制的居民企业之间，以及受同一或相同多家居民企业100%直接控制的居民企业之间按账面净值划转股权或资产，凡具有合理商业目的，不以减少、免除或者推迟缴纳税款为主要目的，股权或资产划转后连续12个月内不改变被划转股权或资产原来实质性经营活动，且划出方企业和划入方企业均未在会计上确认损益的，可以选择按以下规定进行特殊性税务处理：

1. 划出方企业和划入方企业均不确认所得。

2. 划入方企业取得被划转股权或资产的计税基础，以被划转股权或资产的原账面净值确定。

3. 划入方企业取得的被划转资产，应按其原账面净值计算折旧扣除。

《国家税务总局关于资产（股权）划转企业所得税征管问题的公告》（2015年第40号）第一条第三款规定：100%直接控制的母子公司之间，子公司向母公司按账面净值划转其持有的股权或资产，子公司没有获得任何股权或非股权支付。母公司按收回投资处理，或按接受投资处理，子公司按冲减实收资本处理。母公司应按被划转股权或资产的原计税基础，相应调减持有子公司股权的计税基础。

二、不同经营选择及财务目的对方案的选择

以上分析我们可清晰发现：方案一耗时长，程序复杂，且减资环节涉及交纳企业所得税；方案二不适用特殊性税务处理，交易内容必须按一般性税务重组处理；方案三股权收购和资产划拨均适用特殊性税务处理，涉及税收完全实现递延。

如果无其他因素影响，我们可以毫不犹豫的说会选择方案三作为执行方案。但这个案子的实际结果是由于王某在加拿大的项目必须马上注入资金，否则项目将被政府收回，所以B公司将持有的T集团22.64%的股权作价3.95亿元转让给A公司，缴纳企业所得税82013500元［（395000000－6694600）×0.25］。

该案例给我们带来了一个需要深入思考的问题：税收规划方案的设计与选定应充分考虑哪些因素呢？

（1）国家产业政策。特别是国有企业尤其应充分考虑和应用，如由于国家能源结构调整不少煤炭企业关停并转，由于国家提升国家资本影响力，推进了

混合所有制的发展。

（2）企业经营战略目标。企业处于扩张性阶段，为在较短时间内并较低付现实现规模化，资本交易通常希望使用特殊税务重组；企业处理收缩性阶段，为在较短时间内获得现金流，资本交易通常使用一般性税务重组。

（3）财务状况与目标。资本交易的接收方如果融资能力强，其他投资机会少的情况下通常会喜欢压价付现交易，否则更愿意非货币性交易。资本交易的交付方则相反。

（4）资本交易双方或多方关联关系。同一控制下的资本交易通常是非货币交易，非同一控制下资本交易通常为现金交易。

除上述因素外往往还会考虑资本交易所处营商环境、法律条件、交易时间长短等，总之，交易的方案设计与交易确定是企业内外部多因素决定的，我们在实际工作中应予充分考量。

三、当前资本交易值得进一步深入探讨的问题

（1）如何判断企业重组是否具有“合理的商业目的”。资本交易中的特殊税务重组，有一个基本要求就是“具有合理的商业目的，且不以减少、免除或者推迟缴纳税款为主要目的”。对于什么是合理商业目一直就只在描述性规定却从未有一个具体判定标准，这就难免造成税企争议，甚至重组案失败。我们认为遇至此种情况时应从“利税主义”转为“利企主义”，没有明确的“ 以减少、免除或者推迟缴纳税款为主要目的”证据应认同企业的选择。

（2）非货币投资是视同销售还是企业重组。非货币投资是指投资人以其持有的非货币作为出资，投资于境内其他有限责任公司或者股份有限公司的行为。因此，非货币投资可以作为一种投资行为，但对非货币投资是销售还是重组却值得研究。

认识一：应将非货币投资视同销售。理由是：企业所得税法实施条例第二十五条规定，企业发生非货币性资产交换等，应视同销售货物等。根据《关于企业处置资产所得税处理问题的通知》（国税函〔2008〕828 号）对资产转移行为的分类规定，当资产所有权属在形式和实质上均不发生改变时，可作为内部处置资产，不视同销售确认收入；当资产所有权属已发生改变而不属于内部处置资产时，应按规定视同销售确定收入等。

认识二：可以将非货币投资视同股权收购或资产收购。理由是：非货币投资中，投资企业将非货币注入被投资单位，获取被投资单位的股权，投资企业相

当于被收购方，被投资企业为收购方，收购方以股权支付，符合59号文关于股权或资产收购的规定。如非货币投资符合条件还可以适用特殊性税务处理规定。

以上两种认识观点实际是“一个货币的两个面”，同一事物从不同角度而出现的不同认知，值得在实务操作中深入研究与应用。

本章小结

本章主要讲述资本交易的财税考量，分别从企业组织形式改变、债权债务重组、股权转让与股权收购、资产转让与资产收购、企业合并与分立、资产划转及企业注销等方面进行详细分析，介绍了不同资本交易的税务决策方法。

关键术语

资本交易　债务重组　股权收购　合并　分立　资产转让　资产划转　企业注销

思考题

1. 资本交易的动机是什么？
2. 企业有哪些组织形式？组织形式的变化会有怎样的税收影响？
3. 如何对资产划转重组进行所得税处理？
4. 什么是股权收购？股权收购适用特殊性税务处理的条件是什么？
5. 企业分立的税收策略有哪些？
6. 企业不同形式的注销有怎样的税收考量？

练习题

1. 甲公司为一个制造业企业，由另一家国内企业全资控股，公司的资产主要是厂房和若干机器设备，并拥有一项独创的专利，该专利是其盈利的重要保证。现有投资人打算并购该企业，可以选择采取股权并购或资产并购，但总的交易价格相同，均为1亿元。已知甲公司的注册资本为5000万元，厂房的评估价值为3000万元，其中土地价值2000万元，地上建筑价值1000万元。机器设备和专利的评估价值分别为2000万元和5000万元。公司当初购买土地支付的地价款和有关费用合计1000万元，厂房由甲公司直接委托施工单位建设，截至并购日，厂房连同其土地的折余价值为2000万元。机器设备于2015年12月31日前购置，原购置价格为4000万元，截至并购日，折余价值为2000万元。假设并购发生在2020年1月1日以后，并购发生时甲公司无未分配利润和盈余公积。

要求：分别计算股权并购和资产并购时的税负。

2. 2020年1月，甲公司与乙公司进行吸收合并，乙公司拟将其拥有的下表所列资产与甲公司进行合并（见表7-6）。

表7-6　乙公司交易资产情况　单位：万元

资产	账面价值	计税基础	评估价值
固定资产	2000	2200	3300
存货	850	900	1300
应收账款	100	100	100
货币资金	500	500	500
资产合计	3450	3700	5200
应付账款	700	700	200
负债合计	700	700	200
所有者权益	3000	3000	5000

注：所有者权益中，股本1000万元，未分配利润500万元，盈利公积500万元，资本公积1000万元。

假定，甲、乙公司均为A公司的全资子公司，因此，甲、乙公司合并属同一控制下企业合并。A公司对乙公司的“长期股权投资”采用成本法核算，账面价值（投资成本）为1000万元。拟采用下面方案进行企业合并（见表7-7）。

表7-7　甲公司合并企业支付情况　单位：万元

类别	账面价值	计税基础	公允价值
定向增发股份	3000	3000	4500
国债债券	100	100	200
现金	300	300	300
合计	3400	3400	5000

合并方案：甲公司向乙公司股东A公司以每股1.5元的价格定向增发3000万股（每股面值1元），同时向A公司支付现金300万元，支付债券200万元（公允价值）。以此方式对乙公司进行吸收合并。

要求：

（1）分析该合并活动是否适用分立业务的特殊税务处理，为什么？

（2）为A公司和B公司作出相应的税务处理。

外部观察者往往难以确定与利润挂钩的契约究竟是出于税收考虑，还是出于激励考虑，或两者兼而有之。这种识别问题使人们难以了解究竟是什么问题形成了契约的微观基础。

——诺贝尔经济学奖得主　迈伦·斯科尔斯（Myron Scholes）

第八章　税收与财务分析

- 税收与财务分析的原理
- 税收与企业财务状况分析
- 税收与企业财务信息质量分析

学习提示

本章主要介绍税收在财务报表分析中的作用，主要内容包括税收与财务分析的原理概述，税收与企业财务状况分析和税收与企业财务信息质量分析。

案例导入

2020年1月31日，知名做空机构浑水（Muddy Waters Research）声称，在美国上市的瑞幸咖啡公司涉嫌财务造假，值得关注的是，在列举相关证据时，其中一项证据涉及瑞幸咖啡的增值税数据。按中国税法，其他产品算货物销售，适用13%增值税税率，而现制产品与配送业务适用税率为6%。浑水机构根据收集的客户消费收据信息，将瑞幸的收入进行分类，并按产品类型加权平均的净收入贡献率计算一个混合的增值税率。报告指出，在2019年2~3季度，计算所得的增值税率7.6%与瑞幸报告的6.5%存在较大差距。倘若与报道所称的增值税率相一致，其他产品（坚果、面包等）在销售总收入中占比应为7%，而公司报道的占比为22.8%，从税收指标与运营指标不一致的角度推断，瑞幸咖啡存在财务造假的嫌疑。

可见，综合税法和财务准则、利用税收指标与财务指标之间的勾稽关系，已经成为判断企业财务信息质量、获知企业真实运营业绩的一条重要路径。那么如何利用税收数据进行财务报表分析？本章将对此进行详细阐述。

第一节　税收与财务分析的原理

一、财务报表分析体系

财务报表分析是对企业财务报表所提供的数据进行加工、分析、比较、评价和解释，其目的在于，判断企业的财务状况和诊察企业经营管理的得失。关于财务报表分析的方法，目前使用相对广泛的是杜邦分析法（DuPont Analysis），这种方法是利用几种主要的财务比率之间的关系来综合地分析企业的财务状况。

具体来说，它是一种用来评价公司营利能力和股东权益回报水平，从财务角度评价企业绩效的一种经典方法。其基本思想是将企业净资产收益率逐级分解为多项财务比率乘积，这样有助于深入分析比较企业经营业绩。由于这种分析方法最早由美国杜邦公司使用，故名杜邦分析法（见图8－1）。

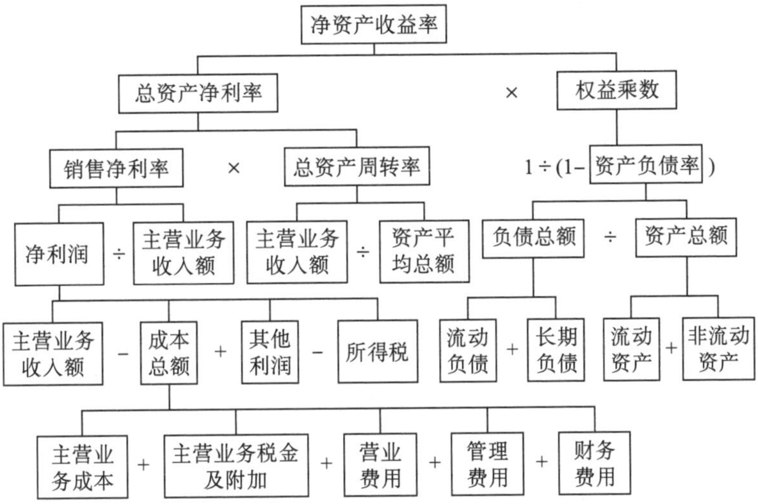

图8－1　杜邦分析体系框架

值得指出的是，杜邦分析法有种种优点，但同时也有一些缺陷。从企业绩效评价的角度来看，杜邦分析法只包括财务方面的信息，不能全面反映企业的实力，有很大的局限性，在实际运用中需要加以注意，必须结合企业的其他信息加以分析。主要表现在：

（1）对短期财务结果过分重视，有可能助长公司管理层的短期行为，忽略企业长期的价值创造。

（2）财务指标反映的是企业过去的经营业绩，这在衡量工业时代的企业能够满足要求。但在信息时代，顾客、供应商、雇员、技术创新等因素对企业经营业绩的影响越来越大，而杜邦分析法在这些方面是无能为力的。

（3）在市场环境中，企业的无形知识资产对提高企业长期竞争力至关重要，杜邦分析法却不能解决无形资产的估值问题。

本章具体阐述杜邦分析法包含的内容，并帮助读者认识财务报表分析中所关注的评估企业能力的多个维度。

（一）主要财务比率内涵——营利能力

营利能力是企业获取利润的能力。衡量企业营利能力常用比率如下：

1. 总资产报酬率

总资产报酬率 = 净利润/平均资产

该指标用于评价企业利用资产获取利润的能力，反映了企业利用总资产的效果。从等量资本获取等量报酬这一规律看，各行业的资产报酬率将趋于一致。如果一个企业的总资产报酬率过低，甚至低于银行存款利率，说明企业的经营管理水平较低，应进一步调整经营方针，以提高资产利用效率。

2. 所有者权益报酬率

所有者权益报酬率也叫净资产收益率，反映净利润与所有者权益的比率。其计算公式如下：

所有者权益报酬率 = 净利润/所有者权益

所有者权益报酬率实质上是投资者角度的投资报酬率，该指标至少要等于无风险投资的国库券利率，否则一般投资者会宁愿买国债。由于企业以股东利益最大化为经营目标，因此这一指标可以说是评判一个企业业绩最重要的指标。

3. 销售利润率

销售利润率指标是从销售的角度来分析企业销售产品的营利能力。同类企业间销售利润率的横向比较，反映了企业营利能力的差距。与本企业历史数据的纵向比较，可评价企业各年度的业绩成果，并将此结果作为分析各年度利润和现金流量变化的基础之一。其计算公式如下：

销售利润率 = 利润/销售收入 × 100%

除此之外，销售毛利率和成本费用利润率也是衡量企业销售利润率的重要指标：

销售毛利率 = 销售毛利/销售净收入 × 100%

一般而言，毛利率越大，说明在销售收入中，销售成本所占的比重就越小，产品的营利能力就越强。

成本费用利润率 = 利润总额/成本费用总额 × 100%

上式中，成本费用是指销售税金、销售费用、财务费用和管理费用。这一比率越高，说明企业为获取利润而付出的代价越小，营利能力越强。它不仅可用以评价企业营利能力高低，还可用来衡量企业对成本费用的控制和管理水平。

（二）主要财务比率内涵——营运能力

（1）存货周转率。存货周转率是企业一定时期的销售成本与平均存货的比率，用于评价一个企业的销售能力强弱和存货是否过量，周转率可用周转次数和周转期表示，计算公式为：

存货周转率（次/年）=商品销售成本/平均存货

存货周转期（天/次）=360/存货周转率

上式中，平均存货一般用期初存货与期末存货之和再除以2求得。商品销售成本也可用营业成本计算。存货周转得越快，表明企业的销售能力越强，营运效率越高，存货为企业提供的利润也越多，占用资金越少。反之周转慢，可能是企业的销售能力差，库存积压或存货呆滞，营运效率低。

（2）应收账款周转率。应收账款周转率是企业赊销收入净额与应收账款平均余额之比，反映企业应收账款的流动程度，周转率可用周转次数和平均收账期表示，计算公式分别为：

应收账款周转率（次数）=赊销收入净额/平均应收账款

平均收账期（天数）=360/应收账款周转率

应收账款周转率越高、次数越多或天数越少，说明企业催收账款的速度越快，可以减少坏账损失，而且资产的流动性强，短期偿债能力也强。反之，周转率过低，则说明企业催账的效率太低，或者信用政策太松，从而影响企业资金利用率和资金的正常周转。但过高的应收账款周转率，可能是企业采用的信用政策、付款条件过于苛刻等，又会限制销售量的扩大，进而影响企业的营利水平。

（3）资产周转率。资产周转率是销售收入与平均资产占用的比率，表示企业的资产的使用效率。资产周转速度越快，企业资产的利用效率就越好，营利能力也越强。资产可从不同角度考核分析，分别计算分析流动资产周转率、固定资产周转率和总资产周转率。

（三）主要财务比率内涵——偿债能力

1. 短期偿债能力分析

（1）流动比率。流动比率是衡量企业流动资产在短期负债到期前，可用于变现偿还负债的能力，其计算公式为：

流动比率 = 流动资产 ÷ 流动负债 × 100%

式中的流动资产是指货币资金、短期投资、应收票据、应收账款和存货等可以在一年或超过一年的一个营业周期内可以变现的资产。流动负债是指短期借款、应付票据、应付账款、预收账款、应付股利、应交税金等在一年或者超过一年的营业周期内偿还的债务。

流动比率越高，企业资产的流动性越大，短期偿债能力越强。但一般认为，合理的流动比率最低限为2，比率太大，流动资产所占比率过高，会影响企业经营资金周转效率和获利能力。

（2）速动比率：

速动比率又称酸性测试比率，其计算公式为：

速动比率 =（流动资产 - 存货 - 待摊费用）÷ 流动负债 × 100%

式中的速动资产是指货币资金、短期投资、应收账款等，不包括存货和待摊费用。因为存货的流动性较差，变现时要经过销售和收款，时间长，甚至不乏超储积压物资；待摊费用也不能直接用于偿还流动负债或变现，故这两者都不属于速动资产。

一般认为，速动比率最低限为0.5，如果保持在1，则流动负债的安全性较有保障。在实务中，速动比率与流动比率一样，因各行业的特性不同而不同。

（3）现金比率。现金比率又称现金资产比率，反映企业直接偿付流动负债的能力，其计算公式为：

现金比率 =（货币资金 + 有价证券）÷ 流动负债 × 100%

现金比率将存货和应收款项排除在外，只衡量企业所有资产中相对于当前负债最具有流动性的项目，一般认为现金比率最底限为0.2，这一比率过高，说明企业流动资产未能得到合理运用，现金类资产营利能力低，企业机会成本增加。

2. 长期偿债能力分析

（1）资产负债率。资产负债率是负债总额除以资产总额的百分比，它反映了在总资产中有多大比例是通过借债来筹资的，可以衡量企业在清算时保护债权人利益的程度，公式如下：

资产负债率 =（负债总额/资产总额）×100%

公式中的负债不仅包括短期负债，还包括长期负债。

这个指标反映债权人所提供的资本占全部资本的比例，也称为举债经营比率。该指标40% ~60%较为正常：若超过70%，企业的经营风险较大，西方国家以70%为警戒线。

（2）股东权益对负债比率：

股东权益对负债比率 =（股东权益/负债总额）×100%

用以表示公司的每百元负债中，有多少自有资本抵债，即自有资本占负债的比例。比率越大，表明公司自有资本越雄厚，负债总额越小，债权人的债权就越有保障；该比率越小，则意味着公司负债越重，财务可能陷入危机，可能无力偿还债务。

（3）产权比率。产权比率又叫自有资本率，就是股东权益与总资产之间的比率。

产权比率 =（股东权益 ÷ 总资产）×100%

它表明股东权益在总资产中所占的比重。是与举债经营比率相配合的一个比率。产权比率越高。表明公司自有资本总资产的比重越大，从而其资产结构越健全，长期债权能力越强。一般认为，自有资本率必须达到25%以上。

（4）利息保障倍数。利息保障倍数就是息税前利润同利息费用之间的比率。它可用于测试公司偿付利息的能力。反映企业经营收益能承担所需支付的债务利息的多少倍。其计算公式是：

利息保障倍数 = 息税前利润 ÷ 利息费用

从稳健性的角度出发，企业最好比较连续几年的该项指标，以最低指标年度的数据为标准。采用指标最低年度的数据，可保证最低的偿债能力。

3. 行业数据分析

图8－2中横轴代表周转率，纵轴代表净利率，竖线和横线分别代表中国各个行业周转率和净利率的平均水平。通过对2015—2018年不同行业周转率与净利率数据进行分析发现，大部分行业都分布在行业平均水平附近，位于第一象限的行业净利率和周转率均较高，但这种情况在现实中并不常见；位于第二象限的行业净利率较高，但不易周转；位于第三象限的行业净利率和周转率均较低；位于第四象限的行业净利率较低，周转率较高。一般新型行业的发展会从

第二象限转移至第三象限，最后稳定在第四象限，这是因为行业发展前期竞争对手较少、竞争较弱，企业资产的营利能力较强，因此企业会降低资产的周转率。随着企业的加入，行业内竞争逐渐加剧，净利率降低，周转率也随之逐渐升高。

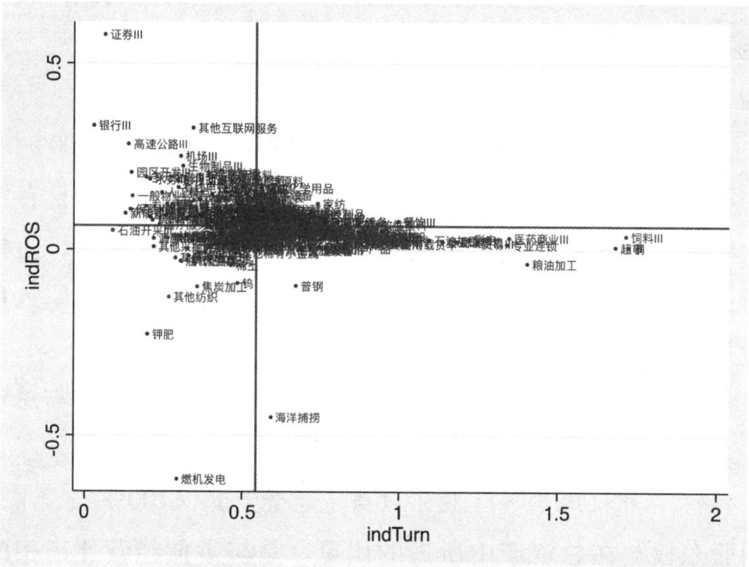

图 8-2-1　行业数据分析

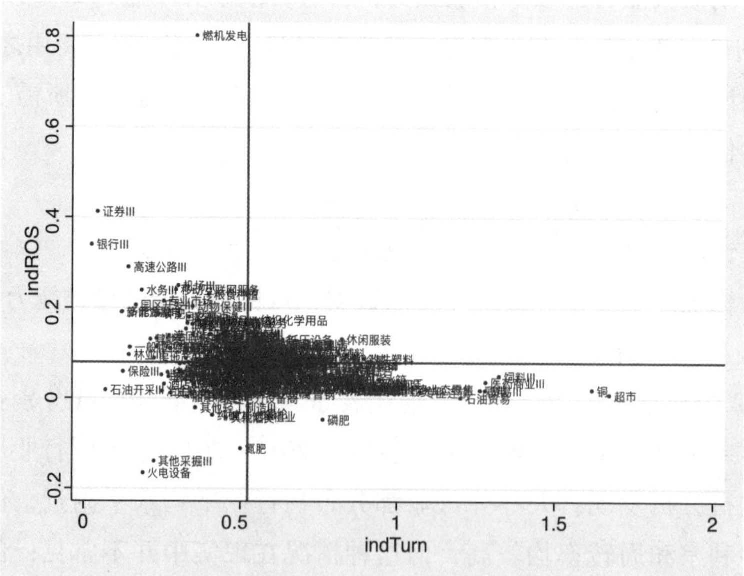

图 8-2-2　行业数据分析

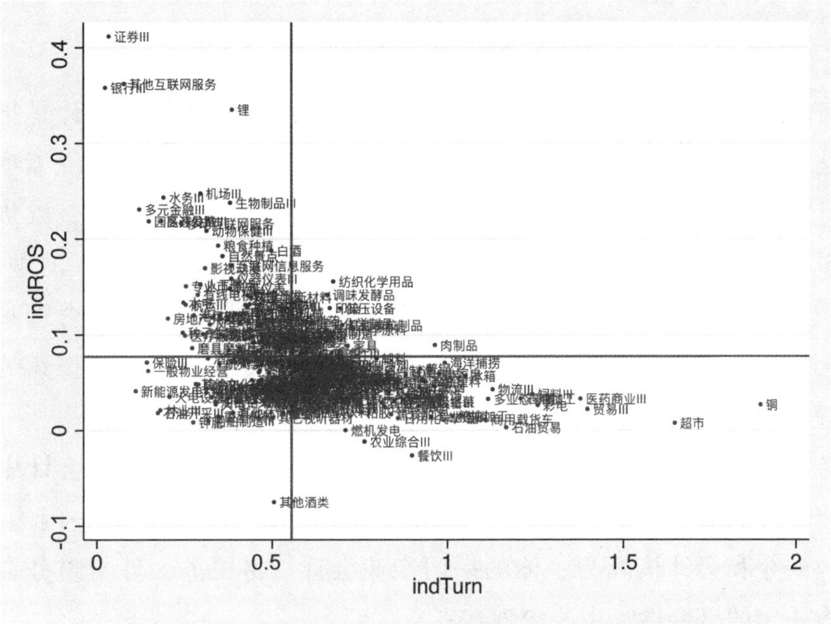

图 8－2－3　行业数据分析

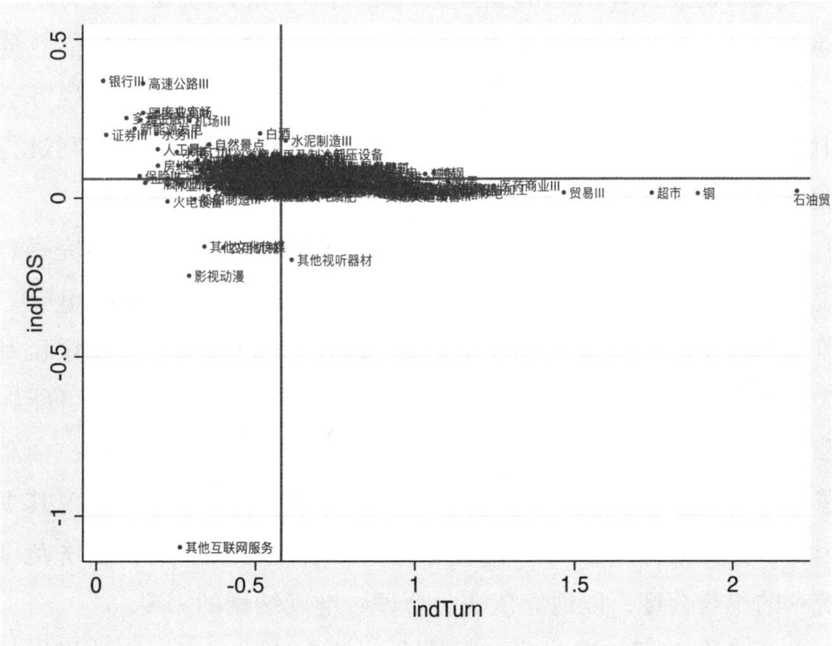

图 8－2－4　行业数据分析

二、财务会计与税务会计的区别与联系

税务会计概念有狭义和广义之分。从狭义角度来看，税务会计是指根据国家税收法律制度，以企业的会计资料为基础，核算、处理企业涉税事项的一种专业会计。从广义角度来看，税务会计是以税收法律法规为依据，以货币为主要计量单位，运用会计学的理论及其专门方法，核算和监督纳税人的纳税事务，参与纳税人的预测、决策，控制纳税风险，达到既依法纳税，又合理减轻税负的一个会计学分支。它既包括纳税人的会计核算，又包括在会计核算的基础上进行合理的税收筹划和纳税风险控制。

税务会计是适应纳税人经营管理的需要，从财务会计、管理会计中分离出来，并将会计的基本理论、基本方法与纳税活动相结合而形成的一门边缘学科，是融税收法令和会计核算为一体的一门专业会计。将税务会计与财务会计进行分离具有一定的必要性，主要表现在：

（1）我国会计体制改革的需要。我国会计体制改革的目标就是建立一套能真实公允地反映企业会计信息的企业会计准则体系。随着企业会计制度、企业会计准则的实施，企业财务会计的目标更加明确，即为企业会计信息使用者提供信息，这就使财务会计目标与税法目标差异越来越大，只有将税务会计从财务会计中分离出来，才能使财务会计按照新的会计制度、会计准则进行核算监督，才能使会计改革见成效。

（2）健全我国税制的需要。税制改革是中国的税收体制不断完善，逐步建立了多税种、多环节、多层次的税收调节体系，基本上符合税种健全、税率合理、税负公平的要求。在财务会计与税务会计合一的体制下，稳定税基、规范缴纳行为、优化税收收入水平的要求和各项复杂的计税工作，不可能在企业会计准则和制度中一一体现。有时，企业可能出于自身利益的考虑，会利用税法的不完善，通过直接调整会计数据、修正某业务财务决策等，实现其少缴税的目的，因而，作为纳税义务人，不论其经济性质、组织形式和经济范围，都需要建立统一的税收会计，以适应依法、合理、准确纳税的需要。

（3）加强企业管理的需要。在财税合一的会计体制下，会计提供的信息往往偏重于财政、税务、信贷等部门的需要，忽略了企业自身对会计信息的需要，不利于企业加强管理的需要。但是将税务会计从财务会计中分离出来时，企业可以根据自身的特点在可供选择的范围选择适合于企业实际情况的会计处理程

序、方法，反映企业真实的经营成果和财务状况，而不必完全遵循税法规定的方法来进行会计业务的处理。财务会计人员才可以把主要精力放在加强管理上，减少不必要的烦琐的核算工作。

（一）税务会计与财务会计的区别

（1）会计目标不同。税务会计的目标是向税务会计信息使用者提供关于纳税人税款形成、计算、申报、缴纳等税务活动方面的会计信息，以利于信息使用者的决策。财务会计的目标主要是满足企业内部经营管理和有关各方了解企业财务状况及经营成果的需要。这也使税务会计信息使用者除了企业的利益相关者外，还有各级税务机关。

（2）目标实现方式不同。税务会计目标的实现方式是纳税申报。财务会计目标的实现方式是提供报表即资产负债表、损益表和现金流量表。

（3）核算规范不同。税务会计的依据是税收法律、法规，按照税法规定计算应纳税额并向税务部门申报。财务会计的依据是会计准则和会计制度，按照会计准则和会计制度的程序和方法组织会计核算和提供信息。

（4）核算基础不同。税务会计主要以收付实现制为核算基础，比应收应付标准更加准确，既操作简便，又可防止纳税人偷税漏税行为。财务会计以权责发生制为核算基础，以应收、应付作为确认收入费用的标准，能使收入费用恰当的配比，便于确定各期经营成果，使会计信息更加准确、相关和有用。

（5）核算对象不同。税务会计核算的对象是狭义的税务资金运动过程，即从纳税收入产生经营收入开始，到足额上缴税款为止的税务资金运动。财务会计核算的是企业全部的资金运动。

（6）核算程序不同。税务会计按照道理也可遵循这个程序，但没有规范化的要求，企业一般在期末借助于财务会计的数据资料，按照税法规定进行调整数据以编制纳税申报表。财务会计规范化的程序是“会计凭证—会计账簿—会计报表”的顺序。凭证、账簿和报表之间有密切的逻辑关系。

（7）会计要素不同。税务会计的要素有四项，即应税收入、扣除费用、纳税所得（应税收益）和应纳税额。这里的应税收入、扣除费用和财务会计中的收入、费用不定相同，在确认的范围、时间，计量标准和方法上都可能发生差异。财务会计有六大要素，即资产、负债、所有者权益、收入、费用和利润。这六大要素是会计对象的具体化，财务会计反映的内容就是围绕着这六要素进行的。

（8）对会计上的稳健原则态度不同。税务会计一般不对未来损失和费用进行预计，只有在客观上证据表明已发生的情况下方可确认。财务会计实行稳健原则，一般充分预计可能的损失和费用，而不预计可能的收入，使财务报表所反映的财务状况和经营成果不被报表使用者误解。当然，在某些方面税务会计也具有稳健的作用，如计提坏账准备和加速折旧等，具有对企业宏观引导的功能。

（二）税务会计和财务会计的联系

尽管税务会计与财务会计存在差异，但税务会计的处理结果也对企业的财务状况产生影响，两者之间存在联系，因而税务会计的种种处理结果应当与企业的财务会计相协调。

（1）税务会计信息以财务会计的信息为基础。从各国税务会计的实践看，如企业所得税，大都先以企业的会计利润为基础，再按税法的要求进行调整。

（2）税务会计与财务会计的协调最终将反映在企业对外编制的财务报告上。企业的任何税务会计处理均会对财务状况产生影响，而这种影响必然反映在财务报告中。例如，在企业所得税会计中，为了处理时间性差异，企业要设置“递延所得税”科目，该科目或作为企业一项“负债”列示，或作为企业的一项“资产”列示。与此同时，递延所得税也对损益表、现金流量表产生影响。

三、财务报表中的税收相关科目的核算原理

涉及税务资金运动的科目主要有“应交税费”“递延所得税资产”“递延所得税负债”“税金及附加”和“所得税费用”。

1. “应交税费”科目

“应交税费”科目属负债类会计科目。在核算税金时，由于税种较多，所以“应交税费”应按税种设置二级科目“应交增值税”“应交消费税”等，进行分税种的明细核算。有时，根据税收管理上的需要，还应设置三级明细科目进行明细核算。

“应交税费”科目的一般核算程序是：期末，纳税人计算应缴纳的税金时，借记“税金及附加”等有关科目（除增值税），贷记“应交税费”科目及有关明细科目；当纳税人实际缴纳各种税金时，借记“应交税费”科目及有关明细科目，贷记“银行存款”科目。

2. “递延所得税资产”科目

“递延所得税资产”科目是资产类科目。该科目产生于可抵扣暂时性差异，反映的是由账面价值与计税基础的差异所引起的企业本期的纳税义务。当企业

资产的账面价值小于计税基础，或负债的账面价值大于计税基础，从而产生可抵扣暂时性差异时，企业应该将其确认为资产，作为递延所得税资产加以处理。确认递延所得税资产时，应当以预期收回该资产期间的适用所得税税率为基础计算确定。

（1）除所得税准则中明确规定不可确认递延所得税资产的情况外，企业对于所有的应纳税暂时性差异均应确认相关的递延所得税资产。对于与子公司、联营企业及合营企业投资相关的可抵扣暂时性差异，同时满足下列条件的，也应当确认为相应的递延所得税资产：暂时性差异在可预见的未来很可能转回；未来很可能获得用来抵扣暂时性差异的应纳税所得额。

（2）不确认递延所得税资产的特殊情况。在有些情况下，虽然资产、负债的账面价值与计税基础不同，产生了可抵扣暂时性差异，但出于各方面的考虑，会计准则中规定不确认相应的递延所得税资产。也就是说，同时具有下列特征的交易中因资产或负债的初始确认所产生的递延所得税资产不予确认：该项交易不是企业合并；交易发生时既不影响会计利润也不影响应纳税所得额（或可抵扣亏损）。

3.“递延所得税负债”科目

“递延所得税负债”科目是负债类科目。该科目产生于应纳税暂时性差异，反映的是由账面价值与计税基础的差异所引起的企业未来期间的纳税义务。当企业资产的账面价值大于计税基础或负债的账面价值小于计税基础，从而产生应纳税暂时性差异时，企业应该将其确认为负债，作为递延所得税负债加以处理。在确认递延所得税负债的同时，应增加利润表中的所得税费用。

所得税准则规定，在资产负债表日，对于递延所得税负债，应当根据相关税法规定，按照预期收回该项资产或清偿该负债期间的适用税率计量，即递延所得税负债应以相关应纳税暂时性差异转回期间适用的所得税税率计量。

4.“税金及附加”科目

“税金及附加”科目是损益类科目，在期末需要结转到“本年利润”中，结转后本科目无余额。企业经营活动发生的消费税、城市维护建设税、资源税和教育费附加等相关税费，以及房产税、城镇土地使用税、车船税和印花税，均通过该科目核算。

5.“所得税费用”科目

“所得税费用”科目是损益类科目，在利润表中单独列示。该科目核算企业应负担的所得税，由当期应交税额和递延所得税两部分内容构成。其中，当期所得税是指企业按照税法规定计算确定的针对当期发生的交易和事项，应缴纳给税务部门的所得税金额，即当期应交所得税。

应纳税所得额 = 会计利润 ± 按税法纳税调整项目金额 ± 其他需要调整金额

递延所得税是按照所得税准则规定当期应予确认的递延所得税资产和递延所得税负债金额。计算公式如下：

$$递延所得税 = \left(\begin{matrix}递延所得税负债\\的期末余额\end{matrix} - \begin{matrix}递延所得税负债\\的期初余额\end{matrix}\right) - \left(\begin{matrix}递延所得税资产\\的期末余额\end{matrix} - \begin{matrix}递延所得税资产\\的期初余额\end{matrix}\right)$$

两者之和即为所得税费用。

四、财务报表中的主要税收相关科目与核算

（一）增值税的会计核算

根据现行规定，一般纳税人应在“应交税费”科目下设置“应交增值税”“未交增值税”“预交增值税”“待抵扣进项税额”“待认证进项税额”“待转销项税额”“增值税留抵税额”“简易计税”“转让金融商品应交增值税”和“代扣代缴增值税”等明细科目。

其中待转销项税额是指已确认收入，但尚未进行税务申报，即纳税义务发生时间晚于会计上确认收入时间的情况。

留抵税额，是指企业当期的增值税销项税额小于进项税额的差额，我国之前采取不予退还留抵税额，结转到下一个纳税期继续抵扣的做法。2018 年，财政部、税务总局联合印发《关于 2018 年退还部分行业增值税留抵税额有关税收政策的通知》，明确 2018 年对装备制造等先进制造业和研发等现代服务业，以及电网企业的增值税期末留抵税额予以退还。

（1）“应交税费——未交增值税”科目。“未交增值税”明细科目核算一般纳税人月度终了从“应交增值税”或“预交增值税”明细科目转入当月应交未交、多交或预交的增值税税额，以及当月交纳以前期间未交的增值税税额。

月末，企业应将当月发生的应交增值税税额自“应交税费——应交增值税”科目和“应交税费——预交增值税”科目转入“应交税费——未交增值税”明细科目。其会计分录为：

借：应交税费——应交增值税（转出未交增值税）

贷：应交税费——未交增值税

借：应交税费——未交增值税

贷：应交税费——预交增值税

月末，企业将本月多交的增值税税额自“应交税费——应交增值税”科目转入“应交税费——未交增值税”明细科目。其会计分录为：

借：应交税费——未交增值税

贷：应交税费——应交增值税（转出多交增值税）

企业当月上缴上月应交未交的增值税时，借记“应交税费——未交增值税”科目，贷记“银行存款”科目。

月末，本科目的借方余额反映的是企业期末留抵税额和当月预交等多交的增值税，贷方余额反映的是期末结转下期应交的增值税。

（2）“应交税费——预交增值税”科目。“预交增值税”明细科目核算一般纳税人转让不动产、提供不动产经营租赁服务、提供建筑服务、采用预收款方式销售自行开发的房地产项目等，按现行增值税制度规定应预交的增值税税额。

企业预交增值税时，借记“应交税费——预交增值税”科目，贷记“银行存款”科目。月末，企业应将“预交增值税”明细科目余额转入“未交增值税”明细科目，借记“应交税费——未交增值税”科目，贷记“应交税费——预交增值税”科目。

对于增值税小规模纳税人，其销售收入的核算与一般纳税人相同，也是不含增值税应税销售额，其应纳增值税税额通过“应交税费——应交增值税”科目核算。由于小规模纳税人不得抵扣进项税额，无须在“应交税费——应交增值税”科目的借、贷方设置若干专栏。

小规模纳税人“应交税费——应交增值税”科目的借方发生额反映已缴的增值税税额，贷方发生额反映应交增值税税额；期末借方余额反映多缴的增值税税额，期末贷方余额反映尚未缴纳的增值税税额。

（二）消费税的会计核算

企业在计算和缴纳消费税时，应设置“应交税费——应交消费税”科目。该科目贷方发生额记载企业因生产和进口应税消费品而应缴纳的消费税税额；借方发生额记载企业实际缴纳的消费税税额和待抵扣的消费税税额。期末贷方余额反映企业尚未缴纳的消费税，期末借方余额反映企业多缴或待抵扣的消费税。

企业生产出应税消费品对外销售时，应缴纳的消费税通过“税金及附加”科目核算。

（三）企业所得税的会计核算

企业所得税的会计核算分为直接法和间接法两种。

（1）直接法。按照税法规定的范围和标准，确定法定收入和税法允许扣除的成本、费用、损失的金额，然后据以计算应纳税所得额，进而计算所得税的方法。

应纳税所得额 = 收入总额 − 准予扣除项目金额

= 收入总额 − 不征税收入 − 免税收入 − 各项扣除金额 − 弥补亏损

（2）间接法。在分析财务会计核算资料中与税法规定不符的收入和成本、费用、损失等项目及其金额后，将会计利润调整为应纳税所得额，进而计算所得税的方法。

应纳税所得额 = 会计利润总额 + 纳税调增项目 − 纳税调减项目

（四）个人所得税的会计核算

（1）支付工资、薪金所得时预扣税款的账务处理。支付工资、薪金所得的单位预扣的工资、薪金所得应纳的个人所得税税款，实际上是个人工资、薪金所得的一部分。代扣时，借记“应付职工薪酬”科目，贷记“应交税费——应交预扣个人所得税”科目。上交预扣的个人所得税时，借记“应交税费——应交预扣个人所得税”科目，贷记“银行存款”科目。

（2）支付劳务报酬所得、稿酬所得、特许权使用费所得应预扣税款的账务处理。企业预扣税款时，应借记“管理费用”“主营业务成本”等科目，贷记“应交税费——应交预扣个人所得税”科目。

拓展阅读

1. 资产的计税基础。资产的计税基础是指企业在收回资产账面价值的过程中，计算应纳税所得额时按照税法规定可以自应税经济利益中扣除的金额，即一项资产在未来计税时按照税法规定可以税前扣除的金额。

资产在初始确认时，其计税基础一般为取得成本，即企业为取得某项资产支付的成本在未来准予税前扣除。在资产持续持有的过程中，其计税基础是指资产的取得成本减去以前按照税法规定已税前扣除的金额后的余额。例如，固定资产、无形资产在某一资产负债表日的计税基础是指其成本扣除按照税法规定已在以前期间税前扣除的累计折旧或累计摊销额后的金额。

2. 负债的计税基础。负债的计税基础是指负债的账面价值减去未来计算应纳税所得额时按照税法规定可予以抵扣的金额。其计算公式为：

负债的计税基础 = 账面价值 − 未来期间按照税法规定可予以税前扣除的金额

负债的确认与偿还一般不会影响企业损益，也不会影响其应纳税所得额，未来计算应纳税所得额时按照税法规定可予以扣除的金额为零，因此计税基础就是账面价值。但是，在某些情况下，负债的确认可能会影响企业损益，进而影响不同期间的应纳税所得额，使其计税基础与账面价值之间产生差额，如按照会计规定确认的某些预计负债。

3. 暂时性差异。暂时性差异是指资产、负债的账面价值与其计税基础不同产生的差异。因资产、负债的账面价值与其计税基础不同，产生了在未来收回资产或清偿负债的期间内，应纳税所得额增加或减少并导致未来期间应交所得税增加或减少的情况，形成企业的资产和负债。在有关暂时性差异发生当期、符合确认条件的情况下，应当确认相关的递延所得税负债或递延所得税资产。

按照暂时性差异对未来期间应税金额的影响，暂时性差异可分为应纳税暂时性差异和可抵扣暂时性差异。除因资产、负债的账面价值与其计税基础不同而产生的暂时性差异以外，按照税法规定可以结转以后年度的未弥补亏损和税款抵减，也视同可抵扣暂时性差异处理。

（1）应纳税暂时性差异。应纳税暂时性差异是指在确定未来收回资产或清偿负债期间的应纳税所得额时，将导致产生应税金额的暂时性差异。

应纳税暂时性差异通常产生以下情况：一是资产的账面价值大于计税基础；二是负债的账面价值小于计税基础。

（2）可抵扣暂时性差异。可抵扣暂时性差异是指在确定未来收回资产或清偿负债期间的应纳税所得额时，将导致产生可抵扣金额的暂时性差异。

可抵扣暂时性差异一般产生以下情况：一是资产的账面价值小于计税基础；二是负债的账面价值大于计税基础。

（3）未作为资产、负债确认的项目产生的暂时性差异。对于某些交易或事项发生以后，因为不符合资产、负债确认条件而未体现为资产负债表中的资产或负债，但按照税法规定能够确定计税基础的，其账面价值与计税基础之间的差异也构成暂时性差异。

企业发生的符合条件的广告费和业务宣传费支出，除另有规定外，不超过当年销售收入15%的部分，准予扣除；超过部分，准予在以后纳税年度结转扣除。该类费用在发生时按照会计准则规定应计入当期损益，不形成资产负债表中的资产，但按照税法规定可以确定计税基础的，两者之间的差异也形成暂时性差异。

资产负债表债务法是对暂时性差异进行跨期核算的会计方法。其核算程序如下：

（1）计算当期应缴纳的所得税。

（2）确定资产、负债的账面价值和计税基础。

（3）比较资产、负债的账面价值和计税基础，确定暂时性差异。

（4）根据暂时性差异的情况，确定本期递延所得税资产和递延所得税负债的期末余额，并根据期初余额情况做出相应的会计处理。

例如，S企业进行内部研究与开发所形成的无形资产成本为1200万元，按照税法规定可在未来期间税前扣除的金额为1800万元，故其计税基础为1800万元。该项无形资产并非产生于企业合并，同时在初始确认时既不影响会计利润也不影响应纳税所得额，会计准则规定这种情况下不确认相关的递延所得税资产。

第二节 税收与企业财务状况分析

一、财务报表中税收科目与其他科目的内在关联

由于税收涉及企业投资、融资、运营的各个环节，因此，税收与企业的各项财务科目有着广泛的联系，这为我们利用税收数据来进行财务分析及管窥企业的财务状况提供了基础。我们在此阐述税收与企业财务报表其他科目的内在关联，作为我们利用税收数字进行财务报表分析的基础准备。

1. 增值税

根据增值税的相关规定和核算方法，增值税是对在我国境内销售货物或者加工、修理修配劳务，销售服务、无形资产、不动产，以及进口货物的单位和个人，就其取得的货物，加工、修理修配劳务，服务，无形资产或者不动产的销售额以及进口货物的金额计算税款，并实行税款抵扣制的一种货劳税。在一般计税方法下，企业增值税的税负为销项税额减去进项税额。

销项税额是指纳税人发生应税销售行为，按照销售额和增值税税率计算的增值税税额。其计算公式为：销项税额 = 销售额 × 税率

其中，销售额为纳税人发生应税销售行为向购买方或接受方收取的全部价款和价外费用，但不包括收取的销项税额。

同时，一般纳税人购进货物，加工、修理修配劳务，服务，无形资产或不动产，应按照类似的方法确认进项税额。

根据企业增值税的核算过程，可以看出，增值税与企业销售行为、采购行为直接相关。由于财务报表分析的主要对象——上市公司，通常为一般纳税人，因此我们以一般纳税人为基准来分析增值税核算与企业财务报表其他科目之间的关系。

首先，就企业的销售行为而言，一般情况下对应着企业的销项税额，尤其是在我国全面“营改增”政策出台后，以往缴纳营业税的服务类企业也缴纳增值税，这使对于增值税的分析更具一般性。因此，企业利润表中的销售收入类科目，以及资产负债表中反映收入的应收账款科目和预收账款科目，应该与增值税的销项税额密切相关。

其次，就企业的采购行为而言，与销售行为类似，一般情况下企业的采购行为对应着进项税额。因此，企业利润表中的成本类科目与企业进项税额直接相关。此外，根据企业采购行为的目的，利润表中的费用类科目尤其是管理费用也可能与增值税进项税额直接相关。

综合上面的分析来看，企业的毛利润［企业商品销售收入（售价）减去商品原进价后的余额］乃至企业的营业利润（总营业收入减去总营业成本后的余额）均与企业的增值税密切相关。

此外，由于视同销售业务也需要缴纳增值税，因此企业视同销售业务的相关科目也与增值税税负相关，如长期股权投资、应付股利、应付职工薪酬、债务重组损益，等等。虽然视同销售和特殊销售业务总体而言不占主流，但在现实中，仍需要根据企业的实际业务情况进行分析，以提升财务报表分析的针对性。

2. 消费税

根据消费税的相关规定和核算方法，消费税的纳税人是在我国境内生产、委托加工和进口应税消费品的单位及个人。

消费税一共含有15个税目，其税率采用比例税率和定额税率两种形式。消费税的税目包括：（1）烟；（2）酒；（3）高档化妆品；（4）贵重首饰及珠宝玉石；（5）鞭炮、焰火；（6）成品油；（7）摩托车；（8）小汽车；（9）高尔夫球及球具；（10）高档手表；（11）游艇；（12）木制一次性筷子；（13）实木地板；（14）电池；（15）涂料。

考虑到消费税主要是针对某些特定消费品而征收，我们分析消费税与企业其他财务科目的关系，需要考虑企业的主营业务类型。如果企业主要从事应税消费品的生产销售业务，那么企业消费品的销售收入科目也与消费税之间具有相关性。

3. 企业所得税

根据企业所得税的相关规定和核算原理，企业所得税的征税对象是指企业的生产经营所得、其他所得和清算所得。不同性质的企业缴纳企业所得税的所得范围也存在差异。

（1）居民企业应就其来源于中国境内、境外的所得缴纳企业所得税。所得，包括销售货物所得、提供劳务所得、转让财产所得、股息红利等权益性投资所得，以及利息所得、租金所得、特许权使用费所得、接受捐赠所得和其他所得。

（2）非居民企业在中国境内设立机构、场所的，应当就其所设机构、场所取得的来源于中国境内的所得，以及发生在中国境外但与其所设机构、场所有实际联系的所得，缴纳企业所得税。

（3）非居民企业在中国境内未设立机构、场所的，或者虽设立机构、场所但取得的所得与其所设机构、场所没有实际联系的，应当就其来源于中国境内的所得缴纳企业所得税。

按照《中华人民共和国企业所得税法》（以下简称《企业所得税法》）的规定，企业所得税实行25%的比例税率，而部分特殊企业享受企业所得税税收优惠政策：

（1）对小型微利企业年应纳税所得额不超过100万元、100万元到300万元的部分，分别减按25%、50%计入应纳税所得额，按20%的所得税税率征收企业所得税。

（2）国家重点支持的高新技术企业、经认定的技术先进型服务企业、设在西部地区的鼓励类产业企业减按15%的税率征收企业所得税。

（3）在中国境内未设立机构、场所，或者虽设立机构、场所但取得的所得与其所设机构、场所没有实际联系的非居民企业减按10%的所得税税率征收企业所得税。

企业所得税是企业应纳税所得额的一个比例。一般而言，企业应纳税所得额是企业根据税法规定核算的经营所得，但需要注意的是，企业应纳税所得额与会计利润是两个不同的概念。应纳税所得额是一个税收概念，是根据《企业所得税法》按照一定的标准确定的、纳税人在一定时期内的计税所得，包括企业来源于中国境内、境外的全部生产经营所得和其他所得。而会计利润则是一个会计核算概念，反映的是企业一定时期内生产经营的财务成果。会计利润是确定应纳税所得额的基础，但不能等同于应纳税所得额。

尽管如此，企业按照财务会计制度的规定计算出的会计利润，与根据税法规定核算出的应纳税所得额之间具有天然的内在联系。事实上，在税务实践中计算应纳税所得额的通常做法是根据企业会计利润做相应的调整后，得出企业的应纳税所得额（间接法）。因此，企业所得税费用与企业税前利润科目之间具有较强的关联性。

4. 个人所得税

个人所得税是以个人（自然人）取得的各项应税所得为征税对象所征收的一种所得税。根据税法的规定，企业作为代扣代缴义务人，需要代扣代缴员工的个人所得税。根据《中华人民共和国个人所得税法》（以下简称《个人所得税法》），就不同的个人所得项目而言，分别实行超额累进税率和比例税率两种形式。

其中综合所得，包括工资、薪金所得、劳务报酬所得、稿酬所得和特许权使用费所得，实行七档超额累进税率。经营所得实行五档超额累进税率。其他项目所得，利息、股息、红利所得，财产租赁所得，财产转让所得，偶然所得等，除有特殊规定外，通常实行20%的比例税率。

企业代扣代缴的个人所得税与其员工薪酬息息相关，如果总员工薪酬更高，那么企业代扣代缴的个人所得税总额也应更多。因此，企业代缴的个人所得税与会计报表中的应付职工薪酬等科目直接相关。

5. 其他税种

根据各类税种的核算原理，企业上缴的其他税种也与企业财务报表科目之间具有相关性（见表8－1）。如下所示：

表8－1　　财务报表中税收科目与其他科目的勾稽关系

增值税销项税额	营业收入、应收账款、预收账款、长期股权投资、应付股利、应付职工薪酬、债务重组损益
增值税进项税额	营业成本、在途物资、原材料
应交增值税	毛利润
消费税	营业收入、应收账款、预收账款、长期股权投资、应付股利、应付职工薪酬、债务重组损益
企业所得税	营业利润
个人所得税	应付职工薪酬

续表

关税	营业成本、在途物资、原材料
资源税	营业收入、应收账款、预收账款
城建税及教育费附加	营业收入、应收账款、预收账款、长期股权投资、应付股利、应付职工薪酬、债务重组损益

关税。根据关税的相关规定和核算原理，关税是由海关依法对进出境的货物、物品征收的一种税。由于我国的关税绝大部分是指进口关税，国家仅对少数资源性产品及易于竞相杀价、盲目出口、需要规范出口秩序的半制成品征收出口关税。根据《中华人民共和国海关法》（以下简称《海关法》）及《中华人民共和国进出口关税条例》的规定，进口货物的收货人、出口货物的发货人、进境物品的所有人为关税的纳税人。因此，如果企业的原材料来源中，包含应被征收关税的进口产品，则关税与企业的营业成本类科目息息相关。

资源税。根据资源税的相关规定和核算原理，资源税是对在中华人民共和国领域及管辖海域从事应税矿产品开采和生产盐的单位及个人课征的一种税。现行资源税的征税范围只限于矿产和盐资源。资源税的纳税人是在中华人民共和国领域及管辖海域开采应税资源的矿产品或者生产海盐的单位和个人。资源税的税目、税额分为六大类，在税目下又设有若干个子目：（1）原油，是指开采的天然原油，人造石油不征税；（2）天然气，是指专门开采的天然气和与原油同时开采的天然气，煤矿生产的天然气暂不征税；（3）煤炭，是指原煤和以未税原煤加工的洗选煤；（4）金属矿，包括稀土、钨、钼、铁矿、金矿、铜矿、铝土矿、铅锌矿、镍矿、锡矿以及未列举名称的其他金属矿产品；（5）非金属矿，包括石墨、硅藻土、高岭土、萤石、石灰石、硫铁矿、磷矿、氯化钾、硫酸钾、井矿盐、湖盐、提取地下卤水晒制的盐、煤层（成）气、黏土、砂石以及未列举名称的其他非金属矿产品；（6）海盐。因此，对于从事矿产品开采销售业务的企业，资源税与其营业收入科目直接相关。

城建税及教育费附加。根据相关税法规定，城建税及教育费附加的核算与增值税以及消费税等货劳税直接相关，因此与增值税和消费税类似，城建税、教育费附加与企业营业收入、营业成本以及营业利润科目具有相关性。

二、基于税收指标的财务分析体系

虽然杜邦分析体系已较完备地从企业的各项能力出发，为我们分析企业创造价值的能力提供了多样的财务指标，但基于税收数据进行财务分析，相比于单纯基于会计数据进行财务分析，仍然有其优势。事实上，我们在本教材中介绍的基于税收指标的财务分析仍然在杜邦分析体系这一框架下展开，但由于税收指标具有数据真实性好、与会计指标的核算原则不完全相同的特点，基于税收指标的财务分析能够为我们更全面、更准确地分析企业创造价值的能力提供新的视角。

税务数据的生产过程受到税务机关的严格把控，税务数据造假行为将受到税法的严厉处罚。根据税法规定，纳税人法定义务中的大部分与纳税数据真实性要求如下：

（1）依法进行税务登记的义务。依照税法规定申请办理设立登记，变更登记，停业、复业登记或注销税务登记，并按规定使用税务登记证件，不得转借、涂改、损毁、买卖或者伪造税务登记证件。

（2）依法设置账簿、保管账簿和有关资料以及依法开具、使用、取得和保管发票的义务。纳税人必须按规定设置账簿，进行核算；从事生产、经营的，必须按照国务院财政、税务主管部门规定的保管期限保管账簿、记账凭证、完税凭证及其他有关资料；账簿、记账凭证、完税凭证及其他有关资料不得伪造、变造或者擅自损毁。纳税人在从事经营活动的过程中，应当依法开具、使用、取得和保管发票。

（3）财务会计制度和会计核算软件备案的义务。纳税人应将其财务会计制度或者财务会计处理办法和会计核算软件报送税务机关备案。

（4）按照规定安装、使用税控装置的义务。如果纳税人未按规定安装、使用税控装置，或者损毁或擅自改动税控装置的，税务机关将责令其限期改正，并可根据情节轻重处以规定数额内的罚款。

（5）按时、如实申报的义务。纳税人必须依照法律、行政法规规定的申报期限、申报内容如实办理纳税申报，报送纳税申报表、财务会计报表以及税务机关根据实际需要要求报送的其他纳税资料。

（6）按时缴纳税款的义务。纳税人必须按税法规定的纳税期限缴纳税款。未按照规定期限缴纳税款的，税务机关除责令限期缴纳外，从滞纳税款之日起，按日加收滞纳税款万分之五的滞纳金。

（7）代扣代缴税款的义务。代扣代缴税款义务人必须依照法律、行政法规的规定履行代扣代收税款义务且纳税人不得拒绝。如果纳税人拒绝，代扣代缴税款义务人应当及时报告税务机关处理。

（8）依法接受检查的义务。纳税人有接受税务机关依法进行税务检查的义务，应主动配合税务机关按法定程序进行的税务检查，如实地反映自己的生产经营情况和执行财务制度的情况，并按有关规定提供报表和资料，不得隐瞒和弄虚作假，不能阻挠、刁难税务机关的检查和监督。

（9）及时提供信息的义务。纳税人除通过税务登记和纳税申报向税务机关提供与纳税有关的信息外，还应及时提供其他信息。如果有歇业、经营情况变化、遭受各种灾害等特殊情况，应及时说明，以便税务机关依法妥善处理。

（10）报告其他涉税信息的义务。为了保障国家税收能够及时、足额征收入库，税收法律还规定了纳税人有义务报告其他相关的涉税信息，如与关联企业之间的业务往来，企业合并、分立情况，全部账号，处分大额财产等。

同时针对逃避缴纳税款等行为，我国刑法中也做出了明确的界定并制定了相应的惩罚机制：纳税人采取欺骗、隐瞒手段进行虚假纳税申报或者不申报，逃避缴纳税款的，由税务机关追缴其不缴或者少缴的税款、税款滞纳金，并处罚款；构成犯罪的，依法追究刑事责任。

而且，税务核算体系与会计核算体系的基础都是企业的实际营运业务，但是无论是核算依据还是核算范围，两者都存在区别，这样的区别可为财务分析判断提供更多可供参考的维度，从而增强分析结果的有效性。

下面，我们以企业的税收与企业财务报表科目的勾稽关系为基础，在杜邦分析体系这一框架下，分析税务相关指标在财务状况分析中的作用。

（一）税收与企业营利能力分析

（1）企业所得税占销售收入的比重。企业所得税是企业应纳税所得额的一个比例，而企业应纳税所得额与企业营利能力息息相关。虽然税务与会计核算方法间存在差异，但一般情况下营利水平更好的企业，其应纳税所得额也越高。实际上，根据企业所得税的间接核算方法，企业应纳税所得额是从企业会计利润调整而来。

我们可以将企业所得税视为企业会计盈余的一个相关变量，营利能力作为企业获取利润的能力，可以将企业所得税占总收入的比重作为企业营利能力的一个反映指标。该指标取值越大，则表明企业创造利税的能力越强，即企业的营利能力越强。

$$企业所得税占比=\frac{企业所得税}{销售收入}\times 100\%$$

在实际应用中，考虑到递延所得税事项的影响，我们可以扣除企业实际上缴但不属于当年所得税负事项，以及企业当年未上缴但实际应该归入当年所得税负事项的因素，即将这一指标调整为：

$$\begin{matrix}扣除递延因素的\\企业所得税占比\end{matrix}=\frac{企业所得税-递延所得税资产+递延所得税负债}{销售收入}\times 100\%$$

（2）应交增值税余额占销售收入的比重。根据增值税的核算过程，增值税是企业增值额的一个比例，而增值额直接反映企业销售活动的营利能力，因此，可以使用企业增值税的销项税额与进项税额之差占销售收入的比重来反映企业的营利能力。

$$增值税占销售收入比重=\frac{增值税销项税额-增值税进项税额}{销售收入}\times 100\%$$

考虑到现实中上市公司公开发布的财务报表中往往较少公布应交增值税的完整销项与进项情况，仅公布年末应交增值税的余额，因此无法直接使用增值税销项与进项税额计算上述指标。如果基于企业各月的业务运营状况具有相似性这样的假设，则可以利用企业年末应交增值税余额来作为企业增值状况的一个代理指标，即我们将上面的指标调整为：

$$应交增值税余额占销售收入比重=\frac{应交增值税余额}{销售收入}\times 100\%$$

（3）消费税占销售收入比重。如果企业产成品和原材料均为应税消费品，则根据消费税的核算原理，企业原材料的消费税可以在企业产成品的消费税中抵扣，消费税与增值税具有相似性。因此在这样的情况下，也可以使用当期消费税发生额占销售收入比重来反映企业盈利能力。

$$消费税占销售收入比重=\frac{当期消费税}{销售收入}\times100\%$$

（4）关税占销售收入比重－反向指标。如果企业运营涉及大量进口环节，根据关税的核算原理，关税是企业进口成本的一个比例，因此关税缴纳越多说明企业的成本越高。我们可以使用关税占销售收入的比重作为企业营利能力的反向指标，即关税占比越高，说明企业营利能力越弱。

$$应交关税余额占销售收入比重=\frac{当期关税}{销售收入}\times100\%$$

（二）税收与企业营运能力分析

（1）增值税销项税额、消费税、资源税占总资产比重。企业营运能力主要指企业营运资产的效率与效益，企业营运资产的效率主要指资产的周转率或周转速度。在杜邦分析体系下，通常使用单位资产创造的销售收入（即销售收入除以总资产）来衡量企业的资产营运能力。

收入确认在财务核算中往往更容易出现问题，而通过上一节的分析，我们知道增值税的销项税额、消费税、资源税等税负均与企业的销售收入密切相关，是企业实际销售收入的反映指标，因此我们可以用上述税负占企业总资产的比重来衡量企业的资产周转率和营运能力。

$$\begin{matrix}增值税销项税额、消费\\税、资源税占总资产比重\end{matrix}=\frac{增值税销项税额+当期消费税+当期资源税}{总资产}\times100\%$$

（2）增值税销项税额、消费税、资源税占应收账款比重。应收账款是指企业在正常的经营过程中因销售商品、产品、提供劳务等业务，应向购买单位收取的款项，应收账款的收回是企业利润实现的重要环节，对于企业维持生存所需的现金流而言也十分重要，是企业营运能力的重要一环。同时，应收账款周转率是衡量企业应收账款周转速度及管理效率的指标。增值税的销项税额、消费税、资源税等税负均与企业的销售收入密切相关，因此我们可以使用上述税负占企业应收账款的比重来衡量企业的应收账款的周转率和营运能力。

$$\begin{matrix}增值税销项税额、消费\\税、资源税占应收账款比重\end{matrix}=\frac{增值税销项税额+当期消费税+当期资源税}{应收账款}\times100\%$$

（3）增值税进项税额、关税占存货比重。存货周转率又名库存周转率，是企业一定时期营业成本与平均存货余额的比率，用于反映存货的周转速度和对存货的营运能力。根据上一节的分析，企业的增值税进项税额和进口关税均与企业的营业成本密切相关，因此可以使用增值税进项税额、关税占存货比重来衡量企业的存货营运能力。

$$增值税进项税额、关税占存货比重=\frac{增值税进项税额+关税}{存货}\times 100\%$$

（三）税收与企业偿债能力分析

纳税义务是税法义务的一种，税务机关对企业的纳税义务实际上可视为一项优先债权，因此从财务学原理上，企业的其他债权人可以根据企业纳税的情况来分析企业的现金流状况和偿债能力。

（1）递延所得税资产。递延所得税资产是企业未来预计可以用来抵税的资产，其实质是企业本期上缴税务局的税款超出应归属于本期的纳税义务。一般而言，拥有递延所得税资产较多的企业，可能会更多地使用预提费用的方式提前提取以后期间的费用，这表明企业当期现金流状况较好，而且未来纳税事项对企业现金流的压力更小，这将更利于企业偿还未来债务。递延所得税负债则与递延所得税资产相反，企业递延所得税负债多表明企业纳税义务对未来现金流的压力相对较大。

（2）应交税费。应交税费作为一项负债类科目，包括企业依法交纳的增值税、消费税、企业所得税、资源税、土地增值税、城市维护建设税、房产税、土地使用税、车船税、教育费附加、矿产资源补偿费、耕地占用税等税费，以及在上缴国家之前，由企业代扣代缴的个人所得税等。应交税费科目的期末贷方余额反映尚未交纳的税费，并将给企业未来现金流带来压力，因此如果企业的应交税费显著上升，则表明企业存在履行纳税义务乃至偿还债务的风险。

三、基于税务信息的财务分析综合案例

下面基于广东潮宏基实业股份有限公司（SZ 002345）2019 年的年报信息，展示如何基于税务信息进行企业财务分析。

潮宏基实业股份有限公司主要从事中高端时尚消费品的品牌运营管理和产品的设计、研发、生产及销售活动，目前业务以珠宝首饰、时尚女包为核心，通过多种方式以都市白领女性时尚消费相关领域跨品牌跨行业协同，不断壮大核心客户群，并为之构建美丽经济生态圈，满足其对美丽、时尚的追求。公司采用以线下品牌专营店为主，并积极发展线上自建及第三方平台的多元销售以

满足不同客户的购物需求。目前已形成覆盖全国230个主要城市、线下拥有超过1300家品牌专营店的销售网络规模，同时通过自有平台、微信、天猫、京东、唯品会等线上平台进行全网营销（见表8－2）。

表8－2　2019年潮宏基各销售模式营业收入　单位：万元

模式	本期金额			去年同期			收入增幅	毛利率变动
营业收入	营业收入	营业成本	毛利率(%)	营业收入	营业成本	毛利率(%)	(%)	(%)
自营	269259.33	161007.53	40.20	261707.98	153930.31	41.18	2.89	－0.98
代理	74240.22	54181.22	27.02	57780.10	41415.87	28.32	28.49	－1.30
批发	5408.33	4734.01	12.47	1093.16	954.90	12.65	394.74	－0.18
其他业务收入	5369.92	876.27	83.68	4221.26	738.11	82.51	27.21	1.17
合计	354277.79	220799.03	37.68	324802.50	197039.20	39.34	9.07	－1.66

1. 销售模式。潮宏基的销售主要分为自营、加盟代理和批发三种模式

（1）自营模式下可分为联营、直营及网络销售三大类别。联营指通过与百货公司开展联营合作在百货商场的经营场所内开设专营店，货品出售由百货商场统一收款，在协定时间内进行结算并确认收入。直营指由公司直接设立品牌旗舰店或品牌专卖店进行零售，在产品已交付予顾客并收取货款时确认销售收入。网络销售主要通过天猫、唯品会、京东等第三方平台面对消费者进行销售，一般在消费者进行购买并经公司发货后确认收入，唯品会等个别平台是在协定时间内结算并确认收入。

（2）加盟代理模式下，由加盟代理商开设品牌专营店，相关人、财、物由加盟商支配，并按公司统一管理模式进行经营。公司在将货品交付加盟代理商时确认销售收入。

（3）批发模式下，在产品已交付予客户且客户已签收确认，公司已经收款或取得索取货款依据时确认销售收入。

2. 生产模式

潮宏基主要采取自产、外协生产和外购生产相结合的生产模式（见表8－3）。

表8－3　2019年潮宏基生产模式的金额及占比　单位：万元

生产模式	金额	占比（%）
自产	87145.87	47.01
外部采购	53219.11	28.71
外协加工	44997.97	24.28

（1）自产：公司内部生产主要采用按库存量与按订单相结合的生产模式。生产中心根据库存规模和订单需求安排生产。目前公司时尚珠宝首饰的镶嵌及素金产品主要由自有工厂生产。

（2）外协加工：公司将部分生产任务委托给符合生产技术要求的厂家进行生产。公司提供生产原材料，受委托工厂按照公司订单的要求生产并收取加工费。目前公司传统黄金首饰主要采用外协加工方式进行生产。

（3）外部采购：公司也会向合作厂商采购各自的特色优势产品，由厂家自主负责原材料的采购并按照公司技术要求组织生产，生产完成由公司验收入库后，公司按合同支付货款。

3. 采购模式

公司原材料的主要采购模式分为现货交易和租赁业务。公司采购的主要原材料为黄金、铂金和成品钻（见表8－4）。

表8－4　2019年潮宏基主要原材料采购情况　单位：万元

主要原材料	采购模式	采购重量	占比（%）
黄金（克）	现货	4151651.82	60.17
	租赁	2748000.00	39.83
铂金（克）	现货	3000.00	100.00
钻石（克拉）	现货	21448.24	100.00

（1）现货交易：公司根据国家政策，黄金、铂金等原材料从上海黄金交易所集中竞价采购；成品钻石主要通过向上海钻石交易所内会员单位采购。

（2）租赁业务：主要指公司黄金租赁业务，即公司在银行综合授信额度内向银行租借黄金原料，按合同约定支付租赁费用，到期日公司向银行归还等额同质黄金原料。

4. 企业利润（见表8－5、表8－6）

表8－5　潮宏基2017—2019年利润表

利润表	2019年	2018年	2017年
营业总收入	35.43亿元	32.48亿元	30.86亿元
营业收入	35.43亿元	32.48亿元	30.86亿元
营业总成本	33.10亿元	29.97亿元	28.18亿元
营业成本	22.08亿元	19.70亿元	19.33亿元
研发费用	5822万元	6127万元	1355万元

续表

利润表	2019 年	2018 年	2017 年
营业税金及附加	5891 万元	5257 万元	4496 万元
销售费用	8. 209 亿元	7. 490 亿元	6. 731 亿元
管理费用	9301 万元	1. 015 亿元	9386 万元
财务费用	7078 万元	6208 万元	5762 万元
资产减值损失	—	2. 171 亿元	247. 8 万元
其他经营收益			
加：公允价值变动收益	38. 24 万元	—	—
投资收益	4847 万元	6787 万元	5686 万元
其中：对联营企业和合营企业的投资收益	3210 万元	4461 万元	3180 万元
营业利润	1. 200 亿元	1. 038 亿元	3. 328 亿元
加：营业外收入	203. 4 万元	217. 9 万元	375. 3 万元
其中：非流动资产处置利得	—	—	—
减：营业外支出	69. 96 万元	71. 38 万元	169. 3 万元
其中：非流动资产处置净损失	—	—	—
利润总额	1. 213 亿元	1. 053 亿元	3. 349 亿元
减：所得税费用	4089 万元	3351 万元	5113 万元
净利润	8044 万元	7177 万元	2. 837 亿元
其中：归属于母公司股东的净利润	8119 万元	7104 万元	2. 842 亿元
少数股东损益	-75. 13 万元	72. 41 万元	-50. 63 万元
扣除非经常性损益后的净利润	6343 万元	5872 万元	2. 489 亿元
每股收益			
基本每股收益	0. 09 元	0. 08 元	0. 33 元
稀释每股收益	0. 09 元	0. 08 元	0. 33 元
其他综合收益	339. 0 万元	243. 8 万元	-360. 6 万元
归属于母公司股东的其他综合收益	339. 0 万元	243. 8 万元	-343. 0 万元
归属于少数股东的其他综合收益	—	—	-17. 61 万元
综合收益总额	8383 万元	7421 万元	2. 801 亿元
归属于母公司所有者的综合收益总额	8458 万元	7348 万元	2. 808 亿元
归属于少数股东的综合收益总额	-75. 13 万元	72. 41 万元	-68. 24 万元

表 8-6　　潮宏基 2017—2019 年资产负债表

资产负债表	2019 年	2018 年	2017 年
流动资产			
货币资金	4. 773 亿元	4. 990 亿元	4. 235 亿元

续表

资产负债表	2019 年	2018 年	2017 年
应收票据及应收账款	1.929 亿元	2.022 亿元	1.896 亿元
其中：应收票据	366.6 万元	80.79 万元	136.0 万元
应收账款	1.892 亿元	2.014 亿元	1.883 亿元
预付款项	3029 万元	2163 万元	2057 万元
其他应收款合计	4662 万元	5535 万元	5024 万元
其中：应收利息	—	—	—
其他应收款	4662 万元	5535 万元	5024 万元
存货	21.75 亿元	18.81 亿元	17.63 亿元
其他流动资产	8018 万元	6.139 亿元	7.148 亿元
流动资产合计	31.52 亿元	32.73 亿元	31.61 亿元
非流动资产			
可供出售金融资产	—	9970 万元	9970 万元
长期股权投资	6.165 亿元	5.998 亿元	5.602 亿元
投资性房地产	830.5 万元	867.3 万元	904.1 万元
固定资产	2.229 亿元	2.318 亿元	2.350 亿元
在建工程	1.128 亿元	1020 万元	—
无形资产	1.351 亿元	1.404 亿元	2398 万元
商誉	8.057 亿元	9.575 亿元	11.67 亿元
长期待摊费用	9318 万元	1.091 亿元	9161 万元
递延所得税资产	2829 万元	3296 万元	2872 万元
其他非流动资产	462.7 万元	76.03 万元	2520 万元
非流动资产合计	21.27 亿元	21.91 亿元	22.40 亿元
资产总计	52.80 亿元	54.64 亿元	54.01 亿元
流动负债			
短期借款	8.605 亿元	3.200 亿元	5000 万元
以公允价值计量且其变动计入当期损益的金融负债	—	3.353 亿元	2.791 亿元
应付票据及应付账款	1.644 亿元	1.564 亿元	1.254 亿元
其中：应付账款	1.644 亿元	1.564 亿元	1.254 亿元
预收款项	5962 万元	3758 万元	1648 万元
应付职工薪酬	2015 万元	1651 万元	1467 万元
应交税费	4598 万元	4734 万元	5926 万元
其他应付款合计	1.196 亿元	1.120 亿元	9230 万元
其中：应付利息	—	1678 万元	1674 万元

续表

资产负债表	2019 年	2018 年	2017 年
其他应付款	1.196 亿元	9523 万元	7556 万元
一年内到期的非流动负债	6012 万元	2.000 亿元	1.005 亿元
流动负债合计	17.64 亿元	12.25 亿元	7.377 亿元
非流动负债			
长期借款	9430 万元	—	3.052 亿元
应付债券	—	8.988 亿元	8.968 亿元
非流动负债合计	9430 万元	8.988 亿元	12.02 亿元
负债合计	18.59 亿元	21.24 亿元	19.40 亿元
所有者权益（或股东权益）			
实收资本（或股本）	9.054 亿元	9.054 亿元	9.054 亿元
资本公积	14.23 亿元	14.24 亿元	14.28 亿元
库存股	1.006 亿元	1.006 亿元	—
盈余公积	1.779 亿元	1.664 亿元	1.527 亿元
未分配利润	10.02 亿元	9.336 亿元	9.668 亿元
归属于母公司股东权益合计	33.87 亿元	33.05 亿元	34.27 亿元
少数股东权益	3382 万元	3516 万元	3444 万元
股东权益合计	34.21 亿元	33.40 亿元	34.61 亿元
负债和股东权益合计	52.80 亿元	54.64 亿元	54.01 亿元

潮宏基 2019 年财务报表附注中关于税务部分的披露摘录如下：

24. 应交税费

单位：元

项目	期末余额	期初余额
增值税	16341398.07	31349500.78
消费税	3735508.68	2251017.47
企业所得税	19892607.12	10576771.46
其他税费	6009457.85	3158258.22
合计	45978971.72	47335547.93

36. 税金及附加

单位：元

项目	本期发生额	上期发生额
消费税	33951696.66	26547163.71

续表

项目	本期发生额	上期发生额
城市维护建设税	12414824.42	13006965.63
教育费附加	5327362.34	5560207.55
房产税	1503570.57	1787048.65
土地使用税	274682.01	320065.05
印花税	1868039.08	1615904.38
地方教育费附加	3534812.51	3706803.14
其他	36826.87	25481.66
合计	58911814.46	52569639.77

17. 递延所得税资产/递延所得税负债

（1）未经抵销的递延所得税资产。

单位：元

项目	期末余额		期初余额	
	可抵扣暂时性差异	递延所得税资产	可抵扣暂时性差异	递延所得税资产
资产减值准备	26999164.74	5646036.58	15263258.24	2866231.98
内部交易未实现利润	23729958.70	4509138.75	72127447.09	16147457.71
可抵扣亏损	76804766.05	17682293.43	51369885.98	11294291.62
无形资产摊销	639686.02	108920.29	1222984.89	198894.26
应付债券利息			15040109.61	2256016.44
广告费支出	1379180.40	344795.10	1379180.40	344795.10
合计	129552755.91	28291184.15	156402866.21	33107687.11

（2）以抵销后净额列示的递延所得税资产或负债。

单位：元

项目	递延所得税资产和负债期末互抵金额	抵销后递延所得税资产或负债期末余额	递延所得税资产和负债期初互抵金额	抵销后递延所得税资产或负债期初余额
递延所得税资产		28291184.15		33107687.11

（3）未确认递延所得税资产明细。

单位：元

项目	期末余额	期初余额
可抵扣亏损	40902196.03	22553232.53
资产减值准备	579.88	

续表

项目	期末余额	期初余额
合计	40902775.91	22553232.53

（4）未确认递延所得税资产的可抵扣亏损将于以下年度到期。

单位：元

年份	期末金额	期初金额	备注
2020	145121.10		
2021	18405794.86		
2022	1484803.97		
2023	2032821.50		
2024	2525728.50		
无到期期限可抵扣亏损（香港企业）	16307926.10		
合计	40902196.03		—

49. 所得税费用

（1）所得税费用表。

单位：元

项目	本期发生额	上期发生额
当期所得税费用	36009767.28	37744846.24
递延所得税费用	4880694.54	-4232909.38
合计	40890461.82	33511936.86

（2）会计利润与所得税费用调整过程。

单位：元

项目	本期发生额
利润总额	121330089.71
按法定/适用税率计算的所得税费用	18199513.46
子公司适用不同税率的影响	3237904.21
调整以前期间所得税的影响	369232.93
非应税收入的影响	-7307264.58
不可抵扣的成本、费用和损失的影响	797229.01
使用前期未确认递延所得税资产的可抵扣亏损的影响	
本期未确认递延所得税资产的可抵扣暂时性差异或可抵扣亏损的影响	2027014.14
未弥补亏损影响	74743.13
加计扣除	-1554414.42

续表

项目	本期发生额
商誉减值的影响	25046503.94
所得税费用	40890461.82

下面，首先从杜邦分析法所包含的维度出发，对2019年潮宏基企业的财务状况和经营管理水平进行评析（见表8－7）。

表8－7　潮宏基2017—2019年财务状况分析　单位：元

成长能力指标	2019年	2018年	2017年
营业总收入（元）	35.4亿元	32.5亿元	30.9亿元
毛利润（元）	13.3亿元	12.8亿元	11.5亿元
归属净利润（元）	8119万元	7104万元	2.84亿元
扣非净利润（元）	6343万元	5872万元	2.49亿元
营业总收入同比增长（%）	9.07	5.24	12.69
归属净利润同比增长（%）	14.28	－75.01	43.96
扣非净利润同比增长（%）	8.01	－76.41	19.31
营业总收入滚动环比增长（%）	1.25	1.06	4.25
归属净利润滚动环比增长（%）	93.83	－74.65	18.38
扣非净利润滚动环比增长（%）	92.22	－76.37	4.52
营利能力指标	2019年	2018年	2017年
加权净资产收益率（%）	2.43	2.10	9.44
摊薄净资产收益率（%）	2.40	2.15	8.29
摊薄总资产收益率（%）	1.50	1.32	5.69
毛利率（%）	37.68	39.34	37.38
净利率（%）	2.27	2.21	9.19
实际税率（%）	33.70	31.83	15.27
运营能力指标	2019年	2018年	2017年
总资产周转率（次）	0.66	0.60	0.62
应收账款周转天数（天）	19.85	21.60	20.18
存货周转天数（天）	330.65	332.87	321.88
财务风险指标	2019年	2018年	2017年
资产负债率（%）	35.20	38.87	35.91
流动负债/总负债（%）	94.93	57.68	38.03
流动比率	1.79	2.67	4.29
速动比率	0.55	1.14	1.90

由于在珠宝首饰的上市企业中，明牌珠宝作为集珠宝首饰设计开发、生产加工、销售服务于一体的大型首饰企业，在业务范围、企业市值和营业收入等方面均与潮宏基相近，所以我们在此选择明牌珠宝与潮宏基进行同行业间财务数据的横向对比（见表 8－8）。

表 8－8　明牌珠宝 2017—2019 年财务状况分析　单位：元

成长能力指标	2019 年	2018 年	2017 年
营业总收入（元）	34.3 亿元	40.9 亿元	36.9 亿元
毛利润（元）	4.21 亿元	3.55 亿元	3.79 亿元
归属净利润（元）	5779 万元	9143 万元	8725 万元
扣非净利润（元）	－9899 万元	412 万元	3252 万元
营业总收入同比增长（%）	－16.22	11.04	10.03
归属净利润同比增长（%）	－36.80	4.79	99.60
扣非净利润同比增长（%）	－2504.58	－87.34	326988.37
营业总收入滚动环比增长（%）	－4.66	0.86	0.93
归属净利润滚动环比增长（%）	－40.62	1.60	17.03
扣非净利润滚动环比增长（%）	－369.40	－86.21	257.45
营利能力指标	2019 年	2018 年	2017 年
加权净资产收益率（%）	1.80	2.89	2.81
摊薄净资产收益率（%）	1.79	2.86	2.79
摊薄总资产收益率（%）	1.31	2.32	1.98
毛利率（%）	12.27	8.68	10.27
净利率（%）	1.62	2.25	2.36
实际税率（%）	57.07	28.69	30.42
运营能力指标	2019 年	2018 年	2017 年
总资产周转率（次）	0.81	1.03	0.84
应收账款周转天数（天）	28.16	21.98	29.00
存货周转天数（天）	210.84	153.21	178.08
财务风险指标	2019 年	2018 年	2017 年
资产负债率（%）	26.14	21.28	19.18
流动负债/总负债（%）	92.71	95.89	100.00
流动比率	2.97	3.31	3.40
速动比率	1.15	1.40	1.26

从潮宏基公司的成长指标看，2017—2019 年潮宏基公司的营业总收入和毛利率均实现正增长。2018 年，潮宏基完成收购香港知名女包品牌“FION 菲安

妮”后，由于该品牌升级调整期间较预期拉长，且此期间投入成本高于预算，使菲安妮品牌2018年度的业绩增长不达预期，因此潮宏基公司对收购菲安妮而形成的商誉进行了减值测试，计提商誉减值准备2.01亿元，导致归属于上市公司股东的净利润大幅下降，而在2019年又小幅度回升，实现利润主要来自内部经营业务，企业盈利基础比较可靠。

从偿债能力来看，潮宏基公司2019年流动比率为1.79，与2018年相比有所下降，速动比率与2018年相比也大幅下降，与明牌珠宝相比，也低于行业较高水平。同时近三年潮宏基公司流动负债占总负债的比重逐年上升，说明潮宏基公司用于偿债的流动资产相对较少，在一定程度上还要依赖于短期债务融资活动的支持，公司的偿债能力不足。

从盈利水平来看，受到商誉减值的影响，潮宏基公司2018年的资产收益率与净利率同2017年相比均大幅度下降，营利能力受到重创，公司增加的短期债务也并未提高企业的盈利水平。但公司的销售毛利率并未受到较大影响，且2017年与2019年潮宏基的资产收益率、销售毛利率和净利率均高于明牌珠宝，说明潮宏基公司销售产品的获利能力在行业内较强。2019年潮宏基公司的资产收益率和净利率与2018年相比出现小幅度提高。

从营运能力来看，2019年潮宏基总资产周转次数为0.66次，比2018年周转速度加快，应收账款和存货的周转天数缩短，与明牌珠宝相比总资产和应收账款的周转均较快，说明潮宏基公司运营能力强，资产的利用效率较高，公司的管理水平较高，但从资产负债表中看，潮宏基公司资产结构中存货所占比例较大，经营活动资金相对较少，企业的资产规模有较大幅度的下降，这也使潮宏基公司的存货周转与明牌珠宝相比较慢，资产结构不合理。

接着我们基于税收指标的财务分析体系，从税收科目与其他科目的内在关联出发，对潮宏基公司的财务状况进行更加全面、准确地分析。计算基于税收数据的财务分析相关指标见表8-9。

表8-9　潮宏基与明牌珠宝财务状况对比表　　单位：%

	潮宏基		明牌珠宝	
税收与企业营利能力	2019年	2018年	2019年	2018年
企业所得税占比	1.15	1.03	2.15	0.90
扣除递延因素的企业所得税占比	1.29	0.90	2.08	0.97
消费税占企业销售收入比重	0.96	0.75	0.26	0.21

续表

	潮宏基		明牌珠宝	
税收与营运能力	2019 年	2018 年	2019 年	2018 年
增值税销项税额、消费税、资源税占总资产比重	0.64	0.49	0.20	0.21
增值税销项税额、消费税、资源税占应收账款比重	17.96	13.20	2.95	3.75
税收与企业偿债能力	2019 年	2018 年	2019 年	2018 年
递延所得税资产	-14.17	14.76	12.44	-12.88
应交税费	-2.87	-20.11	25.20	-69.46

从 2018 年和 2019 年的数据来看，潮宏基企业消费税占销售收入的比重均远超明牌珠宝。由于珠宝是应税消费品，所以根据消费税的核算原理，消费税发生额的占比可以间接反映企业的营利能力，从这一角度来看，潮宏基公司销售产品的营利能力更强，而潮宏基企业所得税占比较小，因为企业所得税是与企业营业利润直接相关，而非营业收入，所以说明潮宏基公司销售产品的营利能力虽强，但是其可扣除的营业成本占比较高，导致营业利润占比较少。

潮宏基公司增值税销项税额、消费税、资源税占总资产比重与占应收账款的比重均远高于明牌珠宝，表明潮宏基公司的资产周转更快，营运资产的效率更高，能力更强，与上述杜邦分析法分析财务数据所得到的结果一致。

2019 年潮宏基公司存在 14.17% 的递延所得税负债，与明牌珠宝 14.76% 的递延所得税资产相比，潮宏基公司未来现金流压力较大，偿债能力相对较弱，这与财务数据分析中潮宏基公司依赖于短期债务融资活动来弥补流动资产不足的现状相对应。但 2019 年明牌珠宝应交税费占比较大，表明明牌珠宝企业也存在着较大的履行纳税义务乃至未来偿还债务的风险。

第三节　税收与企业财务信息质量分析

一、企业盈余管理概述

第二节中基于税务数据对企业财务报表的分析，均基于企业财务报表真实性的基础之上。然而在现实中，由于企业财务会计原则之间的固有矛盾，企业在收入确认、成本计量、资产减值等多个环节均存在较大的自主空间，导致不同企业的财务信息质量存在差异。财务信息质量中最突出的、最容易影响利益相关者误判企业运营状况的一种是企业的盈余管理现象。盈余管理（Earnings Management）就是企业管理当局通过对企业对外报告的会计收益信息进行控制或调整，以达到主体自身利益最大化的行为。在现代公司治理实践中，由于所有权和经营权的分离，会计信息起到评价管理层经营绩效的作用，因此公司内部管理者有动机向上操纵会计盈余以获取更好的业绩评价结果和薪资报酬。总之，盈余管理现象在现实实践中并非罕见。

目前学术界和实业界对企业盈余管理程度的衡量，主要包括以下几种思路。

首先，由于会计学中权责发生制与收付实现制的差异，企业盈余管理主要是针对最终利润科目的调整，其一个重要表现是企业的利润不能被实际现金流所支持，因此那些不能被现金流支持的利润越多，则企业盈余管理的可能性越高。而现实中由于企业生命周期和行业特征等因素的差异，不同企业的利润与现金流之间可能存在固有差异，而这些差异是正常的，因此要合理地衡量企业的盈余管理，需要把这些正常的差异刨除。学术界和实践界已在这方面做了较多的工作，使用不同的模型来捕捉企业现金流与利润的正常差异，从而正确刻画企业的盈余管理行为。其中较为经典的是修正琼斯模型，具体可参照 Dechow et al.（1995）一文。修正琼斯模型的计算方法如下：

先使用所有上市公司的样本分年度分行业地估计如下回归方程：

$$\frac{TA_{jt}}{Assets_{jt-1}}=\alpha\left(\frac{1}{Assets_{jt-1}}\right)+\beta_1\left(\frac{\Delta Sales_{jt}}{Assets_{jt-1}}\right)+\beta_2\left(\frac{PPE_{jt}}{Assets_{jt-1}}\right)+\varepsilon_{jt}.$$

TA_{jt}是总应计盈余，即企业利润中不能被现金流支持的部分（利润—经营净现金流），$Assets_{jt-1}$是企业上一年度的总资产，$\Delta Sales_{jt}$是销售收入相比上一年的变化值，PPE_{jt}是固定资产占比。则在回归之后，我们可以通过如下方式计算企业盈余管理指标：

$$DisAC_{jt}=\frac{TA_{jt}}{Assets_{jt-1}}-\hat{\alpha}\left(\frac{1}{Assets_{jt-1}}\right)-\hat{\beta}_1\left(\frac{\Delta Sales_{jt}-\Delta Receivables_{jt}}{Assets_{jt-1}}\right)-\hat{\beta}_2\left(\frac{PPE_{jt}}{Assets_{jt-1}}\right).$$

$\Delta Receivables_{jt}$是企业应收账款的变化值，$\hat{\alpha}$、$\hat{\beta}_1$、$\hat{\beta}_2$均为上式回归中相对应估计系数。通过这样方法计算出来的$DisAC_{jt}$即为修正琼斯模型下企业盈余管理的衡量指标，该值越大，则说明企业正向调整利润的概率越高。

其次，基于这样的思想还有一些变形，例如 Kothari et al.（2005）和 Guan et al.（2016）基于绩效调整的盈余管理计算模型，将总盈余（$TACC_t$）分解为操纵性应计和非操纵性应计，如下式所示，使用总资产规模的倒数（$1/TAST_t$）、销售的变化除以总资产（$\Delta Sale_t/TAST_t$）、固定资产除以总资产（$PPE_t/TAST_t$）和总资产收益率（$NI_t/TAST_t$）估计非操纵性应计项目，分年度对每个行业进行回归，采用回归后估计的残差值作为操纵性应计，体现公司的盈余管理程度。

$$TACC_t = \beta_0 + \beta_1 \frac{1}{TAST_t} + \beta_2 \frac{\Delta Sale_t}{TAST_t} + \beta_3 \frac{PPE_t}{TAST_t} + \beta_4 \frac{NI_t}{TAST_t} + \varepsilon$$

此外，还有一些文献从营运资金的角度出发，以流动性应计项目无法被现金流所解释的部分作为企业盈余管理的衡量方法。例如，Francis et al.（2005）修正过的 Dechow and Dichev（2002）基于营运资金的应计项计算方法，首先对下式按照年—行业进行回归，其中CFO_{t-1}、CFO_t、CFO_{t+1}分别为上一期、当期以及下一期营运现金流，$SalesGrowth_t$为当期销售增长，PPE_t为当期固定资产规模，所有变量除以当期和上一期的平均总资产。回归残差 ε 衡量营运资金（ΔWC_t）无法有效地转变为过去、现在和将来经营活动现金流的程度。

$$\Delta WC_t = \beta_0 + \beta_1 CFO_{t-1} + \beta_2 CFO_t + \beta_3 CFO_{t+1} + \beta_4 SalesGrowth_t + \beta_5 PPE_t + \varepsilon$$

值得说明的是，企业并不一定所有的盈余管理行为都是对会计利润数值的管理，还有一些盈余管理行为是企业对实际运营业务的有目的安排，如通过削减开支、扩大促销力度等。这样的盈余管理行为并不一定损害财务会计信息质量，但是同样与股东利益最大化的原则相悖。

二、税收指标与企业盈余管理现象分析

企业上缴税收的信息是根据税法要求核算而来，且税负核算与申报均受到税务机关的严格监督，违背税法要求或上报虚假税务信息将受到法律乃至刑法的制裁，因此税务信息的真实性往往比财务信息更好。而且，税务信息与财务信息均为企业运营状况的一个侧面，因此可以使用税务信息和财务核算体系的勾稽关系来判断企业的盈余管理等在内的财务信息质量情况。

（一）企业财务科目与相关税务科目的匹配情况

首先，企业的收入和成本等影响企业利润的因素都与税收密切相关，如果企业的相关财务指标与相关税务指标明显背离，则意味着企业可能存在较高的财务造假概率。

例如被资本市场怀疑进行财务造假的瑞幸咖啡，被曝出业绩造假。

2020 年 1 月 31 日，知名做空机构浑水声称，收到了一份长达 89 页的匿名

做空报告，直指瑞幸数据造假，其中质疑依据的便包括瑞幸增值税数据：

按中国税法，其他产品算货物销售，适用13%增值税（VAT）税率，而现制产品与配送业务适用税率为6%。浑水机构根据收集的客户消费收据信息，将瑞幸的收入进行分类，并按产品类型加权平均的净收入贡献率计算一个混合的增值税率。报告指出，在2019年2—3季度，计算所得的增值税率7.6%与瑞幸报告的6.5%存在较大差距。倘若与报道所称的增值税率相一致，其他产品（坚果、面包等）在销售总收入中占比应为7%，而公司报道的占比为22.8%，从税收指标的角度证实瑞幸咖啡存在财务造假的嫌疑。

"However, for 2019 2 – 30, the gap widened abruptly and sharply – reported VAT rate was 6.5% while calculated was 7.6%. From another perspective, to reconcile with 6.5% VAT as reported, the revenue contribution from other products would be actually 7%, which is very close to the 6.2 % derived from 25,843 receipts, compared to company reported 22% – 23%."

Luckin's reported VAT cannot match reported operating data

	4Q18	2018	1Q19	2-3Q19A
Net revenue (RMB mn)	465.4	840.7	478.5	2,450.7
VAT (RMB mn)	36.6	62.9	36.6	159.4
VAT rate - reported	**7.9%**	**7.5%**	**7.6%**	**6.5%**
Difference vs. weighted average	*-0.1%*	*-0.1%*	*-0.1%*	*-1.1%*
Net revenue % contribution - reported	*100.0%*	*100.0%*	*100.0%*	*100.0%*
Freshly Brewed Drinks	*74.5%*	*77.3%*	*75.5%*	*73.6%*
Other Products	***19.6%***	***16.1%***	***17.6%***	***22.8%***
Others - delivery fees paid by customers	*5.8%*	*6.6%*	*7.0%*	*3.6%*
VAT rate - weighted average calculated	*8.0%*	*7.6%*	*7.8%*	***7.6%***
Freshly Brewed Drinks	*6.0%*	*6.0%*	*6.0%*	*6.0%*
Other Products	*16.0%*	*16.0%*	*16.0%*	*13.0%*
Others - delivery fees paid by customers	*6.0%*	*6.0%*	*6.0%*	*6.0%*
How to get 6.5% VAT rate as reported?				**6.5%**
Net revenue % contribution from other products				***7.0%***

Mismatch

To reconcile with reported VAT, implied revenue % from other products is as low as 7%

Source: Luckin public filings, Coffee_Detective calculation

2020年2月3日，瑞幸对浑水机构的指控做出回应并否认。针对报告在计算来自其他产品净收入时参考了增值税指标并由此提出夸大其他产品净收入的指控，瑞幸认为是存在对公司非现制产品适用增值税税率的误解，并基于此提出了不实指控。

"The Report's reference to value – added – tax in calculating net revenues from other products represents a clear misunderstanding of the applicable VAT rates for the Company's non – freshly brewed products and the Report reached an ungrounded allegation based on such flawed and unsupported assumption. "

2020年4月2日，因虚假交易额22亿人民币，瑞幸咖啡盘前暴跌85%。

2020年4月4日凌晨，瑞幸咖啡自曝造假22亿事件持续发酵，周五收盘，瑞幸股价再次大跌15.94%，报5.38美元。中国证监会此前称，对该公司财务造假行为表示强烈的谴责。

2020年4月2日晚间，瑞幸审计机构安永表示，在对公司2019年年度财务报告进行审计工作的过程中，安永发现公司部分管理人员在2019年第二季度至第四季度通过虚假交易虚增了公司相关期间的收入、成本及费用。

2020年5月12日，瑞幸咖啡宣布调整董事会和高级管理层，CEO钱治亚和COO刘剑被暂停职务。此外，自内部调查开始以来，该公司已将另外6名参与或知悉捏造交易的员工停职或休假。瑞幸咖啡宣布郭谨一为代理CEO。

2020年6月27日，瑞幸咖啡发布声明称，公司将于6月29日在纳斯达克停牌，并进行退市备案。同时，瑞幸咖啡全国4000多家门店将正常运营。

2020年7月31日，证监会宣布，瑞幸咖啡财务造假调查处置工作取得了重要进展。调查显示，瑞幸咖啡境内运营主体及相关管理人员、相关第三方公司大规模虚构交易，虚增收入、成本、费用，虚假宣传等行为，违反了我国会计法、反不正当竞争法的相关规定。

2020年7月31日，财政部表示，已经完成对瑞幸咖啡公司境内运营主体会计信息质量检查。并在检查中发现，自2019年4月起至2019年末，瑞幸咖啡公司通过虚构商品券业务增加交易额22.46亿元（人民币，下同），虚增收入21.19亿元（占对外披露收入51.5亿元的41.16%），虚增成本费用12.11亿元，虚增利润9.08亿元。

根据官方公示的调查结果，我们可以来进行一定分析，瑞幸咖啡虚假交易相关的总销售金额约为人民币21亿元，在此期间，某些成本和费用也因虚假交易而大幅膨胀。按照这一数据计算，瑞幸咖啡造假的21亿元金额相当于四季度的全部营收，也相当于2019年瑞幸咖啡全年营收的超过40%。可见，瑞幸咖啡所涉嫌的财务造假行为主要涉及收入确认和成本计量环节，并最终虚增利润，而这些都和税务指标密切相关。

在收入确认环节，如果瑞幸咖啡虚增收入，则根据税法应该缴纳增值税，因此如果企业的增值税增长与销售收入的增长明显不匹配，则企业财务信息质量可能较差。事实上，企业缴纳税款是企业虚增收入的一种成本，企业往往有动力追求在虚增收入的同时，避免缴纳相应的税款。现实中也存在虚增收入又退税的案例，例如宁波圣来达文化投资有限公司2015年被证监会认定虚增收入和利润，但是企业在接受证监会处罚后，经过申请，做了会计差错更正，最终税务局退回了多交的税款。根据《中华人民共和国税收征收管理法》的相关规定，如果纳税人多缴税款的，税务机关发现后要立即退还。如果是纳税人自行发现的，在结算缴纳税款之日起3年内，可以向税务机关要求退还多缴的税款并加算银行同期存款利息，税务机关查实后应立即退还。因此企业存在虚增收入的同时规避相应税收的现实路径，分析企业的增值税增长与销售收入的增长匹配度来分析企业收入科目的财务信息质量状况，具有现实可行性。

在成本计量环节，一方面表现为与虚增收入密切相关的对应销售成本与税款；另一方面则表现为企业对成本科目的刻意压低，夸大企业利润。二者都表现为成本及其相关税费科目的增长低于收入科目。从瑞幸咖啡的案例来看，虚增收入期间，瑞幸咖啡某些成本和费用也因虚假交易而大幅膨胀，包括虚增固定资产、虚增广告费用、虚增咖啡豆成本等。虚增成本可能涉及虚开发票问题。虚开发票对接受方来说，既要面对接受虚开发票行政处罚甚至是刑事责任，又涉及增值税和企业所得税税额增加的成本。因此，由于现实中对发票管理较为严格，企业虚增成本面临的较大的风险，如果企业销售收入快速增长，但营业成本的增速存在较大缺口，尤其是营业成本相关的增值税进项税额等科目的增幅不成比例，则表明企业存在造假嫌疑。

（二）利用税务科目进行财务造假

除了从企业财务科目与相关税务科目的匹配情况评估企业可能存在较高的财务造假概率外，企业也通常利用税务科目进行财务造假，其中主要的方式是通过操纵递延所得税来开展上市公司低成本的管理盈余，提高财务指标，粉饰财务业绩，以规避稽查。

例如乐视网通过调整递延所得税大幅提升企业净利润事件，具体如下：

2010 年 8 月 12 日，乐视在中国创业板上市，是行业内全球首家 IPO 上市公司，中国 A 股最早上市的视频公司。

2017 年 11 月 10 日，乐视网发布公告，称贾跃亭在回函中表示无力履行无息借款与增持承诺，并表示“深表歉意”。

2019 年 4 月 29 日收到中国证监会“调查通知书”。因乐视网及贾跃亭涉嫌信息披露违法违规等行为，证监会决定对乐视网及贾跃亭立案调查。

2019 年 11 月 1 日，其收到北京市第三中级人民法院通知，乐视网需于 11 月 7 日前支付诉讼费 612 万元，否则视为撤诉，其目前办公场所将被强制腾退。乐视表示：“公司目前存在因支付巨额诉讼费，或将导致现金流断裂的风险。”

2020 年 5 月 14 日，乐视网股票被终止上市。

2021 年 2 月，乐视视频安卓版 App 在 9.24 更新版本中，图标 Logo 换新，显示“欠 122 亿”的字样，引发广泛讨论。

乐视网财务报表数据截取见表 8－10：

表 8－10　　乐视网财务报表

合并报表（万元）	2014 年	2015 年	2016 年	2017 年	2018 年
利润总额	7290	7417	－32871	－1746173	－567827
所得税费用	－5590	－14295	－10682	72258	5542
净利润	12880	21712	－22189	－1818431	－573369
归属母公司所有者的净利润	36403	57303	55476	－1387804	—
少数股东损益	－23523	－35591	－77665	－430626	—

乐视网递延所得税数据截取（见表 8－11、表 8－12、表 8－13）：

表 8－11　　乐视网递延所得税合并报表数据

合并报表（万元）	2014 年	2015 年	2016 年	2017 年
递延所得税资产	19622	50725	76334	5517
递延所得税负债	—	649	304	304

表 8－12　　乐视网递延所得税母公司报表

母公司报表（万元）	2014 年	2015 年	2016 年	2017 年
递延所得税资产	1059	2662	5330	—
递延所得税负债	—	140	304	304

表 8－13　　乐视网所得税报表

合并报表递延所得税资产（万元）	2014 年	2015 年	2016 年	2017 年
内部交易未实现利润	—	4723	2536	2239
可抵扣亏损	18013	42424	65055	—
坏账准备	1478	3388	7861	3279
存货跌价准备	121	83	746	—
无形资产减值准备	10	79	75	—
融资租赁摊销利息	—	29	—	—
合计	19622	50725	76334	5517

从乐视网的财务报表数据分析，值得注意的是，2014—2016 年乐视网的所得税费用均呈现负值，且在 2015 年和 2016 年所得税金额甚至远超利润总额。因此，虽然乐视网的利润总额较差，但因为净利润是利润总额扣除所得税费用的净额，所以通过所得税费用的粉饰，企业的净利润实现了大幅提升，归属母公司所有者的净利润也随之增长。所得税费用由当期所得税和递延所得税构成，从表 8－10 中发现，乐视网呈现负值的所得税费用主要来源于企业大量计提的递延所得税资产，结合母公司和子公司递延所得税资产数据对比与表 8－13 可以看出，乐视网的递延所得税资产则主要来源于企业的可抵扣亏损，该可抵扣亏损大部分为子公司的可抵扣亏损。

乐视企业控股着 4 家重要的非全资子公司，它们分别是乐视致新、乐视电子商务、乐视云计算和乐视文化发展有限公司，然而这 4 家子公司均是亏损的。其中，乐视致新 2016 年亏损 6.36 亿元，乐视网持有 58.55% 的股权；乐视电子商务 2016 年度亏损 7.37 亿元，乐视网持有其 30% 的股权和 40% 的委托表决权；乐视云计算 2016 年度亏损 1761.99 万元，乐视网持有其 50% 的股权；乐视网文化发展 2016 年度亏损 28.99 万元，乐视网持有其 51% 的股权。由于亏损子公司对乐视网母公司净利润的影响是按照其实际持股比例测算的，于是在合并报表时，乐视网利用其 50% 以上的的控股比例，将大部分亏损放进子公司，形成递延所得税资产，然后经过合并财务报表形成大量所得税费用（负值），从而粉饰了合并财务报表的净利润。

2017 年，乐视网母公司和子公司的递延所得税资产的金额均大幅下降，许多子项已经完全消失，导致的直接结果就是合并报表中的净利润在利润总额为－174.62亿元的基础上再减少 7.23 亿元，降至－181.84 亿元，子公司也巨亏，但这次的可抵扣亏损却将归属于母公司所有者的净利润变为负值，最终乐视网巨亏139亿元。

总体来看，因为会计准则和税务准则的分离致使税前会计利润和应税所得之间存在差异，所以企业可以以未来期间很可能取得的，用来抵扣可抵扣纳税义务的金额为限，确认相应的递延所得税资产。而在一操作过程中，企业可以相对自由地决策递延所得税资产及负债的确认时间、确认金额、转回时间、转回金额等要素，这就为公司蓄意通过递延所得税操纵财务数据提供了空间，也使递延所得税成为企业进行低成本盈余管理的重要手段。

企业进行盈余管理主要有两个动机，一是保持利润，还有就是合理避税，而这两种目标的实现均需要依靠调整递延所得税完成。从保持利润角度来看，正如乐视网案例所呈现的，企业通常会在连续亏空的情况下，利用递延所得税资产的确认来操纵利润。如果一个企业的递延所得税占比畸高，则应该引起注意。而从合理避税角度来讲，例如格力电器在会计上，对于销售返利的处理并不是冲减企业的收入，而是把返利视同销售，算出各种税费后计入利润表的费用。这样不仅提高了营业收入，而且格力预提费用所累积的递延所得税资产，可以抵扣所得税，从而通过合理避税，间接地隐藏了利润。

本章小结

本章主要阐述了税收与财务报表分析的关系。首先，本章介绍了税收与财务报表分析的基本原理，包括通用财务报表分析的框架体系、税务会计与财务会计的区别与联系、财务报表中税收相关指标的核算原理等。其次，本章介绍了税收与财务状况分析，包括税收指标与其他财务指标的关联关系、基于税收数据的财务分析体系，最后结合潮宏基公司的具体案例进行了详细展示。再次，本章讲述了税收与企业财务信息质量分析，包括企业盈余管理、财务违规的概述、税收指标与企业盈余管理之间的关系。最后，结合瑞幸咖啡和乐视股份的案例进行了详细展示。

关键术语

财务报表分析　税务会计　盈余管理　杜邦分析体系　递延所得税　税务—会计差异

思考题

1. 税务会计与财务会计的区别与联系是什么?
2. 税收科目与其他财务会计的关联关系有哪些?
3. 基于税收数据判断企业的盈利能力、营运能力、偿债能力有哪些方法?
4. 基于税收数据判断企业盈余管理的方法有哪些?

练习题

1. A公司的2018—2019年的财务报表和纳税情况如表8-14至表8-17所示,请尝试根据税收相关指标,来判断企业的盈利能力、营运能力和偿债能力,相比于本章中的潮宏基公司如何评价。

表8-14　　A公司2018—2019年资产负债表　　单位:元

资产负债表	2019年	2018年
流动资产		
货币资金	3.167亿	1.648亿
应收票据及应收账款	4.081亿	3.776亿
其中:应收票据	1060万	705.2万
应收账款	3.975亿	3.705亿
预付款项	1085万	1367万
其他应收款合计	4724万	4587万
其中:其他应收款	—	—
存货	18.09亿	17.82亿
其他流动资产	6886万	7370万
流动资产合计	26.61亿	24.58亿
非流动资产		
可供出售金融资产	—	8.500万
长期股权投资	4642万	4488万
其他权益工具投资	8.500万	—
投资性房地产	4.075亿	3.773亿
固定资产	3.640亿	4.256亿
在建工程	—	1204万
无形资产	3871万	4355万
长期待摊费用	1.526亿	1.286亿
递延所得税资产	8374万	1.007亿
其他非流动资产	737.3万	894.9万
非流动资产合计	11.00亿	11.42亿
资产总计	37.61亿	36.00亿
流动负债		

续表

资产负债表	2019 年	2018 年
短期借款	5.679 亿	5.471 亿
应付票据及应付账款	2.798 亿	2.599 亿
其中：应付票据	—	—
应付账款	2.798 亿	2.599 亿
预收款项	2343 万	1646 万
合同负债	—	—
应付职工薪酬	8260 万	6978 万
应交税费	2406 万	5592 万
其他应付款合计	1.196 亿	7182 万
其中：应付利息	—	77.24 万
应付股利	84.82 万	—
其他应付款	—	—
一年内到期的非流动负债	36.01 万	34.75 万
其他流动负债	—	—
流动负债合计	10.98 亿	10.21 亿
非流动负债		
长期借款	432.2 万	451.7 万
递延收益	304.6 万	367.3 万
递延所得税负债	125.6 万	—
非流动负债合计	862.4 万	819.0 万
负债合计	11.06 亿	10.30 亿
所有者权益（或股东权益）		
实收资本（或股本）	4.430 亿	4.387 亿
资本公积	10.81 亿	10.62 亿
减：库存股	7127 万	—
其他综合收益	-94.02 万	-544.2 万
盈余公积	2.357 亿	2.230 亿
未分配利润	9.668 亿	8.514 亿
归属于母公司股东权益总计	26.55 亿	25.70 亿
少数股东权益	5911	5782
股东权益合计	26.55 亿	25.70 亿
负债和股东权益总计	37.61 亿	36.00 亿

表 8-15　　A 公司 2018—2019 年利润表　　单位：元

利润表	2019 年	2018 年
营业总收入	37.04 亿	34.00 亿
营业收入	37.04 亿	34.00 亿
营业总成本	34.30 亿	31.87 亿
营业成本	22.17 亿	19.94 亿
税金及附加	2819 万	3377 万
销售费用	8.658 亿	8.570 亿

续表

利润表	2019 年	2018 年
管理费用	2.406 亿	2.192 亿
研发费用	4506 万	4735 万
财务费用	3282 万	3592 万
其中：利息费用	2398 万	2755 万
利息收入	195.6 万	226.9 万
资产减值损失	—	326.5 万
其他经营收益		
加：投资收益	178.8 万	100.2 万
其中：对联营企业和合营企业的投资收益	178.8 万	100.2 万
资产处置收益	-92.61 万	-18.13 万
资产减值损失（新）	-429.5 万	-326.5 万
信用减值损失（新）	-1664 万	—
其他收益	1843 万	1938 万
营业利润	2.729 亿	2.304 亿
加：营业外收入	475.4 万	144.6 万
其中：非流动资产处置利得	—	—
减：营业外支出	140.0 万	65.25 万
其中：非流动资产处置净损失	—	—
利润总额	2.762 亿	2.312 亿
减：所得税	6032 万	4736 万
净利润	2.159 亿	1.838 亿
（一）按经营持续性分类		
持续经营净利润	2.159 亿	1.838 亿
（二）按所有权归属分类		
归属于母公司股东的净利润	2.159 亿	1.838 亿
少数股东损益	—	—
扣除非经常性损益后的净利润	1.997 亿	1.628 亿
每股收益		
基本每股收益	0.4943	0.4190
稀释每股收益	0.4943	0.4190
其他综合收益	450.2 万	608.2 万
归属于母公司股东的其他综合收益	450.2 万	608.1 万
归属于少数股东的其他综合收益	129.2	265.9
综合收益总额	2.204 亿	1.899 亿
归属于母公司股东的综合收益总额	2.204 亿	1.899 亿
归属于少数股东的综合收益总额	129.2	265.9

表 8－16 **2018 年应交税费科目明细** 单位：元

项　目	年末余额	年初余额
增值税	32344121.18	28234436.08
企业所得税	21599264.54	24051.749.74
房产税	248795.56	640117.90
城市维护建设税	321914.01	948001.89
个人所得税	998190.73	779154.31
教育费附加	180930.81	526382.87
其他	180930.81	526382.87
合计	55923171.92	55857236.59

表 8－17 **2019 年应交税费科目明细** 单位：元

项目	期末余额	期初余额
增值税	6929833.12	32344121.18
企业所得税	15512840.60	21599264.54
个人所得税	1227923.78	998190.73
城市维护建设税	91612.52	321914.01
教育费附加	65887.11	229955.09
其他	236705.87	429726.37
合计	24064803.00	55923171.92

读书笔记

资产评估专业人员应当知晓相关税收法律、行政法规对评估对象价值估算的影响，并在相关评估过程中予以恰当的考虑和处理。

——《以财务报告为目的的评估指南》（中评协〔2017〕45号）

第九章　税收与公司估值

- 税收与公司估值的关系
- 流动资产估值及税收管理
- 无形资产估值及税收管理
- 固定资产和土地使用权估值及税收管理
- 其他资产估值及税收管理
- 公司价值估值与税收管理
- 估值报告与税收管理

学习提示

合理确定业务或事项的税基和税额，是公司税务管理的重要内容。然而，税法本身并没有交代公允价值的内涵和获取方式。实务中，除了市场价格外，人们也常常通过估值来获取公允价值。因此，税务管理需要掌握一定的估值知识。另外，税法并不是直接简单地将估值结论拿来作为公允价值使用，而是需要分析是否存在财税评差异并进行相应调整。最后，公司税务管理人员还应该能够读懂估值报告，作出相关的财税处理，并能够妥善解决各类围绕估值结论所引发的税务争议。

案例导入

“天价葡萄案”

2003 年 8 月，在北京市打工的 4 人来到一葡萄园偷摘葡萄，路上被当地警方发现。经查实，4 人所偷 47 斤葡萄为某农林科研所的科研葡萄。系研究所投资 40 万元、历经 10 年培育研制的科研新品种。4 人的馋嘴之举令其中的 20 余株试验链中断，损失难以估量。

由于该案标的物特殊，经受害单位介绍，损失巨大，所以公安机关向北京市价格认证中心委托，要求对其损失价值进行价格认定。

北京市物价局价格认证中心对被偷的葡萄进行价格鉴证，涉案的 23.5 公斤葡萄直接经济损失为 11220 元，平均每斤 238.72 元。由于涉案标的金额超过盗窃案件追究刑事责任的起刑点 3000 元，海淀区警方以涉嫌盗窃罪对 4 人执行逮捕。

此案在社会上引发了轩然大波，很多人认为被偷的葡萄根本不值这么多钱。该葡萄一时被人们称为“天价葡萄”。为了审慎起见，公安机关委托北京市价格认证中心对这些葡萄重新鉴证，涉案葡萄的价格仅为 376 元，平均 7.9 元/斤。因此，4 人最终得以被保释出狱。但是，罪与非罪，司法部门却没给个明确“说法”。

同样的葡萄，为何两次估值结论相差如此悬殊？如果一项资产在交易中也出现了两个相差悬殊的金额，到底哪一个应该作为计税依据呢？

第一节 税收与公司估值的关系

我国目前共有18个税种，各税种的课税规则和税制详尽程度差异很大，本章涉及的税种如无特殊说明，均指企业所得税。估值是指测算资产或公司的价值。估值有多种类型和方法，在本章中，估值和资产评估不做区分。

一、税收与估值的理论逻辑关系

税收学和资产评估学分属不同学科，但是都是应用经济学的分支，有着相似、相同的概念与理念，有着内在的逻辑衔接。

（一）税收和估值有着相同或相似的概念

（1）税收和估值都大量援引财务会计的基本概念和分类方式。《企业会计准则——基本准则》（中华人民共和国财政部令2014年76号）第二十条规定："资产是指企业过去的交易或者事项形成的、由企业拥有或者控制的、预期会给企业带来经济利益的资源。"财务会计还进一步将资产划分为许多类型，货币资金、存货、固定资产、无形资产、金融资产等。税收学没有单独给出资产的定义，但却直接在各税种政策法规中大量使用，并且沿用财务会计的资产分类方式。资产评估学中的资产概念与会计学中的资产概念类似，即特定权利主体拥有或控制的，能够给特定权利主体带来未来经济利益的经济资源，并且也基本沿用财务会计的资产分类方式。基于和财务会计的紧密关系，税收和估值也就有了许多相通之处。

（2）税收和估值都有历史成本、公允价值等计量属性。历史成本基于业务或事项的发生时点，公允价值则强调资产或负债的现行价格。历史成本、公允价值都是税收和估值中常用到的计量属性。

以企业所得税为例。《企业所得税法实施条例》第五十六条规定："企业的各项资产，包括固定资产、生物资产、无形资产、长期待摊费用、投资资产、存货等，以历史成本为计税基础。前款所称历史成本，是指企业取得该项资产时实际发生的支出。"《企业所得税法实施条例》第十三条第二款规定："公允价值，是指按照市场价格确定的价值。"

在估值中，所有估值方法都是为了测算基于评估时点的公允价值。比如，成本法是将资产的历史成本转化为重置成本；市场法是模拟评估时点的市场交易环境得出资产价格；收益法将资产或企业未来的收益折现至评估时点。

（二）税收和估值有着内在的逻辑衔接

税收和估值的内在逻辑衔接点是公允价值。公允价值，亦称公允价格，原本来自法律，它最早可以追溯到美国1898年史密斯与阿迈斯一案的高等法院判例。公允价值是财务会计、税收学和资产评估学的核心概念之一，在会计核算和税额确定中有着非常重要的作用。《企业会计准则——基本准则》关于公允价值的定义为：公允价值，是指市场参与者在计量日发生的有序交易中，出售一项资产所能收到或者转移一项负债所需支付的价格。

税收出于对税基的管理，将公允价值作为计税依据是否公平合理的度量衡，并通过立法赋予税务机关一定的行政裁量权。例如，《中华人民共和国税收征收管理法》（中华人民共和国主席令第四十九号）（以下简称《税收征管法》）第三十五条规定：“纳税人有下列情形之一的，税务机关有权核定其应纳税额：……（六）纳税人申报的计税依据明显偏低，又无正当理由的。”《企业所得税法》第四十一条规定：“企业与其关联方之间的业务往来，不符合独立交易原则而减少企业或者其关联方应纳税收入或者所得额的，税务机关有权按照合理方法调整。”《企业所得税法实施条例》第一百一十条规定：“企业所得税法第四十一条所称独立交易原则，是指没有关联关系的交易各方，按照公平成交价格和营业常规进行业务往来遵循的原则。”

资产评估是专门研究资产价值的学科，其学科发展健全，估值方法成熟、专业，资产评估结论是重要的公允价值来源。

公允价值的内涵非常丰富，应该重点把握如下几点：

（1）公允价值是价格而非价值。公允价值虽然冠以“价值”二字，但是从现有统一的定义来看，它属于价格范畴。按照马克思政治经济学的观点，“价值就是凝结在商品中无差别的人类劳动”“价值决定价格，价格围绕价值上下波动”。这说明，第一，公允价值同样受价值规律支配，在根本上取决于商品所蕴含无差别人类劳动的多寡；第二，公允价值还受到市场等其他外部因素的影响，从而在交易中常会出现偏离价值的情况。从公允价值的定义来看，判断价格是否公允，交易时点、市场活跃度、供求关系、交易数量、交易双方动机等外部因素比商品本身蕴含的无差别人类劳动数量的多寡更关键。

（2）公允价值是一段区间而非某个精确数值。影响价格的外部因素非常复杂，比如时间、区域、数量、新旧程度、商标品牌、供求关系、支付方式、营销策略和交易双方动机等，而且这些因素随时随地变化，使价格变得极具弹性。这又说明两个问题：第一，价格是否公允，不能简单比较金额大小，而应该放在具体的市场环境中去综合判断，因为价格所受外部因素不同，则金额不同。比如，一部手机，在地段繁华的大商场里的售价可能高于手机专卖店里的售价，因为前者蕴含了更高成本的租金，以及经销商的利润。尽管两个售价内涵不同，但都是公允价值。第二，要想无一遗漏地找出某一商品价格的所有影响因素以及每一因素对价格的具体影响是不可能的，这意味着价格比较和公允性判断只能限于若干主要影响因素范围内。既然只能做到近似比较，则应当允许存在合理浮动范围。

（3）公允价值和政府定价、政府指导价、市场调节价的关系。《中华人民共和国价格法》（中华人民共和国主席令第 92 号）明确价格的制定有三种方式，分别是政府定价、政府指导价和市场调节价。政府定价，是指由政府价格主管部门或者其他有关系部门，按照定价权限和范围制定的价格。政府指导价，是指由政府价格主管部门或者其他有关系部门，按照定价权限和范围规定基准价及其浮动幅度，指导经营者制定的价格。市场调节价，是指由经营者自主制定，通过市场竞争形成的价格。市场调节价也就是通常所说的市场交易价、市场价格。需要注意的是，拍卖和招投标也是市场竞争的过程，因而拍卖价和中标价也都属于市场调节价。我国实行并完善宏观经济调控下主要由市场形成价格的机制，越来越多的商品和服务价格实行市场调节价，仅极少数商品和服务价格仍实行政府指导价或者政府定价（见图 9－1）。

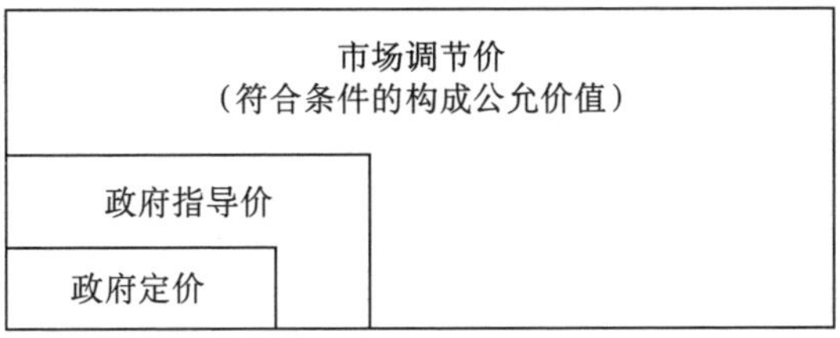

图 9－1　公允价值和政府定价、政府指导价、市场调节价的关系

政府定价、政府指导价被各方接受，但因带有鲜明的行政属性而非市场属性，因而不属于公允价值。市场调节价和公允价值二者存在交叉，并有如下异同点：

①相同点：第一，都是市场活动的结果。市场调节价表述为“通过市场竞争形成”，公允价值定义为“市场参与者”和“有序交易”；第二，都是脱手价

格或退出价格。市场调节价表述为“经营者自主制定”，公允价值定义为“出售一项资产所能收到或者转移一项负债所需支付的价格”。

②不同点：一是适用对象的描述存在差异。市场调节价的适用对象为商品和服务，是按交易内容划分的；而公允价值适用于资产和负债，是会计“资产负债表观”下的计量结果。二是定义侧重不同。市场调节价为了和政府定价、政府指导价相区别，重在突出市场属性；公允价值本身具有市场属性，重在界定公允性，增加了“计量日”的时间属性，对市场要求是“主要市场或最有利市场”，限定为“有序交易”而排除清算等被迫交易。三是内涵存在差异。市场调节价仅指实际交易的价格，而公允价值在不存在活跃市场时还可以通过估值技术获取。

市场主体通过真实、充分市场竞争形成的市场调节价构成公允价值。

（4）公允价值来源渠道具有多样性。公允价值不仅来自市场交易价格，还包括符合条件的估值结论（见图 9－2）。

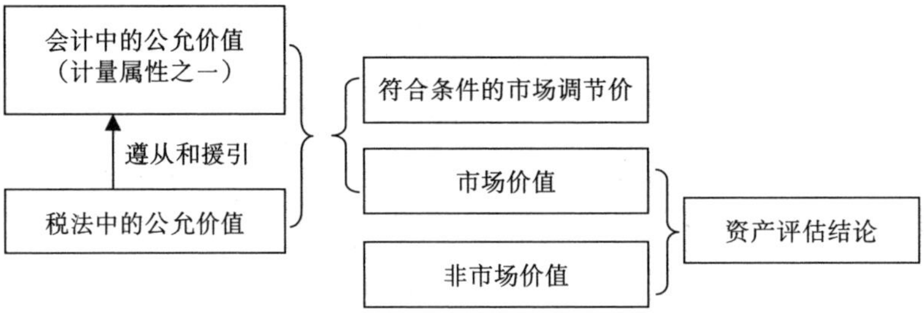

图 9－2　会计、税法和资产评估中的“公允价值”关系

（5）公允价值有不同的可靠性层级。第一层级为市场调节价，具体包括市场交易价、拍卖价、中标价等，它们都是通过市场竞争形成的且可验证的，可靠性很高。政府定价、政府指导价凭借政府的公信力，可以视同为第一层级的公允价值。第二层级的公允价值包括资产评估结论、价格认定结论等，它们是相关机构运用专业技术和法定程序，通过模拟市场交易情况获得的，可靠性较高。其中，资产评估输入值不同，可靠性也会不同。《企业会计准则第 39 号——公允价值计量》（财会〔2014〕6 号）对资产评估结论，根据市场法、收益法和成本法这三种估值方法所使用的输入值是否可观察，分为第一层次、第二层次和第三层次。建议首先使用第一层次输入值，其次使用第二层次输入值，最后使用第三层次输入值。输入值层次越低，公允价值计量结果越可靠（见图 9－3）。

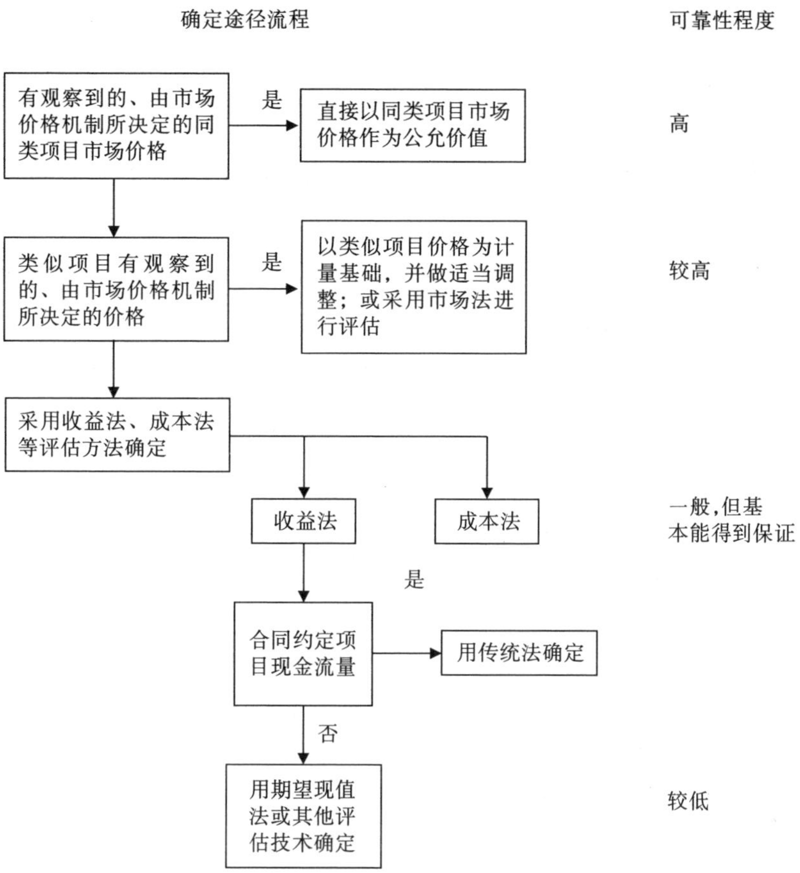

图9-3 公允价值确定途径及其可靠性程度分析图

资料来源：刘萍．公允价值计量——评估方法与实践［M］．北京：中国财政经济出版社，2014：68.

二、税收与估值的实务衔接关系

税收与估值的实务衔接关系可以分为两个方面。第一，从税收的角度看，资产评估是税收管理的重要工具，合理确定税基需要借助资产评估的方法和结论。第二，从估值的角度看，税收是资产价值的重要组成部分，资产评估应当参照税法的一般规定。

（一）估值是重要税收管理工具

资产评估在税收征管中扮演着重要角色。当前市场经济程度不断深化，市场主体拥有自主产品定价权，估值已经成为解决征纳双方涉税价格争议、税务机关加强涉税价格监管的重要抓手。资产评估结论是税法所认可的公允价值，为确定计税依据提供重要参考。税务机关核定税款时甚至可以直接将资产评估结论作为计税依据使用。

资产评估在非货币性资产投资、债务重组、股权转让、资产收购、企业合并和分立、企业清算、资产划拨等业务的税务处理中，以及在纳税评估、税务稽查和反避税等税收征管环节中都发挥着不可或缺的作用。在日常税收业务中，资产评估可以服务于存量房交易、资产损失和税款核定等。在资本交易业务中，涉及资产评估的税务业务包括确认表外资产和商誉、交易对价分摊、债务重组、资产收购、股权收购、非货币性资产投资、减资和撤资、企业合并、企业分立、企业清算和对赌协议等。在特别纳税调整领域，资产评估技术可以应用于无形资产定价、成本分摊协议管理和股权间接转让中的股权转让所得计算等方面。

以下税收业务，税法规定需要纳税人或相关当事方出具资产评估报告：

1. 资产损失事项，具体包括

（1）存货、工程物资的报废、毁损或变质损失，数额较大的（指占企业该类资产计税成本10%以上，或减少当年应纳税所得、增加亏损10%以上，下同）；

（2）固定资产盘亏、丢失损失，损失金额较大的；

（3）固定资产报废、毁损损失，损失金额较大的或自然灾害等不可抗力原因造成固定资产毁损、报废的；

（4）企业股权投资损失；

（5）企业按独立交易原则向关联企业转让资产而发生的损失；

（6）企业将不同类别的资产捆绑（打包），以拍卖、询价、竞争性谈判、招标等市场方式出售，其出售价格低于计税成本而发生的损失。

2. 企业重组和资本交易类业务

（1）企业重组一般性税务处理。《企业重组业务企业所得税管理办法》（国家税务总局公告2010年第4号）第十一条至第十四条规定：企业发生《通知》第四条第（二）项规定的债务重组，以非货币资产清偿债务的，应保留当事各方签订的清偿债务的协议或合同，以及非货币资产公允价格确认的合法证据等；企业发生《通知》第四条第（三）项规定的股权收购、资产收购重组业务，应准备相关股权、资产公允价值的合法证据；企业发生《通知》第四条第（四）项规定的合并，应按照财税〔2009〕60号文件规定进行清算，应附送企业全部资产和负债的计税基础以及评估机构出具的资产评估报告；企业发生《通知》第四条第（五）项规定的分立，被分立企业不再继续存在，应按照财税〔2009〕60号文件规定进行清算，应附送被分立企业全部资产的计税基础以及评估机构出具的资产评估报告。

（2）企业重组特殊性税务处理。《关于企业重组业务企业所得税征收管理若干问题的公告》（国家税务总局公告2015年第48号）在附件2“企业重组所得税特殊性税务处理申报资料一览表”中明确：债权转股权的，提供相关股权评估报告或其他公允价值证明；以非货币资产清偿债务的，提供相关资产评估报告或其他公允价值证明；股权收购的，提供相关股权评估报告或其他公允价值证明，涉及非货币性资产支付的，应提供非货币性资产评估报告或其他公允价值证明；资产收购的，相关资产评估报告或其他公允价值证明，涉及非货币性资产支付的，应提供非货币性资产评估报告或其他公允价值证明；企业合并的，涉及可由合并企业弥补被合并企业亏损的，需要提供其合并日净资产公允价值证明材料及主管税务机关确认的亏损弥补情况说明，涉及非货币性资产支付的，应提供非货币性资产评估报告或其他公允价值证明；企业分立的，若被分立企业尚有未超过法定弥补期限的亏损，应提供亏损弥补情况说明、被分立企业重组前净资产和分立资产公允价值的证明材料，涉及非货币性资产支付的，应提供非货币性资产评估报告或其他公允价值证明。

（3）个人股权转让。《股权转让所得个人所得税管理办法（试行）》（国家税务总局公告2014年第67号）第十四条第（一）项规定：主管税务机关可以按照净资产核定法核定股权转让收入。被投资企业的土地使用权、房屋、房地产企业未销售房产、知识产权、探矿权、采矿权、股权等资产占企业总资产比例超过20%的，主管税务机关可参照纳税人提供的具有法定资质的中介机构出具的资产评估报告核定股权转让收入。6个月内再次发生股权转让且被投资企业净资产未发生重大变化的，主管税务机关可参照上一次股权转让时被投资企业的资产评估报告核定此次股权转让收入。

（4）企业清算。《企业重组业务企业所得税管理办法》（国家税务总局公告2010年第4号）第十条规定："企业在报送《企业清算所得纳税申报表》时，应附送企业全部资产的计税基础以及评估机构出具的资产评估报告。"《关于企业清算业务企业所得税处理若干问题的通知》（财税〔2009〕60号）规定："全部资产均应按可变现价值或交易价格，确认资产转让所得或损失。"各地税务机关补充出台文件规定，资产可变现价值可以通过资产评估确定。例如，《企业清算所得税管理暂行办法》（辽宁省地方税务局公告2013年第1号）第十二条规定：企业清算期间未实际处置的资产，投资性房地产、固定资产、在建工程、工程物资、生物资产、油气资产、无形资产、存货等资产以评估价值作为资产可变现价值。对清算期间确实无法收回的投资资产，以评估价值作为可变现价值。评估价值是指具有法定资质的中介机构出具的清算资产在评估之日确定的价值。

（5）《关于非货币性资产投资企业所得税有关征管问题的公告》（国家税务总局公告2015年第33号）第五条第二款规定："企业还应将下列资料留存备查，并单独准确核算税法与会计差异情况，包括股权投资合同或协议、对外投资的非货币性资产（明细）公允价值评估确认报告、非货币性资产（明细）计税基础的情况说明和被投资企业设立或变更的工商部门证明材料等资料。"

（6）税法没有明确提出资产（股权）划转需要提交资产评估报告。《关于资产（股权）划转企业所得税征管问题的公告》（国家税务总局公告2015年第40号）规定："交易一方在股权或资产划转完成日后连续12个月内发生生产经营业务、公司性质、资产或股权结构等情况变化，致使股权或资产划转不再符合特殊性税务处理条件的，需要按照公允价值进行一般性税务处理，追溯调整划转完成纳税年度的企业所得税。"因此，从税收后续管理角度，划转当事方应当在发生划转业务时进行资产评估，备用备查。

3. 旧房转让交易

《关于土地增值税一些具体问题规定的通知》（财税字〔1995〕48号）规定："转让旧房的，应按房屋及建筑物的评估价格、取得土地使用权所支付的地价款和按国家统一规定交纳的有关费用以及在转让环节缴纳的税金作为扣除项目金额计征土地增值税。”

（二）税收是估值重点考虑因素之一

税额对资产价值有着重要影响。资产评估必须遵照评估时点的税法规定，考虑资产实现评估目的所产生的税费，比如重置成本中的税费、市场交易环节的税费和未来经营期间形成收入的税费等，并清晰准确披露。税费测算是资产评估绕不开的程序，并且直接影响资产评估结论的准确性和权威性。《以财务报告为目的的评估指南》（中评协〔2017〕45 号）第三十四条规定："资产评估专业人员应当知晓相关税收法律、行政法规对评估对象价值估算的影响，并在相关评估过程中予以恰当的考虑和处理。”

在资产评估中，测算税对资产价值的影响是一件非常复杂的事情，既要考虑税种、税目和税率等税法要素，又要考虑评估目的、价值类型、评估方法、评估假设、评估基准日等资产评估要素，最后还需要准确把握税法和资产评估两者之间可能存在的税评差异。

三、估值类型及基本事项

（一）评估假设

资产评估假设是估值结论成立的前提条件之一，是依据现有知识和有限事实，通过逻辑推理，对资产评估所依托的事实或前提条件作出的合乎情理的推断或假定。

对资产评估假设的理解可以对照会计假设进行。资产评估假设不同于会计假设之处主要有两点：

1. 数量众多，没有固定数量

资产评估所使用的假设可以说是全方位的，从大的方面来讲，它包括了评估前提假设、评估环境假设、资产利用程度假设、资产使用范围假设、资产利用效果假设，等等。例如，有关企业存续状态的假设，包括持续经营假设、产权主体变动假设、破产清算假设、结业清算假设、改变经营方式假设、调整产品结构假设、改变主营业务假设等。有关交易的假设，如公开市场假设等。有关评估外部环境的假设，如宏观政治、经济、社会环境的稳定性，涉及汇率、利率、税赋、物价或通货膨胀、人口、产业政策的变化趋势，外界不可抗力因素的影响等。有关收集资料的真实性假设，如委托方提供的资料具有真实、合法、完整性等。有关未完全履行评估程序的假设，如未履行详细的现场调查（或无法履行现场勘查）（成本法除外）、采用了未经调查确认或无法调查确认的资料数据，对其状态、资料真实性的假设。其中最常见、最基本的三个假设如下：

（1）交易假设：即资产的产权在市场条件下发生转移。

（2）公开市场假设：存在一个充分竞争的市场。

（3）持续使用假设：被评估的资产正处于使用状态，并且还将继续使用下去。

2. 资产评估假设是根据具体的评估目的而选择使用，评估结论建立在评估报告中所设的评估假设基础之上，而非满足所有的评估假设。

资产评估假设和资产评估结论之间的关系为：（1）资产评估假设是为了模拟和说明被评估资产在评估时的环境和状态。不同的评估假设模拟和说明的资产环境、状态不同，资产评估结论的金额和内涵也会有所不同。（2）资产评估假设越具体详细，资产评估结论相应就越接近假设所模拟环境、状态下的资产真实价值，但是评估结论也就越刚性、有效期越短。

（二）评估基准日及期后重大事项

1. 资产评估基准日

评估基准日是资产评估结论对应的时间基准。评估基准日可以是现在时点，也可以是过去或者将来的时点（见表 9－1）。

表 9－1　　评估基准日类型

评估基准日	评估报告类型
现在时点	现时性
过去时点	追溯性
将来时点	预测性

大多数价值评估都是课税要求对资产或财产目前的价值进行判断，即现时性评估报告；司法定罪、赔偿等可能要求进行评估基准日在评估报告日之前的追溯性评估；投资的前景分析等，需要预测性评估。

《资产评估执业准则——资产评估报告》（中评协〔2018〕35 号）第十条规定："资产评估报告应当明确评估结论的使用有效期。通常，只有当评估基准日与经济行为实现日相距不超过一年时，才可以使用资产评估报告。"也就是说只有当评估基准日与经济行为实现日相距不超过 1 年时，并无重大期后事项的，评估报告中的评估结论才具有参考价值。超过 1 年，需要重新进行资产评估。评估基准日的变更，应当视为一项新的资产评估业务。

评估基准日和评估报告日（出具资产评估报告的日期）是不同的，资产负债表日、审计日、交易日等也是不同的，提醒读者注意区分。

2. 评估基准日期后重大事项

评估基准日期后重大事项是指评估基准日至评估报告提出日期之间发生的重大事项，类似于会计中的资产负债表日后事项，它会对资产评估结论产生深刻影响。在评估基准日后、报告有效期以内，如果资产数量及作价标准发生变化，应按如下原则处理：

（1）当资产数量发生变化时，影响了原有评估基础，应根据原评估方法对资产数额进行相应调整。

（2）当资产价格标准发生变化，特别是不可预见因素发生影响经济发展态势，对原评估参数选择产生明显的影响时，委托方应及时聘请评估机构重新评估作价。

（3）在评估基准日后，往来账款产生坏账或部分坏账于评估基准日后发生收回等情形时，委托方应考虑其价值对评估结果的影响。

（三）资产评估的相关当事人

资产评估的相关当事人包括资产评估报告使用人、委托人和其他资产评估报告使用人、资产评估机构和资产评估专业人员、产权持有人（或被评估单位）等。

（1）资产评估报告使用人、委托人和其他资产评估报告使用人。资产评估报告使用人，是指法律、行政法规明确规定的，或者资产评估委托合同中约定的有权使用资产评估报告或评估结论的当事人。

委托人是当然的评估报告使用者。目前资产评估的相关法规中并没有对资产评估委托方加以限制。资产、负债的所有者、受让方以及银行、税务机关、国资委等相关机构和部门、债权人等其他利益相关者都可以成为资产评估的委托方，委托人可以是法人，也可以是自然人，委托方可以是一个（单独委托），也可以是多个（共同委托）。

其他资产评估报告使用人应当在资产评估委托合同中明确约定。《资产评估执业准则——资产评估报告》（中评协〔2018〕35 号）第十二条规定："资产评估报告仅供委托人、资产评估委托合同中约定的其他资产评估报告使用人和法律、行政法规规定的资产评估报告使用人使用；除此之外，其他任何机构和个人不能成为资产评估报告的使用人。"

《中华人民共和国资产评估法》（中华人民共和国主席令第 46 号）中规定的

法定评估，即涉及国有资产或者公共利益等事项，法律、行政法规规定需要评估的，对应的政府主管部门或其他机构、个人，为法律、行政法规规定的资产评估报告使用人，法定评估的报告会根据相关程序要求，分别报送到对应的政府职能部门，如法院、检察院、税务局、市场监督管理局等。比如，根据税法规定，要求纳税人提交资产评估报告备案备查的，税务机关就是法律、行政法规规定的资产评估报告使用人。

资产评估报告对报告使用人具有法律效力，出具报告的资产评估机构及其资产评估专业人员有义务对报告使用人解释相关问题，并对报告使用情况承担相关责任；对非评估报告使用人不具有法律效力，评估机构不对其承担法律责任。

（2）资产评估机构和资产评估专业人员。资产评估机构是依法设立的从事评估业务的专门机构。

资产评估专业人员包括资产评估师（含珠宝评估专业）和具有资产评估专业知识及实践经验的其他资产评估专业人员。资产评估师是指通过中国资产评估协会组织实施的资产评估师资格全国统一考试的资产评估专业人员。

（3）产权持有人（或被评估单位）。产权持有人，是指评估对象的产权持有人。当评估对象为股权或所有权时，产权持有人是指股权或所有者权益的拥有者，如股东、投资者，与相关股权或所有者权益对应的被投资单位则称为被评估单位。委托人与产权持有人可能是同一主体，也可能不是同一主体。

（四）价值类型

资产评估结论的价值类型分为市场价值和非市场价值两大类。市场价值是指自愿买方和自愿卖方在各自理性行事且未受任何强迫的情况下，评估对象在评估基准日进行正常公平交易的价值估计数额。非市场价值包括在用价值、投资价值、课税价值、保险价值、清算价值等（见图9－4）。

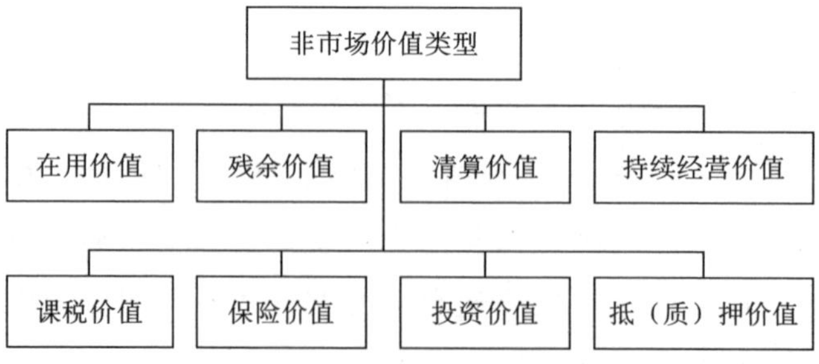

图9－4　非市场价值类型

市场价值适用于市场的所有交易者。非市场价值只适用于市场中的特定当事人，即仅取得局部市场的认同，各个非市场价值不能相互替代。

不同的价值类型会导致评估结论不同。比如，一座房产，以转让为目的评估时：评估值=市场价值

以抵押贷款为目的评估时：评估值=市场价值-法定优先受偿款

> **小贴士**
>
> **法定优先受偿款**
>
> 优先受偿权是法律规定的特定债权人优先于其他债权人甚至优先于其他物权人受偿的权利。《民法典》第二编“物权”第四百五十六条规定：留置权、抵押权与质权竞合时的顺位原则：同一动产上已经设立抵押权或者质权，该动产又被留置的，留置权人优先受偿。优先受偿权对应的金额即法定优先受偿款。
>
> 《房地产抵押估价指导意见》（建住房〔2006〕8号）第四条规定：房地产抵押价值为抵押房地产在估价时点的市场价值，等于假定未设立法定优先受偿权利下的市场价值减去房地产估价师知悉的法定优先受偿款。

作为企业价值评估中的一项资产，并采用资产基础法评估时：

评估值=市场价值-法定优先受偿款+契税

作为存货评估时：评估值=市场价值-销售税费-土地增值税-企业所得税

（五）评估方法

资产评估的基本方法有市场法、收益法和成本法三种。每种基本方法又可以细分为若干种具体方法。有些资产，如土地使用权等还有假设开发法、基准地价修正法等特有的辅助方法。市场法、收益法和成本法，以及由这三种基本评估方法衍生出来的其他评估方法和辅助方法共同构成了资产评估的方法体系。

1. 市场法

市场法是指通过比较被评估资产与最近售出类似资产的异同，并将类似资产的市场价格进行调整，从而确定被评估资产价值的一种资产评估方法。市场法是一种最简单、有效的方法。市场法使用的基本前提有：①存在一个活跃的公开市场，且市场数据比较充分；②公开市场上有比较充分的可比的交易案例；

③能够收集可比的交易案例的相关资料；④能够量化评估对象和参照物之间的差异。

市场法下评估价值 = 参照物售价 × 功能差异修正系数 × 时间差异修正系数 × 交易情况差异系数 × ……

2. 收益法

收益法是指通过估算被评估资产未来预期收益并折算成现值，借以确定被评估资产价值的一种资产评估方法。收益法使用的基本前提有：①评估对象的预期收益可以预测并可以用货币衡量；②获得预期收益所承担的风险可以预测并可以量化；③评估对象预期获利年限可以预测。

$$V = \sum_{i=1}^{n} \frac{F_i}{(1+r)^i}$$

其中：

V——收益法下评估价值

F——评估基准日以后各期预期收益额

r——折现率

n——预计的受益期限

3. 成本法

成本法是指在评估资产时按被评估资产的重置成本扣减其各项损耗价值来确定被评估资产价值的方法。采用成本法的前提条件有：①评估对象处于持续使用状态；②可以调查取得购建评估对象的现行途径及相应的社会平均成本资料。

成本法下评估价值 = 重置成本 − 实体性贬值 − 功能性贬值 − 经济性贬值

或 = 重置成本 × 成新率

所谓重置成本，是指企业重新取得与其所拥有的某项资产相同或与其功能相当的资产需要支付的现金或现金等价物。实体性贬值，也称有形损耗，是指由于使用和自然力的作用导致资产的物理性能损耗或者下降引起的资产价值损失。功能性贬值是指由于技术进步引起资产功能相对落后造成的资产价值损失。经济性贬值是指由于外部条件变化引起资产闲置、收益下降等造成的资产价值损失。除非有确凿证据，一般估值时都不考虑经济性贬值。

4. 各种评估方法之间的联系

（1）各种评估方法的理论基础不同，具体如表 9 − 2 所示：

表 9－2　　各类资产评估方法的理论基础

方法	理论基础	理论发展、内容概述
成本法	劳动价值论	大卫·李嘉图创立，马克思完善。资产价值由凝聚在资产中的物化劳动和活劳动所决定，这是典型的生产成本决定价值论，从资产的供给角度来度量资产的实际价值
收益法	效用价值论	边际效用学派创始人门格尔、杰文思和瓦尔拉斯提出。资产价值由资产为其占用者所带来的效用决定，效用意味着收益，收益通常表现为一定时期内的预期收益流。从资产的需求角度来度量资产的实际价值
市场法	新古典经济学的价值论	新古典经济学派马歇尔以亚当·斯密的自由放任经济理论为基础，结合供给需求两方面，同时考虑市场波动因素，考察资产的价格

（2）各种评估方法的适用范围、时间维度、评估角度和价值内涵不同，具体如表 9－3 所示：

表 9－3　　各种资产评估方法的区别

	市场法	收益法	成本法
适用范围	市场成熟，参照物合适，资料充分	收益和风险都可以用货币计量	具有重置成本，会陈旧贬值，与重置资产有可比性
时间维度	现行市场交易价格	未来的收益和风险	过去使用状况
评估角度	—	产出角度，动态价值	投入角度，静态价值
价值内涵	市场实现性	未来获利的预测性	—

（3）各种评估方法的评估结论存在差异。从理论上来说，各种评估方法的结论应该具有内在一致性。但是在实务中，由于受理论内涵、数据资料限制、参数选取误差、职业分析判断差异等因素的影响，对同一资产采用不同资产评估方法得出的结论可能存在较大差异。

在资本交易、盈余管理和税务活动中，刻意选择评估方法，操纵评估结论的违法违规作法较为严重，应当坚决抵制和严厉打击。

四、税基评估

税基评估，是以征税为目的的资产评估的简称。纪益成（1999）认为税基评估是指具有评估资格的专业机构和人员，以征纳税为目的，以那些未能明确具体价值的税基为评估对象，按照国家的相关法律法规和评估准则，依照一定的程序，运用适当的估价标准和方法，选定合适的评估基准日期，独立、客观、公正地开展评定作价的过程。

税基评估作为资产评估的细分类型，具有资产评估的一般特征，即遵守资产评估假设，具有八大资产评估要素，适用成本法、市场法和收益法等资产评估方法。以征税为目的的税基评估，与为产权交易服务的评估相比，具有自己的特点：

（1）评估目的不同。税基评估是为国家征税服务的，主要在于确定资产的税基。

（2）税基评估不仅要求评估程序、方法是公允和科学的，还应该注意做到横向公平和纵向公平、纳税人的税基公平和税负公平。

（3）税基评估只是为需要课税资产提供课税依据参考，一般都不直接涉及评估资产产权的转移和变动问题。

在国际上，以征税为目的的税基评估包括很多方面，物业税、不动产税、财产税、所得税、关税等税种都要进行税基评估。国外资产评估行业发展已有几百年的历史，在税基评估方面有着丰富的经验积累，各方面的理论研究也比较完善，关于计税的价值类型主要包括：计税价值、税基市场价值、税基法定估算价值、税基评估价值和评估的计税价值等。

《指导意见—资产评估价值类型指导意见》（中评协〔2017〕47 号）第二十二条规定：“执行以税收为目的的资产评估业务，应当根据税法等相关法律、行政法规规定选择评估结论的价值类型；相关法律、行政法规没有规定的，可以根据实际情况选择市场价值或者市场价值以外的价值类型作为课税对象评估结论的价值类型。”即在服务涉税业务时，如果资产的课税价值和市场价值都能够获取的，应当优先选取课税价值；在课税价值无法获取的情况下，可以使用市场价值替代；除课税价值以外的其他非市场价值一般不能用作计税依据。

我国当前的税基评估仅限于存量房交易的税收管理。财政部和税务总局先后下发了《关于开展应用房地产评税技术核定交易环节计税价格工作的通知》（财税〔2009〕100 号）、《关于推进应用房地产评估技术加强存量房交易税收征管工作的通知》（财税〔2010〕105 号）和《关于推广应用房地产估价技术加强存量房交易税收征管工作的通知》（财税〔2011〕61 号）三个文件，明确对纳税人所申报的存量房交易价格要进行全面评估，严格禁止不经评估即直接按纳税人申报的交易价格征税，要应用房地产批量估价技术确定存量房交易价格估值，并下浮一定比例形成存量房申报价格评估值，存量房交易价格估值下浮比例应不高于20%，具体比例由地方税务局拟定，报省地方税务局批准。

第二节 流动资产估值及税收管理

一、货币类资产估值

货币类流动资产是指现金、银行存款、其他货币资金、应收账款、其他应收款、应收票据和预付账款等流动资产。

（一）现金、银行存款和其他货币资金估值

货币资金不会随着时间推移而发生面值改变，因此对货币资金的评估主要是采用盘点、函证、抽查和访谈等方法进行清查核实。经核实无误的货币资金的金额即为评估值。对外币，应按评估基准日收盘价的汇率中间价折算成等值人民币。

（二）应收账款和应收票据等现金等价物估值

1. 应收账款、其他应收款和预付账款等往来款项估值

对应收账款、其他应收款的估值，主要考虑回收风险，需要估计可能的坏账损失。应收账款评估公式为：

应收账款的评估值＝应收账款的账面余额－已确定的坏账损失－预计可能发生的坏账损失与费用

已确定的坏账损失是指评估时债务人已经死亡或破产，以及有明显证据证明确实无法收回的应收账款。预计可能发生的坏账损失需要根据企业与债务人的业务往来和债务人的信用情况进行判断。对预计坏账损失的定量分析有坏账余额百分比和账龄分析法，这些方法来自会计，此处不再介绍。

“坏账准备”科目的评估值按零值计算。因为评估应收账款是按照实际可收回的可能性进行的，不必再考虑坏账准备数额。“递延所得税资产”科目中与“坏账准备”科目对应的部分也按零值计算。

其他应收款的评估方法参照应收账款的评估方法。预付账款一般不存在损失的风险，所以其账面价值可以直接作为评估值。

2. 应收票据估值

应收票据分为不带息票据，包括银行承兑汇票和不带息商业汇票，以及带息票据，即带息商业汇票。对不带息票据，评估值即为票面金额。对带息票据，评估值应当包括面值和利息两部分。应收票据估值有两种方法：

（1）按票据的本利和计算。评估公式为：

应收票据评估值 = 本金 ×（1 + 利息率 × 截至评估基准日所持有时间）

例：某企业拥有一张期限为 6 个月的商业汇票，本金为 80 万元，年利率为 6%，截至评估基准日已经持有了 3 个月。该商业汇票的评估值 = 80 ×（1 + 6% ÷ 12 × 3）= 81.2（万元）

（2）按应收票据的贴现值计算。评估公式为：

应收票据评估值 = 票据到期价值 − 贴现息

贴现息 = 票据到期价值 × 贴现率 × 贴现期（评估基准日至到期日）

例：某企业向客户出售一批材料，价款和税金共 365 万元。企业于 4 月 10 日收到一张期限为 6 个月，到期日为 10 月 10 日的无息商业汇票。该商业汇票的贴现率为 6%。

以 6 月 12 日为评估基准日，该商业汇票的贴现期为 120 天，则贴现息 = 365 × 6% ÷ 365 × 120 = 7.2（万元）

该商业汇票的评估值 = 365 − 7.2 = 357.8（万元）

二、存货类资产估值

（一）库存材料估值

库存材料包括原材料、辅料、燃料、修理用备件和外购半成品等。库存材料具有品种多、金额大，而且性质、计量单位、购进时间、自然损耗各不相同等特点，因此评估前应当先进行实物盘点，检查是否账实相符。评估库存材料一般采用成本法或市场法，即：对近期购进库存材料，由于市场价格变化不大，账面价值即作为评估值；对购进批次间隔时间长、价格变化大的库存材料，按照现行市场价格作为评估值；对于缺乏准确现行市场价格的库存材料，通过选择替代品的价格变动资料来修正材料价格，也可以通过该类商品过去的市场价格按平均物价指数进行评估；对于呆滞材料，应扣除失效、变质、残损、报废和无用部分的贬值数额。

（二）低值易耗品估值

低值易耗品分为在库和在用两大类。在库低值易耗品的评估，与库存材料的评估方法类似。在用低值易耗品的评估，一般采用成本法进行评估，其评估公式为：

在用低值易耗品评估值 = 低值易耗品的重置成本 × 成新率

成新率 = 1 − 低值易耗品实际已使用月数 ÷ 低值易耗品可使用总月数

（三）在产品估值

在产品包括在生产过程中尚未加工完毕的在制品、已加工完毕但不能单独对外销售的半成品（可直接对外销售的半成品视同产成品评估）。对在产品的评估方法一般采用成本法或市场法。

（1）成本法。对于生产周期较短的在产品，主要以其实际发生的成本作为评估价值。对于生产周期较长的在产品，应当按照评估时的相关市场价格及费用水平重置同等级在制品及半成品所需合理的料工费。

（2）市场法。市场法的步骤是：按同类在产品和半成品的市场价格，扣除销售过程中预计发生的费用后计算评估值。一般要求被评估资产通用性较好，可用于产成品部件、或用于维修。此时，评估公式为：

某在产品评估值 = 该种在产品 × 市场可接受的不含增值税的单价 − 预计销售过程中发生的费用

对不能继续生产、无法通过市场调剂出去的专用配件只能按照废料回收价格进行评估。

（四）产成品及库存商品估值

产成品及库存商品是指已完工入库和已完工并经过质量检验但尚未办理入库手续的产成品以及商品流通企业的库存商品等。产成品及库存商品的评估方法一般为成本法或市场法。

1. 成本法

（1）评估基准日与产成品完工时间接近、成本变化不大时，可以直接按产成品的账面成本确定评估值。

（2）评估基准日与产成品完工时间间隔较长，需要考虑对价格变动的调整。

2. 市场法

对于十分畅销的产品，根据其出厂销售价格减去销售费用和全部税金确定评估值；对于正常销售的产品，根据其出厂销售价格减去销售费用、全部税金和适当数额的税后净利润确定评估值；对于勉强能销售出去的产品，根据其出厂销售价格减去销售费用、全部税金和税后净利润确定评估值；对于滞销、积压、降价销售产品，应根据其可收回净益确定评估值。以正常销售产成品为例，评估公式为：

正常销售产成品的评估值 = 实际数量 × 不含增值税售价 ×（1 − 销售费用率 − 销售税金及附加率 − 所得税率 − 适当净利润率）

适当净利润率 = 净利润 ÷ 产品销售收入 × 50%

三、其他流动资产估值

（一）待摊费用和长期待摊费用估值

《企业会计准则应用指南》明确，“待摊费用”科目核算企业已经发生但应由本期和以后各期负担的分摊期限在 1 年以内（包括 1 年）的各项费用，包括预付保险费、经营租赁的预付租金、季节性生产企业在停工期内的费用以及其他应由本期和以后各期负担的其他费用。“长期待摊费用”科目核算企业已经发生但应由本期和以后各期负担的分摊期限在 1 年以上的各项费用。“待摊费用”“长期待摊费用”科目核算的内容包括：①预付款，如预付保险费、预付租金（经营租赁）等；②季节性生产企业在停工期内的费用；③租入固定资产的改良支出；④固定资产大修理；⑤企业筹建期间发生的费用（开办费）。

待摊费用和长期待摊费用是为了会计核算需要而设置的资产类科目，本身并无实体资产对应。对待摊费用和长期待摊费用的评估，原则上应按照它所形成的具体资产价值来确定。对待摊费用、长期待摊费用的评估按其性质可以分为两类：①依附实物资产的，其价值已经体现在所依附的资产价值之中，不再单独进行评估，其评估值按零计算，如固定资产大修理等。②未形成或依附实物资产，而是为获取未来服务权利的，评估价值为剩余的未来收益，如预付保险费、预付租金（经营租赁）、租入固定资产的改良支出等；如收益已经全部体现的，评估值按零计算，如季节性生产企业在停工期内的费用、企业筹建期间发生的费用（开办费）等。

案例9－1 现对某企业待摊费用进行评估，评估基准日为2018年6月30日。有关资料如下：待摊费用截至评估基准日账面余额为86.78万元，其中预付一年的保险金7.56万元，保险期为2018年1月1日至2018年12月31日，已经摊销1.89万元，余下5.67万元；尚待摊销的低值易耗品39.71万元，其现行市场价格为41.282万元；预付的房屋租金25万元，已经摊销15万元，余下10万元。根据租约，始租时间为2016年6月30日，终止日期为2021年6月30日；因余额大以前年度应结转而未结转的费用21.4万元。则：

（1）预付保险金的评估值 $=7.56\div12\times6=3.78$（万元）

（2）低值易耗品的评估值为41.282（万元）

（3）房租的评估值 $=25\div5\times3=15$（万元）

（4）以前年度应结转因成本高而未结转的费用的评估值为零。

所以，该企业待摊费用的评估值 $=3.78+41.282+15=60.062$（万元）。

考虑到会计处理存在时滞的情况，评估待摊费用不能仅看账面余额，还应勘察实物、合同等原始单据。比如，企业1月份一次性支付1～12月的房屋租金12万元，但到了3月份才取得发票做账。从账面上看，3月份待摊费用的金额为12万元，但其评估值应为10万元。

（二）递延所得税资产评估及税收管理

递延所得税资产是一项非常特殊的资产，它既非实物资产，又非债权资产，而是财税差异的产物。《企业会计准则第18号——所得税》明确，资产的账面价值小于其计税基础或者负债的账面价值大于其计税基础，产生可抵扣暂时性差异。按照暂时性差异与适用所得税税率计算的结果，确定递延所得税资产。

递延所得税资产不宜直接以账面值列入评估结论，但是尚无统一、明确的评估方法。实务中，递延所得税资产的评估方法有两种。

（1）不考虑所得税纳税影响。会计估计会影响递延所得税资产的金额（比如固定资产的会计使用年限长于税法使用年限），评估应该反映资产负债的真实价值，而不应受会计方法的影响。因此，在评估固定资产、应收款项、以及其他各类资产均不考虑会计估计的影响，即资产的折旧年限、摊销年限、减值准备等不应影响评估结论的形成是没有影响的，其账面价值不影响评估价值。因此，递延所得税资产的评估值一律为零。

（2）考虑所得税纳税影响。递延所得税资产是资产或负债账面价值和计税基础之间的差异，如果要评估递延所得税资产的价值，应当将资产或负债账面价值与计税基础的比较转为评估价值和计税基础的比较，重新测算。

实务中，由于第一种评估方法工作量较小，更为常用。

四、对流动资产估值的税收管理

（一）对货币类资产估值的税收管理

1. 对现金、银行存款和其他货币资金资产估值的税收管理

现金、银行存款和其他货币资金的评估结论即账面价值，也就是计税基础，不存在财税评差异，因此无须特殊的税收管理。

小贴士

财税评差异

财税评差异，是指财务会计、税收和资产评估关于资产与负债的内涵外延、原则假设以及确认计量等方面相似相通但不完全相同，导致会计账面价值、税收计税基础和资产评估结论存在差异。

财务会计、税收和资产评估同属于应用经济学，都涉及资产、负债、公允价值等核心术语，但是由于不同学科宗旨不同、特性不同，在确认、计量和报告方面存在诸多差异，形成财税评差异。

2. 对应收账款和应收票据估值的税收管理

（1）应收账款的账面价值、评估结论和计税基础存在差异，需要谨慎分析。

财务会计核算坏账的方法有直接转销法和备抵法。在备抵法下，计提坏账准备的方法进一步分为账龄分析法、应收账款余额百分比法、赊销百分比法等。财务人员在资产负债表日对应收款项账面价值进行检查，对存在下列客观证据表明应收款项发生减值的，计提减值准备：①债务人发生严重财务困难；②债务人违反合同条款（如偿付利息或本金发生违约或逾期等）；③债务人很可能倒闭或进行其他财务重组；④其他表明应收款项发生减值的客观依据。

企业所得税法规定，坏账损失实际发生，满足税法规定条件的才能从税前扣除。《企业资产损失所得税税前扣除管理办法》（国家税务总局公告2011年第25号）第二十二条规定：企业应收及预付款项坏账损失应依据以下相关证据材料确认：①相关事项合同、协议或说明；②属于债务人破产清算的，应有人民法院的破产、清算公告；③属于诉讼案件的，应出具人民法院的判决书或裁决书或仲裁机构的仲裁书，或者被法院裁定终（中）止执行的法律文书；④属于债务人停止营业的，应有工商部门注销、吊销营业执照证明；⑤属于债务人死亡、失踪的，应有公安机关等有关部门对债务人个人的死亡、失踪证明；⑥属于债务重组的，应有债务重组协议及其债务人重组收益纳税情况说明；⑦属于自然灾害、战争等不可抗力而无法收回的，应有债务人受灾情况说明以及放弃债权申明。

第二十三条规定：企业逾期三年以上的应收款项在会计上已作为损失处理的，可以作为坏账损失，但应说明情况，并出具专项报告。

第二十四条规定：企业逾期一年以上，单笔数额不超过五万或者不超过企业年度收入总额万分之一的应收款项，会计上已经作为损失处理的，可以作为坏账损失，但应说明情况，并出具专项报告。

《关于企业所得税资产损失资料留存备查有关事项的公告》（国家税务总局公告2018年第15号）补充规定：

“一、企业向税务机关申报扣除资产损失，仅需填报企业所得税年度纳税申报表《资产损失税前扣除及纳税调整明细表》，不再报送资产损失相关资料。相关资料由企业留存备查。二、企业应当完整保存资产损失相关资料，保证资料的真实性、合法性。”

案例9－2 HW公司拟实施收购GR公司股权。某会计师事务所接受委托，对GR公司（2021年1月1日至2021年12月31日止）进行审计，并出具了审计报告。

审计报告中披露：

（1）应收账款账龄分析。

账龄	期末余额			期末账面价值
	账面余额	坏账准备	坏账准备率	
1年以内	8098419.63	404920.98	5%	7693498.65
1至2年	454354.50	45435.45	10%	408919.05

续表

账龄	期末余额			期末账面价值
	账面余额	坏账准备	坏账准备率	
2至3年	16600.00	3320.00	20%	13280.00
3至4年	66000.00	26400.00	40%	39600.00
4至5年	1875000.00	1875000.00	100%	0.00
5年以上	2000000.00	2000000.00	100%	0.00
合计	12510374.13	4355076.43	—	8155297.70

（2）其他应收账款账龄分析。

账龄	期末余额	
	账面余额	坏账准备
1年以内（含1年）	25660.00	0.00
1至2年（含2年）		
2至3年（含3年）	79741.00	0.00
3至4年（含4年）		
4至5年（含5年）		
5年以上	300.00	0.00
合计	105701.00	0.00

……

（15）递延所得税资产和递延所得税负债。

已确认递延所得税资产和递延所得税负债

项目	期末余额	
一、递延所得税资产	可抵扣暂时性差异	递延所得税资产
坏账准备	4355076.43	1088769.11
合计	4355076.43	1088769.11

BJ资产评估有限公司接受HW公司的委托，以2021年12月31日为评估基准日，采用成本法对GR公司的股东全部权益进行评估。评估报告披露：

……

应收款项：包括应收账款、其他应收款。

应收账款主要内容为应收的广告款。

其他应收款主要为职工押金、房租押金等。

评估人员……通过账龄分析，了解欠款原因、债务人经营情况、信用状况；索取认定坏账损失的证据，分析、测试坏账损失率，对账龄一年以上的应收款项通过调查、了解，分析产生坏账损失的可能性，采用账龄分析法确定坏账损失率；对于有确凿证据表明已构成坏账损失的采用个别认定法确定坏账损失率；对应收款项中关联方单位及单位职工个人款项、行政机关款项，不予考虑坏账损失；本次评估根据每笔应收款项可能收回的数额确定评估值。

其中：有一笔200万元的应收账款，账龄已达5年以上的，根据企业与客户签订的终止合同协议，确认无法收回。

……

坏账准备：为企业按《企业会计准则》规定计提数，按零值确定评估值。

……

递延所得税资产：对坏账准备按零值评估，故不存在因应收款项的坏账准备而形成可抵扣差异①。

假定应收账款及其他应收款均不符合资产损失税前扣除的条件。

应收账款的财税评差异 单位：万元

类型	应收账款及其他应收款（1）	坏账准备（2）	递延所得税资产（3）	合计（4）=（1）-（2）+（3）
会计账面金额	1261.61	435.51	108.88	934.98
资产评估结论	871.63	0	0	871.63
税法计税基础	1261.61	0	0	1261.61

分析要点：应当关注资产评估报告中对应收账款的评估过程和结论，审核应收账款的已确定坏账损失和预计坏账损失的真实性、合理性，以及是否具备企业所得税税前扣除所需要的条件和证据。

（2）应收票据评估一般不存在财税评差异，如果应收票据到期没有承兑或付款而转为应收账款核算，评估时产生的财税评差异同应收账款，不再赘述。

3. 对存货资产估值的税收管理

存货的财税评差异主要集中体现为两点：第一，存货发出计价方法会导致存货账面价值即计税基础和评估结论形成差异。先进先出法的差异最小，加权平均法次之，后进先出法的差异最大。第二，低值易耗品领用的简化核算方法

① 这是递延资产评估不考虑所得税影响的评估方法，具体参见本节后面“其他流动资产的评估”中的递延所得税资产部分。

会导致财税评差异。采用一次摊销法和五五摊销法时，低值易耗品账面价值即计税基础和估值差异较大。

例：甲企业对低值易耗品采用一次摊销法进行会计核算。该低值易耗品的市场价值为2000元，预计使用1年，从账面看，企业已于3个月前将该低值易耗品全额计入制造费用。该低值易耗品的评估值＝2000×（12－3）＝1500（元）。

4. 对其他资产估值的税收管理

待摊费用和长期待摊费用的估值可能会和账面价值即计税基础形成较大差异。

递延所得税资产的计税基础为零，采用第一种方法评估递延所得税资产时没有税评差异，而采用第二种估值方法时会形成税评差异。

第三节　无形资产估值及税收管理

无形资产是指特定主体拥有或者控制的，不具有实物形态，能持续发挥作用并且能带来经济利益的资源，通常包括专利权、商标权、著作权、专有技术、销售网络、客户关系、特许经营权、合同权益、域名等。随着互联网经济、数字经济的到来，无形资产甚至变得比实物资产更为重要（见图9－5）。

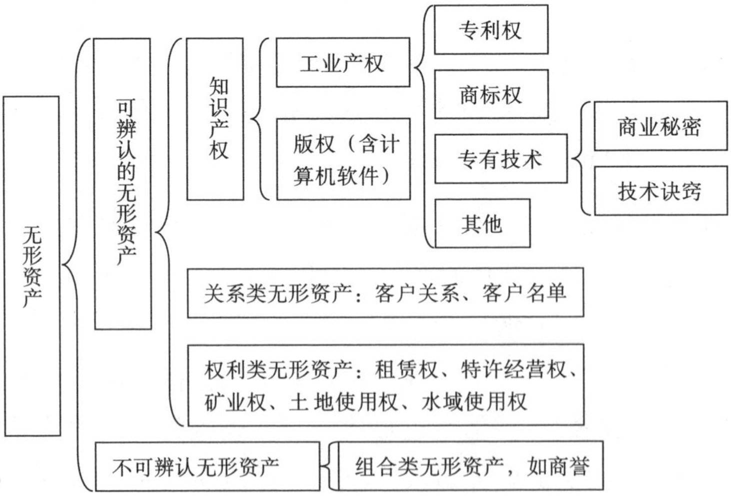

图9－5　国际资产评估准则关于无形资产的分类

无形资产的估值方法主要有市场法、收益法和成本法等。

采用市场法评估无形资产，特别要注意是否具有应用市场法的前提，即被评估无形资产是否存在充分发育的市场，有足够多的参照物等。

收益法是无形资产评估最常用的方法。采用收益法评估无形资产，要注意合理确定超额获利能力和预期收益；注意收益额的计算口径和折现率保持一致，不能将其他资产带来的收益误算到被评估无形资产收益中；注意法律法规、宏观经济环境、技术进步、行业发展变化、企业经营管理、产品更新和替代等因素对无形资产收益期、收益额和折现率的影响。

采用成本法评估无形资产，要注意根据现行条件下重新形成或取得该项无形资产所需的全部费用（含资金成本和合理利润）确定评估值；注意扣除实际存在的功能性贬值和经济性贬值；注意无形资产成本的不完整性、虚拟性和弱对应性。

专利、非专利专有技术以及计算机软件等，有时会并入所依附的机器设备等实物资产进行评估。

一、商标估值

（一）商标及价值影响因素

商标是商品或服务的标记，是商品生产者或者经营者为了把自己的商品与他人的同类商品区别开来，在商品上使用的一种特殊标记。

商标权是商标注册后，商标所有者依法享有的权益，它受到法律保护，未注册商标不受法律保护。商标权一般包括有排他专用权（或独占权）、转让权、许可使用权、继承权等。

商标资产的价值在于能够给企业带来超额收益，影响商标资产价值的因素有：

（1）法律状态。只有注册了的商标才具有经济价值，未注册的商标即便能够带来经济效益，也因不合法而在评估时不予认可。我国注册商标的有效期限是10年，到期没有办理续展的商标将被注销，失去经济价值。

（2）知名度。商标知名度从高到低划分，可以分为驰名商标、著名商标、知名商标和普通商标等。

（3）所依托的商品。商标申请采用“一类商品、一个商标、一份申请”的原则，评估商标资产价值时，要考虑商品使用范围是否与商标注册范围相符合，对超过注册范围的商标权所带来的收益不应计入商标资产的预期收益。

（4）宏观经济状况。宏观经济高涨时，商标资产的价值也相对较高，反则反之。

（5）评估目标。商标权转让方式不同，评估值也不同。一般来说，商标所有权转让的评估值高于商标许可使用权的评估值。

（6）商标声誉的维护。商标资产维护时间越长，价值越大。百年老字号的商标资产价值就远远高于新注册商标的价值。另外，商标的广告宣传费用，虽然不直接构成商标资产价值，但对其有重大影响。

（7）其他因素。如商标的设计、类似商标的交易情况等，也都会影响商标资产的价值。

（二）商标资产的评估方法

《商标资产评估指导意见》（中评协〔2017〕51号）第二十三条规定："确定商标资产价值的评估方法包括市场法、收益法和成本法三种基本方法及其衍生方法。执行商标资产评估业务，应当根据评估目的、评估对象、价值类型、资料收集等情况，分析上述三种基本方法及其衍生方法的适用性，选择评估方法。"

（1）运用收益法评估商标资产时，可以通过增量收益、节省许可费、收益分成或者超额收益等方式估算商标资产的预期收益。预期收益应当是因商标的使用而额外带来的收益。预期收益可以按照销售收入、利润或者现金流等口径估算；收益期限可以通过综合考虑法律保护期限、相关合同约定期限、商标商品的产品寿命、商标商品或者服务的市场份额及发展潜力、商标未来维护费用、所属行业及企业的发展状况、商标注册人的经营年限等因素确定；折现率可以通过分析评估基准日的利率、投资回报率，以及商标商品生产、销售实施过程中的技术、经营、市场等因素确定，折现率口径应当与预期收益的口径保持一致。

案例9－3 某企业有一个已经使用10年的注册商标。根据历史资料，该企业近5年使用这一商标的产品比同类产品的价格每件高0.7元，该企业每年生产100万件。该商标目前在市场上有良好趋势，产品基本上供不应求。根据预测估计，如果在生产能力足够的情况下，这种商标产品每年生产150万件，每件可获超额利润0.5元，预计该商标能够继续获取超额利润的时间是10年。前5年保持目前超额利润水平，后5年每年可获取的超额利润为32万元。该商标资产折现率为10%。该商标资产的价值测算过程为：

（1）该商标资产预测期内前5年中每年的超额利润 $=150\times0.5=75$（万元）

（2）该项商标资产价值

$=75\times[(1+10\%)^{-1}+(1+10\%)^{-2}+(1+10\%)^{-3}+(1+10\%)^{-4}+(1+10\%)^{-5}]+32\times[(1+10\%)^{-6}+(1+10\%)^{-7}+(1+10\%)^{-8}+(1+10\%)^{-9}+$

$(1+10\%)^{-10}]=75\times(P/A,10\%,5)+32\times(P/A,10\%,5)\times(P/F,10\%,5)$

$=359.6167$（万元）

（2）采用市场法评估商标资产时，应当对收集的可比交易案例与评估对象进行比较，分析交易时间、权利种类或形式、交易方的关系、获利能力、竞争能力、预计收益期限、商标维护费用、风险程度等方面的差异。

（3）采用成本法评估商标资产时，应当关注商标重置成本包括合理成本、利润和相关税费等，以及功能性贬值和经济性贬值的情况。

二、专利估值

专利资产是指权利人所拥有的，能持续发挥作用且能带来经济利益的专利权益。专利分为发明专利、实用新型专利、外观设计专利三种类型。

已经过了法律保护期的专利，仍是一项技术，但已经不属于无形资产的范畴了。技术如通过摩擦产生静电等，普遍为社会公众所了解和掌握的，不构成无形资产。

依据《专利资产评估指导意见》（中评协〔2017〕49号）第二十六条规定："确定专利资产价值的评估方法包括市场法、收益法和成本法三种基本方法及其衍生方法；执行专利资产评估业务，应当根据评估目的、评估对象、价值类型、资料收集等情况，分析上述方法的适用性，选择评估方法。"

1. 运用收益法进行专利资产评估

应当根据专利资产的具体情况选择收益口径：通过增量收益、节省许可费、收益分成或者超额收益等方式估算预期收益，专利资产的预期收益应当是专利的使用而额外带来的收益；通过分析专利资产的技术寿命、技术成熟度、专利法定寿命及与专利资产相关的合同约定期限等确定收益期限；通过分析评估基准日的利率、投资回报率，以及专利实施过程中的技术、经营、市场、资金等因素确定折现率，专利资产折现率应当与预期收益的口径保持一致。

收益分成，也即利润分成率，是反映专利资产对整个利润额的贡献程度。联合国工业发展组织对印度等发展中国家引进技术价格的分析，认为利润分成率在16%～27%是合理的，我国理论工作者和评估人员通常认为利润分成率在25%～33%较为合适。常用的收益分成计算方法有两种：

（1）边际分析法。

$$\text{利润分成率}=\frac{\sum \text{追加利润现值}}{\sum \text{利润总额现值}}$$

案例9－4 企业转让某液晶显示技术，购买方用于改造年产10万台显示器生产线。经过对无形资产边际贡献因素的分析，测算在其寿命周期间各年度分别可带来追加利润100万元、120万元、90万元、70万元，分别占当年利润总额的40%、30%、20%、15%，则无形资产的利润分成率为：

$$利润分成率=[100\div(1+10\%)+120\div(1+10\%)^2+90\div(1+10\%)^3+70\div(1+10\%)^4]\div[100\div40\%\div(1+10\%)+120\div30\%\div(1+10\%)^2+90\div20\%\div(1+10\%)^3+70\div15\%\div(1+10\%)^4]$$

$$=24.26\%$$

（2）约当投资分成法。

$$利润分成率=\frac{无形资产约当投资量}{无形资产约当投资量+其他资产约当投资量}$$

$$无形资产约当投资量=无形资产重置成本\times（1+成本利润率）$$

$$其他资产约当投资量=\sum 各项资产重置成本\times（1+成本利润率）$$

案例9－5 甲企业将一项专利使用权转让给乙企业，拟采用利润分成支付的方法。该专利技术是6年前自行研制的，账面成本为80万元，6年间物价累计上升了25%，该专利保护期为10年，剩余保护期4年，专业人员测算认为该专利技术的成本利润率为400%，乙企业资产的重置成本为4000万元，成本利润率为13%。通过对市场供求状况及生产状况分析得知，乙企业的年实际生产能力为20万件，成本费为每件400元，未来4年期间的产量与成本费用变动不大，使用该专利技术后产品的性能提高，预计每件产品的售价在未来第一、二年为500元，第三、四年为450元。假设折现率为10%，企业所得税率25%。则：

（1）无形资产的重置成本＝80×（1＋25%）＝100（万元）

（2）无形资产的约定投资额＝100×（1＋400%）＝500（万元）

（3）其他资产的约定投资额＝4000×（1＋13%）＝4520（万元）

（4）利润分成率＝500÷（500＋4520）＝9.96%

（5）未来4年净利润的现值＝(500－400)×200000×(1－25%)×(P/A,10%,2)＋(450－400)×200000×(1－25%)×(P/A,10%,2)×(P/F,10%,2)＝36789129（万元）

（6）专利的评估价值＝36789129×9.96%＝3664197.25（元）

2. 采用市场法进行专利资产评估

应当收集足够的可比交易案例，并对专利资产与可比交易案例之间的各种差异因素进行分析、比较和调整。

3. 采用成本法进行专利资产评估

应当合理确定专利资产的重置成本和贬值，重置成本包括直接成本、间接费用、合理的利润及相关的税费等。

在评估专利资产时，由于专利资产的特性，实际选取评估方法时必须考虑其使用的前提条件。在评估操作实务中，应注意：

（1）对还不能确认为资产的技术，如处于研制阶段，不能确定被评估技术能否达到发明目的的，不能进行评估。

（2）对处于研制、小试阶段，技术研制仍未完成，但可预见其技术能取得成功，而未来市场参数、财务参数和投资参数不确定性较大时，不宜采用收益法进行评估。

（3）对被评估专利资产的发明主要是思想发明，和研制成本关联不大的情形，不应选取成本法评估。

三、著作权估值

（一）著作权及价值影响因素

著作权也称版权，是指文学、艺术作品和科学作品的创作者依照法律规定对这些作品所享有的各项专有权利。2020 年新修改的《中华人民共和国著作权法》（中华人民共和国主席令第 26 号）明确：作品，是指文学、艺术和科学领域内具有独创性并能以一定形式表现的智力成果，包括：1. 文字作品；2. 口述作品；3. 音乐、戏剧、曲艺、舞蹈、杂技艺术作品；4. 美术、建筑作品；5. 摄影作品；6. 视听作品；7. 工程设计图、产品设计图、地图、示意图等图形作品和模型作品；8. 计算机软件；9. 符合作品特征的其他智力成果。

《中华人民共和国著作权法》规定了 17 项著作权的财产权，分别为：1. 发表权；2. 署名权；3. 修改权；4. 保护作品完整权；5. 复制权；6. 发行权；7. 出租权；8. 展览权；9. 表演权；10. 放映权；11. 广播权；12. 信息网络传播权；13. 摄制权；14. 改编权；15. 翻译权；16. 汇编权；17. 应当由著作权人享有的其他权利。著作权人通过许可他人行使、全部或者部分转让第 5 项至第 17 项规定的权利，并获得报酬。

影响著作权资产价值的因素包括：

（1）作品作者和著作权权利人的基本情况；

（2）作品基本情况，包括作品创作完成时间、首次发表时间、复制、发行、出租、展览、表演、放映、广播、信息网络传播、摄制、改编、翻译、汇编等使用情况；

（3）作品的类别，包括文字作品，口述作品，音乐、戏剧、曲艺、舞蹈、杂技艺术作品，美术、建筑作品，摄影作品，电影作品和以类似摄制电影的方法创作的作品，工程设计图、产品设计图、地图、示意图等图形作品和模型作品，计算机软件，法律、行政法规规定的其他作品；

（4）作品的创作形式，包括原创或者各种形式的改编、翻译、注释、整理等；

（5）作品的题材类型、体裁特征等情况；

（6）著作权和与著作权有关权利的情况及其登记情况；

（7）各种权利限制情况，包括相关财产权利在时间、地域方面的限制以及质押、诉讼等方面的限制；

（8）与作品相关的其他无形资产权利的情况；

（9）作品的创作成本、费用支出；

（10）著作权资产以往的评估和交易情况，包括转让、许可使用以及其他形式的交易情况；

（11）著作权权利维护情况，包括权利维护方式、效果，历史上的维护成本费用支出等；

（12）宏观经济发展和相关行业政策与作品市场发展状况；

（13）作品的使用范围、市场需求、经济寿命、同类产品的竞争状况；

（14）作品使用、收益的可能性和方式；

（15）同类作品近期的市场交易及成交价格情况。

（二）著作权的评估方法

《著作权资产评估指导意见》（中评协〔2017〕50号）第二十二条规定：确定著作权资产价值的评估方法包括市场法、收益法和成本法三种基本方法及其衍生方法。执行著作权资产评估业务，应当根据评估目的、评估对象、价值类型、资料收集等情况，分析上述方法的适用性，选择评估方法。

（1）采用收益法评估著作权资产时，可以通过综合考虑法律保护期限、相关合同约定期限、作品类别、创作完成时间、首次发表时间以及作品的权利状况等因素确定剩余经济寿命；可以通过分析评估基准日的利率、投资回报率，以及著作权实施过程中的技术、经营、市场、生命周期等因素确定折现率，折现率口径应当与预期收益的口径保持一致。

（2）采用市场法评估著作权资产时，收集类似著作权资产交易案例的市场交易价格、交易时间及交易条件等交易信息；选择具有比较基础的可比著作权资产交易案例；收集评估对象近期的交易信息；对可比交易案例和评估对象近期交易信息进行必要调整。

（3）采用成本法评估著作权资产时，应当合理确定作品的重置成本和贬值，重置成本包括直接成本、间接费用、合理利润及相关税费等。

四、对无形资产评估的税收管理

（一）无形资产内涵存在财税评差异

会计准则中的无形资产不包括商誉。《企业会计准则第 6 号——无形资产》第三条规定：无形资产，是指企业拥有或者控制的没有实物形态的可辨认非货币性资产。

企业所得税法和增值税法及资产评估将商誉作为无形资产的组成部分。《企业所得税法实施条例》第六十五条规定：企业所得税法第十二条所称无形资产，是指企业为生产产品、提供劳务、出租或者经营管理而持有的、没有实物形态的非货币性长期资产，包括专利权、商标权、著作权、土地使用权、非专利技术、商誉等。

《关于全面推开营业税改征增值税试点的通知》（财税〔2016〕36 号）的附件“销售服务、无形资产、不动产注释”明确：“销售无形资产，是指转让无形资产所有权或者使用权的业务活动。无形资产，是指不具实物形态，但能带来经济利益的资产，包括技术、商标、著作权、商誉、自然资源使用权和其他权益性无形资产。”

《资产评估执业准则——无形资产》（中评协〔2017〕37 号）第二条规定：“本准则所称第十四条可辨认无形资产。不可辨认无形资产是指商誉。”

（二）表外无形资产及财税处理

1. 表外无形资产的概念和形成原因

表外无形资产是财税评差异的典型代表。表外无形资产是指那些属于企业拥有或控制，对企业财务活动和财务结果具有重要影响但却没有在会计账面反映为资产的资源。它的形成与会计核算原理有关。《企业会计准则——基本准则》第二十一条规定：符合本准则第二十条规定的资产定义的资源，在同时满足以下条件时，确认为资产：（一）与该资源有关的经济利益很可能流入企业；（二）该资源的成本或者价值能够可靠地计量。同时第二十二条规定："符合资产定义、但不符合资产确认条件的项目，不应当列入资产负债表。"许多无形资产来源于企业内部、不符合资本化处理条件，因而没有纳入资产负债表，诸如基础设施资产经营权、公共事业特许权、配额、经营权（包括特许经营权、连锁经营权、其他经营权）、经销权、分销权、代理权、席位权、网络游戏虚拟道具、域名、名称权、肖像权、冠名权、转会费等。

在公司整体价值估值时，这些表外无形资产应当被包含在内。《资产评估执业准则——企业价值》（中评协〔2018〕38号）第三十六条规定："资产评估专业人员应当根据会计政策、企业经营经营等情况，要求被评估单位对资产负债表表内及表外的各项资产、负债进行识别。"

2. 对表外无形资产的会计处理和税务处理

（1）会计处理。表外无形资产经资产评估识别发现，通过企业合并或业务合并，转为购买方的表内资产，会计后续计量和信息披露均按《企业会计准则》正常处理。

（2）企业所得税处理。被购买企业对内部形成的表外资产采取费用化处理，如果无特殊情况，属于合理支出可以当期在企业所得税税前扣除，计税基础为零。在企业合并时，表外资产的所有权发生转移，被购买企业应确认资产处置所得，按照合并对价分摊至表外资产的金额全额计量。转让表外资产符合减免税条件的，被购买企业仍可以正常享受。

购买企业将表外资产纳入表内核算，按照合并对价分摊至表外资产的金额确认计税基础，并按有关规定摊销并税前扣除。需要注意，被购买方处置表外资产的收入金额和购买方取得表外资产的计税基础必须一致。

如果企业合并适用企业所得税的特殊性税务处理，则被购买企业不确认资产处置所得，购买企业取得表外资产的计税基础为零，和会计账面金额形成暂时性差异。

（3）增值税处理。"营改增"之后，增值税法中的无形资产外延得以扩充。《关于全面推开营业税改征增值税试点的通知》（财税〔2016〕36号）所附的"销售服务、无形资产、不动产注释"规定：无形资产包括技术、商标、著作权、商誉、自然资源使用权和其他权益性无形资产。其中，自然资源使用权包括土地使用权、海域使用权、探矿权、采矿权、取水权和其他自然资源使用权；其他权益性无形资产，包括基础设施资产经营权、公共事业特许权、配额、经营权（包括特许经营权、连锁经营权、其他经营权）、经销权、分销权、代理权、会员权、席位权、网络游戏虚拟道具、域名、名称权、肖像权、冠名权、转会费等。由于划分口径不同，表外资产和增值税法中无形资产的具体对应关系，有待进一步研究。但毋庸置疑的是，两者之间存在交集。因此，转让表外资产可能会产生增值税纳税义务，具体情形依据类型而定。

第四节 固定资产和土地使用权估值及税收管理

一、机器设备估值

（一）机器设备的类型、评估特点和评估方法

机器设备，是指人类利用机械原理以及其他科学原理制造的、特定主体拥有或者控制的有形资产，包括机器、仪器、器械、装置、附属的特殊建筑物等。机器设备具有单位价值高、使用期限长、价值补偿和实物更新不一致等特点。

评估机器设备时应注意：

（1）机器设备类资产一般不具备独立的获利能力，所以在评估时，收益法的使用受到很大限制，通常采用成本法或市场法。

（2）为了实现某种功能，由若干机器设备组成的机器设备组合，在能够独立产生现金流的情况下可以采用收益法评估。机器设备组合的价值不必然等于单台机器设备价值的简单相加。

（3）机器设备类资产有时需要结合企业的其他资产，如房屋建筑物、土地、无形资产等来履行功能，因此在确定评估范围时会比较复杂。

机器设备的评估方法包括成本法、市场法和收益法。

1. 采用成本法评估机器设备时，应当：

（1）明确机器设备的重置成本包括购置或者购建设备所发生的必要的、合理的成本、利润和相关税费等，确定重置成本的构成要素；

（2）明确重置成本可以划分为更新重置成本与复原重置成本；

（3）了解机器设备的实体性贬值、功能性贬值和经济性贬值，以及可能引起机器设备贬值的各种因素，采用科学的方法，估算各种贬值；

（4）了解对具有独立运营能力或者独立获利能力的机器设备组合进行评估时，成本法一般不应当作为唯一使用的评估方法。

2. 采用市场法评估机器设备时，应当：

（1）明确活跃的市场是采用市场法评估机器设备的前提条件，应当考虑市场是否能够提供足够数量的可比资产的交易数据、以及数据的可靠性；

（2）明确参照物与评估对象具有相似性和可比性是采用市场法的基础，应当对参照物与评估对象的差异进行调整；

（3）了解不同交易市场的价格水平可能存在差异，应当根据评估目的和评估对象的具体情况，确定可以作为评估依据的合适的交易市场，或者对市场差异作出调整；

（4）明确拆除、运输、安装、调试等因素对评估结论的影响。

3. 采用收益法评估机器设备时，应当：

（1）明确收益法一般适用于具有独立获利能力或者获利能力可以量化的机器设备；

（2）合理确定收益期限、合理量化机器设备的未来收益；

（3）合理确定折现率。

（二）采用成本法评估机器设备

成本法是通过估算被评估机器设备的重置成本和各种贬值，用重置成本扣减各种贬值作为资产评估价值的一种方法，它是机器设备评估中最常用的方法之一。机器设备的成本法评估公式为：

机器设备评估值 = 重置成本 − 实体性贬值 − 功能性贬值 − 经济性贬值

1. 重置成本

机器设备的重置成本包括购置或购建与评估对象功效相同的全新设备所发生的必要的、合理的直接成本、间接成本和因资金占用所发生的资金成本、合理利润、相关税费等。其中，直接成本一般包括设备本体的重置成本、运杂费、安装费和基础费等；间接成本一般包括管理费、设计费、工程监理费和保险费等。直接成本对应每一台机器设备，间接成本和资金成本是为整个项目发生的，在计算每一台设备的重置成本时按照比例摊入。

相关税费主要是指不可抵扣的增值税进项税额。增值税是价外税，一般不构成机器设备价值组成部分，税法另有规定除外。简单的说，如果税法规定固定资产的进项税额可以抵扣，则机器设备的重置成本不应该包括增值税进项税额；如果税法规定固定资产的进项税额不可以抵扣，则机器设备的重置成本应该包括增值税进项税额。固定资产（动产）增值税进项税额可以抵扣的情况具体如表9－4所示：

表9－4　　固定资产（动产）增值税进项税额抵扣情况

时间	政策	区域	行业	抵扣范围
2004年7月1日至2008年12月31日	财税〔2004〕156号	东北地区（黑龙江省、吉林省、辽宁省和大连市）	装备制造业、石油化工业、冶金业、船舶制造业、汽车制造业、农产品加工业产品生产	1. 购进（包括接受捐赠和实物投资）和融资租赁取得固定资产及所支付的运输费用 2. 用于自制（含改扩建、安装，下同）固定资产的购进货物或应税劳务 3. 纳税人自用的应征消费税的摩托车、汽车、游艇仍不得抵扣
2007年7月1日至2008年12月31日	财税〔2007〕75号	中部六省老工业基地城市（山西省的太原、大同、阳泉、长治；安徽省的合肥、马鞍山、蚌埠、芜湖、淮南；江西省的南昌、萍乡、景德镇、九江；河南省的郑州、洛阳、焦作、平顶山、开封；湖北省的武汉、黄石、襄樊、十堰和湖南省的长沙、株州、湘潭、衡阳）	装备制造业、石油化工业、冶金业、汽车制造业、农产品加工业、电力业、采掘业、高新技术产业	
2008年7月1日至2008年12月31日	财税〔2008〕94号	内蒙古东部地区（呼伦贝尔市、兴安盟、通辽市、赤峰市和锡林格勒盟）	装备制造业、石油化工业、冶金业、船舶制造业、汽车制造业、高新技术产业、军品工业和农产品加工业	
2009年1月1日至2013年7月31日	财税〔2008〕170号	全国所有行业	全行业	
2013年8月1日起	财税〔2013〕37号	全国所有行业	全行业	纳税人自用的应征消费税的摩托车、汽车、游艇也可以抵扣

对于重置成本，还应当注意：

（1）重置成本的构成要素与评估对象、评估假设、评估目的有关。例如，不需要安装的机器设备的重置成本仅包括设备购置成本、运杂费等；需要安装的机器设备的重置成本还包括安装费、基础费；工厂、车间等整体资产的重置成本还包括单项资产组合成整体资产所发生的勘察设计费、调试费、工厂设计费、联合试运转费和管理费等；进口设备和车辆等特殊设备，还包括进口关税、增值税、消费税和车辆购置税等；机器设备在原地继续使用时，重置成本一般包括设备运杂费、安装费和基础费等；移地使用时则不包括上述费用。

（2）构成重置成本的费用必须是必然成本，非必然成本不应包括在内。比如，根据客户工期要求因加班而发生的加班费就不属于必然成本，不应构成重置成本。

2. 实体性贬值

机器设备的实体性贬值从企业购买或自制取得机器设备后开始计算，实体性贬值程度也可以用实体性贬值率表示，其计算公式为：

实体性贬值 = 重置成本 × 实体性贬值率

全新设备的实体性贬值率为零，完全报废设备的实体性贬值率为 100%。

确定设备实体性贬值常用方法有观察法、使用年限法和修复费用法等。

3. 功能性贬值

机器设备的功能性贬值分为超额投资成本（第Ⅰ种功能性贬值）和超额运营成本（第Ⅱ种功能性贬值）两类。第Ⅰ种功能性贬值是指由于技术进步、新技术、新材料和新工艺不断出现，使相同功能的新设备的重置成本比被评估设备降低，即复原重置成本高于更新重置成本。第Ⅱ种功能性贬值是由于新技术的发展，使新设备在运营费用低于被评估设备。超额运营成本引起的功能性贬值也就是设备未来超额运营成本的折现值。

4. 经济性贬值

除非有确凿证据，一般设备评估都不考虑经济性贬值。

（三）市场法在机器设备评估中的应用

机器设备评估的市场法，也称为市场比较法，这种方法是根据市场上类似设备交易的价格资料，通过对评估对象和市场参照物各种因素的分析比较，确定评估对象价值的方法。一般而言，比较因素可以分为个别因素、交易因素、时间因素和地域因素等。市场法的评估公式为：

市场法下评估价值 = 参照物售价 × 功能差异修正系数 × 时间差异修正系数 × 交易情况差异系数 × ……

市场法适用于有成熟市场、交易比较活跃的机器设备，如汽车、通用设备等。

（四）收益法在机器设备评估中的应用

对于生产线、成套化工设备等具有独立获利能力的机器设备，以及由于租赁的机器设备，可以采用收益法进行评估。收益法的评估公式为：

$$V = \sum_{i=1}^{n} \frac{F_i}{(1+r)^i}$$

其中：

V——收益法下评估价值

F——评估基准日以后各期预期收益额

r——折现率

n——预计的受益期限

案例9-6 某被评估设备拟长期用于租赁。根据该设备当前的状况，估测其尚可使用年限为10年；根据市场调查，估测该设备的预期年收益为7500元；另外，又搜集到三个类似于被评估设备的参照物的销售和租金信息。

参照物	交易时间	售价（元）	年收益（元）
1	上周	44300	6200
2	上周	42500	6800
3	上周	57300	8600

则：

根据公式“收益法评估值=年收益额×（P/A，r，n）”倒算年金现值系数和收益率。

参照物	年金现值系数	收益率
1	44300÷6200=7.1452	14%
2	42500÷6800=6.25	16%
3	57300÷8600=6.6628	15%

（1）收益率=（14%+16%+15%）/3=15%

（2）被评估设备的价值=7500÷15%×{1-[1÷（1+15%）^{10}]}=50000×（1-0.2472）=37640（元）

二、土地使用权和不动产估值

（一）土地使用权和不动产的类型及评估方法

（1）土地使用权。

我国实行国有土地有偿使用制度，地价一般是指国有土地使用权的价格。土地根据开发程度的不同，可以分为熟地、生地和毛地三类。

土地使用权的取得方式主要有出让和转让。土地出让，是土地使用者向国家购买的土地使用权，具体有协议、招标和拍卖三种形式。国有土地使用权出让的最高年限按用途确定，具体为：居民用地为 70 年；工业用地为 50 年；教育、科技、文化、卫生、体育用地为 50 年；商业、旅游、娱乐用地为 40 年；综合或者其他用地为 50 年。土地转让，是指土地使用者将土地使用权再转移的行为，包括出售、交换和赠与。土地使用者通过转让方式取得的土地使用权，其使用年限为土地使用权出让合同规定的使用年限减去原土地使用者已使用年限后的剩余年限。

小贴士

土地价格"面面观"

根据土地价格的性质，可以分为基准地价、标定地价、出让地价和转让价格等。

基准地价，即土地初始价，也称城市基准地价，是指在城镇规划区范围内，对现状利用条件下不同级别或不同均质地域的土地，按照商业、居住、工业等用途分别评估法定最高年期的土地使用权价格，并由市、县以上人民政府公布的国有土地使用权的平均价格。

标定地价，是指以基准地价为基础确定的标准地块的一定使用年限的价格。

出让底价，是指政府在招标、拍卖国有土地使用权时，在基准地价或标定地价的基础上，考虑具体地块的微观区位因素，以及土地出让年限、土地用途、地产市场行情、出让双方的心态和投机因素等确定的价格。

（2）房屋建筑物。房屋建筑物总体上划分房屋和构筑物两大类。房屋是指能够遮风避雨并供人们居住、工作、娱乐等各种活动的场所。构筑物是相对房屋而言，是指人们通常不能直接在内进行生产和生活活动的场所。房屋建筑基本组成有基础、主体承重结构和屋顶及围护结构。

（3）房地产评估方法。土地和房屋及其权属统称为房地产。在房地产评估中，通常评估房地产的整体价值，但也可以根据需要分别评估房产和地产的价值。

房地产评估的基本方法有成本法、市场法和收益法，还有假设开发法、基准地价系数修正法等辅助方法。由于被评估房地产的性质差异和资料取得的难易，并非每一种评估方法都适用于各类具体条件下的房地产。为求得一个公平合理的价值，一般以一种评估方法为主，同时以另一种或几种评估方法为辅，以求相互对照和检验修正。

（二）收益法在房地产评估中的应用

收益法又称收入资本化法、投资法、收益还原法，是国内外广泛运用于收益性房地产价值的评估。收益性房地产包括商场、写字楼、旅馆、公寓等。收益法不适用于对政府机关、学校、公园等公用、公益性房地产的价值评估。房地产收益法的评估公式为：

$$P=\frac{A}{r}\times\left[1-\frac{1}{(1+r)^{n}}\right]$$

A——净收益

r——资本化率

n——收益年期

（1）净收益。净收益是指归属于房地产的、除去各种费用后的收益，一般以年为单位。这里的净收益是客观净收益而非实际净收益，即在实际净收益的基础上剔除特殊的、偶然的因素，得到在正常市场条件下房地产用于法律上允许的最佳用途的净收益值。

（2）资本化率。资本化率又称还原利率，它是收益法下确定房地产评估价值的最关键因素。资本化率和房地产评估值成反向，资本化率越高，在净收益不变的情况下，房地产价值就越低。常用的确定资本化率的方法有净收益与售价比率法、安全利率加风险调整值法和排序插入法等。

根据对象的不同，资本化率分为三类，一是综合资本化率，即房地产的资本化率；二是建筑物资本化率，此时的净收益仅为建筑物自身，不包含土地；三是土地的资本化率，此时的净收益为土地自身，不包含建筑物。

（3）收益年期。收益年期是指被评估房地产能够为权益主体带来收益的期限，一般以“年”为单位。评估土地时，收益年期为土地剩余的土地使用年限，以土地出让年限减去已使用年限获取。评估房产时，收益年期为建筑物的剩余耐用年限。如果建筑物耐用年限长于土地使用权年限，应根据土地使用权年限确定房产未来可获收益的年限。

土地和房屋建筑物往往作为一个整体取得收益，如果要单独评估土地或房屋建筑物的价值，则需要按图9－6进行分割：

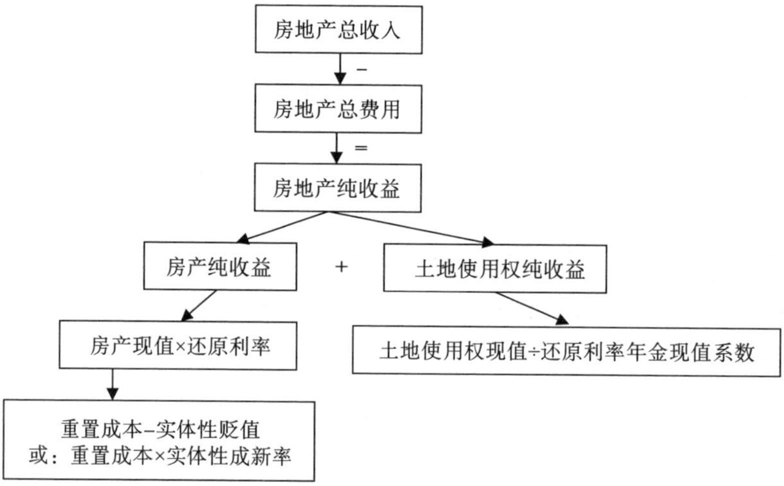

图9－6　房地产整体价值构成和估算方法

（三）市场法在房地产评估中的应用

市场法就是通过与近期交易的类似房地产进行比较，并对一系列因素进行修正，而得到被评估房地产在评估基准日的市场状况下的价值水平。在同一地区或同一供求范围内的类似地区中，与被评估房地产相类似的房地产交易越多，市场法就越有效。一般而言，图书馆、学校用地、风景名胜区内的土地等不适合使用市场法。

市场法的价值影响因素主要包括交易情况因素、交易日期因素以及房地产状况因素三类。具体评估的思路为：通过交易情况因素修正，将可比交易实例修正为正常交易情况下的价格；通过交易日期因素修正，将可比交易实例修正为评估基准日下的价格；通过房地产状况因素修正，将可比交易实例价格修正为被评估对象房地产状况下的价格。容积率和土地使用年限这两个因素的影响力较大，情况较特殊，可以单独进行修正。市场法的基本评估公式是：

$$V = P \times A \times B \times C \times \cdots\cdots$$

其中：

V——被评估房地产评估价值

P——可比交易实例交易价格

A——交易情况修正系数

B——交易日期修正系数

C——房地产状况修正系数

……——其他修正系数

（1）交易情况修正是排除交易行为中的一些特殊因素，如急于出售、有利害关系等所造成的比较实例的价格偏差，将其成交价格修正为正常市场价格。

（2）交易日期修正也称期日修正，是将交易实例房地产价格修正为评估基准日的房地产价格。

（3）房地产状况修正，是将交易实例房地产状况修正为评估基准日的房地产状况。状况修正的两个重要内容为容积率修正和土地使用年限修正。

一般来说，容积率越高，地价越高，但两者之间并非呈线性关系，需要根据容积率修正系数加以修正。

$$经容积率修正后价格 = 可比实例价格 \times \frac{被评估房地产容积率修正系数}{可比实例容积率修正系数}$$

案例9－7 某城市某用途土地的容积率修正系数见下表

容积率	1.0	1.1	1.3	1.7	2.0	2.1	2.5
修正系数	1.0	1.1	1.2	1.6	1.8	1.9	2.1

可比实例宗地地价每平方米为3000元，容积率为2.1，被评估宗地规划的容积率为1.7，不考虑其他因素差异的情况下，则：

经容积率修正后的可比实例价格 $= 3000 \times 1.6 \div 1.9 = 2526.32$（元）

（4）土地使用年期修正。我国实行有限年期的土地使用权有偿使用制度，土地使用年限地长短直接影响土地收益的多少，进而影响土地使用权价格的高低。通过土地使用年限修正，可以消除由于使用年限不同而对房地产价格造成的影响。

$$K=\left[1-\frac{1}{(1+r)^{m}}\right]\div\left[1-\frac{1}{(1+r)^{n}}\right]$$

其中：

K——年限修正系数

r——折现率

m——被评估土地使用权剩余年限

n——可比实例土地使用权剩余年限

市场法一般要选取至少3个可比实例。比较实例应选择与估价期日最接近，与估价宗地用途相同，土地条件基本一致，属同一供需圈内相邻地区或类似地区的正常交易实例。在房地产市场较为稳定的情况下，评估基准日与案例交易日相差不应超过1年。通过对可比实例交易价格进行交易情况修正、交易日期修正、房地产状况修正后，可以得到评估基准日的被评估房地产的参考价格。

（四）成本法在房地产评估中的应用

成本法亦称成本逼近法，一般适用于房地产市场发育不成熟，成交实例不多，无法利用市场法和收益法等方法进行评估的情况，如政府办公楼、学校、图书馆、机场、公园以及新开发地等特殊性房地产。注意，房产是人类劳动的产物，而土地是自然产物，所以同样是采用成本法进行评估，房产价值评估和土地价值评估的计算公式并不相同。

1. 成本法在土地评估中的应用

采用成本法评估土地的评估公式为：

被评估土地评估值 = 被评估土地取得费 + 土地开发费 + 税费 + 利息 + 利润 + 土地增值收益

利息 = （土地取得费 + 土地开发费） × 利息率

利润 = （土地取得费 + 土地开发费） × 利润率

土地增值收益 = （土地取得费 + 土地开发费 + 利息 + 利润） × 土地增值收益率

（1）土地取得费。土地取得费是为取得土地而向原土地使用者支付的费用，具体分为两种情况。第一种情况为国家征收集体土地而支付给集体土地所有者的费用，包括土地补偿费、地上附着物和青苗补偿费、安置补助费、土地管理费和耕地占用税等。第二种情况为取得已利用城市土地而向原土地使用者支付的拆迁补偿费用。补偿标准各地有具体的规定。

（2）土地开发费用。土地开发费涉及基础设施配套费、公共事业建设配套费和小区开发配套费。基础设施配套就是通常所说的“三通一平”“五通一平”“七通一平”等。

（3）投资利息。投资利息就是资金的时间价值。无论是自有资金还是借入资金，均需要算利息，不能因资金来源不同而导致评估结论产生差异。土地取得费在土地开发动工前即要全部付清，而在开发销售后才能收回，计息期为整个开发期和销售期。而土地开发费在开发过程中逐步投入，在销售后收回，计息期也包含开发期和销售期，但开发期仅按50%计算。

（4）投资利润和税费。利润率计算的基数一般为土地取得费和土地开发费，也可以是开发后土地的价格。税费，是指土地取得和开发过程中所必须支付的税赋和费用，主要为土地增值税、契税、印花税等，不包括增值税和企业所得税。

（5）土地增值收益。土地用途改变或者土地功能变化带来土地增值，土地增值收益率一般在20%～25%，基数为上述的土地取得费、土地开发费、税费、投资利息和投资利润。

2. 成本法在房屋建筑物评估中的应用

建筑物评估中的成本法是基于建筑物的再造费用或投资角度来考虑。成本法一般适用于不改变用途、持续使用的房屋建筑物单独评估其价值的情况。

对于新建房地产项目，如果评估基准日以房地产开发建成日，则无须考虑折旧，直接以开发成本计算。开发成本为房地产开发过程中所发生的各种费用，包括土地征收及拆迁补偿费、前期工程费、基础设施费、建筑安装工程费、配套设施费和管理费用等。

新建房地产的重置成本＝土地取得费＋开发成本＋管理费用＋利息＋销售税费＋利润

（1）土地取得费。土地取得的途径有征收、拆迁改造和购买等，根据取得土地的不同途径，分别测算取得土地的费用，包括有关土地取得的手续费及税金。

（2）开发成本。开发成本主要包括5个方面：勘察设计和前期工程费、基础设施费、房屋建筑安装工程费、公共配套设施建设费和开发过程中的税费及其他间接费用。

（3）开发利润。利润率应根据开发类似房地产的平均利润率来确定。应该注意的是，在计算工业用厂房时一般不考虑合理利润。

（4）管理费用。主要指开办费和开发过程中管理人员的工资等。

（5）投资利息。以土地取得费用和开发成本之和作为计算利息的基数。资金成本是根据额定工期、平均投入资金及适当的贷款利率测算的建筑期利息。计算方法和土地的投资利息相似。

（6）销售税费。销售税费包括：销售费用，包括销售广告宣传费、委托销售代理费等；销售税金及附加，包括城市维护建设税、教育费附加和地方教育费附加等；其他销售税费，如印花税、交易手续费和产权转移登记费等。

运用成本法对旧房屋建筑物进行评估，应以评估时点的房屋建筑物重置成本为基础，并考虑被评估房产的使用和磨损情况，扣除相应的贬值额。旧建筑物的评估公式为：

旧建筑物评估值＝建筑物重置成本－实体性贬值－功能性贬值－经济性贬值

如果仅考虑实体性贬值，上述公式可以演化为：

旧建筑物评估值＝旧建筑物重置成本－年贬值额×已使用年限

（五）假设开发法在房地产评估中的应用

假设开发法，又称剩余法、倒算法或预期开发法，是将被评估房地产开发后的预期价值扣除正常投入费用、正常税金及合理利润后，依据该剩余值测算被评估房地产价值的方法。假设开发法适用于具有投资开发或再开发潜力的土地估价，包括毛地、生地和熟地，不同的土地评估公式不同。以熟地为例，评估公式为：

地价＝预期楼价－开发成本－利润

开发成本＝建筑费＋专业费＋管理费用＋销售税费＋利息

其中：

1. 预测房地产开发完成后的收益

对于出售的房地产，如居住用商品房、工业厂房等，可用市场法确定开发完成后的房地产总价；对于出租的房地产，如写字楼和商业楼宇等，可以采用市场法确定出租的净收益，再采用收益法将出租净收益转化为房地产总价。

2. 估算各项成本费用

（1）建筑费。开发建筑成本费用包括直接工程费、间接工程费、建筑承包商利润等。

（2）专业费。专业费用指项目的可行性研究、规划、勘察、设计、监理、造价咨询（标底编制、决算审核等）等相关工程师的费用，包括勘察、设计费、建设监理费和造价咨询费等，一般为建筑成本的5% ~10%。

3. 管理费用（开发间接费用）

管理费用是指开发商在开发过程中，管理项目所花费的费用，一般按建安工程费用与专业费用之和的3% ~5%取值。

4. 销售税费

销售税费是指房地产进入市场流通领域中发生的销售费用和应交纳的销售税金及附加等。销售费用主要包括市场推广费、销售代理费和销售手续费；销售环节的税费主要包括城市建设维护税、教育费附加和印花税等。

5. 利息

无论是自有资金还是借入资金，都要计算利息，利息率的选取应参照同期银行公布的贷款利率。在确定利息额时，必须根据地价款、开发费用、专业费和管理费用等的投入额和各自在开发过程中所占用的时间长短进行计算。

6. 利润

假设开发法的计算是一个解一元一次方程的过程。设地价为X；预期楼价、建筑费、专业费、管理费（开发间接费用）和销售税费均可以按照当地当时具体情形测算或者根据相关法规获取，因而为常数C；利润和利息都是关于地价的函数，分别设为$f(x)$和$g(x)$。此时，假设开发法的计算公式为：

地价 = 楼价 − 建筑费 − 专业费 − 管理费 − 销售费用和税金 − 利润 − 利息

$$即\ X = C - f(x) - g(x)$$

案例9－8 有一宗已“七通一平”的待开发建设空地，土地面积为4000平方米，建筑容积率为3，拟开发建设为写字楼，建设期为2年，建筑费为3000

元每平方米，专业费为建筑费的10%，建筑费和专业费在建设期内均匀投入。该写字楼建成后立即出售，预计售价为9000元/平方米，销售费用为楼价的2.5%，销售税费为楼价的6.5%。假设当地银行的年贷款利率为6%，开发商要求的项目总利润为所开发不动产总价的20%。试评估该宗土地的地价。

（1）计算楼价 =4000×3×9000=10800（万元）

（2）计算建筑费、专业费 =4000×3000×3×（1+10%）=3960（万元）

（3）计算销售费用和税费 =10800×（2.5%+6.5%）=972（万元）

（4）计算利润 =（地价+建筑费+专业费）×20%

=（地价+39600000）×20%

=0.2×地价+7920000

（5）计算利息 = 地价×[$(1+6\%)^2-1$] +39600000×[（1+6%）-1]

=0.1236×地价+2376000

（6）计算地价 =108000000-9720000-39600000-0.2×地价-7920000-0.1236×地价-2376000

=48384000÷1.3236

=36554850.41（元）

单位地价 =36554850.41÷4000=9138.71（元）

（六）基准地价系数修正法在房地产评估中的应用

基准地价，是按照城市土地级别或均质地域分别评估的商业、住宅、工业等各类用地和综合土地级别的土地使用权的平均价格。基准地价系数修正法是利用城镇基准地价和基准地价修正系数表等评估成果，按照替代原则，就待估宗地的区域条件和个别条件等与其所处区域的平均条件相比较，并对照修正系数表选取相应的修正系数对基准地价进行修正，进而求取待估宗地在估价期日价格的方法。在我国许多城市，尤其是房地产市场不太发达的城市，基准地价系数修正法是常用的方法。基准地价系数修正法的评估公式为：

宗地价格 =（基准地价×期日修正系数+开发程度费用差异）

×用地区位因素修正系数×个别因素修正系数

其中：

（1）基准地价。当地政府土地管理部门会定期公布和更新当地各类土地的基准地价。

（2）期日修正系数。期日修正系数以当地国土资源部门公布的各季度各类土地价格指数为计算依据，采用环比连乘方式加以计算。

（3）用地区位因素修正系数。

（4）个别因素修正系数。个别因素修正系数为容积率修正系数、年期修正系数、宗地面积修正系数、宗地形状修正系数和临路状况修正系数5个系数的乘积。

三、对固定资产和土地使用权估值的税收管理

（一）对机器设备估值的税收管理

1. 固定资产内涵存在财税评差异

机器设备种类繁多，分类方法十分复杂，其中常用的一种分类是《固定资产分类与代码》（GB/T 14885－2010）。在会计学、企业所得税和增值税中称为固定资产，有时为了和房屋建筑物等（不动产）相区别，也称之为动产（见表9－5）。

表9－5　各领域对固定资产分类

门类	《固定资产分类与代码》 （GB/T 14885－2010）	会计准则	税法	资产评估
1	土地	投资性房地产 无形资产	企业所得税为无形资产 增值税为无形资产， 但税收处理同固定资产	不动产、 投资性房地产
	房屋 及构筑物	投资性房地产 固定资产	企业所得税为固定资产 增值税为不动产	
2	通用设备	固定资产	企业所得税和增值税均 为固定资产	机器设备
3	专用设备	固定资产		
4	文物和陈列品	固定资产		分类同会计
5	图书、档案	固定资产		
6	家具、用具、装具	固定资产		
	动植物	生物资产	企业所得税为生产性生物资产、货物，增值税均为货物	森林资源资产， 其他同会计

2. 成本法下实体性贬值不等同与会计和税法的累计折旧

（1）估值中的已使用年限按实际使用年限计算。成本法下的机器设备的使用寿命按经济寿命计算，已使用年限分为名义使用年限和实际使用年限两种。名义已使用年限是指机器设备从购进使用到评估时的年限。实际已使用年限是指机器设备在使用中实际损耗的年限。机器设备在使用过程中由于负荷程度不

同，名义已使用年限不等于实际已使用年限。实际已使用年限与名义已使用年限的差异，可以通过资产利用率来调整。

实际已使用年限 = 名义已使用年限 × 资产利用率

（2）估值中的实体性贬值是根据单项资产的具体情况测算的。估值中的使用年限是根据资产具体状态、使用情况、所处环境等确定的，一定要经过实地勘察才能得到，因而个体特征鲜明。而会计折旧年限是对某一类资产统一设定的，同一类资产的折旧方法和速度相同，不考虑单项资产的实际负荷和维修保养情况。

（二）土地使用权和不动产估值的税收管理

1. 估值和税法对部分不动产的归类不同

估值对动产和不动产分类严格遵循《固定资产分类与代码》（GB/T 14885－2010）的标准。而税法将部分具备不动资产特征的机器设备，如电梯、中央空调等，归入房屋及建筑物范围。《关于房产税和车船使用税几个业务问题的解释与规定》（财税地〔1987〕3 号）明确："房产原值应包括与房屋不可分割的各种附属设备或一般不单独计算价值的配套设施。主要有：暖气、卫生、通风、照明、煤气等设备；各种管线，如蒸气、压缩空气、石油、给水排水等管道及电力、电讯、电缆导线；电梯、升降机、过道、晒台等。属于房屋附属设备的水管、下水道、暖气管、煤气管等从最近的探视井或三通管算起。电灯网、照明线从进线盒联接管算起。"

《关于进一步明确房屋附属设备和配套设施计征房产税有关问题的通知》（国税发〔2005〕173 号）规定："为了维持和增加房屋的使用功能或使房屋满足设计要求，凡以房屋为载体，不可随意移动的附属设备和配套设施，如给排水、采暖、消防、中央空调、电气及智能化楼宇设备等，无论在会计核算中是否单独记账与核算，都应计入房产原值，计征房产税。"《关于固定资产进项税额抵扣问题的通知》（财税〔2009〕113 号，已废止）规定："以建筑物或者构筑物为载体的附属设备和配套设施，无论在会计处理上是否单独记账与核算，均应作为建筑物或者构筑物的组成部分……附属设备和配套设施是指：给排水、采暖、卫生、通风、照明、通信、煤气、消防、中央空调、电梯、电气、智能化楼宇设备和配套设施。"

2. 旧房转让估值的税收管理

（1）房屋建筑物应采用成本法评估且情形不同，评估方法不同。《土地增值税暂行条例实施细则》（财法字〔1995〕6号）第七条规定：“旧房及建筑物的评估价格，是指在转让已使用的房屋及建筑物时，由政府批准设立的房地产评估机构评定的重置成本价乘以成新度折扣率后的价格。评估价格须经当地税务机关确认。”

《土地增值税暂行条例实施细则》（财法字〔1995〕6号）第十四条规定：“隐瞒、虚报房地产成交价格，应由评估机构参照同类房地产的市场交易价格进行评估。税务机关根据评估价格确定转让房地产的收入。提供扣除项目金额不实的，应由评估机构按照房屋重置成本价乘以成新度折扣率计算的房屋成本价和取得土地使用权时的基准地价进行评估。税务机关根据评估价格确定扣除项目金额。转让房地产的成交价格低于房地产评估价格，又无正当理由的，由税务机关参照房地产评估价格确定转让房地产的收入。”即：

①隐瞒、虚报房地产成交价格的，应当采用市场法的评估结论作为计税依据。

②提供扣除项目金额不实的，房屋采用成本法中的年限法评估，土地采用基准地价系数修正法评估。注意，对土地的评估是按照取得土地使用权时的基准地价评估当时的土地价格，属于追溯评估，不是评估土地当前的价格。采用基准地价系数法评估时，应注意调整的差异因素有：基准地价、区位因素（早期开发程度低，分值也低）、剩余使用年限和期日（物价指数）等。

③转让房地产的成交价格低于房地产评估价格，又无正当理由的，按照房地产评估结论作为计税依据，此时没有具体评估方法限制，税务机关可以进行适当调整。

（2）资产评估费用扣除要求。一般情况下，为旧房转让而发生的资产评估费用，可以作为土地增值税增值额的扣除项目。但是，出现《土地增值税暂行条例》（国务院令 138 号）第九条规定的三种情形，所发生的资产评估费用不能扣除，即隐瞒、虚报房地产成交价格的；提供扣除项目金额不实的；转让房地产的成交价格低于房地产评估价格，又无正当理由的。

第五节　其他资产估值及税收管理

一、债权投资估值

（一）债券及其分类

债券是政府、企业和银行等为了筹集资金，按照法定程序发行并向债权人承诺于指定日期还本付息的有价证券。债券可以有多种分类方式：

（1）按发行主体分类有：政府债券、金融债券、公司债和国际债券等。

（2）按偿还期限分类有：短期债券、中期债券、长期债券和永久债券。

（3）按利息的支付方式分类有：附息债券、贴现债券（又称贴水债券）。

（4）按债券的利率浮动与否分类有：固定利率债券、浮动利率债券。

（5）按有无抵押担保分类有：信用债券（也称无担保债券）、担保债券。

随着资本市场发展，近年出现了永久债券。所谓永久债券，是指没有到期日的债券，投资人购入永久债券之后，虽不可能于到期后收回本金，却可以每年按票面利率，永久取得利息；绝大部分的永久债券附加了赎回条款，首次赎回期一般在发行 5 年之后。根据彭博统计，目前全球有 8471 亿美元永久债券，发行量最大的国家是英国、美国和法国，三国永久债券发行量全球占比合计近半，全球超过 70% 的永久债券是以美元和欧元计价。2013 年，武汉地铁集团有限公司发行了我国大陆地区的第一只永续类债券品种。

（二）债券估值

（1）上市交易债券估值。上市交易的债券是指可以在证券市场上交易、自由买卖的债券，对此类债券一般采用市场法（现行市价）进行评估，按照评估基准日的收盘价确定评估值。运用市场法评估债券，债券价值的评估公式为：

债券评估价值 = 债券数量 × 评估基准日债券收盘价

在特殊情况下，如果某种可上市交易的债券市场价格严重扭曲、不能代表实际价值时，应该采用其他的评估方法进行评估。

（2）非上市交易债券估值。对非上市交易的债券不能直接采用市价进行评估，转而采取其他的评估方法。一般而言，对距评估基准日 1 年内到期的债券，可以根据本金加上持有期间产生的利息确定评估值；超过 1 年到期的债券，可以根据本利和的现值确定评估值；对于不能按期收回本金和利息的债券，评估人员应在调查取证的基础上，通过分析预测，合理确定评估值。

超过 1 年到期的债券宜采用收益法进行评估，并根据债券付息方式确定利息折现的计算方法。债券付息方式具体包括到期一次还本付息和分次付息、一次还本两种。折现率包括无风险报酬率和风险报酬率，无风险报酬率通常以银行储蓄利率、国库券利率或国家债利率为准；风险报酬率的大小则取决于债券发行主体的具体情况。国库券、金融债券等有良好的担保条件，其风险报酬率一般较低；企业债券如果发行企业经营业绩较好，有足够的还本付息能力，则风险报酬率较低；否则，应以较高风险报酬率调整。

到期一次还本付息债券的评估公式为：

$$P = F/(1+r)^n$$

其中：

P——债券价值；

F——债券到期本利和

n——评估基准日到债券到期日的期限；

r——折现率。

分期付息，一次还本债券的评估公式为：

$$P = \sum_{i=1}^{n} R_i(1+r)^{-i} + A(1+r)^{-n}$$

其中：

P——债券价值；

R_i——第 i 年的预期利息收益；

A——债券面值；

i——评估基准日距收取利息日期限；

n——评估基准日距到期还本期限；

r——折现率。

二、资源资产和生产性生物资产估值

（一）资源资产估值

资源资产是在现有认识和科学技术水平条件下，通过开发利用，能够为产权主体带来一定经济利益的自然资源，包括矿产资源、森林资源、土地资源和水资源等。

资源资产评估的基本方法有三种，即收益法、成本法和市场法，但在具体运用以及参数确定上，不同类型的资源资产具有派生的、适合各类资源资产评估的特点方法。

（1）森林资源资产评估。森林资源资产是指由特定主体拥有或控制并能带来经济利益的，用于生产、提供商品和生态服务功能的森林资源，包括森林、林木、林地、森林景观资产以及与森林资源相关的其他资产。

森林资源资产除具备其他资产的共同特点外，还具有以下特点：第一，经营的永续性；第二，再生的长期性；第三，分布的辽阔性；第四，功能的多样性；第五，管理的艰巨性。

森林资源资产的特点决定了森林资源资产评估有着不同于一般的资产评估特点。第一，森林资源资产价值的关联性；第二，森林资源资产的可再生性；第三，森林经营的长周期性对资产评估结果有着较大影响；第四，森林资源资产效益的多样性；第五，森林资源调查和资产核查的艰巨性；第六，森林资源资产的地域性明显。

对森林资源的核查，是对森林资源资产评估的核心内容。森林资源资产现场核查可以采用抽样核查或全面核查的方式进行，除了资产评估机构和评估专业人员外，也可以聘请具有相应专业胜任能力的专业机构或专业技术人员进行核查，并由专业机构出具核查报告。

（2）矿产资源资产评估。矿产资源是经过地质成矿作用形成的，埋藏于地下或出露于地表，并具有开发利用价值的矿物或有用元素的集合体。我国的矿产资源属于国家所有，但是经国务院许可，法人和自然人可以取得矿业权，包括探矿权和采矿权。探矿权是指在依法取得的勘查许可证规定的范围内，勘查矿产资源的权利；采矿权是指在依法取得采矿许可证规定的范围内，开采矿产资源和获得所开采的矿产品的权利。

与其他资产相比，矿业权评估有如下特点：第一，与矿产资源法律制度密切相关；第二，涉及的专业知识跨度大，需要利用多种不同类型的专业报告；第三，不确定性因素更多。

企业涉及的矿产资源资产评估主要是对探矿权和采矿权的评估，基本评估方法包括市场法、收益法和成本法。

（二）生产性生物资产估值

生产性生物资产是指为产出农产品、提供劳务或出租等目的而持有的生物资产，包括经济林、薪炭林、产畜和役畜等。与消耗性生产生物相比较，生产性生物资产具有能够在生产经营中长期、反复使用，从而不断地产出农产品或长期役用。因此，生产性生物资产在一定程度上具有固定资产的特征。一般而言，生产性生物资产通常需要生长到一定阶段才开始具备生产的能力，根据其是否具备生产能力，可以将生产性生物资产划分为未成熟和成熟两类。

与其他资产相似，生产性生物资产评估同样具有市场法、收益法和成本法三种基本方法。

三、对债权投资、资源资产和生产性生物资产估值的税收管理

（一）对债权评估的税收管理

永续债有两种税务处理方法，《关于永续债企业所得税政策问题的公告》（财政部 税务总局公告2019年第64号）规定，一是适用股息、红利企业所得税政策，即：投资方取得的永续债利息收入属于股息、红利性质，按照现行企业所得税政策相关规定进行处理，其中，发行方和投资方均为居民企业的，永续债利息收入可以适用企业所得税法规定的居民企业之间的股息、红利等权益性投资收益免征企业所得税规定；同时发行方支付的永续债利息支出不得在企业所得税税前扣除。二是也可以按照债券利息适用企业所得税政策，即：发行方支付的永续债利息支出准予在其企业所得税税前扣除；投资方取得的永续债利息收入应当依法纳税。

发债企业和投资方对永续债必须采取一致的税务处理。如果发债企业选择按利息支出在企业所得税税前扣除而投资方选择按免税的股息、红利处理，会产生税务风险，面临纳税调整、补交滞纳金甚至罚款的税务处理。

（二）资源资产、生产性生物资产估值的税收管理

探矿权和采矿权的评估增值率非常高，转让包含探矿权和采矿权的股权是

税收征管的重要关注点。《股权转让所得个人所得税管理办法（试行）》（国家税务总局公告2014年第67号）第十二条第（一）项规定："申报的股权转让收入低于股权对应的净资产份额的。其中，被投资企业拥有土地使用权、房屋、房地产企业未销售房产、知识产权、探矿权、采矿权、股权等资产的，申报的股权转让收入低于股权对应的净资产公允价值份额的，视为股权转让收入明显偏低。"同时，文件还规定，主管税务机关有权按照净资产核定法核定股权转让收入，即被投资企业的土地使用权、房屋、房地产企业未销售房产、知识产权、探矿权、采矿权、股权等资产占企业总资产比例超过20%的，主管税务机关可参照纳税人提供的具有法定资质的中介机构出具的资产评估报告核定股权转让收入。

第六节　公司价值估值与税收管理

公司价值，又称为企业价值，是指企业作为一种商品的货币表现，通常被理解成企业在一定风险条件下所能创造出的价值。企业价值分为三种类型：企业资产价值、企业整体价值或企业投资价值、股东全部权益价值或部分权益价值。三类企业价值，可以用简化的资产负债表表示（见表9-6）。

表9-6　简化资产负债表

流动资产（A）	流动负债和长期负债中的非付息债务（C）
固定资产和无形资产（B）	付息债务（D）
其他资产（F）	股东全部权益（E）

企业资产价值 $=A+B+F$；

企业整体价值 $=D+E$；

企业股东全部权益价值 $=E=$ 企业整体价值 $-$ 付息债务。

常见的企业价值一般是指企业股东全部权益价值。企业价值评估的基本方法有市场法、收益法和成本法，评估时可以选择三种方法中的一种或多种。

一、公司价值估值之市场法

（一）市场法概述

企业价值评估市场法的基本思路为：通过在市场上找出若干个与被评估企业相似的可比企业，以可比的市场交易价格及其财务数据为基础测算出价值比率，通过分析、比较和修正被评估企业的相关财务数据，在此基础上确认被评估企业的价值比率，并通过这些价值比率得到被评估企业的初步评估价值，最后通过恰当的评估方法确定被评估企业的评估价值。

使用市场法的前提：

（1）需要有一个充分发育活跃的资本市场；

（2）足够的可比企业或交易案例；

（3）与被评估资产可比较的指标、技术参数等资料是可搜集到的；

（4）信息资料具有代表性和合理性，在评估基准日有效。

市场法的基本公式为：

$$V = V_1 \times X \div X_1$$

其中：

V——被评估企业价值

V_1——可比企业价值

X——被评估企业的可比指标

X_1——可比企业的可比指标

X 常选用以下财务变量：（1）息税折旧前利润（EBIDT）；（2）息前净现金流量（即企业自由现金流量）；（3）净现金流量（即股权自由现金流量）；（4）净利润；（5）销售收入；（6）净资产；（7）账面价值等。

市场法中常用的两种方法是参考企业比较法和并购案例比较法。

1. 参考企业比较法

参考企业比较法，是指通过对资本市场上与被评估企业处于同一或类似行业的上市公司的经营和财务数据进行分析，计算适当的价值比率或经济指标，在与被评估企业比较分析的基础上，得出评估对象价值的方法。

参考企业比较法中常采用市盈率乘数（P/E）作为价值比率，此时也称为市盈率乘数法。市盈率乘数（P/E）是上市公司的股票价格和每股收益的比值。该方法的基本思路为：

（1）从证券市场上搜寻与被评估企业相似的可比企业，按企业不同的收益口径计算出与之相应的市盈率；

（2）确定被评估企业不同口径的收益额；

（3）以可比企业相应口径的市盈率乘以被评估企业相应口径的收益额，初步评定被估企业的价值；

（4）对于按不同样本计算的企业价值分别给出权重，加权平均计算企业价值。

采用参考企业比较法评估时，为了降低单一样本、单一参数所带来的误差和变异性，目前国际上比较通用的办法是采用多样本、多参数的综合方法。

案例9－9 现拟估算甲企业的价值，以市场上*A*、*B*和*C* 3个可比公司的销售额、账面价值和净现金流量为收益口径，分别计算出三个公司的市场价值与各个收益口径的比率（见表9－7）。

表9－7　可比公司价值比率汇总表　　金额单位：万元

	*A*公司	*B*公司	*C*公司	平均
市价/销售额	1.2	1.0	0.8	1.0
市价/账面价值	1.3	1.2	2.0	1.5
市价/净现金流量	20.0	15.0	25.0	20.0

截至评估基准日，甲企业的年销售额为1亿元，账面价值为6000万元，净现金流量为500万元。根据可比企业的、经过修正的3个价值比率计算出甲企业的评估价值（见表9－8）。

表9－8　甲企业的评估价值　　金额单位：万元

收益口径	甲企业 （1）	价值比率 （2）	甲企业价值 （3）＝（1）×（2）
销售额	10000	1.0	10000
账面价值	6000	1.5	9000
净现金流量	500	20	10000
甲企业的平均价值			9667

2. 并购案例比较法

并购案例比较法是指通过分析与被评估企业处于同一或类似行业的公司的买卖、

收购及合并案例，获取并分析这些交易案例的数据资料，计算适当的价值比率或经济指标，在与被评估企业比较分析的基础上，得出评估对象价值的方法。

参考企业比较法和并购案例比较法的思路相似，不同之处在于：参考企业比较法通过对可比企业的经营和财务数据进行分析，计算适当的价值比率；而并购案例比较法通过分析与被评估企业处于同一或类似行业的并购案例以计算价值比率。

市场法需要有海量的企业信息，根据行业、规模、战略和经营范围、组织结构、资产结构、营利能力、股权流通性、股权集中程度等方面寻找足够数量的可比公司。比较常见的企业资讯数据库有同花顺、Wind、BvD 等。

（二）市场法下影响企业价值的重要因素

1. 股权控制程度和控股权折溢价

股权分布的集中程度，即股权控制程度对股价有很大影响，可以用股权折溢价表示。美国季度刊物《控股溢价研究》中把控股溢价定义为：“一个投资者为了获得公司普通股里的控股权益而愿意付出比市场流通的少数权益（流动的公开交易股票价格）价值更高价格的这部分附加价值。”控股溢价不同于商誉，商誉已经包含在市场价格中，并且与企业整体不可分割。而控股溢价是高出市场价格的附加价值，仅存在于为取得控股权的那部分股份中，并且根据控股程度或起重大影响程度的不同而有所变化。

案例 9－10 公司有两位股东，甲占 49% 股份，乙占 51% 股份，虽然甲仅少 2% 股份，但其对企业的控制可以说非常小。因此，在单独评估两位股东的股权价值时，持股 51% 的股权价值显然要高于企业整体价值的 51%，相应的，持股 49% 的股权价值低于企业整体价值的 49%。

案例 9－11 公司有甲、乙、丙三位股东，甲、乙各占 49%，丙占 2%，则两位大股东均不能单独形成绝对控制权。此时，丙的立场显得尤其重要，其持有 2% 股权的价值显然远远高于该公司整体价值的 2%。

控股权溢价与少数股权折价是相对的，不同目的控股权溢价不一。国外控股权溢价一般在 20%～40%，我国没有统计数据，但在资产评估准则中明确应当予以考虑（见表 9－9）。《资产评估执业准则——企业价值》（中评协〔2018〕38 号）第三十二条第二、三款规定：“控制权以及交易数量可能影响交易案例比较法中的可比企业交易价格。在切实可行的情况下，应当考虑评估对象与交易案例在控制权和流动性方面的差异及其对评估对象价值的影响。如因客观条件限制无法考虑控制权和流动性对评估对象价值的影响，应当在资产评估报告中披露其原因以及可能造成的影响。”

表 9－9　　　　控制溢价、缺少控制折扣率估算表

序号	年份	少数股权交易		控股权交易		控股权溢价率（%）	缺少控制折扣率（%）
		并购案例数量	市盈率（P/E）	并购案例数量	市盈率（P/E）		
1	2018	286	22.78	389	25.12	10.28	9.32
2	2017	527	15.47	547	18.04	16.63	14.26
3	2016	471	19.91	452	21.85	9.77	8.90
4	2015	290	18.18	309	20.26	11.46	10.28
5	2014	444	16.31	421	18.35	12.55	11.15
6	2013	377	15.18	266	16.47	8.46	7.80
7	2012	456	13.16	266	14.8	12.49	11.10
8	2011	498	19.36	408	21.35	10.26	9.31
9	2010	461	16.67	346	18.54	11.22	10.09
10	2009	470	13.82	251	17.32	25.37	20.24
11	2008	450	14.82	257	17.31	16.75	14.34
12	2007	408	15.81	244	20.23	27.91	21.82
13	2006	130	15.01	83	19.49	29.89	23.01
14	2005 年及以前	231	17.73	119	19.22	8.40	7.75
15	合计/平均值	5499	16.73	4239	19.17	14.58	12.73

资料来源：雪球网址根据 CVSource 并购交易案例数据计算整理，网址：https：//xueqiu. com。

2. 股权流通性和流通性折溢价

流动性（Liquidity）是指将一项资产转化成现金所需要的时间和成本，它是资产不可或缺的重要特征。如果资产能够在较短的时间内以接近市价的价格转换成现金，则称该资产有较高的流动性。同类资产的流动性不同必然会导致资产价格的差异。股权流动性，对股价的影响用流通性折溢价表示。

股权流通溢价是指具有流通性的股权与缺少流通性但其他特质相同的股权相比存在一个价值溢价；股权流通折价是指缺少流通性的股权与具有流通性但其他特质相同的股权相比存在一个价值折扣。这里具有流通性的股权是指上市公司的可流通股股票、证券，缺少流通性的股权是指不能在公开市场上竞价转让的股权或证券（见表9-10）。股权产生流通性溢价或缺少流通折价的原因有：

（1）承担的风险不同。流通股的流通性很强，一旦发生风险事项后，流通股持有者可以迅速出售；

（2）拥有的投资收益机会不同。流通性好的投资可以很快变现，抓住更多的投资机会；

（3）交易的活跃程度和市场参与者数量不同。流通股交易活跃，参与买、卖的人员较多，竞争充分，因此一般价格较高。

表9-10 非上市公司并购市盈率与上市公司市盈率比较估算缺少流通折扣率计算表（2018年按行业）

序号	行业名称	非上市公司并购		上市公司		缺少流通折扣率（%）
		样本点数量	市盈率平均值	样本点数量	市盈率平均值	
1	采矿业	6	21.44	49	24.26	11.6
2	电力、热力生产和供应业	33	16.94	51	26.92	37.1
3	水的生产和供应业	10	18.28	14	23.03	20.6
4	房地产业	25	13.66	94	19.27	29.1
5	建筑业	16	17.34	76	21.90	20.8
6	仓储业	3	18.99	5	39.68	52.1
7	运输业	18	19.63	65	25.20	22.1
8	装卸搬运和运输代理业	4	12.57	5	19.69	36.2
9	教育	3	43.08	2	80.61	46.6
10	货币金融服务	17	12.26	28	7.16	-71.3
11	其他金融业	18	18.64	8	32.10	41.9
12	资本市场服务	12	22.18	33	37.38	40.7
13	科学研究和技术服务业	13	40.69	3	65.55	37.9
14	专业技术服务业	18	31.33	37	40.78	23.2
15	农林牧渔业	8	29.04	20	40.49	28.3
16	零售业	26	21.29	64	28.15	24.3
17	批发业	48	22.23	59	27.31	18.6
18	生态保护和环境治理业	5	18.91	29	26.56	28.8
19	卫生和社会工作	10	16.90	8	52.33	67.7
20	文化、体育和娱乐业	7	33.84	18	42.24	19.9
21	互联网和相关服务	9	26.25	42	33.20	20.9
22	软件和信息技术服务业	48	28.49	131	48.68	41.5

续表

序号	行业名称	非上市公司并购		上市公司		缺少流通折扣率（%）
		样本点数量	市盈率平均值	样本点数量	市盈率平均值	
23	电气机械和器材制造业	22	20. 14	155	33. 68	40. 2
24	纺织业	5	15. 85	53	30. 91	48. 7
25	非金属矿物制品业	7	18. 90	59	22. 91	17. 5
26	黑色金属冶炼和压延加工业	5	6. 29	28	8. 54	26. 4
27	化学原料和化学制品制造业	39	21. 44	205	29. 72	27. 9
28	计算机、通信和其他电子设备制造业	32	31. 47	220	41. 89	24. 9
29	金属制品业	11	20. 02	42	32. 51	38. 4
30	汽车制造业	11	16. 74	88	27. 00	38. 0
31	食品制造业	14	25. 95	32	36. 43	28. 8
32	通用设备制造业	9	18. 02	89	36. 21	50. 2
33	橡胶和塑料制品业	9	13. 65	52	33. 11	58. 8
34	医药制造业	17	27. 17	187	33. 56	19. 1
35	仪器仪表制造业	3	36. 28	36	41. 63	12. 8
36	有色金属冶炼和压延加工业	10	22. 26	44	33. 09	32. 7
37	专用设备制造业	24	24. 98	131	35. 77	30. 2
38	商务服务业	50	25. 09	34	29. 06	13. 7
39	租赁业	3	25. 97	3	39. 84	34. 8
40	合计/平均值	622	22. 42	2299	33. 55	29. 3

资料来源：雪球网址根据 CVSource 并购交易案例数据计算整理，网址：https：//xueqiu. com。

二、公司价值估值之收益法

企业价值评估中的收益法，是指通过将被评估单位预期收益资本化或折现以确定评估对象价值的评估思路。收益法是建立在经济学的预期效用理论基础上，从企业获利能力的角度衡量企业价值。使用收益法的前提条件包括：①企业持续经营；②企业资产资源配置合理与企业的经营收支正常；③未来收益和风险可以预测。

这三个前提条件构成收益法中的三个关键因素：预期收益（F）、折现率（r）和收益期限（n）。收益法的基本公式为：

$$V = \sum_{i=1}^{n} \frac{F_i}{(1+r)^i}$$

其中：

V——企业价值

F_i——第 i 年的预期收益额

r——折现率

n——收益年限

实践中，企业存在溢余资产，因此收益法的基本公式修订为：

$$V = \sum_{i=1}^{n} \frac{F_i}{(1+r)^i} + \text{溢余资产价值}$$

1. 预期收益额

（1）界定预期收益额有3个要点：第一，凡企业创造的、不归企业权益主体所有的收入不能作为企业价值评估中的企业收益，如税收；第二，凡是归企业权益主体所有的企业收支净额，可视同企业收益，无论是营业收支、资产收支，还是投资收支，只要形成净现金流入量，就应视同收益；第三，预期收益应该是客观收益，即反映企业正常经营状态和营利能力的收益，而非实际收益。

（2）预期收益指标有净利润、自由现金流等。现金流量比利润更科学、更常用。

自由现金流量，就是企业产生的、在满足了再投资需要之后剩余的现金流量，这部分现金流量是在不影响公司持续发展的前提下可供分配给企业资本供应者的最大现金额。自由现金流量可分为企业自由现金流量（FCFF，Free Cash Flow of Firm）和股权自由现金流量（FCFE，Free Cash Flow of Equity）。

股权自由现金流量 = 净利润 + 折旧与摊销 − 营运资金净增加 − 资本性支出 + 新发行债务 − 债务本金偿还 − 优先股股利

企业自由现金流量 = 息税前利润 ×（1 − 所得税率）+ 折旧与摊销 − 营运资金净增加 − 资本性支出

股权自由现金流量 = 企业自由现金流量 − 利息费用（扣除所得税）+ 新发行债务 − 债务本金偿还 − 优先股股利

（3）企业预期收益预测。对于步入稳定期的企业而言，先预测评估基准日后3～5年的预期收益，具体预测的方法有综合调整法、产品周期法、实践趋势法等；再预测评估基准日后3～5年之后的各年收益。对于企业未来更为久远的年份的收益预测，难以具体地进行测试。对经营和盈利尚不稳定的企业，应首先判断何时进入稳定期，然后以步入稳定期的前一年作为收益预测分段的时点，再按照稳定期的收益预测方法操作（见表9－11）。

表 9－11　　预期收益预测指标

序号	预测项目	二级因素	三级因素
1	营业收入*	销售量	行业
			地区
			……
		销售价格	价格波动原因
			趋势分析
2	营业成本	变动成本	各项材料、燃料等的单价分析
			各项材料、燃料等的数量分析
		固定成本	人员工资、福利（详见7）
			折旧和摊销（详见9）
			其他固定成本
3	营业税金及附加	城建税、教育费附加、	
4	营业费用和管理费用	人员工资、福利	详见7
		折旧和摊销	详见9
		其他费用	
5	财务费用	利息、汇兑损益	
6	营业外收支	具有偶然性，一般不确认	
7	人员工资	各部门人员数量	
		各部门人员工资水平	
8	企业所得税**	税率（分阶段分析）	
9	折旧和摊销	金额（存量＋增量）	
		折旧和摊销方法	
10	资本性支出	存量资产的正常更新支出	取决于使用状况（折旧年限）
		增量资产的资本性支出	取决于企业生产投资计划
		增量资产的正常更新支出	取决于使用状况（折旧年限）
11	营业资金	未来需要的营运资金 ＝预计销售收入×百分比 未来需要追加的营运资金 ＝当年度需要的营运资金 －上一年度需要的营运资金	

* 如果有销售合同，优先取销售合同的销售额和销售数量。

** 包括税率优惠（低税率）、税基优惠（减免收入，加速折旧或摊销、加计扣除、减免所得等）和税额优惠等（投资抵扣等）

2. 折现率

折现率本质上是一种期望投资报酬率，一般由无风险报酬率、风险报酬率和通货膨胀率组成。折现率在资产评估业务中有着不同的称谓：资本化率、本金化率和还原利率等。折现率的计算公式为：

$$r = r_f + r_i + \theta$$

其中：

r——折现率

r_f——无风险报酬率

r_i——风险报酬率

θ——通货膨胀率

无风险报酬率（r_f）通常以 5～10 年的国债利率和银行储蓄利率作为参照依据。

风险报酬率（r_i）反映了风险与收益的关系。在通常情况下，较大风险对应较高的预期收益率，较小风险对应较低的预期收益率。风险报酬率的估测方法有风险累加法、β 系数法和资本成本加权平均法等。注意，折现率应与收益额口径保持一致（见表 9－12）。

表 9－12　折现率和收益额的对应关系

收益类型	折现率类型
企业自由现金流量	加权平均资本成本
权益自由现金流量	权益资本成本

3. 收益期限

一般认为企业是永续经营的，收益期限应为无限期。在实践中，如果企业有明确的营业期限，或者公司章程规定具体经营年限等，则应当按照剩余年限确认为收益期限。企业是否永续经营的判断对企业价值的影响非常巨大，评估结果可能会相差一倍以上。

4. 溢余资产

在企业价值评估中，根据资产能否为企业盈利作出贡献，将资产分为有效资产和溢余资产两类。有效资产是指企业正在运营或虽未运营但是企业需要的且具有潜在运营经营能力、能为企业正常营利能力作出贡献的资产。溢余资产指的是不能参与生产经营、与企业收益无直接关系的、超过企业经营所需的多余资产。例如，企业多余的营运资金、非经营性资产、闲置资产以及虽然是经营性资产，但在被评估企业中已经失去经营能力和获利能力等。

三、公司价值估值之成本法

企业价值评估中的成本法，也称资产基础法、成本加成法，是指在合理评估企业各项资产价值和负债价值的基础上确定企业价值的评估思路。成本加成法的评估公式为：

企业价值 = 各项资产评估值之和 - 各项负债的评估值之和

（一）对资产的评估

（1）运用成本法评估企业整体价值，并不意味着单项资产都必须用成本法进行评估。各项资产仍应该选择适用的评估方法进行估值。各项资产的具体评估方法，可以参见本章节的相关内容，此处不再赘述。

（2）对长期股权投资的评估。企业价值采用成本法评估时，可能会遇到股权层层嵌套的情况，如果对每一层级都进行企业价值评估，工作量势必极大。《资产评估执业准则——企业价值》（中评协〔2018〕38 号）第三十八条规定：“采用资产基础法进行企业价值评估，应当对长期股权投资项目进行分析，根据被评估单位对长期股权投资项目的实际控制情况以及对评估对象价值的影响程度等因素，确定是否将其单独评估。”对被评估企业持有的长期股权投资，评估具体可以分为以下几种情况：

第一，长期股权投资为上市公司股份且为流通股的，评估价值为评估基准日的收盘价乘以持股数量；为上市公司股份且为限售股的，评估价值在评估基准日的收盘价乘以持股数量的基础上，考虑流通性折价。如果有证据表明市值不公允的，可以采用其他更为公允可靠的估值方法。

第二，长期股权投资为非上市公司的股份，可以根据被投资企业的情况选用市场法、收益法和成本法进行评估。此时，需要根据实际情况判断企业价值评估到第几层级为止，一般而言，只到 2 级子公司，较少延伸到 3 级孙公司。

例 9－12 A 是母公司，B 是子公司，C 是孙公司，D 是曾孙公司。评估 A 持有 B 股权的价值，需要评估 B 公司的企业价值。而 B 又持有 C 股权，此时需要考虑 C 股权投资对 B 企业价值的重要性。如果达到重要性条件（构成控制或者持股比例高或者金额巨大等），则需要对 C 进行企业价值评估，B 持有 C 股权的价值等于C公司的企业价值乘以持股比例；如果达不到重要性条件，B持有C股权的价值可以采用简化方法，即按照C公司的账面净资产乘以持股比例测算。除非B或（和）C为壳公司，主要资产分别为持有C和D的股权，否则不需要考虑D公司的企业价值情况。

（二）对负债的评估

企业价值采用成本法评估时，还涉及对负债的评估。资产评估中的负债的特征是，导致经济资源流出的义务都是负债，而不考虑其是否为现时义务或潜在义务。现时义务的负债评估值可能为0，如无须归还的财政资金（通过“专项应付款”科目核算）、预提的维修基金等；潜在义务的负债也不是一律评估值为零，而是按照与或有事项有关的风险和不确定性产生的评估风险估计。负债的评估原则为：

（1）实际需要承担的负债项目，如短期借款、应付账款、其他应付款、应付职工薪酬、应交税费、长期借款、应付债券等，一般按照会计账面金额确认评估值。对于归还期限较长的债务，可以按照折现值确认评估值。

（2）并非实际承担的负债项目，如预提大修理费和维修基金、无须归还的财政资金（通过“专项应付款”科目核算）等，评估值为0。

（3）预计负债和潜在义务的负债项目，按照与或有事项有关的风险和不确定性产生的评估风险估计。

企业有偿还能力的确定性负债，一般以核实后的负债账面余额作为评估值；企业已资不抵债又无发展前景的负债，负债价值取决于企业剩余的资产、负债担保情况以及负债受偿的顺序，负债的受偿额就是负债的评估值。

四、对公司价值估值的税收管理

（一）对公司价值估值方法的审核

长期以来，在我国企业价值评估实践中对形成了以成本法为主的评估思路。多数评估机构在执行评估业务时，首先考虑采用成本法，并据此指导思想去收集资料，而不去分析其他评估方法的适用性。这种做法并非基于我国企业特点，而是执业粗糙简单的表现。这种简化的、不规范的成本法，以牺牲评估客观性和可靠性为代价刻意降低评估难度和工作量，也常常被用于搪塞税务部门，因而具有较大的税务风险。

（二）公司价值市场法与税法的衔接

在选择可比企业时，可比的范围包括横向可比和纵向可比。横向可比是指选择同一时点的其他企业为可比企业；纵向可比是指选择被评估企业历史上的交易作为可比交易。横向可比和纵向可比的理念在税收政策中也有所体现。《股权转让所得个人所得税管理办法（试行）》（国家税务总局公告2014年第67号）第十四条关于税务机关核定股权转让收入的方法中，净资产核定法为纵向可比的应用，类比法为横向可比的应用。关于净资产核定法，文件明确："6个月内再次发生股权转让且被投资企业净资产未发生重大变化的，主管税务机关可参照上一次股权转让时被投资企业的资产评估报告核定此次股权转让收入。"关于类比法，文件明确："1. 参照相同或类似条件下同一企业同一股东或其他股东股权转让收入核定；2. 参照相同或类似条件下同类行业企业股权转让收入核定。"

（三）公司价值收益法与税法的衔接

溢余资产的具体表现形式有很多，比如企业有自主产权但交由股东个人使用的汽车、关联公司无偿借款等。溢余资产往往构成税收管理的高风险事项，可能涉及纳税调整和补缴税款、滞纳金。《企业所得税法》第十条规定："与取得收入无关的其他支出，在计算应纳税所得额时不得扣除。"第十一条规定："房屋、建筑物以外未投入使用的固定资产，与经营活动无关的固定资产，在计算应纳税所得额时，企业按照规定计算的固定资产折旧，不得计算折旧扣除。"第十二条规定："与经营活动无关的无形资产，在计算应纳税所得额时，企业按照规定计算的无形资产摊销费用，不得计算扣除。"

（四）公司价值成本法与税法的衔接

估值与税法对或有负债的认定存在很大差异。《企业所得税法》第八条规定："企业实际发生的与取得收入有关的、合理的支出，包括成本、费用、税金、损失和其他支出，准予在计算应纳税所得额时扣除。"

作为企业整体评估，税法认可或有负债、预计负债对企业价值的影响；作为单项负债评估，税法不承认或有负债、预计负债，预计负债在实际发生之前，对应形成的成本费用不得税前扣除。

第七节 估值报告与税收管理

一、估值报告的类型和法律效力

（一）估值报告的类型

1. 资产评估报告

资产评估报告，是指资产评估机构及其资产评估专业人员遵守法律、行政法规和资产评估准则，根据委托履行必要的资产评估程序后，由资产评估机构对评估对象在评估基准日特定目的下的价值出具的专业报告。

根据《资产评估执业准则——资产评估报告》（中评协〔2018〕35号）的相关规定，资产评估报告应当使用中文撰写。需要同时出具外文资产评估报告的，以中文资产评估报告为准。资产评估报告一般以人民币为计量币种，使用其他币种计量的，应当注明该币种与人民币的汇率。资产评估报告的内容包括：标题及文号、目录、声明、摘要、正文、附件。其中，资产评估报告正文应当包括下列内容：（1）委托人及其他资产评估报告使用人；（2）评估目的；（3）评估对象和评估范围；（4）价值类型；（5）评估基准日；（6）评估依据；（7）评估方法；（8）评估程序实施过程和情况；（9）评估假设；（10）评估结论；（11）特别事项说明；（12）资产评估报告使用限制说明；（13）资产评估报告日；（14）资产评估专业人员签名和资产评估机构印章。

资产评估报告附件通常包括：（1）评估对象所涉及的主要权属证明资料；（2）委托人和其他相关当事人的承诺函；（3）资产评估机构及签名资产评估专业人员的备案文件或者资格证明文件；（4）资产评估汇总表或者明细表。

《企业国有资产评估报告指南》（中评协〔2017〕42号）第三条明确，企业国有资产评估报告还包括评估说明。

在使用资产评估报告时，报告使用者尤其要关注评估报告正文中的第（2）至（11）项，以及评估说明。

因法律法规规定、客观条件限制，无法或者不能完全履行资产评估基本程序，对评估结论产生重大影响或者无法判断其影响程度的，不得出具资产评估报告。

2. 资产评估咨询报告

当评估专业人员不能按照资产评估准则的要求履行相关评估程序、获取相关评估资料时，可以与委托方协商出具评估咨询报告，评估咨询报告是非标准的咨询报告，其详略情况、前提假设、报告使用等应当与委托方在委托协议或者咨询报告中予以约定或者披露。

（二）估值报告的法律效力和涉税作用

资产评估报告属于具有法律效力的经济鉴定证明。《关于印发国有企业资产损失认定工作规则的通知》（国资评价〔2003〕72 号）第八条规定："社会中介机构的经济鉴证证明，是指社会中介机构按照独立、客观、公正的原则，在充分调查研究、论证和分析计算基础上，进行职业推断和客观评判，对企业的某项经济事项发表的专项经济鉴证证明或鉴证意见书，包括：会计师事务所、资产评估机构、律师事务所、专业鉴定机构等出具的经济鉴证证明或鉴证意见书。"

资产评估报告在税法中可以作为直接证据或间接证据使用。直接证据，就是能够直接证明案件主要事实的证据。间接证据是指与待证的案件事实之间具有间接联系，需要与其他证据结合起来才能证明案件事实的证据，也称"旁证"。

资产评估报告可以作为直接证据使用的税收业务包括：（1）税款核定；（2）资产损失；（3）特别纳税调整；（4）存量房交易。

资产评估报告可以作为间接证据使用的税收业务包括：（1）在债务重组、资产收购、股权收购、企业合并、企业分立、资产/股权划拨、非货币性资产投资等重组业务中，作为交易价格公允的合法性证明；（2）在企业清算中，作为资产的可变现价值依据。

二、估值结论的会计处理和税务处理

与资产、负债的账面价值相比，估值结果有两种，评估增值或减值。下面分别介绍会计、增值税、企业所得税、个人所得税及其他税种的处理方法。

（一）资产评估增减值的会计处理

资产未发生产权变动而仅资产评估增减值一般不属于会计事项，无须调整会计账面价值，在特殊业务中才会引起资产账面价值变化。这些特殊业务包括：(1) 为测试资产是否发生减值而委托评估，资产评估减值可以作为计提资产减值的依据。(2) 国有企业清产核资，财政部有明确规定的，允许根据资产评估情况调整会计账面价值。(3) 企业改制时发生的资产评估增减值，财政部有明确规定的，可以调整会计账面价值。

（二）资产评估增减值的增值税处理

资产评估仅是运用专业技术手段测算资产价值，如果资产没有进入交易环节或改变用途（应税或非应税），评估增减值不会产生增值税纳税义务。比如，资产评估减值不属于增值税中的非正常损失，无须转出相应的进项税额。《关于企业改制中资产评估减值发生的流动资产损失进项税额抵扣问题的批复》（国税函〔2002〕1103号）明确："对于企业由于资产评估减值而发生流动资产损失，如果流动资产未丢失或损坏，只是由于市场发生变化，价格降低，价值量减少，则不属于《增值税暂行条例实施细则》中规定的非正常损失，不作进项税额转出处理。"

（三）资产评估增减值的企业所得税处理

资产评估增减值一般情况下不改变资产的计税基础，评估减值部分不属于资产损失，评估增值部分转让或折旧摊销也不得在税前扣除。《企业所得税法实施条例》第五十六条规定："企业的各项资产包括固定资产、生物资产、无形资产、长期待摊费用、投资资产、存货等，以历史成本为计税基础。前款所称历史成本，是指企业取得该项资产时实际发生的支出。企业持有各项资产期间资产增值或者减值，除国务院财政、税务主管部门规定可以确认损益外，不得调整该资产的计税基础。”

在国有企业清产核资、企业改制等情况下，如果国务院财政、税务主管部门有特殊规定的，从其规定。比如，《关于企业改制上市资产评估增值企业所得税处理政策的通知》（财税〔2019〕62号，执行期限为2019年1月1日至2023年12月31日）第一条规定：“符合条件的国有企业，其改制上市过程中发生资产评估增值可按以下规定处理：

（一）国有企业改制上市过程中发生的资产评估增值，应缴纳的企业所得税可以不征收入库，作为国家投资直接转增该企业国有资本金（含资本公积，下同），但获得现金及其他非股权对价部分，应按规定缴纳企业所得税。

资产评估增值是指按同一口径计算的评估减值冲抵评估增值后的余额。

（二）国有企业100%控股（控制）的非公司制企业、单位，在改制为公司制企业环节发生的资产评估增值，应缴纳的企业所得税可以不征收入库，作为国家投资直接转增改制后公司制企业的国有资本金。

（三）经确认的评估增值资产，可按评估价值入账并按有关规定计提折旧或摊销，在计算应纳税所得额时允许扣除。”

然而，《关于全民所有制企业公司制改制企业所得税处理问题的公告》（国家税务总局公告2017年第34号）规定：“全民所有制企业改制为国有独资公司或者国有全资子公司，属于财税〔2009〕59号文件第四条规定的‘企业发生其他法律形式简单改变’的，可依照以下规定进行企业所得税处理：改制中资产评估增值不计入应纳税所得额；资产的计税基础按其原有计税基础确定；资产增值部分的折旧或者摊销不得在税前扣除（见图9-7）。”

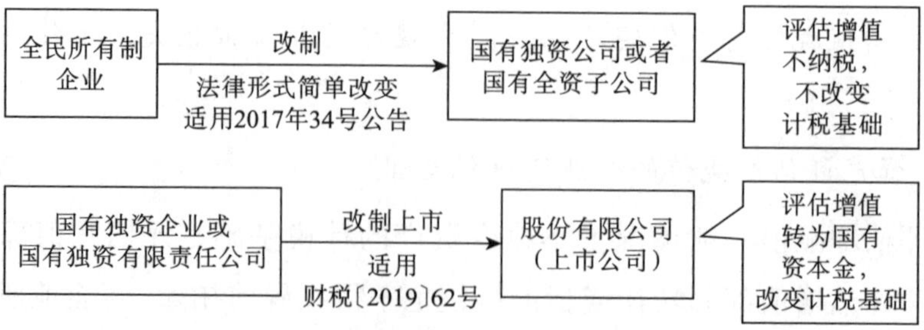

图9-7　企业改制评估增值的企业所得税处理

企业改制资产评估增值企业所得税处理的一个基本规律是：如果评估增值部分确认为应税所得且计算缴纳税款，或者税法规定免税，则可以将评估增值部分作为新的计税基础，未来耗用、折旧或摊销时全额作税前扣除；如果评估增值部分未确认为应税所得，则评估增值部分不增加计税基础，未来耗用、折旧或摊销时不能税前扣除。显然，后者会产生财税差异。

（四）资产评估增减值的个人所得税处理

资产评估增减值对个人所得税经营所得的影响类似于企业所得税。《个体工商户个人所得税计税办法》（2018 年国家税务总局令第 44 号修订）第三十九条规定："个体工商户资产的税务处理，参照企业所得税相关法律、法规和政策规定执行。"

下面再介绍资产评估增减值对个人所得税财产转让所得的影响，主要有如下相关文件：

（1）《关于原城市信用社在转制为城市合作银行过程中个人股增值所得应纳个人所得税的批复》（国税函发〔1998〕289 号）规定："在城市信用社改制为城市合作银行过程中，个人以现金或股份及其他形式取得的资产评估增值数额，应当按'利息、股息、红利所得'项目计征个人所得税，税款由城市合作银行负责代扣代缴。"

（2）《关于非货币性资产评估增值暂不征收个人所得税的批复》（国税函〔2005〕第 319 号）规定："考虑到个人所得税的特点和目前个人所得税征收管理的实际情况，对个人将非货币性资产进行评估后投资于企业，其评估增值取得的所得在投资取得企业股权时，暂不征收个人所得税。在投资收回、转让或清算股权时如有所得，再按规定征收个人所得税，其'财产原值'为资产评估前的价值。"

（3）《关于资产评估增值计征个人所得税问题的通知》（国税发〔2008〕115 号）规定："一、个人（自然人，下同）股东从被投资企业取得的、以企业资产评估增值转增个人股本的部分，属于企业对个人股东股息、红利性质的分配，按照'利息、股息、红利所得'项目计征个人所得税。税款由企业在转增个人股本时代扣代缴。

二、个人以评估增值的非货币性资产对外投资取得股权的，对个人取得相应股权价值高于该资产原值的部分，属于个人所得，按照'财产转让所得'项目计征个人所得税。税款由被投资企业在个人取得股权时代扣代缴。"

（4）《关于个人以股权参与上市公司定向增发征收个人所得税问题的批复》（国税函〔2011〕89号）明确：根据《中华人民共和国个人所得税法》及其实施条例等规定，南京浦东建设发展有限公司自然人以其所持该公司股权评估增值后，参与苏宁环球股份有限公司定向增发股票，属于股权转让行为，其取得所得，应按照“财产转让所得”项目缴纳个人所得税。

（5）《关于个人非货币性资产投资有关个人所得税政策的通知》（财税〔2015〕41号）明确：“个人以非货币性资产投资，应按评估后的公允价值确认非货币性资产转让收入。纳税人一次性缴税有困难的，可合理确定分期缴纳计划并报主管税务机关备案后，自发生上述应税行为之日起不超过5个公历年度内（含）分期缴纳个人所得税。”

上述政策关于评估增值的个人所得税处理历经了“征—不征—分期征”的演变，既体现了税收政策层面的曲折演进过程，也清晰反映了国家税务总局对评估增值征收个税的态度：既要求对实现的所得征税，与企业所得税保持口径一致，又充分考虑个人的纳税能力，通过分期纳税加以缓解。

（五）资产评估增减值的房产税处理

《关于房产税城镇土地使用税有关问题的通知》（财税〔2008〕152号）“关于房产原值如何确定的问题”规定：“对依照房产原值计税的房产，不论是否记载在会计账簿固定资产科目中，均应按照房屋原价计算缴纳房产税。房屋原价应根据国家有关会计制度规定进行核算。对纳税人未按国家会计制度规定核算并记载的，应按规定予以调整或重新评估。”也就是说，房产评估增值是否征收房产税，关键在于房产评估后，企业是否进行账务调整。如果按照会计制度规定对房产评估增值进行了账务调整，应于评估后次月起按评估后的房产原价征收房产税；如果按照会计制度规定不需要调账，则应按评估前的原价计征房产税。

（六）资产评估增减值的印花税处理

《印花税暂行条例实施细则》（财税字〔1988〕第255号）规定：“记载资金的账簿按实收资本和资本公积的合计金额贴花后，以后年度资金总额比已贴花资金总额增加的，增加部分应按规定贴花。”因此，企业的资产评估增值后，其营业账簿中“实收资本”与“资本公积”两项的合计金额比评估前调增的，其增加部分应于次年年初征收印花税。

需要注意的是，将于2022年7月1日执行的《中华人民共和国印花税法》（中华人民共和国主席令第89号）直接将“营业账簿”的税率由万分之五下降为万分之二点五。

三、估值结论税务争议的协调与处理

《税收征收管理法》第三十五条第（六）项规定：“纳税人申报的计税依据明显偏低，又无正当理由的，税务机关有权核定应纳税额。”税务机关在采用资产评估技术核定税款时，可能会涉及如下问题。

（1）资产评估报告的法律效力。资产评估报告属于具有法律效力的经济鉴定证明。无论纳税人依法委托出具还是税务机关基于核实税基需要而委托出具，其法律效力相同。有些地方的税务机关怀疑纳税人委托出具的资产评估报告有造假的嫌疑，采用另行委托评估的方法进行验证。如果税务机关委托出具的资产评估报告与纳税人提供的资产评估报告相比，能够产生更多税金，税务机关就依照自行委托的资产评估报告作为税款计算依据。这种做法是不恰当的。一般情况下，税务机关不能用自行委托的资产评估报告否定纳税人提交的资产评估报告。

特殊情况下，即税务机关发现纳税人提交的资产评估报告具有重大瑕疵或错误，导致资产评估结论不可靠而不能作为作价公允的合法性证据使用时，税务机关才可以用自行委托的资产评估报告来否定纳税人的资产评估报告。

也就是说，税务机关用自行委托的资产评估报告否定纳税人的资产评估报告，不是凭借行政管理权，而是依据专业合理性和程序合规性。

（2）评估结论是否公允。税务机关有权采取包括资产评估在内的合理方法核定税款，纳税人有异议的，根据《税收征收管理法实施细则》（中华人民共和国国务院令362号）第四十七条第三款规定，应当提供相关证据，经税务机关认定后，调整应纳税额。

行政征收不同于司法裁决，更强调行政效率，采用明显优势证明标准为原则而非“排除合理怀疑”的证明标准。对于税务机关委托出具的估值报告，纳税人既可以证明评估机构、评估人员不具备相应的评估资质或者评估程序严重违法而申请重新评估，也可以提供证据表明评估参数选取或修正不当等实体性瑕疵而申请调整原有的评估结论，维权渠道宽于司法裁决。

（3）征纳双方的举证责任。税务机关核定税款是一个征纳双方分别举证的渐进过程，具体的举证责任分配如下：首先由税务机关举证纳税人申报的计税依据明显偏低，证据和理由包括税务机关所掌握的行业平均数据、风险模型设定的预警值等；

其次由纳税人自证计税依据偏低具有正当理由，如营销策略、市场竞争等；如果纳税人提供的理由具有正当性，则税务机关不得核定税款，反之，税务机关有权采用合理方法核定税款；纳税人或者接受税务机关核定的税款，或者提出异议并举证；最后由税务机关判定纳税人的异议是否合理、举证是否充分，如果认定为合理的，可以适当调整应纳税额，反之则不予调整。

如果纳税人仍有异议的，可以进一步申请行政复议和发起行政诉讼，继续通过法律救济渠道维权，但是必须先经行政复议才能向人民法院起诉，且在申请行政复议前缴纳税款及滞纳金或者提供相应的担保。

《税收征收管理法》第八十八条规定："纳税人、扣缴义务人、纳税担保人同税务机关在纳税上发生争议时，必须先依照税务机关的纳税决定缴纳或者解缴税款及滞纳金或者提供相应的担保，然后可以依法申请行政复议；对行政复议决定不服的，可以依法向人民法院起诉。"

《税收征收管理法实施细则》第一百条规定："税收征收管理法第八十八条规定的纳税争议，是指纳税人、扣缴义务人、纳税担保人对税务机关确定纳税主体、征税对象、征税范围、减税、免税及退税、适用税率、计税依据、纳税环节、纳税期限、纳税地点以及税款征收方式等具体行政行为有异议而发生的争议。"

本章小结

本章主要介绍税收和公司估值的关系，具体涉及流动资产、无形资产、固定资产和土地使用权、其他资产的评估要点和税务管理要点。税收与估值以公允价值为理论衔接点，税基评估更是大大扩展了税收与估值的交叉领域。

对公司价值估值的税收管理要点包括对估值方法的选择是否恰当，收益法下的溢余资产存在较大的税务风险，成本法下的或有负债在单独评估时不被税法认可等。

估值报告属于具有法律效力的经济鉴定证明；评估增减值分别涉及会计和增值税、企业所得税、个人所得税、房产税和印花税的处理；估值结论在公允性、法律效力和举证责任等三方面可能产生的问题以及协调处理方法。

关键术语

公允价值　财税评差异　估值报告　评估基准日　评估假设　评估方法　企业所得税

思考题

1. 税收与估值存在哪些理论逻辑关系?
2. 何谓税基评估? 如何加强税基评估管理?
3. 公司价值估值有哪些方法,需要注意哪些问题?
4. 根据估值结论应如何进行会计处理与税务处理?

延伸阅读

案例1:夹在税企争议缝隙中的成品油零售特许经营权

[案例导语] 表外资产是一类神秘特殊的无形资产,在本案例中,税企双方就表外资产之一的成品油零售特许经营权的属性认定、确认、计量和税务处理上展开了激烈争论,各自得出迥然不同的税收结果。最终谁对谁错? 相信结果也会超出您的意料。不信? 您就赶快阅读吧!

[案例研读] 2017年7月,Q市A石油制品有限公司(以下简称“A石油公司”)与国内某大型石油公司在当地的销售分公司(以下简称“Z公司”)签订《资产转让合同》,约定由Z公司收购A石油公司位于Q市的一座加油站整体资产(存货除外)。

A石油公司和Z公司共同委托当地的资产评估公司,对拟转让的加油站整体资产(存货除外)进行评估。资产报告显示,以2017年6月30日为评估基准日,对加油站除存货外的整体资产采用资产基础法评估,评估结论如表9-13所示:

表9-13　　评估结论　　单位:万元

项目	账面价值	评估价值
机器设备	40	30
房屋	260	300
土地使用权	700	1300
无形资产	—	3170
合计	1000	4800

评估专业人员在评估报告中披露,无形资产为表外的成品油零售特许经营权。

A石油公司和Z公司均同意以评估结论作为加油站整体资产(存货除外)的总价款,并签订资产转让协议,约定付款和资产交割方式。

由于无形资产评估值在整体资产评估值中的比重较大，A 石油公司专门和 Z 公司、Q 市的国税局、地税局进行了沟通。Z 公司和 Q 市国税局认为，成品油零售特许经营权属于《关于全面推开营业税改征增值税试点的通知》（财税〔2016〕36 号）所规定的其他权益性无形资产，应该按销售无形资产开具发票和申报增值税。

Q 市地税局却存在很大不同意见，认为 A 石油公司在会计账面上并没有将成品油零售特许经营权作为“无形资产”进行披露，只是在中介机构评估时，臆造了一个特许经营权转让收入，人为从房地产转让收入中分割出来一部分收入，以达到少缴土地增值税目的。因此，根据《土地增值税暂行条例》（国务院令 138 号）及实施细则相关规定和《关于土地增值税一些具体问题规定的通知》（财税字〔1995〕48 号）第十条规定：“**要求在转让加油站整体资产过程中，转让加油站房地产的土地增值税计税收入按照加油站整体资产转让收入剔除机器设备及其他设施价款后的余额确认，对依法不得转让的成品油零售特许经营权作价或评估作价不得从土地增值税计税收入金额中扣除。**”相应的，A 石油公司应当申报房地产转让收入 4770 万元（4800 - 30），缴纳土地增值税 2102 万元（土地使用权的取得成本为 800 万元）。

A 石油公司同意 Z 公司和 Q 市国税局的观点，遂将成品油零售特许经营权对应的价款按无形资产开具发票，按 6% 税率申报增值税；对 Q 市地方税务局的税务处理方式有异议，但仍于 2017 年 8 月申报纳税。2017 年 12 月，A 石油公司向 Q 市人民政府提出行政复议申请。

A 石油公司认为：《土地增值税暂行条例》第二条规定：“**转让国有土地使用权、地上的建筑物及其附着物并取得收入的单位和个人，为土地增值税的纳税义务人，应依照本条例缴纳土地增值税。**”加油站经营权属于行政许可所授予的“特许经营权”，符合无形资产的特征应单独计价，不应该计入土地增值税的房地产转让收入。

Q 市地方税务局认为：

（1）A 石油公司没有特许经营权可以转让。《成品油经营批准证书》是一项行政许可，根据商务部《成品油市场管理办法》（商务部令 2006 年第 23 号）第二十九条规定：“**经营单位投资主体发生变化的，原经营单位应办理相应经营资格的注销手续，新经营单位应重新申办成品油经营资格。**”第三十六条规定：“**成品油经营批准证书不得伪造、涂改，不得买卖、出租、转借或者以任何其他**

形式转让。”A 石油公司转让加油站整体资产后，其《成品油经营批准证书》同时被注销，Z 也是重新申请取得《成品油经营批准证书》。因此，A 石油公司称其转让 A 加油站整体资产时，有 3170 万元特许经营权收入不能成立。

(2)《土地增值税暂行条例实施细则》(财法字〔1995〕6 号) 第五条规定：“**条例第二条所称的收入，包括转让房地产的全部价款及有关的经济收益。**”第五条是一种概括性表述，即，除非有法律明确规定列举的除外。依附于土地有关的经济收益都应当属于土地增值税征收对象。加油站由国家布点规划，土地用途特殊，因此，加油站整体资产转让价格高是土地使用权资源稀缺性的价值体现，而不是成品油零售特许经营权带来的。A 石油公司在会计账务处理上未将成品油零售特许经营权作为“无形资产”来处理，在中介机构评估过程中臆造了一个成品油零售特许经营权转让收入，人为从房地产转让收入中分割出来一部分收入，以达到少缴土地增值税目的。

Q 市政府法制办作出维持 Q 市地方税务局征收行为的复议决定。

在本案例中，成品油零售特许经营权的属性认定以及会计核算特点，是 A 石油公司和 Q 市地税局观点分歧的重要原因。

成品油零售特许经营权是一项特殊的无形资产，即表外资产。《关于全面推开营业税改征增值税试点的通知》(财税〔2016〕36 号) 规定：“**其他权益性无形资产，包括基础设施资产经营权、公共事业特许权、配额、经营权(包括特许经营权、连锁经营权、其他经营权)、经销权、分销权、代理权、会员权、席位权、网络游戏虚拟道具、域名、名称权、肖像权、冠名权、转会费等。**”成品油零售特许经营权作为经营权的一种，属于增值税法中的无形资产。其实，成品油零售特许经营权也是会计中的无形资产，但因为不符合会计确认条件而游离于会计账面和资产负债表，形成表外资产。《企业会计准则——基本准则》第二十二条规定：“**符合资产定义、但不符合资产确认条件的项目，不应当列入资产负债表。**”关于无形资产的确认，《企业会计准则第 6 号——无形资产》(财会〔2006〕3 号) 第 4 条明确规定：“**无形资产同时满足下列条件的，才能予以确认：(一) 与该无形资产有关的经济利益很可能流入企业；(二) 该无形资产的成本能够可靠地计量。**”成品油零售特许经营权为 A 石油公司自行取得，符合资产定义却不符合资产确认条件，故在会计账面上没有反映。A 石油公司的会计处理符合会计准则的规定，没有错误。

成品油零售特许经营权作为无形资产具有可辨识性，且因价值不菲而在转让过程中能够获得对价支付。表外资产的识别需要借助资产评估的价值发现功能。《资产评估执业准则——企业价值》（中评协〔2018〕38号）要求，评估专业人员对企业价值评估采用资产基础法时，应当以被评估单位评估基准日的资产负债表为基础，评估表内及可识别的表外各项资产、负债价值。案例中，评估专业人员恪守评估准则规定，客观、公正地反映A石油公司所拥有的资产状况和价值，勤勉尽责。

成品油零售特许经营权经评估识别后，参与合并对价分摊，计入Z公司的会计账面和资产负债表，转换为表内资产。《企业会计准则第20号——企业合并》（财会〔2006〕3号）第十四条规定：“合并中取得的无形资产，其公允价值能够可靠地计量的，应当单独确认为无形资产并按照公允价值计量。合并中取得的无形资产应该具有以下两个特征之一：（1）源于合同性权利或其他法定权利；（2）能够从被购买方中分离或者划分出来，并能单独或与相关合同、资产和负债一起，用于出售、转移、授予许可、租赁或交换。”这里的“企业合并”包括业务合并（类似于资产组收购），“合并中取得的无形资产”，既包括被购买方的表内无形资产，也包括表外无形资产。

关于合并对价分摊，我国现行税法没有提供具体的分摊方法，按评估值比例分摊是一种被普遍接受的方式，即：

各项资产交易价格 = 总交易价格 × 各项资产评估价值 ÷ 整体资产评估价值

案例中，A石油公司和Z公司也是应用该分摊公式确认成品油零售特许经营权的交易价格为3170万元，方法合理。因此，Q市国税局和Z公司也都同意将成品油零售特许经营权作为无形资产开具发票，按照3170万元和6%税率申报缴纳增值税。

那么Q市地税局的观点是否错误呢？也不尽然。首先，Q市地税局认为成品油零售特许经营权在A石油公司的会计账面上没有体现却出现在了资产评估报告中，属于为少缴土地增值税而“臆造”出来的，显然缺乏对表外资产属性和特殊会计处理方式的正确认识。

然而，《成品油市场管理办法》（商务部令2006年第23号）第二十九条规定：“经营单位投资主体发生变化的，原经营单位应办理相应经营资格的注销手续，新经营单位应重新申办成品油经营资格。”第三十六条规定：“成品油经营批准证书不得伪造、涂改，不得买卖、出租、转借或者以任何其他形式转让。”这使成品油零售特许经营权又有别于其他的表外资产，即转让受限。在此种情况下，应该考虑两方面问题，第一，转让受限降低了成品油零售特许经营权的流通性，从而影响其价值，但是不能因此认为成品油零售特许经营权不存在或者没有价值。《企业会计准则——基本准则》（中华人民共和国财政部令第76号）第二十条规定：**“资产是指企业过去的交易或者事项形成的、由企业拥有或者控制的、预期会给企业带来经济利益的资源。”**可见，资产的价值主要取决于是否能够给拥有者带来经济利益流入，流通性只是次要因素。第二，即使成品油零售特许经营权不能流通，Z公司仍愿意为此支付巨额款项，此时款项的性质不能简单定性为是购买成品油零售特许经营权的价款。原因有二，一是Z公司本身也是石油企业，深谙成品油零售特许经营权不能转让的管理规定；二是Z公司自身已经拥有成品油零售特许经营权，没有必要从A石油公司重复获取成品油特许经营权，且成品油特许经营权不具有叠加使用的效果。

Q市地税局由此认为成品油零售特许经营权不能作为无形资产而扣减土地增值税收入有一定道理，但是也有说不通的地方，正如A石油公司所称，成品油零售特许经营权和设备一样，不属于土地增值税的课税对象，对应的价款不应该纳入“转让房地产的全部价款及有关的经济收益”。

成品油零售特许经营权属于无形资产，不构成转让房地产收入的组成部分；成品油零售特许经营权受行政法规限制不能转让，Z公司也没有取得该项无形资产；A石油公司在整体资产转让过程中失去了能够持续获取经济利益的成品油零售特许经营权，必然要求获得相应给付。由此，判断Z公司支付的3170万元是一项对A石油公司失去成品油零售特许经营权的补偿。《企业会计准则——基本准则》第三十五条第二款规定：**“企业发生的支出不产生经济利益的，或者即使能够产生经济利益但不符合或者不再符合资产确认条件的，应当在发生时确认为费用，计入当期损益。”**Z公司应该确认管理费用3170万元，A石油公司应该确认无形资产的赔偿收入3170万元，并且无需缴纳增值税和土地增值税。

[案例启发]

(1) 会计准则中关于资产确认的条件，导致许多企业自行取得的无形资产无法在会计账面和资产负债表中体现，形成表外资产。

(2) 表外资产在转让过程中可以借助资产评估的价值发现功能，经识别和估值后进入购买方的会计账面和资产负债表，转为表内资产。

(3) 表外资产包括行政许可权等法定权利、订销合同等合同权利和会员权、席位权等其他财产权利，类型繁多、性质复杂。特别是行政许可权，行政法规有时还会对申请主体资质、使用和展期、后续转让等作出严格限制，从而加大了财税处理难度。

（4）表外资产是典型的财税评差异体现，但由于其属性、类型、财税处理特点等还不为广泛认知，因而是一个评估执业风险、会计核算风险和税收管理风险高发的领域。

延伸阅读

案例2：上游企业暂不征收土地增值税，下游企业须留神成“接盘侠”

［案例导语］为鼓励企业改制重组，税法对符合条件的房地产转让行为予以暂不征收土地增值税的优惠政策。然而，下游企业未来再转让土地，在申报缴纳土地增值税时，税法可能会要求以上游企业的改制前取得该宗土地所支付的地价款和按国家统一规定缴纳的有关费用，作为下游企业“取得土地使用权所支付的金额”扣除，从而将上游企业暂不征收的土地增值税转嫁给下游企业。评估师在评估过程中，是否应该考虑这一税收政策对房地产价值结论所产生的影响？如果考虑，又该如何进行定量分析和恰当披露，进而得出对上下游企业都相对公平的评估结论？

相信阅读完下面的案例，您会找到答案！

［案例研读］德源公司于2005年6月支付土地出让金1200万元取得一块商业土地，使用年限为40年。2015年6月，德源公司拟将该土地对轩逸公司进行股权投资，并委托新星资产评估公司进行评估。新星公司的评估专业人员采用市场法和基准地价系数修正法，得出该商业土地的评估结论为3000万元。当月，德源公司将土地依据评估结论，作价3000万元向轩逸公司出资。根据《关于企业改制重组有关土地增值税政策的通知》（财税〔2015〕5号）（以下简称“财税〔2015〕5号文”）的规定①，德源公司以商业土地对轩逸公司出资，暂不征收土地增值税。

2017年6月，轩逸公司由于业务转型和融资需要，将该土地按照市场价格4000万元转让给瑞康公司。轩逸公司的土地转让行为需要缴纳土地增值税，在计算缴纳土地增值税时突然发现了不对劲。

① 现行政策为《关于继续实施企业改制重组有关土地增值税政策的公告》（财政部　国家税务总局公告2021年21号），其内容延续财税〔2015〕5号文

原来，财税〔2015〕5号文规定，对非公司制企业整体改制为有限责任公司或者股份有限公司、企业合并、企业分立、单位和个人在改制重组时以房地产作价入股进行投资等情况中的房地产转移、变更，暂不征土地增值税，房地产转移任意一方为房地产开发企业的除外。但是同时规定，企业改制重组后再转让国有土地使用权并申报缴纳土地增值税时，应以改制前取得该宗国有土地使用权所支付的地价款和按国家统一规定缴纳的有关费用，作为该企业“取得土地使用权所支付的金额”扣除。按此规定，轩逸公司需要缴纳的土地增值税计算过程如下：

轩逸公司的土地增值额 = 4000 - 1200 = 2800（万元）

增值率 = 2800 ÷ 1200 = 233%，适用60%税率和35%速算扣除系数；

土地增值税 = 2800 × 60% - 1200 × 35% = 1260（万元）

轩逸公司持有该商业土地两年（从2015年6月到2017年6月），在此期间该土地的市场价格从3000万元上升到4000万元，增值了1000万元，可转让时却需要缴纳1260万元的土地增值税，不仅没有享受土地增值收益，反而蚀了本！轩逸公司这才明白，原来在受让该商业土地时，德源公司暂未征收的土地增值税转嫁给了它！轩逸公司一直想弄明白，究竟是在哪个环节出了问题，是税法规定本身存在不合理之处？是资产评估方法产生的影响？还是资产评估过程中疏忽了什么？让我们来分析一下原因。

首先，了解一下我国现行土地增值税法的相关规定。土地增值税的课税范围是指有偿转让国有土地使用权、地上的建筑物及其附着物的行为，即包括单独转让土地使用权行为和土地连同房屋一并转让行为；土地增值税的纳税人是转让国有土地使用权及地上的一切建筑物及其附着物产权，并取得收入的单位和个人，包括机关、团体、部队、企业事业单位、个体工商业户及国内其他单位和个人，还包括外商投资企业、外国企业及外国机构、华侨、港澳台同胞及外国公民等；土地增值税实行四级超率累进税率，具体如表9-14所示：

表9-14　　　　土地增值税超率累进税率表

级数	增值率（增值额÷扣除项目金额）	税率（%）	速算扣除系数（%）
1	不超过50%的部分	30	0
2	超过50%～100%的部分	40	5
3	超过100%～200%部分	50	15
4	超过200%的部分	60	35

土地增值税的计算公式为：

应纳土地增值税 = 土地增值额 × 适用税率 − 扣除项目 × 速算扣除系数

其中：土地增值额 = 房地产转让收入 − 扣除项目

财税〔2015〕5 号对改制重组过程中符合条件的房地产转让暂免征收土地增值税，这一规定体现了税收政策的国家经济宏观调控职能，具有合法性和合理性，无可厚非。

其次，考虑不同资产评估方法对土地增值税的估算情况。房地产价值评估，常用的评估方法有市场法、收益法、成本法、假设开发法（剩余法）和基准地价系数修正法等五类。尽管不同的评估方法角度各异，对土地增值税的测算和披露方式大相径庭，但是遵循着一个内在的基本原则：房地产的评估结论包含了对应的土地增值税。原因有二：第一，土地增值税以土地的增值额为课税对象，是国家对企业持有土地增值收益的利益分成。只要评估结论反映了房地产的增值事实，也就相应蕴含了土地增值税。第二，不同评估方法的评估结论虽然因参数选取、计算过程存在误差而存有较大差异，但是在评估对象的价值构成要素上，包括是否含税，应该保持一致性。下面通过对各类房地产评估方法的计算公式分析，进一步分析和印证上述观点。

1. 市场法。采用市场法评估时，房地产价值的基本评估公式为：

房地产价值 = 可比交易实例交易价格 × 交易情况修正系数 × 交易日期修正系数 × 区位因素修正系数 × 个别因素修正系数

房地产的可比交易价格是包含土地增值税的金额，而且后续差异修正过程并没有涉及土地增值税。因此，采用市场法评估时，评估结论包含了转让环节按税法规定应该缴纳的土地增值税。

2. 收益法。采用收益法评估时，房地产价值的基本评估公式为：

房地产价值 = 净收益 ÷ 资本化率

收益为有限年的房地产，评估公式可以进一步表示为：

$$p = \frac{A}{r} \times \left[1 - \frac{1}{(1+r)^n}\right]$$

其中：A 为年净收益，r 为折现率，n 为收益年限

收益法是从房地产未来获得净收益情况测算其当前价值的。净收益不包括相关税费，在产权不变的情况下剔除了增值税、税金及附加及企业所得税。需要注意的是，如期满处置资产的，处置净收益应当扣除土地增值税，但这和收

益法下的评估结论本身包含土地增值税并不矛盾。因此，采用收益法评估时，评估结论包含了土地增值税。

3. 成本法。采用成本法[①]评估时，房地产价值的基本评估公式为：

房地产价值 = 土地取得成本 + 开发成本 + 管理费用 + 销售费用 + 利息 + 利润 + 销售税费

土地价值的基本评估公式为：

土地价值 = 土地取得成本 + 土地开发成本 + 利息 + 利润 + 税费 + 土地增值收益

对照土地增值税的税法规定，房地产价值和土地价值中的土地取得成本、开发成本，以及部分的利息和管理费用等属于土地增值税的扣除项目，其余部分如利息、利润、税费和土地增值收益等构成了土地增值税的增值额。因此，采用成本法评估时，评估结论包含了土地增值税。

4. 假设开发法。采用假设开发法评估房产价值或土地价值时，基本评估公式为：

房产价值 = 已建成的房地产价值 - 土地价值

土地价值 = 已建成的房地产价值 - 房屋价值

土地增值税是对土地增值额课税，是土地价值的组成部分。因此，通过扣除土地价值得到房屋价值时，土地价值无论采用市场法、基准地价系数修正法或成本逼近法，都包含了土地增值税，从而得到房产价值不包含土地增值税；而通过扣除房屋价值得到土地价值时，房屋价值采用成本法确定，是不包含土地增值税的，从而得到的土地价值包括土地增值税。两个评估公式具有内在逻辑的一致性。

当采用假设开发法评估在建工程时，基本评估公式为：

房地产价值 = 开发完成后的房地产总价值 - 项目后续开发的开发成本
- 后续开发的投资利息 - 开发商后续开发的合理利润
- 后续开发的正常税费

在评估公式中，“后续开发的正常税费”包括土地增值税。由于在评估时点无法确定未来土地增值税清算时的扣除项目金额和税款金额，实务中常采用按照当地土地增值税的预征率进行计算[②]。应当注意，这里扣除的土地增值税，是针对未来投入形成增值部分的土地增值税，而不包括房地产从取得土地到评估

---

① 具体方法包括成本逼近法。

② 2018 年资产评估师资格全国统一考试辅导教材《资产评估实务（一）》第四章 建（构）筑物及在建工程评估 第三节建（构）筑物评估方法　P137。

时点之间形成增值所对应的土地增值税。因此，在建工程采用假设开发法评估时，评估结论包含了既有增值部分对应的土地增值税。

5. 基准地价系数修正法。采用基准地价系数修正法评估土地价值时，基本评估公式为：

土地价值 = 待估宗地所处级别（地段）的基准地价 × 年期修正系数 × 期日修正系数 × 容积率修正系数 × 其他因素修正系数

土地价值在基准地价的基础上，通过修正系数调节获得，其增值部分并未扣除土地增值税。因此，采用基准地价系数修正法评估时，土地评估结论包含了土地增值税。

通过上述分析，可以得出这样一个结论，即各类房地产评估方法的评估结论都是蕴含土地增值税的，除非根据委托方要求单独考量和扣除土地增值税。

最后，再回本案例中，分析土地增值税对资产评结论和上下游企业（德源公司和轩逸公司）的影响。为聚焦分析，暂不考虑增值税、企业所得税、契税及其他相关税费。

1. 假设德源公司转让土地，需要征收土地增值税的情况。

（1）德源公司的土地增值税负担情况：

德源公司的土地增值额 = 3000 − 1200 = 1800（万元）

增值率 = 1800 ÷ 1200 = 150%，适用 50% 税率和 15% 速算扣除系数；

土地增值税 = 1800 × 50% − 1200 × 15% = 720（万元）

（2）轩逸公司的土地增值税负担情况：

轩逸公司的土地增值额 = 4000 − 3000 = 1000（万元）

增值率 = 1000 ÷ 3000 = 33%，适用 30% 税率；

土地增值税 = 1000 × 30% = 300（万元）

此时，德源公司和轩逸公司持有土地获得的收益和负担土地增值税情况，可以如图 9 − 8 所示。

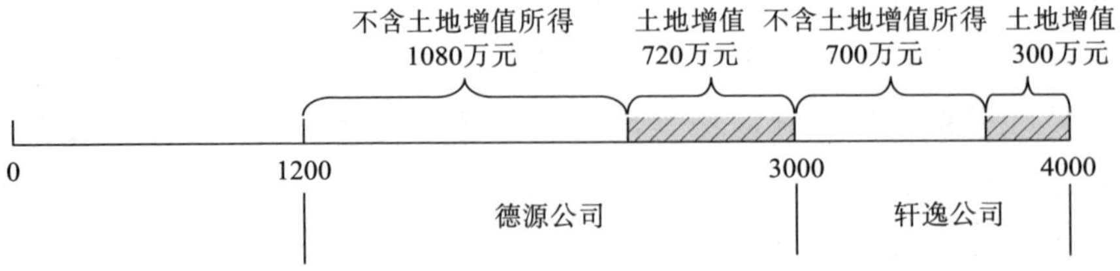

图 9 − 8　征收土地增值税时，上下游企业的收益和土地增值税负担情况

2. 假设德源公司转让土地，符合税法规定暂不征收土地增值税的情况（即本案例开头所示）。

（1）德源公司的土地增值税负担情况：

德源公司暂不征收土地增值税。

（2）轩逸公司的土地增值税负担情况：

轩逸公司的土地增值额 = 4000 - 1200 = 2800（万元）

增值率 = 2800 ÷ 1200 = 233%，适用60%税率和35%速算扣除系数；

土地增值税 = 2800 × 60% - 1200 × 35% = 1260（万元）

此时，德源公司和轩逸公司持有土地获得的收益和负担土地增值税情况，可以如图9-9所示。

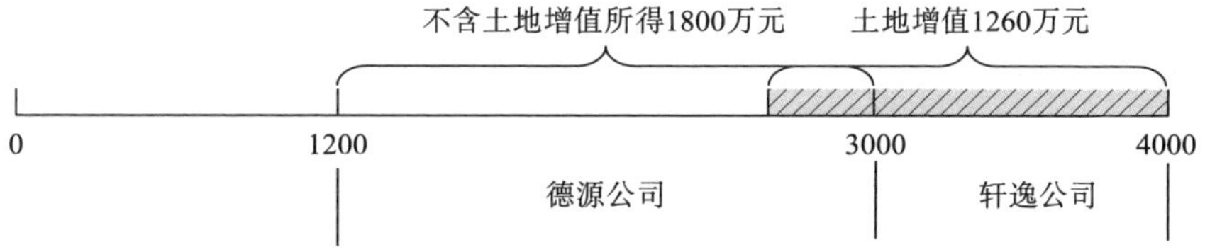

图9-9 暂免征收土地增值税时，上下游企业的收益和土地增值税负担情况

对比图9-8和图9-9，可以清晰发现：

在第一种情况下，上下游企业转让土地时，分别根据土地增值程度各自负担相应的土地增值税，符合土地增值税的计税原理，按照评估结论进行交易也显得较为公平。

在第二种情况下，由于暂不征收土地增值税的税收政策，上游企业（德源公司）转让土地的不含土地增值税所得从1080万元升为1800万元；下游企业（轩逸公司）负担的土地增值税从原来的300万元骤升至1260万元，除了来自德源公司的720万元税款之外，还包括因土地增值税超率累进导致的240万元（1260 - 300 - 720），超过了持有土地期间产生的增值额，土地增值税税负发生扭曲，此时直接按原有的评估结论进行交易显然有违公平。

由此，得出这样一个结论：房地产评估应该充分考虑土地增值税政策的相关规定，在选用恰当评估方法得出评估结论的基础上，再考虑具体税收政策的影响。就本案例而言，应该找到这样一个公平的均衡价格，"填平"因上游企业享受暂不征收优惠政策而使下游企业加成负担土地增值税的"陷阱"，让上下游企业按各自享有房地产的增值程度负担相应的土地增值税。

但是寻找这样一个均衡价格的难点在于，土地增值税是超率累进税率而非比例税率，这产生两个难题：第一，从上下游企业整体来看，暂不征收土地增值税的政策产生了比没有该项政策时更多的税款，这部分税款该如何合理分摊？第二，下游企业加成负担土地增值税的加成率，取决于上游企业持有土地的增值率和下游企业持有土地的增值率两个因素。增值率不同，适用税率不同，税款也不同。而下游企业持有土地的增值率在上游企业土地转让时，还难以可靠确定。

对此，需要通过构建数学模型来精准分析，假设：

（1）土地价格持续上涨；

（2）下游企业在取得土地时即明确未来会转让，且已能够确定持有期间的增值额；

（3）上下游企业按照各自享有的、剔除土地增值税后的增值收益比例分摊土地增值税。

设上游企业为 A，下游企业为 B，上游企业 A 取得土地成本即扣除项目为 X，上下游企业之间的土地转让价格为 Y，下游企业 B 转让土地价格为 Z，下游企业 B 适用土地增值税税率为 T，速算扣除系数为 K，土地增值税总额为 S，上游企业 A 应负担的土地增值税为 S_A，下游企业 B 应负担的土地增值税为 S_B，均衡价格为 Y'，则均衡价格的模型可以表述为：

$$(Y-X-S_A)\div(Z-Y-S_B)=(Y'-X)\div(Z-Y'-S)$$

其中：

（1）$X\leqslant Y'\leqslant Y\leqslant Z$

（2）$S=(Z-X)\times T-X\times K$

（3）$S_A=(Y-X)\times T_A-X\times K_A$

（4）$S_B=(Z-Y)\times T_B-X\times K_B$

（5）S、S_A 和 S_B 均按照土地增值税的计算公式进行计算；

经整理，

$$Y'=[(Y-S_A)(Z-S)-X(Y+S_B-S)]\div(Z-X-S_A-S_B)$$

基于暂不征收土地增值税政策的价格调整幅度 $=Y-Y'$

将案例中的相关数据带入公式，得到均衡价格 Y' 为 2134.4 万元。即，在改制重组过程中，德源公司能够享受暂不征收土地增值税政策，按均衡价格 2134.4 万元转让土地（即在适用评估方法得出结论 3000 万元的基础上减去基于暂免征收土地增值税政策的价格调整*865.6*万元)，土地增值收益为934.4万元；轩逸公司按均衡价格2134.4万元取得土地后，未来按4000万元处置，土地增值收益为1865.6万元，剔除土地增值税1260万元后，净收益为605.6万元。

在征收土地增值税情形下，按照适用评估方法的评估结论确定交易价格，上下游企业各自不含土地增值税的土地增值收益之比为1080:700；在上游企业暂不征收土地增值税情形下，按照均衡价格确定交易价格，上下游企业各自不含土地增值税的土地增值收益之比为934.4:605.6。

$$1080:700 = 934.4:605.6$$

经检验，均衡价格符合模型目标，即能够让上下游企业按各自享有房地产的增值程度负担相应的土地增值税。

[案例启发]

(1) 税是资产价值的重要组成部分，资产评估应当考虑和测算税对评估结论的影响。

(2) 不同评估方法可能因参数选取、评估人员主观判断存在差异而出现不同评估结论，但是其内在的价值构成应当保持口径一致，比如对税的考虑，或统一包含土地增值税或统一不包含土地增值税。

(3) 上游企业直接转让房地产暂不征收土地增值税，评估结论是否需要根据土地增值税政策进行修正，具体情形如下：

①不属于改制重组业务的，或者虽然属于改制重组业务但房地产转移任意一方为房地产开发企业的，上游企业在转让环节需按规定缴纳土地增值税，此时房地产的评估结论包括土地增值税，无须基于税收原因进行调整。

②属于改制重组业务，上游企业转让房地产享受暂不征收土地增值税的，评估专业人员应该在所适用评估方法得出结论的基础上减去基于暂不征收土地增值税政策的价格调整，测算出均衡价格作为最终评估结论。

③属于改制重组业务，上游企业转让房地产享受暂不征收土地增值税的，且同时满足经省级以上（含省级）国土管理部门批准，国家以国有土地使用权作价出资入股的情形，相当于“税转股”，视同上游企业已经缴纳了土地增值税，同①，房地产的评估结论包括土地增值税，无须基于税收原因进行调整。

(4) 公司税法管理人员应努力学习资产评估，熟悉税收政策对具体业务中资产价值产生的影响，并且准确测算和恰当披露这一影响，使评估结论更理性、更公平。

延伸阅读

惠天热电的离奇收购

一、资产类似，估值增值率差距甚大

惠天热电（000692）溢价2倍收购惠泉热力的供热资产——凤凰热源厂、沙河子供暖所（以下简称“凤凰”和“沙河子”）。截至该资产评估基准日（5月31日），该资产通过成本法和收益法评估实现的增值率分别为117.72%、225.45%。与此同时，公司全资子公司沈阳市第二热力供暖公司（以下简称“第二热力”）竞购沈阳惠涌供热有限责任公司（以下简称“惠涌供热”）所有的五里河锅炉房资产。截至评估基准日（6月30日），该资产通过成本法和收益法评估实现的增值率分别为18.78%、91.86%。

同类资产，评估基准日相近，采用同样的成本法、收益法评估，凤凰和沙河子增值率分别是五里河锅炉房资产的6.27倍、2.45倍。凤凰和沙河子与五里河锅炉房资产均为可以实现收益的供热资产组合，五里河锅炉房资产的供热负荷为164.21万平方米，而凤凰和沙河子的供热负荷为76万平方米。因为热力的价格由政府定价，所以供热负荷大的五里河锅炉房资产每年取得的营业收入应该远高于凤凰和沙河子。在评估基准日相近的情况下，为何凤凰和沙河子的增值率远高于五里河锅炉房资产（见表9-15）？

表9-15　评估增值率对比表

资产	账面价值	成本法	收益法
凤凰热源厂、沙河子供暖所	2790.63万元	6075.77万元（增值率117.72%）	9082.02万元（增值率225.45%）
五里河锅炉房	5894.40万元	7001.59万元（增值率18.78%）	11308.96万元（增值率91.86%）

解密：是不是关联方关系很重要

在惠天热电的公告中发现，惠天热电与惠泉热力不存在关联关系，收购惠泉热力的凤凰和沙河子是为了拓展供热市场、提高收益、解决同行业竞争。而惠天热电持有惠涌供热6%的股权，第二热力则是惠天热电的全资子公司。惠涌供热在沈阳联合产权交易所以公开挂牌征集意向受让方的形式转让其所属五里河锅炉房资产，挂牌底价为 11308.96 万元。第二热力以挂牌底价人民币 11308.96 万元成功收购惠涌公司五里河锅炉房供热资产。此项收购虽然形式为公开挂牌拍卖，实为早已设计好的关联收购。

二、资产买卖怪象：收购用收益法，出售用成本法

2010 年 4 月，惠天热电出售持有的沈阳新北热电有限责任公司（以下简称，新北热电）18.24% 的股权，评估机构采用的是成本法评估。截至评估基准日，新北热电 18.24% 股权对应的净资产账面价值为 3722.24 万元，评估增值率 47.9%。而当时新北热电资产状况良好，盈利状况良好，评估机构却未选择收益法评估。

比较近年来惠天热电的 5 次评估，投资者不禁发现，公司在出售资产时均采用成本法评估，即使出售营利能力较强的新北热电也不例外。而在收购资产时，均采用收益法评估，即使收购毛利微薄的惠泉热力供热资产也不例外。

众所周知，一般情况下，采用收益法评估比成本法评估得到的增值率结果更高，收购资产时，采用收益法，惠天热电支付的成本较成本法高；出售资产时，采用成本法，惠天热电获得的收益较收益法低。公司为何如此糊涂？

10 月 26 日，广东某律师向中国资本证券网表示，规律如此鲜明，可以看出惠天热电管理层并未切实维护股东，特别是中小股东的利益；此外，在这如此一致的规律背后，上述行为很可能有意高买低卖，掏空上市公司。10 月 26 日，惠天热电的公开电话始终未能接通。

——改编自《惠天热电（000692）离奇收购背后：同类资产溢价率存天壤之别》及相关惠天热电公开公告

读书笔记

委托—代理关系会带来公司避税的非税成本。避税行为为管理者的寻租创造机会，继而损害股东利益，加剧股东与管理者的代理冲突，即管理者的机会主义行为，导致避税成本大于避税收益，最终导致企业价值的下降。

——乔尔·斯莱姆罗德（Joel Slemrod）

第十章　税收与公司治理

- 税收负担与公司治理
- 税收征管与公司治理

学习提示

税收与公司治理的关系一直是理论界研究的热点问题之一。企业面临公司治理时，考虑税收因素与不考虑税收因素可能作出完全不同的选择。本章从公司治理的税收效应入手，全面阐述税收与公司治理的关系。通过学习，读者应掌握税收与公司治理的关系，明确公司治理中税收所起的重要作用，能够进行复杂税制环境下的公司治理决策。

案例导入

2009—2010 年，南京市某境外上市公司 14 名大股东通过其注册在英属维尔金群岛（BVI）的离岸公司——FA 公司，两次减持其境外上市主体 Y 公司 6500 万股和 5700 万股股份，累计实现转让收入逾 18 亿港元。Y 公司是采用红筹模式上市的境外注册公司。

“FA 公司是否向管理层股东进行分配？如果分配，分配了多少？”经过查找，税务机关在证券公司公布 Y 公司境内子公司两期短期融资券募集说明书中发现重要信息：2010 年末 FA 公司资产已不足 2000 万元，公告还披露“FA 公司为投资公司，收益主要来源于投资收益，因此营业收入为零”。如该公告披露，该公司为特殊目的公司，除持股外一般不进行其他经营，故可以推理得出：净资产的减少是基于对股东的分配。调查组同时调取了近几年这 14 个股东个人所得税申报和纳税情况，没有包括这部分收入的个人所得税，于是锁定了涉税风险点。

税务机关围绕“FA 公司减持的钱去哪里了”这一关键疑点信息，同企业相关人员进行约谈。企业相关人员承认有通过境外 FA 公司减持的事实，但解释称：FA 公司为管理层私人公司，不在上市公司信息披露范围之列，上述披露是由财务人员误填所致。税务机关认为企业陈述可能并不真实，上市公司信息披露需经企业内部层层审核，以上市公司严格的内控体系发生错误概率不高。另一名企业主管人员约谈时称：这两次减持所得款项皆留存在 FA 公司账上，未对股东做分配。并且在 2012 年，已用留存在公司账上的这笔减持所得资金直接增持。对此，调查组提出能否提供 FA 公司资金流以证明其说法，企业表示无法提供，案情一度陷入困境。为了厘清事实真相，围绕境外上市公司的股权结构与变化，税务机关对企业相关财务资料进行实地核查，从中发现了2009年、2010年FA公司减持收益分回的内部报表，表中显示：2009年有7人、2010年有10人的减持收益部分已汇回国内。并且当时根据外管局的要求，只有提供完税凭证，方能取得这部分境外汇入款项。因此，已汇回的这部分收益已经按规定缴纳了个人所得税。这证明FA公司已经对股东做了分配，但有部分减持收益没有汇回国内而是留在了股东境外账户上——调查有了突破性进展。经过多轮的交涉，在证据与事实面前，纳税人承认了FA公司减持收益分配的事实，愿意依法就境外减持收益申报纳税。经计算，应纳税额为32110万元，扣除汇回境内部分已缴税7350万元，应补缴税款为24760万元。

有关案件的处理，税务机关还可以采取如下两种反避税策略：

策略一：依据《企业所得税法》的实际管理机构原则将Y公司认定为中国居民公司，进而可以确立中国税务机关的管辖权。如果这样，该转让行为则变为非居民公司FA转让居民公司Y。Y公司的招股说明书中风险因素段的风险提示有如下表述："大多数本公司董事和行政人员均居于中国境内，而本公司的资产及上述人员的资产几乎全部在中国境内。"可能是考虑到Y是境外上市公司，且认定Y公司为居民纳税人后会导致较为复杂的税务问题，主管税务机关并未采取该策略。

策略二：依据《企业所得税法》的实际管理机构原则将FA公司认定为中国居民公司。但该方案的问题在于缺乏明确的法律依据。国家税务总局《关于境外注册中资控股企业依据实际管理机构标准认定为居民企业有关问题的通知》（国税发〔2009〕82号）第一条规定，境外中资企业是指由中国境内的企业或企业集团作为主要控股投资者，在境外依据外国（地区）法律注册成立的企业。而FA公司的投资者是境内的14名自然人。

最终，南京市地方税务局采取了对居民自然人的管辖权原则——虽然FA公司对Y公司是非居民间转让，但FA公司的管理层股东为中国居民纳税人，如果FA公司就减持收益向其分配，中国税务机关应行使税收管辖权。而有效获取相关的涉税信息是税务机关得以最终成功征税的关键。

第一节 税收负担与公司治理

税收负担问题历来是关系到国计民生最尖锐、最敏感的问题之一，因为它不仅是一个国家税收政策和税收制度的核心内容，还与国家的经济增长和社会稳定密切相关。传统的税收观认为，税收负担会在一定程度上导致管理层采取隐瞒税收收入、转移公司资源等机会主义行为，使公司价值减少。但税收制度作为一种非公司治理机制，其对公司治理以及对公司价值产生的正面效应却是不可忽视的。一方面，合理的税制结构能够促使股权分散，对股权结构的变革产生重要影响；另一方面，税收征管作为一种公司外部的治理机制，也会增加公司管理层隐瞒应税收入、转移公司资源等盈余管理的成本，从而减少投机行为，增加公司价值。由此可见，税收负担的公司治理效应是巨大的，相关方面的研究还在继续深化。

一、税收负担基本原理

（一）税收负担的内涵

税收负担是指在一定时期内纳税人所应承担的税款，也就是根据财政等相关职能部门的规定，分配给政府与纳税人一定时期内的利润的数量关系。由于绝对指标税收收入总额很难比较出税收负担的大小，因此，对于税收负担的研究一般采用相对指标，即税收收入总额占社会总产出的比例。企业所得税实际税负，实质上是指每一单位的企业利润所应承担的所得税额。目前，评价企业的真正的税负水平，国际上普遍采用的是实际税率法。政府为了实现其纳税、就业等目标，通常会给予企业减税、税收优惠、财政支持等，企业关注税务，为了通过合法的方式降低企业的税负，通常会进行税收筹划，从而提升公司价值、提高企业利润。要想了解企业的税负，可以从名义税率和实际税率两种税率着手。

名义税率，又称法定税率，指一国税法抑或是相关法规规定的企业税率，通过名义税率可以了解一国或经济体内部企业的税负大致状况，它往往被用来作为比较税收负担的第一步。然而在现实生活中，名义税率和实际税率往往会因为有税收优惠、税收筹划、企业亏损后期抵税等因素的存在而不一致。然而企业所得税实际税率（ETR）与国家规定的法定税率（STR）的差异正体现出企业的实际税负水平，在某种程度上同样体现出企业税收筹划行为的不同。在西方资本主义国家，ETR 在税法和税收政策的制定上已经起到了非常重要的作用，而在我国，它的作用也越来越显得突出了。

Fullerton 给出一个比较简单的关于 ETR 的定义，即上年的所得税费与上年营业所得之比。从此，不同目的的研究采用不同的调整方法衍生出了多种不同的 ETR 定义。而从经济学的角度来讲，ETR 应该定义为：ETR = 企业所负担的所得税费用/企业所得税前的经济收益。基于不同的研究目的，ETR 的具体算法存在以下多种不同的计算公式。通过归纳国内外的有关研究，列出了五种计算 ETR 的方法。

（1）ETR =（所得税费用 - 递延所得税费用）÷息税前利润

（2）ETR = 所得税费用÷息税前利润

（3）ETR = 所得税费用÷（税前利润 - 递延所得税费用/法定税率）

（4）ETR =（所得税费用 - 递延所得税款贷项）÷（税前利润 - 递延所得税费用/法定税率）

（5）ETR =（所得税费用 - 递延所得税款贷项）÷经营活动现金流量。

（二）税收负担相关理论

1. 税收原则

（1）税收公平原则。英国学者威廉·配第最先提出税收公平原则，而后，亚当·斯密首先对税收公平原则作出较为系统地阐述。税基选择是实现税收横向公平的重中之重。对金融行业而言，若是要实现横向的税收公平，需要尽可能全面地考虑到各个金融企业之间的不同税负情况，还需要针对业务的不同设计出相应的不同的征税方法，避免政府对市场进行干预，避免对部分企业的优惠保护，遵循市场规则。纵向的税收公平不仅仅要考虑到税基的选择，更多地还应放在税率上面，税率设计得当，纵向公平才能实现。营改增后，增值税税率的设计，对金融企业而言，要充分地考虑到金融企业与其他行业企业的税负差距情况，在金融企业税负水平适中的前提下，让金融企业与其他行业企业公平竞争，减少政府的干预。

（2）税收效率原则。税收效率原则是指用尽量少的资源支出换取更多的税收，由税收的分配达到资源的优化配置，提高经济效率。贯彻税收的效率主要表现在以下四个方面：一对国民经济而言，要在国家产业政策的引导下，调整国民经济结构，提高效率，鼓励税收公平，实施区别的税收政策，促进公平竞争。如在金融企业中税收优惠可以偏向部分涉农和寿险收入。二是设计和选择有效的税基和税率，如采取比例税率的方法征收货劳税和所得税，既便于征管，又能提高透明度，用简易办法征税作为金融企业营改增的试点方案，减少征税成本。三是开展增量促产活动，增强企业活力。四是加强征管水平，提高效率，如减免税收等的管控，防止税款的流失。

2. 税负转嫁

税收负担是税制运行的结果，产生于税收活动之中。税收负担的实现需要三个方面结合作用下才行，分别是税负转嫁，税负归宿以及纳税人的遵从。从征税，中间经过税负转嫁，最后找到税收的最终承担者，即税负归宿，需要经过三个环节：第一，政府向纳税人进行课税，纳税人缴纳应纳的税款，为最初承受冲击的环节；第二，中间经过数次的商品交易，完成最后税负的转嫁，即成为税负转嫁；第三，由负税人承担税负，一般多为买方或者卖方，即税负归宿。税负转嫁可分为两种形式，一种为前转，一种为后转，都具有以下特征：第一，税负转嫁会伴随相关价格的上涨或者下降；第二，税负转嫁可看作一种资源的再分配，资源在相关主体之间流转，最后消费者承担税负；第三，转嫁者大多是主导方，而被转嫁者则一直处于被动。

税负转嫁能否成功或者其困难程度，主要取决于税种的类别，也受到商品经济和自由定价体制的影响。税负的归宿是税收分配以及再分配产生的结构，最终由负税人，纳税人或者双方各承担部分。但是税负最终会归属于某一个主体，也就是说，总有一个主体作为税负承担者。政府的层面来讲，弄清税负的归宿对于建立一个健全的税制是有利的；对企业而言，弄清其经济意义，能够更好地制订经营战略，减轻自身的税负。

3. 拉弗曲线

拉弗曲线的含义指税率和税收总量的变化并非是呈现正向的，甚至会呈反向变化。拉弗曲线可以通过降低效率，刺激供给和需求来推动经济向前快速发展，对经济活动有重要意义。

拉弗曲线图中横轴为税率，纵轴为税收总量。税率与税收量并非呈正向变化。税率为0，图中税收量也为0。税率从0开始呈上升变化时，税收量逐渐上升。税率升至A点，税收量为N，是最高点，税率也被称为最佳税率。税率接着上升，超过A点时，税收总量不升反降。当税率继续上升，直至到达100%时，发现税收总量从最高点直接降至0。税率过高，导致人们减少正常的经济活动，国民收入减少，税收总量变为0。由此可以看出，当企业的税负过重，会间接或直接地对生产经营积极性造成打击，也影响投资者的投资积极性，最终阻碍整个经济的发展。A点是最佳税率，同时是宏观的税负的上限。处于较低的税率时，纳税主体会缺乏避税动机，此时可以相应地扩大税基，增加税收。处于较高的税率时，纳税主体会产生较强的避税动机，此时应适当减少税基，减少税收（见图10－1）。

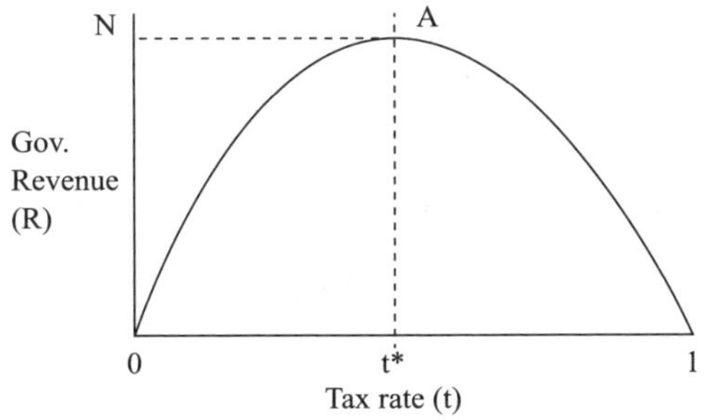

图10－1　拉弗曲线图

（三）企业税收负担影响因素

在我国财政收入中，税收属于其中非常重要的组成部分，是在国家产生的背景下形成的，税收收入与税收负担两者属于针对同一对象但是不同角度的定义。如果是站在国家角度上进行分析，通过纳税人纳税可以产生一定的税收收入；如果是站在纳税人的角度上进行分析，那么将会形成一定的税收负担。在对税收负担进行计算的过程中，税收收入属于非常重要的参考指标。税收负担指的是纳税人需要承担的税收负荷，也就是在所规定的时间之内，纳税人需要缴纳的税款。税收负担在整个税收过程中处于非常重要的核心地位，可以将我国相应的税收政策充分体现出来，这与国家、企业以及个人利益之间有着非常密切的联系，同时也是税收发挥经济作用的重要核心点。

在我国税收制度不断完善的背景下，税收负担在此基础上逐渐产生，而纳税人最终承担的税收负担主要是受到经济发展水平的影响。在最大限度上保证税收负担的合理性，不但可以促进企业实现更加快速的发展，而且能使社会经济在原来的基础上实现进一步增加。同样，如果不能保证税收负担的合理性，当税收负担超出了纳税人所能承担的范围之后，那么就会对企业发展形成非常严重的阻碍。影响企业税负的因素主要包括经济因素、制度因素以及企业因素等方面。

1. 经济因素对企业税负的影响

第一，社会经济发展水平。企业税负承受能力在很大程度上会受到社会经济供给能力的影响，结合相关调查研究结果可以了解到，发展中国家的税收收入大概占国内生产总值的25%左右，发达国家则是在30%以上。因此，当一个国家经济水平较高时，那么最终产生的国内生产总值也就越高，企业税负也会相应不断增加。

第二，经济结构。经济结构本身也会对税负产生一定的影响作用，其中影响非常大的是产业结构。通常情况下，我国产业结构都是由比较低的农业社会向高级的工业社会不断发展。在发展过程中，产业结构会不断优化和完善，使经济增长结构由传统的粗放型面向集约型的方向不断发展。在此背景下，国家相关税收制度也需要根据实际情况做出相应改变，从而才能对经济增长起到一定的促进作用。

第三，宏观经济政策。通常情况下，政府会采用扩展性经济政策或者是紧缩性经济政策来对不同地区的税收负担进行合理调节，主要是为了防止产生区域性或者是部门性的过冷以及过热等现象。比如，对于我国西部地区而言，当处于大开发时期时，为了加快经济增长速度，政府部门会根据实际情况制定出相应的优惠性税收政策。

2. 制度因素对税负的影响

（1）财政收支体制。一般在财政收支体制中，财政支出主要是通过税收收入来实现，也就是说，当财政支出越大时，企业最终所要面临的税负压力也就越大，而财政支出规模主要是受到政府职能范围以及财政支出效率的影响。政府的主要职能是保证国有资产的不断增值与保值，同时对国民经济进行有效调控，保证其在整体上具有一定的平衡性。在使用财政资金的过程中，其使用效率的高低会影响税收支出规模的大小，也就是说，若资金的使用效率较高，则只需要较少资金额投入。

（2）税收制度。税收制度主要是由征税范围、对象，税率以及计税依据等因素构成，在这些因素不断变化的基础上，税负也会因此发生相应的改变，保证企业税负的合理性才能对经济起到一定的促进作用。

3. 企业自身因素对税负产生的影响

在企业发展过程中，税负经常还会受到企业本身的影响。通常情况下主要包括公司规模、投资报酬率、资本密集度以及管理水平等内容。针对不同企业而言，在整体规模上也具有非常明显的差异，研究人员对企业规模与实际税收负担之间的关系进行了深入分析，但是最终并没有得到明显的结果。在影响税负的相关因素中，投资报酬隶属于其中的重点影响内容，通常情况下企业规模与投资报酬之间呈现正比例关系，也就是在投资报酬越高的情况下，企业最终的纳税额也就越多，从而承担的税负压力就越大。同样，在投资报酬率越低的情况下，企业的纳税额也就越小，从而面对的税负压力越小。资本密集程度指的是企业固定资产在总资产当中所占据的比，在资本密集度较高的情况下，实际税负就会较低，从而企业所面临的税负压力也较低，企业资产负债率越高，那么实际的税收负担就越低。

二、公司治理

（一）公司治理的概念

16 世纪，充满冒险精神的荷兰商人为了突破地域的局限，在东南亚的各个地区设立了交易据点，直至 1602 年，荷兰商人决定将所有交易据点整合到一起统一管理，荷兰东印度公司由此诞生，也是世界上第一家股份制公司。为了筹集资金，他们向政府建议成立阿姆斯特丹股票交易所，同时发行了世界上第一只股票，成功在一个月内筹集到了 640 万荷兰盾，这也是荷兰东印度公司成为正式的股份制公司的基础，在这个基础上，东印度公司成立了股东大会、董事会，并且将所有权和经营权分离开来，为公司治理问题的诞生形成了铺垫。1776 年，亚当·斯密在《国富论》中分析了两权分离情况下董事会的行为特征，开启了公司治理问题的研究与分析。

荷兰东印度公司将收益权与经营权区分开，实际上就是一种委托—代理关系的体现，公司治理就是来源于所有权和控制权两权分离条件下的委托—代理关系。Blair（1932）认为，从狭义角度讲，公司治理是指有关公司董事会的功能、结构、股东的权利等方面的制度安排。广义地讲，则是指有关公司控制权或剩余索取权分配的一整套法律、文化和制度安排，这些安排决定了公司目标，谁在什么情况下实施控制，如何控制，风险和收益如何在企业不同的成员之间分配等一系列问题。美国经济学家 Williamson 在 1975 年出版的《市场与层级制：分析与反托拉斯含义》一书中提到了“治理结构”这一概念，并于 1984 年以“公司治理”为题对公司治理进行了较为全面的分析。

Cochran and Wartick（1988）认为，公司治理要解决的是高级管理人员、股东、董事会和公司的其他利益相关者相互作用产生的诸多特定的问题。有关公司治理的核心问题是：①谁从公司的决策（经理的行为）中获利？②谁应该从公司的决策（经理的行为）中获利？当两者存在矛盾时，公司治理问题便随之出现了。公司治理，从广义角度理解，是研究企业权力安排的一门科学。在最宽广的层面上，公司治理包含了规则、关系、制度和程序。它们都在这个框架之内，由信托当局在公司中行使和控制。恰当的规则包括了当地可适用的法律和公司的内部规则。

钱颖一（1995）认为，公司治理结构是一套制度安排，用以支配若干在公司中有重大利害关系的团体——投资者（股东和贷款人）、经理人员、职工之间的关系，并从这些联盟中实现经济利益。公司治理结构包括：①如何配置和行使控制权；②如何监督和评价董事会、经理人员和职工；③如何设计和实施激励机制。

费方域（1996）认为，公司治理的本质是一种关系合同，是一套制度安排，它给出公司各相关利益者之间的关系框架，对公司目标、总的原则、遇到情况时的决策办法、谁拥有剩余决策权和剩余索取权等方面定下规则，用于代表和服务于出资者（或相关利益者）的利益。它的功能是对内部人控制加以控制、监督、激励和约束；核心是要解决由谁根据什么来评判经营者这一问题，并在代理成本太高时用更好的经营者来替换不好的经营者。

张维迎（1998）认为，公司治理结构是这样一种解决股份公司内部各种代理问题的机制。它规定着企业内部不同要素所有者的关系，特别是通过显性和隐性的合同对剩余索取权和控制权进行分配，从而影响企业家和资本家的关系。

林毅夫等（1997）认为，所谓的公司治理结构，是指所有者对一个企业的经营管理和绩效进行监督和控制的一整套安排。他们认为通常人们所关注的公司治理结构，实际指的是公司的直接控制或内部治理结构。对公司而言，更重要的应该是通过竞争的市场所实现的间接控制或外部治理。因而他们是从内、外两个角度来界定公司治理的，同时内外两个角度的中心是所有者对经营管理与绩效的监督与控制。

郑志刚（2005）认为，公司治理机制（Corporate Governance Mechanism）是解决现代公司由于控制权和所有权分离所导致的代理问题的各种机制的总称，它既包括公司治理的法律和政治途径、产品和要素市场竞争、公司控制权市场、声誉市场等外部控制机制，也包括激励合约、董事会（外部董事）、大股东治理、债务融资等内部控制系统。

吴敬琏（2005）认为，狭义地说，公司治理指的是在所有与控制分离的情况下，投资者与公司之间的利益分配和控制关系。广义而言，公司治理是以公司价值最大化为目标的一整套约束激励手段和制衡机制，用以规范和协调公司包括股东、债权人、管理人员、员工、供应商、零售商、消费者、社区在内的利益相关者（stakeholders）之间的关系，其要旨是在履行公司的财务、法律和其他合同义务（即保护其他利益相关者的利益）的前提下使公司价值最大化（即保护股东利益）。公司治理有时也被描述成一套保护“外部人”，即少数股东免受“内部人”即管理层和大股东侵害的规则和机制。

李维安认为，狭义的公司治理是指所有者——主要是股东——对经营者的一种监督与制衡机制，即通过一种制度安排，来合理地配置所有者与经营者之间的权利与责任关系，其主要特点是通过股东大会、董事会、监事会及管理层所构成的公司治理结构的内部治理；广义的公司治理则是通过一套包括正式及非正式的制度来协调公司与所有利害相关者（股东、债权人、供应者、雇员、政府、社区）之间的利益关系，以保证公司决策的科学化，从而最终维护公司各方面的利益。

经济合作和发展组织（OECD）2004 年提出如下公司治理原则：确保一个有效的公司治理框架的基础；股东的权利和关键的所有权职能；公平对待股东；利益相关者在公司治理中的角色；信息揭露及透明性；董事会的责任。

（二）公司治理的基本构成

股东大会是上市公司的最高权力机关，包含上市公司的全部股东，应当体现全部股东意志。股东大会决议的是公司的重要事项，包括对董事监事的选任、对董事会监事会提交的年度报告进行审查、公司章程的变更、公司增加或减少资本等，同时，对于公司的经营管理有全面的决定权。股东大会分为年度股东大会和临时股东大会，上市公司每年都必须要召开年度股东大会，如果有需要或满足召开条件的时候召开临时股东大会。由于资本市场上的投资者众多，现如今上市公司的股权是比较分散的，所以控股股东的存在会对股东大会上决议的事项起到决定性的作用。

董事会是公司的经营决策机构，负责执行股东大会的各项决议，经过股东大会选任产生，包括董事长、副董事长、董事，上市公司中还应当设立独立董事。根据法律规定，董事会可以下设审计委员会、战略委员会、提名委员会、薪酬与考核委员会等。董事会的职权包括执行股东大会决议的事项、制订公司的年度财务预算、对管理层的聘任，等等。董事会在公司治理结构中是连接股东和管理层的桥梁，不仅受托于股东大会，还要监督管理层的日常工作，在公司治理结构中扮演者重要的角色，董事会规模、独立董事规模、董事会持股比例都是影响公司治理质量的因素，与公司是否会发生财务舞弊行为有着密不可分的关系。

监事会是对公司运营进行监督的机构，代表股东行使监督权力，监事经过股东大会选举产生，包括监事会主席、副主席、监事，同时还应当设置职工监事，根据法律规定，董事和高级管理人员不得同时担任监事的职责。监事会的主要职责包括监督董事会和管理层的日常活动、检查公司财务状况、提议召开股东大会，等等。监事会在公司治理中处于非常重要的地位，是公司治理中执行监督的常设机构，监事会规模、监事会持股比例、监事会召开频率都会影响公司治理的水平，对公司是否会进行财务舞弊产生影响。

管理层主导执行公司的日常管理，由上市公司各个部门的高级管理人员组成，代替董事会行使部分经营管理权，总经理对整个管理层的行为起到主导作用。由于两权分离的存在，管理层掌握着公司大部分的经营管理权，对上市公司的运行起到至关重要的作用，无论是管理层的素质、管理层的更迭情况，还是对于管理层的激励，都有可能对上市公司是否发生财务舞弊行为产生影响。

综上所述，公司治理结构可以用股东大会、董事会、监事会、管理层组成的“三会一层”基本模型如图 10－2 所示。

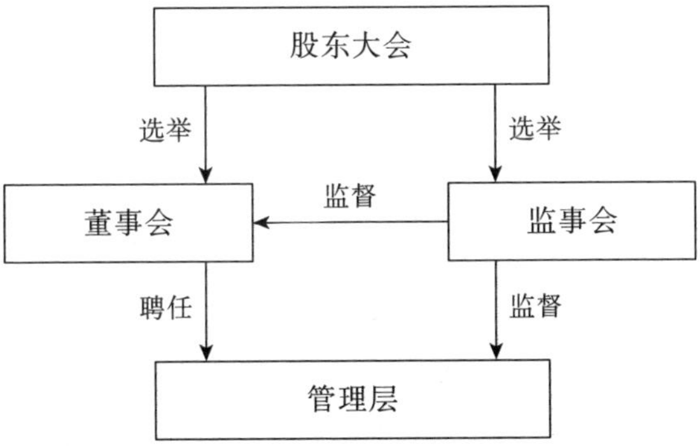

图 10－2 公司治理结构“三会一层模型”

三、税收负担的公司治理效应

税收是政府施加给企业的负担，但税收负担作为一种治理机制，能够发挥税收负担的公司治理效应。

（一）税收负担的公司治理效应

税是“国家或地方自治团体运用权力对国民收入的强制性征收”，“是把个人资源转移给公共使用”。近年来，我国税收收入连续大幅度增长，税收负担的增加使企业整体负担加重，影响了公司治理和公司价值，破坏了企业的生态环境，制约了企业的可持续发展。税收问题也逐渐成为国外政客们博弈的焦点，使人们对税收问题空前关注。一方面，税务机关是国家对企业的重要监督力量之一，通过征管税收，税务机关能够对公司的财务账目进行检查监督；另一方面，税收是政府对企业经营收益的强制性分享，从这个角度看，政府也可以被视作一种特殊类型的“股东”。因而税收制度又被称为非正式治理机制，被视作是政府对公司，运营监控的重要外部力量。换言之，企业的治理行为在一定程度上处于政府和社会公众的监督之下，在社会责任的驱使下，可能会规范管理层的公司治理行为，这正是税收负担的公司治理效应。

税收制度与公司治理一直是经济学研究的两个重要方面，税收，特别是所得税对公司股权的影响，通过个人所得税的累进税制推动了美国企业股权结构的变革。MM 定理排除了公司税等其他因素的影响，在一种理想的假设环境下，深入探讨了公司资本结构与公司价值的关系。由于债务资本具有节税效应，考虑到资本市场的实际情况，取消了公司无所得税的假设，对原始的 MM 定理进行了修正完善。原因在于，若考虑公司所得税，公司的价值会因为财务杠杆系数的增加而提高，从而得出公司资本结构会影响公司价值的结论。同时，学者提出了最优资本结构理论。后人不断放松 MM 理论的前提假设，进一步发展和丰富形成了啄食顺序理论。

2002 年美国安然事件的发生，更是在全世界金融领域敲响了警钟，学者们开始对公司管理层的机会主义行为给予高度关注，并着手研究公司管理层的避税动机以及税收制度对公司治理产生的影响。以哈佛大学 Desai、芝加哥大学的 Zingales、加拿大阿尔贝塔大学的 Morck 为首的一些公司治理研究方面的权威学者，开始尝试各种新的实验研究方法来探究税收对公司治理的潜在影响，丰富和发展了税收制度的公司治理效应理论。税收对于约束公司管理层隐瞒应税收入、转移公司资源等机会主义行为，减少股东与管理层之间的委托—代理成本进而改善公司治理等具有重要作用，可以进一步提升公司价值。

（二）公司治理机制对税收负担的影响

当代公司税收负担研究的主要框架是 Scholes 和 Wolfson 所提出的“有效税收筹划理论”。该理论认为，在传统税收筹划目标中，使税负达到最小的观点，实际上没有考虑到企业的交易成本，而有效税收筹划要求企业必须考虑交易各方显性税收、隐形税收以及税收成本、非税收成本等因素对税收负担的影响。

已有研究表明公司税收规避与公司利润、跨国经营、无形资产、研发费用、财务杠杆等公司特征系统性相关。

由于公司是否避税以及避税程度的决定由管理层做出，管理层可能为享有控制权的私有收益，而做出通过税收规避进行租金转移等行为。因此，研究公司税收规避必须纳入委托—代理理论框架下。以权益为基础的高管薪酬与税收规避（以超额会计税收差异计量）负相关，并且这种负相关关系只在公司治理较弱以及机构投资者持股比例较低情况下成立。研究发现家族企业比非家族企业更少进行税收筹划，当家族企业缺乏长期机构投资者（外部监督）以及准备外部筹资时，税收规避程度更少。这些结果表明公司治理结构的强弱与税收规避存在一定关系，市场对公司避税的价值评价取决于公司管理层的被监督程度。

政府为了实现诸如经济发展稳定，就业稳定等社会目标，需要国有企业承担更多的社会和政策性责任，因此，国有产权就成为政府对企业行为进行干预的制度根基，进而国有产权性质也就影响了企业的税收决策。公司税收负担不仅受到公司的实际控制人性质的影响，还受到公司高管的政府背景等因素的显著影响。

（三）税收负担对公司治理的促进作用

（1）改善资本结构，获取财务杠杆利益。根据啄食顺序理论，由于信息的不对称性，且债务具有税盾效应，因此公司融资会优先考虑债务融资，国外发达国家的上市公司资本结构遵循这一规律。但是，由于我国资本市场不够规范，我国企业的债务资本比重远远低于国外上市公司，呈现出一种“倒啄食顺序”现象。企业要学会适度举债，适当提高债务资本的比重，不仅会降低企业的资本成本，发挥债务融资的节税效应，还可以利用财务杠杆，获取财务杠杆利益，改善企业自身的融资状况。

（2）改善公司治理环境，提高公司价值。从税收制度对公司治理影响来看，企业股东和管理层都能更加科学地看待税收，形成一种双赢的局面。一方面，税收的征管会使公司会计信息的透明度和准确性提高，可以对公司管理层形成一种约束，减少转移公司资源、隐瞒应税收入等机会主义行为，降低股东和管理层之间的委托—代理成本；另一方面，公司之间股利的双重征税（即对公司法人征收的企业所得税和对个体征收的个人所得税）会提高控股股东谋取控制权私立的成本，都会在一定程度上改善公司的治理环境，提高公司价值。

（3）正确发挥税收乘数效应。在现实经济环境中，税收这一变量往往会以乘数加速度的方式引起个人、企业和国民经济等一系列的连锁反应，称之为税收乘数效应。税收乘数是政府增加或减少税收所引起的国民收入变动的程度，体现了税收作用的力度。因此，税率的很小波动带来的税收负担的细微变化经过税收的乘数效应放大后，也会对公司代理成本和公司治理产生较大影响。在全球经济低谷时期，政府要合理利用税收政策，制定合适的税收制度，发挥税收乘数的正面效应，加强对公司股东和管理层的监督，规范公司治理秩序，改善公司治理环境，保持公司的良性发展，进一步促进我国经济结构的调整和经济增长方式的转变。

四、税收与公司治理的关联性

税收负担反映纳税人上缴国家的税款金额，是国家对企业经营的利润“分红”，会影响公司税后利润水平和现金流量。企业税收管理一般降低两类代理成本：一方面，适度的税收负担可以对公司管理层形成一种约束，降低股东和管理层之间的第一类委托—代理成本；另一方面，公司间股利的双重征税（即对公司法人征收的企业所得税和对个体征收的个人所得税）会提高控股股东谋取控制权私立的成本，降低第二类大股东代理成本。这两方面都会在一定程度上改善公司的治理环境，提高公司价值。

但是，税收负担发挥抑制代理问题、降低代理成本作用需要保持税收负担在一定的合理水平内。税收负担及税收征管对公司治理发挥作用是在一定的税率水平内的，过高的税率则会对公司治理产生负面效应，会促使公司管理层隐瞒应税收入来逃避税收，导致公司治理状况的恶化。虽然税收制度具有优化公司治理的效应，可以增加公司的市场价值，但高税率、不合理的税制设计或者高强度的税收征管都会对公司治理产生适得其反的影响。因此，政府相关部门应该合理设计税制结构，确定税率区间，尽量避免不必要的重复征税。

五、税收负担与会计稳健性

假设存在公司 A 和税务机关，公司的目标是利润最大化，当税务机关对 A 公司的利润不征税时，A 只要最大化利润即可；一旦征收所得税，A 公司实际得到的是税后利润。为了分析的方便，提出如下假设：①会计利润和应税利润之间不存在差异。②税务机关仅征收所得税，其他税种不予考虑。③当 A 公司会计利润大于 0 时征税，小于 0 时不征税；且不考虑以前年度的亏损抵扣等。④税务机关和 A 公司都是理性的，追求自身效用最大化。

假设 A 公司实现利润 P（真实利润），但 A 公司可以有两种财务报告策略，报告的利润分别为 $P1$ 和 $P2$，其中 $0 < P1 < P < P2$。依据上文假设，税务机关依据报告利润进行征税，假设税收负担（税率）为 t，其不是由税务机关而是由法律事先决定，且 $t > 0$，则存在如下关系：

（1）当 A 公司报告利润 $P1$ 时，企业的最终所得为 $P - P1 \times t$，此时税务机关的收益为 $P1 \times t$；

（2）当 A 公司报告利润 $P2$ 时，企业的最终所得为 $P - P2 \times t$,，此时税务机关的收益为 $P2 \times t$。

当税务机关因稽查成本高昂或企业无违法之处而不能调整企业的报告利润时，由于 $P1 < P2$，很明显 $P1 \times t < P2 \times t$，从而 $P - P1 \times t > P - P2 \times t$，即当企业盈利时，$A$ 公司应该采用调低报告利润的行为。

提高会计稳健性可以有效减少企业报告利润。基于税务报告成本的考虑，当企业面临的税收负担越重时，企业减少利润以增加自身收益的动机越强，即采用稳健会计政策的程度提高。而当企业亏损时（报告利润小于 0），按照上文的分析，企业面临的所得税影响较小乃至没有，因此企业通过应用稳健的会计政策以增大自身收益的动机较弱。诚然，企业采取稳健的会计政策不可避免地会带来诸如管理层薪酬降低等财务报告成本，但是管理层在权衡税务报告成本和财务报告成本时，税务报告成本占据了主导地位。因此，企业税收负担会提高会计稳健性。

六、税收规避与公司治理

税收规避是在不违反税法规定的前提下，通过适当的财务安排以减少公司显性纳税义务的行为。由于税收规避能够降低税负，为企业带来现金流的节约，税收规避已经成为企业普遍存在的一种行为。

（一）税收规避与企业现金持有

Chen et al.（2011）的研究显示避税对公司的信息环境有反向作用。税收规避阻碍了公司信息向外部投资者的传递，降低了信息透明度。从委托—代理角度来看，Myers and Rajan（1998）研究指出流动资产如现金极易被管理者转为私产。管理者在实施避税行为时，倾向于使用一些复杂、模糊的交易或事项，以此来掩盖在其避税行为之后的自利动机（Desai and Dharmapala，2006）。

Harford et al.（2008）研究显示，无限制的代理问题会导致公司现金持有的迅速消耗，私利的管理层迅速将现金持有转化为个人消费，而不是持有现金来满足未来的个人需求。现金作为企业一项比较“脆弱”的资产，极易被转移，税收规避破坏了企业的信息环境，允许管理层不被察觉地转移公司的资源，有利于管理者的抽租行为，加快了资金的消散，因而实行税收规避的公司现金持有水平更低。因此，税收规避会降低企业现金持有水平。

Chen et al.（2011）的研究显示，信息透明度和企业的避税活动存在负相关关系，即税收规避降低公司的信息透明度。Kim et al.（2011）指出，税收规避为管理者推迟确认及隐藏坏消息创造了条件，加剧了股价崩盘的风险。税收规避行为向市场释放出负面信号，降低了投资者的预期，因此，税收规避虽然可以给公司带来一定的收益，但并不一定会带来公司价值的提升。Slemrod（2004）提出委托—代理关系会带来公司避税的非税成本。避税行为为管理者的寻租创造机会，继而损害股东利益，加剧股东与管理者的代理冲突，即管理者的机会主义行为，导致避税成本大于避税收益，最终导致企业价值的下降。

综上所述，从自由现金流角度来看，公司管理层出于在职消费、职务保护、营造企业帝国等自身利益的考虑持有现金，而现金是一种更容易被代理人自由支配和侵占的资产，税收规避破坏了企业的信息环境，允许管理层不被察觉地转移公司的资源，有利于管理者的抽租行为，加剧了代理冲突；同时避税行为向外部市场传达出公司信息不对称、存在税务风险的负面信号，外部投资者会降低其对企业现金价值的评估，最终带来现金持有价值的下降。因此，税收规避会减少企业现金持有价值。

（二）税收规避与公司代理成本

税收规避将本来应该上交给政府的利润留存下来，增加了企业的税后现金流，但同时也带来了各种显性或隐性的税收成本及非税成本：其一是企业避税可能招致税务机关的查处，遭受罚款和名誉的损失以及由此带来的股价下跌；其二是在现代企业两权分离的特点下，企业的税收规避行为为管理层的机会主义行为和寻租创造了机会，形成了代理成本。因而，避税产生的收益很可能会被其后的一系列避税成本所抵消。委托—代理理论认为，由于股东与管理层之间的代理冲突的存在，企业管理层为了自身利益会采取违背股东最大化的原则的行为，管理层可能会持有大量的现金来提高在职消费、营造企业帝国、加强职务保护等，由此带来较大的代理成本。税收规避的代理观认为，企业在进行避税活动时，为了避免被税务部门发现，往往会采取复杂且不透明的交易活动来掩盖其避税行为。这些交易加剧了企业内外部的信息不对称程度，使企业内部人往往利用这种信息不透明的机会从事自利行为，在不被发现的情况下转移企业资源，进一步增加了企业代理成本。

贝利和米恩斯 1932 年对美国 200 家大公司进行了分析，发现现代公司已经发生了“所有权与控制权的分离”，公司实际已由职业经理组成的“控制者集团”所控制，股权分散的加剧和管理的专业化导致了“两权分离”。上市公司两权分离的背景下，企业所有者和管理者之间存在利益目标不一致和信息不对称两大矛盾，使作为代理人的管理者在负责公司日常运作时可能为追求自身利益实施自利行为，从而使作为委托人的企业所有者利益受损，产生委托—代理问题。

税收规避行为之所以会给企业带来委托—代理问题，根源于税收规避行为本身的隐蔽性。陈冬和唐建新（2012）提出企业为避免其避税行为被税收当局发现，通常采用极其复杂和不透明的交易活动对避税活动进行掩盖，这些复杂且隐蔽的交易活动使企业内外部的信息不对称情形加剧，从而使企业内部管理者利用这种隐蔽的机会实施自利行为，以获取私利。根据信息不对称理论和委托—代理理论，由于存在信息不对称及所有者和管理者的利益不相一致，企业采取税收规避行为可能引发管理者的自利行为，而这种行为将产生相应的内部代理成本，具体情况如下：

首先，由于所有者和管理者利益目标不相一致，管理者进行税收规避行为产生的节税收益可能会引发其自利动机。Jensen & Meckling（1976）认为管理者不百分之百享有企业所有权，对管理者的激励不足。管理者将税收规避行为产生的节税收益视为自己努力工作的成果，需要据此获得相应的回报，如果管理者认为企业所有者没有根据管理者的努力支付符合其预期的酬劳时，管理者便可能为分享税收规避带来的收益利用管理职权实施自利行为，以实现自身利益最大化。Chen & Chu（2005）认为，由于税收规避行为需要管理者很大程度上的配合，以及避税行为本身可能存在的不合法性，使避税情形下的所有者很难同管理者达成最优的激励契约，内部激励机制可能不起作用。

其次，税收规避行为会使企业的信息不对称情形恶化，从而给管理者的自利行为创造了机会和条件。为避开税务监管部门的查处，企业税收规避活动通常具有较强的隐蔽性，涉及较专业的税收筹划技术，管理者甚至可能利用极其复杂的交易或业务活动对避税行为进行掩饰，使非专业人员难以知悉其避税行为的实质，并设法降低企业财务信息的透明度，从而加剧企业内外部的信息不对称。这种信息不对称使企业所有者更难观测监督到管理者的行动，为管理者实施自利行为提供了空间。Kim et al.（2011）通过研究发现，企业的税收规避行为会导致其未来股价暴跌的可能性增加，他们认为这是由于管理者通过税收规避行为对企业的负面消息进行了掩盖，使其股价长期被高估，直至消息曝光，造成股价暴跌。Balakrishnan（2011）也通过研究发现，税收规避程度较高的企业，通常伴随着较高的信息不透明度。陈冬和唐建新（2012）通过实证研究发现，企业的税收规避程度越高，其会计信息披露的质量就越差。

（三）税务激进行为的经济后果

（1）税务激励行为对资本结构、税务审查力度的影响。税务激进行为使公司产生很多直接或潜在的经济后果。税务激进行为对公司产生的直接后果是降低费用，增加现金流量和提高股东财富。税务激进行为产生的间接后果包括改变资本结构、增加税务审查力度、加剧信息不对称以及引发代理问题等。

其一，税务激进行为对资本结构的影响。Graham & Tucker（2006）提出税务激进行为能够减少利息产生的边际收益从而改变资本结构。

其二，税务激进行为对税务审查力度的影响。Crocker & Slemrod（2005）研究了税务部门对公司激进税务行为增加处罚力度是否会影响公司继续采用激进的税务行为，税务部门处罚作用于管理层和股东的区别。一旦公司的税务激进行为不被税务部门认可，就会支付高昂的税金、滞纳金和罚款，反而降低现金流量和减少股东财富。

（2）税务激进行为对股东财富的影响。税务激进行为对管理层、股东、债权人以及政府部门都会产生影响。如果管理层采用最优方式避税并且股东对避税的方式和后果具有理性认知，那么避税与股东财富就不会存在相关性。但是，假设条件隐含了股东对管理层的最优激励，以致管理层和股东理解避税的全部风险和收益。这种假设与现实并不相符。Berger（1993）认为，如果公司通过投资税收优惠资产进行避税，隐性税收会减少税务激进行为对股东财富的影响。考虑到股东的立场，风险中性的股东要求管理层采取策略使税后现金流最大并且给予管理层一定激励报酬，税务激进行为就是有效的方式之一。Chen &Chu（2005）提出激进税务行为会增加管理层风险，股东授予管理层的薪酬不仅激励管理层对税务激进行为的积极性，还需要弥补税务激进行为带给管理层的风险。税务激进行为会影响股东与管理层之间代理关系，因此会影响股东财富的增加。Barile（2012）认为税务激进行为会引发管理层的机会主义行为，从而破坏股东与管理层的薪酬激励框架，导致管理层不愿意努力增加股东财富。Desai & Dharmapala（2009）发现税务激进度与公司价值相关，其中税务激进度选用财税差异衡量，公司价值用市场价值与账面价值比值衡量。进一步分析，机构投资者持股比例对税务激进度与公司价值的相关性有影响，二者存在正相关性，即机构投资者持股比例越高，税务激进度与公司价值的相关性越强，反之亦然。

（3）税务激进行为对信息披露与财务透明度的影响。Desai et al.（2007）分析了俄罗斯石油公司税务激进行为导致信息不对称，管理层通过税务激进行为侵蚀股东的财富，结果表明税务激进行为会加剧信息不对称。Hanlon & Slemrod（2009）以避税的公司为研究样本，检验避税信息披露会产生怎样的后果，研究结果显示：首次披露避税信息的公司，股价会略微下跌；投资者熟悉的大公司披露避税信息后会产生负面影响。Chen et al.（2010）实证检验税务激进行为与信息透明度的相关性，结果显示税务激进行为与信息透明度存在负相关性：公司税务激进度越高，信息透明度越低；税务激进度越低，信息透明度越高。Kim et al.（2011）认为公司的税务激进行为容易导致股价下跌，原因在于管理层通过避税行为操纵信息，隐瞒真实情况。吕伟等（2011）检验避税行为与股票信息含量的关系，发现二者存在负相关性。

公司的税务激进行为会带来一些成本，这些成本包括直接人工和信息成本以及源于与税务机关的交互谈判和惩罚的预期成本。Karthik Balakrishnan（2012）检验税收筹划成本与财务透明度的关系发现，激进的税收筹划能够提高组织的复杂性，也降低了财务透明度。税收筹划预期为母公司节省税金，同时也增加了财务和组织的复杂性。并且在某种程度上，这个更大的复杂性不能充分与外部相关者（如股票投资者、债权人、分析师）沟通透明度问题就可能出现。Bushman，Chen，Engel and Smith（2004）提出公司运营复杂性影响财务透明度，并影响公司的套利行为。例如，企业可能会使用复杂的转移定价方案将利润转移至低税率管辖区，使股东和董事会成员理解公司海外业务的复杂程度。当然，管理层为应对可能出现的财务复杂性，采用增加财务报告和信息披露来试图维持一个透明的信息环境。与此同时，管理层（包括股东）可能消极提供关于激进的税收筹划活动的有限披露。尽管一些法规要求公司披露关于其他税收管辖区的重要运营细节，管理层可能会犹豫是否要完全披露子公司细节，因为这样做会导致税务机关审计。因此，当激进的税收筹划增加财务和组织的复杂性，管理层的财务报告和披露的选择可能不会提高财务透明度。Frank，Lynch and Rego（2009）认为激进的税务报告即通过税收筹划向下操纵应税收入，可能会、也可能不会被认为是欺诈逃税。然而，Slemrod（2004）认为税务激进度包括一系列更具体的活动，包括很多交易，而这些交易的主要目的是降低公司的税收负担。Karthik Balakrishnan 所定义的公司税务激进度即考虑行业和规模支付异常低的税金。税务激进公司具有较低的财务透明度，具体来说，具有异常低的税收负担或更多避税港运营的公司有较大的分析师预测错误，更大的分析师预测离差和更高的买卖价差逆向选择。税务激进公司也表现出较低的收益质量。Karthik Balakrishnan（2012）认为激进的税收筹划会增加信息的不确定性和信息不对称性，会降低财务报告的质量（尽管管理层努力增加税收筹划披露）。

第二节　税收征管与公司治理

一、税收征管概念

自从有了税收，便有了税收征管的问题。税收征管的过程实质上是一个产权转移的过程，将纳税人创造和支配的经济利益转交给国家拥有，而要实现这个转移过程，离不开税收征管活动。早期西方经济学家的税收征管思想一般都体现在课税原则上。如亚当·斯密在《国民财富的性质和原因的研究》一书中强调自由竞争，同时他提出了平等、确实、便利、最少征收费用四大课税原则。税收遵从理论在1970年初提出，该理论主要针对个人逃税行为的研究，后续研究则主要围绕纳税人与税务机关的相互博弈及信息不对称情况下纳税人的税收行为。在税收法制建设中，税收罚金是对纳税人违法行为的额外惩罚，而不是补缴税款，这样才能有效规范纳税人的行为。研究发现，税收征管部门提高税收检查率或者加大惩罚力度，能够有效抑制纳税人的不合理税收行为。税收征管制度属于税收制度的组成部分，在经济迅速发展的推动下，我国相关税制需要不断调整、修正，税收征管制度处于一种动态变化的、逐步完善的变革之中。

税收是政府部门的主要收入来源之一。税收征管是指税收部门对企业生产经营过程中多方面信息进行税务检查，以评判企业是否存在不合法的税收规避的行为，企业一旦被查到该活动存在，将面临税务机关的罚款，甚至面临被起诉的法律风险。

在公司治理中，税收征管作为一项重要的外部力量而存在，通过国家强制力保证实施，不仅有利于提高国家资源配置水平、促进财政收入的提升，而且有利于公司治理水平的全面提升。税收征管部门根据国家法律法规赋予的权力实施税务检查，对企业避税活动进行有效监控，并对任何危害税源的行为进行严密监督和发现，以更好地缓解信息不对称及代理冲突对股东权益的危害。

二、公司治理与法律外制度

（一）两类代理问题与公司治理

公司制企业的一个重要特征是所有权和经营权相分离。自公司诞生之日起，代理问题与代理成本就困扰着以股东为代表的公司投资者，公司治理问题也就应运而生了。1932 年出版的《现代公司与私有财产》一书首次论及两权分离与委托—代理关系，被认为是现代公司治理的源头。1976 年，企业的管理者们为他们只拥有对公司的管理权而不能对公司盈利进行分红感到不满，这种不满会让他们做出违背公司利益的事情，而股东们又必须对这种不满进行监督与控制，便引发了股东和管理者因为两权分开而必须存在的委托—代理问题。这种代理问题是由各自利益最大化的自利思想所产生的股东与管理者之间的矛盾所引起的，并且针对该种矛盾所引发的代理问题，詹森和麦克林（1976）开创性地提出了“代理成本”这一概念。公司内经营者们掌管着企业内大大小小的事务，对企业的贡献非常大，然而他们却无法分享到企业的收益剩余，最重要的是他们还不必对公司内所做出的失败决策承担风险，因此，出于自利思想，理性的经理人往往会从个人利益最大化的角度出发来经营公司，而忽略股东利益的最大化或公司利润的最大化。正是他们这种自利思想的存在，所有者与管理者之间才会矛盾重重，代理问题才会更加严重。正是所有者与经营者之间这种矛盾的存在，才推动了代理理论的萌芽与发展。从此之后，更多的研究学者与经济学家注意到要对公司内存在的代理成本进行研究，至此，与此问题相关的文献研究也逐渐多了起来。当公司内部的管理人员未拥有公司的股份时，他们对公司进行经营的积极性会变小，并且会减少用在经营企业生产活动上的时间和精力，把大部分时间和精力用于争权夺利，这些自利行为的存在严重危害了企业的生产与经营，导致企业内代理成本大大增加，公司治理的结果严重失衡。

上述理论所论述的主要是股权分散时经营者与股东的矛盾而引起的委托—代理问题。然而，现在绝大部分国家的公司股权都存在高度集中化或者是相对集中化的趋势。以全球范围内高收入国家的公司为研究的样本进行分析，结果发现，存在控股股东的大型公司超过了63.5%，由此说明股权集中在当今时代的普遍性。中国很多的上市企业存在着控股股东高度集权的情况，企业内普遍存在控股型大股东；在这种情况下，那些掌握公司控制权的大股东，往往会从自身利益出发，利用对企业管理的绝对掌控地位独占企业内各种资源，做出损害中小股东利益而利于自己的活动。当今时代中国的各类公司内对大股东行为进行约束的制度很是缺乏，即使有，约束力也不是特别强。这样，即使大股东掠夺公司内其他股东的利益，其所受到的惩罚也不会很重，这种制度上的缺陷，使这些控股的大股东们更加愿意以自身利益为最大化目标来思考问题，因此往往会做出危害企业内其他股东利益的行为，于是，在这种公司内股权普遍集中于控股股东手中的背景之下，印证了：在高度集权的企业中，控股性大股东与中小股东之间也存在着难以避免的代理成本，即所谓的第二类代理成本。

（二）公司治理的法律外制度

有两种不同的公司治理机制可以对由代理问题所引起的公司治理问题起到改善作用，这两种机制分别是内部正式治理机制与外部非正式治理机制。公司治理的内外部治理机制在改善公司治理方面可以相互替代与补充，并且公司治理情况的改善、治理水平的提升是由公司治理内部治理机制与外部治理机制共同努力的结果。众所周知，对公司治理起作用的内部治理机制主要有：董事会监督与控制机构，高管的薪酬激励制度，管理层持股激励制度，等等。而对公司治理起作用的外部治理机制则主要包括法律内的公司治理机制和法律外的公司治理机制。

在公司治理中发挥作用的法律外制度主要有社会规范、文化和宗教、产品市场竞争、新闻媒体以及税收征管等。

（1）社会规范。公司行为的约束不仅要依靠法律的规范，社会规范对公司行为的影响也是不容忽视的。用一种全新的概念来度量社会规范，这一全新的概念就是指同质和社会凝聚。同质和社会凝聚能够促使人们更多地去遵守社会规范，促进良好社会规范环境的产生，而这种良好又规范的社会环境又能促进良好公司行为的产生。因此，社会规范的存在实质上就是对法律功能的补充与替代。当法律的存在不足以改善公司治理问题时，社会规范的存在就起到了非常重要的作用。

（2）文化和宗教。通过考察股东们受到保护程度的差异与文化或宗教的相关性，分析出文化和宗教通过以下三条途径来影响公司治理行为：第一条途径是通过对企业制度的形成和发展产生影响，进而影响公司治理行为；第二条途径是通过影响企业价值标准的形成和发展，进而影响公司治理行为；第三条途径是通过影响公司内部经济资源配置的方向来影响公司治理行为。这三条途径的存在，使文化和宗教对公司治理起作用成为了可能。

（3）产品的市场竞争。产品市场竞争被看作能够对公司治理问题进行改善的外部治理机制。当市场中有足够数量的参与者时，这些参与者就会为争夺市场而展开激烈的竞争，而且这种竞争越激烈，越能够对企业管理者的行为进行约束。正是这种约束力的存在，提高了管理者们努力工作的压力和动力，使他们会越发努力工作，因此，这种约束力是通过约束管理者们的自利行为，而达到降低生产成本，提高企业经营绩效的目的。产品的市场竞争就是通过企业内部的这种激励机制给管理者们施加压力，对管理者们的行为进行约束，进而在提升公司治理质量方面起作用的。

（4）新闻媒体。上市公司信息公布具有不对称性和无法对自身运行进行有效监督的性质，这些性质的存在，使投资者们进行投资时难度大大加大，他们很难了解公司真实的投资价值。而媒体作为公司治理的外部治理机制，它能够对上市公司的信息进行比较完全的披露，这些信息的披露，使企业信息透明度提高，能够对企业经营管理者的行为进行制约和监督，也能够减轻各投资者在投资时可能需要承担的风险，从而能对各种代理问题进行约束。对于媒体报道较多的那些上市公司，投资者能够更多掌握那些公司的信息，并能在上市公司进行股权融资或债务融资时，根据媒体所给出的信息支付出符合市场的成本。所以对企业信息掌握的越多，该成本也相应会更少。媒体报道能够使被经常报道的这些企业的债务成本和权益成本显著降低。另外，媒体既然能够成为改善公司治理的外部治理机制，那么也能够降低企业内的各种代理成本。媒体报道可以降低公司内各类代理成本，其主要是通过声誉机制、信息传播机制以及通过对公司治理的内部治理机制产生影响，来间接发挥公司治理作用。

三、税收制度的公司治理作用

税收制度包括税制设计与征收管理两个维度，其中前者涉及税种设置与税率选择，也就是开设哪些税种，每种税的税率水平及其调整；后者涉及税收制度的运行，也就是征收管理工作，两个维度缺一不可。税收制度有三项基本功能，对经济与社会生活中的当事人行为有着深刻影响，溢出效应的存在使其在公司治理中同样发挥积极的作用。

（一）税制设计的公司治理作用

各个国家各个时期的文献，都证明税收能够对公司内部利益相关者的行为产生影响，进一步通过实证分析，可以发现，税收对公司各利益相关者的行为也有着显著的影响。税收既然可以对公司内各利益相关者的行为产生影响，那么税收就可以缓解公司内部代理成本问题，提升公司治理质量。早在 20 世纪 30 年代，美国学者就对美国作为个人所得税一部分的累进税制进行了相关研究，其结果表明，该累进税对美国分散股权结构的塑造具有推动作用。后来提出了比较著名的 MM 定理，MM 理论最初被提出是在不考虑公司税的情况下，认为公司的价值往往不会被公司的资本结构所左右。随后经过 5 年时间精心研究，发现 1963 年以前 MM 理论有一些缺陷，同一年，MM 理论做了一定修改，将公司税的存在考虑到对资本结构的影响因素当中，公司税的存在对公司治理结构是有影响的，公司的价值应该是将公司税排除在外之后的价值。综上所述，税收是能够改善公司治理的，但是，当时的研究也并不是都证明税收征管是改善公司治理结构、提升公司治理质量的，也有相关研究结果恰好与此相反。比如 MM 理论后，研究发现，不向股东征收股息税反而能够促进股利的发放，而且还能够减少“金字塔结构”的产生。出现该现象是因为，在现实的公司治理过程中，管理者往往会以征收股息税为由而向股东少发放甚至不发放现金形式的股利，管理者这种行为的实施更加剧了经营管理者与投资者之间的矛盾，因而提高了该类委托—代理成本；如果对该公司不征收股息税，则会减少这种情况的发生，减少股东与管理者之间的委托—代理成本，这在一定程度上证明免除公司股息税能够改善公司治理，提升公司治理质量。

征税确实能够对公司治理产生影响，但是其影响是提高还是降低公司治理水平，在当时并未得到解决，甚至直到现在也并未完全厘清。直到进入 21 世纪，各国公司治理领域的权威学者们才慢慢开始注意到税收在改善公司治理方面的重要作用，才开始对税收的公司治理效应进行探索与研究。美国一些学者认为，征收公司间的股息税降低了美国金字塔形结构公司的数目。在公司内征收较高的遗产税，可以分散美国上市公司的股权，使美国很多公司的股权变得高度分散。回顾20世纪的美国，所得税税制的确显著影响了企业的所有权结构，税收政策的存在，使美国企业的所有权结构极度分散。

在《资本结构与税收相关性分析》① 中，王素荣（2005）分析了资本结构的变动如何改变企业税负与企业绩效。公司所得税对公司的资本结构能够产生作用，公司所得税税率的大小对资本结构也会产生作用，且这种作用是非常显著的。因此，税收能够有效发挥公司治理作用，提升公司治理质量。

（二）税收征管的公司治理作用

在整个税收活动中，税收征管是比较重要的一环。税收征管机构对公司的财务账目进行检查，对企业的关联交易行为、转移定价行为等实施最直接的监管与控制，从而规范、约束这些行为，为解决公司治理问题提供了另一种治理机制。

（1）税收征管对代理成本的影响。一个良好的公司治理机制应该在降低两类代理问题所引发的代理成本方面效果显著。以往学者们都是集中于公司治理的内部治理机制，从内部治理机制入手进行研究，伴随着越来越多解决公司治理问题治理机制的提出，外部治理机制在解决这方面问题中的作用也逐渐进入学者们的视野，其中作为外部非正式治理机制的税收征管是否能够改善公司治理问题也受到越来越多的关注。

研究结果表明，税收征管的存在确实能够降低代理成本，且税收征管力度越大，代理成本越低。某地区的税收征管强度越大，则该地区上市公司内部两类代理成本就会越低，越少出现股东们将企业内部的资金占为己有的情况。税收征管的存在能够减少管理层进行自利行为的频率，从而也会及时、准确地披露公司信息（不管是正面信息还是负面信息），以降低公司内部和外部的信息不对称性，提高信息透明度，从而降低企业内的第一类代理成本，这也证实了税收征管能够发挥公司治理效应，提升公司治理水平。严格的税法执行能够抑制管理层进行收入转移的行为，加大他们进行资产转移的成本，使他们在进行自利行为时会更加慎重的考虑而减少自利行为，这也就降低了企业内的第一类代理成本。

（2）税收征管对盈余管理的影响。对于盈余管理问题的探讨属于公司治理的范畴，因此，探讨如何改善企业的盈余管理，就是探讨如何改善公司治理、

① 王素荣．资本结构与税收相关性分析［J］．税务研究，2005（10）：18－20.

提升公司治理质量。税收征管作为公司治理的外部非正式治理机制，其对盈余管理也会产生影响。税收征管在进行税收征纳过程中，是存在博弈的，其博弈程序是这样的：国家对公司征税，当然希望在法律允许的范围内征收的税收越多越好，而企业的意图却正好相反，他们是以自身利益为目标，当然希望在任何情况下都能够少纳税，两者之间目标的差别便在纳税过程中形成了矛盾。为了尽可能地少纳税，上市公司必定会想法设法避税，盈余管理便是方法之一，通过公司盈余管理活动，降低盈余质量，使公司少纳税；而对税收征管机关来说，他们为了多征税就会在一定程度上抑制上市公司的盈余管理行为，他们所采取的方法就是提高企业盈余管理的所得税成本，因为企业内较高的所得税成本会抑制企业的盈余管理行为。

公司在盈余管理中的直接操纵对象为会计利润，因此会计税收差异的存在，使公司出于某些动机操纵会计利润时，并不必然引起企业所得税成本的变化。具体而言，当公司通过操纵非应税项目，如调节各项减值准备的计提与转回、折旧的计提与摊销、公允价值变动损益的确认等手段实施盈余管理时，其所得成本并不会因此发生改变；相反，当公司通过应税项目，如放宽信用政策扩大赊销、加大生产规模、增加研发投入等手段实施盈余管理时，在盈余增加的同时，公司还需根据税收契约缴纳相应比例的所得税。因此，如果公司计划实施向上盈余管理，则有可能出于避税动机的考虑，更多地选择利用非应税项目实现的应计项目盈余管理，而非利用应税项目实现的真实活动盈余管理。而计划实施向下盈余管理的公司，则更可能采用真实活动盈余管理手段实现延迟纳税的目标。

基于税收契约理论，当公司实现盈余时，需要按照税法规定向国家缴纳企业所得税。当公司基于避税动机，通过采取销售操控、生产操控、费用操控等盈余管理行为时，公司应纳税所得额会相应降低。如果与可比时期或可比公司的纳税情况出现较大差异，就可能引起税收稽查部门的注意，作为纳税申报异常的样本列入税务局重点稽查对象。因此，在税收征管水平较强的地区，上市公司向下的真实活动盈余管理行为可能会受到抑制，也就是说，税收征管会抑制向下的真实活动盈余管理。

一般情况下，公司实施避税的激进程度往往取决于收益与成本的权衡。收益主要体现在避税所带来的应税而未税的利益；成本主要体现在避税行为被查处后所面临的高额罚金以及公司形象损失。换言之，避税成本与税收征管强度存在密切联系，强有力的税收征管活动，会使公司面临的避税成本显著增加，从而使公司减少避税行为。同时，税务机关完善税收法制、税收征管程序等，也会减少避税漏洞，使公司实施避税的空间逐步缩小。

叶康涛、刘行（2011）研究上市公司的盈余管理行为发现，强有力的税收征管显著提高了上市公司向上盈余管理的所得税成本。陈军梅（2014）认为，在税收征管强度较高的环境下，税务监督严密、税务处罚力度高，此时，具有较高内部控制质量的公司，其实施避税行为的倾向并不强烈。因此，公司所在地区的税收征管强度越大，其避税程度越低。

基于以上分析，税收能够影响企业的盈余管理行为，税收征管强度越强，企业内进行向上盈余管理的所得税成本也显著增大，所以当税收征管强度增强，企业内部的盈余管理行为则减弱。

（3）税收征管对控制权私人收益的影响。在当今社会，由股东与管理者之间利益纠纷所引发的委托—代理问题已经不算是上市公司内最主要的代理问题了。大股东与中小股东之间的代理问题已经成为主要问题。在该种代理问题之下，控股股东经常会利用自身的控股优势，对小股东的利益进行侵占，而且还利用各种手段为自身谋取控制权私益。而这些问题的存在，往往会导致更为严重的代理问题出现。

综观国内外关于控制权私人收益的研究，这些研究大多是从何种因素会对控制权私人收益水平产生作用角度来分析的，但是，作为公司治理的主要组成成分，其实对它的研究也可以从公司治理的角度入手，探究公司治理的内外部治理机制对其能够发挥怎样的作用。鉴于公司的管理者们普遍都拥有自由裁量权，并且法律也只有有限的能力来制约管理层进行谋取控制权私利的能力，在抑制控制权私利缺乏完整机制的情况下，税收制度可以对“控制权私人收益”实施有效的控制，以国家是所有公司里最大的小股东这一事实为基础，通过建立税务当局、外部股东和公司管理者之间的博弈进行研究，研究结果发现：提高税收征管力度，大股东们所享有的控制权私利水平会降低，结论是，税收征管的提高能够显著抑制大股东谋取控制权私利的行为。

四、税收征管发挥公司治理效应的理论分析

（一）税收征管提升公司治理质量的原因

税务机关作为国家征税机构的代表，在向企业征税时，往往会对企业的现

金流具有税收上的要求权（对公司自由现金流的需求和对公司经营现金流的需求）。因此，在一个公司从创立到清算的整个过程中，税务机关的监管贯穿始终。税务机关一直对公司的各种情况进行监督与控制，它见证了整个公司由盛到衰、从有到无的全过程。鉴于税收征管对公司现金流具有税收上的要求权，其实国家是作为任何公司的“最大的小股东”身份出现的。既然是公司股东，那么便享有分享公司利润的权利，便会对公司监督与控制。税务机关作为国家的代表机关，其可以凭借法律的有效保护对税收进行强制征收，即使单纯从自身利益角度出发，他们也会认真去监督和控制公司经营者以及控股股东，及时制止这些利益相关者所做的一些违法行为。比如，税务机关会对公司内部的会计信息进行监督，以确保公司所披露的会计信息质量，保证国家利益不被侵蚀，从而最终达到提升公司治理质量的目的。

（二）税收征管提升公司治理质量的可行性

如前所述，国家可以作为该国内任何企业“最大的小股东”，虽然国家也是企业的股东，但是国家在通过实施税收征管来对公司进行监督与控制时，并不会像企业内其他分散小股东一样有“搭便车”的行为。究其原因，其他分散的小股东虽然很想对公司进行监督，但是他们对公司进行监督的成本要比国家进行监督的成本高很多，对这些小股东来说，监督成本过高，因此一般情况下这些小股东不会对公司实施监督；而税务机关则不同，税务机关除了拥有保障全体人民利益的义务之外，它们对公司进行监督的成本也不是很高，税务机关通过对一家公司进行管理、稽查和行政处罚，会对其他公司起到警示和威慑作用，如此一来便能够达到事半功倍的效果，节省监督成本。因此，税务机关对公司所实施的监督具有成本低、高收益的特点。另外，税收征管的执法环节还具有明确而严格的法律规定，以此来保护中小投资者的利益。

（三）税收征管提升公司治理质量的路径

（1）关系型契约。目前我国经济正处于转型时期，税收征管提升公司治理质量主要依靠关系型契约的约束。关系型契约是一种非正式的制度安排，它的存在需要用将来契约关系的价值来保持。关系型契约只可存在契约双方，不可能存在第三方，且契约关系必须由关系双方自我执行。契约双方中的交易方声誉价值或者未来的契约关系必须足够强大，因为只有这样，交易方才拥有主动权，契约方才不敢违约，违约现象才会被杜绝。企业与国家税收征管机关之间存在关系型契约，其契约关系从公司成立之时就存在，作为契约的双方，税收征管机关永远不会毁约，且地位足够强大。公司迫于各种压力而必须执行契约，而且是由高昂的惩罚成本以及声誉机制的约束强制执行的，因此，为了保持好的声誉及避免违约惩罚成本，企业一般会选择主动履约。综上所述，税收征管作为公司治理的外部非正式治理机制，其参与公司治理的途径就是这种契约关系。正是这种契约关系的存在，税收征管才能改善公司治理。

（2）声誉约束。税务征管机关对一家公司内各种情况进行检查、监控，出现违法行为时对其处罚，这些信息会给这家公司带来一种舆论关注，该公司的大股东或经理层不可避免地被曝光于公众的视野之下，为了维护自身良好的声誉，或者出于要被别人尊重的心理，他们会收敛自己自私自利的行为，使自己能够在大众心中保持较好的声誉，为将来的职业发展或者谋取私利提供机会。万一该公司被曝光存在不合法行为，税收征管机关会对该公司实施严厉处罚，且这种处罚不仅对该公司起到震慑和警醒作用，对其他公司也有一定的警醒和威慑作用，以避免此类违法行为的再发生。因此，声誉机制的出现是对法律上所存在缺陷的弥补，一些法律不能够解决的公司问题，利用声誉机制往往能够取得良好的效果。

（3）监管机制。股东和管理者两者之间是一种委托人与代理人的关系。在此类关系中，作为委托人的股东希望管理者们能以公司的利益为目标来经营公司，而作为代理人的管理者却往往从自身利益最大化的角度来掌管公司，而忽视公司及股东的利益。因此，当公司的利益或者股东利益与管理者自身利益相冲突时，管理者会倾向于从自身利益最大化的角度做决策、制订方案，选择对自身最有利的方案实行。以提高企业业绩为目标，监督、约束管理者的机制应该被建立。税收征管作为其中的一种监督机制，近年来受到国内外学术研究领域的广泛关注。政府就是公司内的投资者，而且是特殊的投资者，其所获取的税收收入是政府对企业所获利益的强制性分享，国家征税有法律的保驾护航，强制性、无偿性、确定性等都是国家征税的特点。税收征管机关以法律为依托，对企业中的各种不法行为进行监督、控制，可以缓解上市公司与监管机构之间的信息不对称，通过税收征管，增加监管机构对企业各类经营活动进行调查的概率，上市公司从事不法行为而遭受法律惩罚的机会也就越大，上市公司管理者或大股东因害怕遭受惩罚而减少不法行为，从而抑制不法行为的发生。所以税收征管可以通过监管机制增加有不法行为的上市公司受到法律惩罚的概率，以提升公司治理质量。

（四）税收征管提升公司治理质量的方式

代理成本可以评价公司治理的好坏，是组成公司治理内容重要的一部分。因此，能够降低代理成本的措施就肯定能够改善公司治理，提升公司治理质量。从上述分析可以发现，税收征管能够作为对公司经营情况进行监督与控制非常重要的外部力量。以相关法律为依据，税收征管机关对公司内财务报表及其他相关资料进行细致检查、监督、控制，以期避免发生任何危害税源的行为，保证国家利益。所以，在这种外部力量的监督下，公司内管理者会收敛自己的行为，其私利减少，股东们分红则相对增加，由此，股东会相应减少对管理者的监督，监督成本减少，也就是第一重代理成本减少。另外，针对每个公司，税务机关每年都有税收预算，为了达到预期的税收预算，也保证自己的利益不被损害，税务机关会加强对管理者行为的监督，以保证管理者们及时披露高质量的信息，改善股东与管理者之间信息不对称的情况，提高信息透明度。信息透明度是决定同时体现公司治理的重要因素，信息透明度提高，企业内各类代理成本降低。良好的声誉能给相关主体的未来带来可观的经济价值与名誉，税收征管能够在资本市场上产生非常强烈的社会舆论，为了自己良好的声誉及声誉背后带来的经济价值，管理者会努力在大众面前保持形象，减少侵占公司利益的败德行为，通过税收征管，税收征管机关及大众会帮助股东对管理者进行监督，股东对管理者监督的成本也就相应降低，所以，税收征管可以看作公司治理的一种外部非正式治理机制，通过降低代理成本的方式来改善公司治理。

本章小结

本章涉及税收负担、税收征管、信息披露等方面的公司治理，系统、全面地阐述了企业在进行公司治理时应如何考虑税收的影响，以及应如何进行公司治理。

关键术语

税收负担　税收征管　公司治理

思考题

1. 税收负担的公司治理效应基本内涵是什么？
2. 企业税收负担影响因素有哪些？
3. 请论述税收征管与公司治理的基本关系。

案例分析题

1. 税负的高低对于企业而言存在重大影响，越来越多的企业因为税负的不断增加而衍生出逃税、隐瞒应税收入等想法。CW 是一家上市公司，生产消费类电子产品如电视机及 DVD 播放等，该公司的应税收入相当可观，并且在面对税务机关的例行检查中，遵循国家的税收法规和规章制度，并无任何违规操作。该公司管理层称“在阳光下运行，接受来自社会公众和政府的监督”是一种社会责任感，坚决反对逃税、隐瞒应税收入的行为。

问题：针对上述材料，指出如何看待税负高低，以及对于“税负于公司治理而言有弊无利”进行论述。

2. LT 公司为外资企业，投资主体实质是台商。作为一家专业数控设备生产公司，LT 公司拥有 20 余项专利技术，并于 2013 年申请成为高新技术企业。LT 公司为台湾 LT 股份有限公司控股子公司。由于台湾 LT 股份有限公司是投资主体的原因，LT 公司面对着两种税制环境和财税核算要求，在总部设于中国台湾的集团公司主导下，并没有发展、适应、针对中国大陆税收环境构建税收风险管理体系的动力。在会计核算要求上，两地也存在较大差异。由于财务上由集团公司直接管辖，LT 公司的会计科目设置延用中国台湾的名称和内容，甚至在“应交增值税”科目的设置上也并无按中国大陆相关规范操作的迹象，形成了纳、征双方对涉税经济业务理解上的差异。LT 公司在税收风险管控方面只是提出泛泛的要求，并没有进行系统性的整体安排。导致税收风险管控目标单一，即降低税负。LT 公司使用了微软公司的 ERP 软件，并将模块推广到了供应链环节，走在了许多制造业的前面。但 LT 公司对这些数据的分析、应用却并未达到初衷，甚至于财务报表、财务分析都是通过 Excel 完成，而不是由 ERP 系统或其他应用软件自动生成，更不用说利用财务信息建立税收风险管控指标对风险加以控制。LT 公司基本没有知识管理方面的工作体系，工作人员技能的提升难以转化为公司整体技能的提升，造成了对个别员工的过分依赖，当员工水平不高或工作失误，整个公司将为其“买单”。纳税评估、税务检查中在同一问题上连续出现税收风险，多次补缴税款，进一步说明知识沉淀没有加以管理也会导致科学的管控体系处于失控状态。

问题：针对上述材料，指出 LT 公司在税收风险管理过程中潜在的问题，并为公司在这些问题的治理上提出相关建议。

综合阅读题

A 公司是安顺市一家从事水泥生产的居民企业，并且是香港 B 公司的全资子公司，香港居民 C 是 B 公司的原 100% 持股人。2011 年 4 月，因资金链断裂，C 将其持有的 B 公司的其中 65% 的股权转让给位于英属维尔京群岛的 P 公司，转让后 C 个人持有 B 公司 35% 的股份，P 公司则成为 B 公司的控股公司。

2010 年 12 月，A 公司和 B 公司签订外汇借款合同，借款金额 2665 万美元，借款期限 1 年。之后每年 A 公司和 B 公司都对此份借款合同进行延期合同，合同最终到期时间为 2016 年 12 月 24 日，截至 2016 年底，A 公司共向 B 公司支付借款利息 4125.54 万元人民币。

依据《内地和香港特别行政区关于对所得避免双重征税和防止偷漏税的安排》，如果利息所得“受益所有人”是香港居民，则按 7% 的优惠税率征收企业所得税，因此，B 公司申报享受税收安排待遇的利息所得共计 2746.75 万元人民币，A 公司按照 7% 优惠税率扣缴 B 公司企业所得税 192.27 万元人民币，B 公司享受减税 82.4 万元人民币。

稽查始末：

2016年11月，安顺市国税局在对所辖企业对外支付数据开展全面核查时，发现A公司长期向其香港母公司B公司支付利息，其中一笔却支付到了台湾，税务局发现了此笔系统原因造成的错误的同时发现了A公司和B公司的借款合同的其他一点，延期合同约定的借款利率逐年下降，分别从10%下降到6%、4%、3%和2.5%。而2011年B公司持股人C转让65%的股权的主要原因就是资金短缺，但B公司却在2011年以后持续向A公司提供大量资金，且借贷利率远远低于同期市场利率，税务人员对B公司产生了怀疑，则立刻对B公司"受益所有人"身份展开调查。

税务人员经过调查发现：一是利息收入的确认时间与合同约定、实际支付时间不一致；二是B公司资金流向记录显示，相关的贷款和利息均在当日或只在其账上停留几日，便立即转出给A公司或P公司，对于所得或所得据以产生的财产或权利缺乏实质控制权或处置权，基本不承担贷款风险；三是B公司没有固定工作人员，甚至没有固定的办公场所，没有实质经营活动，除A公司汇入的利息外，没有或几乎没有其他经营活动和收入。最终税务机关判定本案中税收安排的"受益所有人"不是B公司，而是P公司，支付给P公司的利息不能享受7%的利息所得税优惠，因此，B公司委托A公司到税务机关补缴了利息所得企业所得税。

问题：B公司需要补缴税款的法律依据是什么？

目前全球税收体系是不公平的、扭曲的，导致苹果和谷歌等大公司海外运营后税收流失海外，美国国内普通工人和纳税人则没有因为大公司的繁荣而获得益处。

———诺贝尔经济学奖得主　约瑟夫·斯蒂格利茨（Joseph Stiglitz）

第十一章　税收与国际理财

- 国际理财基础
- 国际理财税收因素分析
- 国际理财的税收策略

学习提示

国际理财是跨国开展的特殊领域的财务管理。相较于国内理财，国际理财的环境更为复杂，内容更加丰富，风险也更多。国际税收管理是国际理财的重要组成部分，也是国际投资、国际融资、国际营运资金管理过程中重要的决策因素。熟知国际税收的相关知识，了解其在各项国际理财活动中的作用，并掌握相应的策略，才能更好地开展国际理财，并作出正确的决策。

案例导入

案例 11－1 日本日清食品公司在中国收购花生，临时派出它的一个海上车间，在中国大连港口停留 28 天，将收购的花生加工成花生米，将花生皮压碎后制作花生皮制板后又返售给中国。日清食品公司既没有在中国设立实际管理机构，也没有设立机构、场所，仅在大连港口停驻海上车间，因此，按照中国企业所得税法规定，日清食品属于非居民企业，不必按其获得的花生皮制板收入向中国政府缴纳 25% 的所得税，而只需按照 10% 的税率缴纳预提所得税。

这是跨国纳税人利用海上作业，就地收购原料、就地加工、就地出售的典型筹划节税的案例。日清食品公司采取这样的措施，不仅能够缩短生产周期，提高资金的周转率，而且成功节税，实现了税后收益最大化，是一项有效的税收筹划方案。当然这也完全符合国际惯例。

案例 11－2 假设某跨国企业同时在甲、乙两国开展业务，且两国都行使居民管辖权，但两国对判定公司法人的居民身份有不同的标准。甲国采用登记注册地标准，而乙国采用总机构所在地标准。现有两种方案：一是在甲国登记注册，在乙国设立总机构（甲乙两国没有签订国际税收协定）；二是在乙国登记注册，在甲国设立总机构。请问，企业应采用何种方案？

方案一：在甲乙两国没有签订国际税收协定的情况下，该跨国企业来自世界范围的全部所得既要向甲国又要向乙国缴税，即双重缴税。

方案二：该跨国企业不具备任一国居民公司的身份地位，因而不需承担甲、乙两国任何一国的纳税义务，规避了税收负担。

第一节 国际理财基础

一、国际理财的概念及特点

（一）国际理财的概念

国际理财是企业与境外企业、机构或个人之间发生的财务活动及企业对这些财务活动开展的一系列计划、组织、指挥、控制、协调等管理活动的总称。国际理财是企业理财的特殊领域。其特殊性因企业理财主体或理财行为超越国家边界而产生。

（二）国际理财的特点

（1）理财环境的复杂性。由于不同国家、不同地区之间存在着较大的政治、经济、法律、社会、文化等差异，这些差异使国际理财环境较之国内理财环境更为复杂。以国际投资为例，企业除了考虑一般情况下东道国的法律、经济、社会、文化等环境差异，还要从较长时间段来考虑由于两国政治差异可能对两国关系造成的影响。当母国与东道国的关系出现恶化时，这两个国家间发生的所有理财活动均会受到影响。同时，母国与东道国之间关系变化还可能受到其他国家及整个国际形势的影响，当影响难以估计和预测时，更增添了理财环境的复杂性。复杂的环境加大了国际理财的难度。

（2）理财内容的丰富性。国际理财的内容同样涉及投资、融资、经营和股利分配，但同样的内容，国际理财会比国内理财更丰富。以投融资为例，国际理财可以从更多的国家和地区来寻找更多的投资机会，更多种类型的融资渠道。同时，由于国际理财环境存在差异，企业在开展国际投资、融资、经营和股利分配及其相关的财务管理活动时，还要针对不同环境产生的差异进行管理，如不同税收制度下的税收管理，不同会计制度下的核算管理，不同货币下的外汇管理等，从而使国际理财的内容较国内理财更为多样。

（3）理财风险的差异性。国际理财一般比国内理财面临更多的风险。以融资为例，国内理财需要考虑利率风险，但国际理财还要考虑汇率风险。同样是利率风险，国际理财需进一步考虑不同国家利率水平差异产生的影响。国际理财较之国内理财，其系统性的风险也十分突出。如政治风险、政策风险、法律风险，都是系统性的风险。对于企业而言，这种系统性的风险是较难通过经营管理来规避的。

二、国际理财的内容

（一）国际投资

国际投资是指投资者将其本国的资本投入其他国家，以便获取更高收益的经济行为。国际投资是一种国际间资本的流动。从投资企业的角度看，国际投资可通过全世界范围的投资扩展规模，获得更高的利润。从东道国的角度看，吸收来自境外的投资可有利于增加就业机会，推动本国经济的发展，同时还有可能促进本国的技术创新。按照投资的形式，国际投资可以分为国际直接投资和国际间接投资。

（1）国际直接投资。国际直接投资又称“对外直接投资（foreign direct investment，FDI）”。按照国际货币基金组织（IMF）的定义，对外直接投资是指一国的投资者将资本用于他国的生产或经营，并掌握一定经营控制权的投资行为。国际直接投资具有实体性、控制性的特点，即要求国际投资主体跨国拥有或控制企业实体，直接从事各类经营活动。

根据投资的方式，国际直接投资划分为创办新企业、控制外国企业股权两种。创办新企业又被称为绿地投资，指跨国企业等投资主体在东道国新设企业开展经营活动。控制外国企业的股权通常会通过并购的方式来实现。为了与国际间接投资的权益工具投资相区别，国际货币基金组织建议以拥有一定的股权比例来确定为国际直接投资。国际财务报告准则及我国企业会计准则主要从是否实质上控制企业的经营决策和财务决策进行判断。

创办新企业这种投资方式有利于母公司根据自己的需要进行内部调整和规划。母公司在新投资的各个方面都掌握了主动权，不容易受原有企业的限制。但是，创办新企业需要进行大量的筹建工作，建设周期长，速度慢，投入资金大，对母公司的资金实力、投资经验都是重大的考验。而且作为新企业，成立之后要重新建立渠道，开拓市场，也会面临不少问题。创办新企业既可以创办独资企业，也可以与其他投资者共同创办合资企业。对于拥有世界先进技术或其他垄断性资源的企业来说，到经济欠发达国家和地区进行投资，创办新企业就非常有优势。

控制外国企业的股权通常可以通过兼并、收购等并购方式来实现。相对于创办新企业，并购的成本可能更低一些，获得融资相对容易，而且并购的时间周期可能会比筹建新企业的时间周期短。但并购也存在风险。并购方对被并购方的控制不一定有效，并购之后的协同效应也不一定能产生。

新中国对外直接投资的历史是从改革开放后开始的。1979 年国务院提出“出国办企业”拉开了对外直接投资的序幕。经过了 5 年的探索后，中国开始对对外直接投资进行规范，从个案审批向规范性审批转变。中国的对外直接投资进入高速发展阶段是从 2001 年开始的，这与 2001 年我国实施的中国企业“走出去”战略密切相关。2020 年，在全球经济下行和新冠疫情的双重历史下，中国对外直接投资额达到 1329.4 亿美元（折合 9169.7 亿元人民币），同比增长 3.3%，达到历史最高水平。

（2）国际间接投资。国际间接投资，是指投资者在国际金融市场上购买其他国家政府、金融机构和企业发行的债权工具、权益工具以及其他金融工具和有价证券的投资活动。这种投资活动的投资者并不是为了获得企业的控制权，而是为了获得股利或债券利息等投资收益。

企业的股利政策或利润分配是一项重要的内容，在很多财务管理的教材中通常会单独进行阐述。鉴于跨境的利润分配在国际投资伊始就会纳入规划和管理，本章将跨境利润分配的内容与投资结合在一起，在后文相关税收策略的内容中进一步阐述。

（二）国际融资

国际融资是指企业跨国或跨境进行融资活动。企业的融资分长期融资和短期融资。企业长期融资是企业长期的资金保障，是企业的重要决策。从融资的性质来分类，企业长期融资一般可分为股权融资和债权融资两种。债权融资一般有银行贷款和发行债券两种。此外，企业也可以通过发行混合证券进行融资，如发行兼具股票、债权性质的可转换债券，或开展租赁业务等。企业长期融资从融资的来源来分类，一般可以按企业的内外部分为内部融资和外部融资。内部融资除了留存收益以外，集团公司还有母子公司之间、子公司之间的关联方债务，这在国际企业融资中较为常见。

相对于国内融资，企业的国际融资的资金来源渠道更多、选择性更强。以下简单介绍企业跨境发行股票、跨境发行债券和跨境贷款。

企业跨境发行股票具有资金筹措面广、速度快、规模灵活等优点，因此被越来越多的企业采用。在全球化快速发展的背景下，尤其是我国还未实施注册制的历史背景下，在境外发行股票相对容易，对企业业绩门槛的要求相对较低，中国有很多企业赴美国、新加坡、英国、欧盟等地发行股票。但是，在经济逆全球化的背景下，中国企业赴国外上市的难度增大，加之中国实施、推进了注册制，越来越多的中国企业有回归香港和国内上市的倾向。

跨国发行债券是指发行者在境外证券市场上发行债券的融资方式。国家发改委 2015 年发布的《国家发展改革委关于推进企业发行外债备案登记制管理改革的通知》将境外债券定义为："境内企业及其控制的境外企业或分支机构向境外举借的、以本币或外币计价、按约定还本付息的 1 年以上债务工具。"在国际理财中，通常根据发行场所和面值货币把跨国发行的债券分为外国债券融资、欧洲债券融资两种。外国债券（Foreign bond）是指债务人在境外发行的，以发行地货币标价的债券。例如，中国某企业在英国发行的以英镑标价的债券。欧洲债券（Euro bond）是借款人在本国以外市场发行的，以第三国的货币为面值的国际债券。欧洲债券并不是指在欧洲发行的债券，它并非局限于地理概念上的欧洲范围。对于中国来说，在境外发行债券除了可以在发行地以发行地货币或第三国货币发行债券外，还可以发行人民币债券。我国在境外发行人民币债券的历史并不是很长。2007 年 6 月 8 日中国人民银行下发了《境内金融机构赴香港特别行政区发行人民币债券管理暂行办法》，同年，国家开发银行在香港首次发行了人民币债券。随着人民币国际化的推进和中国企业国际发展的需要，2015 年中国由国家发改委发布了相关文件，取消了企业境外发行人民币债券的地域限制。2016 年中国财政部还首次在伦敦发行了国债，这是中国政府首次在香港以外地区发行的离岸国债。

跨国贷款是企业通过多种方式在境外取得贷款融资。对于在境外有子企业的跨国企业来说，在当地获取长短期贷款相比在境外发行股票、发行债券更灵活。

债务融资受汇率变动影响较大。为了防范债务融资过程中的汇率风险，企业可以采取以下策略：①考虑多种货币的组合，尽可能选择汇率相对稳定的货币。2016 年后美元对人民币大幅升值，使国内很多有美元债务融资的企业备受压力。不少企业为了减轻美元升值带来的损失，不得不提前偿还负债。②选择可自由兑换货币，以在汇率变动的时候及时进行汇兑和风险转移。③融资货币尽量与用款、还款货币一致，或尽量选择与用款、还款货币汇率相对稳定的币种。④在借款合同中订立保护性条款，如货币可转换条款、货币保值条款、提前还款、延期还款等条款。⑤制订偿还本息的计划，采用货币掉期、货币期权、远期外汇合约和外汇期货合约等金融衍生工具开展外汇风险管理。

（三）国际营运资金管理

国际营运资金管理是企业跨国（含跨境）对营运资金开展的管理。由于国际理财环境的复杂性和特殊性，与单纯的国内理财相比，国际营运资金管理必须具备更强的风险意识和更高的应变能力。营运资金的定义有两种：一是毛营运资金，指企业的流动资产总额，包括现金、短期证券、应收账款、存货等项目；二是净营运资金，指流动资产减流动负债后的净额。本章将以第一种定义方式为主，针对资金管理、应收账款管理、存货管理三个主要方面介绍国际营运资金管理的内容。

（1）国际资金管理。资金是企业血液。国际资金管理与国内资金管理的目标相同，即有效地控制企业的现金流，进行最优现金流决策，以为企业实现相关投资、融资和经营活动提供服务。不同的是，国际资金管理要比国内资金管理面临更复杂的情况，机会与风险共存。

跨国企业为了能够更好地开展国际资金管理，一般会采用净额结算制、集中现金储备制等资金集中管理的方法，强化资金预算，以应对全球范围的资金需求和资金调动。净额结算制，是对跨国企业内部子公司之间交易采用净额结算的制度。如某跨国企业有 A、B、C、D 四家子公司，这四家子公司在当月相互之间发生了 20 笔外汇交易。如果分别就这 20 笔外汇交易进行结算，势必要付出 20 笔外汇交易费用。如果四家子公司之间进行交易净额结算，进行外汇支付，将会大大节省交易的费用和管理成本。多边净额结算制度要求具备某种程度的管理结构，如设置净额结算中心或资金集中管理中心。净额结算中心或资金集中管理中心为了能完成多边净额结算，通常会进行全球资金的集中储备，即实施集中现金储备制，有一些企业也将之为跨境资金池。

为了更好地开展国际资金管理和降低风险，许多有国际业务的企业也会利用各种金融衍生工具对国际结算所需的外币进行套期保值。了解并熟悉国际资本市场，掌握各种金融衍生工具的风险规避功能，是开展国际资金管理必不可少的能力。

（2）国际应收账款管理。国际应收账款管理是对境外的应收账款开展的管理，包括对境外的客户制定信用政策，催收境外应收账款等。受多种因素的影响，境外的应收账款发生坏账的可能性更大，收款的成本更高，管理的难度更大。

对跨国企业来说，境外应收账款因来源不同可分为两种：一是企业外部的应收账款，它是企业向其境外外部客户赊销所形成的，反映了企业与客户之间的债权关系；二是企业内部的应收账款，它是由企业与境外子企业之间的内部转移交易所形成的，是国际企业内部财务往来的一种形式。因此，应采取不同的方式对这两种不同类型的境外应收账款进行管理。外部应收账款属于一般意义上的应收账款，它反映了企业的商业信用政策，管理的重点或目标是在保证企业产品市场竞争力的前提下尽可能降低应收账款的投资成本。内部应收账款作为国际企业整个财务管理体系中的一个组成部分，其管理并不反映企业的信用政策，目的只是追求企业整体财务资源的最优配置和组合。所以对于内部应收账款的管理无须考虑资信的问题；而且其付款时间不完全取决于商业习惯，主要取决于国际企业的全球战略。国际企业内部应收账款的管理通常采用提前或延迟付款和设置再开票中心来进行。

（3）国际存货管理。国际存货管理，与国内存货管理在原理上是一致的，同样要遵循“经济订货量”“保险储备量”等基本原理。但是一般来讲，国际存货管理要比国内企业复杂得多，对存货水平和实现预定的存货周转率目标等方面更加难以控制。这主要是因为存货的购销要跨越国界，运输距离遥远，到货时间长，期间还受多种不确定因素的影响，如汇率大幅变动、外汇管制、进出口管制时常发生，此外还有政治动乱、灾害天气以及其他突发事件的影响。

存货管理的重点在于购置决策与销售决策。对于跨境购销存货，决策时除了要考虑正常的存货管理成本外，还应考虑企业对存货的依赖程度，购置所需结算资金的汇率变动情况，国际关系对国际贸易的影响等。

（四）国际税收管理

国际税收管理就是企业通过在各国之间合法、合理地配置资源，充分利用各国税法制度之间的差异，规范企业的涉税业务，同时，谋求企业税负整体最优化的行为。税负最优不一定是税负最小，而是指企业实现整体理财目标最适当的税负。

无论是投资、融资还是营运资金管理，都会涉及税收。受各国税收制度差异的影响，国际税收管理要比国内税收管理更为复杂。除了各国开征的税种不同，纳税范围不同，相同税种汇率不同以外，不同国家之间还存在税收的竞争与税收合作关系，这也会影响国际税收管理的开展。各国税收制度的不同，既为国际投资、国际融资、国际营运资金管理增加了税收管理成本，但这些差异也为国际理财提供了空间。有一些国际投资，本身就是国际税收管理行为，如在避税港或低税率国家设立子公司等。

（五）外汇风险管理

外汇风险是指由于受各国货币汇率的变动的影响而造成损失的可能性。外汇风险一般根据内容不同分为交易风险、折算风险与经济风险。交易风险也称交易结算风险，是指运用外币进行计价收付的交易中，经济主体因外汇汇率变动而蒙受损失的可能性，它是一种流量风险。折算风险又称会计风险，是指经济主体对资产负债表进行会计处理的过程中，因汇率变动而引起海外资产和负债价值的变化而产生的风险，它是一种存量风险。经济风险又称经营风险，是指意料之外的汇率波动引起公司或企业未来一定期间的收益或现金流量变化的一种潜在风险。经济风险包括真实资产风险、金融资产风险和营业收入风险三方面，其大小主要取决于汇率变动对生产成本、销售价格以及产销数量的影响程度。

国际企业通常有三种外汇风险管理方法：①利用远期市场进行套期保值；②通过以现行汇率从货币市场或资本市场借入与未来收到或支出金额相等的外币的方式来防范外汇风险；③收集预期远期汇率和现行远期汇率相关的信息，并据此对外汇风险进行系统预测和防范。

三、国际理财的主要影响因素

（一）政治因素

政治是否稳定将直接关系到国际理财资本的安全，因此，政治是国际理财十分重要的影响因素。一国政治局面的形成也是有多种原因的，包括国家政治体制及其影响下的对外关系、党派斗争、政府换届、民族关系等。

政治体制包括国家的管理形式、结构形式以及选举制度、公民行使政治权利的制度等。一个国家的政治体制是与该国社会经济基础相适应的。不同的政体，就会有不同行政管理体制、不同的经济管理体制、不同的政府部门、不同的行政效率，还有不同的党派争端等。这些不同，有可能会影响当地的营商环境，并影响国际理财。

政体的不同，有时也会很大地影响国家之间的关系。当两国关系密切时，会很大地促进两国的经济往来，带动国际理财活动。但两国关系出现问题时，对两者之间的国际理财会产生重要的负面影响。

（二）经济因素

国际投资本质上是在全球寻找获利机会。不同国家的经济情况不同，产生的获利机会就不同。对国际投资者来说，不同的国家就是不同的市场。

不同的国家有不同的经济发展水平。经济发展水平的高低会形成不同的市场结构和不同的投资需求，并因此产生各个国家对外资利用规模和结构的差异。同时，经济发展程度不一样，基础设施的建设情况，经济和物价的稳定程度也不同。一般来说，经济发展水平高的国家，就会有较高的消费需求和较开放的市场，还会有较好基础设施，稳定的经济和物价水平，还有健全的要素市场，包括商品市场、金融市场、劳动力市场、技术市场、信息市场等。经济发展水平低的国家，相对而言消费能力也较低，经济发展不稳定，货币容易贬值，物价上涨，经济脆弱，从而产生国际投资风险。但经济发展水平不高的国家，也往往意味着有较低成本的人工、廉价的土地和原材料。

不同国家的经济政策也不同。特别是经济开发政策、自由贸易政策。经济开发政策的核心是促进和保护本国工业的发展，开发本国产业以及提高地区经济水平，包括工业化政策、产业开发政策和地区开发政策等。多数发展中国家都会遇到资本投入不足的困难，故希望通过引进国际理财资本来弥补这一不足。

自由贸易政策将会促进国家和地区的商品、资本自由流动。此外，一国的外汇政策也很重要。如果一个国家实施外汇管制政策，将直接影响着资本自由进出，利润和其他收益自由汇回的程度。

（三）法律因素

法律制度的健全，是国际理财主体在当地权利得以保障的前提。法律制度的健全主要指法律体系的完善和各项法规实施的情况。尤其是各国的外资法更是国际投资者特别关注的法律，它是影响国际理财资本进入的重要因素。与外国投资者有着直接的关系的法律制度如商法、公司法、反托拉斯法、劳工法、税法、海关法，等等。法律制度健全，执行严格公平，会对外国投资者产生较大吸引力。相反，若有法不依、执法不公，将会影响外资进入的积极性。

税收制度是指国家以法律或法规的形式确定的各种课税方法的总称，是影响国际理财决策重要的因素，而影响国际理财的主要是全球性税制和地区性税制。

（1）全球性税制。行使税收管辖权的全球性税制是对本国居民取自全球各地的收入进行征税。按照这一税制，该国的税务机构应向居民和企业行使税收管辖权。拥有许多附属机构的跨国企业须在本国为其国内外所得缴纳税收。当然，如果其国外附属机构的所在国也对在其国境内取得的所得征税，那么除非建立了防范机制，否则就存在双重征税的可能性。

（2）地区性税制。行使税收管辖权的地区性税制是对在该国境内取得收入的所有国内外纳税人课税。因此，不论纳税人的国籍如何，如果所得是在一国国境内获得的，那么就由该国征税。依据这种方式，该国税收机构对发生在该国境内的交易行使税收管辖权。由此，本地企业和外国跨国企业的本地附属机构就得在收入来源国纳税。当然，如果外国附属机构的母国对全球性收入征税，除非建立了防范机制，否则就存在双重征税的可能性。

（四）社会文化环境

各国的社会文化背景不同可能会使国际理财活动在东道国受到阻碍。

语言和文化传统的差异，往往是影响国际理财活动的直接因素。不同的文化传统所造成的不同社会观念、消费习惯、生活准则、思维方式等，会对国际理财活动产生程度不同的影响。语言和文化传统方面的差异越小，与东道国越容易沟通，从而越有利于国际理财活动的开展。

国际理财活动所在的东道国教育水平高，劳动力素质必然高，生产的效率和经济效益就高，国际理财的收益就越好，对跨国投资企业就越有吸引力。

不同的宗教信仰对人们的价值观念、生活态度和消费方式等都会产生重要影响。例如，从传统上看，基督教主张努力工作、节俭、储蓄；佛教和印度教强调精神价值，贬低物质欲望；伊斯兰教禁止食猪肉、饮酒等，这些都会对国际理财活动产生直接或间接的影响。在国际理财活动中，越能尊重东道国的宗教信仰和风俗习惯并适度地加以利用，则越能在该国开展投资活动并获得成功。

第二节　国际理财税收因素分析

一、国际税收的概念

目前国际税收的概念有广义和狭义两种。狭义的国际税收，是指一国对纳税人的跨境所得和交易活动课税的法律、法规的总称。广义的国际税收，是指在开放的经济条件下，因纳税人的经济活动扩大到境外以及国与国之间税收法规存在差异或相互冲突而带来的一些税收问题和税收现象。本书采用的是广义的国际税收概念。

广义的国际税收概念包含以下三层重要含义：①国际税收不能脱离国家税收而单独存在。国际税收并不能脱离国家政治权力以及国家税收的征纳关系而独立存在，这种政治权力和征纳关系，正是通过有关国家政府对其政权管辖下的纳税人进行分别课税之间存在差异而表现出来的。②国际税收不能离开跨国纳税人这个关键因素。如果只是作为一般的而不是“跨越国境”的纳税人，其通常只承担一个国家的纳税义务，仅仅涉及一个国家的征纳双方当事人之间的关系，并不会由此引起这个国家和其他国家政府间的税收分配关系，这样国际税收关系也就无从发生。③国际税收是关于国家之间的税收分配关系。如果只需通过一国的国家税法来处理相应的经济活动，而并没有发生国家之间的税收分配关系的都不在国际税收的概念范围内。只有当一个国家对其管辖下的跨国纳税人的课税对象进行征税，并涉及另一相关国家的政权权益，因而需要协调国家间的税收分配关系时，才属于国际税收的范围。国际税收不像国家税收那样，以国家强制性规定作为协调各方利益的依据，国家间的税收征收分配或协调关系主要是由有关国家政府通过签订双边或多边税收协定来解决的。因此，国际税收不是一般的国家税收分配关系，而是关于国家之间的税收分配关系。

二、国际税收涉及的主要税种及其对理财的影响

世界各国的税收种类繁多，涉及国际税收管理的税种也很多，如企业所得税、增值税、预提税、关税和财产税等。世界上有很多国家征收增值税，增值税也是我们国家的主要税种之一。但是，增值税作为一种货劳税，纳税人不是税负承担者，产品或劳务的最终消费者才是税负承担者，相较于所得税，其对不同纳税人的收入调节表现得并不直接，因此增值税并未形成发达国家的最主要税种。许多发展中国家为了鼓励出口发展工业，会实行增值税出口退税或减免税政策，使增值税在国际税收管理中的管理弹性受限。相较而言，在国际税收中涉及最多的是企业所得税和预提税，其税收管理的空间也较大，故本章主要介绍这两种。

所得税是一种直接税，由纳税人或缴税者依据其所得额直接缴纳。针对企业所得征收的所得税是企业所得税。因为公司是主要的企业组织形式，有的国家又将之称为公司税。每个国家都会对企业或个人来自其境内的所得征税。不过，有的国家采用属人原则，有的国家采用属地原则来确认应税所得。各国企业所得税的税率差别也较大，一般而言，发达国家的税率较高，发展中国家的税率较低。发达国家税率高，是因为所得税收入是其主要税收来源，是其高社会福利与调节收入分配的重要保障。但是，近年来在全球经济下行的压力下，有的发达国家也开始降低企业所得税率以吸引资金回流。还有一些国家和地区为了刺激当地企业的发展，吸引外国企业在当地投资，实行极低的企业所得税

税率或甚至不征收企业所得税。这些国家和地区通常被称为避税港，如巴哈马、百慕大、巴林、开曼群岛等。一些发展中国家为吸引外商投资，给予外国投资者一定的免税和减税期，还允许外商投资企业加速折旧，即在固定资产使用初期比后期缴纳较少的所得税，少缴的这部分税款相当于东道国给予企业的一笔无息贷款。税收负担的大小决定企业税后净利润的大小，所得税税率越低，资本回收率就越高，税收负担的轻重成为投资决策的重要因素。而不同国家之间明显的税率差异所造成的税负差异，则成为国际税收管理的重要内容，也是国际直接投资决策的重要内容。

预提税又称预提所得税，是预先扣缴的所得税。严格来说它并非是一个税种，而是对源泉扣缴的所得税的习惯叫法。预提税是对来源于本国境内的利润（股息、红利）、利息、租金、特许权使用费和其他所得所征收的所得税。其之所以采用预先扣缴的方式缴纳，一般是因为获得这些所得的应税义务人没有在该国设立机构、场所，或其所设立的机构、场所与这些所得没有实际联系。不同国家和地区的预提税税率不同。同一个国家针对来自不同国家的应纳税人的税率也有可能存在差异，例如，美国对不同的国家纳税人来自美国的利息所征的税率就不尽相同。如果两国签订了税收条约，预提税税率就较低。预提税是开展国际间接投资、国际融资需要考虑的重要内容。

第三节　国际理财的税收策略

一、国际投资的税收策略

（一）国际投资地及其税收策略

投资地的选择可以追溯到区位理论的发展。18 世纪一些古典经济学家就提出了区位理论的思想。如英国经济学家亚当·斯密于 1776 年发表的著作中就论述了运费、距离、原料等对工业区位的影响。1909 年，德国经济学家阿尔弗雷德·韦伯在其《论工业区位》一书中首次系统地论述了工业区位理论。他认为原材料、运输成本和工资是工业区位选择的主要因素。区位理论对投资地的选择要素体现了通过区位生产要素配置实现成本最低的决策思想。在区位理论的不断发展下，也衍生了多种学派观点，如市场学派观点就认为市场是企业生存的关键。当一个国家或地区具有较大的潜在市场时，为了节约交通运输成本，或为了规避所在国的关税和其他贸易壁垒影响，企业会选择在当地进行直接投资。英国经济学家邓宁提出的国际生产折衷理论认为，国际投资的具体形态和发展程度取决于所有权优势、内部化优势、区位优势这三个方面的优势。所有权优势，又称企业优势、垄断优势、竞争优势等，这种优势可以补偿国外生产经营的附加成本。内部化优势，即企业进行国际投资时，必须考虑到内部组织和外部市场两种转移的结果，只有其带来经济利益大于国内时，国际投资才可能发生。区位优势，即企业把在母国生产的中间产品从空间上转移到别国，并同该国的生产要素或其他中间产品结合以后，能够获得最佳利益时，才会在国外进行投资和生产。

国际投资地的选择是在企业发展战略下，对成本、市场和要素投入等多种因素综合考虑的结果。在国际投资地的选择过程中，税收因素是作为成本的一个重要组成部分予以考虑的。为了降低投资的风险，可以选择相应的税收策略。

第一，选择税负水平低的国家和地区进行投资。在同等条件下，优先选择整体税负水平较低的国家和地区进行投资，需要考虑的税负影响因素包括税收抵免、加速折旧、差别税率、亏损结转等。

第二，确定投资地对企业利润汇出的限制。有不少发展中国家会采取低税率甚至免税来吸引外资，但同时又对外资企业的利润汇出实行限制，希望借此来留住资金和扩大再生产。因此，在税负最低和企业利润汇回受限两者之间，企业需要做出权衡。

第三，尽量规避双重征税。双重征税是国际投资常见的税收问题。为了解决这一问题，很多国家之间都签订了双边税收协定。根据协定，缔约国双方的居民和非居民均可以享受到在本国纳税时，境外已缴纳税款可予以扣除或抵免等优惠政策。进行国际投资时，应尽量选择与母国签有税收协定的国家和地区，以获得相关税收优惠。

第四，尽可能选择国际避税地进行投资。国际避税地，又被称为避税港、避税天堂、税收绿洲。选择国际避税地进行投资，或将之作为国际投资的总部、中转地，将企业在其他国家和地区的投资利润转移到这里，以实现整体税负最优或最小，是许多跨国企业进行国际投资重要的税收策略。一般来说，国际避税地主要分为四种。一是纯粹的国际避税地，即完全不征财产税、遗产税、赠予税的国家和地区，如开曼、巴哈马、瑙鲁、瓦努阿图、百慕大群岛、特克斯和凯科斯群岛、汤加等。二是征收所得税但税率较低的国家和地区，这类避税地包括瑞士、爱尔兰、列支敦士登、海峡群岛、英属维尔京群岛、所罗门群岛等。三是只行使地域管辖权，放弃居民管辖权，对于来源于国外的所得或一般财产等一律免税的国家和地区，如瑞士、香港、巴拿马等。四是实行正常课税，但在税收政策中规定了对某种特定的投资者或对某些特定的国家和地区提供特别优惠政策的国家和地区，如卢森堡、荷属安的列斯、塞浦路斯等。

（二）国际投资组织形式及其税收策略

国际投资可以选择的组织形式一般有两种，一是设立子公司，二是设立分支机构。子公司是指具有表决权的一定比例以上的股份被另一公司持有或通过协议的方式受到另一公司实际控制的公司。子公司是独立的法人，拥有独立的法人财产，自负盈亏。分支机构是常设机构的一种。分支机构是总公司下属的不具有独立法人地位的派出机构，与总公司同属一个法人实体，其经营、财务、人事等均受总公司支配和控制。

子公司和分支机构由于法律性质不同，其开展理财活动的特点与税收待遇就存在差异。

子公司作为独立法人，在东道国开展融资活动、生产经营活动更为便利。但是，它在东道国的设立程序相对复杂，设立成本也较高。在财务上，子公司是独立的会计主体，要单独编制财务报告，同时，纳入母公司合并会计报表，会计核算相对复杂。在税收上，子公司和分公司的税收待遇也存在区别。子公司是居民企业，承担全面纳税义务，其来自全球的所有收入都要申报纳税。母公司所在国的税收法规对子公司没有约束力，除非母公司所在国与东道国缔结了双边税收协定。

分支机构作为总公司的常设机构，其所享有的权限没有子公司大，开展生产经营活动没有子公司便利，但是，其设立相对简单，设立成本也较低。在财务上，分支机构不是会计主体，不需要独立编制财务报告。分支机构不是独立法人，其经营成果直接计入总公司的经营成果，其作为非居民纳税人，在东道国承担的有限的纳税义务，按收入来源的税收管辖权，分公司就其来源于东道国的收入申报纳税。

鉴于子公司和分公司不同的法律性质和税收待遇，对两者的财务管理，特别是税收管理或税收筹划的内容就各不相同。

子公司作为居民企业，可以享有东道国的居民企业税收待遇。作为独立法人，其亏损无法冲抵母公司利润，其利润分配政策可以灵活地选择时间和方式，其向母公司支付的特许权、利息、其他间接费等更易获得东道国税务管理部门的认可，但同时，其与母公司的交易也是东道国税务管理部门反避税的重点检查对象。

分支机构不是居民纳税人，不能享受东道国为新设公司提供的免税期或其他投资优惠，利润一般必须在当年计入总公司汇总纳税，通常不必缴纳预提税，如果是亏损可以直接冲抵总公司利润。其与总公司之间的资本转移是内部转移，不涉及所有权变动，也不涉及税收。

子公司和分支机构各有优劣。国际投资的组织形式是选择子公司还是选择分支机构，需要企业综合投资目标、管理能力、税负等各方面因素加以衡量，能在实现投资目标的同时，实现税负最优，收益最大为佳。

（三）国际投资地、投资组织形式税收策略的综合应用

1. 在低税率国建立区域控股子公司。这是一种传统的跨国企业采用的国际直接投资模式。跨国企业通常选择一个低税率国作为节税国，建立一个子公司作为区域控股公司，再在经营国或经营地成立由区域控股公司控制的运营子公司开展经营（见图 11－1）。区域控股公司仅从运营子公司获得股息收入，再将所得同样以股息形式支付给全球控股公司。

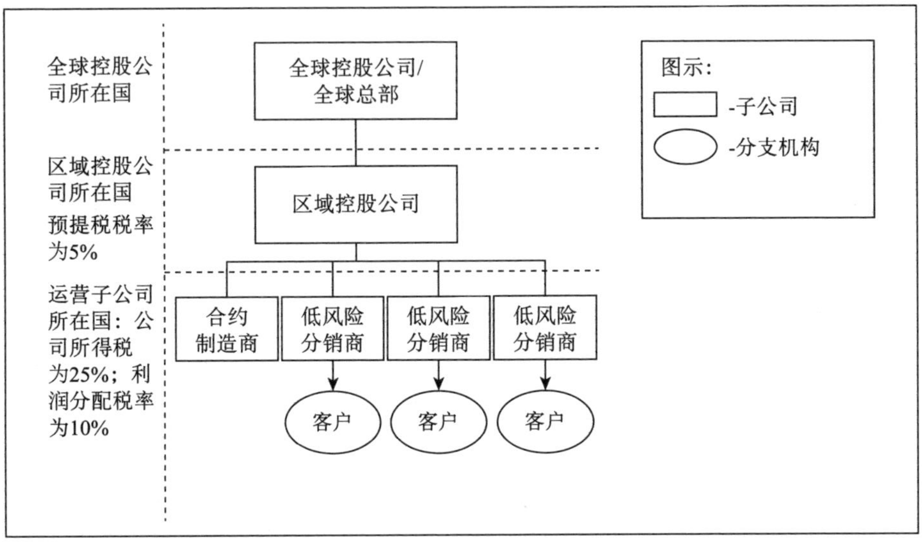

图 11－1　设立区域控股公司和运营子公司

案例 11－3 甲公司选择某低税率国建立区域控制公司，再在经营地成立由区域控制公司控制的经营子公司。经营地子公司企业所得税税率为 25%，所有的运营子公司的应税所得为 100 万美元，它们把全部税后所得以股息的形式支付给区域控股公司。在运营子公司所在国和区域控股公司所在国之间的税收协定下，支付的股息所承担的来源地预提税税率为 10%。区域控股公司仅从经营子公司取得的股息收入，它们把全部所得以股息的形式支付给全球控股公司。在区域控股公司所在国与全球控股公司所在国之间的税收协定下，支付的股息所承担的来源地税率为 5%，区域控股公司所在国和全球控股公司所在国对股息所得以 5% 的税率征税。为了简化模型，假设相关国家的公司法都允许支付股息。

从表 11－1 可以看出，在免税制度下和外国税收抵免制度下的实际税率是一样的。随着该组织中层级的上升，所承担的税率和实际税率呈下降趋势。因此，在外国税收抵免制度下，在相应的控股公司中，由于股息收入不需要承担额外的纳税义务，其税收效果与免税制度是一样的。若适用税率不随着组织层级的上升而下降，外国税收抵免制度可能会产生一个更高的实际税率。在整个组织架构中取得股息收入的区域控股公司和全球控股公司需要承担额外的税负。在免税制度下，由于在收入来源地所征的税是其最终的税负，这种情况不会发生。

表 11－1　　　甲公司实际税率 1

	运营子公司	
收入所承担的总税负	4 × 100 × 25% = 100	
发放的股息总额	400 － 100 = 300	
股息分配所承担的总税负	300 × 10% = 30	
支付的净股息	300 － 30 = 270	
区域控股公司		
	抵免法 [*]	免税法 [**]
股息收入所承担的总税负	(300 × 5%) － 30 = 0	0
发放的股息总额	270	270
股息分配所承担的总税负	270 × 5% = 13.5	270 × 5% = 13.5
支付的净股息	270 － 13.5 = 256.5	270 － 13.5 = 256.5
全球控股公司		
股息收入所承担的总税负	(270 × 5%) － 13.5 = 0	0
甲公司（全球控投公司）		
实际税率	[(100 + 30 + 13.5) /400] × 100% = 35.875%	

* 股息在运营子公司和区域控股公司已承担的预提所得税可以在区域控股公司和全球控股公司所在国对其征税时分别得到全部抵免。因此，在区域控股公司和全球控股公司所在国，股息不需要承担更多的纳税义务。

** 在免税制度下，外国股息收入可以从区域控股公司和全球控股公司的税基中扣除。

2. 将运营子公司改设为分支机构（见图 11－2）。

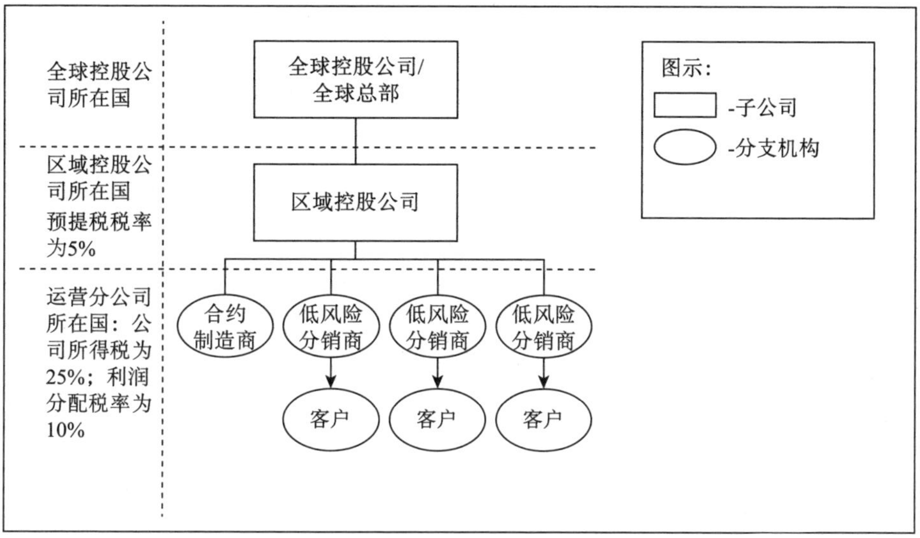

图 11－2　设立区域控股公司和运营分公司

案例 11－4　将［案例 11－3］中的运营子公司改设为分支机构（详见图 11－2），包括合约制造商、分销商和中间商等在内的运营子公司都改设为分支机构。与子公司相比，分支机构将执行相同的职能、承担相同的风险以及接受相同的资产分配（即同一功能、资产及风险概况，FAR），归属于分支机构的收入也将与原有的子公司相同。同时，还假定原有的子公司不存在资本弱化问题。分支机构的总部及该分支机构的所在国政府对该分支机构资本状况具有相同的判断。分支机构与子公司也拥有相同的信用水平，即整个集团。

从表 11－2 可以看出，即使以分支机构来代替经营子公司，在两种减免税制度下，整个集团负担的实际税率仍保持在 35.875%。其原因在于，在上述情形中，分支机构的分配利润仍须承担 10% 的税负，这一水平与原经营子公司相同。而现实的情况是，大多数分支机构并不承担这一税负。因此，当分支机构分配利润无须纳税时，无论是在抵免法还是在免税法的制度下，整个集团实际税率可降至 28.75%。也就是说，在此种情形下，设立分支机构可以降低整个供应链的实际税率。不过，对股息分配的预提税实行免税的做法在各国日渐流行，从而影响这种策略的使用。

表 11－2　　　　甲公司实际税率 2

经营机构为分支机构		
已纳所得税总额	4×100×25%＝100	
分支机构可分配利润总额	400－100＝300	
分支机构利润分配预提税总额	300×10%＝30	
分支机构支付净利润	300－30＝270	
区域控股公司		
	实行税收抵免法时［*］	实行免税法时［**］
来源于分支机构的收入所承担的居住国应纳税额	(400×5%)－100＝－80	－80
可宣派股息总额	270	270
股息分配预提税总额	270×5%＝13.5	270×5%＝13.5
支付净股息总额	270－13.5＝256.5	270－13.5＝256.5
全球控股公司		
来源于子公司的收入所承担的居住国应纳税额	(270×5%)－13.5＝0	0
甲公司（全球控投公司）		
实际税率	[(100＋30＋13.5)/400]×100%＝35.875%	

*税收抵免法：区域控股公司的外国分支机构已缴纳外国政府所得税，已在控股公司居住国得到了全部抵免。全球控股公司的区域子控股公司所缴纳的股息预提税，已在全球控股公司居住国得到全部抵免。因此区域控股公司和全球控股公司均无须在各自居住国承担额外税负。

**免税法：在免税法的情况下，区域控股公司源于外国分支机构的收入将不会计入该控股公司在居住国的税基。同样地，全球控股公司源于外国区域子控股公司的股息收入也将免于计税。

3. 将区域控股公司改设为分支机构。

案例 11－5　将［案例 11－3］中的区域控股公司改设为分支机构（详见图 11－3），其他条件不变。

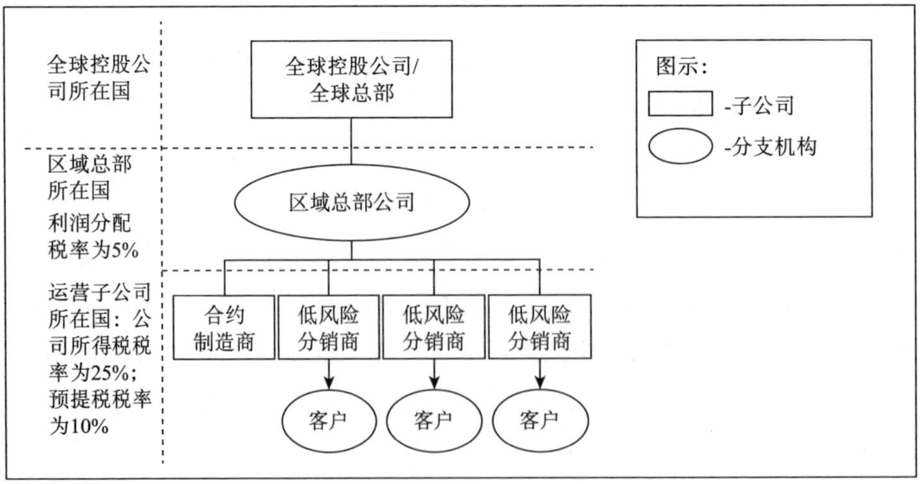

图 11－3　设立区域控股公司和运营分公司

与前一种情况相同，从表11－3我们可以看出，即使区域控股公司的性质转变为分支机构，在两种减税制度下，整个集团负担的实际税率依旧保持在35.875%。其原因在于，假定区域分支机构对外分配的利润仍须缴纳5%的预提税，这一点与股份公司对外派息的情况相同。但在采取分支机构组织形式的情况下，举证责任将会有所转移。当集团实行子公司组织形式时，合乎逻辑的假设是，控股公司始终持有投资份额。如果税务机关对控股公司的控股行为产生怀疑，那么，该税务机关应当承担相应的举证责任。然而当集团实行分支机构组织形式时，前述假设便不再适用。与之相反的是，举证责任将转移到纳税人一方，由其来证明该分支机构的投资。

表11－3　　甲公司实际税率3

经营子公司		
已纳所得税总额	4×100×25%＝100	
可宣派股息总额	400－100＝300	
已纳股息预提税总额	300×10%＝30	
对外支付净股息	300－30＝270	
区域分支机构		
	实行税收抵免法时［*］	实行免税法时［**］
所得税应纳税额	（300×5%）－30*＝0＊境外收入抵免限额由经营子公司所在国与区域分支机构所在国之间的国际税收协定所决定。股息税由经营子公司所在国与全球控股公司所在国之间的国际税收协定所决定。	无
可对外分配利润总额	270	270
利润分配预提税总额	270×5%＝13.5	270×5%＝13.5
对外分配净额	270－13.5＝256.5	270－13.5＝256.5
甲公司（全球控投公司）		
汇回利润应纳税额	（270×5%）－13.5＝0 （300×5%）－30＝0	0
整个集团		
实际税率	［（100＋30＋13.5）÷400］×100%＝35.875%	

＊税收抵免法：区域分支机构下属的外国子公司已纳外国政府所得税，已在分支机构居住国得到了全部抵免。同样地，区域分支机构在其所在国的已纳税额，已在全球控股公司居住国得到全部抵免。因此区域分支机构和全球控股公司均无须在各自居住国承担额外税负。

＊＊免税法：在免税法的情况下，区域分支机构源于外国子公司的收入将不会计入该分支机构在居住国的税基。同样地，全球控股公司源于外国区域分支机构的收入也将免于计税。

需要指出的是，控股分支机构的组织结构形式会将全球控股公司置于更广的税收管辖范围之中。在［案例 11－3］的架构中，全球控股公司面临的税收管辖范围仅扩展至区域控股公司一级。然而在控股分支机构模式下，全球控股公司所面临的税收管辖范围被进一步扩大，即扩大至各经营子公司这一层级。从风险管理的角度来看，这并不是一件好事。因此，当集团必须要通过设立分支机构来进行控股时，一定要对整个组织结构进行充分的调整以降低多重管辖权所带来的风险。

综上所述，最理想的情况是将分支机构设立于实行免税法或单一地域管辖权的国家或地区，如开曼群岛、英属维尔京群岛等。但是集团采用此种组织结构时，一定要充分考虑其效益与风险，并加以权衡。在可能的情况下，集团应尽量寻求更高的税收确定性来降低这些潜在风险的负面影响。

（四）跨国利润分配的税收策略

（1）分配策略。分配策略重点是考虑利润的留存与分配的比例。分配的税收策略则是着眼于每个报告期跨国企业的利润在母子公司之间的分配，将利润更多地留存或分配在避税地，以使跨国企业整体税负达到最优或最小。利润分配的方式和税负往往是投资伊始就需要考虑的重要问题。［案例 11－3］［案例 11－4］［案例 11－5］都是从国际投资地、投资组织的选择来考虑其对企业利润分配及其税负的影响的。利润分配的税收策略实施前提也在于事先对投资地和投资的组织形式的选择。

案例 11－6　欧盟的避税地爱沙尼亚（OECD 成员国，欧盟成员国）对分配收入征收 21% 的税，而对保留收入征 0% 的税。一家位于挪威（28% 的企业所得税，OECD 成员国，欧洲经济区成员国）的母公司在爱沙尼亚成立一家子公司。挪威的反避税条文被视为已经得到满足。因为爱沙尼亚不就保留的收入征收企业所得税，所以在爱沙尼亚获得的 1000 万欧元收入所得免于缴税。由于没有分配收入，挪威也不用就来源于国外的收入征税。最后，位于爱沙尼亚的子公司以资金往来等名义向母公司汇款，税后回流的金额达到 1000 万欧元，实际税率为 0。

（2）汇回策略。分配策略发生在企业完成报告期的经营，确定了报告期的经营成果以后选择的策略。汇回策略的选择则是发生在企业日常的经常活动中。

跨国企业的利润不是以利润的形式分配到相应的母公司或子公司，而是以特殊的收入或费用的形式转移到相应的母公司或子公司。最常见的形式是收入或费用的转移，如利润汇入目标公司以收取特许权使用费、提供管理和技术服务收入等从利润汇出公司获得收入，而利润汇出公司则将其列入费用，并在税前列支。利润汇入目标公司往往是位于低税率的国家或地区，或位于国际避税地。

案例 11－7 哥斯达黎加也是世界上不对来源于国外收入征税的避税地之一，并且没有 CFC 法规。位于哥斯达黎加（适用 30% 的企业所得税率）的一家母公司同它在英国（适用 28% 的企业所得税率，OECD 成员国，欧盟成员国）的子公司签订许可协议。英国财政机关接受该许可协议，并且哥斯达黎加与英国之间没有税收协定。在英国的子公司通过支付 1000 万欧元特许权使用费的支出将子公司税项前收入减少到零，而这些特许权使用费需要在英国承担 20% 的预提税，但其支付给哥斯达黎加母公司的 800 万欧元净支出在哥斯达黎加不需缴税。因此，母公司拥有 800 万欧元的税收回流和 20% 的实际税率。

若位于哥斯达黎加的母公司想要减少 20% 的实际税率，用管理和技术服务协定替代原有的许可协议，这是为英国财政税收机关所接受的。英国对支付给哥斯达黎加的管理和技术服务费不征收预提税，这样母公司就有了 1000 万欧元的税后收益和现金流入，其实际税率为零。

二、国际融资的税收策略

一般企业融资决策主要考虑融资成本以及不同融资方式对每股收益的影响。国际融资除了考虑融资成本以及不同融资方式对每股收益的影响以外，还需要考虑汇率变动和税制差异的影响。由于债务融资的利息支付与股权融资的利润分配发生在企业所得税缴纳的不同节点，债务融资在税前支付利息，股权融资在税后分配利润，这使相同金额的债务融资和股权融资由此可能产生不同的资金成本。只要给境外债权人支付的利息所要缴纳的预提税税率小于企业所得税税率，利息所要承担的税负就小于税后利润承担的税负。这成为企业在进行国际融资，特别是内部融资考虑的重要因素。

（一）资本弱化

许多跨国企业在开展内部融资时，会加大债务融资，减少股权融资，以此来降低整体税负，同时，实现利润转移。这慢慢发展成为跨国企业常见的税收筹划方式，被称为资本弱化，或者被称为资本隐藏、股份隐藏。

跨国企业过度使用资本弱化进行税收筹划，使子公司在税前支付的利息过多，甚至超过息税前利润导致出现亏损，最终损害东道国的税收利益。资本弱化产生的税收问题已经引起了各国税务当局的密切关注。各个国家为此都制定了政策，限制跨国企业通过关联方负债过度支付利息的行为。OECD 在 1987 年推出了正常交易法（独立企业规则）和固定比率法（安全港规则）两种应对措施。安全港规则根据“债务/股本比率”来确定不允许在税前扣除的关联方负债利息。在这个范围内，税务部门不要求企业证明其债务利息的支付是按正常交易原则支付的。这种方法具有操作方便，刚性强的特点。很多国家采用这种方法。而正常交易法则要求企业证明其税前支付的关联方利息是依据正常交易原则支付，以此来进一步判断其在税前扣除的合理性。在使用固定比率法（安全港规则）在进行资本弱化规制的国家，企业仍然可以在安全港范围内地采用资本弱化的方式来开展内部融资并实现整体税负的降低。

案例 11 －8 中国某集团公司在印度尼西亚设立的全资子公司 A 需要融资 1000 万美元，母公司可以进行股权投资，增加注册资本，也可以进行债权投资，借款给子公司 1000 万美元。若采用债权融资，利率 10%，并且没有违反印度尼西亚的资本弱化规定。印度尼西亚企业所得税税率为 30%，双边税收协定明确股息、利息和特许权使用费的预提税，均为 10%。假设该子公司息税前利润为 100 万美元。比较债权融资和股权融资下子公司税负，如表 11 －4 所示。

表 11 －4　　债权融资和股权融资下子公司税负比较

	股权融资（1000 万美元）	债权融资（1000 万美元）
息税前利润	100	100
利息支出（1000 ×10%）	—	-100
应税所得	100	—
应交所得税（30%）	30	—
可获得股息或利息	70	100
预提所得税（股息利息均为 10%）	7	10
中国母公司得到的现金收入	63	90
纳税占息税前利润的比例	37%	10%

从表 11 －4 中可以看出，股权融资的有效税率远大于债权融资的有效税率。

假设子公司A所在国不是在印度尼西亚，而是在古巴。虽然古巴的企业所得税税率也是30%，但根据中国古巴的双边税收协定规定，持股25%以上时，股息的预提税税率为5%，而利息的预提税税率仍为10%，那么，母公司就可以得到66.5万美元的税后利润，母公司在子公司A所在国实际分担的有效税率为33.5%。如果子公司A设在股息分配不征收预提税的国家（中外税收协定中股息的预提税最低为5%，除非对方国家单方面放弃预提税的征税权，如塞浦路斯），则股权融资也要负担企业所得税，此时，债权融资就不要承担任何税负了。由此可以看出，在受资国法律允许的条件下，跨国企业在对外融资过程中，采用债权融资比股权融资税负轻。

（二）金融中介贷款

为了回避各国的资本弱化规制，跨国企业也可利用金融中介贷款。跨国企业的母公司首先把资金存入金融中介机构（通常是大的国际性银行），再由该金融中介机构把同一数额的资金贷给借款子公司。在这个过程中，子公司的利息税前扣除可以获得节税利益。但需综合衡量金融中介机构的费用与利息税前扣除获得的收益。

**案例11－9** 一家跨国企业由母公司控制的金融子公司设在避税地A国，为了向在B国的子公司投资，先向国际性银行存入1000万美元，年利率为8%，该银行相应贷给B国子公司1000万美元，年利率为9%，假定B国的所得税税率为50%。这样，B国子公司每年支付90万美元的利息给中介银行；中介银行收取存款和贷款的利息差10万美元；A国子公司每年从中介银行获得80万美元的利息。

从税收角度看，B国子公司90万美元的贷款利息可作为税前抵减项目扣除，因此产生节税45万美元（90×50%）。因为如果A国子公司直接向B国子公司贷款，则A国政府能够规定不允许将利息费用作为税前扣除项目，理由是它实

质上是付给母公司的真实股利。由于A公司处于避税地，所以它获得的80万美元利息收入不征收税金。所以从整体上来说，除母公司完全免税外，子公司尚可获得节税利益。即使支付10万美元的银行手续费后，仍有35万美元的节税利益。

三、国际营运资金管理的税收策略

货币资金、应收账款、存货都与企业的销售息息相关。因此，国际营运资金管理的税收策略，一般也围绕着销售行为来进行规划。

（一）在避税地设置再开票中心

再开票中心是国际企业设立的贸易中介公司。再开票中心一般设立在避税地或税率较低的国家和地区。跨国企业成员从事贸易活动时，商品和劳务由出口方直接提供给进口方，但有关款项的结算通过再开票中心进行。这样，国际企业可以通过再开票中心把部分利润转移到税负比较低的地方，以降低整个企业的税负，达到提高税后利润的目的。

案例11－10 位于美国的母公司，向位于法国的一家子公司（A公司）销售一批成本为50万美元的商品，售价为100万美元。美国的所得税税率为34%。若美国母公司不直接将商品销往法国，而是把该批商品以60万美元的低价售给位于巴哈马群岛的另一家子公司（B公司，再开票中心），然后通过B公司将商品销往法国，总售价仍为100万美元（商品则由母公司直接运往法国A公司），其税负计算如表11－5所示。

表11－5　　税负计算表　　单位：万美元

项目＼销售方式	直接销售	通过避税地销售		
		母公司	子公司	合并汇总
销售收入	100			100
销售成本	50	60	100	50
销售毛利	50	50	60	50
营业费用	5	5	0	5
税前净利	45	5	40	45
所得税负	15.3	1.7	0	1.7
税后净利	29.7	3.3	40	43.3

从表 11－5 可以看出，通过避税地的再开票中心转移，减轻了公司集团的整体税负 13.6 万美元（15.3－1.7），相应增加了跨国企业的整体利润 13.6 万美元（43.3－29.7）。

避税地的再开票中心除了有节税作用，还有对跨国企业内部应收应付款实现集中管理的功能，也可以通过再开票中心对跨国企业的资金进行统一调度，有利于进行多边净额结算和实施统一的融资政策。通过再开票的过程还可以把所有的贸易货币转换成再开票中心所指定的货币种类，还可以把外汇交易风险集中起来管理。再开票中心在实施这些职能的时候，其就成为了跨国企业的净额结算中心或资金结算中心，并担负资金集中储备的作用。

案例 11－11 甲公司的四个子公司之间的业务关系：美国子公司向英国子公司赊销商品，但美国、英国两公司都处于现金短缺状态；德国子公司向意大利子公司赊销商品，德国和意大利两公司都处于现金过剩状态。如果没有设立再开票中心，应收账款的支付如图 11－4 所示。

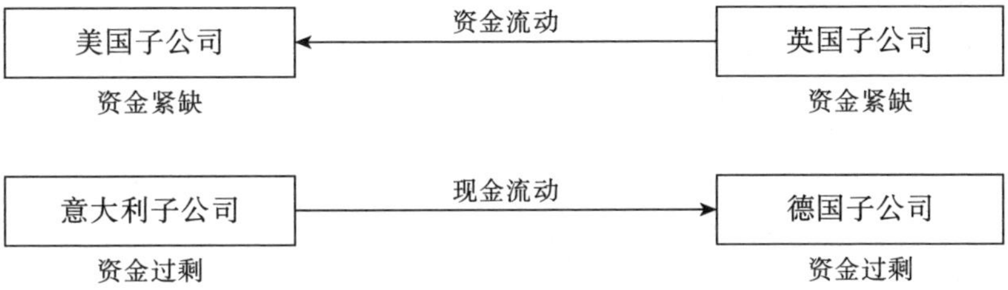

图 11－4 无再开票中心的资金流动

设立了再开票中心之后，再开票中心可以提前或延迟子公司的付款，从而使没有业务联系的企业之间的资金也能灵活调配。如图 11－5 所示。

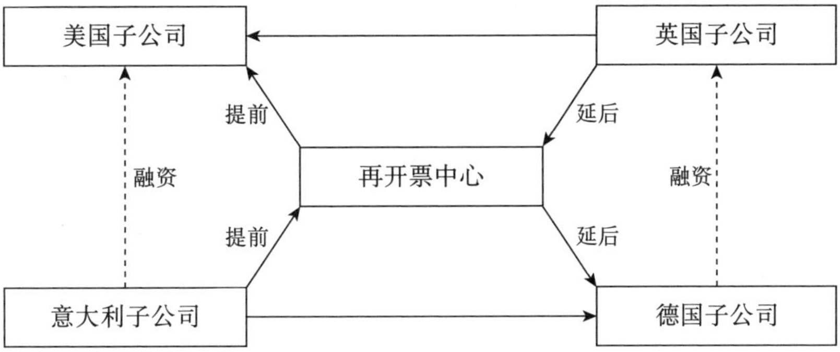

图 11－5 再开票中心对资金的调度

（二）采用转移定价

转移定价是跨国企业常用的税收策略。转移定价既可以实现企业内部的资金转移，又可以降低整个公司的税负。转移定价使用的前提是各国之间存在税率差异。只有两国存在税率差异，才可以通过转移定价把成本尽可能转移到高税率国家，同时，将利润转移到低税率国家。

在实施转移定价的过程中，进口国家所征收的税费会增加转移定价过程的成本。转移价格越高，进口税负越大，反之则越小。为降低关税，通常跨国企业向设立在高关税国家的子公司出口商品或劳务时，可以制定较低的转移定价；反之，则应制定较高的转移定价。

案例 11－12 假定公司 A 和 B 是某跨国企业分别设在两个国家的子公司，A 公司所在国的企业所得税税率为 20%，B 公司所在国的企业所得税税率为 30%。现 A 公司对 B 公司销售一批汽车零配件，由 B 公司进行组装加工后出售，售价为 400 万美元。A 公司的成本为 100 万美元，B 公司的成本在 A 公司售价的基础上加 50 万美元，A 公司对 B 公司按正常交易价格的销售收入为 200 万美元。但 A 公司以 250 万美元的价格将零件卖给 B 公司，B 公司在加工以后仍以 400 万美元出售最终产品。这样，A 公司的利润增加 50 万美元，而 B 公司的利润相应减少 50 万美元。由于 A 位于低税国，而 B 位于高税国，所以 A 公司提高对 B 公司的转让价格，由此将利润从 B 国转移至 A 国，使两个公司的整体税负降低 5 万美元，从而减轻了跨国企业的整体税负。本例中转让定价策略的税收效果如表 11－6 所示。

表 11－6　　转让定价的税收效果　　单位：万美元

项目	公司 A	公司 B	公司 A + B
未制定转让定价			
销售收入	200	400	600
销售产品成本	100	250	350
销售总利润（应税所得）	100	150	250
所得税	20	45	65
税后利润	80	105	185

续表

项目	公司 A	公司 B	公司 A + B
制定转让定价			
销售收入	250	400	650
销售产品成本	100	300	400
销售总利润（应税所得）	150	100	250
所得税	30	30	60
税后利润	120	70	190

通过上述比较可以发现，在不同的价格条件下，跨国纳税人的纳税情况是不同的。采取转让定价使跨国企业的总体税负减少了 5 万美元，由此跨国企业利用两国的税率差异达到了减轻税收负担的目的。

案例 11 －13 （增加关税后的转移定价效果）某跨国企业在 A 国设有一生产子公司，在 B 国设有销售子公司，两国的所得税税率分别为 25% 和 50%，B 国子公司须交纳 10% 的关税，分别采用低价和高价两种转移定价策略。对税收和税后利润的影响见表 11 －7 所示。

表 11 －7　　转移价格策略对税收和税后利润的影响　　单位：万美元

项目	生产子公司	销售子公司	公司整体
低价策略			
销售收入	3000	4000	4000
减：销售成本	1600	3000	1600
关税	0	300	300
销售毛利	1400	700	2100
减：经营费用	300	200	500
税前利润	1100	500	1600
所得税	275	250	525
税后利润	825	250	1075
高价策略			
销售收入	3600	4000	4000
减：销售成本	1600	3600	1600
关税	0	360	360
销售毛利	2000	40	2040
减：经营费用	300	200	500
税前利润	1700	－160	1540
所得税	425	0	425
税后利润	1275	－160	1115

由表 11 – 7 可以看出，当采用低价策略时，B 国子公司交纳的关税为 300 万美元，而采用高价策略时，为 360 万美元，若仅考虑关税，显然低价策略优于高价策略，但从总税负（关税 + 所得税）来看，低价时为 825 万美元，高价时为 785 万美元，高价策略优于低价策略。对税后利润的综合影响为：高价政策时为 1115 万美元，低价政策时为 1075 万美元，高价策略仍优于低价策略，但差距已经缩小了。由此可见，对跨国企业整体而言，转让定价对关税和所得税的影响相反。使用转移定价要对二者综合权衡，以作出最佳决策。当所得税负高于关税税负时，在决定转让定价策略时应优先考虑所得税因素。

案例 11 – 14 苹果公司的全球税收管理策略及效果（跨国企业税收管理策略综合实例）。

1. 苹果公司概况。苹果公司，原称苹果电脑公司，总部位于美国加利福尼亚的库比提诺，核心业务是电子科技产品，目前全球电脑市场占有率为 3.8%。苹果的 Apple II 于 20 世纪 70 年代助长了个人电脑革命，其后的 Macintosh 接力于 20 世纪 80 年代持续发展。最知名的产品是其出品的 Apple II、Macintosh 电脑、iPod 数位音乐播放器、iTunes 音乐商店和 iPhone 智能手机，它在高科技企业中以创新而闻名。苹果公司于 2007 年 1 月 9 日在旧金山的 Macworld Expo 上宣布改名。2020 年年底公司市值达到 2.15 万亿美元，市值位居世界榜首。

2. 公司税收管理与相关组织架构。据美国《纽约时报》报道，全球盈利最高的科技企业苹果公司通过在全球各地设立办事处收集投资公司利润进行税收管理，税收管理金额高达数十亿美元。据 2011 年数据显示，苹果的利润为 342 亿美元，但只缴纳了 33 亿美元的现金税，缴税比例只有 9.8%。而据一项研究得出的结果，苹果该年度在美国仅联邦税一项就成功税收管理 24 亿美元。据《星岛日报》报道，苹果公司在英国热销 iPhone 等产品，销售额高达 60 亿英镑，但只缴纳了 1000 万英镑税，占总销售额仅 0.2%。苹果公司主要利用设立海外子公司的低透明度网络来大幅降低税务负担，其税收管理子公司、分支机构情况如下：

苹果公司在内华达州雷诺市建立了一家名为 Braeburn Capital 的分公司；

苹果公司在爱尔兰设立两家分公司，分别为“Apple Operations International”和“Apple Sales International”；

苹果公司在荷兰设立子公司；

苹果公司在加勒比岛国设立子公司；

苹果公司在英属维京群岛设立 Baldwin Holdings Unlimited 公司；

苹果公司在卢森堡设立了一家名为 iTunes SARL 的分公司；

苹果公司在新加坡设立子公司。

3. 苹果公司的税收管理策略。已经成长为全球最盈利科技企业的苹果公司交易网络和分支机构遍布全球，其税收管理策略也相应分为国内税收管理策略和国际税收管理策略。

（1）国内税收管理策略。美国州际间的税制差异和大量的税收优惠政策为苹果公司实施国内税收管理行为提供了大量的契机。

①利用国内各州税制差异进行税收管理。2006 年苹果公司银行账户资金和股价攀升，因此苹果公司在内华达州雷诺市建立了一家名为 Braeburn Capital 的分公司运作和管理公司现金。现在，该投资公司位于一个普通建筑里，里面只有一些产品海报，一个巨型苹果标志，一些桌椅和电脑终端。当客户购买一部苹果手机或其他苹果产品，利润的一部分往往存放入 Braeburn Capital 公司控制的账户中，然后投资于股票，债券或其他金融工具。当这些投资产生利润，一部分利润就被 Braeburn Capital 公司所保留。

再看美国公司的税收政策：总体而言，美国的税可分为以下几类，联邦税、州税和地方税；从税种看，有个人收入所得税、公司收入所得税、社会安全福利保障税和健康医疗税、销售税、财产税、地产税、遗产税、礼品税、消费税等；从税率看又分为单一税率、累进税率和递减税率；在税收的计量上有可分为从量税和从价税。具体而言，根据美国各州税收立法，各州企业所得税有所差异，加利福尼亚州的企业所得税为 8.84%，而内华达州则没有企业所得税，所以苹果在内华达州的分公司就不需要为其现金产生的利润缴税，从而减轻了税负。这就给了苹果公司“避重就轻”的空间，从而规避加州税收当局政策。因此苹果公司这一税收管理行为实际上是钻了美国各州企业所得税税率差异的空子，达到合法税收管理目的，但并不符合各州立法导向和立法目的。

②利用国内税收优惠税收管理。一方面，苹果公司充分利用总部所在州加州政府吸引外资政策。各州为扩大就业水平，增加财政收入，均推出针对公司实体的投资鼓励政策，具体体现在税收的优惠措施上。一般而言，各州的经济发展促进部门为无污染或较少污染、投资金额大、科技含量高、能够为当地提

供就业机会和带动一方经济发展的公司实体在营业税、收入所得税、原材料购置税等方面会给以较大优惠。苹果总部所在的加州政府重视吸引外资，并成立商业投资局专负此项工作，为外国投资者提供服务。

另一方面，苹果作为高科技企业，其研发支出较高，因此加州的此优惠政策给苹果提供了较大的税收管理空间。苹果总部依靠加州的研发税收抵免策略，从1996年至今已获益4亿多美元。

各州普遍推出了极优惠的税收政策以鼓励科技发展。美国高新技术产业税收优惠政策分别是：科研机构作为非盈利机构免征各项税收和对企业研发费用实行税收优惠。研发投入与企业开发产品、提高市场竞争力有关，美国为鼓励企业增加研发投入，把研发投入与一般性投资区分开，实行“费用扣除”和“减免所得税”的双重优惠。企业研发费用可选择两种方法扣除：一是资本化，采取类似折旧的办法逐年扣除，扣除年限一般不少于5年，用于软件的费用可缩短到3年；二是在研发费用发生当年作一次性扣除。作为鼓励措施，企业研发费用按规定办法计算新增部分，其20%可直接冲减应纳所得税额。若企业当年没有盈利，或没有应纳所得税额，则允许的减免税额和研发费用扣除可往前追溯3年，往后结转7年，其中费用扣除最长可顺延15年。加州鼓励企业加强基础研究和开发活动。研发的税收抵免政策是指各公司按照其纳税义务，将公司内部15%的研发费用，或公司请外部机构从事研发的24%费用，用于抵免银行和公司税，这一比例在全美是最高的。

苹果公司利用国内税收优惠政策进行税收管理体现了美国政府鼓励高科技发展和吸引外资的立法和政策导向，虽然降低了政府收入，但也无可厚非，是应该受到鼓励的税收管理措施。

（2）国际税收管理策略：

①利用电子交易过程的隐蔽性的税收管理策略。苹果公司是一个很好的例子，它表明了科技巨头们如何利用只适应工业时代的税收制度，而这些制度已经无法适应当今数码经济。苹果公司的利润并非来源于有形产品，而是来源于无形资产的特许权使用，比如使设备运转的软件版权。还有的时候，产品本身就是数码的，如下载的歌曲。特许权和数码产品商比食品杂货店或汽车制造商要更容易将利润转移至低税收国家。不像一台汽车，一个下载好的应用软件能够在任何地方出售。苹果公司在卢森堡设立了一家名为iTunes SARL的分公司，该公司只有几十个雇员，唯一证明该公司存在的仅仅只是一块标明ITUNES

SARL 的招牌。卢森堡只有几百万居民。但当一个在欧洲，非洲或中东地区的顾客下载一首歌或其他苹果电子产品，该销售记录就会被显示在卢森堡。2011 年，iTunes SARL 的收入超过 10 亿美元，占了 iTunes 公司大约 20% 的全球收入。卢森堡的优势很简单，政府承诺，如果苹果公司将交易引入卢森堡就可以享受税收优惠。那些本应向法国，英国和美国支付的税收在卢森堡支付时就打了折。

下载产品这一交易方式表明现代税收制度已经越来越无法适应一个由电子商务主宰的经济体系。苹果前任执行官指出，公司已经精于发现合法税收漏洞并聘请资深会计师，这些会计师和设计师一样以创新而闻名。在 20 世纪 80 年代，苹果使海外分销商成为公司承销商而非零售商，对于消费者来说，这一设计显然是无法察觉到的。但是因为承销商在技术上从不占有存货，占有存货将会产生税收要求，例如，这种结构允许高税率国家德国的一个销售商代表低税率国家新加坡的一个分支机构销售电脑。这样大部分的利润就会被新加坡课税，而不是德国。

②“Double Irish With A Dutch Sandwich”的税收管理策略。80 年代末期，苹果公司成为创造一种名为双层爱尔兰税收结构的先行者之一，这种税收结构使公司能够将利润转移至全球各地的税收天堂。苹果公司成立了两家爱尔兰分支机构，即现今的苹果国际管理公司和苹果国际销售公司，并且建造了一家工厂。而爱尔兰政府则用税收暂免期换取就业。这项税收安排使苹果公司能够将专利特许权从加利福利亚转移至爱尔兰。这项转移是在内部进行的，仅仅只是将权利从公司的一部分转移至另一个海外分支机构。然而结果是，一些利润以 12.5% 的税率在爱尔兰征税，而不是以 35% 的税率在美国征税。2004 年，爱尔兰成为苹果公司 1/3 全球收入的归属地。并且，第二个爱尔兰分支机构使其他利润转移至加勒比地区的零税率公司。苹果公司将爱尔兰分支机构的部分所有权分给了英属维尔京群岛公司，对于爱尔兰来说该地区为税收天堂。

显然苹果公司“Double Irish With A Dutch Sandwic”的国际税收管理政策涉及几个国家的税收政策差异。首先是爱尔兰、英属维京群岛和美国所得税税率差异：爱尔兰公司所得税率为 12.5%，英属维京群岛为零税率，而美国公司所得税率为 35%；其次是爱尔兰政府的特殊政策安排即税收暂免换就业，这是有条件的税收优惠，在爱尔兰政府看来完全合法但却损害了美国政府的税收利益，而许多转移过程因为一些国家的零税率政策使外部监管者和税收当局无法察觉这些人为的转移，导致苹果公司巧妙进行跨国利润转移来化解本国税负。

③利用国际税收管理地低税率甚至零税率的税收管理策略。苹果可以将加州开发出来的专利技术的版税转移到爱尔兰。某些利润会按照爱尔兰的纳税税率12.5%来纳税，远远低于美国35%的税率。这样就大大减轻了苹果公司的所得税。并且，苹果将其在爱尔兰的分公司的一些利润转移到加勒比海地区的免税公司。苹果前高管海特曾负责苹果iTunes欧洲市场的零售市场营销。他说，通过卢森堡进行分道交易可以让公司减少交税金额，因为卢森堡的税率低。曾经参与起草税收管理政策的苹果前任主管说，苹果有自己的企业战略，会利用不同税率地区之间的差异优势。

利用国际税收管理地低税率或零税率税收管理是苹果公司跨国税收管理最常见的手法，因为利用税率差异较为简便易行，如果苹果公司能够拿出足够证据证明其生产开发活动确实存在于低税率甚至零税率国家，美国税收当局便无法采取进一步措施限制这一行为。控制的关键在于税收当局如何透过表面的审查材料看清实质上的税收管理动机。

④利用国际税收协定的税收管理策略。由于爱尔兰和欧洲国家的协定，苹果公司的一些利润能够零税率越过荷兰——这就是所谓的丹麦三明治。这就是使外部监管者和税收当局无法察觉。同时，苹果将其爱尔兰分公司的部分股权转移到免税天堂英属维尔京群岛的Baldwin Holdings Unlimited公司名下。由于爱尔兰与欧洲各国达成的协议，苹果的部分利润可以以免税形式流向荷兰。在爱尔兰设置直接导管公司，是合法的税收管理行为。直接导管公司是指A公司利用B、C和A、B两个双边税收协定，迂回B国，获取在C国本来得不到的税收利益。

苹果公司利用国际税收协定税收管理具有一定风险，表面上来看是合法有效的，实际上很容易被认为是在滥用国际税收协定而被税收当局察觉，苹果公司上述的“double Irish”税收管理策略实际就是滥用国际税收协定。美国税收当局可以通过加强与税收协定国家税收信息交换以及严格企业税收协定适用申报制度来加以控制。

4. 案例结论与启示

（1）税收管理的效果。如果没有这些税收管理手段，2010 年度苹果公司在美国多支付的联邦税收将最可能高达 24 亿美元。苹果公司称，2010 年的利润额为 342 亿美元，现金税收为 33 亿美元，税率为 9.8%。相比之下，沃尔玛去年的账目利润为 244 亿元，现金税收为 59 亿元，税率高达 24%，这一税率水平位于非科技企业的中等位置。政府和企业都不会公布税收返还，以致公司的应纳税收入往往迥异于年报披露的利润。公司在年报的 10 – K 表中报告它们的所得税的现金支出，但要从这些数据中准确计算出公司总共支付给政府多少税是不可能的。在苹果公司 2010 年报中，公司列举了全球范围内的税收，包括即时支付税金和递延支付税金，以及其他一些支出，税收额为 83 亿元，有效税率高达利润的 15%。然而，税收学者指出这一数字很可能高估了公司实际上交给政府的税收，因为它包含了那些从来不曾实际支付的量。

苹果公司税收管理行为造成地区财政紧张，无法支持大学等教育事业发展，使其生存面临困境。加州损失这部分收入是导致加州出现财政危机的原因之一。仅 2010 财年，加州的财政缺口就高达 92 亿美元。加州已经削减了部分医疗卫生项目，大幅提高了各所大学的学费，减少了提供给伤残人士的服务，并将计划投入幼儿园和小学的开支减少 48 亿美元以应对财政缺口。

（2）税收管理的效应。在国内税收策略选择方面，苹果公司利用不同州之间的税制差异以及税收优惠政策进行税收管理。在国际税收策略选择方面，苹果公司发明的“Double Irish With A Dutch Sandwich”的税收管理策略，成功地将苹果公司的利润转移到低税率国家。各国政府不同的税收制度和税收优惠政策和税收协定也为苹果公司提供了合法税收管理的契机。无论是国内税收管理政策还是国际税收管理政策，都存在一个共同的特点即电子交易的虚拟性，这是苹果公司实施税收管理行为的重要前提。

税收管理行为对企业和社会福利有很大的影响。税收管理会产生收入效应，降低了税收管理企业所在国家的税收收入，影响了国家的税收公共效益和政府职能的发挥；税收管理会产生竞争效应，造成一定程度上的税收不公平现象，来自政府和公司的数据显示，虽然科技产业已经成为美国最大和最有价值的产业之一，很多高科技企业的税收负担依然很低。在过去的两年时间里，包括苹果，谷歌，雅虎和戴尔在内的标准普尔500股指中的71个科技企业所报告的全球范围内支付的现金税收是其他标普股指公司税收的1/3还不到。即使是在科技企业中，苹果的税率仍算是低的；同时税收管理行为产生的资源配置效应也有利于地区产业结构的升级。总体而言，对于美国境内，苹果的税收管理策略减少了政府收入但是带动了公司所在地的经济发展和提高了当地就业率；对于国际方面，苹果的税收策略符合非居民国拉动外资、提高本国居民就业水平的目的。

练习题

1. 假定公司A和B是某跨国公司分别设在两个国家的分公司，A公司所在国的公司所得税税率为20%，B公司所在国的公司所得税税率为30%。现A公司对B公司提供一批零件，由B公司加工后出售。A公司的成本为50万美元，B公司的成本在A公司售价的基础上加25万美元。

方案一：A公司对B公司按正常交易价格100万美元销售零件。

方案二：A公司以125万美元的价格将零件卖给B公司，B公司在加工以后仍以200万美元出售最终产品。

请问：企业应该如何决策？

2. 假定公司A和B是某跨国公司分别设在两个国家的分公司，A公司当年盈利3000万元，B公司当年盈利2000万元。

方案一：A公司按5%的固定股利率，年终向母公司支付股息：$3000\times5\%=150$（万元）；B公司按4%的固定股利率年终向母公司支付股息：$2000\times4\%=80$（万元），B公司所在国对股息收入征收20%的所得税。

方案二：A公司、B公司分别将市场价值400万元和200万元的商品以250万元、120万元卖给母公司，以代替股息支付。

请问：企业应该如何决策？

3. A国甲公司在B国、C国分设乙、丙两家分公司。A、B、C三国的企业所得税税率分别为35%，30%，30%。A国允许采取分国抵免法进行税收抵免，但抵免额不得超过同额所得按A国税率计算的税额。假设该年度甲公司在A国实现应纳税所得额2400万元；乙公司在B国应纳税所得额为500万元；丙公司在C国亏损100万元。为减轻税负，甲公司采取了以下办法：降低对丙公司的材料售价，使丙公司在C国的应税所得额由0变为100万元。请分析一下甲公司总体税负的变化。

4. A国某跨国公司甲，在避税地百慕大设立了一个子公司。甲公司向B国出售一批货物，销售收入2000万美元，销售成本800万美元，A国所得税税率为30%。甲公司将此笔交易获得的收入转入百慕大公司的账上。因百慕大没有所得税，此项收入无须纳税。请根据案例分析甲公司避税效果。

读书笔记

税收筹划战略是指一项满足某种标准，其执行会使一项纳税利益、营业亏损或税款移后扣减在到期之前得以实现的举措。

——美国财务会计准则委员会：《SFAS109——所得税的会计处理》

第十二章　税收与公司战略决策

- 税收与公司战略管理
- 税收与价值链管理
- 产权与税收筹划战略

学习提示

公司战略决策必须考虑税收因素，基于企业战略的税收筹划方案设计流程是有效开展税收筹划的基础性保障。基于价值链管理的税收筹划，要求企业通过自身流程改造、组织调整以及和所在价值系统内的其他企业合作竞争等手段，对企业和其所在价值系统的税负进行整体规划，使企业和其所在价值链的整体价值达到最大的税收规划活动。产权结构与企业边界决定税收要素，产权安排决定税收负担及税收筹划战略。

案例导入

某生产企业有一家代理商，属于小规模纳税人，该代理商虽然能给终端客户开具增值税专用发票，但征收率为3%，远低于一般纳税人，市场拓展一直存在障碍。从税收筹划战略角度出发，即使该代理商的销售价格（指含税价格）比同类商品的一般纳税人性质的代理商的销售价格（指含税价格）低，只要不低到一定程度，终端客户一般也不会从该代理商处购买。道理很简单，如果终端客户购买了该代理商的商品，取得的增值税专用发票进项税额抵扣率较低，会因此增加终端客户的税收负担而不被接受。

如果该代理商从税收筹划战略角度出发，就能很快解决该问题，操作思路如下：

思路一：某生产企业对该代理商实行销售让利，并促使该代理商给终端客户让利，则该代理商的价格优势会吸引大量终端客户。

思路二：某生产企业和该代理商改变商业模式，把原来代理商买断后再对外销售的商业模式改为委托代销模式，让代理商只充当销售中介，仅收取销售佣金，而由某生产企业给终端客户开具增值税专用发票，这样就能使终端客户取得进项税额抵扣率较高的增值税专用发票，从而降低了终端客户的税收负担。

很显然，这两种思路都能够引来客户，其原因在于必须考虑终端客户的税收利益，这是战略税收链思想在现实中应用的典型案例。

第一节　税收与公司战略管理

一、税收与企业战略决策的关系

（一）理论分析

1. 税收筹划

税收筹划是纳税人在符合国家法律及税收法规的前提下，按照税收政策法规的导向，以追求企业整体利益最大化为目的，对企业生产、经营、投资、理财等活动进行事先规划和安排的行为。

税收筹划具有合法性、目的性、事前性的特点。

合法性：税收筹划行为必须符合国家法律和现行税收法规的规定。

目的性：指纳税人做筹划具有很强的减轻税负、取得节税收益的动机。通过合法的筹划减少纳税或是延迟纳税时间进而负担较低的税收成本以达到总体收益的最大化。

事先性：指税收筹划需要在企业设立、经营、扩张等业务前进行统筹规划，具有事前筹划性。

2. 企业战略决策

战略决策是指综合各项行业机会、竞争格局、企业能力等方面的决策信息，确定企业战略及相关方案，解决全局性、长远性、战略性的问题的重大决策。

战略决策是关系企业全局和长远发展的重大问题的决策。是非程序化的、带有风险性的决策。涉及企业发展方向、经营方针、经营目标、产品发展、技术改造、市场开发、企业转向、人力资源开发等事关企业生存的重大问题。因此，在决策中要注意依靠集体的智慧，要进行严格的可行性论证。在进行战略决策时既要充分考虑经济因素、政治因素、科技因素、法律因素和社会因素等企业的经营环境因素。也要结合企业内部人力、物力、财力、自然条件、技术专利、商标信誉等经营资源条件和企业的生产能力、技术能力、销售能力、竞争能力、适应能力以及管理水平等企业能力。

3. 税收与企业战略决策的关系

（1）两者的最终目的是一致的，都是为了实现企业价值最大化。“企业价值最大化”是企业战略决策的最终目标，尽管税收筹划的表现形式通常为“纳税最少”，但是这只是降低税收成本实现“企业价值最大化”目的的手段。当纳税最少的方案不能满足企业价值最大化的目的时，正确的税收筹划方式应该是果断放弃“纳税最少”的方案，重新寻找符合“企业价值最大化”的税收筹划方案。

（2）都是需要从长期、全面的范围来考虑公司行为。战略决策不仅是对眼前的任务进行的决策，而且是从长期的全面的角度对企业活动的统筹。企业的战略决策不仅涉及企业活动的各个方面，而且制约与促进战略决策的因素既有现实的，也有将来的；既有可预见的，也有不可预见的。从外部环境来讲，企业需要适应国家乃至全球的经济发展形势，需要适应政府的宏观调控政策；从企业内部条件来讲，企业需要不断适应自身的内部资源和公司能力进而进行战略决策。这些都需要企业从长期考虑、全面筹划。

税收筹划也是从长期角度，事先对业务的各个方面进行考虑做出符合企业价值最大化目标的筹划方案。税收筹划是一个系统工程，一方面需要考虑税收法律法规中各税种自身的税收优惠、税收征管等条文，以及税种之间的相互影响，防止一种税的节约导致的其他税收成本的增加。另一方面，要从公司整体业务角度考虑，对企业的生产经营活动进行合理的统筹安排，以降低企业的整体税收成本。此外，税收筹划还需要着眼于企业的战略目标，与公司的发展战略相结合充分考虑公司的长远发展。

（3）税收筹划是企业战略决策的重要因子。相较于税收筹划，企业战略决策需要站在更为宏观的角度考虑问题，企业战略决策关注的是企业整体的发展和经营效益。税收筹划是企业进行战略决策时需要考量的重要因子中的一个，税收成本也只是企业需要考虑的成本中的一种。税收对企业战略决策有重要影响但是并不会起到决定性作用，最终企业战略决策的选择需要企业领导者在权衡税收因素和非税因素后决定。而为了实现企业价值最大化的目标企业很有可能选择税收成本不是最低的方案甚至会选择税收成本最高的方案。企业的税收筹划脱离了企业战略决策将成为纸上谈兵，企业战略决策忽略企业税收筹划也将受到重大影响（见图 12－1）。

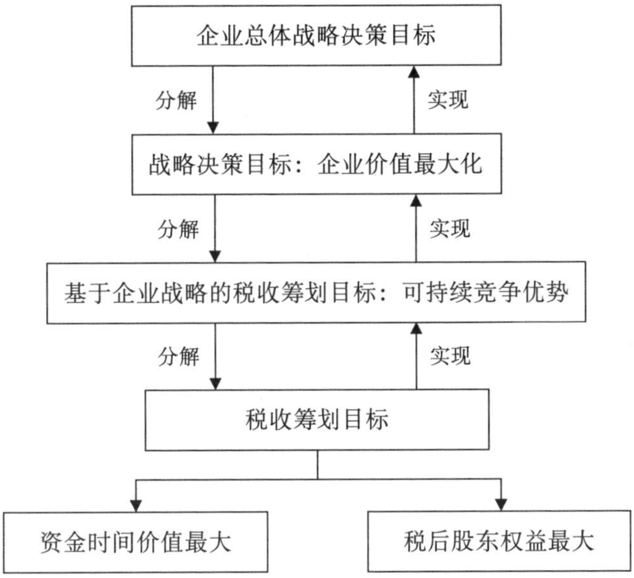

图 12－1　企业战略决策与税收筹划的关系

4. 税收筹划对企业战略决策的重要性

（1）战略决策中的税收筹划有助于实现财务收益最大化。税收筹划不仅可以使纳税人节减税收，获得税收利益，还可以防止纳税人陷入税法陷阱。税收利益的取得主要来源于政府提供的税收优惠政策。在现代税收制度中，国家都会制定一些税收优惠措施用以调节和引导社会经济的运行，税收优惠通过减少纳税人的纳税义务，把财政利益给予特定的纳税人。纳税人通过税收筹划，使其经营决策与税收优惠所体现的国家宏观经济政策相协调，从而获得这种税收利益。而随着税法越来越复杂，纳税人很容易因为忽视部分特殊条款而违反税法规定，付出更多的税款，影响纳税人的财务收益。税收筹划可防止纳税人陷入这些条款，不缴不该缴付的税款，从而有利于实现财务收益最大化。因此企业在进行战略决策的各个阶段都要准确把握税法，进行积极的税收筹划。

（2）战略决策中的税收筹划有助于降低公司涉税风险。首先，纳税人纳税的直接风险就是对收入的减少，税款负担具有积累效应，对于前期税款的处理不及时，税款会从前期递延至本期不断累加，甚至还会面临高额的滞纳金。其次，纳税人为减少纳税采取不合法的手段规避税款，暂时减少税款的同时也带来了严重的税收违法风险，严重的甚至会导致公司破产倒闭。最后，由于纳税人税收筹划失误或是非法偷逃税款还会带来企业信誉、商誉或者名誉的损失，其他经济主体对其信用产生怀疑减少企业合作，纳税人自身也会因为违反税收法规失去享受税收优惠的资格，进而给企业带来信誉与政策的严重损失。无论是税款负担风险、税收违法风险还是信誉与政策损失风险，都需要公司站在战略的高度充分考虑和积极谋划，进行税收筹划，合法减轻税收负担，降低纳税风险。

（3）战略决策中的税收筹划能够降低纳税成本。纳税成本是指在履行其纳税义务时所支付的和潜在支付的各种资源的价格。一般包括所纳税款、纳税费用和风险成本三个部分。首先，纳税人可以在不违反税收法律、法规的前提条件下，通过事前合理安排，利用税制差异、税收优惠等税收筹划方法达到减少缴纳税款的目的。其次，合理的税收筹划可以提高企业财务人员在办理税务登记、税务申报、税务稽查等事项上的效率，节省时间成本和人力成本，减少纳税费用的发生。最后公司通过健全的税收筹划安排大大降低了纳税成本。

（二）有效税收筹划

（1）有效税收筹划理论。诺贝尔经济学奖获得者迈伦斯科尔斯提出了“有效税收筹划理论”。有效税收筹划思想的理论渊源是现代契约理论。契约理论将企业视为由投资人、所有人、经理和贷款人之间订立的一系列契约组成的集合体，契约各方均是追求自身效用的最大化。如果将税收因素考虑在内的话，那么政府作为税法的代表毫无疑问应被引入订立契约的程序。不过，相对于其他契约方而言，政府无法及时调整自身的策略，因为政府要通过变动税法来实现策略的调整，而税法变动通常是滞后的。政府与其他契约方的显著差别在于政府所追求的目标具有多样性，社会的公平也是其追求的目标之一。公平目标的实现往往要借助累进的税率，这使支付能力不同的纳税人面临不同的边际税率。而政府对市场经济活动中出现的外部性问题的纠正，也使不同投资人的税收待遇不相同，这进一步加大纳税人边际税率的差别，同时也为纳税人从事税收筹划提供了空间。

根据契约理论面对不同边际税率的纳税人可以通过相互订立契约共同受益。有效税收筹划要求纳税人全面考虑拟进行交易对交易各方的税收含义即在税收筹划中必须考虑所有契约方，这意味着税收筹划必须是多边的方法而不是单边的方法。单边税收筹划方案往往是不可行或者失败的。有效税收筹划要求纳税人在进行投资或者融资决策时不仅应考虑显性税收成本还要考虑隐性税收成本，纳税人最后承受的是税收负担的综合衡量，而不仅是显性税收。有效税收筹划要求筹划者认识到税收成本仅是交易成本的一种。在税收筹划过程中必须考虑所有成本，要实施某些被提议的筹划方案可能会带来极大的商业重组成本，因此税收筹划方案不能局限于税收成本。

（2）有效税收筹划案例。在税收筹划中一味地节约税收成本可能会给企业带来净利润损失，A 企业为一家食品生产企业，年销售收入 500 万元，广告费支出 90 万元，但是广告费和业务宣传费支出的当年税前扣除限额为销售收入的 15%，即 A 企业本年度可扣除的广告费支出为 75 万元，15 万元的广告费用需要递延以后年度扣除。为了更好地节税，企业想到可以通过设置销售分公司的形式，扩大销售收入基数，借此扣除当期所有的广告费支出。A 企业通过设置销售分公司 B，将 300 万元的产品以 250 万元的价格卖给 B 公司，B 公司再以 300 万元的价格全部对外销售，进而使 A 企业的销售收入为 450 万元，B 公司销售收入为 300 万元，A 企业和 B 公司共计税前扣除广告费支出限额为 112. 5 万元，使 90 万元的广告费支出在当期全部扣除，当期少缴纳 3. 75 万元的企业所得税。尽管是相对节税，仍然获得了货币时间价值。

但是从有效税收筹划角度分析，对于税收筹划方案还要考虑实施过程中所有需要耗费的成本支出。A 企业发现这种筹划方案可以有效节税，还能减轻企业前期的资金负担后果断实施，于是设立销售分公司，雇用员工，租用办公地点等，当年增加了 20 万元的分公司设立与相关运营费用，税收筹划方案进行至第二年最终放弃，原因是产生的非税成本超过了节税收益。

二、基于战略管理视角的税收筹划战略规划

（一）战略分析

战略分析是战略管理流程的开始，对企业能否制订适合的战略，制订何种战略有重要作用。战略分析既需要考虑企业外部环境中宏观环境、行业环境、经营环境、竞争环境中存在的机会和威胁，也需要考虑企业内部环境中企业资源、企业能力和企业竞争力上存在的优势和劣势。战略分析中经常使用的 SWOT 分析法作为战略分析的工具之一。

SWOT 分析法通过综合考虑企业所面临的外部环境因素和内部资源能力因素，得出企业的优势（Strength）、劣势（Weakness）及其所面临的机会（Opportunity）和威胁（Threat）后，将外部因素和内部因素相匹配得出战略行动备选方案。其中，优劣势分析主要将注意力放在企业自身的实力及其与竞争对手的比较上，而机会和威胁分析则主要着眼于外部环境的变化或对企业自身的影响。

基于企业战略的税收筹划方案流程设计的起点同样应该是战略分析，运用战略分析常用的SWOT 分析法，税收筹划方案需要考虑的影响因素包括外部环境因素和内部条件因素，外部环境中存在着机会和威胁，内部条件中包含着优势和劣势。外部环境和内部条件相互影响、相互作用，共同构成税收筹划战略分析的环境。基于企业战略的税收筹划战略分析要求筹划者将内外部的环境条件进行整体性全面的考虑，主动改善内部条件，制订正确的税收筹划方案，以适应外部环境的状况和趋势，如图 12 －2 所示。

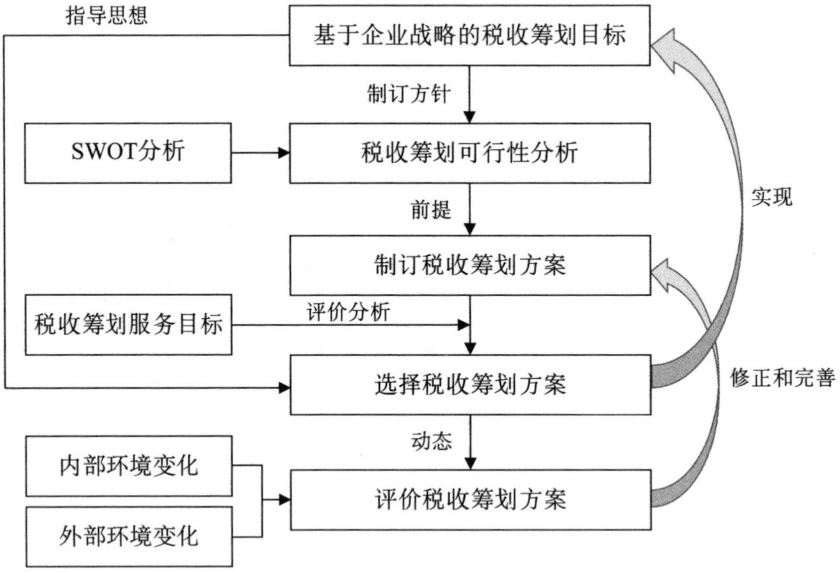

图 12 －2　基于战略管理视角的税收筹划战略规划

1. 税收筹划外部环境。税收筹划的外部环境主要包括政治法律、经济、社会文化、科学技术、金融、行业等

（1）政治法律环境因素。主要包括政治主体的目标、纲领和政策、法律和法规体系、对外方针政策以及各社会利害关系集团之间的相互作用的过程等。政治法律环境的稳定是企业战略的基础，同样也是税收筹划的基本前提。在政治法律环境稳定的前提下，企业需要清楚地了解政策引导的方向和税收法律法

规中配合政策导向的税收优惠和税收处罚，进行详细的机会和威胁分析。

（2）经济环境因素。经济环境表现为经济资源的分配和使用方式，它的内容很广泛，包括经济增长率、产业结构、国民收入、物价变化、利率变动、通货膨胀、投资动向、国际贸易等。经济环境直接作用于企业生产经营的各个方面，对企业具有重大影响。经济环境的变化将影响企业未来的经营和投资收益及筹资方式，从而对企业税收筹划产生重大影响。良好的经济环境中也存在着风险，一路下行的经济环境中也蕴含着机遇，税收筹划人员要在当前的经济环境下配合企业战略制订适宜的税收筹划方案。

（3）社会文化环境因素。社会文化环境反映了企业所处的社会特点，包括社会阶层的形成和变动，人口的地区性流动，年龄结构的变化，交通和信息系统的发展，社会中的权力结构，人们的生活方式、价值观、风俗习惯等。社会文化环境的特点必然影响人们对企业所生产的产品或提供的服务的需求，并最终反映到企业中来，对企业的应纳税收入和税收成本的数量、结构都会产生影响。这要求在进行税收筹划分析时紧密关注社会文化环境动向，规避社会文化环境带来的税收筹划风险，利用社会文化趋势中的机会制订税收筹划方案。

（4）技术环境因素。科学技术是第一生产力，它既包括自然科学技术，也包括组织技术、管理技术和信息技术等内容。自然科学技术、组织技术、管理技术和信息技术的进步，对于生产合理化和提高生产率具有重要作用。随着科学技术的更新迭代税收政策对科学技术的扶植也会阶段性的做出调整，税收筹划人员要善于捕捉技术发展趋势以及税收扶持的政策要求，并对税收筹划方案做出适当调整。

（5）行业环境因素。行业环境因素是指在某一特定行业中的基础条件、市场构造、企业行动以及市场与企业行动之间的相互作用。其具体内容包括：供给和需要的平衡状态、企业的集中程度、产品差别化的状况、进入壁垒的高低，各企业的产品战略、价格政策、研究开发、流通渠道、销售促进等。企业所属产业的具体环境状况，对企业税收筹划会产生重大影响，这种影响主要表现在行业税收筹划风险的差异性上。

（6）金融环境因素。金融环境具体内容包括金融机构的种类和数量、金融业务的范围和质量、金融市场的发展程度、金融传统、人们的金融意识、有价证券的种类等。在市场经济条件下，企业筹资、投资和经营都离不开资金，大部分资金的来源都应借助于金融市场，所以金融环境的状况对于企业资金流动具有至关重要的影响。而资金的有效周转又直接影响企业的生产经营，进而影响税收筹划方案能否实现。战略税收筹划必须适应金融环境的变化与要求，充分利用这些变化为企业筹资和投资提供机会，同时合理地规避税收筹划风险。

2. 税收筹划内部条件

税收筹划的内部条件即决定或影响企业税收筹划的内在因素。它是税收筹划决策制订的内在依据和实施的基础。相对于外部环境来说，企业内部环境具有稳定性和可控性的特点。内部环境状况是决定税收筹划方案的内因，脱离企业内部条件，制订一个良好的税收筹划方案并加以实施是不可能的。研究分析税收筹划内部环境，除了准确获取纳税人身份、组织形式、注册地点、所从事行业、财务状况等税收筹划基本要素外，还要分析企业在组织结构、人事管理、生产、销售、产品等方面的优势与劣势，以及对税收筹划方案的影响。当然优势与劣势是相对的，脱离相对的优势劣势分析毫无意义，企业在进行内部环境优势劣势分析时需要与竞争企业进行对比分析。即和同本企业生产同类产品或替代产品，为争夺市场而激烈竞争的企业相比较。不同企业的性质不同，内部环境也是不同的，具有各自的特点，税收筹划的内部条件分析需要紧密结合企业存在优势劣势的实际情况针对性分析，并分析造成这种情况的原因，以充分挖掘潜力、发挥优势，结合外部环境机会制订企业的税收筹划。

（二）战略选择

1. 战略选择的概念

通过战略分析，企业管理者对其所处的外部环境和企业自身的资源能力等有了比较清楚的了解。接下来的任务是进行战略选择，即选择一个合适的能够实现组织目标的战略。在做出这些相关决策时，企业内部要提出各种可供选择的方案，并最终对最有助于实现企业目标的方案作出决策。战略选择也会影响企业的经营方向、竞争优势和行业环境，也能够扩大企业的经营范围和领域，对增强企业实力提出新的要求。任何一个备选方案都有优点和缺点，在不同的衡量标准下，备选方案的相对优劣也会有所不同。因此，在进行战略选择时，企业必须设定一定的衡量标准，这种标准的确定除了考虑企业整体利益和长远发展外，还取决于决策者对风险、稳定性、发展速度以及投资多元化的态度。

2. 战略选择的主要特征

（1）战略选择具有复杂性和不确定性。战略选择在本质上是一个相当复杂的决策过程，单纯凭借决策者的主观判断进行战略选择和完全依靠分析工具进行程式化的选择都不能保证战略选择的正确性。战略选择的复杂性和不确定性要求决策者借助分析工具的同时对趋势、形势、条件、时机、方案、方法及后果要进行深入评判，最终做出选择。战略选择的任务是要根据不同的环境条件，为组织确定某种行为方式。然而，面对经济日趋全球化，组织所处的环境和所面临的信息越来越呈现出“不确定”的特点，稳定性、精确性和可预测性逐渐被变革性、模糊性和不可预测性所代替，在这样一个机会层出不穷、风险相伴而生的全球化经济环境中，战略选择的过程就会变得更为复杂，对于地域分布较广的组织或具备多样化产品和服务的组织而言更是如此。

（2）战略选择具有较强的综合性。战略选择对决策者的综合判断能力具有较高的要求。对于一般性的问题，管理者仅凭单一领域的专长或从某个角度出发就可以发现问题并解决问题。但是，在进行战略选择时，鉴于战略选择过程的复杂特性，决策者需要打破职能和运营界限来解决战略问题。无论在哪一种因素或环节上出现判断失误，都会对整个决策产生不良影响，甚至会导致战略失败。因此，决策者既要有高瞻远瞩的战略眼光，又必须具有通观全局和全面分析问题的能力，应该在考虑到与决策相关的各种因素之后做出一个综合性的判断。

（3）战略选择通常需要企业进行艰难的变革。战略选择重要的原因之一在于，战略选择是在战略层面上作出决策，选择的结果将会直接影响企业未来的发展方向，而且很多时候会迫使企业适应新的转变或不得不采取某种形式的企业变革，但由于企业文化及组织资源连贯性的限制，在企业已经运行一定时期后这种变革很难推进。

3. 税收筹划的战略选择过程

税收筹划的战略选择过程同企业战略选择类似，都是选择某一特定战略方案的决策过程，而税收筹划的战略选择过程选择的是税收筹划方案。这一过程是基于已经拟订出的各种可行性方案以供进一步选择的前提下进行的。税收筹划战略选择的过程一般包括以下几个步骤。

（1）明确税收筹划的目标和方向。决策目标是战略选择的出发点和归宿，没有目标，战略选择就没有方向；目标不明确，就会导致战略选择的失误。税收筹划方案的选择相较于企业总体的战略选择范围更为具体，如财务方面的投融资税收筹划方案、生产销售方面的税收筹划方案、企业利润分配的税收筹划方案等，通过明确税收筹划具体范围内的目标，可以更清晰的判断税收筹划备选方案的优劣，减少税收筹划战略选择的失误概率。

（2）遵循战略选择的标准。战略选择的原则性标准中适宜性、可接受性和可行性可以帮助决策者选择出更恰当的税收筹划方案。适宜性是一项宽泛的标准，它是指一项战略选择是否适应组织所处的运营环境，对应到税收筹划方案要求决策者考量税收筹划方案是否适合当前企业的营运阶段，是否与企业现阶段的发展方向适合；可接受性关注的是一项战略选择的预期业绩表现及该业绩表现与各方期望的符合程度，税收筹划战略选择的可接受性则是税收筹划带来的税收成本减少和税收收益的预期情况与企业期望的符合程度；可行性关注的是一项战略在实际操作中是否可行及组织的资源能力和战略能力是否具有实用性，税收筹划方案的可行性应该是被优先考虑的标准，只有税收筹划方案在符合现行税法和企业内部能力的前提下可以实施，才可以作为备选方案进行考虑。

（3）考虑影响战略选择的因素。企业最终的战略选择往往是内部因素和外部因素共同作用的结果。外部因素是一个企业进行战略选择时的间接因素，而内部因素却是企业进行战略选择的直接因素。具体到税收筹划战略选择来说，影响税收筹划战略选择的因素包括政治、法律、经济、社会文化等外部因素以及企业财务水平、资源、执行能力等内部因素。决策者必须深入了解这些来自各方面的影响因素，才能在税收筹划战略选择过程中表现得更为敏感和准确，进而保证选择出的税收筹划方案可以得到顺利执行。

（4）充分利用战略选择分析工具。在战略选择过程中，除了要做定性分析外，还要进行定量分析，既要有感性的主观推断又要有理性的客观分析。税收筹划的战略选择同样需要借助分析工具如 SWOT 分析模型、波士顿分析模型、QSPM 矩阵等。虽然分析工具并非是万能的，每种分析模型或方法都有自己的局限性，但决策者要充分利用各种分析工具的优点并避免其不足，使选择结果更趋满意与合理。

（5）确定最终的税收筹划方案。确定税收筹划方案是税收筹划战略选择的关键阶段，决策者要在对多种方案分析评价的基础上权衡利弊，做出最终选择，确定能满足决策目标要求的方案。由于企业最终选择哪一种税收筹划方案既取决于企业所处的环境和市场地位，也取决于企业的风格，尤其是高层管理人员的思维习惯和个性，从而使最终方案的确定更类似于管理评测问题。但不管在这一阶段有什么特色或差异，选择标准都是一样的，那就是选择可能效果最好而副作用最小、成本最小而收益最大的备选方案。

（三）战略实施

1. 战略实施的概念

战略实施是指如何确保将战略转化为行动实践。企业战略实践表明，一个良好的战略仅仅是战略成功的一部分，只有采取有效措施保证战略的贯彻实施，企业的战略目标才能顺利实现。战略实施主要涉及企业现有资源在各部门和各层次间的分配方式、企业外部资源的获取和使用方式、企业组织结构的调整、企业内部利益再分配与文化适应性、组织变革的技术与方法、战略领导在战略变革中的作用等问题。税收筹划的战略实施就是把设计好的税收筹划方案付之于行动。

2. 税收筹划战略实施的流程

设计好的税收筹划战略方案实质上是一个从税收上考虑的企业战略，所以税收筹划的战略实施符合一般战略实施的规律，具体战略实施流程如下：

（1）分析战略变化。税收筹划战略实施的第一步是对新老税收筹划战略实施进行对比，从而明确地了解要使新的税收筹划战略实施成功，企业需要在哪些方面及多大程度上做出变化。不同的税收筹划战略，要求组织做出的变革差别很大。新的筹划方案与原本的方案差别越大，企业需要做出的变革范围和程度也就越大。

（2）分析组织结构。组织结构对税收筹划战略实施的成功有重大意义。任何组织中都存在正式和非正式的组织结构。正式组织结构代表着管理当局规定的各种资源之间的关系。因为税收筹划战略实际上代表着企业资源在企业组织中的重新配置，故其必然会影响组织内部的资源关系，即影响正式组织结构，要求其在形式、规模、结构等方面做出相应调整。另外原有组织结构是原有的税收筹划方案下形成的，如不按新战略加以调整，势必会对企业实施新的税收筹划战略形成阻碍。故而实施新的税收筹划战略时，必须分析和消除对实施新战略的壁垒。另外，管理者在分析正式组织的同时，也必须考虑到非正式组织的存在及影响，并应设法充分利用非正式组织来促进战略的实施。

（3）分析组织文化。组织文化不仅影响税收筹划战略的生成，而且影响税收筹划战略的实施，它包括组织成员的共同信念、价值观等。组织文化的形成与改变不是一蹴而就，而是需要一段较长时期的努力才能逐渐完成的。如若新的税收筹划方案较之前的差别较小组织文化的影响并不明显，当新的税收筹划方案产生了较大变化，企业需要重新定向时，那么组织文化的变革就必不可少了。

（4）选择战略实施方式。税收筹划战略的实施方式是指组织、管理、生产经营等实施活动的形式。税收筹划战略经审慎决策和计划被批准之后，如何尽快完成实施任务，一个重要问题就是如何选择合理的实施形式，如自营方式、承发包方式或综合方式等。

（5）管理者有效推动战略实施。税收筹划战略实施阶段中，管理者的职责就是具体组织实施工作，首先，要对税收筹划战略进行空间和时间上的分解，形成执行目标；其次，要有效地分配任务、时间和其他资源，建立内部经济责任制；最后，利用多种管理技能激励员工，克服困难，保证任务的有效完成。在整个实施过程中，管理者还必须对其实行有效的控制才能保证税收筹划战略的顺利完成。

（四）战略评价

1. 战略评价的概念

战略评价即通过将实际业绩与期望业绩进行比较，以达到纠正行为和解决问题的目的。战略评价既是战略管理的最后环节又是下一轮战略管理循环的开始。而具体到税收筹划的战略评价是指对税收筹划战略事前、事中、事后全过程的风险和收益进行动态评估和综合评价的评价反馈过程。风险评价是指评估税收筹划的方案在执行过程中是否一直符合国家法律法规的要求。在税收筹划方案中税务风险是难以完全回避的，但同时税务风险又是可以控制的，税收筹划风险评价就是为了把税务风险控制在一个可以接受的范围以内。收益评价即评估税收筹划是否实现预期目标以及目标实现程度，收益评价既包括对方案执行中实际收益与预期收益差距的及时获取和及时处理，又包括对税收筹划方案目标完成情况的分析、评价和预测。

税收筹划的战略评价在战略管理中起着至关重要的作用，一是在方案的执行中，通过战略评价的反馈及响应的调控，随时发现和纠正实际业绩与目标的偏差，从而实现对筹划过程的控制。二是在战略制订、战略选择、战略实施过程中引入战略评价，把握全过程的风险和收益情况，形成良好的相互促进体系，周而复始的循环以实现对公司整个生产经营活动的正向调控。三是通过评价税收筹划方案的实施效果，追踪税收筹划方案预期目标的实现进程，并对企业内部财务、生产、销售等部门的执行情况进行评判，有利于企业总结税收筹划方案的阶段性问题，并有助于下阶段税收筹划方案的制订，从而不断提高企业的税收筹划水平。

2. 税收筹划战略评价体系设计的基本原则

（1）成本效益的权衡。这是在制订税收筹划战略评价体系过程中必须考虑的限制因素之一，即评价过程中花费的成本应以评价体系能够产生的效益为限。在评价体系无法带来较大收益的税收筹划方案中投入大量成本用于评价过程是不经济的。

（2）全面性与综合性。税收筹划战略评价体系既要能客观地评价企业税收筹划的实施效果，也要与企业的战略目标相联系。因为税收筹划只是企业实现其总体战略目标的一个步骤，税收成本的节约和税收收益的获取是为企业总体目标实现服务的，所以税收筹划战略评价体系要全面考虑多种因素的共同作用。

（3）动态性。企业在税收筹划战略评价体系设计中对于指标的选用应具备动态的观点，因时因地制宜，并根据企业具体情况的变化及时调整指标设计，引入必要的指标，剔除不必要的指标，使整个评价体系能够随着环境的变化而相应改变。

3. 税收筹划战略评价指标体系的设计要求。战略评价体系中通常会使用运用财务指标进行量化评价的传统评价法、结合财务指标和非财务指标的平衡计分卡评价法、与行业先进水平进行对比的比重法等战略评价方法。但是单一的评价方法各有利弊，完善的税收筹划战略评价体系的设计需要将多种方法中的优势吸收融合，并根据企业具体情况和税收环境的特点，设计出新的评价指标体系及其评价标准，从而建立符合企业自身税收筹划方案的评价方法和体系。

一套科学有效的税收筹划战略评价指标体系首先需要满足评价指标体系设计的一般要求，如指标必须与公司目标一致或正相关，即常说的目标一致；在财务指标与非财务指标间达成平衡；兼顾各单位利益以及公司其他管理目标的实现；必须持续地在各个时期可计量；指标必须尽可能地在评价客体的控制范围之内，亦尽可能少地受其他部门或个人行为的影响等。除此以外，由于企业的税收筹划不同于其他经营活动，很难直接衡量由它带来的经济利益或现金净流量，只能采取间接衡量的办法，所以指标体系在设计时还需要根据税收筹划的特性设计指标体系使其满足税收筹划战略评价的特殊要求。

（1）指标的设计应充分体现企业财务管理的要求。税收筹划会带来企业经济利益的变化和现金流量的波动，而这些必然影响企业财务状况。因此，许多企业都把税收筹划纳入企业财务管理的范畴。所以税收筹划战略评价指标的设计必须考虑到与财务管理目标协调一致。

（2）重视与政府和当地税务机关关系的评价。企业开展税收筹划时应该特别注意与政府和税务机关建立良好的关系。因为税收筹划不同于其他经营活动，它必须得到政府的认可才能真正为企业带来利益。否则，就可能得不偿失。与政府建立良好的关系有利于降低税收筹划的风险，因此企业在设计相关指标时必须格外注意。

4. 税收筹划战略评价指标体系的具体设计

设计税收筹划战略评价体系指标主要应从税收筹划对本企业的财务影响、税收筹划对企业整体的财务影响、税收筹划对本企业及企业各层次战略目标实现的辅助作用、税收筹划对企业外部环境的影响、指标体系的有效性等方面展开评估。主要分为可量化的财务指标和不可量化的非财务指标。

（1）财务体系指标。一是直接成本收益率，即税收筹划直接成本和直接收益的比率。其中，税收筹划的直接成本是指企业为节约税款而发生的直接的人、财、物的耗费。它包括税收筹划的设计成本和实施成本。设计成本是企业财务人员或税务人员在进行税收筹划时获得的工资或奖金。实施成本是筹划方案在实施过程中所需支付的除上述人员工资奖金以外的成本或费用。税收筹划的直接收益是指企业因为开展税收筹划节约的税款。该指标可以直观地反映出企业税收筹划的效率及对财务状况的影响。

二是间接成本收益率，即税收筹划的间接成本和间接收益的比率。其中，税收筹划的间接成本是指由于企业开展税收筹划而间接发生的成本费用。如企业为获得税收收益而相应地调整原有的资本结构、组织结构、经营范围或设立新的分支机构、开展新的业务等而发生的额外成本。税收筹划的间接收益是指由于企业开展税收筹划而产生的除少缴税款以外的其他可计量的收益。该指标作为直接成本收益率指标的补充，可以使企业更全面地评价税收筹划的财务影响。

三是税法遵从度，即企业因违反税收法律、法规需要支付的税收罚款和滞纳金占企业总的应缴纳税款的比例。从这个指标可以看出企业对当地税收法律、法规的熟悉程度以及企业对税收筹划风险的态度。如果企业对税收筹划风险的态度较为保守，严格依法办事、采用很稳妥的筹划方案，这一指标值就会很小，说明企业税法遵从度很高；反之，如果企业乐于采用较为激进的税收筹划方案，这一指标的数值就会变大，说明企业税法遵从度较低。

四是接受纳税检查的频率，即一年当中企业接受各类纳税检查的次数。这个指标可以反映出企业与当地税务机构和东道国政府之间的关系。如果企业在东道国开展经营的时间很长且一直依法纳税，与当地税务机构建立了良好的关系，那么企业的这一指标值就会很低。而如果企业经常因为实施激进的筹划方案与税务机构发生争执，税务机构很可能会增加对企业调查的频率。

五是税收对自有资本收益率的影响，即将企业实施税收筹划以前的税后净资本收益率和税收筹划方案实施以后的税后净资本收益率相比较，从其数值的变化衡量税收筹划对企业所有者权益最大化目标的影响程度。

六是实际税收负担率，即企业应纳税收与包括应税收入在内的收入的比率，这一指标可以用来衡量企业实际的税收负担水平。企业在经营过程中会面对多个税种，每个税种都有不同的规定。由于税基有差别，法定税率并不能反映企业的税负轻重。只有确定企业实际的税收负担率，才能对企业的税负水平有一个较为全面和客观的认识。而只有认清了税收对企业的影响，才能有的放矢，制订有针对性的税收筹划策略以及评价税收筹划的实际效果。企业开展税收筹划，不仅发生量化的成本、获得量化的收益，而且还有不可量化的成本和收益，即隐性的成本和收益。这些对企业来说同样重要，因此在评价指标体系中也必须加以考虑。

（2）非财务体系指标。

一是企业在当地形象的改善。这种改善指的是在当地社会公众心目中的形象提升。例如，由于企业依法纳税被当地政府表彰并由媒体报道。这样，就会提高企业的知名度，从而使企业的信誉增强。有效税收筹划尽量避免企业违反税法规定。

二是与税务机构的关系。企业开展税收筹划的一项重要内容是与税务机构的沟通和关系协调。因为与税务机构关系的好坏直接关系税收筹划的成败。当然，财务指标中接受纳税检查的频率也可以从一个侧面反映企业与税务机构的关系。但是，对企业而言，还需对这项内容有一个更全面的评价和认识。改善这种关系的方法很多，主要是加强与税务机构的沟通。例如，经常向当地税务机构解释企业定价策略就可以减少税务机构的反避税调查和价格调整。

三是对国际化的适应能力。一个具有较强国际化适应能力的企业，需要不断地调整自身管理水平跟上国际发展。

第二节　税收与价值链管理

一、企业价值链理论

企业价值链理论是由迈克尔·波特提出的，他认为企业所从事的物质上的和技术上界限分明的活动都是价值活动，可以把企业创造价值的过程分解为一系列互不相同又互相关联的活动，其总和构成了企业的“价值链”。波特将企业活动分为辅助活动和基本活动两类，见图 12－3。

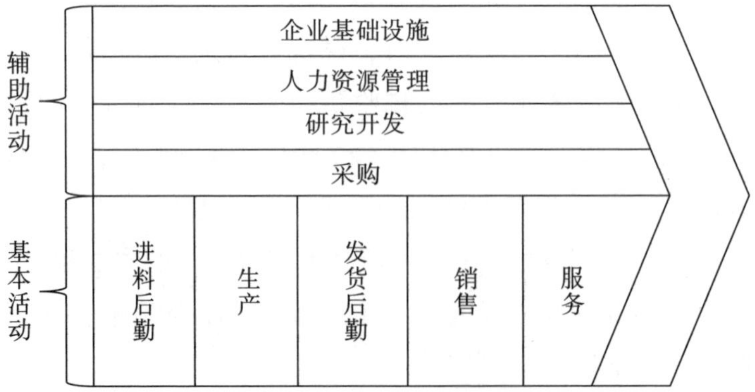

图 12－3　波特价值链理论

1. 基本活动

基本活动主要涉及如何将输入有效地转化为输出，这部分活动直接与顾客发生各种各样的联系，主要包括以下几类活动：

（1）进料后勤。进料后勤指与产品有关的资源接收、储存和分配活动，包括材料处理、库存控制和运输等。

（2）生产。指与将各种原材料投入转化为最终产品相关联的各种活动。这一活动过程将各种输入转化为最终的产品和服务，包括制造、工艺调整和测试等。

（3）发货后勤。指与产品的库存、发送给购买者有关的活动，包括产品接收、储藏和分销活动。

（4）销售。指通过对产品和市场的分析，促进和引导买方购买产品的各种活动。特指与促进和引导购买者购买企业产品相关的活动，包括消费行为研究、广告和促销等。

（5）服务。指与保持和提高产品价值有关的活动，包括安装、维修、培训和提供备件等。

2. 支持性活动

支持性活动主要体现为一种内部过程，可以分为以下几方面。

（1）企业基础设施。主要包括计划、财务和质量控制以及法律服务等。

（2）研究开发。每项价值活动都包含着技术成分无论是技术诀窍、程序还是在工艺设备中所体现的技术。一个企业的技术水平如何直接关系到产品的功能强弱、质量高低以及资源的利用效率。

（3）人力资源管理。表面上看，人力资源管理是一项长期性的任务并不直接参与价值增值过程。但实际上这是一项常重要的活动，因为所有其他活动都是由人来完成的，这部分涉及所有类型人员的招聘、雇用、培训开发、职员评价以及工资、福利相关联的各种活动。

（4）采购。是指购买用于企业价值链各种投入的活动，采购往往遍布整个企业。这里的采购是指广义的，既包括生产原材料的采购，也包括其他资源投入的管理。

3. 价值链的内部联系与纵向联系

价值链并不是一些独立活动的集合而是相互依存的活动构成的一个系统。价值系统包括价值链内部联系和与供应商、销售渠道相关的纵向联系。

（1）价值链内部联系。价值活动是由价值链的内部联系联结起来的。这些联系是某一价值活动进行的方式与成本或与另一活动之间的关系。

（2）价值链之间存在纵向联系。联系不仅存在于一个企业价值链内部，而且存在于企业价值链与供应商和销售渠道的价值链之间，即价值链的纵向联系。企业价值链从纵向来看，上下连结着很多不同的供应商和分销商，它们整体组成一条完整的价值链，从而形成一个价值创造系统。一是企业价值链与供应商价值链之间存在联系。供应商的产品特点及它与企业价值链的其他接触点能够十分显著地影响企业的成本和差异化。供应商价值链和企业价值链之间的各种联系为企业增强其竞争优势提供了机会。通过影响供应商价值链的结构，或者通过改善企业和供应商价值链之间的关系，常常有可能使企业和供应商双方受益。二是销售渠道价值链。在整个价值系统中，企业要和其上游供应商进行沟通，不断地讨价还价，以便降低材料购买的成本。同时，企业还要和其下游合作者的销售渠道进行沟通，结合自己的成本与销售渠道进行联合定价，降低自身产品的生产成本，并防止竞争者的进入。

二、基于价值链管理的税收筹划理论

1. 基于价值链管理的税收筹划概念

企业价值链管理管理是企业在市场竞争中产生的一种企业战略形式，企业价值链管理有助于发挥价值链上各企业的联合优势并在市场竞争中使相关企业获得更高的增值。而税收筹划作为企业战略管理的重要组成部分需要服务于企业整体战略。价值链将企业经营管理活动分解为与战略管理相关的许多价值活动，而税收筹划贯穿于企业生产经营活动的全过程。这就使基于价值链的企业战略与税收筹划有机地结合起来，进而使基于价值链的税收筹划应运而生。

基于价值链管理的税收筹划就是企业通过自身流程改造、组织调整以及和所在价值系统内的其他企业合作竞争等手段，凭借现代化技术、运用各种专业知识对企业和其所在价值系统的税负预先进行整体规划，使企业和其所在价值链的整体价值达到最大的税收规划活动，如图 12－4 所示。

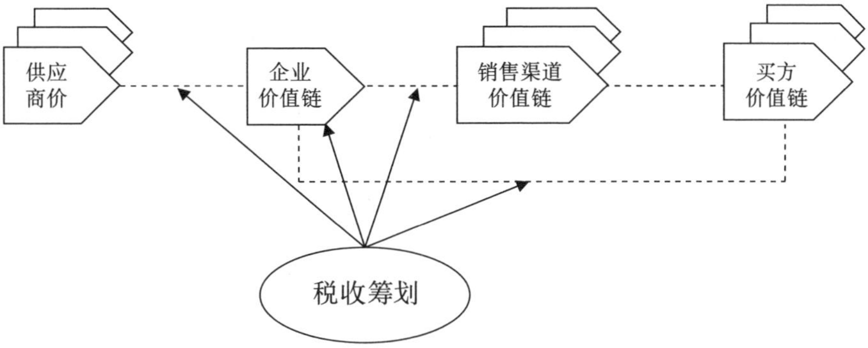

图 12－4 税收筹划与价值链的结合

2. 基于价值链管理的税收筹划的基本特征

（1）整体性。基于价值链管理的税收筹划既不是从纯税收的角度出发，也不是从纯财务的短期利益角度出发，而是从价值链的角度来考虑整个价值链。它将一些不能用财务数据来描述的指标，如质量、服务水平等和包括税负在内的财务数据结合起来，追求统一性。

（2）目的性。基于价值链的税收筹划的目的是整个价值链的价值最大化，不是短期财务利益的最大化，更不是单个企业税收利益的最大化。

（3）吸收性。基于价值链的税收筹划在直接成本的筹划方面能吸收公司财务、金融工程等各项技术；在间接成本的筹划方面，它和供应链管理、作业成本分析法等管理思想结合起来，发挥它的最大功效。

（4）复杂性。由于这种方法是基于价值链的，牵涉方面众多，如企业业务流程的改进、组织结构的重组和调整、与上下游企业以及第三方企业的合作等，涉及的参与方众多，税收筹划过程也充满复杂性，筹划方案难度较大。

（5）先进性。基于价值链的税收筹划充分利用当前的网络、信息技术和各种现代管理思想，使整个价值链的节点企业的运作同步进行，减少了资金的时间浪费。

（6）动态性。由于价值链管理是随着市场需求变化而变化的，是动态性的，因此这种税收筹划方式也是动态性的。

三、基于价值链管理的税收筹划原则

（1）整体复杂性原则。基于价值链管理的税收筹划要求从企业整体上把握企业的税收负担影响，不能只考虑个别税种税收显性成本的高低，也不能只关注当期税收成本的高低。进行税收筹划时，企业要从全局角度考虑到各种显性成本、隐性成本、直接成本、间接成本、以及可能的收益和税务风险等，从整体上来把握税收筹划方案的选择，而且由于价值链本身的流程性与多边性，在进行税收筹划之前或过程中，必定要进行企业业务流程的改造、组织结构的重组与调整以及与上下游企业的沟通与合作等。基于价值链的税收筹划过程是复杂化的，想要从整体上将企业价值链中的各个环节税收成本降低的同时承担最少的税收风险，需要税收筹划人员具有扎实的专业知识的同时具有全局观，具有高瞻远瞩的能力。

（2）吸收先进性原则。基于价值链管理的税收筹划的最终目的是实现企业价值最大化，而不仅仅是为了简单地减少纳税额。所以在实施税收筹划过程中要与供应链管理、作业成本分析等管理方法和手段结合起来，以发挥税收筹划的最大功效。同时，要使整个价值链上的价值活动同步有效运作，还需要充分利用网络和信息技术，达到及时有效的控制与管理，使价值链上相互联系的企业同步运作，减少无谓的成本支出。

（3）动态风险性原则。由于价值链管理是随着市场需求变化而变化的，税收法律法规也在不断地修正和完善。正是这种外部环境的动态性导致了税收筹划的不确定性，从而形成了税收筹划的风险。因此，基于价值链的税收筹划要求筹划方案必须具有一定的适应性和可调整性，能够随者市场的变化和企业战略动态的要求而进行相应的调整，另外，企业决策者和税收筹划人员应该始终关注税收筹划风险，现阶段的税收筹划方案可行不代表方案在整个生产经营过程中一直没有风险或者一直保持较低的风险。基于价值链的税收筹划中存在着很多变量，这要求企业在生产经营全过程和涉税事务中始终保持对筹划风险的警惕性，并通过建立有效的风险预警机制、协调好与税务机关的关系等措施，将税收筹划风险降到最低。

第三节 产权与税收筹划战略

一、企业边界与税收筹划战略

（一）市场与企业的相互替代性影响税收负担

完全竞争下的市场交易是最优的，市场交易的结果是实现帕累托最优。但是，在现实经济中不存在完全竞争，且市场交易费用不为零。同样的交易，通过市场进行或在企业内部进行所花费的交易费用显然是不同的，交易费用成为衡量交易是通过市场进行还是通过企业进行的标准。

下面根据效用理论，采用均衡分析方法进一步论证市场与企业的相互替代性，如图 12－5 所示。

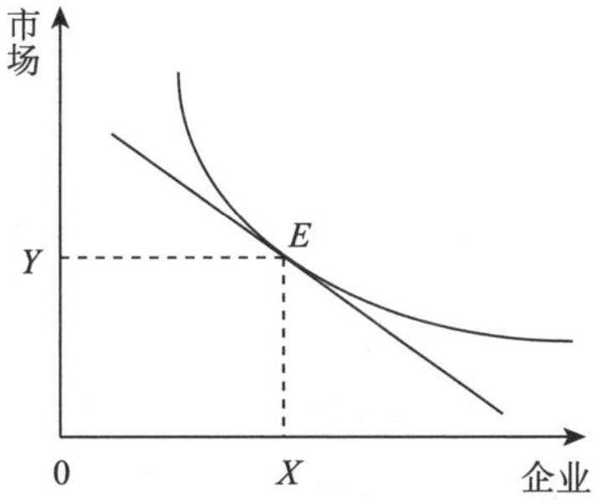

图 12－5 市场与企业的相互替代性

假定一项交易只能通过市场或在企业内部进行，且每笔交易通过市场交易的价格即市场交易费用（包括税收）表示为 P_1，每笔交易通过企业内部交易的价格即企业内部组织交易的费用表示为 P_2，企业的总交易费用限额用 C 表示。纵轴表示通过市场交易的交易量 Y，横轴表示通过企业交易的交易量 X，且 $C = P_1Y + P_2X$。向下倾斜的直线 a 是预算约束线，表示当总交易费用限额和每笔交易所需的市场交易费用、企业内部组织交易费用给定的条件下，企业的总交易费用限额所能实现的两种交易方式的各种组合。而凸向原点的曲线 b 是无差异曲线，表示能够给企业带来相同效用水平的两种交易方式的组合。

曲线 a 与曲线 b 相切于 E 点，E 点为均衡点，即最优的交易方式组合点，E 点处无差异曲线和预算线的斜率是相等的。无差异曲线斜率的绝对值为边际替代率 MRS，预算线斜率的绝对值为两种交易费用（交易方式的代价）之比，即 P_1/P_2，因此效用最大化的均衡条件为：

$MRS = P_1/P_2 = \Delta X/\Delta Y$

（1）市场被企业所替代的税收筹划。如果交易通过市场进行时，其交易费用过高，则应该把交易放到企业内部来进行，这样可以降低与市场有关的交易费用，具体可通过资本运营，以产权调整、资产重组等手段扩大企业边界，使市场交易实现内化，即原本属于市场的交易活动就转变成为企业内部的业务活动，即一部分市场将会被企业所替代①。虽然企业内部处理“交易”的组织费用②会增加，但这时与市场有关的交易费用就会明显锐减或彻底消失。总体来看，企业所增加的组织费用抵不上减少的与市场有关的交易费用，则最终的结果是总的交易费用降低了。所以，交易费用的变化依赖于企业边界的变化。显然，企业边界在一定程度上是可以被安排的，产权调整、资产重组是引起企业边界变化的重要手段，而税收筹划通过对企业规模、产权结构及组织形式等的调整，进而做出适当的税收安排，就可以充分利用企业边界的变化微妙地影响税收。

（2）企业被市场所替代的税收筹划。对存在着不同边界的企业而言，所显示的企业规模大小也不同。随着市场部分或全部地被企业所替代，企业边界会不断扩张，企业内部“交易”的空间分布、交易的差异性和相对价格变动的可能性会增加，引起企业内部的组织费用也不断增加，如果增加到超过交易通过市场进行时的交易费用，则此时企业边界就显得过于膨胀而超过最优企业规模。为了降低市场的交易费用和企业的组织费用之和，就必须缩小企业边界，即通过产权调整、资产重组把一部分非核心资产或低效资产剥离出去，这就是以资产剥离、企业分立为特征的资本收缩。资本收缩的本质是企业的一部分被市场替代。

考虑到税收因素，当交易通过市场进行时，会形成一道流通环节，显然会

① 著名经济学家张五常教授认为，企业的出现并不意味着市场失灵。一部分市场被企业替代，其实质是要素市场取代了产品市场，一种合约取代了另一种合约。

② 企业内部的组织费用也是交易费用的一种形式，主要表现为在企业内部有关“交易”的组织协调成本及监督成本等。

形成商品所有权的转移或劳务交易的确认，这需要缴纳货劳税、印花税等与交易相关的税收。而交易在企业内部进行时，由于没有商品所有权的转移和劳务交易的确认，在法律形式上就不构成流通环节，所以也就不存在货劳税的负担问题。税收筹划尤其是针对货劳税、所得税的筹划不能不考虑企业边界的影响和约束。

作为市场交易费用的重要组成部分，企业税收负担的大小会通过对产权边界的调整来影响企业对市场的替代程度。在市场与企业相互替代的过程中，在产权边界不断变化过程中，企业税收负担也会相应发生变化。

（二）企业边界的模糊性影响税收筹划

“企业边界”概念是由罗纳德·H. 科斯首次提出的，科斯（1937）认为企业边界决定于企业和市场在组织交易活动时的交易成本边际比较，在组织交易活动的过程中企业是最优化行为者。企业将倾向于扩张直到在企业内部组织一笔额外交易的成本，等于通过在公开市场上完成同一笔交易的成本或在另一个企业中组织同样交易的成本为止，此时企业处于最佳规模，企业边界应该是清晰的，企业边界在一定程度上是可以被安排的。产权交易、资产重组等都是引起企业边界变化的重要手段，企业通过对生产规模、产权结构及组织形式等的调整，结合税制变化及适当的税务规划活动，就能够利用企业边界的调整影响税收活动。

张五常（1983）提出企业边界的模糊性，他在《企业的契约性质》一文中明确指出，企业的出现并不意味着市场失灵。一部分市场被企业替代，其实质是要素市场取代了产品市场，一种合约取代了另一种合约。这种观点认为企业与市场的区别在于合约的形式不同，是采取产品买卖合约、分包合约、租赁合约，还是工资合约。在选择哪种合约形式时，以交易费用的多寡为标准。市场和企业的区分似乎不再重要，企业边界也逐渐变得模糊。在这一分析框架下，税收的多寡不必然取决于企业边界的大小，而是依赖于交易合约的性质、内容以及履约情况。因此，税收筹划面对模糊性的企业边界，对交易合约的关注程度远远高于企业边界。

（三）产权穿越企业边界的税收约束

产权穿越企业边界，其实就意味着产权转让（或产权流转）。产权转让（或产权流转）意味着产权主体的改变，是一种实质性的产权变更，税收制度对产权流转严格履行征税权。

这里以资产穿越企业边界为例论证产权流转过程的征税问题。假定有两个产权主体 S 和 H（此处的产权主体既可为自然人，也可为法人），产权主体 S 将一项资产转让给产权主体 H，价格为 P。产权流转环节，一般不对受让方 H 征税，而对转让方 S 征税。产权流转的征税情况如图 12－6 所示。

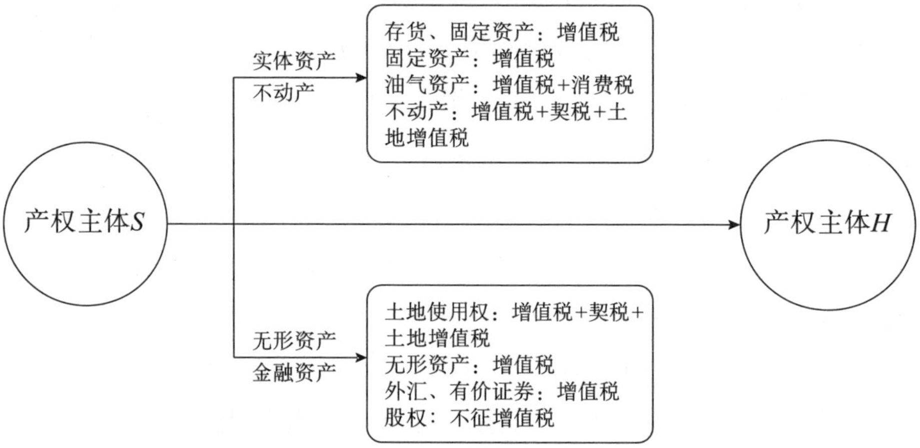

图 12－6　产权流转的征税情况

图 12－6 所揭示的产权流转征税规则如下：①实体资产（如存货、固定资产）的产权流转需要征收增值税；油气资产（如石油、天然气）的产权流转征收增值税和消费税；土地、不动产、无形资产（含专利权、商标权、著作权、非专利技术、商誉）的产权流转征收增值税，土地、不动产流转还要征收契税和土地增值税；外汇、有价证券（股票、债券、基金）等金融资产的产权流转按照买卖价差征收增值税；股权流转目前暂不征收增值税。②产权流转签订相关合同的，需按照合同类型分别征收不同税目税率的印花税。③产权流转过程中产生流转所得额的，根据产权主体性质以所得为计税依据再征收一道个人所得税或者企业所得税。④使用权流转与所有权流转有着本质的区别，使用权可以独立于所有权而单独流转，如资产租赁就是典型的使用权流转形式，目前税法规定，有形动产、土地使用权、不动产的融资租赁和经营租赁均征收增值税。总之，产权流转受到税收的强制性约束，对产权所对应的财产类型不同而征收不同性质和税目税率的税收。

总之，产权穿越企业边界受到税收约束，税收状况因资产类型及转移路径不同而有所不同，深入剖析税收与产权流转的关系模式，为产权税收理论的实践应用指明了方向。

二、规模经济、范围经济与税收筹划战略

(一)规模经济与税收筹划战略

所谓规模经济，是指在一定的范围内，企业生产规模的扩大会引起边际产出增加和边际成本下降的现象。即当规模经济出现时，随着投入的增加，产出的增长比例会超过投入的增长比例。规模经济使产出产品的平均成本随产量的增加而递减。

追求规模经济的结果可能就是垄断的产生和发展，垄断使价格机制受到人为因素的控制与扭曲，扼杀竞争，使经济失去活力，破坏资源的合理配置。但是，正如马克思指出的，竞争孕育了它的对立物——垄断，而现代化大生产的突出特点就是规模经济，没有规模经济就谈不上资源配置的效率和社会福利的改善。所以，规模经济也反映了一种资源配置效率的提高。

德姆塞茨认为，不同规模企业的利润率差异是由成本差异造成的，企业规模差异和进入壁垒差异归根到底反映到企业的成本水平上，从而造成企业利润率的差异。[①] 根据尼达姆(Needham)对规模经济的研究，规模经济与产品的需求弹性之间存在负相关关系[②]。即产品的需求弹性越小，企业通过扩大规模获得

① Demsetz, Harold. Industry Structure, Market Rivalry, and Public Policy, The Journal of Law and Economics, 1973, 16.

② Needham, D.. *Economics of Industry Structure, Conduct and Performance* [M]. New York, St. Martin's Press, 1978.

规模经济收益的可能性越大。同时，税负的转嫁与产品的需求弹性之间也存在负相关关系，即产品的需求弹性越小，税负越容易转嫁。产品的需求弹性对税负归属的影响如图 12 −7 所示。

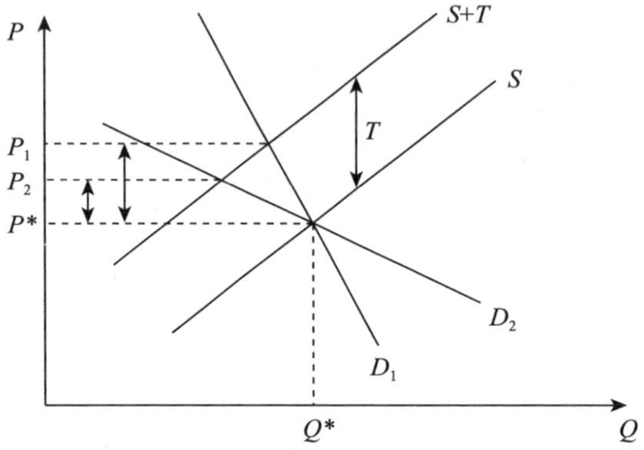

图 12 −7　产品的需求弹性对税负归宿的影响

在图 12 −7 中，用 D_1 和 D_2 分别表示产品 A 和产品 B 的需求弹性曲线（$E_{D1} < E_{D2}$），在供给曲线相同的情况下，若对两种产品征收相同的税 T，则产品 A 的价格会从 P^* 上升到 P_1，产品 B 的价格从 P^* 上升到 P_2，显然 $(P_1 - P^*) > (P_2 - P^*)$。即需求弹性较小的产品 A 更容易通过提高价格将税负进行转嫁。

规模经济下产品的利润率与产品的需求弹性之间的关系可用下式来表述：

$(p - mc)/p = 1/\varepsilon_d$[①]

其中：p 为市场价格，mc 为边际成本，ε_d 为产品的需求弹性。

经济学原理告诉我们，在产出规模扩大的过程中，只有产品的市场需求不存在问题，规模经济才得以成立和实现。所以，产品价值能否实现受到市场需求的约束，而规模经济能否实现取决于产品的需求弹性，规模经济与产品的需求弹性存在负相关关系，即产品的需求弹性越小，就越有可能从规模的扩张中获得规模经济收益，企业的税负也越容易通过提高价格的方式进行转嫁。这便是企业利用规模经济进行税收筹划的原理所在。

由于规模经济使产品的平均成本随企业规模和产量的扩大而递减，单位产品所承担的税负分摊额也就减少，因此，税负全部或部分转嫁出去的可能性也大大提高了。但有一个问题也要考虑到，即随着企业规模和产量的扩大，客观

① Needham, D., 1978. Economics of Industry Structure, Condust and Performance, St. Martin's Press, New York.

上要求降低产品价格的呼声也就增大了，生产厂商为保证自己的竞争优势，也会适当调低其产品的出厂价格和销售价格。通常价格降低的程度不会大于税负分摊到每个产品上的下降程度，即生产厂商在产品价格调低后，仍会把部分税收转嫁给消费者，因为成本的递减，生产厂商甚至还可以获得多于税额的价格利益。这种税负转嫁也可称为转嫁式筹划，即生产厂商的税收负担可以通过税收筹划实现税负向消费者转嫁，从而降低其自身的税收负担。

综观规模经济与产品需求弹性及税收与产品需求弹性的关系，规模经济的实现与税收的转嫁对于需求弹性的要求是同方向的，都呈负相关关系。即产品的需求弹性越小，规模经济越容易实现，税负也越容易转嫁。这一结果有利于实现规模经济与税负转嫁的双重收益。

其实，除了产品的需求弹性影响规模经济外，供给弹性也在一定程度上影响着规模经济与税负转嫁。产品的供给弹性反映的是产品供给量对于市场价格变动的反应程度。在其他条件不变的情况下，产品的供给弹性越大，产品的税收负担越容易转嫁给消费者。产品的供给弹性越大，同时也表明生产厂商越容易调整其生产规模，即规模经济也越容易实现。

（二）范围经济与税收筹划

所谓范围经济，是指这样一种经济，即存在生产多种产品所花费的成本低于分别生产它们的成本之和。对于规模经济与范围经济的界定，中外理论界存在激烈争论。美国学者潘扎尔（Panzar）和威利哥（Robert D. Willig）认为：范围经济是由于企业的范围（而不是规模）而产生的成本节约。如果在一个企业中将两条或更多的生产线合并起来比各自分开生产能更节约成本的话，那么就存在范围经济。美国管理学家小艾尔弗雷德·A. 钱德勒认为：“规模经济最初可以被定义为从事单一产品的生产或者分配的单一经营企业由于规模的提高而产生的生产或分配成本的降低。联合生产或联合分配的经济性产生于单一经营企业内部由于生产或分配多种产品而带来的成本的节约（我使用被越来越多地使用的‘范围经济’一词来表示联合生产或联合分配的经济性）。”①

通过对规模经济与范围经济的分析，发现规模经济和范围经济存在着很大的不同，因为规模经济重视规模的扩大对于产出及收益的影响，而范围经济更重视生产的联合性效应，而非规模效应。但二者也有着密切的联系，结合它们

① 臧恒旭，徐向艺，杨蕙馨．产业经济学［M］．北京：经济科学出版社，2005：106.

对税收及税收筹划的影响，综合分析如下：

（1）从实现方式来看，规模经济与范围经济都可以通过产权调整和资本运营来实现，诸如企业并购重组、资产置换、股权交易、投资扩张等都可以打破企业边界，实现资源的优化配置，促使规模经济和范围经济的出现。

（2）从税收角度分析，规模经济和范围经济都对税收及税收筹划产生深远的影响：一方面，规模经济与范围经济影响企业边界的最终选择，从而影响税收及税收筹划活动；另一方面，在所得税和增值税方面，规模经济与范围经济也会通过成本、价格的调整影响企业税负。

（3）从辩证的角度分析，规模经济、范围经济不仅影响税收，其实税收也是规模经济、范围经济决策的相关因素，不同的税收制度制约着规模经济与范围经济的最优选择及其经济效果的发挥。规模经济和范围经济也是税收筹划决策的重要影响因素，税收筹划在规模经济和范围经济方面也应有所作为。

三、产权关系与税收筹划战略

（一）产权关系、关联定价与税收筹划战略

复杂的产权关系的背后有着多种投资方式，由于产权和投资而形成的网状交织的多个经济主体之间的关联方关系，会因关联定价的制定和关联价格政策的调整而影响税收与税收筹划。

关联定价是利用两个或多个具有关联关系的经济主体之间的税率差异及减免税政策的差异等条件，为实现在关联方之间转移利润目的而实施的关联价格的确定与调整行为。实施关联定价的双方或多方具有一定的联属关系和互惠关系，属于有一定利益联系的关联方。关联定价会造成关联方之间利益的再分配，能够实现关联方整体的税负降低。这也经常被作为税收筹划的一个强有力的武器。

关联定价之所以被广泛运用，是因为在市场经济环境下，商品的定价是灵活的，任何一个生产厂商及其顾客都可以“讨价还价”，只要交易出于双方自愿，别人就无权干涉，属于一种合法行为。但并非所有的关联定价都是随意的、无原则的，对于有失公允的、合谋的或明显带有欺诈性质的关联定价会被税务机关查处并予以调整，所以关联方之间的关联定价并非任意行为，具有相当程度的风险。

关联定价是一把“双刃剑”，运用得当则可以成为税收筹划的重要工具，而

运用不当可能被视为“避税”，招致来自税务部门的价格调整。甚至还有许多经济组织蓄意利用产权关系的复杂性及关联定价手段，在转移资产及利润实现的过程中偷逃税款。在世界范围内，许多国家和地区都限制和惩戒经济组织利用产权关系制造关联定价并转移利润逃避税收。一些国家和地区的反避税措施都是直接针对关联定价问题的，对关联定价的管制已经成为一种国际趋势，但直到目前国际上还没有找到一个能够彻底应对关联定价避税乃至偷逃税行为的有效措施，关于关联定价避税倾向的程度与范围的界定还是一个颇有争议的国际税收话题。

（二）产权关系、收益分配与税收筹划战略

不同的产权安排会给产权主体带来不同的成本和收益，产权关系影响着产权主体之间的收益分配，不同的产权关系形成不同的收益分配模式。分配模式是一定产权制度下的产物，并随着产权制度的变化而变化。收益分配模式在某种程度上又会影响税负水平：

（1）企业产权关系的变动会循着收益分配的链条而不断传递下来，进而影响企业纳税活动及税收负担，这是产权关系直接影响税收的情形。

（2）产权关系的变动改变着收益分配的主体及分配范围，通过企业并购重组等产权交易行为，还可以将多种形式的收益转变为资本收益，这会引起税收的变化。

（3）企业产权关系的变动也会带来非税成本，即因产权关系的变动而带来的一系列交易费用①，非税成本也是税收筹划决策必须考虑的重要因素。

可以说，无论从税收成本还是从非税成本角度考虑，产权关系的变动对税收的影响都是敏感而永恒的。

① 该交易费用并不表现为税收成本，而是表现为其他非税成本，如产权交易合同的签约成本、产权变动所导致的企业组织结构调整的成本等。

四、基于产权安排的税收筹划战略

（一）产权结构与企业边界决定税收要素

产权结构是指产权的构成因素及其相互关系和产权主体的构成状况。产权结构主要涉及两个重大问题：一是特定主体拥有哪些产权或财产，其财产结构如何；二是特定主体内部的权力结构，这是为产权运作而设置的内部机构及人员的分工安排。

这两个方面，对于不同的主体，可能具有不同的意义。特定主体所拥有产权的结构，也就是其资产结构。对于特定主体所拥有的微观产权结构，具有十分重要的经济意义：第一，任何主体的产权，都不仅意味着拥有财产的所有权，而且意味着该产权主体一种与社会的产权关系，意味着一种产权的分配关系。第二，单个主体的产权结构——拥有哪些资产的产权，是资产的全部产权，还是部分产权，是所有权，还是经营权，是全部经营权还是部分经营权，意味着该产权主体与别的产权主体之间的不同的分离组合关系和不同的委托—代理关系。第三，每个产权主体既有的产权结构及产权结构的变动，都影响全社会的产权分布，从而影响资源配置。①

产权结构影响税收，主要是改变了一些税收环境与税收要素，诸如纳税地点、纳税时间、纳税环节、征税对象、纳税主体等会发生显著变化。

关于企业边界与税收的关系，前文已经重点分析规模经济及范围经济对税收筹划的影响。总的来看，企业边界影响税收，主要是改变了企业规模、组织结构和资产所有权归属，在市场与企业的相互替代中，以货劳税和所得税为代表的主要税种及税负发生显著变化。

因此，在一定环境下，由于产权结构和企业边界的调整，会造成税收待遇的巨大差别，尤其是税收优惠政策与产权结构调整密切相关：许多企业通过外部扩张，进入新的行业、新的领域，税收待遇自然不同；许多企业并购重组的根本目的在于利用亏损税前弥补政策，以降低企业的盈利水平和税收负担；许多企业的并购重组、引进外资，其实是一种因势利导的行为，其目的在于变换纳税人身份或性质，以充分利用税收政策的差异性进行税收筹划。

---

① 黄少安．产权经济学导论［M］．北京：经济科学出版社，2004：185.

（二）产权安排决定税收负担及税收筹划战略

产权安排的实质是对财产权利的分配，产权安排分为产权初始安排和产权后续安排。科斯定理揭示了产权安排的重要性，该定理表明，无论交易费用为零还是为正，产权初始安排不同，都意味着财富分配格局不同，都必然影响分配的状况。因为产权的初始拥有者，不仅意味着拥有一定的财产存量，还拥有获取更多收益（财富增量）的机会。产权后续安排是对产权初始安排的调整，在现实经济实践中可能有多种原因导致产权安排的调整，产权安排的调整导致的直接后果是产权关系的变化和财富分配格局的变化。产权安排的调整会发生交易费用，正是由于交易费用的存在，会影响产权安排调整的效率。

产权安排的调整有多种方式，其中对税收及税收筹划有着重大影响的是一定条件下的产权交易和资产重组活动。导致产权安排发生变化的最典型的产权交易和资产重组是企业并购、企业分立以及组织形式选择等行为。企业并购、企业分立或组织形式调整都是资源优化配置方式，都不可避免地影响着产权关系，甚至还会打破原来的企业边界，实现资产的转移及产权结构的变化，而资产的转移和产权结构的变化会影响企业的税收负担和税收筹划战略。因此，运用产权安排的调整寻找税收筹划的节税空间极为重要，这也是优化企业财税管理、实现价值增长的重要方式。

从一定意义上说，产权框架下的税收筹划其实就是寻找产权结构和企业边界对税收负担的微妙影响，并尽力打破这种产权结构和企业边界的“束缚”，寻找税负最小化的产权安排模式。

（三）产权安排下的税收筹划范式

产权安排是一种资产转移、产权结构调整的资源配置方式，能够打破原来的企业边界。从一定意义上讲，不同的产权安排会带给产权主体不同的税收负担。产权安排的实质是寻找产权结构和企业边界对税收负担的微妙影响，追求“税收最小化”的产权安排范式。

1. 企业性质选择的税收筹划范式

按照我国法律规定，企业有公司制企业和非公司制企业之分。非公司制企业主要指个人独资企业与合伙企业，公司制企业主要指有限责任公司和股份有限公司。

公司制企业属于企业法人，有独立的法人财产，享有法人财产权。无论是有限责任公司还是股份有限公司，公司制企业应对其利润总额作相应的纳税调整后缴纳企业所得税，如果向自然人投资者分配股利或红利，还要代扣投资者税率为20%的个人所得税。

我国税法对公司制企业，既要征收企业所得税又要征收个人所得税，这就是通常所说的“双重征税”。相比较而言，我国税法对个人独资企业、合伙企业只征收个人所得税。但由于存在股息红利和资本利得之间可能的转化通道，以及资本利得税率偏低甚至享受免征待遇，公司制企业“双重征税”模式下的总税负并不必然多于个人独资企业、合伙企业所缴纳的税款。因此，在企业组织形式选择的决策中，存在选择个人独资企业、合伙企业与公司制企业的税收筹划范式。

下面构建一个比较合伙企业与公司制企业的税后收益的模型①。该模型假定：公司的税前收益率为 R_C、合伙企业的税前收益率为 R_P，假定 R_C 和 R_P 在不同时期均保持不变。公司所得税税率为 t_c，个人所得税税率为 t_p，资本利得税税率为 t_g。由于存在非税因素，合伙企业的生产经营和投融资活动面临较高的管理成本。在缴纳公司所得税之后、个人所得税之前，公司的收益率为 r_C，且 $r_C = R_C(1-t_c)$，合伙企业缴纳个人所得税之前的收益率为 r_p，且 $r_p = R_p(1-t_p)$。假定该投资项目持续期为 n 年，n 年后公司清算买回所有的股票，且公司中间不对股东支付股利或分配利润。

如果项目是在合伙企业中实施，当取得收入时，合伙人以税率 t_p 支付税收，则合伙人1美元的原始投资 n 年后的税后累计收益为：$[1+R_p(1-t_p)]^n$。

如果项目是在公司实施，则 n 年后公司清算买回所有的股票时，股东投入公司的1美元投资的税收累计收益为：$[1+R_C(1-t_c)]^n-t_g\{[1+R_C(1-t_c)]^n-1\}$。

当合伙企业与公司的税后收益率相等时，合伙企业形式与公司形式的税收筹划没有差异，令此时的公司层次的税后收益率的均衡临界值为 r_C^*。则有：

$$[1+R_p(1-t_p)]^n=[1+R_C(1-t_c)]^n-t_g\{[1+R_C(1-t_c)]^n-1\}$$

故整理可得：$r_C^*=\{[(1+r_p)^n-t_g]^{1/n}/(1-t_g)^{1/n}\}-1$

根据上式可知，r_C^* 受到以下因素的影响：合伙企业缴纳个人所得税之前的收益率 r_p、资本利得税税率 t_g，以及投资项目持续期 n。从税收角度来看，如果

① 迈伦·斯科尔斯，马克·沃尔夫森．税收与企业战略［M］．北京：中国财政经济出版社，2004：59.

公司层次的税后收益率大于 r_C^*，则投资者选择公司形式更合适；如果公司层次的税后收益率小于 r_C^*，则投资者选择合伙企业形式更合适。

公司制企业晚于个人独资、合伙企业的出现，公司制企业相对较为进步，这不仅体现在公司较低的运作风险方面，而且公司体现在税收方面的独特优势：公司在冲抵损失时不限于当期利润，损失甚至可以延续冲抵未来的利润；公司能够在合理范围内税前列支有利于雇员的金额相当可观的年金支出；公司还能够在所得税扣除方面税前列支更多的成本费用项目。这些都是个人独资企业或合伙企业所无可比拟的。

2. 分支机构形式选择的税收筹划范式

分支机构的形式主要有分公司和子公司两种形式。其中，分公司不具有独立法人资格，没有独立的财产权，其经营活动所有后果均由总公司承担，其税收汇总到总公司集中缴纳；子公司则具有独立的法人资格，拥有独立的财产权，一般独立对外开展经营活动，与母公司之间没有连带责任，其税收自行申报缴纳。

在税收筹划方面，分公司的优势主要体现在以下三个方面：一是在其经营初期，可以将其经营亏损抵补总公司的利润，降低企业总体的税收负担；二是在总公司与分公司之间进行资产、资本等的转移时，由于不涉及产权归属的变动，因而不必纳税，从而可以节约税收；三是分公司交付给总公司的利润不必纳税。

子公司的税收筹划优势如下：一是子公司可以独立享受所在区域或行业的税收优惠政策；二是子公司的利润分配形式灵活，且不受母公司的干涉；三是作为独立的法人主体，子公司的税务风险责任不会给母公司造成影响，即母公司没有风险连带责任。

根据分公司及子公司的不同税收特征，下面进行选择分支机构形式的决策分析。假设分支机构与总机构都不存在税收优惠时，根据总机构与分支机构预计的盈亏程度及税率的不同，可分为八种情况讨论，如图 12－8 所示[①]。

在图 12－8 中，横轴表示总机构的预计盈亏状况，纵轴表示分支机构的预计盈亏状况。t 表示分支机构的税率，T 表示总机构的税率。由于我国存在多层面优惠政策，企业所得税有 25%，20%，15% 等多种税率，这里分别讨论 $T>t$ 和 $T\leqslant t$ 两种情况。图中虚线区域表示采用分公司形式合适，第 I 种情况下，采用子公司合适，其余区域表示采用子公司与分公司形式没有差别。

---

① 宋献中，沈肇章．税收筹划与企业财务管理［M］．广州：暨南大学出版社，2002：161－162.

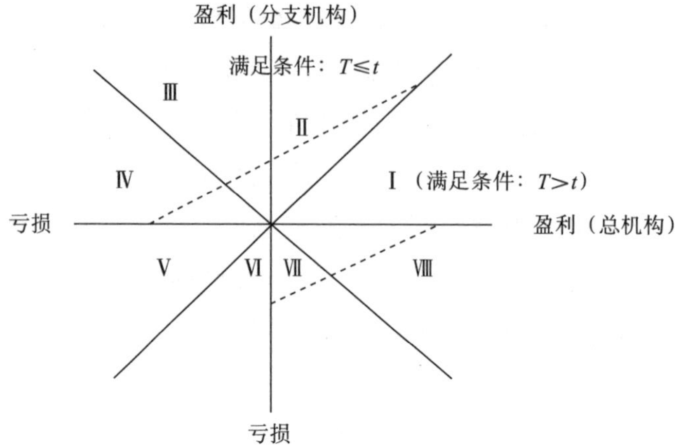

图 12－8　选择分支机构形式的决策模式

第Ⅰ种情况下，总机构与分支机构预计皆为盈利。若要求子公司将税后利润分配给母公司，在第Ⅰ种情况下，满足条件 $T>t$，若 t 属于法定低税率则不需要补税，因此分支机构采用子公司形式比较有利；若分支机构采用分公司形式，则导致总分公司汇总计税，适用总公司的税率，则会导致分支机构的盈利多缴纳企业所得税。所以，第Ⅰ种情况下，分支机构采用子公司形式更合适。第Ⅱ种情况下，满足条件 $T\leq t$，分支机构选择分公司形式，采用汇总纳税方式统一适用母公司的低税率则能够降低整体税负。

第Ⅲ、Ⅳ种情况下，总机构预计亏损，分支机构预计盈利。分支机构最好采用分公司形式，能够采取汇总纳税方式，可使总分机构盈亏互抵，使当期的应纳税额最少。

第Ⅴ、Ⅵ种情况下，总机构与分支机构预计皆为亏损，则分支机构不论采取哪种形式对企业（集团）的应纳税额都没有影响，即分支机构采用哪种形式对纳税总额的影响无差别。

第Ⅶ、Ⅷ种情况下，总机构预计盈利，分支机构预计亏损，则选择总分机构形式可以汇总纳税，实现盈亏互抵，使总分公司整体的应纳税额最少。

在设立分公司与子公司的选择筹划中，还要考虑分支机构所处的区域优势及其享受税收优惠政策的情况。若分支机构单独运作，其所享受的税收优惠优于母公司时，分支机构应采用子公司形式，反之采用分公司形式。还要考虑到分支机构初期经营情况，由于开办费、市场风险等因素的存在很容易导致分支机构出现亏损，所以在分支机构组建初期，最好采用分公司形式；当分公司开始盈利后，可以再把分公司经过注册登记转变为子公司，这样会收到较好的税收效果。

3. 资产划转的税收筹划范式

资产划转也是一种产权安排，也存在一定的税收筹划空间。如果母子公司均是居民企业，且母公司对子公司直接控股100%的情况下，允许双方采取资产或股权划转，且选择采用特殊性税务处理。《财政部 国家税务总局关于促进企业重组有关企业所得税处理问题的通知》（财税〔2014〕109号）的适用范围没有限定为国有及国有控股企业集团，而是适用于各种所有制性质的母子公司之间，其政策适用范围普遍扩大。即财税〔2014〕109号文件将“划转”这一国有资产特有的处置方式扩大到非国有资产处置的范围。

财税〔2014〕109号文件关于股权或资产划转的具体税收政策如下：对100%直接控制的居民企业之间，以及受同一或相同多家居民企业100%直接控制的居民企业之间按账面净值划转股权或资产，凡具有合理商业目的、不以减少、免除或者推迟缴纳税款为主要目的，股权或资产划转后连续12个月内不改变被划转股权或资产原来实质性经营活动，且划出方企业和划入方企业均未在会计上确认损益的，可以选择按以下规定进行特殊性税务处理：①划出方企业和划入方企业均不确认所得；②划入方企业取得被划转股权或资产的计税基础，以被划转股权或资产的原账面净值确定；③划入方企业取得的被划转资产，应按其原账面净值计算折旧扣除。

按照《国家税务总局关于资产（股权）划转企业所得税征管问题的公告》（2015年第40号）的规定：母公司向子公司按账面价值划转其持有的股权或资产，母公司获得子公司100%的股权支付。则母公司按增加长期股权投资处理，母公司获得子公司股权的计税基础以划转股份或资产的原计税基础确定。但需要提醒的是，交易双方应在资产划转完成后的下一年度的企业所得税年度申报时，各自向主管税务机关提交书面情况说明，以证明被划转资产自划转完成日后连续12个月内，没有改变原来的实质性经营活动。

4. 产权重组的税收筹划范式

所谓产权重组，是指对产权结构以及由产权结构所决定的产权具体实现形态进行重新的组合和构造[①]。产权重组的实质是产权安排的后续调整，其直接目

---

① 胡建绩. 产权重组［M］. 上海：上海译文出版社，1997：27.

的就是要将企业的产权结构调整到理想状态，从而使企业获得更大的权益，具体到税收上，就是使企业达到税后收益最大化。通过产权重组进行税收筹划的具体途径有以下三种类型：

（1）企业合并与分立的税收筹划。企业合并属于一种扩张性的产权重组，其应用在税收筹划中主要体现在以下几个方面：第一，通过横向合并，实行横向一体化战略，扩大企业规模和市场占有率，形成规模经济并加以利用，从而进行税收筹划。第二，通过纵向合并，实行纵向一体化战略，通过节约交易成本，例如流转环节的税收进行税收筹划。第三，通过合并与本企业处于不同行业的企业，进入新的行业，享受其税收优惠等进行税收筹划。第四，通过合并存在较大经营亏损的企业，可以抵补本企业的高盈利，降低整体的税负水平。

企业分立是一种与扩张性的合并重组相反的重组方式，其应用在税收筹划中主要体现在以下几个方面：第一，通过将企业中存在的兼营或混合销售的业务分离出来，使其适用零税率或低税率进行税收筹划；第二，若企业中存在适用累进税率的业务，可以将这些业务进行分拆，分立成两个或多个适用低税率的纳税主体进行税收筹划；第三，通过对处于不同环节上的业务进行分拆，从而增加一道流转环节，利用诸如增值税进项税额抵扣以及转让定价等手段进行税收筹划。

企业在进行税收筹划时究竟是选择合并重组还是分立重组，可以参考哈特的理论模型①。假设有两种资产 a_1 和 a_2，以及两个经营者 M_1 和 M_2，根据这些要素，可以形成两种分立型和两种合并型的产权结构，如表 12－1 所示。哈特经过论证后得出如下结论：当 a_1 和 a_2 两种资产密切相关或高度互补时，采用①或②的合并型产权结构更容易降低交易成本。当某个经营者与某种资产密切相关时，例如 M_1 必须拥有 a_1 或 a_2 的全部控制权才更具有生产力，则采用③或④分立型产权结构。

表 12－1　　哈特模型中的产权结构类型

合并型		分立型	
①	②	③	④
$(a_1, a_2) \in M_1$ M_2 是 $\varnothing$	$(a_1, a_2) \in M_2$ M_1 是 $\varnothing$	$a_1 \in M_1$ $a_2 \in M_2$	$a_1 \in M_2$ $a_2 \in M_1$

① 哈特．企业、合同与财务结构［M］．上海：上海三联出版社，1995：95－110.

（2）股权交易与资产交易的税收筹划。从产权重组的角度观察，股权和资产都属于企业这一产权主体所拥有的产权，两者都具有独立性和确定性，都可以进行单独交易。其交易结果不会影响企业的产权性质，只会影响企业的产权结构。因此，股权交易与资产交易都属于产权重组的范畴。

利用股权交易和资产交易改变企业边界进行税收筹划时，会涉及企业所得税、增值税、营业税以及土地增值税等多个税种。比较资产交易与股权交易，一般资产交易只涉及单项（或一组）资产的交易，而股权交易涉及部分股权或全部股权的交易，两者所适用的税收政策存在较大差异：资产交易涉及货劳税、印花税和企业所得税，如存货、固定资产交易时，转让方应视同货物销售行为缴纳增值税、企业所得税；而股权交易并未引起交易双方资产、负债的实质性流动，不属于货劳税的征收范围，仅仅征收印花税和企业所得税。鉴于股权交易的目的在于通过股权控制实现对目标企业的控制，股权交易作为一种典型的企业重组形式，已经被越来越多的纳税人借用来作为一种有效的税负控制工具。

股权收购与资产收购通常需要区分一般性税务处理与特殊性税务处理，因为二者的税务处理是不同的。一般性税务处理也就是人们常说的应税重组的税务处理方式，而特殊性税务处理也就是人们常说的免税重组的税务处理方式。企业在进行企业所得税筹划时，应尽可能地满足税法规定的条件①，以适用免税重组的税务处理方式达到节税的目的。股权收购与资产收购的税务处理比较如表 12－2 所示。

表 12－2　　　　股权收购与资产收购的税务处理

项 目	股权收购	资产收购
定义及实质	通过购买目标公司股东的股权达到对目标公司实施绝对控制的行为，其实质就是目标公司股东投资形式之间的变换。	一家企业购买另一家企业实质经营性资产的交易行为，其实质是购买非现金资产。
支付形式	股权支付、非股权支付或两者的组合	

① 特殊性税务处理需满足的五个条件分别是：第一，具有合理的商业目的，且不以减少、免除或者推迟缴纳税款为主要目的；第二，被收购、合并或分立部分的资产或股权比例不低于 50%；第三，企业重组后的连续 12 个月内不改变重组资产原来的实质性经营活动；第四，重组交易对价中涉及股权支付的金额不少于 85%；第五，企业重组中取得股权支付的原主要股东，在重组后连续 12 个月内，不得转让所取得的股权。

续表

<table>
<tr><th colspan="2">项 目</th><th>股权收购</th><th>资产收购</th></tr>
<tr><td rowspan="2">处理方式</td><td>一般性税务处理（目标企业股东的所得实现确认）</td><td colspan="2">1. 被收购方应确认股权、资产转让所得或损失。
2. 收购方取得股权或资产的计税基础应以公允价值为基础确定。
3. 被收购企业的相关所得税事项原则上保持不变。</td></tr>
<tr><td>特殊性税务处理（目标企业股东的所得未实现确认）</td><td>1. 被收购企业的股东取得收购企业股权的计税基础，以被收购股权的原有计税基础确定。
2. 收购企业取得被收购企业股权的计税基础，以被收购股权的原有计税基础确定。
3. 收购企业、被收购企业的原有各项资产和负债的计税基础和其他相关所得税事项保持不变。</td><td>1. 转让企业取得受让企业股权的计税基础，以被转让资产的原有计税基础确定。
2. 受让企业取得转让企业资产的计税基础，以被转让资产的原有计税基础确定。</td></tr>
</table>

注：股权支付是指企业重组中购买、换取资产的一方支付的对价中，以本企业或其控股企业的股权、股份作为支付对价；非股权支付是指以本企业的现金、银行存款、本企业或其控股企业股权和股份以外的有价证券、存货、固定资产、其他资产以及承担债务等作为支付对价。

产权重组的实质为产权调整行为，其目的是通过产权安排来合理配置资源。企业在重大产权重活动中，将全部或部分实物资产以及与其相关联的债权、债务和劳动力一并转让给其他单位和个人的行为，其实质是进行一种类似股权交易的“净资产”交易，其本质是一种产权交易。考虑到中国税制对股权交易并不课征任何货劳税，因此对这种表现为“净资产”交易的产权交易也不征收货劳税（主要是增值税或营业税）。对满足特殊性税务处理要求的资产重组活动，不确认资产（或股权）转让所得，也不征收企业所得税。可以说，中国税制对产权重组几乎一路开“绿灯”。所以，纳税主体利用产权重组调整产权结构降低税收负担不失为一项明智的战略选择。

5. 产权与财富代际间转移的税收筹划范式

财产继承是实现财富转移的一种有效方式，世界上一些国家已经开征遗产税，从而有效地实现监控财富的传承与转移。鉴于我国目前还未开征遗产税与赠与税，所以财富拥有者在代际之间传递时会选择继承方式转移财富以降低税负。如果未来开征遗产税与赠与税，个人也会选择在开征遗产税与赠与税之前提前转移财富以规避税收。

目前，我国政府对房产、汽车等大额记名财产有产权登记要求，转移时必须办理过户手续；而金银珠宝、古玩字画等收藏品、投资品等并未建立严格的产权登记制度，若大量财富以无记名财产的形式存在，并通过继承、赠与等方式在代际间转移，政府难以对其实施有效的税收监管。因此，从产权角度分析，政府应尽早开征遗产税与赠与税，以实现对财产继承和转移行为课征适当的赋税。

如果开征遗产税或赠与税，拥有大量财产的个人未来会面临高昂的遗产税和赠与税负担。而能够实现在代际之间低税负转移财富的税收筹划范式是采取保险理财模式。利用保险实施税收筹划的操作模式如下：上代财富拥有者为下代子女投保各类人身保险产品，子女作为受益人未来所收到的各项保险理赔金和保险返还款均免征个人所得税，且不再视为继承或赠予的财产（遗产）而征收遗产税和赠与税。

这里所体现的保险筹划原理，实质上是一种低税负的产权交易安排。例如，一些保险机构利用保险筹划原理设计的“零岁保险计划”，深受孩子家长的青睐；还有一些保险机构推出的寿险也是一种合法的理财工具，寿险合同反映的是保险方与投保方之间的保险给付关系，利用寿险既可以预防风险、保全财富，又可以合理规避遗产继承风险。所以，借助保险工具低税负转移财产的模式被很多家庭所接受，保险这一理财工具就冠冕堂皇地成为代际间的“财富传递管道”。

本章小结

税收是影响公司战略决策的重要因素，基于战略视角的税收筹划战略规划至关重要，决定着企业的战略发展。税收筹划必须和价值链管理结合起来。产权安排的税收筹划范式包括企业性质选择的税收筹划范式、分支机构形式选择的税收筹划范式、资产划转的税收筹划范式、产权重组的税收筹划范式、产权与财富代际间转移的税收筹划范式。

关键术语

战略管理　价值链管理　产权结构　产权安排

思考题

1. 基于战略视角的税收筹划战略规划流程有哪些步骤？
2. 税收筹划如何引入价值链管理思想，试举例说明。

3. 产权结构如何影响企业税收负担?

4. 基于产权安排视角的税收筹划范式有哪些?

案例分析题

1. 税负均衡点的增值率测算

假定纳税人销售某类商品的增值率为 R，该商品的含税价格为 S，购进商品的含税价格为 P，$R=(S-P)/S$。一般纳税人的适用税率为 T_1，小规模纳税人的征收率为 T_2。

问题:

(1) 当一般纳税人和小规模纳税人税负相等时，请推导出均衡点增值率 R 的表达式。

(2) 计算当 $T_1=13\%$，$T_2=3\%$ 时，税负均衡点增值率的大小。

2. 税收筹划战略决策

A 企业为一家食品生产企业，年销售收入 500 万元，广告费支出 90 万元，但是广告费和业务宣传费支出的当年税前扣除限额为销售收入的 15%，即 A 企业本年度可扣除的广告费支出为 75 万元，15 万元的广告费用需要以后年度扣除。为了更好的节税，企业计划通过设置销售分公司的形式，扩大销售收入基数，使所有广告费支出都能在当期直接扣除。而在税收筹划战略的实施过程中，设立分公司、雇佣员工、租用办公地点等预计要花销 20 万元的费用。请问，A 企业是否应实施这项税收筹划方案?

3. “两票制”下的医药企业税收筹划

[案例背景]

医药行业是我国国民经济的重要组成部分，对于增进民生福祉、提升生活质量有重大作用。随着人口老龄化趋势的发展，医药市场未来的整体需求将会不断增加。对于百姓而言，就医的最大难题是药价高、看病贵。这一方面是因为制药原材料成本上升，研发投入资金增长；另一方面是因为药品销售环节的高回扣潜规则抬高了药价。

为了严厉打击药品销售的高回扣行为，解决药价虚高问题，国家卫计委于 2017 年初出台了在公立医疗领域内“两票制”办法，并规定了相关实施细节。简言之，除特殊原因外，在药品从药厂到医院的环节，最多只能合法地开具两次发票。改革前后的资金流、货物流和发票流如图 12－9、图 12－10 所示。

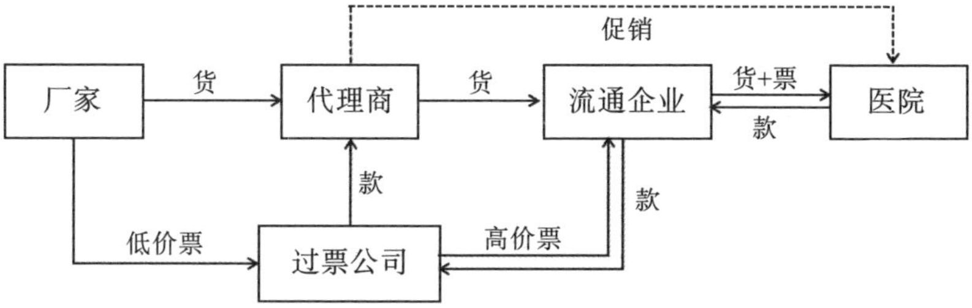

图 12－9　实施“两票制”之前的流程

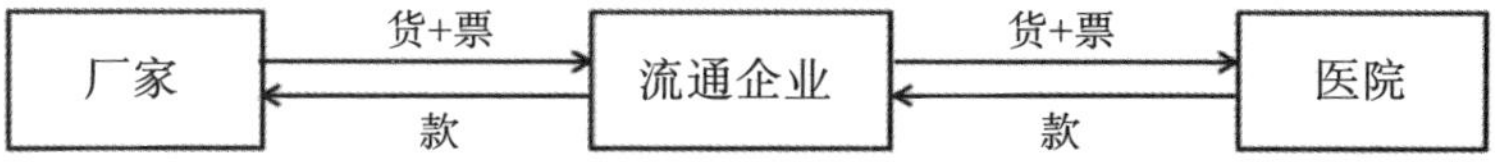

图 12－10　实施“两票制”之后的流程

采购环节的税收筹划

“两票制”之后，药品在流通环节所开具的增值税专用发票被严格监控，而医院固有的招标模式和议价过程使药品的终端销售价格无法改变。为了消化流通环节的费用或折扣，只能倒逼制药企业提高出厂价，具体分析如图 12－11 所示。于是，制药企业安排税收筹划的压力就落在了药品出厂前的采购环节。

制药企业在税收筹划时面临的首要问题就是选择供应商。供应商分为一般纳税人和小规模纳税人两种，前者适用标准税率，而后者只能申请开具 3% 征收率的增值税发票。小规模性质的供货商为了弥补购货方进项税额不能充足抵扣的损失，通常会压低产品价格来留住客户。因此，制药企业要么从一般纳税人处进货，要么压低小规模纳税人的销售价格。

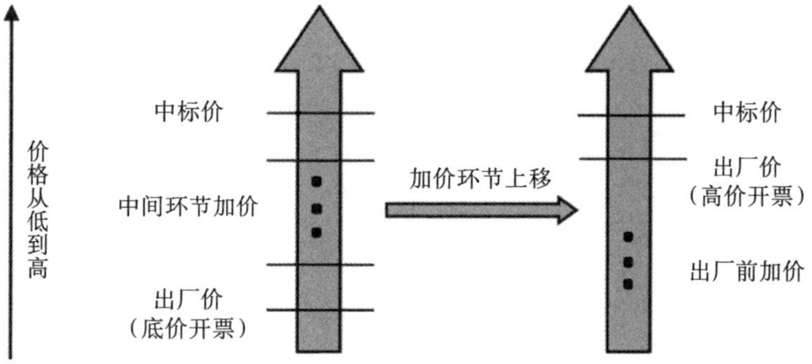

图 12－11　药品加价环节上移到出厂价示意图

税法规定，生产销售免税药品而购进的原材料的进项税额不能抵扣，但是将原材料采购与实际领用后再转出存在一定的时间差，制药企业应该采取在统一购进材料时不区分用途，先行抵扣进项税额，等到实际领用时再转出进项税额，可以起到递延纳税的作用。

制药企业在货款结算时尽量推迟付款时间，可以采用赊销和分期付款的方式，让供货商先垫付一段时间税款。同时，药品生产企业在不影响正常生产经营的前提下，尽可能地把原材料采购集中在供给大于需求的时间段，以提升自己的议价能力。

广告费用的税收筹划

广告宣传对于制药企业提高其在市场上竞争力十分重要。税法规定，制药企业关于广告费用和业务宣传费支出的税前扣除限额是销售收入的30%，远高于其他行业。因此，通过正规广告商制作后在各类媒体上传播并取得合规的发票，从而合法地列支成本费用。

从思维拓展角度分析，制药企业可以选择成立一家独立核算的药材种植、生产加工公司，将其业务向前拓展至药材种植、加工和销售环节，通过上下游公司之间的交易往来分担广告费和业务招待费的扣除压力。如果能将药材种植、生产加工公司设立在税收洼地，则还能通过关联定价合法降低税收负担。

研发费用的加计扣除

制药企业应加大对研究开发活动的投入以求在竞争中胜出。国家为鼓励企业的创新和研发投入执行研究开发费用的加计扣除税收优惠政策，加计扣除比例为75%。当然，制药企业不能盲目追加研发投入，要合理安排研发费用发生的时间，避免其发生在免税期或者亏损年度。

问题思考：

（1）“两票制”为何能够解决药品销售环节的高回扣问题？

（2）“两票制”下，制药企业还有哪些税收筹划策略应对税收环境的变化？

综合阅读题

若两种不同资产的税前收益率相同，税后收益率也相同，这是一种均衡状态。当税制发生变化时，影响其中一种资产的税收支出，结果是两种不同资产虽然税前收益率相同，但税后收益率却不同。在这种情况下，投资方会增加对税后收益率高的资产的投资，而减少对税后收益率低的资产的投资，使税后收益率高的资产价格升高，税前收益率会因此而降低，导致税后收益率会逐渐降低；而税后收益率低的资产价格降低，税前收益率会因此而提高，导致税后收益率也逐渐提高。这一投资动态博弈过程直到两种资产的税后收益率相等为止，此时重新达到新的均衡状态。当税制发生变化时，税后收益率的均衡过程如图12－12所示。

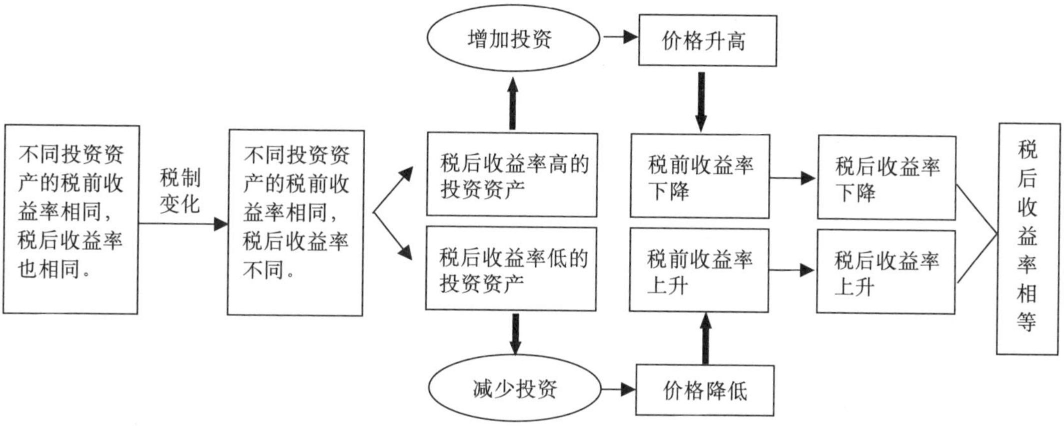

图12－12 税后收益率的均衡分析

问题：请分析税后收益率的这一均衡过程，并基于此结论，谈谈如何通过税制变化进行税收筹划战略规划。

读书笔记

附录 A

企业组织形式选择的税务决策[①]

企业在选择组织形式时需要考虑很多因素，诸如经营管理需要、法律规则限制、所有者人数的限定、节税目的等。但是，需要指出的是企业在组织形式选择时还必须兼顾税收成本与非税成本，其中“税收成本”主要指所得税（包括个人所得税和企业所得税）成本，而不考虑货劳税成本，这是因为货劳税由其所处行业和经营活动特点决定，无论采取何种企业组织形式，均享有同等税收待遇，在分析企业组织形式选择时货劳税的影响较小；“非税成本”主要指转换成本、牺牲的非税优势成本、协调与沟通成本等。

财务学教授迈伦·斯科尔斯（Myron S. Scholes）与会计学教授马克·沃尔夫森（Mark A. Wolfson）对企业组织形式税收筹划进行过比较系统的阐述与研究。早在 1986 年，他们就提出组织形式选择需要兼顾税收成本（Tax Costs）和交易成本（Transaction Costs）。斯科尔斯、沃尔夫森等合作出版的《税收与企业战略：筹划方法》（*Taxes and Business Strategy*：*A Planning Approach*）一书，围绕交易各方、所有税收和所有成本（All parties，All taxes，All costs）三个中心主题分析，提出有效税收筹划理论框架，系统阐述组织形式选择时应考虑的税收因素和非税因素，并利用经济模型分析了在美国税收规则下的组织形式偏好，其分析框架和方法对以后的相关研究产生了深远的影响。

一、企业组织形式的界定及其涉税决策理论分析

（一）企业组织形式的界定

从法律角度看，企业的组织形式包括个人独资企业、合伙企业和公司制企

① 盖地，李彩霞．税收成本、非税成本与企业组织形式选择．当代财经，2021（4）：112—121. 本次收录根据最新财税政策由李彩霞对此文进行了适当修订完善。

业三种类型。根据《中华人民共和国公司法》（2018 年修正）的规定，公司制企业包括有限责任公司和股份有限公司两种；根据《合伙企业法》（2006 年修订）的规定，合伙企业又包括普通合伙企业（由普通合伙人组成）和有限合伙企业（由普通合伙人和有限合伙人组成），该法同时规定了国有独资企业、国有企业、上市公司以及公益性事业单位、社会团体为有限合伙人，不得成为普通合伙人。

就我国税法而言，个人独资企业的收益仅缴纳个人所得税（即“个人层次课税”）；有限责任公司和股份有限公司需承担两个层次的税负：首先对公司的经营收益需要缴纳企业所得税（即“实体层次课税”），其次股东还要就其分得的股息、红利等所得缴纳个人所得税。斯科尔斯（1992）将这种同时缴纳个人所得税和企业所得税的情况称之为“双重课税（Double - taxation）”。《中华人民共和国企业所得税法》（2018 年修正）规定企业所得税的纳税人为“企业和其他取得收入的组织”，“个人独资企业、合伙企业不适用本法”。可见，企业所得税纳税主体中所称的“企业”并不包括个人独资企业与合伙企业。根据财政部、国家税务总局《关于合伙企业合伙人所得税问题的通知》（财税〔2008〕159 号），“合伙企业合伙人是自然人的，缴纳个人所得税，合伙人是法人和其他组织的，缴纳企业所得税”。

根据上述分析，将组织形式做如图 A－1 所示的界定。其中事业单位、社会团体等非营利组织不属于本书界定的企业范畴和研究范围。因为“非营利组织在社会团体在许多国家并不被列为纳税主体，或者虽列为纳税的主体，也享有许多减税或免税的优惠”，所以不在本书讨论之列。有限责任公司、股份有限公司需双重课税，称其为第一类企业组织形式（Ⅰ类企业组织形式）。个人独资企业与合伙人全部为自然人的合伙企业仅就个人层次课税，称其为第二类企业组织形式（Ⅱ类企业组织形式）。如果合伙企业合伙人由自然人和非自然人组成，自然人合伙人需要缴纳个人所得税（个人层次课税）；非自然人合伙人需要缴纳企业所得税（实体层次课税），并且合伙人为公司时，该公司的股东还要缴纳个人所得税（个人层次课税），称该类合伙企业为第三类企业组织形式（Ⅲ类企业组织形式）。

（二）企业组织形式涉税决策的理论分析

最优企业组织形式税收筹划就是在上述Ⅰ、Ⅱ和Ⅲ类企业组织形式中进行选择，这种选择事实上是寻求最有效的税收筹划决策。迈伦·斯科尔斯（2004）

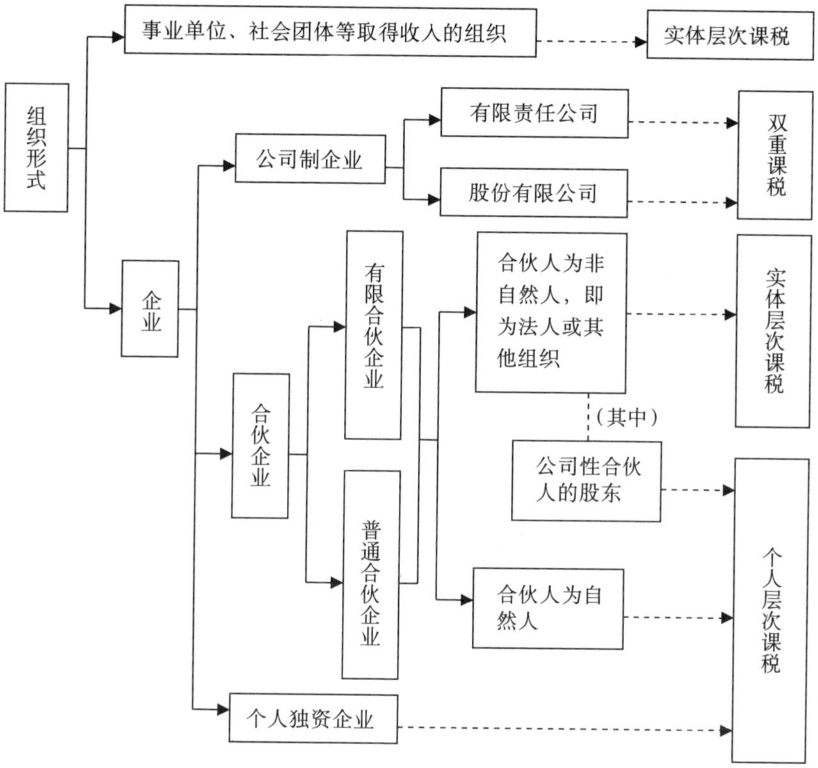

图A－1　企业组织形式的界定

对“有效的税收筹划（Effective tax planning）”理论进行过比较系统地阐述，他认为有效税收筹划不同于税负最小化（Tax minimization），因为“在交易成本昂贵的社会里，税负最小化策略的实施可能会因非税因素而引发大量成本”，所以“有效税收筹划在实施最大化税后收益的决策规则时要考虑税收的作用”。因此，这种“非税因素而引发大量成本”和“税收的作用”实际上就是影响税收筹划决策的非税成本；而“税后收益”大小主要受税收成本（此处仅指所得税成本）的影响。鉴于非税成本难以量化问题，构建仅涉及税收成本的经济模型，并在此基础上探讨经济模型在考虑非税成本时的情景。其中，税收成本定义为纳税成本，并特指为所得税成本，即按照国家税法规定，不同组织形式的企业应当缴纳的所得税。非税成本是“企业因实施税收筹划所产生的连带经济行为的经济后果”。

二、仅考虑税收成本的涉税决策经济模型构建与分析

（一）研究假定

为了研究方便，先假设经济模型不考虑非税因素（即非税优势和非税成

本)。为了将研究问题进一步简化，假设项目投资于Ⅰ类企业组织形式的税前收益率为 R_1，投资于Ⅱ类企业组织形式的税前收益率为 R_2，投资于Ⅲ类企业组织形式的税前收益率为 R_3。Ⅰ类企业组织形式的项目持续期间为 n 年[①]，项目持续期内产生的税后收益不分配（即公司在经营期内不分配股利或利润），均以现有的税前收益率投资于原有项目，n 年后实施清算。Ⅰ类企业组织形式按 t_c 的边际税率[②]征收实体层次税收（即企业所得税），Ⅰ类企业组织形式的所有者对股权转让所得以 t_{cg} 的个人所得税税率[③]课税。Ⅱ类企业组织形式对经营所得以 t_p 的个人所得税税率[④]承担税负。Ⅲ类企业组织形式（合伙企业）的自然人合伙人享有的合伙收益的比例为 α，非自然人合伙人享有的合伙收益的比例为 β，并且 $\alpha+\beta=1$，$\alpha\in(0,1)$[⑤]。对于合伙人为公司的，该公司在项目持续期内产生的税后收益也不分配，均以现有的税前收益率投资于原有项目，n 年后实施清算。同时给出上述值得临界范围：$R_1>0$，$R_2>0$，$R_3>0$，$1>t_c>0$，$1>t_p>0$，$1>t_{cg}\geqslant 0$。

（二）经济模型构建

如果不考虑非税因素，有效的税收筹划就是使税后收益最大化的税收筹划决策。因此，Ⅰ类、Ⅱ类、Ⅲ类企业组织形式的选择，实际上就是比较三种企业组织形式的税后积累收入[⑥]。引用迈伦·斯科尔斯（2004）的观点，对于Ⅰ类企业组织形式而言，一单位的投资产生的税收积累收入为：$A_1=[1+R_1(1-t_c)]^n(1-t_{cg})+t_{cg}$；对于Ⅱ类企业组织形式而言，一单位的投资产生的税收积累收入为：$A_2=[1+R_2(1-t_p)]^n$。根据《关于合伙企业合伙人所得税问题的

---

① 项目持续期为 n 年意味着 n 年之内不进行股权转让，n 年后转让股权。

② 边际税率是指征税对象数额的增量中税额所占的比率。根据《中华人民共和国企业所得税法》的规定，企业所得税率为25%。

③ 美国对资本利得征收资本利得税，我国没有该税种，但是对这种股权转让所得需要征收个人所得税。根据财政部、国家税务总局和证监会联合发布的“关于个人转让上市公司限售股所得征收个人所得税有关问题的通知”（财税〔2009〕167号）规定：自2010年1月1日起，对个人转让限售股取得的所得，适用20%的比例税率征税个人所得税；对个人在上海证券交易所、深圳证券交易所转让从上市公司公开发行和转让市场取得的上市公司股票所得，继续免征个人所得税。根据国家税务总局《关于加强股权转让所得征收个人所得税管理的通知》（国税函〔2009〕285号），个人转让非上市公司股权所得，按照20%的税率征税个人所得税。

④ 年边际税率 t_p，实际上是个人独资企业的投资者的经营所得对应的个人所得税税率，税法规定，适用5%～35%超额累进税率。

⑤ α 的取值范围为开区间，不能取值0和1，目的是与其他两种企业组织形式进行区分。当 α 取值1时，意味着合伙人全部为自然人，则只需缴纳个人所得税，这与个人独资企业（Ⅱ类企业组织形式）相同；当 α 取值0时，意味着合伙人全部为公司，这与公司（Ⅰ类企业组织形式）相同。

⑥ 此处“税后累计收入”为经济学上的概念，它是不考虑时间价值下，收入扣除企业所得税和个人所得税后的累计数。不同于会计上的净利润。

通知》(财税〔2008〕159号)的规定:“合伙企业的合伙人以合伙企业的生产经营所得和其他所得,按照合伙协议约定的分配比例确定应纳税所得额。”沿用斯科尔斯的模型构建思想,本书将Ⅲ类企业组织形式的一单位投资产生的税收积累收入记为:$A_3=\alpha\ [1+R_3\ (1-t_p)]^n+\ (1-\alpha)\ \{[1+R_3\ (1-t_c)]^n\ (1-t_{cg})\ +t_{cg}\}$。前者为自然人合伙人的税后累计收入,后者为公司性合伙人的税后累计收入。

最优企业组织形式的税收筹划就是在Ⅰ类、Ⅱ类、Ⅲ类企业组织形式中进行选择,在不考虑非税因素时,这种选择就是对A_1、A_2、A_3的比较。

(三)经济模型分析:不同税收规则下Ⅰ类、Ⅱ类、Ⅲ类企业组织形式的偏好选择

从经济模型分析,影响偏好选择的因素有:税前收益率R_1、R_2与R_3、企业所得税率t_c、股权转让所得的个人所得税税率t_{cg}、经营所得的个人所得税税率t_p、合伙收益的分配比例α、投资期限n。

上述八个指标的大小会直接决定Ⅰ类、Ⅱ类、Ⅲ类企业组织形式的偏好选择,其中R_1、R_2、R_3都为税前收益率,为了使之具有可比性,假设三类组织形式的税前收益率相等,即$R_1=R_2=R_3=\overline{R}>0$,其中$\overline{R}$为一个恒定的税前收益率。$n$为期限问题,暂时不考虑它的影响。$\alpha$是取值范围在(0,1)之间的常数。仅分析$t_c$、$t_{cg}$、$t_p$三个税收影响因素变化,可存在六种情况,见表A-1。

表A-1　t_c、t_{cg}、t_p三个税收影响因素组合关系

组合情况	t_c与t_p的关系	t_{cg}与0的关系
情况1	$t_c=t_p=\bar{t}$	$t_{cg}=0$
情况2	$t_c=t_p=\bar{t}$	$t_{cg}>0$
情况3	$t_c<t_p$	$t_{cg}=0$
情况4	$t_c>t_p$	$t_{cg}=0$
情况5	$t_c>t_p$	$t_{cg}>0$
情况6	$t_c<t_p$	$t_{cg}>0$

1. 当$t_c=t_p=\bar{t}$,并且$t_{cg}=0$时

Ⅰ类企业组织形式的税收积累收入$A_1=\ [1+R_1\ (1-t_c)]^n\ (1-t_{cg})\ +t_{cg}=\ [1+\overline{R}\ (1-\bar{t})]^n$

Ⅱ类企业组织形式的税收积累收入$A_2=\ [1+R_2\ (1-t_p)]^n=\ [1+\overline{R}\ (1-\bar{t})]^n$。

Ⅲ类企业组织形式的税收积累收入$A_3=\alpha\ [1+R_3\ (1-t_p)]^n+\ (1-\alpha)$

$\{[1+R_3(1-t_c)]^n(1-t_{cg})+t_{cg}\}=\alpha[1+\bar{R}(1-\bar{t})]^n+(1-\alpha)[1+\bar{R}(1-\bar{t})]^n=[1+\bar{R}(1-\bar{t})]^n$。

在这种情况下，Ⅰ类、Ⅱ类、Ⅲ类企业组织形式的税收积累收入相等（即 $A_1=A_2=A_3$），所以在偏好选择时，Ⅰ类、Ⅱ类、Ⅲ类企业组织形式是无差异的，可以用偏好关系表示为：Ⅰ类企业组织形式～[①]Ⅱ类企业组织形式～Ⅲ类企业组织形式。

2. 当 $t_c=t_p=\bar{t}$，并且 $t_{cg}>0$ 时

Ⅰ类企业组织形式的税收积累收入 $A_1=[1+R_1(1-t_c)]^n(1-t_{cg})+t_{cg}=[1+\bar{R}(1-\bar{t})]^n+t_{cg}\{1-[1+\bar{R}(1-\bar{t})]^n\}$。

Ⅲ类企业组织形式的税收积累收入 $A_3=\alpha[1+\bar{R}(1-\bar{t})]^n+(1-\alpha)[1+\bar{R}(1-\bar{t})]^n+(1-\alpha)t_{cg}\{1-[1+\bar{R}(1-\bar{t})]^n\}=[1+\bar{R}(1-\bar{t})]^n+(1-\alpha)t_{cg}\{1-[1+\bar{R}(1-\bar{t})]^n\}$。

因为税前收益率 $\bar{R}$ 大于0，税率 $1>\bar{t}>0$，$t_{cg}>0$，所以 $t_{cg}\{1-[1+\bar{R}(1-\bar{t})]^n\}<0$。$\alpha\in(0,1)$，则有，$1>(1-\alpha)>0$。所以，Ⅰ类、Ⅲ类企业组织形式的税收积累收入与Ⅱ类企业组织形式的税收积累收入 $[1+\bar{R}(1-\bar{t})]^n$ 的关系为：$A_2>A_3>A_1$。所以在偏好选择时，Ⅱ类企业组织形式好于Ⅲ类企业组织形式，Ⅲ类企业组织形式好于Ⅰ类企业组织形式，可以用偏好关系表示为：Ⅱ类企业组织形式 ϕ Ⅲ类企业组织形式 ϕ Ⅰ类企业组织形式。

3. 当 $t_c<t_p$，并且 $t_{cg}=0$ 时

Ⅰ类与Ⅱ类企业组织形式的税后积累收入分别为：$[1+\bar{R}(1-t_c)]^n$ 与 $[1+\bar{R}(1-t_p)]^n$。两者的比较取决于 $(1-t_c)$ 与 $(1-t_p)$ 的大小。因为 $t_c<t_p$，则 $(1-t_c)>(1-t_p)$，所以Ⅰ类企业组织形式好于Ⅱ类企业组织形式。

Ⅲ类企业组织形式税后积累收入 $A_3=\alpha[1+\bar{R}(1-t_c)]^n+(1-\alpha)[1+\bar{R}(1-t_p)]^n$ 的大小，介于Ⅰ类与Ⅱ类企业组织形式税后积累收入之间，所以，Ⅰ类企业组织形式好于Ⅲ类企业组织形式，Ⅲ类企业组织形式好于Ⅱ类企业组织形式。用偏好关系表示为：Ⅰ类企业组织形式 ϕ Ⅲ类企业组织形式 ϕ Ⅱ类企业组

① 偏好关系的符号表示。“$A\sim B$”表示 A 与 B 无差异、A 与 B 一样好；“$A\phi B$”表示 A 好于 B。

织形式。

4. 当 $t_c > t_p$，并且 $t_{cg} = 0$ 时

与第三种情况类似，Ⅰ类与Ⅱ类企业组织形式税后积累收入的比较就是 $(1-t_c)$ 与 $(1-t_p)$ 的比较。因为 $t_c > t_p$，所以 $(1-t_p) > (1-t_c)$，所以Ⅱ类企业组织形式好于Ⅰ类企业组织形式。Ⅲ类企业组织形式税后积累收入 A_3 的大小，仍然介于Ⅰ类与Ⅱ类企业组织形式税后积累收入之间。用偏好关系表示为：Ⅱ类企业组织形式 ϕ Ⅲ类企业组织形式 ϕ Ⅰ类企业组织形式。

5. 当 $t_c > t_p$，并且 $t_{cg} > 0$ 时

与第二种情况类似，将Ⅰ类企业组织形式的税收积累收入 A_1 变型为：$[1 + R_1(1-t_c)]^n(1-t_{cg}) + t_{cg} = [1+\overline{R}(1-t_c)]^n + t_{cg}\{1-[1+\overline{R}(1-t_c)]^n\}$。因为 $1 > t_c > 0$，$t_{cg} > 0$，所以 $t_{cg}\{1-[1+\overline{R}(1-t_c)]^n\} < 0$。又因为 $t_c > t_p$，所以 $[1+\overline{R}(1-t_c)]^n < [1+\overline{R}(1-t_p)]^n$。从而，Ⅰ类企业组织形式的税收积累收入小于Ⅱ类企业组织形式的税收积累收入。

Ⅲ类企业组织形式的税收积累收入 $A_3 = \alpha[1+\overline{R}(1-t_p)]^n + (1-\alpha)[1+\overline{R}(1-t_c)]^n + (1-\alpha)t_{cg}\{1-[1+\overline{R}(1-t_c)]^n\}$。根据 $1 > (1-\alpha) > 0$、$t_{cg}\{1-[1+\overline{R}(1-t_c)]^n\} < 0$、$[1+\overline{R}(1-t_c)]^n < [1+\overline{R}(1-t_p)]^n$ 做如下分析：

$A_3 = \alpha[1+\overline{R}(1-t_p)]^n + (1-\alpha)[1+\overline{R}(1-t_c)]^n + (1-\alpha)t_{cg}\{1-[1+\overline{R}(1-t_c)]^n\} < \alpha[1+\overline{R}(1-t_p)]^n + (1-\alpha)[1+\overline{R}(1-t_p)]^n + (1-\alpha)t_{cg}\{1-[1+\overline{R}(1-t_c)]^n\} < [1+\overline{R}(1-t_p)]^n + (1-\alpha)t_{cg}\{1-[1+\overline{R}(1-t_c)]^n\} < [1+\overline{R}(1-t_p)]^n = A_2$

$A_3 = \alpha[1+\overline{R}(1-t_p)]^n + (1-\alpha)[1+\overline{R}(1-t_c)]^n + (1-\alpha)t_{cg}\{1-[1+\overline{R}(1-t_c)]^n\} > \alpha[1+\overline{R}(1-t_c)]^n + (1-\alpha)[1+\overline{R}(1-t_c)]^n + (1-\alpha)t_{cg}\{1-[1+\overline{R}(1-t_c)]^n\} > [1+\overline{R}(1-t_c)]^n + (1-\alpha)t_{cg}\{1-[1+\overline{R}(1-t_c)]^n\} > [1+\overline{R}(1-t_c)]^n + t_{cg}\{1-[1+\overline{R}(1-t_c)]^n\} = A_1$

所以 $A_2 > A_3 > A_1$，用偏好关系表示为：Ⅱ类企业组织形式 ϕ Ⅲ类企业组织形式 ϕ Ⅰ类企业组织形式。

6. 当 $t_c < t_p$，并且 $t_{cg} > 0$ 时

Ⅰ类企业组织形式税后累计收入 $[1+R_1(1-t_c)]^n(1-t_{cg}) + t_{cg}$ 与Ⅱ类企

业组织形式税后累计收入 $[1+R_2(1-t_p)]^n$ 的比较，即为 $[1+\overline{R}(1-t_c)]^n+t_{cg}\{1-[1+\overline{R}(1-t_c)]^n\}$ 与 $[1+\overline{R}(1-t_p)]^n$ 的比较。

因为 $t_{cg}\{1-[1+\overline{R}(1-t_c)]\ n\}<0$，而 $[1+\overline{R}(1-t_c)]^n>[1+R_2(1-t_p)]^n$，所以这种情况比较复杂。为此我们先假定Ⅰ类企业组织形式的税收积累收入等于Ⅱ类企业组织形式的税收积累收入，找出均衡状态时 t_c、t_p、t_{cg} 之间的关系。当 $[1+\overline{R}(1-t_c)]^n(1-t_{cg})+t_{cg}=[1+\overline{R}(1-t_p)]^n$ 时，设定 t_c^* 为均衡状态时的公司税率，可解得：

$$t_c^*=1-\frac{\sqrt[n]{\dfrac{[1+\overline{R}(1-t_p)]^n-t_{cg}}{1-t_{cg}}}-1}{\overline{R}}\equiv B$$

当 $t_c^*=B$ 时，Ⅰ类企业组织形式与Ⅱ类企业组织形式是无差异的；当 $t_c^*<B$ 时，Ⅰ类企业组织形式好于Ⅱ类企业组织形式；当 $t_c^*>B$ 时，Ⅱ类企业组织形式好于Ⅰ类企业组织形式。Ⅲ类企业组织形式税后累计收入介于Ⅰ类与Ⅱ类企业组织形式税后累计收入之间。偏好关系表示为：（1）当 $t_c^*=B$ 时，Ⅰ类企业组织形式 ~ Ⅱ类企业组织形式 ~ Ⅲ类企业组织形式；（2）当 $t_c^*<B$ 时，Ⅰ类企业组织形式 ϕ Ⅲ类企业组织形式 ϕ Ⅱ类企业组织形式；（3）当 $t_c^*>B$ 时，Ⅱ类企业组织形式 ϕ Ⅲ类企业组织形式 ϕ Ⅰ类企业组织形式。

（四）经济模型的扩展

1. 税率的变动。上述模型分析中有一个暗含的假定，即企业所得税率 t_c、股权转让所得的个人所得税税率 t_{cg} 和经营所得的个人所得税税率 t_p 在整个经营期 n 内都是不变动的（或称稳定的）。但事实并非如此，比如 t_p 为超额累进税率。因此，税率的跨期变动都会对原有模型的分析产生影响。

2. 经营期内分配股利。假设存在股利分配问题，股票按 d 的比率支付股利，股东的股利收入也按照税率 t_d 纳税①。引用迈伦·斯科尔斯（2004）的观点，Ⅰ类企业组织形式税后累计收入在考虑了股利分配问题后变为：$A_1=[1+R_1(1-t_c)-d]^n(1-t_{cg})+t_{cg}+d(1-t_d)$。沿用这种思想，Ⅲ类企业组织形式税后累计收入在考虑了股利分配问题后变为：$A_3=\alpha[1+R_3(1-t_p)]^n+(1-\alpha)$

① 税法规定股利收入按照20%的税率征税。

$\{[1+R_3(1-t_c)-d]^n(1-t_{cg})+t_{cg}+d(1-t_d)\}$。与Ⅱ类企业组织形式税后累计收入 $A_2=[1+R_2(1-t_p)]^n$ 无法直接比较大小。如同上述第六种情况，需要寻找均衡状态时指标的钩稽关系来讨论。

3. 项目期间的影响。如前文所述，均衡状态时的 t_c^* 可以表示如下：

$$t_c^*=1-\frac{\sqrt[n]{\dfrac{[1+\bar{R}(1-t_p)]^n-t_{cg}}{1-t_{cg}}}-1}{\bar{R}}$$

由该均衡等式可知，在其他情况不变的情况下，随着项目持续期 n 的增加，其对应的均衡时点的 t_c^* 值将随之增加。

三、经济模型涉及非税因素时的考虑

（一）非税优势的考虑

上述经济模型分析中并未考虑非税优势问题。迈伦·斯科尔斯（2004）认为公司制企业存在三方面的非税优势，“有相对较低的交易成本、更容易进入资本市场、更容易管理和控制公司”。国内一般也认为，公司制企业具有一定的运作优势，比如明确的法人治理结构、上市退出渠道畅通、良好的政策环境和税收激励机制、充分的法律保护、股权结构明确、转让流程便捷、相对成熟的投资主体等，这些都是公司制企业的非税优势。同样，合伙企业，尤其是有限合伙企业也有自身的非税优势，比如具有操作灵活性与商事保密性、灵活有效的激励机制与决策机制、资金使用效率较高等。因此，当考虑不同企业组织形式的非税优势后，原有的偏好关系可能会发生改变。

（二）非税成本的考虑

经济学意义上的非税成本包括代理成本和交易成本。代理成本是因为信息不对称的存在，在实施税收筹划方案时产生的成本。交易成本就是在一定的社会关系中，人们自愿交往、彼此合作达成交易所支付的成本。威廉姆森（Williamson，1985）将交易成本分为事前交易成本、事后交易成本、讨价还价的成本和约束成本①。结合非税成本的经济学内涵，在企业组织形式偏好选择时，将非税成本界定为组织形式选择或转换时存在的“摩擦”，也可称为税收规则的限

① 事前的交易成本是指签约、谈判、保障契约等成本；事后的交易成本是指契约不能适应所导致的成本；讨价还价的成本指两方调整适应不良的谈判成本、建构及营运的成本、为解决双方的纠纷与争执而必须设置的相关成本；约束成本指为取信于对方所需的成本。

制和转换成本。其中，税收规则的限制指的是法律上对某些产业、行业的限制。虽然原则上企业对于组织形式有自由选择的权利，但对于从事某些产业的企业，法律上会给予一定的组织形式的限制。例如对于注册会计师、律师等专门职业要求以合伙方式组织，原因可能是道德或者管理上的考虑，如执业时对于客户负有无限赔偿责任、基于信任的职业特点。此外，银行、保险等金融事业，也是基于特殊的行业特质或者管制要求，法律规定必须以公司制的形式进行组织。转换成本（Switching costs）指的是从一种组织形式转换为另一种组织形式时，所产生的成本。比如，公司转换成合伙企业，需要先将公司结算清算，然后再成立合伙企业，这必然带来相应的转化成本。考虑到这些非税成本的影响，企业组织形式的原有偏好关系也可能会发生改变。

四、基于组织形式的涉税决策依据

（1）不同企业组织形式下的税收成本是影响涉税决策的重要因素。影响最优企业组织形式涉税决策的因素众多，其中税收成本是关键因素。税收成本主要受企业所得税税率、股权转让所得的个人所得税税率、经营所得的个人所得税税率、股利收入的个人所得税税率等因素影响，这些因素决定了不同企业组织形式的税后累计收入，进而影响企业组织形式的偏好选择。

不考虑非税因素时，分析 t_c、t_{cg}、t_p 三个税率的六种组合情况，可初步判别个人独资企业、合伙企业和公司三类组织形式的优劣。通常，在不考虑非税因素时，合伙企业总是偏好选择中的次优方案①，合伙企业的税负总是介于个人独资企业与公司的税负之间。这因为合伙企业的合伙人如为自然人时，其税负与个人独资企业相同；如为公司时，其税负与公司相同。并且在多数情况下，由于公司制企业需要双重课税，个人独资企业优于公司制企业。

（2）不同企业组织形式下的非税成本是影响涉税决策的关键因素。转换成本、牺牲非税优势的成本、协调与沟通成本等非税成本也对组织形式选择产生关键影响。并且，非税优势和政府等权力制定机构控制的转换成本或设计转换障碍（限制）对企业组织形式选择产生关键影响。

① 次优方案是利用次优理论选择的方案。通俗而言，次优理论的含义是："假设达到帕累托最优状态需要满足十个假设条件，如果这些条件中至少有一个不能得到满足，即被破坏掉了，那么，满足全部剩下来的九个条件而得到次优状态，未必比满足剩下来的九个条件中一部分（如满足四个或五个）而得到的次优状态更加接近于十个条件都得到满足的帕累托最优状态。"

附录 B

税收征管与企业融资约束[①]

一、引言

2008 年国际金融危机之后，中国经济下行压力骤增，“融资难、融资贵”已经成为制约企业生存发展的一个掣肘性因素。为了解决企业融资难题，政府打出“营改增”、调整小微企业认定标准、取消或停征行政事业性收费等“减税降费”的组合拳。2018 年，中国全年减税降费规模已超过 1.3 万亿元，约占当年税收总收入9.4%，2019 年更是达到了2.36 万亿元。“减税降费”红利极大地缓解了企业融资约束问题。2019 年两会上，李克强总理提出“减税降费要向增长和征管要空间”，这对税收征管工作提出了更高的要求——一方面，在国内外经济形势和新冠疫情冲击下，加强税收征管、实现财政收入持续增长具有重要性和紧迫性；另一方面，加强税收征管会减少企业留存收益和现金流，降低企业内部融资能力，增加外部融资需求和融资成本，从而可能抵消减税降费给企业融资约束带来的缓解作用。那么，究竟税收征管对企业的融资约束有何影响？税收征管力度的加强能否使企业轻装上阵，抑或降低市场主体活力？其中的传导机制是什么？对上述问题的探讨具有非常重要的现实意义。

金税三期工程（以下简称“金税三期”）的建设是我国加强税收征管最有代表性的事件之一。金税三期是一个覆盖各级国地税、所有税种、所有工作环节的全国性税收信息系统。其依托于互联网，集合大数据评估、云计算功能的“智能税收系统”，借助外部信息系统搜集第三方信息，有效改善了信息的获取

① 蔡昌，林高怡，王卉乔. 税收征管与企业融资约束——基于金税三期的政策效应分析［J］. 会计研究，2021（5）107－120. 本书收录做了删节处理。

与共享机制，从企业的收入、成本、利润、库存、银行账户和应纳税额等多个纬度来判断企业的税务问题，使企业纳税人的大部分经营行为处在税务机关的监控范围内，可以显著提升税收稽查的准确度、有效性和威慑力，增加企业逃税的边际成本（樊勇和李昊楠，2020）。

直观上，税收征管的加强会抑制企业的避税行为，导致其税收负担增加（陈晓光，2016），留存收益和现金流减少，从而削弱企业内部融资能力。然而，企业内部现金流的减少却可能增加它们的外部融资需求（刘行等，2017）。从研究内容上看，现有文献关于加强税收征管对企业融资约束影响研究尚未取得一致意见，一些学者认为税收征管会产生“征税效应”，加剧企业融资约束程度（于文超等，2018），另外一些学者认为税务机关可作为第三方信息中介，通过发挥“桥梁效应”（Guedhami 和 Pittman，2008；孙雪娇等，2019）和“治理效应”（潘越等，2013），有效缓解企业融资约束。但目前的研究结论仅证明了“征税效应”和“桥梁效应”的存在，对于“治理效应”的研究仍停留在理论层面，缺少与之相关的经验证据，且难以区分税收征管对融资约束的影响是“桥梁效应”还是“治理效应”所致。从研究方法上看，现有文献的研究设计并没有很好地解决实证中的内生性问题。例如，已有文献中多采用引入因变量滞后项（刘春和孙亮，2015）、城市层面税收征管强度（于文超等，2018）等工具变量（IV）的方法来控制内生性的影响，但仍然没有剔除时间序列上其他事件可能带来的干扰，从而削弱了研究结果的有效性。还有一部分研究以 2002 年中国所得税征管体制改革进行断点分析（范子英和田彬彬，2013），但地方政府仍可通过税收返还奖励、地方公共服务提供、社会网络等方式来影响当地国税局的征税行为（Chen，2015；刘行等，2017）。

本文以金税三期在中国各省份的逐步试点作为政策冲击，使用 2010—2015 年的全国税收调查数据，采用双重差分法实证检验加强税收征管对企业融资约束的影响，并进一步检验外部环境对税收征管作用效果的影响。研究结果表明，税收征管的加强总体上缓解了企业融资约束程度。具体来讲，加强税收征管能形成“征税效应”，抑制企业的税收规避行为；加强税收征管能形成“桥梁效应”，降低融资方与资金供给方之间的信息不对称性；此外，加强税收征管形成“治理效应”，抑制了管理层的代理行为，能有效降低代理成本，有利于企业开展信用融资和贷款融资。进一步研究发现，既有征管水平和金融发展水平越高，金税三期对企业融资约束的缓解作用越小。

二、理论分析与研究假设

（一）税收征管的“征税效应”

企业融资渠道分为外部融资渠道和内部融资渠道。其中，外部融资渠道包括金融机构贷款、商业信用融资、出让股份和发行债券等；内部融资渠道则多指关联企业或者企业部门间资金的调配和税收规避。在不甚完善的金融市场中，由于外部融资渠道存在成本高、风险大等特点，企业往往遵循先内部融资后外部融资的“优序融资理论”（Myers 和 Majluf，2001）进行融资。税收征管加强后，政府以税收的形式“强制性”的分享了企业利润，同时，因为政府与企业间信息不对称程度下降，企业的避税行为将受到抑制，这会极大地减弱企业的内部融资能力，加剧企业的融资约束。因此，基于以上分析提出以下假设：

假设 1：政府加强税收征管将产生“征税效应”，增加了企业的融资约束程度。

（二）税收征管的“桥梁效应”

已有研究认为，融资方与资金方之间的信息不对称是导致企业融资难、融资贵的重要原因之一（Fazzari 等，1988；Kaplan 和 Zingales，1997）。企业向银行申请贷款或通过资本市场募集资金时，由于信息不对称的存在，经营前景差的劣质企业可能会花费大量的时间和成本自证还款能力，试图伪装成前景好的优质企业来获取资金，同时，资金方也会花费相应的成本对其进行核查（于蔚等，2012）。此时，评级机构、审计机构等第三方信息中介的介入，则会通过对融资企业质量和未来业绩进行分析、评估，来缓解资金供求双方的上述信息不对称性。

虽然税收征管难以完全扮演第三方信息中介的角色，但在信息评价体系和信息共享机制配合下，税收征管却可以充分发挥“桥梁效应”，降低融资方的自证成本①和资金方的核查成本，从而缓解融资方的融资约束程度。早在 2003 年 7 月，国家税务总局就出台了《纳税信用等级评定管理试行办法》，该法令根据纳税人的税务登记情况、纳税申报情况、账簿管理情况、违反税收法律情况等指

① 自证成本是指融资方向资金供给方证明企业还款能力需花费的成本，如自证企业收入良好、银行流水稳定、纳税状况良好等事项。

标，把企业分为 A、B、C、D 四个等级①。税务机关除了对社会公布纳税信用评价等级为 A 的纳税人名单，还为银行等贷款机构提供"查询借款企业纳税信用评级"的服务，以第三方信息中介的角色，为融资方与资金方搭建沟通信息的桥梁。孙雪娇等（2019）发现，纳税人评级的公布，通过缓解融资方与资金方之间信息不对称和提高企业声誉，使企业融资约束得到缓解，融资规模大幅提高。同理，金税三期带来的税收征管力度的加强，使得税务机关与资金方分享的企业涉税信息的含金量也进一步提高，即不仅降低了政企业间的信息不对称状况，也间接打通了融资方与资金方之间的信息不对称壁垒，起到"桥梁效应"作用。因此，基于以上分析提出假设 2：

假设 2：政府加强税收征管将产生"桥梁效应"，缓解企业的融资约束程度。

（三）税收征管的"治理效应"

出于对管理层的不信任，股东需要通过一定的内部和外部治理机制对管理者进行监督和约束，以缓解他们与管理层之间的委托—代理问题，而税收征管正是其中一种可行和有效的外部治理机制（Dyck 和 Zingales，2004）。从政府可以通过税收强制性分享企业创造的利润的角度看，政府相当于企业的一员"股东"，它与企业的"其他"股东一样，有着强烈的动机希望企业保持良好的治理状态，确保企业会计信息的透明度和准确性，以避免应税收入的隐瞒和转移（Desai 和 Dharmapala，2007；郑世刚等，2013）。因此，政府独有的稽查能力和稽查权力则可以及时发现企业的代理问题并制止企业的代理行为。在税务机关能够对企业运营形成有效监督的情况下，企业的管理层对股东利益的侵占，如转移资产、窃取资源就可能受到抑制，继而降低股东和管理者之间的委托—代理问题（曾亚敏和张俊生，2009）。换言之，税收征管的加强将产生"治理效应"，使企业的委托—代理问题得到缓解，使企业更易于进行股权融资，从而缓解企业的融资约束。因此，基于以上分析提出假设 3：

假设 3：政府加强税收征管将产生"治理效应"，以有效缓解企业融资约束程度。

综上所述，政府加强税收征管导致的"征税效应""桥梁效应"和"治理

① 后续出台的《纳税信用等级评定管理试行办法》在原有基础上新增 M 级。其中年度评价指标得分 90 分以上 A 级，70 分以上不满 90 分 B 级，40 分以上不满 70 分 C 级，40 分以下 D 级，新企业年度内无生产经营业务收入且年度评价指标得分 70 分以上的企业 M 级。

效应”分别对企业的融资约束起不同方向的作用，如图 B－1 所示。但是，在三种效应的共同作用下，企业的融资约束程度如何变化，是一个需要实证检验的问题。

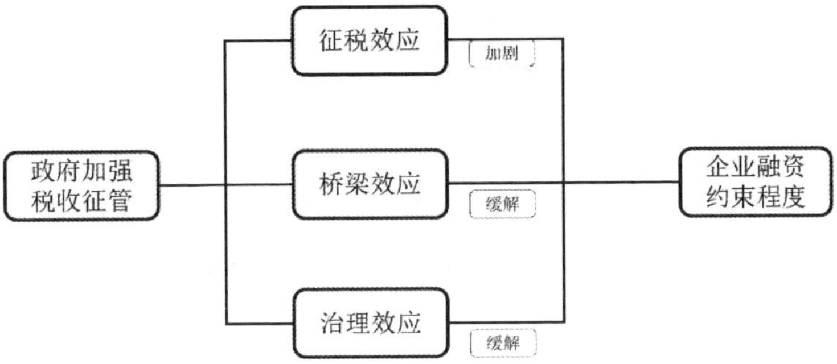

图 B－1 税收征管与企业融资约束程度的逻辑关系

三、研究设计

（一）计量模型设定

基于上述分析，本文将运用双重差分模型进行实证分析，研究政府加强税收征管对企业融资约束程度的影响，验证金税三期试点地区企业的融资约束程度是否与未试点地区存在显著差异。回归模型设计如下：

$$fc_{it} = \alpha_0 + \alpha_1 Post_{ct} + \gamma X_{it} + \delta_i + \theta_t + \varphi_p \times \theta_t + \varepsilon_{it} \tag{1}$$

其中，i 代表企业；c 代表城市；p 代表省份；t 代表年份。fc_{it} 是 i 企业第 t 年的融资约束程度。$Post_{ct}$ 是政策虚拟变量，城市开展金税三期当年及以后年份，赋值1，否则为0。X_{it} 是企业层面的控制变量集合，参考前人的研究（An，2012；周楷唐等，2017；王雅琦和卢冰，2018），主要包括：企业规模（$lasset_{it}$），用总资产自然对数表示；企业年龄（$lage_{it}$），用样本年份和成立年份的差额的自然对数表示；经营活动净现金流（cf_{it}），用经营活动产生的现金流净额/总资产表示；债务水平（$ldebt_{it}$），用总负债的自然对数表示；营业费用占比（exp_{it}），用（销售费用＋管理费用＋财务费用）/主营业务收入表示；营业利润率（roa_{it}），用营业利润/营业收入表示；工资水平（$lwage_{it}$），用企业工资和奖金总额的自然对数表示；产能水平（$product_{it}$），用企总产值的自然对数表示；是否盈利（$loss_{it}$），虚拟变量，当年息税前利润大于0，赋值1，否则为0。δ_i 表示个体固定效应。θ_t 表示年份固定效应。$\varphi_p \times \theta_t$ 表示省份×年份固定效应。

（二）变量说明

1. 企业融资约束程度

如何准确衡量企业融资约束程度是本文的难点。结合前文理论分析，本文参考 Hovakimian（2010）、李宏亮和谢建国（2018）、寇宗来等（2020）的做法，通过两个步骤构建投资敏感度指数（wks）作为融资约束的代理变量，即本文的被解释变量。

首先，构建一个不包含现金流的方程，对企业投资进行回归，得到残差 $\widehat{e_{it}}$：

$$ag_{it} = \alpha_0 + \alpha_1 lev_{it} + \alpha_2 fixasset_{it} + \alpha_3 lasset_{it} + \alpha_4 lage_{it} + \alpha_5 lwage_{it} + \sigma_j + \varphi_p + \theta_t + e_{it} \tag{2}$$

其中，ag_{it} 是企业资产增长率，用（总资产 - 上期总资产）/上期总资产表示。lev_{it} 是企业的杠杆率，用企业总负债/总资产表示。$fixasset_{it}$ 是企业的质押特性，用企业固定资产/总资产表示。$lasset_{it}$ 是企业的规模，用企业总资产取对数表示。$lage_{it}$ 是企业的年龄，用样本年份和企业成立年份的差额取对数表示。$lwage_{it}$ 是企业工资水平，用企业工资和奖金总额取对数表示。σ_j、φ_p、θ_t 分别代表企业行业、省份、年份固定效应。e_{it} 为扰动项。

之所以这么做，是因为如果企业投资受现金流影响，该影响应被包含在残差 $\widehat{e_{it}}$ 中，那么经过现金流加权后的随机扰动项与未加权的随机扰动项均值就会表现出显著差异；反之，则不会有显著差异（寇宗来等，2020）。遵循以上思路，可以计算出企业 i 在整个样本期内（共有 T 期）对融资约束的敏感程度为：

$$sens_i = \sum_{t=1}^{T}\left(\frac{\frac{cash_{it}}{K_{it}}}{\frac{\sum_{t=1}^{T} cash_{it}}{K_{it}}}\right) - \frac{1}{T}\sum_{t=1}^{T} e_{it} \tag{3}$$

其中，$cash_{it}$ 是企业现金流，由企业货币资金年初数和货币资金年末数的均值表示。K_{it} 是企业总资产。T 是企业 i 的年份观测数。虽然 $sens_i$ 可正可负，但关键是它是否异于0，所以实质上是其绝对值反映了样本期内企业投资对现金约束的敏感程度（Hovakimian，2010），绝对值越大，企业投资对现金约束的敏感程度越高。直观上，企业面对同样的融资约束敏感程度，现金流越多，企业受到的融资约束越低，而企业不同时期的现金流是不一样的，所以本文定义企业 i 在第 t 期的融资约束程度为：

$$fc_{it} = \frac{|sens_i|}{log(cash_{it} + 1)} \tag{4}$$

fc_{it} 越小，表示企业 i 在第 t 期的融资约束程度越低。

2. 分组变量

2013 年，金税三期在重庆、山西、山东三省市的国地税局实现单轨运行。2014 年 10 月至年底，经过优化完善后的金税三期主要应用系统在广东、河南、内蒙古上线，至此，金税三期工程第一阶段 6 个试点省市成功上线并完成验收。至 2015 年底，金税三期完成河北、宁夏、贵州等 14 个省、自治区的推广应用。至 2016 年底，金税三期实现全国大陆地区全覆盖①。从分布情况看，某一地区是否成为金税三期的试点没有明显的规律可循，说明金税三期的试点具有一定的随机性，这为我们提供了一个准自然实验。其中，金税三期试点地区企业是处理组，金税三期非试点地区企业是控制组，通过多期双重差分方法识别出税收征管加强对融资约束的影响效应。

（三）样本处理与描述性统计

本文使用的是 2010－2015 年的全国税收调查数据，该数据由财政部和税务总局按照分层随机抽样方法选取企业填报（高培勇和毛捷，2013）。在使用数据前，本文对数据进行了初步筛选处理：（1）删除纳税人识别号前 6 位编码未能识别所属地级市的样本。（2）删除开业成立时间为空缺的样本。（3）删除开业成立时间不符合常理的样本。（4）删除应纳税所得额小于 0 的样本。（5）删除利息支出小于 0 的样本。（6）删除有息借款大于 0 且利息支出等于 0 的样本。（7）删除金融业样本。本文对所有连续型变量进行了前后 1% 的缩尾处理。

表 B－1 展示了本文主要变量的描述性统计结果。企业的融资约束程度均值为 0.007，标准差为 0.02，这意味着样本企业的融资约束程度是一个上窄下宽的“金字塔形状”。而企业规模的最小值为 0.693，最大值为 15.445，样本中微型企业约 35 万家，占比 26.85%；小型企业约 66 万家，占比 50.19%；中型企业约 26 万家，占比 19.54%，剩余为大型企业②，使研究结论更贴近于现实。

① 值得注意的是，五个计划单列市中，仅厦门市和宁波市的“金税三期”上线时间与其所属省份同步，剩余三市与其所属省份并不同步。其中，大连市“金税三期”上线时间为 2016 年 8 月 8 日，青岛市为 2016 年 7 月 1 日，深圳市为 2016 年 10 月 8 日。

② 按照《中小企业划型标准规定》进行划分。

表 B－1　　　　描述性统计

变量名称	观测值数	均值	标准差	最小值	最大值
fc	1267938	0. 007	0. 020	0. 000	0. 144
lasset	1320416	10. 087	2. 652	0. 693	15. 445
lage	1320416	2. 210	0. 563	0. 693	3. 296
cf	1306287	0. 032	0. 221	－0. 643	1. 477
ldebt	1320416	8. 616	4. 230	0. 000	15. 084
exp	1298611	0. 341	1. 115	0. 000	9. 845
roa	1306770	－0. 201	1. 275	－11. 069	0. 833
lwage	1320416	6. 636	2. 808	0. 000	11. 663
product	1308603	7. 081	5. 077	0. 000	14. 653
loss	1319994	0. 383	0. 486	0. 000	1. 000

四、基准回归

（一）税收征管加强对企业融资约束的影响

表 B－2 报告了基于式（1）进行双重差分估计的结果。第（1）列控制了企业层面控制变量、个体固定效应和省份 × 年份固定效应①。在第（2）列、第（3）列中以逐步回归的方式，进一步控制“是否国有企业”② 和“是否上市企业”③，用于观测遗漏企业层面控制变量对估计结果的影响。

第（1）列中，Post 的回归系数在 1% 的置信水平上显著为负，说明从总效应上看，政府加强税收征管，能显著降低辖区企业的融资约束程度。在第（2）列、第（3）列中 Post 的系数以及显著性都没有发生明显的变化，说明现有的控制变量已能较好地控制与解释变量相关且影响被解释变量的因素，本文基准估计的结果是稳健的，不会因为遗漏变量而产生较大的偏误。为了确保估计结果的可信性，本文在稳健性检验部分进一步检验遗漏的非观测因素对估计结果的影响。

① 值得注意的是，全国税收调查数据是随机抽样数据，所以存在部分样本在 2010－2015 年内仅被抽查过一次的情况。而本文所有的回归均控制了个体固定效应，其要求样本至少有两年的数据，因此只有一年数据的样本没能进入回归。

② 虚拟变量，国有性质企业赋值 1，否则为 0。根据纳税人登记注册类型区分企业性质。国有性质企业的注册类型包括：国有企业、国有改组企业、国有联营企业、国有与集体联营企业、国有独资企业。

③ 虚拟变量，上市企业赋值 1，否则为 0。

表 B－2　　　　税收征管加强对企业融资约束的影响

	(1)	(2)	(3)
被解释变量	fc	fc	fc
Post	－0.000293***	－0.000293***	－0.000293***
	(0.000048)	(0.000048)	(0.000048)
控制变量	YES	YES	YES
是否国有企业	NO	YES	YES
是否上市企业	NO	NO	YES
个体固定效应	YES	YES	YES
年份固定效应	YES	YES	YES
省份×年份固定效应	YES	YES	YES
常数项	0.040215***	0.040214***	0.040217***
	(0.001388)	(0.001388)	(0.001389)
观测值数	836840	836840	836840
R^2	0.967479	0.967479	0.967480

注：括号中报告的是在城市－年份层面聚类的标准误差，***、** 和 * 分别代表在1%、5%和10%的水平统计显著，下同。

（二）平行趋势检验

基准回归的结果表明，政府加强税收征管可缓解企业的融资约束程度。为了检验处理组与对照组企业的融资约束差异是否在金税三期开展前就已经存在，本文进行了多期双重差分的平行趋势假设检验。回归模型设计如下：

$$fc_{it} = \alpha_0 + \sum_{n=-5;n\neq -1}^{n=3} \alpha_n Postyear_{cn} + \gamma X_{it} + \delta_i + \varphi_p \times \theta_t + \varepsilon_{it} \tag{5}$$

该模型设定与式（1）基本一致，唯一区别在于交互项的设定。$postyear_{cn}$代表企业所属城市开展金税三期的第 n 年，我们以城市开展金税三期的前一年（$n=-1$）作为基准年。α_n是平行趋势检验中关注的解释变量系数。当 $n<-1$ 时，若 α_n不显著异于0，则处理组与对照组在金税三期前的融资约束无显著差异，满足平行趋势假设。回归结果如图 B－2 所示，金税三期开展前，两组样本的融资约束在统计上无显著差异，平行趋势假设成立；金税三期开展后，持续3年的系数均显著为负，在开展后第3年，企业融资约束程度有小幅反弹，但仍是显著低于政策冲击前。

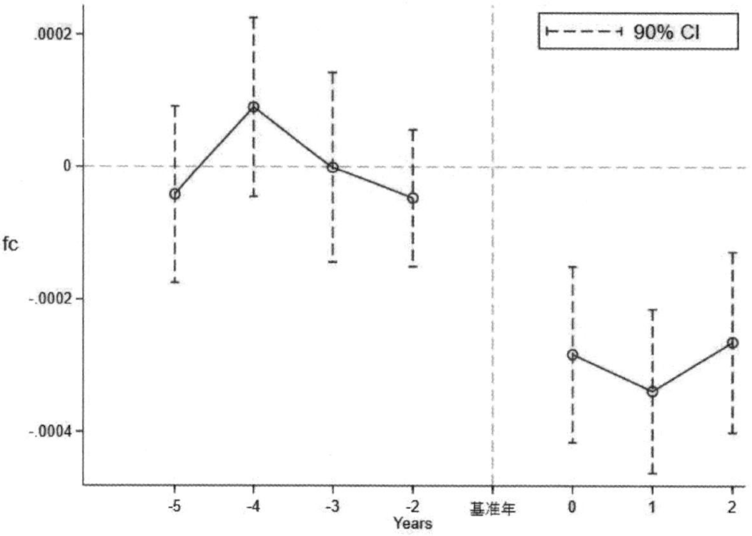

图 B－2　基准回归平行趋势检验结果

五、拓展回归

（一）加强税收征管对融资约束的作用效应检验

1. 征税效应

政府加强税收征管之所以能产生“征税效应”，是因为该行为缓解了政企间信息不对称程度，使得企业更难避税。本文借鉴姜付秀等（2016）和孙雪娇等（2019）的思路，通过检验，政企间信息较为不对称的情景下，税收征管加强是否可以更大程度地抑制企业避税行为，为税收征管降低政企间信息不对称而抑制企业避税行为来加剧企业融资约束这一影响机理提供证据。本文以会计—税收差异衡量企业避税程度，以“是否国有企业”进行分样本回归。首先，企业税收利润的产权归属问题决定了相对国有企业而言，民营企业有更强的避税动机，更激进的避税理念，更灵活的避税方式（Chan 等，2013；Annuar 等，2014）。其次，国有企业管理层创造税收的多少可能会对其升迁有正向的促进作用，这会激励国有企业的管理层向中国政府缴纳更多的税款（代彬等，2017）。上述两方面的原因决定了国有企业的政企间信息不对称性较低。

表 B－3 结果显示，在税收征管加强后，国有企业的避税程度没有明显变化，但非国有企业的避税程度显著下降，这表明加强税收征管确实发挥了“征税效应”，通过降低政企间信息不对称程度，抑制了企业的避税行为。此结果证实了上文提出的假设1。

表 B-3　　　　税收征管的“征税效应”

	(1)	(2)
	国有企业	非国有企业
被解释变量	btd	btd
Post	0.004251	-0.009304***
	(0.014114)	(0.001932)
控制变量	YES	YES
个体固定效应	YES	YES
年份固定效应	YES	YES
省份×年份固定效应	YES	YES
常数项	-0.279538**	-0.267227***
	(0.132026)	(0.050130)
观测值数	25215	833512
R^2	0.645437	0.611871
Dif (P-value)	0.000***	

2. 桥梁效应

本部分检验在融资方和资金方间信息较为不对称的情景下，税收征管加强是否可以更大限度缓解企业融资约束，为加强税收征管能否降低融资方和资金方信息不对称而缓解企业融资约束这一影响机理提供证据。一般情况下，融资方比资金方更具有信息上的优势，前者在融资或运营的过程中可能会有目的地利用这种优势，从而使资金方承担更多的风险补偿。而律师、会计师等市场中介组织则可以通过信息披露、审计等方式来缓解融资方和资金方之间的信息不对称，成为二者之间的一座信息互通的桥梁。一般来说，市场中介组织发育较好的地区，越有利于资金方获悉融资方的相关信息，二者之间的信息不对称程度应该较低。因此，本文以王小鲁等（2018）的市场中介组织的发育指数的均值为标准，对样本进行分组回归，来验证加强税收征管之于企业融资约束的“桥梁效应”。

此外，在“桥梁效应”作用下，资金方得以从鱼龙混杂的融资市场中筛选出经营状况良好的优质企业，优质企业的融资约束程度出现缓解。但劣质企业可能因其经营或财务问题使得融资约束没有显著变化，甚至可能因“无路可贷”

而加剧融资约束。本文分别以营业收入水平（营业收入/总资产）和营业利润率（营业利润/营业收入）衡量企业的经营状况，并以此区分优质和劣质企业，按照均值进行分样本回归。

回归结果如表B－4第（1）列、第（2）列所示，两组回归的Post的系数均显著为负，市场中介组织发育较差地区的系数是较好地区的系数的2.5倍，且两组间的系数存在显著差异（P值为0.06），结果反映出在资金方与融资方信息不对称程度较强地区，税收征管对融资约束的缓解发挥了更大作用，验证了税收征管产生“桥梁效应”，降低了融资方和资金方的信息不对称，从而缓解融资约束的作用机理。而表B－4第（3）列至第（6）列的结果显示，只有经营状况良好的优质企业从税收征管加强中受益，缓解融资约束程度。以上结果证实了本文提出的假设2。

表B－4　税收征管的“桥梁效应”

	(1)	(2)	(3)	(4)	(5)	(6)
	市场中介组织发育较好地区	市场中介组织发育较差地区	高于营业收入水平均值企业	低于营业收入水平均值企业	高于营业利润率均值企业	低于营业利润率均值企业
被解释变量	fc	fc	fc	fc	fc	fc
Post	−0.000183***	−0.000453***	−0.002220***	−0.000049	−0.000351***	0.000237
	(0.000039)	(0.000035)	(0.000329)	(0.000035)	(0.000072)	(0.000185)
控制变量	YES	YES	YES	YES	YES	YES
个体固定效应	YES	YES	YES	YES	YES	YES
年份固定效应	YES	YES	YES	YES	YES	YES
省份×年份固定效应	YES	YES	YES	YES	YES	YES
常数项	0.039065***	0.043530***	0.049804***	0.031110***	0.037107***	0.045188***
	(0.001540)	(0.002331)	(0.003307)	(0.001392)	(0.001531)	(0.002928)
观测值数	561691	222195	74857	707693	722478	53931
R^2	0.970781	0.965806	0.977642	0.963689	0.970237	0.967208
Dif (P－value)	0.060*	0.000***	0.000***			

3. 治理效应

本部分通过检验在代理问题较为严重的情景下，税收征管加强是否可以更大程度降低企业融资约束程度，为税收征管能否抑制代理问题而降低企业融资约束的影响机理提供证据。本文使用管理费用与主营业务收入的比值，即管理费用率来衡量企业的代理成本。管理费用是企业最为庞杂的费用之一，管理效率低下、管理层在职消费等滥用资金的行为都有可能在这类费用上有所体现，具有较强的代表性，对公司代理成本问题的影响较大（曾亚敏和张俊生，2009）。管理费用率越大，说明企业的管理效率越低或管理者用于自身消费的相对费用越多，企业的代理成本也可能越高。

但是，以管理费用率衡量代理成本，可能会出现管理费用率高但真实代理成本低的企业被视为委托—代理问题严重的企业的情况，在一定程度上高估样本整体的代理成本。在这种情况下，政府加强税收征管，一方面会直接发挥“治理效应”，以“股东”的身份抑制企业的代理问题，提高治理水平，获得更多融资；另一方面会通过“桥梁效应”让股东更了解企业的真实状况，使管理费用率高但真实代理成本低的企业有机会获得更多融资。因此，直接根据代理成本进行分样本回归，可能无法判别加强税收征管对企业融资约束的影响，究竟是“治理效应”还是“桥梁效应”在发挥作用。为了更好地观测到“治理效应”的存在，本文选取了处于市场中介组织发育较好地区的样本，以代理成本的均值为标准进行分样本回归。原因在于，在市场中介组织发育较好地区，融资方和资金方之间的信息相对更加透明，“桥梁效应”的干扰较小，且两组样本所处的中介市场环境相同，即使“桥梁效应”存在，其对两组样本的影响大小应该是一致的。

表B－5第（1）列、第（2）列结果显示，在市场中介组织发育较好地区推行金税三期后，两组样本的融资约束程度都显著下降，其中代理成本较高企业的降幅更大。第（3）列、第（4）列以股权融资（实收股本资本的自然对数值）为因变量，得出的结果同样说明“治理效应”的存在。第（5）列以代理成本为因变量，发现金税三期后，企业的代理成本显著下降。以上结果均表明，政府加强税收征管，可发挥“治理效应”来抑制管理层代理问题，缓解企业融资约束，证实了本文提出的假设3。

（二）对不同融资方式的影响

1. 内部融资

受限于数据，本文的内部融资仅考察通过税收规避进行内部融资的这一种方式。本文以会计—税收差异表征企业的税收规避程度。由于税收征管加强后，政企间信息不对称程度下降，使得企业更难通过避税渠道进行内源融资。由表B－6

第（1）列可知，受金税三期监管的企业，会计税收差异显著下降，即企业的避税程度得到了抑制，从而内部融资减少，加剧了企业融资约束。

表 B－5　　税收征管的“治理效应”

	(1)	(2)	(3)	(4)	(5)
	市场中介组织发育较好地区		市场中介组织发育较好地区		
	代理成本较低企业	代理成本较高企业	代理成本较低企业	代理成本较高企业	以代理成本为因变量
被解释变量	fc	fc	lnseo	lnseo	cost
Post	－0.000203***	－0.000455**	0.087691	0.237257***	－0.013154***
	(0.000061)	(0.000192)	(0.108879)	(0.067580)	(0.003674)
控制变量	YES	YES	YES	YES	YES
个体固定效应	YES	YES	YES	YES	YES
年份固定效应	YES	YES	YES	YES	YES
省份×年份固定效应	YES	YES	YES	YES	YES
常数项	0.036225***	0.036618***	3.392481***	3.805631***	0.101276***
	(0.001809)	(0.002515)	(0.237554)	(0.344519)	(0.016232)
观测值数	459512	57429	487865	61551	876931
R^2	0.973494	0.972948	0.841758	0.841332	0.892857
Dif（P－value）	0.006***		0.000***		

2. 外部融资

接下来将从信用融资、贷款融资两种方式探讨税收征管的加强对企业外部融资的影响。

（1）信用融资。信用融资是外部融资方式中较为常见的融资方式。尤其是资本市场发展不完善地区，企业难以从银行等金融机构获得贷款融资，从而以信用融资来满足融资需求。本文以应付账款与总资产的比值作为信用融资的代理变量。表 B－6 第（2）列显示，金税三期后，企业的信用融资显著提高，说明税收征管加强缓解了信息不对称程度，使得企业更易于获得信用融资，缓解融资约束程度。

（2）贷款融资。本文参考刘行等（2017）的方法，分别以利息支出与总资产比值、长期负债与总资产比值、有息负债与总资产比值衡量企业债务融资状况。由于银行贷款和民间贷款均会产生利息支出，所以企业的利息支出可以提供关于企业贷款的信息（刘行等，2017）。而长期负债中的细分类比相对于短期负债少，从而噪音相对较少，这使得大量文献直接采用长期借款作为债务融资的代理变量（Dhaliwal 等，1992）。表 B－6 第（3）列至第（5）列结果显示，金税三期后，企业的贷款融资显著增加。

值得注意的是，在企业避税行为与债务融资的相关研究中，普遍发现二者呈负相关关系。为了解释这一关系，学界分别提出了“非债务税盾效应”理论和“现金流效应”理论。前者认为，随着企业避税活动的减少，企业为了充分利用利息支出的税盾效应，有更强的动机增加有息负债，但不会增加信用融资等无息负债。后者认为，企业减少避税后，亟需增加外部融资来弥补税收现金流的下降，因此无论有息负债还是无息负债，均会随之增加。但“非债务税盾效应”理论需要满足一个基本前提——企业可以容易地获得必要的有息负债，且可以根据非债务税盾与债务税盾的相对大小调整其资本结构。然而，在不发达的资本市场环境下，企业往往难以获得足够的有息借款，从而难以借助债务税盾来替代非债务税盾的减少。刘行等（2017）基于 2002－2006 年的工企数据发现，企业减少避税时，仅信用融资增加，贷款融资没有显著变化，建议用“现金流效应”理论解释企业避税与债务融资的关系或许更适用于中国市场。本部分的回归结果表明，即使处于资本市场大幅改善的样本期（2010－2015），依旧不支持“非债务税盾效应”，而支持“债务税盾效应”，凸显了中国资本市场仍需持续推进改革与发展的事实。

表 B－6　　税收征管对不同融资方式的影响

	(1)	(2)	(3)	(4)	(5)
	税收规避	信用融资	贷款融资		
被解释变量	btd	cre	loan1	loan2	loan3
Post	−0.008941***	0.006822***	0.000414*	0.003305**	0.010653*
	(0.001709)	(0.001995)	(0.000236)	(0.001296)	(0.006230)
控制变量	YES	YES	YES	YES	YES
个体固定效应	YES	YES	YES	YES	YES
年份固定效应	YES	YES	YES	YES	YES
省份×年份固定效应	YES	YES	YES	YES	YES
常数项	−0.263416***	0.057797***	0.032151***	0.011845***	0.365398***
	(0.048285)	(0.012033)	(0.002219)	(0.002353)	(0.032319)
观测值数	874511	889824	888339	871985	867469
R^2	0.610825	0.750166	0.715969	0.768854	0.824142

（三）外部环境的作用

1. 税收征管强度的调节作用

本文以金税三期的开展作为政府加强税收征管的政策性冲击，然而在税收征管强度较大地区，政企间信息不对称程度已然较少。金税三期系统上线后，可能对融资约束的影响较少。为此，本文参考陈运森等（2018）的方法，采用各地区实际税收收入与预期可获取收入之比来构建地区税收征管强度的指标，然后与 Post 进行交互，以观测其调节效应。表 B－7 第（1）列结果中，Post 显著为负，而 Post×Te 显著为正，表明金税三期对企业融资约束的效果受到税收征管强度的影响。这是因为税收征管强度大的地区，政企间信息不对称程度已然较小，所以主要用于消除信息不对称的金税三期的作用自然就小，导致金税三期对企业融资约束的影响程度变小。

2. 金融发展程度的调节作用

由于企业的融资约束程度除了要考虑信息不对称程度，还要考虑企业所处市场的金融发展程度，所以本文以中国市场化指数中的金融业的市场化（王小鲁等，2018）来衡量金融发展程度。进一步，本文把金融发展程度细分为金融业的竞争和信贷资金的市场化[①]进行回归。

表 B－7 后 3 列结果显示，金融发展程度越高、金融业的竞争越激烈、信贷资金越市场化，金税三期对企业融资约束程度的影响越小。

表 B－7　　　　检验调节效应

	(1)	(2)	(3)	(4)
	税收征管强度	金融业发展程度	金融业的竞争	信贷资金配给市场化
被解释变量	fc	fc	fc	fc
Post	−0.000877*** (0.000307)	−0.000909*** (0.000251)	−0.001485*** (0.000484)	−0.000667*** (0.000161)
Post×Te	0.000671** (0.000336)			
Post×Fin1		0.000076** (0.000029)		
Post×Fin2			0.000133** (0.000053)	

① 金融业的竞争与信贷资金分配的市场化数据同样来自《中国分省份市场化指数报告（2018）》，属于金融业的市场化的细项。

续表

	(1)	(2)	(3)	(4)
	税收征管强度	金融业发展程度	金融业的竞争	信贷资金配给市场化
Post × Fin3				0.000052 ** (0.000020)
控制变量	YES	YES	YES	YES
个体固定效应	YES	YES	YES	YES
年份固定效应	YES	YES	YES	YES
省份 × 年份固定效应	YES	YES	YES	YES
常数项	0.040210 *** (0.001387)	0.040222 *** (0.001385)	0.040217 *** (0.001386)	0.040224 *** (0.001384)
观测值数	836840	836840	836840	836840
R^2	0.967479	0.967479	0.967479	0.967479

（四）不同年份的政策执行效果分析

为了观察不同批次的政策效果是否存在差异，这里对样本进行筛选处理，然后回归。首先，只使用2013年开展金税三期的地区（作为处理组）和2015年尚未开展金税三期的地区（作为对照组），以基准方程进行回归，仅观测第一批试点地区的试点效果。然后，只使用2015年开展金税三期的地区（作为处理组）和2015年尚未开展金税三期的地区（作为对照组），以基准方程进行回归，仅观测第二批试点地区的试点效果。值得注意的是，到2015年，第一批试点地区已经开展金税三期3年，而第二批地区仅是第1年。为了让两个批次的政策效果可比，我们剔除了第一批试点地区的政策后一年和政策后两年。

表B-8结果显示，第一批试点地区的效果比第二批效果好。然而，在调节效应分析中，本文发现金税三期的政策效果受地区既有征管水平影响，如果地区既有税收征管强度较低，那金税三期的政策效果会更高。其中，第一批试点地区的税收征管强度在金税三期开展前都低于当年全国均值。而第二批试点地区中，有一部分地区的税收征管强度在金税三期开展前低于全国均值。由此可见，金税三期不同批次间的政策效应会有区别，但产生区别的主要原因可能不是试点的先后顺序，而是试点时该地区的外部环境如何。

六、稳健性检验

为了进一步确保估计结果的可信性，本文依次进行以下稳健性检验。

表 B-8 分批次回归

	(1)	(2)
	第一批试点地区	第二批试点地区
被解释变量	fc	fc
Post	-0.000390***	-0.000227***
	(0.000049)	(0.000039)
企业控制变量	YES	YES
个体固定效应	YES	YES
时间固定效应	YES	YES
省份×年份固定效应	YES	YES
常数项	0.040540***	0.040986***
	(0.001676)	(0.001422)
观测值数	581823	752251
R^2	0.968860	0.967188

1. 排除企业异地经营的影响

当企业存在跨省经营的情况，分支机构与总机构可能分别受不同地区的税务机关监管，使得遭受的税收征管力度不同，从而对估计结果产生影响。为此，本文剔除了样本中“作为分支机构其企业所得税由总机构汇总缴纳的纳税人”和“作为总机构缴纳包括分支机构企业所得税的纳税人”① 后进行回归。表 B-9 第（1）列结果显示，在排除异地经营的影响后，税收征管加强依旧对企业融资约束程度有显著效果。

2. 排除同期政策——“营改增”的影响

由于本文选取的样本区间是 2010—2015 年，恰逢“营改增”试点时期。理论上，“营改增”企业的税负下降，会缓解企业的融资约束。为了排除这一影响，本文根据税收调查数据中“是否为营业税改征增值税试点纳税人”这一数据剔除“营改增”企业，对剩余样本进行回归。由表 B-9 可知，回归结果依然稳健，可以排除“营改增”对结论产生较大影响的可能性。

3. 排除行业层面遗漏变量的影响

由于不同行业的融资需求、融资能力不尽相同，本文在基准回归的基础上

① 税收调查数据中提供了企业所得税缴税方式代码，把纳税人分为五类：非企业所得税纳税人、依率计征并独立缴纳企业所得税的纳税人；核定征收并独立缴纳企业所得税的纳税人；作为分支机构其企业所得税由总机构汇总缴纳的纳税人；作为总机构缴纳包括分支机构企业所得税的纳税人。

加入了行业×年份固定效应，以排除行业异质性对结果的影响。此外，考虑到不同省份对于行业的扶持存在差异，本文进一步加入省份×行业×年份固定效应。估计表B-9第（3）列、第（4）列结果显示，在加入更多的固定效应后，Post系数有所变化，但依然在1%的置信水平上显著为负，与前文所得结论相符。

表B-9　　稳健性检验

	(1)	(2)	(3)	(4)
	排除异地经营	排除“营改增”	排除行业层面遗漏变量	
被解释变量	fc	fc	fc	fc
Post	-0.000257***	-0.000279***	-0.000249***	-0.000271***
	(0.000049)	(0.000045)	(0.000069)	(0.000056)
控制变量	YES	YES	YES	YES
个体固定效应	YES	YES	YES	YES
年份固定效应	YES	YES	YES	YES
省份×年份固定效应	YES	YES	YES	YES
行业×年份固定效应	NO	NO	YES	YES
省份×行业×年份固定效应	NO	NO	NO	YES
常数项	0.038985***	0.038064***	0.040210***	0.039979***
	(0.001483)	(0.001408)	(0.001387)	(0.001382)
观测值数	775136	759737	836829	835327
R^2	0.968397	0.968791	0.967528	0.968446

4. 进一步排除遗漏非观测因素的影响

前文通过加入企业层面控制变量、城市固定效应、年份×省份×行业固定效应以缓解遗漏变量的影响问题。但是受到数据等因素的限制，仍可能存在一些不可观测因素，导致估计结果有偏差。根据本文的基准方程（1），可知$Treat_c \times Post_{cn}$的系数α的表达式如式（6）所示：

$$\hat{\alpha} = \alpha + \tau \frac{\operatorname{cov}(Treat_c \times Post_{ct}, \mu_{ijcpt} \mid \omega)}{\operatorname{var}(Treat_c \times Post_{ct} \mid \omega)} \tag{6}$$

其中，ω表示所有的控制变量，如果$\tau=0$，则非观测因素不会使本文的估计结果产生偏差。本文参考Ferrara等（2012）的方法，将每个企业是否受到金税三期监督变成完全随机，将这个随机过程重复500次并进行估计，观测α_{random}是否服从标准正态分布。由图B-3的α_{random}的分布规律可知，其接近于均值为0的标准正态分布，反证$\tau=0$，从而证明本研究较好地控制了不可观测因素的影响，估计结果是稳健的。

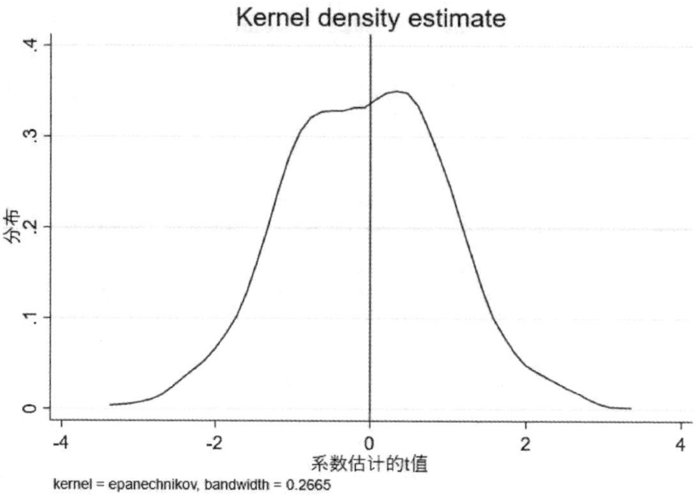

图 B-3 随机处理冲击后系数 α^{random} 的分布曲线

七、结论与政策建议

本研究结果表明：税收征管的加强总体上能够显著缓解企业融资约束程度。具体来讲，加强税收征管可通过降低政企间信息不对称性，形成一种“征税效应”，从而抑制企业以税收规避开展内部融资；通过形成一种“桥梁效应”，可以降低融资方与资金供给方之间信息不对称性，还可以形成一种“治理效应”，抑制管理层的代理行为从而降低代理成本，最终促进企业信用融资和贷款融资的增长。进一步研究发现，既有的政企间信息不对称性和金融发展程度会影响加强税收征管对融资约束的作用效果。本文的研究为深入理解税收征管对企业融资约束的影响提供新的经验证据，为当前阶段深化税制改革、规范税收征管活动和提高纳税遵从度提供决策依据。

本研究在政府税收征管、企业融资约束方面提出以下政策建议：

（1）由于直观上加强税收征管对企业融资约束弊大于利，部分地方政府和税务机关出于税源保护的考虑，会减小税收征管力度和降低税务稽查强度。然而，本文研究结论表明，虽然税收征管加强会抑制企业的税收规避行为，影响内部融资渠道，但可改善本地区企业的债务融资能力，从而起到缓解企业融资约束的作用。因此地方政府和税务机关应摒弃传统思维，全面、辩证地评估税收征管对企业融资约束的综合影响效应，在税法框架下科学而精准地提高税务稽查力度。

（2）企业“融资难、融资贵”的关键症结在于融资方与资金供给方的信息不对称性，使得资金供给方难以把资金出借给信息不透明的融资方。因此，政府可扮演“第三方信息中介”的角色，继续巩固和完善纳税信用评级、银税互动机制，搭建有利于融资方和资金供给方信息交换的公共平台，切实建立一种信息评价体系和信息共享机制，防止金融市场出现“劣币驱逐良币”的现象，使劣质企业沉淀下去，让优质企业凸显出来。正是信息评价体系和信息共享机制的存在使得政府加强税收征管发挥“桥梁效应”，最终促使企业的融资约束得到缓解。

（3）以增加税收收入为目的税收征管力度的加强，可能会有效降低融资方与资金供给方的信息不对称性，改善企业治理水平，从而形成缓解企业融资约束的客观效果。因此，企业应全面、客观地看待税收征管和税务稽查活动，并积极配合税务机关的各项工作，借此向资金供给方传递自身经营状况和还款能力的真实信息，消除资金供给方与融资方之间的信息壁垒，缓解融资难问题。与此同时，税务机关应通过税收宣传和政策引导，帮助企业认识涉税信息在解决企业融资问题中的关键作用，提高企业纳税遵从度，构建良好的税收征纳关系。

（4）“桥梁效应”与“治理效应”得以发挥作用，关键在于税务机关能及时发现企业财税问题。在当前数字经济时代，税务机关应继续加强税收征管手段创新和技术革新，推进现代信息技术在税收征管领域中的应用，提高涉税信息的准确性、透明度与可信度。此外，应进一步对金税三期进行完善，在未来金税四期建设中把融资信息、违约信息、虚假信息等企业信息纳入其中，充分发挥信息集成与联动效应。

主要参考文献

[1] 陈晓光．财政压力、税收征管与地区不平等［J］．中国社会科学，2016（4）：53－70，206.

[2] 陈运森，孟庆玉，袁淳．关系型税收优惠与税收政策的有效性：隐性税收视角［J］．会计研究，2018（2）：41－47.

[3] 代彬，彭程，刘星．金字塔控制、高管政治晋升与地方国企避税行为

［J］．当代经济科学，2017（4）：105－116，128.

［4］樊勇，李昊楠．税收征管、纳税遵从与税收优惠——对金税三期工程的政策效应评估［J］．财贸经济，2020，41（5）：51－66.

［5］范子英，田彬彬．税收竞争、税收执法与企业避税［J］．经济研究，2013，48（9）：99－111.

［6］高培勇，毛捷．间接税税收优惠的规模、结构和效益：来自全国税收调查的经验证据［J］．中国工业经济，2013（12）：143－155.

［7］李宏亮，谢建国．融资约束与企业成本加成［J］．世界经济，2018，41（11）：121－144.

［8］刘春，孙亮．税收征管能降低股价暴跌风险吗？［J］．金融研究，2015（8）：159－174.

［9］刘行，赵健宇，叶康涛．企业避税、债务融资与债务融资来源——基于所得税征管体制改革的断点回归分析［J］．管理世界，2017（10）：113－129.

［10］潘越，王宇光，戴亦一．税收征管、政企关系与上市公司债务融资［J］．中国工业经济，2013（8）：109－121.

［11］孙雪娇，翟淑萍，于苏．柔性税收征管能否缓解企业融资约束——来自纳税信用评级披露自然实验的证据［J］．中国工业经济，2019（3）：81－99.

［12］叶康涛，刘行．税收征管、所得税成本与盈余管理［J］．管理世界，2011（5）：140－148.

［13］于蔚，汪淼军，金祥荣．政治关联和融资约束：信息效应与资源效应［J］．经济研究，2012，47（9）：125－139.

［14］于文超，殷华，梁平汉．税收征管、财政压力与企业融资约束［J］．中国工业经济，2018（1）：100－118.

［15］曾亚敏，张俊生．税收征管能够发挥公司治理功用吗？［J］．管理世界，2009（3）：143－151，158.

附表 1 **总样本的地域分布情况**

省份	样本数	占比（%）	累计占比（%）
上海市	63622	4.82	4.82
云南省	23810	1.80	6.62
内蒙古自治区	13910	1.05	7.68
北京市	52692	3.99	11.67
吉林省	19007	1.44	13.11
四川省	41024	3.11	16.21
天津市	22617	1.71	17.92
宁夏回族自治区	14845	1.12	19.05
安徽省	45985	3.48	22.53
山东省	99128	7.51	30.04
山西省	23814	1.80	31.84
广东省	99481	7.53	39.38
广西壮族自治区	42040	3.18	42.56
新疆维吾尔自治区	14296	1.08	43.64
江苏省	110789	8.39	52.03
江西省	35057	2.65	54.69
河北省	64120	4.86	59.54
河南省	38471	2.91	62.46
浙江省	132218	10.01	72.47
海南省	9524	0.72	73.19
湖北省	39325	2.98	76.17
湖南省	38179	2.89	79.06
甘肃省	34695	2.63	81.69
福建省	48284	3.66	85.35
西藏自治区	1636	0.12	85.47
贵州省	22349	1.69	87.16
辽宁省	82659	6.26	93.42
重庆市	23015	1.74	95.17
陕西省	25275	1.91	97.08
青海省	5748	0.44	97.52
黑龙江省	32801	2.48	100.00

附表 2　　总样本的行业分布情况

行业	样本数	占比（%）	累计占比（%）
农、林、牧、渔业	3873	0.29	0.29
采矿业	10467	0.79	1.09
制造业	616536	46.69	47.78
电力、热力、燃气及水生产和供应业	10799	0.82	48.60
建筑业	61246	4.64	53.23
批发和零售业	285382	21.61	74.85
交通运输、仓储和邮政业	43824	3.32	78.17
住宿和餐饮业	17620	1.33	79.50
信息传输、软件和信息技术服务业	109813	8.32	87.82
房地产业	57681	4.37	92.19
租赁和商务服务业	51985	3.94	96.12
科学研究和技术服务业	14927	1.13	97.25
水利、环境和公共设施管理业	1492	0.11	97.37
居民服务、修理和其他服务业	23298	1.76	99.13
教育	3676	0.28	99.41
卫生和社会工作	596	0.05	99.45
文化、体育和娱乐业	6886	0.52	99.98
公共管理、社会保障和社会组织	309	0.02	100.00
国际组织	6	0.00	100.00

附表 3　　平行趋势检验

变量	(1)	(2)	(3)
被解释变量	fc	fc	fc
政策前 5 年	-0.000068	-0.000068	-0.000069
	(0.000081)	(0.000081)	(0.000081)
政策前 4 年	0.000063	0.000064	0.000063
	(0.000082)	(0.000083)	(0.000083)
政策前 3 年	-0.000028	-0.000028	-0.000028
	(0.000087)	(0.000087)	(0.000087)
政策前 2 年	-0.000074	-0.000074	-0.000074
	(0.000063)	(0.000063)	(0.000063)
政策当年	-0.000310***	-0.000310***	-0.000310***
	(0.000081)	(0.000081)	(0.000081)

续表

变量	(1)	(2)	(3)
政策后1年	-0.000366***	-0.000366***	-0.000366***
	(0.000076)	(0.000076)	(0.000076)
政策后2年	-0.000292***	-0.000292***	-0.000291***
	(0.000083)	(0.000083)	(0.000083)
控制变量	YES	YES	YES
是否国有企业	NO	YES	YES
是否上市企业	NO	NO	YES
个体固定效应	NO	YES	YES
省份×年份固定效应	YES	YES	YES
常数项	0.040222***	0.040221***	0.040224***
	(0.001395)	(0.001396)	(0.001396)
观测值数	836840	836840	836840
R^2	0.967479	0.967479	0.967480

附表4　　多重共线性检验

变量	VIF	1/VIF
roa	5.59	0.178806
exp	5.52	0.181076
lasset	3.33	0.300248
ldebt	3.26	0.306889
lwage	2.10	0.475961
product	1.40	0.713830
lage	1.17	0.852810
loss	1.10	0.910666
post×treat	1.01	0.991136
cf	1.01	0.991702
Mean VIF	2.55	

附表5　　不使用个体固定效应时税收征管加强对企业融资约束的影响

变量	(1)	(2)	(3)
被解释变量	fc	fc	fc
Treat×Post	-0.001255***	-0.001255***	-0.001243***
	(0.000231)	(0.000231)	(0.000232)

续表

变量	(1)	(2)	(3)
控制变量	YES	YES	YES
是否国有企业	NO	YES	YES
是否上市企业	NO	NO	YES
个体固定效应	NO	NO	NO
省份×年份固定效应	YES	YES	YES
常数项	0.018509***	0.018537***	0.018681***
	(0.000741)	(0.000743)	(0.000752)
观测值数	1226578	1226578	1226578
R^2	0.027963	0.027967	0.028072

附表6　　金税三期可缓解银行和企业间信息不对称的补充检验

变量	(1)	(2)	(3)	(4)
	优质企业		优质企业	
	大中型企业	小微企业	大中型企业	小微企业
被解释变量	fc	Fc	fc	fc
Treat×Post	-0.000213	-0.002995***	-0.000306*	-0.002554***
	(0.000249)	(0.000256)	(0.000174)	(0.000292)
Treat×Post×Time			0.000221	-0.001424
			(0.000294)	(0.000904)
控制变量	YES	YES	YES	YES
个体固定效应	NO	YES	YES	YES
省份×年份固定效应	YES	YES	YES	YES
常数项	0.032153***	0.052003***	0.032154***	0.052024***
	(0.006005)	(0.003216)	(0.006006)	(0.003230)
观测值数	18528	50229	18528	50229
R^2	0.983249	0.977494	0.983249	0.977496

附录 C

案例分析[①]

提示：本附录 B 相关案例均给出案例背景和案例分析，有兴趣的读者可先阅读分析案例背景，自己进行案例分析，检测学习效果，而后再阅读案例分析。

案例一　不同企业组织形式税收决策

甲某准备投资开建一个工厂，预计工厂年应纳税所得额为 500 万元，税后利润分配给股东。有三种形式可供选择：

方案 1：该工厂注册登记为个人独资企业；

方案 2：该工厂注册为有限责任公司；

方案 3：甲某与一位朋友共同创办一个二人合伙制企业，每人投资额各占 50%，收益按照出资额分配。

甲某应如何选择？

[**案例分析**]

方案 1：若该工厂注册为有限责任公司，应先缴纳企业所得税，而后甲某取得税后利润，要按照股息、红利所得 20% 的税率计算缴纳个人所得税，税负及税后利润情况：

应纳企业所得税：$500 \times 25\% = 125$（万元）

个人所得税：$(500 - 125) \times 20\% = 75$（万元）

税负合计：$125 + 75 = 200$（万元）

税后利润为：$500 - 200 = 300$（万元）

① 本案例一至十三由赵桂芝及其研究生编写，案例十四至二十五由王怡璞、寇程恺编写。

方案 2：若该工厂注册登记为个人独资企业，应按照个人所得税个体工商户生产经营所得缴纳税收，税负及税后利润情况：

应纳个人所得税为：500×35% -6.55 =168.45（万元）

税后利润为：500 -168.45 =331.55（万元）

方案 3：投资成立合伙制企业，个人所得税法规定，合伙制企业先分配利润再交税，按照每个合伙人的出资额或者协议分配利润，而后每个合伙人按照个人工商户生产经营所得缴纳个人所得税。

两个合伙人，每人投资额均占 50%，年应纳税所得额为 500 万元，按照出资额分配利润，税负及税后利润情况：

甲某的投资收益：500÷2 =250（万元）

应纳个人所得税：250×35% -6.55 =80.95（万元）

四人共纳个人所得税：80.95×2 =161.9（万元）

税后利润共计：500 -161.9 =338.1（万元）

三个方案相比较，合伙企业税后利润最大，税负最轻。如果仅从收益和税负角度来考虑，公司制双重纳税，合伙企业和个人独资企业的组织形式都优于公司制。

案例二　折旧方法选择的税收决策

某企业新购进设备一台，原值 10 万元，预计残值率为 5%，会计和税法认可的用年限均为 5 年。由于该设备属于常年处于强震动，高腐蚀状态的固定资产，税务机关批准可以采用加速折旧法，企业可选用的折旧方法有直线法、年数总和法和双倍余额递减法，如何选择？企业适用所得税税率为 25%，投资报酬率为 10%，1~5 年的复利现值系数分别为 0.9091、0.8264、0.7513、0.6830、0.6209。不同折旧方法下折旧抵税现值情况如表 C-1 所示。

［案例分析］

表 C-1　　不同折旧方法下折旧抵税现值比较　　单位：元

年份	直线法			年数总和法			双倍余额递减法		
	折旧额	折旧抵税	折旧抵税现值	折旧额	折旧抵税	折旧抵税现值	折旧额	折旧抵税	折旧抵税现值
1	19000	4750	4318.23	31666.67	7916.67	7197.04	40000	10000	9091

续表

年份	直线法			年数总和法			双倍余额递减法		
	折旧额	折旧抵税	折旧抵税现值	折旧额	折旧抵税	折旧抵税现值	折旧额	折旧抵税	折旧抵税现值
2	19000	4750	3925.4	25333.33	6333.33	5233.87	24000	6000	4958.4
3	19000	4750	3568.68	19000	4750	3568.68	14400	3600	2704.68
4	19000	4750	3244.25	12666.67	3166.67	2162.83	8300	2075	1417.23
5	19000	4750	2949.28	6333.33	1583.33	983.09	8300	2075	1288.37
合计	95000	23750	18005.84	95000	23750	19145.51	95000	23750	19459.68

采用直线法、双倍余额递减法和年数总和法，在固定资产使用期内所计提的折旧总额是相等的，均为 95000 元，5 年内折旧抵税总额也是相等的，均为 23750 元，但在双倍余额递减法和年数总和法下，在固定资产使用期内每年计提的折旧额并不相同，而且呈递减趋势，折旧抵税效应直接影响企业的净利润。企业对折旧方法的选择在很大程度上正是出于获得财务收益最大化的目标。从表 C－1 可以看出。上述三种折旧方法对应纳税总额没有影响，但是在加速折旧法下，企业在第一年、第二年少纳税，使纳税期向后递延，而资金本身具有时间价值，这就相当于政府向企业提供了一笔无息贷款，且固定资产价值越大，这笔资金就越多。直线法、年数总和法与双倍余额递减法下，折旧抵税现值分别为 18005.84 元、19145.51 元和 19459.68 元，企业的最佳选择是双倍余额递减法，其次为年数总和法，不建议选择直线法。

结论：在税率不变的情况下，采用加速折旧法可以提前收回大部分投资，企业前期利润少，纳税少；后期利润多，纳税较多，从而可以起到延期纳税的作用增强企业的发展后劲。从时间价值来看，延迟了纳税支付时间，取得了资金的时间价值。

案例三　留存收益融资的税收决策

某房地产有限公司准备兴建一栋写字楼用于出租，此项目共需资金 6000 万元，预计每年写字楼出租租金收入 700 万元，写字楼使用寿命为 20 年，企业所得税税率为 25%，解决资金缺口有两个方案可供选择：一是用历年留存收益；二是向银行贷款，贷款利率为 10%，该公司如何选择？

［案例分析］

方案 1，用留存收益投资

每年取得的租金收入应纳所得税：700×25% =175（万元）

20 年共纳所得税：175×20 =3500（万元）

方案 2，向银行贷款

每年支付银行贷款利息：6000×10% =600（万元）

每年应纳企业所得税：（700 -600） ×25% =25（万元）

20 年共纳所得税：25×20 =500（万元）

贷款融资的税收负担远远低于留存收益投资的税收负担，贷款融资优于留存收益投资。

案例四　企业分立的税收决策

［**案例背景**］某运输公司共有 10 个运输车队，每个运输车队有员工 70 人，资产总额为 800 万元，2021 年每个车队年均盈利 50 万元，整个运输公司盈利 300 万元。计算该运输公司应纳的企业所得税，并提出筹划方案。

［**案例分析**］

该运输公司需缴纳企业所得税：300×25% =75（万元）

筹划方案：

可将 10 个车队分别注册为独立的子公司。这样每个子公司都符合小型微利企业标准，可享受 20% 的优惠税率。

10 个车队共需缴纳企业所得税：50×25% ×20% ×10 =25（万元）

筹划后比筹划前所得税负担减轻 50 万元（75 -25）

需注意的问题：

进行分立决策时，企业要安排好年应纳税所得额，不要超过小型微利企业的年应纳税所得额、职工人数和资产总额的临界点。同时，应当比较分立后管理成本加大与节税的收益，再者要考虑符合规模经济满足开拓市场需要的要求。

［**案例背景**］乙企业集团经营范围广泛，不仅持有两家建筑企业 70% 的股权，还持有一家房地产企业 100% 的股权，乙企业的股东为 3 名自然人股东。乙企业集团资产负债情况如下：货币资金 1000 万元，固定资产 7000 万元，应收账款 2 亿元，长期股权投资 8 亿元（其中对两家建筑企业投资成本分别为 2 亿元），实收资本 4 亿元，资本公积 5 亿元，未分配利润 1.8 亿元。甲企业与乙企业达成收购协议，甲收购乙持有的两家建筑企业 70% 的股权，有以下两个方案

可供选择：

方案1：甲企业和乙企业达成转让协议，购买乙企业持有的两家建筑公司70%的股权，转让价格为52亿元。

方案2：先把乙企业分立为丙公司和丁公司，乙企业股东继续持有丙和丁的股份，持股比例按原持股比例分配。丙公司实收资本2亿元，资本公积2亿元，长期股权投资4亿元（两家建筑公司的股权）。丁公司实收资本2亿元，资本公积3亿元，未分配利润1.8亿元，货币资金1000万元，固定资产7000万元，长期股权投资4亿元（对两家建筑公司以外企业的投资），应收账款2亿元。之后甲集团与丙公司3名股东签订转让协议，购买其持有的丙公司全部股权，交易价格仍为52亿元。

[案例分析]

方案1：乙集团股权转让收入52亿元，股权成本4亿元，转让所得48亿元。

股权转让收入应纳企业所得税：48×25%=12（亿元）

股东可分配利润：48-12=36（亿元）

乙集团个人股东需缴纳个人所得税：36×20%=7.2（亿元）

股东所得：36-7.2=28.4（亿元）

转让总税负：12+7.2=19.2（亿元）

方案2：乙集团个人股东转让收入52亿元，股权成本2亿元，转让所得50亿元。

股权转让收入缴纳个人所得税：50×20%=10（亿元）

股东所得：52-10=42（亿元）

方案二比方案一节约税收成本：19.2-10=9.2（亿元）

案例五 行业选择的税务决策

2020年甲生产企业由于生产设备落后，产品技术含量低，产品市场销量急剧下降，亏损2000万元。2021年，为改变目前现状，该企业经周密测算，制定了两套改进生产的方案：

方案1：筹集资金1000万元用于研发新产品，研发的新产品受到消费者喜爱，市场销量迅速扩大。2021—2025年税前利润分别为500万元、600万元、900万元、1000万元、1100万元。

方案 2：筹集资金 1000 万元在厦门创办高新技术乙企业（符合高新技术企业标准）。乙企业 2021—2025 年税前利润分别为 500 万元、600 万元、900 万元、1000 万元及 1100 万元。

两个方案 5 年内销售收入、应纳货物劳务税及其附加税费、税前利润基本一致。企业应如何选择？

［**案例分析**］

方案 1：在原企业基础上进行改进，因此，2020 年产生的亏损可以在所得税前扣除。另外筹集 1000 万元资金用于研发新产品，研发费用可加计扣除 75%。甲企业的纳税状况如下：

2021 年研发费用加计扣除额为：1000 × 75% = 500（万元）

2021 年应纳税所得额为：500 − 750 = −250（元），不纳税。

2022 年、2023 年的税前利润弥补 2020 年的亏损，弥补亏损后尚有 750 万元亏损未弥补，2024 年盈利弥补尚未弥补的亏损，弥补后盈余 1000 − 750 = 250（万元）2024 年、2025 年应纳所得税：（250 + 1100） × 25% = 337.5（万元）

方案 2：在厦门新设高新技术企业，是甲企业的子公司，甲企业亏损不能在乙企业弥补。乙企业享受高新技术企业（位于经济特区）二免三减半的税收优惠政策，且适用 15% 的优惠税率。乙企业的纳税状况如下：

2021 年、2022 年的税前利润 500 万元、600 万元免征企业所得税。2023 年、2024 年、2025 年减半征收企业所得税。

后三年应纳企业所得税：（900 + 1000 + 1100） × 15% × 50% = 225（万元）

方案 2 比方案 1 节税 337.5 − 225 = 112.5（万元）

选择方案 2。

案例六　国际经营税收案例分析

［**案例背景**］A 通讯公司是一家既在深圳交易所主板上市又在香港联交所主板上市的公司，A 通讯公司的主要业务是制造综合性的通信设备和为世界各国提供通信解决方案服务，A 通讯公司是全球领先的通讯公司之一。

A 集团公司在拓展海外市场的过程中，会根据业务特点和海外环境来选择分支机构的组织形式。A 集团海外分支机构的组织形式主要包括子公司和分公司两种，两种组织形式在国际税收筹划中都各具特色，所以 A 公司在海外扩张时有必要进行积极的筹划。请列举出子公司和分公司的优点，并说明什么情况下 A 通讯公司在选择海外组织结构时会设立子公司和分公司。

［案例分析］

（1）子公司。在东道国只负有有限债务的责任；是独立法人，所得税计征独立；可以享受东道国的免税期和优惠税收待遇；所得税税率低于母公司时，子公司利润能够延期纳税；子公司的利润分配更加灵活。

分公司优点：财务会计制度要求较为简单，成本费用相比子公司要低；分公司在海外国家一般不用缴纳资本税和印花税；分公司利润汇回总公司一般不用缴纳预提税；经营中，分公司发生亏损总公司可税前扣除；总、分公司资本转移，不用负担税收。

A 通讯集团在选择海外组织结构时，主要从两方面进行考虑。一方面，当投资国所在地的税率高于中国时，选择总分公司的形式可以将分公司的利润合并纳税，使用的是总公司的低税率，整体上减少了公司的所得税负担；相反，投资国税率较低时，或由于在投资国具有独立法人地位可以享受相关的税收优惠政策而只缴纳较低的税款时，则选择母子公司的组织形式对降低集团税负更为有利。另一方面，分支机构在海外成立的初期，往往投资成本比较大，需要支出的费用也较多，容易发生亏损现象，此时选择分公司，亏损则可以抵消总公司利润，减轻集团整体税负；海外分支机构扭亏为盈后，成立子公司可以最大限度地利用优惠政策，少缴税款。例如，在一些发展中国家时，这些国家为了引进外资，鼓励企业来本国投资，都会给予很大的税收优惠政策作为扶持，有的国家甚至给予一定期限内免缴企业所得税的优惠，因此，在这些国家的企业所得税实际税率低于当时中国的企业所得税税率，A 公司应选择设立子公司的形式来开拓这些国家的市场。除了进驻发展中国家，在发达国家市场，如美国、日本等，由于这些国家通信技术和设备在国际上有很强的竞争力，打开这些国家的市场，前期会投入比较多的成本费用，同时这些国家的所得税税率明显高于国内，所以在这些国家的开拓前期成立分公司是明智的选择。

案例七　企业筹资的税收分析

［案例背景］ A 科技公司计划投资 5000 万元用于研发某产品，公司财务人员制定了三种筹资方案甲、乙、丙。甲方案全部采用权益筹资，乙方案和丙方

案均是采用债务+权益的组合筹资方式，但乙方案和丙方案的债务筹资比重不同，丙方案的债务筹资比重大于乙方案，具体见表C－2。

表C－2　　三个方案负债比例与借款年利率

项目	甲方案	乙方案	丙方案
负债比例（%）	0	20	40
借款年利率（%）	5	5	5

企业所得税税率为25%。甲、乙、丙三种方案中，哪种方案是最佳选择？

［案例分析］

假设三个方案的息税前利润都为1000万元，根据表C－3计算结果：

表C－3　　三个方案分析

项目	甲方案	乙方案	丙方案
负债比例（%）	0	25	40
借款年利率（%）	5	5	5
息税前利润（万元）	1000	1000	1000
利息（万元）	0	50	100
税前利润（万元）	1000	950	900
所得税税额（税率25%）	250	237.5	225
税后利润（万元）	750	712.5	675
税后投资收益率（%）	15	17.81	22.5

如果选择甲方案，5000万元的资金全部由权益筹资取得，因为不涉及负债利息，税前利润为1000万元，应纳所得税额＝1000×25%＝250（万元），税后利润＝1000－250＝750（万元），税后权益资本收益率＝750÷5000＝15%。

如果选择乙方案，5000万元的资金中4000万元为权益筹资，1000万元为债务筹资，本次需要支付债务筹资的年度利息成本＝1000×5%＝50（万元），所以税前利润＝1000－50＝950（万元），应纳所得税额＝950×25%＝237.5（万元），税后利润＝950－237.5＝712.5（万元），税后权益资本收益率＝712.5÷4000＝17.81%。

如果选择丙方案，5000万元的资金中3000万元为权益筹资，2000万元为债务筹资，本次需要支付债务筹资的年度利息成本＝2000×5%＝100（万元），所以税前利润＝1000－100＝900（万元），应纳所得税额＝900×25%＝225（万元)，税后利润 = 900 - 225 = 675（万元)，税后权益资本收益率为 = 675 ÷ 3000 = 22.5%。

根据以上三个方案结果分析，随着债务筹资比例提高（从 0 到 20% 再到 40%)，企业所得税应纳税额呈下降趋势（从 250 万元降为 237.5 万元，再降到 225 万元)，而税后投资收益率呈递增趋势（从 15% 提高到 17.81%，再提高到 22.5%)，从而显示了债务筹资的节税效应。

案例八　企业投资的税收案例分析

[案例背景] A 企业为生产企业，年不含税应纳增值税销售额 800 万元，会计核算制度也比较健全，符合一般纳税人的条件，适用 13% 的增值税税率，但是企业准予抵扣的进项税额较少，只占销项税额的 10%。

（1）在这种情况下，企业应纳增值税额为多少？若进项税额占销项税额的 60%，应纳增值税为多少？在第一种情况下，是否有方案使其减轻税收负担？

（2）2020 年 6 月，A 企业投资 800 万元申购基金，具体情况如表 C-4 所示：

表 C-4　　A 企业投资情况

	6 月	10 月
面值	1 元	1.2 元
份额	800 万份	800 万份

基金公司决定每份基金分红 0.2 元。A 公司对基金赎回的时间有两种选择：一种是在分红之前赎回；另一种是分红实施后再赎回，何时赎回对该公司最有利呢？

[案例分析]

（1）A 企业应纳增值税销售额 800 万元，达到一般纳税人标准，按照一般计税方法计算增值税。

进项税额占销项税额的 10% 的情况下：

企业应纳增值税额：800 × 13% - 800 × 13% × 10% = 93.6（万元）

进项税额占销项税额的 60% 的情况下：

企业应纳增值税额：800 × 13% - 800 × 13% × 60% = 41.6（万元）

在销售额相同的情况下，由于进项税额的不同，企业的应纳税额相差很大。在进项税额占销项税额的10%的情况下，如果将企业一分为二，分设为两个生产企业，即B、C企业，年销售额分别为400万元，这样符合年销售额500万元以下适用小规模纳税人的规定。分立后，这两个企业按照小规模纳税人适用3%的征收率计算缴纳增值税，该企业共需缴纳增值税800×3%=24（万元）。与作为一般纳税人需缴纳93.6万元相比，少缴93.6-24=69.6（万元）。

（2）根据我国《企业所得税法》的规定，企业从基金投资中取得的分红收益是免税的，但买卖基金的价差收益是需要缴纳企业所得税的。

甲方案：如果分红之前赎回，那么A公司赎回价格为基金净值1.2元，转让收益为每份基金0.2元，这部分收益需要缴纳企业所得税。

A公司需要缴纳企业所得税=800×（1.2-1）×25%=40（万元）

A公司的税后收益=800×（1.2-1）×（1-25%）=120（万元）

乙方案：如果分红之后再赎回，那么分红的部分不需要缴纳企业所得税，同时，分红后基金净值将下降到每份1元，价差为0，也不需要缴纳企业所得税。

A公司需要缴纳的企业所得税=800×（1.2-0.2-1）×25%=0

A企业的税后收益=800×0.2+800×（1.2-0.2-1）×（1-25%）=160（万元）

通过以上计算可知，乙方案无论从税负角度或者收益角度都是对A公司最有利的。

案例九　融资租赁的税收分析

［案例背景］ 甲企业拥有一条价值1000万元的生产流水线，每年可创利50万元，其他项目的利润为10万元，所得税税率25%；乙企业的利润为100万元，若融资租赁该生产线，每年需支付租金20万元，由于处于税收优惠地区（时期），享受优惠税率20%。请计算融资租赁前后的税后利润，并说明。

［案例分析］

不进行租赁：

甲企业应缴所得税税额=60×25%=15（万元）

甲企业税后利润=60-15=45（万元）

乙企业应缴所得税税额 = 100 × 20% = 20（万元）

乙企业税后利润 = 100 − 20 = 80（万元）

融资租赁后：

甲企业应缴所得税税额 =（10 + 20）× 25% = 7.5（万元）

甲企业税后利润 = 30 − 7.5 = 22.5（万元）

乙企业应缴所得税税额 =（100 + 20）× 20% = 24（万元）

乙企业税后利润 = 120 − 24 = 96（万元）

甲、乙企业共少缴税额 = 35 − 31.5 = 3.5（万元）

甲、乙企业税收负担降低幅度 3.5 ÷ 35 = 10%

甲、乙企业税后利润总额增加 3.5 ÷ 125 = 2.8%

从上面的例子可以看出，甲、乙企业适用的税率不一样，倘若差别越大，租金越低，从甲企业转移到乙企业的利润就会越多，两者税负降低的幅度就会越大，税收筹划的效果越明显。

案例十　企业合并的税收规划

[案例背景] F 建设集团公司（以下简称 F 集团）拥有多项施工总承包壹级、施工专业承包壹级资质，具有运作 BOT、EPC、PPP、投融资 + 施工总承包的丰富经验，是一家综合性建筑行业集团型企业。A 公司是 F 集团下属的全资子公司。

Y 公司（以下简称“Y 公司”）是一家民营建筑公司，主要业务为工程项目承包施工、机电安装、建筑装修装饰施工等，下属企业 20 余家。B 公司是 Y 公司的全资下属企业，主营业务为工程项目承包施工，在某省区域内具有较高的知名度。但由于近年来建筑行业竞争日益激烈，B 公司受自身资金问题影响，自 2018 年起陷入经营困境，连续 2 年亏损，经价值评估，B 公司账面价值总计 2920 万元，公允价值为 4430 万元。

由于 B 公司长期深耕建筑领域，在当地树立了良好的口碑，通过并购重组 B 公司，A 公司能够进一步拓展在省外的建筑工程项目资源，弥补自身业务在人力资源、区域市场影响力和资质建设方面的不足。

当采用企业合并方式进行重组时，企业应该如何纳税？

[案例分析]

以企业合并方式进行重组时，A 公司合并 B 公司，并向 Y 公司支付对价。交易主体为 A 公司与 Y 公司，交易客体为 B 公司资产及债务，具体可分为以下两种纳税情况：

（1）一般性税务处理。被收购方应以转让资产的价值为参照支付相应的所得税，而收购方各项税负的计算要以收购所得资产的评估价值为依据。以此计算，A 公司纳入计税基础的资产为 2460 万元，无形资产为 1970 万元，以 10 年期国债利率 4% 贴现计提折旧、摊销如下：

固定资产每年增加折旧额：2460 × （1 − 5%） ÷ 10 = 233.7（万元）

每年增加折旧抵税额：233.7 × 25% = 58.425（万元）

增加折旧抵税额现值：58.425 × 8.11 = 473.83（万元）

每年增加无形资产摊销抵税额：1970 ÷ 10 × 25% = 49.25（万元）

增加无形资产摊销抵税额现值：49.25 × 8.11 = 399.42（万元）

增加的折旧与摊销抵税额合计：473.83 + 399.42 = 873.25（万元）

按公允价值计算固定资产、无形资产折旧、摊销产生的税收挡板效应，共计可抵扣所得税现值 873.25 万元。合并方以评估价值为计税基础，获得 873.25 万元的税收挡板收益，而 Y 公司则应当缴纳 121.75 万元所得税。

（2）特殊性税务处理。采用特殊性税务处理方式时，合并方与被合并方所掌握的可供交换资产的公允价值分别为 3780 万元和 1910 万元，由于前者远高于后者，因而合并方选择的股权支付比例为 50.53%。由于 A 公司向 B 公司支付了 100% 的股权交易金额，且 Y 公司连续 12 个月内未转让 A 公司股权，该方案适应于特殊性税务处理方式。合并方以获取的被合并方资产作为计税基础，B 公司重组前须缴纳的所得税由 A 公司承担。

在该方案中，B 公司固定资产、无形资产的计税基础部分为 2240 万元、680 万元，总资产计税基础为 5120 万元，原计税基础为 4930 万元，计提折旧、摊销如下：

固定资产每年增加折旧额：2240 × （1 − 5%） ÷ 10 = 212.8（万元）

每年增加折旧抵税额：212.8 × 25% = 53.2（万元）

增加折旧抵税额现值：53.2 × 8.11 = 431.5（万元）

无形资产每年增加摊销额：680 ÷ 10 = 68（万元）

每年增加摊销抵税额：68 × 25% = 17（万元）

增加无形资产摊销额现值：17 × 8.1 = 137.89（万元）

增加的折旧与摊销抵税额合计：431.5 + 137.89 = 569.39（万元）

根据上述计算结果，B 公司固定资产、无形资产形成的税收挡板效益抵扣所得税现值为 569.39 万元。通常情况下，固定资产及无形资产折扣年限较长，因而其利率可以借鉴最长国债利率来计算，即 4.3%。合并方需要向被合并方支付的亏损额度为被合并方公允价值与利率的乘积，经计算为 82.13 万元。在得到该数值后，即可计算合并方借此获取的节税额度，计算方式为合并方需要向被合并方支付的亏损额度与所得税缴纳比例的乘积，经计算为 20.53 万元。

从 B 公司和 Y 公司的角度来看，A 公司股权计税基础为 B 公司净账面价值，Y 公司与 B 公司均不需确认所得额，不需缴纳所得税。

综合研究企业合并方案下企业的纳税情况，在一般性税务处理方式下，Y 公司应缴纳 121.75 万元所得税，相应地，合并后的企业能够获得 873.25 万元的税收挡板效益；在特殊性税务处理方式下，A 公司可抵扣 20.53 万元所得税，B 公司和 Y 公司无须缴纳所得税。

案例十一　某餐饮连锁企业税收规划

某餐饮连锁行业母公司（美国），其控股的有限合伙企业的 A 公司（英国）在 2011 年财务报告显示亏损，没有支付所得税。但市场分析师宣称 A 公司在英国的业务是“可盈利的”。尽管看起来不可思议，但随后英国政府税务部门的调查却显示这属于企业合理避税的范畴。它是如何避税的呢？

（1）特许权使用费：母公司规定在英国以及所有海外经营的子公司，每年需要向 A 公司支付特许权使用费。美国母公司在荷兰建立总部以及制造公司。这样，荷兰总部及制造公司将特许权使用费支付给英国 A 公司。由于荷兰国内税法规定：对向非居民支付的特许权使用费不征收预提所得税，所以免于缴纳预提税。但是荷兰征收的公司所得税较高，为了避免特许权使用费面临较高的所得税，该公司尽可能地将此利润转移到英国 A 公司。英国所得税法规定：有限合伙企业将利润分配至合伙人之后，合伙人再根据各国税法规定缴税，而不用就其在英国获得的营业利润纳税。因此，利润分配后英国 A 公司最大的合伙股东在美国，那么此利润只需在美国纳税即可。

（2）转让定价：英国公司所用的原材料均经瑞士公司采购，采购完毕后交由荷兰制造公司加工生产，最后分销。在此过程中，英国会支付超额的费用给荷兰公司，这样就降低了在英国的应纳税所得额，荷兰公司最后将利润转移到税率极低的瑞士采购公司。

（3）资本弱化：英国 A 公司利用公司间借贷，通过支付利息计入成本，减少应纳税所得税，避免通过股利分配而增加税负。该英国公司甚至在某一年的财务上实现其所有的经费几乎都来自借款。并且其借款所在地多为其税收协定国家，比如荷兰。英国与荷兰之间的税收协定规定向荷兰公司进行利息支付的预提税为零，因此荷兰公司从英国公司获得利息不征收预提所得税。

案例十二　全年一次性奖金税收决策

某公司 2021 年 11 月底发放全年绩效奖励，某高管甲获得全年一次性奖金 12 万元，某职工乙获得全年一次性奖金 3 万元。截至 11 月底，除该项奖金外，高管甲已累计取得工资薪金收入 11 万元，职工乙取得工资薪金收入 3.3 万元，假设不考虑专项扣除、专项附加扣除、其他扣除（只考虑每月 5000 元固定费用，全年 6 万元固定费用）。

思考：甲、乙对取得的全年一次性奖金应如何选择缴纳个人所得税最节税？

［案例分析］

（一）对于高管甲：除该绩效奖金外，扣除专项扣除后，11 月底的累计收入已达到并超过了累计扣除费用 55000（5000 元/月 ×11 个月）元，可选择适用全年一次性奖金政策。

公司应按照甲的选择，将奖金作为一次单独的收入，予以计算并代扣代缴税款。其计算过程如下：

①计算月平均数：120000 ÷ 12 = 10000（元）

适用 10% 的税率，速算扣除数为 210 元。

②计算税额：120000 × 10% − 210 = 11790（元）

假定该高管甲 2021 年 1—12 月共取得各项工资、奖金合计 32 万元，不考虑专项扣除、专项附加扣除、其他扣除，在 2022 年 3 月汇算清缴时，其年度综合计税的收入额中，应当扣除已经单独计税的一次性奖金 12 万元。剩余需要作为综合所得计税的全年累计工资薪金收入 20 万元。

综合所得应纳税所得额 = （200000 − 60000） = 140000（元），适用 10% 税率，速算扣除数 2520，汇算清缴应纳税额为：（320000 − 120000 − 60000） × 10% − 2520 = 11480（元）。

高管甲合计纳税 11790 + 11480 = 23270（元）

如果高管甲选择并入综合所得计税，适用综合所得：（320000 - 60000）× 20% - 16920 = 35080（元）

则高管甲选择并入综合所得比选择单独计税多缴纳个人所得税 35080 - 23270 = 11810（元）

（二）对于职工乙：假设不考虑专项扣除、专项附加扣除、其他扣除，因累计工资薪金收入远远低于累计扣除费用 55000（5000 元/月 ×11 个月）元，因此可选择并入当年综合所得计算并缴纳个人所得税。

11 月应将绩效奖金和当月累计工资薪金合并，并预扣预缴税款。当月公司应预扣该职工个人所得税：（33000 + 30000 - 55000）×3% = 240（元）。

假定该职工乙 2021 年 1—12 月共取得各项工资、奖金合计 65000 元，不考虑专项扣除、专项附加扣除、其他扣除，年度综合所得收入不超过 12 万元，可以不进行汇算清缴。但职工乙应该继续计算一下是否有退税。

在 2022 年 3 月汇算清缴时，其年度综合计税的收入额中，不得扣除一次性奖金 30000 元。全年综合所得应纳税所得额为 10000 元（65000 - 60000），适用 3% 税率，汇算清缴应纳税额为：（65000 - 60000）×3% = 150（元）。

应退税额 = 150 - 240（预扣预缴）= 90（元）。

如果职工乙选择单独计税

①计算月平均数：30000 ÷ 12 = 2500（元）

适用 3% 的税率。

②计算税额：30000 × 3% = 900（元）

如果职工乙选择单独计税，则 11 月不需要预缴个人所得税，此种方式比选择并入综合所得，多缴纳个人所得税 900 - 150 = 750（元）。

案例十三 个人所得税纳税方案

张先生一家位于某市。张先生已结婚生子，育有两个孩子，均就读于两所全日制本科大学。张先生还有一位姐姐，姐弟两人均在工作。张先生父母均健在，老人已经年满 70 周岁，且都在老家安享晚年。张先生的主业为一家公司的财务经理，年薪 25 万元，家中拥有一辆代步车，因张先生业余时间爱好山水画，经常在空闲时间自己创作，也会有出售一些定制精品画作赚取劳务报酬的情况存在，张先生妻子因以前专心教育孩子，待两个孩子读大学后才开始工作，因此月薪4000元。

2021年张先生因为工作表现突出，公司给予年终奖4万元，当年通过出售定制精品山水画取得劳务报酬总计4.2万元，代步车一年租金需要5万元。张先生一家除上述收入外无其他相关收入来源，张先生一家应该怎样筹划才能使他们所缴纳的个人所得税尽量少呢?

[**案例分析**] 首先，对于工资薪金的筹划，张先生年薪25万元，扣除基本费用和专项附加扣除后依旧适用20%的个人所得税税率，税负相对较高，因此张先生可以将自己家中的代步车转租给公司，然后由公司分配给张先生使用，使张先生的5万元工资、薪金转化为租车收入，适用比例税率，这样一来，张先生的工资、薪金收入降低，但是这并不足以使张先生的工资、薪金适用于更低一层级的税率。

其次，对于年终奖的筹划，张先生收到4万元年终奖，在2021年12月31日前，纳税人可以自行选择是否将年终奖并入综合所得征收。此案例中，显然不应该并入综合所得征收，但是在年终奖超过3.6万元时税率将3%提升至10%，会大大增加张先生的税负，因此张先生可以通过和公司协商，将剩下的4000元延迟到明年发放，这样张先生的年终奖只需要按照3%的税率缴纳个人所得税。

再次，对于专项附加扣除的筹划，因为张先生的姐姐也在工作，自然也会对赡养老人申请专项附加扣除，因此张先生只能和姐姐平均分摊赡养老人费用。但是在子女教育的专项附加扣除上，因张先生的妻子工资、薪金并未达到5000元，并不需要缴纳个人所得税，因此也不需要专项附加扣除费用，所以可以将两个孩子的子女教育专项附加扣除全部由张先生一个人来进行申报，以减少张先生的应纳税所得额。

最后，对于劳务报酬的筹划，如果将张先生的劳务报酬与工资、薪金合并征收，无论张先生对于工资、薪金怎样进行筹划，都无法将张先生适用的20%税率降低到10%，因此对劳务报酬的税收筹划至关重要。在此提供两个思路:

第一，因为张先生的妻子月薪4000元，并未达到我国规定的基本扣除费用的上限，即全年张先生的妻子还有高达1.2万元的免税额度。因此，张先生可以在签订劳务报酬时，妻子将和他一起领取此项劳务报酬收入，并且计算好妻子正好获得1.2万元劳务报酬收入，在年终汇算清缴时，张先生的妻子依旧不会交税，并且会退还之前的个人所得税预缴税额，张先生扣除1.2万元的劳务报酬之后，再加上之前的工资、薪金筹划和专项附加扣除筹划，可以将综合所得适用的20%税率降低为10%，从而达到减轻生活负担的效果。

第二，张先生可以通过变换收入项目的形式，将劳务报酬所得变成经营所得收入，避免其加入综合所得，提升综合所得税率，所以张先生可以建立一个山水画工作室，将劳务报酬所得转化为经营所得，从而降低综合所得的适用税率，并且这部分劳务报酬所得的收入适用的经营所得税率也较低，但是适用的10%，因为张先生的劳务报酬所得已经超过3万元，因此如果想要进一步降低经营所得的税负，可以按照第一种方法，将劳务报酬合同变成由张先生的工作室和张先生的妻子签订，1.2万元变为妻子劳务报酬所得，剩下3万元为张先生工作室收入，适用3%税率，这样可以最大限度地降低税负。

案例十四　组织形式税务规划

三人拟各出资100万元合伙办厂，预计每年企业可获利3000000元。

方案一：订立合伙协议，设立合伙企业。

方案二：设立有限责任公司。

方案一：

合伙企业每人应纳税所得额＝1000000－5000×12＝940000（元）

三人合计应纳个人所得税（30000×5%＋60000×10%＋210000×20%＋200000×30%＋440000×35%）×3＝790500（元）

方案二：

有限责任公司（小型微利企业）应纳企业所得税＝1000000×20%×25%＋2000000×20%×50%＝250000（元）

公司税后利润全部分配给三人合计应纳个人所得税

＝［（3000000－250000）÷3×20%］×3＝550000（元）

方案二合计应纳税250000＋550000＝800000（元）

方案比较：选择方案一可节税800000－790500＝9500（元）

比较可知，在企业符合小微企业条件的前提下，如果要将利润全部分配，合伙企业有明显的节税效应，但是案例仅为证明合伙企业具有节税效应，现实情况中企业很少将利润全部分配，处在扩张期的企业甚至很少分配利润，应具体结合企业的战略目标决定设置公司还是合伙企业。

案例十五　子公司与分公司的选择

甲公司经营情况良好，预计每年有400万元的应纳税所得，现准备扩大规模，增设一个分支机构乙公司。

假设1：甲公司和乙公司均适用25%的所得税税率。分支机构设立后5年内经营情况预测如下（见表C－5）：

表C－5　　A情况下两公司经营情况预测　　单位：万元

		第一年	第二年	第三年	第四年	第五年	合计
甲公司应纳税所得额		400	400	400	400	400	2000
乙公司应纳税所得额		－100	－50	0	100	200	150
乙企业为分公司	企业集团应纳税所得额	300	350	400	500	600	2150
	企业集团应纳税额	75	87.5	100	125	150	537.5
乙企业为分公司	乙企业应纳税额	0	0	0	0	37.5	37.5
	企业集团应纳税额	100	100	100	100	137.5	537.5

A：乙公司经营初期亏损，5年内的应纳税所得额分别为：－100万元、－50万元、0元、100万元、200万元。企业应该设置分公司和还是子公司？

在A的情况下，设置分公司和设置子公司最终的应纳税额总计均为537.5万元，但是由于新设企业前期亏损，设置为分公司前两年缴纳较少的企业所得税，起到延迟纳税的作用。在这种情况下设置分公司更有助于节税，减轻企业资金压力。

B：乙公司5年内也都赢利，应纳税所得额分别为：30万元、30万元、30万元、30万元、30万元（见表C－6）。企业应该设置分公司和还是子公司？

表C－6　　B情况下两公司经营情况预测　　单位：万元

		第一年	第二年	第三年	第四年	第五年	合计
甲公司应纳税所得额		400	400	400	400	400	2000
乙公司应纳税所得额		30	30	30	30	30	30
乙企业为分公司	企业集团应纳税所得额	430	430	430	430	430	2150
	企业集团应纳税额	107.5	107.5	107.5	107.5	107.5	537.5
乙企业为子公司	乙企业应纳税额	7.5	7.5	7.5	7.5	7.5	37.5
	企业集团应纳税额	107.5	107.5	107.5	107.5	107.5	537.5

在 B 的情况下设置分公司和设置子公司最终的应纳税额总计均为 537.5 万元同时每期缴纳的企业所得税均相同，设置为分公司和子公司对于企业所得税没有影响。

由 A 和 B 的两种情况不难推断出，假设甲公司经营情况良好，现准备扩大规模，增设一个分支机构乙公司。当甲公司和乙公司同时享受小微企业税收优惠时，乙企业若先亏损再盈利则选择设置为分公司有助于延迟纳税，若一直处于盈利状态则设置为分公司和子公司并无企业所得税缴纳的数量差异。这时企业可以考虑其他因素，如分支机构是否便于管理、客户对分支机构的信赖程度等情况，以决定分支机构形式。

甲公司经营情况良好，预计每年有 400 万元的应纳税所得，现准备扩大规模，增设一个分支机构乙公司。

假设 2：由于乙公司规模较小，符合小微企业的判定标准。分支机构设立后 5 年内经营情况预测如下：

A：乙公司经营初期亏损，5 年内的应纳税所得额分别为：－100 万元、－50万元、0 万元、100 万元、200 万元（见表 C－7）。企业应该设置分公司和还是子公司？

表 C－7　　A 情况下分支机构设立后两公司经营情况预测　　单位：万元

		第一年	第二年	第三年	第四年	第五年	合计
甲公司应纳税所得额		400	400	400	400	400	2000
乙公司应纳税所得额		－100	－50	0	100	200	30
乙企业为分公司	企业集团应纳税所得额	300	350	400	500	600	2150
	企业集团应纳税额	75	87.5	100	125	150	537.5
乙企业为子公司	乙企业应纳税额	0	0	0	0	10	10
	企业集团应纳税额	100	100	100	100	107.5	510

在 A 的情况下，设置为子公司最终的应纳税额总计为 510 万，比设置为分公司节约企业所得税 27.5 万元。

B：乙公司 5 年内也都赢利，应纳税所得额分别为：30 万元、30 万元、30 万元、30 万元、30 万元（见表 C－8）。企业应该设置分公司和还是子公司？

在 B 的情况下，设置为子公司最终的应纳税额总计为 507.5 万元，比设置为分公司节约企业所得税 30 万元。

表 C－8　　B 情况下两公司经营情况预测　　单位：万元

		第一年	第二年	第三年	第四年	第五年	合计
甲公司应纳税所得额		400	400	400	400	400	2000
乙公司应纳税所得额		30	30	30	30	30	30
乙企业为分公司	企业集团应纳税所得额	430	430	430	430	430	2150
	企业集团应纳税额	107.5	107.5	107.5	107.5	107.5	537.5
乙企业为子公司	乙企业应纳税额	1.5	1.5	1.5	1.5	1.5	7.5
	企业集团应纳税额	101.5	101.5	101.5	101.5	101.5	507.5

由 A 和 B 的两种情况不难推断出，假设甲公司经营情况良好，现准备扩大规模，增设一个分支机构乙公司。当新设乙公司可以享受小微企业税收优惠同时总体盈利时，将乙公司设置为子公司可以享受到小型微利企业的企业所得税，具有节税效应。若是乙企业五年期间一直处于亏损状态，将乙企业设置为子公司不仅享受不到企业所得税优惠，还失去了乙企业作为分公司帮助企业集团延迟纳税的作用。

一般来说，在生产经营初期，产生亏损的可能性极大，设立分公司可以与总公司合并编制报表冲减总公司利润，减少总公司当期应税所得，少缴所得税。当企业生产经营走上正轨后，可改设子公司，充分利用国家对新办企业的税收优惠政策。但要注意的是，在调整企业组织结构时必须全面考虑，尤其是调整的成本不能太高。因为，若分公司转变为子公司，总公司可能要对由此产生的资本利得纳税；而当子公司转变为分公司时，这相当于子公司合并到总公司，故不存在总公司负纳税义务的问题。因此，在实际税收筹划中，一定要根据自身业务特点，综合考虑总机构和分支机构所享受的税收优惠的差异等各项因素，反复权衡利弊做出精心选择。

案例十六　采购的税收规划

A 家具生产厂（增值税一般纳税人）外购木材作为加工产品的原材料。现有两个供应商甲与乙，甲为增值税一般纳税人，可以开具税率为 13% 的增值税专用发票，该批木材报价 50 万元（含税价款）；乙为小规模纳税人，可以开具由其主管税务局代开的征收率为 3% 的增值税专用发票，木材报价 46.5 万元（已知城市维护建设税税率为 7%，教育费附加征收率为 3%，不考虑地方教育费附加）。请为A家具生产厂材料采购作出税收规划。

案例分析：对于本例原材料的实际成本为不含税价格减去由于进项税额带来的城市维护建设税与教育费附加减少额的总和。

从供应商甲处购进该批木材的实际成本：

$500000/(1+13\%)-500000/(1+13\%)\times 13\%\times(7\%+3\%)=436725.66$（元）

从供应商乙处购进该批木材的实际成本：

$465000/(1+3\%)-465000/(1+3\%)\times 3\%\times(7\%+3\%)=450101.94$（元）

由此可见，从供应商乙处购入该批木材的成本大于从供应商甲处购入的成本，因此应选择从供应商甲处购买。

假设从一般纳税人处采购货物含税价格为 A，增值税税率为 X，从小规模纳税人处采购含税价格为 B，增值税征收率为 Y，不考虑城建税和教育费附加，价格优惠临界点为。

$A/(1+X)=B/(1+Y)$

即当 $B=\frac{A(1+Y)}{1+X}$ 时，在增值税一般纳税人和小规模纳税人处采购成本相同。

案例十七　运费的税收筹划

B企业从A厂购买某产品10000件用于生产，该产品售价100元/件，不提供送货。现B企业有以下三种方案可以选择：

方案一：使用自营车队运输货物，估计每件货物的运输成本为6元，因运输这批产品产生的进项税额抵扣为8000元。

方案二：雇用C运输公司（一般纳税人），每件产品需要支付运费10元。

方案三：将自营车辆“单列”出来设立二级法人运输子公司D（一般纳税人），每件产品向D公司支付10元的运输费。

请问三种方案哪种方案最优？

案例分析：

方案一：

取得的增值税进项税额 = 1000000 ÷ 1.13 × 0.13 + 8000 = 123044.25（元）

原材料成本 =（100 ÷ 1.13 + 6）× 10000 = 944955.75（元）

方案二：

取得的增值税进项税额 = 1000000 ÷ 1.13 × 0.13 + 100000 ÷ 1.09 × 0.09 = 123301.13（元）

原材料成本 =（100 ÷ 1.13 + 10 ÷ 1.09）× 10000 = 976698.87（元）

方案三：

取得的增值税进项税额 = 1000000 ÷ 1.13 × 0.13 + 100000 ÷ 1.09 × 0.09 = 123301.13（元）

原材料成本 =（100 ÷ 1.13 + 10 ÷ 1.09）× 10000 = 976698.87（元）

D 公司

应纳增值税税额 = 100000 ÷ 1.09 × 0.09 − 8000 = 256.88（元）

销售毛利润 = 100000 ÷ 1.09 − 60000 = 31743.12（元）

三个方案中，方案一的原材料成本与方案三的原材料成本减去 D 公司销售毛利利润相同，在不考虑独立设置 D 公司时产生的费用时，方案一和方案三效果相同都优于方案二。当 C 运输公司的运输费下降时方案二可能会优于其他两个方案，价格下降的程度要取决于 B 公司相对于 C 运输公司的议价能力，也取决于 C 运输公司规模效应带来的成本下降程度。

案例十八　生产经营方式选择的筹划

A 企业为一家服装有限公司，主导服装开发、生产、销售，拥有 M 服装品牌，是以品牌经营为核心的公司。它拥有大型的现代化生产基地和世界上先进的电脑自动化生产设备与技术，其产品款式新颖，面料精美，工艺精湛。同时，该公司年销售额超过 500 万元，并且会计核算健全，能准确核算并提供销项税额、进项税额，按规定报送有关税务资料，被认定为增值税一般纳税人。B 时装厂是 A 服装有限公司的老客户，是小规模纳税人，因看重 A 服装有限公司新颖的服装设计而经常委托其加工服装或者生产服装。

A 公司最近接到一笔服装业务，对方企业 B 时装厂需要某款式服装 10000 件。该厂的负责人对这笔业务的方式没有特别的要求，既可以采取自行生产方式，也可以采取来料加工方式。对于工业企业而言，自行生产和来料加工是两种经常采用的经营手段。双方协商约定：如果采取自行生产方式，A 服装有限公司生产这批服装的布料可以由 B 时装厂提供，也可以向其他单位购买，该批布料目前的市场价格为 125000 元（不含税），服装的单价为每件 21 元（不含税）；如果采取来料加工方式，则由 B 时装厂提供布料，支付每件服装的加工费。经测算：A 服装有限公司在生产这批服装时，可取得电费、燃料等可抵扣的增值税进项税额为 3200 元。由于 B 时装厂是增值税小规模纳税人，因此，只能提供由税务机关按 3% 征收率代开的增值税专用发票。（城建税税率 7%，教育费附加 3%）

请问 A 企业该如何选择？

案例分析：选择不同的经营方式，其毛利和税负不相同。在日常税收筹划过程中，企业应从以下两个方面来算账：一是从进销差价的角度去分析，即能获取的毛利有多少。这里的毛利特指产品销售额减去原材料成本的差额，或来料加工的加工费收入。税费相同的情况下，哪种毛利大，就选择哪种经营方式。二是从税负角度考虑，如果自行生产时接受原料能同时取得增值税专用发票，能按规定的税率抵扣进项税，且计算的应纳税额小于按来料加工计算的应纳税额时，则宜选择自行生产生产方式。反之，应选择来料加工方式。

在具体营销过程中又有三种情况需要考虑。

方案一：每件服装支付的加工费为 8.5 元。

情况一：若作为一般纳税人的 A 服装有限公司向小规模纳税人购买原料。

在自行生产方式下：

不含税销售额减去原材料成本的差额为 $10000 \times 21 - 125000 = 85000$（元）

应纳增值税额为 $10000 \times 21 \times 13\% - 125000 \times 3\% - 3200 = 20350$（元）。

在来料加工方式下：

加工费收入为 $10000 \times 8.5 = 85000$（元）

应纳增值税额为 $10000 \times 8.5 \times 13\% - 3200 = 7850$（元）。

通过比较，采用自行生产生产方式的净收入与来料加工方式的加工费收入相同；但是需要多缴纳 12500 元（20350 - 7850），并且还要相应地增加 7% 的城建税和 3% 的教育费附加共计 1250 元，二者合计 13750 元。

在自行生产方式下，A 服装有限公司要多支出 13750 元的税费。

结论：这笔业务对 A 服装有限公司来说，在向小规模纳税人购买原料条件下采取来料加工比自行生产更有利。

情况二：若作为一般纳税人的 A 服装有限公司向一般纳税人采购原料。

在自行生产方式下：

不含税销售额减去原材料成本的差额为 10000 × 21 − 125000 = 85000（元）

应纳增值税额为 10000 × 21 × 13% − 125000 × 13% − 3200 = 7850（元）。

在来料加工方式下：

加工费收入为 10000 × 8.5 = 85000（元）

应纳增值税额为 10000 × 8.5 × 13% − 3200 = 7850（元）。

通过比较，采用自行生产生产方式的净收入与来料加工方式的加工费收入相同，缴纳的增值税数额相同。

结论：这笔业务对 A 服装有限公司来说，在向一般纳税人购买原料条件下，无论采用自行生产生产方式还是采用来料加工方式经营效果都一样，采用自行生产方式会占用企业采购原材料的资金。

方案二：每件服装支付的加工费为 7.5 元。

情况一：若作为一般纳税人的 A 服装有限公司向小规模纳税人购买原料。

在自行生产方式下：

不含税销售额减去原材料成本的差额为 10000 × 21 − 125000 = 85000（元）

应纳增值税额为 10000 × 21 × 13% − 125000 × 3% − 3200 = 20350（元）。

在来料加工方式下：

加工费收入为 10000 × 7.5 = 75000（元）

应纳增值税额为 10000 × 7.5 × 13% − 3200 = 6550（元）。

通过比较，采用自行生产生产方式的净收入比来料加工方式的加工费收入多 10000 元（85000 − 75000）；但是需要多缴纳 13800 元（20350 − 6550）的增值税，并且还要相应地增加 7% 的城建税和 3% 的教育费附加共计 1380 元，二者合计 15180 元。

在自行生产方式下（不考虑企业所得税），A 服装有限公司要相对多支出 5180 元。

结论：这笔业务对 A 服装有限公司来说，在向小规模纳税人购买原料条件下采取来料加工比自行生产更有利。

情况二：若作为一般纳税人的 A 服装有限公司向一般纳税人采购原料。

在自行生产方式下：

不含税销售额减去原材料成本的差额为 10000 × 21 − 125000 = 85000（元）

应纳增值税额为 10000 × 21 × 13% − 125000 × 13% − 3200 = 7850（元）。

在来料加工方式下：

加工费收入为 10000 × 7.5 = 75000（元）

应纳增值税额为 10000 × 7.5 × 13% − 3200 = 6550（元）。

通过比较，采用自行生产生产方式的净收入比来料加工方式的加工费收入多 10000 元（85000 − 75000）；但是需要多缴纳 1300 元（7850 − 6550）的增值税，并且还要相应地增加 7% 的城建税和 3% 的教育费附加共计 130 元，二者合计 1430 元。

在自行生产方式下（不考虑企业所得税），A 服装有限公司相对多获得 8570 元的收入。

结论：这笔业务对 A 服装有限公司来说，在向一般纳税人购买原料条件下采取自行生产更有利。

方案三：每件服装支付的加工费为 9.5 元。

情况一：若作为一般纳税人的 A 服装有限公司向小规模纳税人购买原料。

在自行生产方式下：

不含税销售额减去原材料成本的差额为 10000 × 21 − 125000 = 85000（元）

应纳增值税额为 10000 × 21 × 13% − 125000 × 3% − 3200 = 20350（元）。

在来料加工方式下：

加工费收入为 10000 × 9.5 = 95000（元）

应纳增值税额为 10000 × 9.5 × 13% − 3200 = 9150（元）。

通过比较，采用来料加工方式的加工费收入比自行生产生产方式的净收入多 10000 元（95000 − 85000）；同时少缴纳 11200 元（20350 − 9150）的增值税，并且还要相应地减少 7% 的城建税和 3% 的教育费附加共计 1120 元，二者合计 12320 元。

在来料加工的方式下（不考虑企业所得税），A 服装有限公司要相对多收益 22320 元（10000 + 12320）。

结论：这笔业务对 A 服装有限公司来说，在向小规模纳税人购买原料条件下采取来料加工比自行生产更有利。

情况二：若作为一般纳税人的 A 服装有限公司向一般纳税人采购原料。

在自行生产方式下：

不含税销售额减去原材料成本的差额为 10000 ×21 －125000 =85000（元）

应纳增值税额为 10000 ×21 ×13% －125000 ×13% －3200 =7850（元）。

在来料加工方式下：

加工费收入为 10000 ×9.5 =95000（元）

应纳增值税额为 10000 ×9.5 ×13% －3200 =9150（元）。

通过比较，采用来料加工方式的加工费收入比自行生产生产方式的净收入多 10000 元（95000 －85000）；但是需要多缴纳 1300 元（9150 －7850）的增值税，并且还要相应地增加 7% 的城建税和 3% 的教育费附加共计 130 元，二者合计 1430 元。

在来料加工的方式下（不考虑企业所得税），A 服装有限公司相对多获得 8570 元的收入。

结论：这笔业务对 A 服装有限公司来说，在向一般纳税人购买原料条件下采取来料加工更有利。

为了方便分析，上述案例的三种情况均未考虑进料时占用资金的利息因素，即都没有考虑资金的时间价值，其实这是一种机会成本。我们知道，随着税收制度的完善和征管手段的提高，税收筹划应该成为企业的一种中长期决策，兼顾当期利益和长期利益，符合企业发展的长期利益，是一种积极的理财行为。因此，如果企业采购原料所用的资金有很高的投资报酬率的投资方案时，我们可以采用来料加工方式而不采用自行生产方式。

案例十九　存货计价的税收筹划

某企业 2020 年度购销货情况如下：

3 月购进货物 50 万公斤，单价 4 元；

4 月购进货物 60 万公斤，单价 4.5 元；

5 月购进货物 70 万公斤，单价 4.6 元；

6 月销货 160 万公斤，单价 5.5 元；

9 月购进货物 80 万公斤，单价 4.8 元；

11 月购进货物 40 万公斤，单价 5 元；

12 月销货 100 万公斤，单价 6 元。

3—12 月采购的货物总成本为 50 ×4 +60 ×4.5 +70 ×4.6 +80 ×4.8 +40 ×5

=1376（万元）

3—12月的销售收入为160×5.5+100×6=1480（万元）

案例分析：方案一：采用先进先出法。

库存存货成本为200万元（40×5），发出存货成本为1176万元（1376-200），应纳税所得额为1480-1176=304（元）。

方案二：采用后进先出法。

库存存货成本160万元（40×4），发出存货成本1216万元（1376-160），应纳税所得额264万元（1480-1216）。

方案三：采用加权平均法。

计算出的加权平均价为4.587元［1376/（50+60+70+80+40）］，则库存存货成本183.47万元（40×4.587），发出存货成本1192.53万元（1376-183.47），应纳税所得额为287.47万元（1480-1192.53）。

方案四：采用移动平均法。

6月销售货物的加权平均价为4.4元［（50×4+60×4.5+70×4.6）/（50+60+70）］，12月份销售的加权平均价为4.8元［（20×4.4+80×4.8+40×5）/（20+80+40）］，库存存货成本192万元（40×4.8），发出存货成本1184万元（1376-192），应纳税所得额296万元（1480-1184）。

在进货价格呈上升趋势时，企业的所得税税负由轻到重依次是：后进先出法、加权平均法、移动平均法、先进先出法。企业存货计价方法的最佳方案是采用后进先出法，此时期末存货成本最低，当期成本最高，利润降低，起到延缓缴纳企业所得税的效果，能减少物价上涨对企业带来的不利影响。

反之，物价呈下降趋势时，选择方案的顺序正好与之次序颠倒，最佳方案是采用先进先出法，如电子产品，由于产品更新换代快，价格逐渐下降，选择先进先出法对企业有利。

案例二十　代销中的手续费与视同买断模式比较

A企业为一家玩具生产企业，是一般纳税人，现有10000件玩具对外销售，计划采取委托代销的形式通过增值税一般纳税人B企业进行销售，玩具销售价格28.25元（含税价格），可选取两种方案。

方案一：选择收取代理手续费方式，委托B企业代为销售，并每件玩具支付 5 元（不含税价格）手续费。

方案二：选择视同买断代销方式，委托 B 企业代为销售，以每件玩具 22.6 元的价格（含税价格）卖给 B 企业，B 企业以 28.25 元的价格对外销售。

A 企业该如何选择？

案例分析：选择收取代理手续费方式：销售收入为 285000（元）（28.25 × 10000），增值税销项税额为 32500 元（282500 ÷ 1.13 × 0.13），手续费支出为 53000 元（5 × 1.06 × 10000），增值税进项税额为 3000 元（5 × 10000 × 0.06）。故该批玩具净收入为 232000 元（285000 – 53000），需要缴纳增值税 29500 元（32500 – 3000），缴纳增值税后收入为 202500 元。

选择视同买断代销方式：销售收入为 22.6 × 10000 = 226000（元），增值税销项税额为：226000 ÷ 1.13 × 0.13 = 26000（元），不含增值税销售收入为：226000 ÷ 1.13 = 200000（元）。故该批玩具净收入为 226000 元，需要缴纳增值税 26000 元，缴纳增值税后收入为 200000 元。

A 企业应该选择方案一。

如果从 B 企业角度考虑

选择收取代理手续费方式：B 企业手续费收入为 53000 元，需要缴纳增值税 3000 元，缴纳增值税后收入为 50000 元。

选择视同买断代销方式：B 企业销售收入为 285000 元（28.25 × 10000），增值税销项税额为 32500 元（282500 ÷ 1.13 × 0.13），增值税进项税额为 26000 元（226000 ÷ 1.13 × 0.13），故该批玩具净收入为 59000 元（285000 – 226000），需要缴纳增值税 6500 元（32500 – 26000），缴纳增值税后收入为 52500 元。

B 企业更希望选择方案二。

假如将 AB 两个企业合并考虑，方案一和方案二给 AB 企业带来的总体增值税负担相同，缴纳增值税后的收入也相同，不同的方案决定了 AB 企业间的利益分配。

案例二十一　混合销售与兼营行为

甲公司主营生产销售铝合金门窗，兼营铝合金门窗安装业务。2020 年 5 月，销售给乙公司铝合金门窗取得产品销售收入 22600 元，同时取得为乙公司安装所销售门窗的劳务收入 6780 元。2020 年 6 月，销售给丙公司铝合金门窗取得产品销售收入 22600 元（本次未提供安装劳务）。同月，甲公司又为丙公司安装丙公司自行购买的铝合金门窗，取得劳务收入 6540 元。

以上收入均含税，均通过银行收取，且销售与安装铝合金门窗的收入能分开核算。请问甲公司应如何计缴 5 月和 6 月的增值税？

案例分析：5 月份的增值税计算：销售铝合金门窗属于销售货物，单独提供门窗安装劳务属于销售服务中的建筑安装服务，但甲公司该月销售铝合金门窗及同时提供的安装劳务发生在同一项销售行为中，且两项销售行为从逻辑上有着紧密的从属关系。甲公司销售铝合金门窗并同时提供安装劳务两项销售行为的对象系同一销售对象乙公司，且销售款项均向乙公司收取。所以，甲公司5 月份销售铝合金门窗给乙公司并同时提供的安装劳务应该定性为混合销售。由于甲公司属于从事货物的生产、批发或者零售的单位，应该按照从事货物的生产、批发或者零售单位销售货物的适应税率一并计缴 13% 的增值税。

故 5 月份应缴纳增值税为：$(22600+6780)\div 1.13\times 0.13=3380$（元）

6 月份的增值税计算：甲公司 6 月销售过铝合金门窗给丙公司，但这次销售并未同时给丙公司提供安装劳务，6 月甲公司提供安装劳务的是丙公司另外购买的铝合金门窗。甲公司 6 月份对丙公司提供的铝合金门窗销售和安装业务属于各自独立的两项业务。甲公司 6 月份向丙公司提供的销售铝合金门窗和铝合金门窗安装劳务不属于混合销售，属于兼营行为。如果甲公司销售与安装铝合金门窗的收入能分开核算，则可以按照两项业务所适用的不同税率分别计算缴纳增值税。反过来，如果不能分开核算，则应该按照兼营业务中高税率的业务计缴增值税。本例中，甲公司明显可以分来核算两项业务的收入。

故 6 月份应缴纳增值税为 $22600\div 1.13\times 0.13+6540\div 1.09\times 0.09=3140$（元）。

从上述销售案例可以看出，甲公司在两个不同月份中均从事了两种业务，即铝合金门窗销售和铝合金门窗安装，但前一个月从事的铝合金门窗安装系甲公司自己所销售的门窗，是销售自己所生产产品行为的延续，应该判断为混合销售。而后一个月所安装的铝合金门窗不是自己所销售的产品，与自身销售产品无关，属于各自独立的销售业务，所以应该判定为兼营行为。对这两项业务的不同纳税处理存在着明显的税率差和税负差。当判断为混合经营业务时，两项销售业务一并按照销售货物 13% 的高税率缴纳增值税；当判断为兼营行为时，其中的铝合金安装业务则按照建筑安装服务 9% 的低税率缴纳增值税。

对于主营业务和兼营业务存在税率差异的企业，一定要注意分别核算主营和兼营业务的销售收入，即分别核算适用不同税目和税率的收入，否则将会被税务机关按照高税率的业务一并计算缴纳增值税，由此增加企业税负。所以，企业分开核算兼营业务收入实际上是基本的税收筹划。

同样也需要注意，对于同一项销售业务产生的销售货物和安装服务的混合销售行为，通过企业的人为操作也可以调整成兼营行为，如将原本仅是销售货物兼提供安装劳务的一份合同改为销售货物和提供安装劳务两份不同的合同，同时将收款和入账时间故意错开，达到减小税负的效果，这种税收筹划方案看似可行但是存在着较高的涉税风险，建议纳税人在进行筹划时衡量税率较低的兼营业务的增值税筹划收益，当收益不大时不必冒险采取具有较高涉税风险的筹划方案，当收益足够大时也更适合设立安装分公司，享受增值税低税率的同时还有可能享受企业所得税优惠。

案例二十二　促销方式的税收筹划

A 企业为增值税一般纳税人，主营业务为销售自产服装，运动服上衣售价160 元，成本 96 元，帽子 40 元，成本 24 元，为清理库存现计划开展促销活动。有以下三种促销方案可以选择。方案一购买满 200 元打八折；方案二购买满 200 元返现 40 元；方案三买上衣赠送帽子。（企业的增值税销项税和进项税均适用13% 的增值税税率，暂不考虑城建税和教育费附加）

从消费者角度，当购买一件上衣和一条裤子时，净支出均为 160 元，两种方案一样。对于企业来说以上三种方案的应纳税情况及利润情况如何？

案例分析：

方案一：企业折扣销售产品，按照折扣后的价格 160 元，计算缴纳增值税。

应纳增值税为 $160 \div 1.13 \times 0.13 - 120 \div 1.13 \times 0.13 = 4.6$（元）

销售毛利润为 $(160 - 120) \div 1.13 = 35.4$（元）

应纳企业所得税为 $35.4 \times 0.25 = 8.85$（元）

税后净利润为 $35.4 - 8.85 = 26.5$（元）

方案二：满额返现应分解为两笔业务，一是企业销售产品获得收入 200 元，二是无偿赠送现金 40 元给消费者，无偿赠送行为不允许在企业所得税前扣除，而且按照个人所得税制度的规定，企业还应代扣代缴个人所得税。

应纳增值税为 200 ÷ 1.13 × 0.13 − 120 ÷ 1.13 × 0.13 = 9.2（元）

代扣代缴个人所得税为 40 ÷（1 − 0.2）× 0.2 = 10（元）

销售毛利润为（200 − 120）÷ 1.13 − 40 − 10 = 20.8（元）

应纳企业所得税为（200 − 120）÷ 1.13 × 0.25 = 17.7（元）

税后净利润为 20.8 − 17.7 = 3.1（元）

方案三：买上衣赠送帽子，帽子赠送行为视同销售，应计算销项税额，缴纳增值税，视同销售的销项税额由商场承担，赠送商品成本不允许在企业所得税前扣除。按照个人所得税制度的规定，企业还应代扣代缴个人所得税。

应纳增值税为 200 ÷ 1.13 × 0.13 − 120 ÷ 1.13 × 0.13 = 9.2（元）

代扣代缴个人所得税为 40 ÷（1 − 0.2）× 0.2 = 10（元）

销售毛利润为（160 − 96）÷ 1.13 − 24 ÷ 1.13 −（40 − 24）÷ 1.13 × 0.13 − 10 = 21.79（元）

应纳企业所得税为（160 − 96）÷ 1.13 × 0.25 = 14.15（元）

税后净利润为 21.79 − 14.15 = 7.64（元）

无论从增值税角度还是从税后净利润角度，方案一都优于方案三和方案二。事实上只需要将方案二调整为满 200 减 40，将方案三调整为衣服帽子一套 160 元，三种方案在税收负担上就完全一致了，税后利润也完全相同。

企业在进行促销方案筹划时要注意其中存在的税收负担增加的风险，但是并不是说打折销售是企业最优的促销方式，不同形式的促销让利程度、企业税收负担和收益额都不一样，消费者对于促销的反映和企业收效也不一样。仅凭单位税负与利润的大小来判断选取促销方式并不是合理、正确的筹划。企业应该在促销效果与税负、利润之间综合考虑，充分考虑消费者的消费心理，通过观察、试销等方式确定各种促销方式的效果，再结合各种促销方式下的单位税负与利润情况综合考量，财务利益最大化的促销方式才是该商场最佳的选择，这样选取的方式才是最优的筹划方案。

案例二十三　应税消费品的单品和套装销售

A 酒厂生产各种类型的酒，以适应不同消费者的需求。春节来临，大部分消费者都将酒作为馈赠亲朋好友的礼品，针对这种市场情况，公司于 1 月初推出“组合装礼品酒”的促销活动，将白酒、白兰地酒、葡萄酒各一瓶以及 A 酒厂制作的一个春节纪念精美包装盒组成价值500元的成套礼品酒进行销售，3种酒的出厂价分别为200元/瓶、150元/瓶、130元/瓶，包装盒的售价为20元/个，白酒的消费税税率为0.5元/500克加上出厂价的20%，白兰地酒和葡萄酒的消费税税率为销售额的10%。假设这3种酒每瓶均为500克装，该月共销售1万套礼品酒。该企业采取成套出售的方式应缴纳的消费税是多少？为减轻消费税负担可以如何筹划？

案例分析：该企业采取先包装后销售的成套销售方式，属于混合销售行为，应当按照较高的税率计算消费税额。在该方案中，该企业的纳税情况如下：

应税销售额 = （200 + 150 + 130 + 20） × 10000 = 5000000（元）

应税销量 = 3 × 500 × 10000 = 15000000（克）

应纳消费税额 = 15000000 ÷ 500 × 0.5 + 5000000 × 20% = 1015000（元）

为减轻消费税负担A酒厂可以选择将3种酒，先销售，而后消费者选择购买包装盒后再帮消费者打包。由于正值春节消费者均购买了包装盒。

白酒应纳税额 = 5000000 ÷ 500 × 0.5元 + 200 × 10000 × 20% = 405000（元）

白兰地应纳税额 = 150 × 10000 × 10% = 150000（元）

葡萄酒应纳税额 = 130 × 10000 × 10% = 130000（元）

累计应纳税额 = 405000 + 150000 + 130000 = 685000（元）

比先包装后销售节约消费税税额 = 1015000 − 685000 = 330000（元）

但是采用后者用以节税一定要注意将不同税率的酒类和非应税商品分别核算，并记录清晰。

从案例中我们可以看出当想要将产品组合销售时，避免成套销售而导致的从高适用税率可以节约大量的税款，但是在实际的销售过程中，成套出售是将几件商品绑定在一起的，企业成套销售时往往会起到促销的效果。而先销售后包装的形式消费者很可能只购买自己最需要的产品，因此企业在进行销售方式筹划时需要考虑到消费者的购买习惯和不同销售方式下产品销量的情况，综合考虑选择销售方式。

案例二十四　运费的税收筹划

A厂销给B企业某产品10000件，售价110元/件，成本为60元，该货物包邮。现A厂有以下三种方案可以选择：

方案一：使用自营车队运输货物，估计每件货物的运输成本为6元，因运输这批产品产生的进项税额抵扣为8000元。

方案二：外包给C运输公司（一般纳税人），每件产品需要支付运费10元。

方案三：将自营车辆"单列"出来设立二级法人运输子公司D（小规模纳税人，小微企业，年收入不超过100万元），每件产品A厂向D公司支付10元的运输费。

请计算三种方案的应纳增值税额和A公司税后利润。

方案一：

应纳增值税税额 $=1100000\div1.13\times0.13-600000\div1.13\times0.13-8000=49522.12$（元）

销售毛利润 $=(110\div1.13-60\div1.13-6)\times10000=382477.88$（元）

税后利润 $=382477.88\times(1-0.25)=286858.41$（元）

方案二：

应纳增值税税额 $=1100000\div1.13\times0.13-600000\div1.13\times0.13-100000\div1.09\times0.09=49265.24$（元）

销售毛利润 $=(110\div1.13-60\div1.13-10\div1.09)\times10000=350734.76$（元）

税后利润 $=350734.76\times(1-0.25)=263051.07$（元）

方案三：

应纳增值税税额 $=1100000\div1.13\times0.13-600000\div1.13\times0.13-100000\div1.03\times0.03=54609.5$（元）

销售毛利润 $=(110\div1.13-60\div1.13-10\div1.03)\times10000=345390.5$（元）

税后利润 $=345390.5\times(1-0.25)=259042.87$（元）

D公司

应纳增值税税额 $=100000\div1.03\times0.03=2912.62$（元）

销售毛利润 $=100000\div1.03-60000=37087.38$（元）

应纳企业所得税 $=37087.38\times0.25\times0.2=1854.37$（元）

税后利润 $=37087.38-1854.37=35233.01$（元）

A厂和D公司的集团应纳增值税为 $54609.5+2912.62=57522.12$（元）

A厂和D公司的集团的税后利润为 $259042.87+35233.01=294275.88$（元）

对比三种方案，从增值税税收负担角度方案二优于方案一，方案三增值税税收负担最大。从税后利润角度，方案三的税后利润最大，方案一次之，方案二税后利润最小。

假如能更改题设条件方案三是否还有更优的筹划方法？

笔者提供两种筹划思路：

一是将产品售价调整为100元，B企业与D公司单独签订一份运输合同，每件产品运费收取10元运费。规避运输费用计入产品售价带来的销项税额增加。但是与此同时B企业购买该产品带来的进项税额将会减少，当B企业购买该产品的进项税额无法抵扣时，该思路可行，如B企业为小规模纳税人或B企业购买该产品用于简易计税方法计税项目、免征增值税项目、集体福利、个人消费等。否则B企业会对运费的价格提出降价要求。

二是将A厂向D公司支付的运费金额适当增加，通过转让定价的方式将集团利润向D公司转移。这种筹划思路不需要购买方的配合，主要用于享受小微企业的所得税优惠，但是也存在着运费价格与市场价格不符和被税务机关稽查后进行纳税调整的风险。

案例二十五　广告费和业务宣传费的税收规划

A企业为新建企业，生产儿童食品，适用广告费扣除率15%，企业所得税税率25%，企业年初推出一种新产品，预计年销售收入8000万元（假若本地销售1000万元+南方地区销售7000万元），需要广告费支出1500万元。

方案一：产品销售统一在本公司核算，需要在当地电视台、南方地区电视台分别投入广告费500万元、1000万元。

方案二：鉴于产品主要市场在南方，可在南方设立独立核算的销售公司B，B销售公司设立以后，与A企业联合起来做广告宣传。成立公司估算需要支付场地、人员工资等相关费用30万元，向当地电视台、南方地区电视台分别支付广告费500万元、1000万元，其中：南方销售公司销售额7000万元，甲企业向南方销售公司按照出厂价6000万元作销售，甲企业当地销售额1000万元。

案例分析：

方案一：准予扣除的广告费用限额＝8000×15%＝1200（万元）。

结转以后年度扣除数额＝1500－1200＝300（万元）。

由于广告费超出扣除限额有300万元的广告费支出无法在当前税前扣除，尽管300万元广告费可以无限期得到扣除，但不得不因此提前缴纳所得税75万元（300×25%）。

方案二：若B销售公司销售收入仍为7000万元，通过A企业向B销售公司移送产品可按照出厂价作销售，此产品的出厂价为6000万元。

A企业准予扣除的广告费限额＝（1000＋6000）×15%＝1050（万元）。

B销售公司准予扣除的广告费限额＝7000×15%＝1050（万元）。

准予税前扣除的广告费限额为2100万元，实际支出1500万元的广告费可由两公司分担，分别在A企业和B销售公司的销售限额内列支，且均不被纳税调整。同时，由于销售公司对外销售的价格不变，整体增值额不变，也不会加重总体的增值税负担；不过对于方案二而言A企业和B销售公司总体增加了30万元的费用，在本例中增加30万元的费用，使得企业当年少缴纳了75万元的企业所得税，对于一家新办企业而言方案二有效缓解了企业的资金压力。

假如企业预计广告费和业务宣传费在下个年度会有较大幅度下降，则不必考虑增加较大数额的费用新设独立核算的销售分公司。

参考文献

REFERENCE

[1] 陈晓光. 财政压力、税收征管与地区小平等 [J]. 中国社会科学院, 2016 (4): 53-70.

[2] 王志强. 税收与公司财务政策选择 [M]. 北京: 中国商务出版社, 2004.

[3] 程黎, 陈盈. 试论我国小微企业税务风险内控体系的构建 [J]. 税务研究, 2017 (9): 126-129.

[4] 范忠山, 邱引珠. 企业税务风险与化解 [M]. 北京: 对外经济贸易大学出版社, 2002.

[5] 王国华. 外国税制 [M]. 北京: 中国人民大学出版社, 2008.

[6] 高培勇. 中国税收持续高速增长之谜 [J]. 经济研究, 2006 (12): 13-23.

[7] 韩寿云. 集团公司资金池税务风险管控 [J]. 纳税, 2018, 12 (27): 35.

[8] 中国注册会计师协会. 财务成本管理 [M]. 北京: 中国财政经济出版社, 2021.

[9] 姜付秀, 石贝贝, 马云飘. 信息发布者的财务经历与企业融资约束 [J]. 经济研究, 2016 (6): 83-97.

[10] 中国注册会计师协会. 会计 [M]. 北京: 中国财政经济出版社, 2021.

[11] 江轩宇. 税收征管、税收激进与股价崩盘风险 [J]. 南开管理评论, 2013 (5): 152-160.

[12] 鞠晓生, 卢荻, 虞义华. 融资约束、营运资本管理与企业创新可持续性 [J]. 经济研究, 2013 (1): 4-16.

[13] 李维安, 徐业坤. 政治身份的避税效应 [J]. 金融研究, 2013 (3):

114 – 129.

［14］ 解学智．国外税制概览：公司所得税［M］．北京：中国财政经济出版社，2003.

［15］ 林天义．关于加强大企业税务风险管理的思考［J］．税务研究，2010（9）：7 – 13.

［16］ 林钟高，郑军，卜继栓．环境小确定性、多元化经营与资本成本［J］．会计研究，2015（2）：36 – 43.

［17］ 刘春，孙亮．税收征管能降低股价暴跌风险吗［J］．金融研究，2015（8）：159 – 174.

［18］ 刘莉亚，何彦林，王照飞，等．融资约束会影响中国企业对外直接投资吗？——基于微观视角的理论和实证分析［J］．金融研究，2015（8）：124 – 140.

［19］ 刘行，李小荣．金字塔结构、税收负担与企业价值：基于地方国有企业的证据［J］．管理世界，2012（8）：91 – 105.

［20］ 刘行，吕长江．企业避税的战略效应——基于避税对企业产品市场绩效的影响研究［J］．金融研究，2018（7）：158 – 173.

［21］ 时文婷．新时代下建筑企业税负风险的分析及防范［J］．中国市场，2018（29）：149 – 150.

［22］ 蔡昌．税收筹划理论、实务与案例［M］．3 版．北京：中国人民大学出版社，2020.

［23］ 吴祖光，万迪昉．企业税收负担计量和影响因素研究述评［J］．经济评论，2012（6）：149 – 156.

［24］ 杨振．建筑施工企业主要涉税风险点及对策［J］．中国市场，2018（29）：153 – 158.

［25］ 叶康涛，刘行．税收征管、所得税成本与盈余管理［J］．管理世界，2011（5）：140 – 148.

［26］ 于文超，殷华，梁平汉．税收征管、财政压力与企业融资约束［J］．中国工业经济，2018（1）：100 – 118.

［27］ 曾亚敏，张俊生．税收征管能够发挥公司治理功用吗？［J］．管理世界，2009（3）：143 – 158.

［28］ 张斌，徐琳．税收制度的公司治理效应研究前沿探析与未来展望

[J]. 外国经济与管理，2012（5）：75－80.

［29］付伯颖. 外国税制教程［M］. 2版. 北京：北京大学出版社，2018.

［30］张云华. 企业税务风险原因分析与制度设计［J］. 税务研究，2010（9）：78－81.

［31］章玲. 金税三期视角下企业税务风险控制措施分析［J］. 经贸实践，2018（19）：111.

［32］周泽将，杜兴强. 税收负担、会计稳健性与薪酬业绩敏感度［J］. 金融研究，2012（10）：167－179.

［33］蔡昌. 契约视角的税收筹划研究［M］. 北京：中国财政经济出版社，2008.

［34］蔡昌. 税收筹划［M］. 北京：经济科学出版社，2016.

［35］蔡昌. 中国特色公有制产权税收论［M］. 北京：中国财政经济出版社，2018.

［36］李彩霞. 税收成本、非税成本与企业绩效研究［M］. 北京：经济科学出版社，2013.

［37］S. P. 科塔里，T. Z. 利斯，D. J. 斯金纳，等. 当代会计研究：综述与评论［M］. 辛宇，译. 北京：中国人民大学出版社，2009.

［38］哈维·S. 罗森. 财政学［M］. 10版. 郭庆旺，赵志耘，译. 北京：中国人民大学出版社，2015.

［39］萨利·M. 琼斯，谢利·C. 罗兹·卡塔那奇. 税收筹划原理——经营和投资规划的税收原则［M］. 11版. 梁云凤，译. 北京：中国人民大学出版社，2008.

［40］萨利·M. 琼斯，谢利·C. 罗兹·卡塔那奇. 高级税收战略［M］. 4版. 梁云凤，译. 北京：人民邮电出版社，2010.

［41］切奥尔·S. 尤恩，布鲁斯·G. 雷斯尼克. 国际财务管理［M］. 张华，赵银德，常光辉，译. 北京：机械工业出版社，2015.

［42］杨志清，何杨. 国际税收理论与实务［M］. 北京：中国税务出版社，2016.

［43］段从军. 国际税收实务与案例［M］. 北京：中国市场出版社，2016.

［44］经济合作和发展组织. OECD/G20税基侵蚀和利润转移（BEPS）项目2015年最终成果报告3［M］. 国家税务总局国际税务司，译. 北京：中国税务

出版社，2016.

［45］张俊瑞．国际财务［M］．上海：格致出版社2011.

［46］崔玉刚．国际财务管理［M］．北京：机械工业出版社，2009.

［47］张俊瑞．国际财务管理［M］．上海：复旦大学出版社，2007.

［48］罗哈吉．国际税收基础［M］．林海宁，范文祥，译．北京：北京大学出版社，2006.

［49］盖地．税务筹划［M］．北京：高等教育出版社，2001.

［50］黄济生．国际税收理论与实务［M］．上海：华东师范大学出版，2001.

［51］朱洪仁．国际税收筹划［M］．上海：上海财经大学出版社，2000.

后记 POSTSCRIPT

本书得以出版，特别感谢参与本书初版和再版修订的编委会成员为本书的修订出版付出的辛勤劳动。本书在编写过程中参阅国内外相关论著，同时也吸收了税收与财务领域的理论研究与实务发展的最新成果。作为一本跨学科、具有开拓性的著作，凝聚着众人的智慧和汗水，在此对参与初稿撰写和修订工作的专家学者们表示感谢。

本书初版源于我们对财务和税务理论及实践的融合发展的认知。当时间的车轮进入21世纪，税收逐渐渗透进公司财务领域，并对财务决策产生深刻影响，财务决策转变为实实在在的“财税决策”。因此，税收必须且必然要求纳入公司财务框架，即形成财务决策与税务管理的深度融合。正是在这一理念指导下，我们根据社会经济变迁与财经教育发展要求，首次在中央财经大学增设“税收与公司理财”课程（教学始于2010年），并组织编写了同名教材（中国人民大学出版社2010年6月第1版），主要用于“税务专业”“会计专业”“财务管理专业”的本科生和研究生教学（部分班级为必修课，部分班级为选修课），初版主要撰稿人为蔡昌、黄桦、梁俊娇、杨虹、杨华、李梦娟、李玉萍等。历经10年，2020年底我们成立新的编委会，再次组织修订原教材，扩展内容范围，扩充修订人员队伍，邀请国内十六所高等院校的专家学者共同开展修订工作。此次进行了较大规模的修订，并根据多方建议将本书更名为《税收与公司财务》，内容由原来的八章扩充为十二章，并增加了税收与公司财务的前沿理论与最新实务内容，增补了大量实践案例。本书的这种体例安排和内容设计，除了适合高等院校专业教学之外，还适合政府部门管理者、公司高管、财经研究者、财税人员参考使用，用于专业理论学习与实践工作借鉴。

参加本次修订工作的主要人员如下：蔡昌负责第一章，王彦平负责第二章，韩淼负责第三章，李克桥负责第四章，冯守东负责第五章，姚林香负责第六章，费茂清负责第七章，孙鲲鹏负责第八章，朱长胜负责第九章，杜剑负责第十章，梁淑红负责第十一章，王怡璞、寇程恺负责第十二章第一节、第二节，蔡一炜负责第十二章第三节。赵桂芝、谭光荣、王雄军、盛常艳、李彩霞、李梅等也提供了相关部分书稿及案例。王璐、熊婷婷、王诗瑶、周璇、汪靖雯、吴奕萱、陈悦参加了本书的初稿修改与校对工作。

本书编委会